Gustav Halbach (Hg.)

Ganz Berlin

Text: Janina Lücke

D1731980

nicolai

Unser Newsletter und unsere Facebook-Seite informieren Sie über aktuelle Bücher und alle anderen Neuigkeiten unseres Verlags.

www.nicolai-verlag.de

nicolai *Der Hauptstadtverlag*

© 2015 Nicolaische Verlagsbuchhandlung GmbH, Berlin

Printed in the EU

Alle Rechte vorbehalten

ISBN 978-3-89479-789-8

Inhalt

Eine kurze Stadtgeschichte

Mitte

Charlottenburg-Wilmersdorf

Spandau

Reinickendorf

Pankow

Tempelhof-Schöneberg

Steglitz-Zehlendorf

Anhang

Eine kurze Stadtgeschichte

Prähistorische Zeit

Funde von Feuersteinen und bearbeiteten Knochen lassen auf eine Besiedlung des Berliner Raums seit etwa 60 000 v. Chr. schließen. Zu dieser Zeit waren weite Teile Nord- und Ostdeutschlands von den Vergletscherungen der letzten Eiszeit bedeckt, die ungefähr 110 000 – 8 000 v. Chr. dauerte.

Jungsteinzeit, Bronze- und Eisenzeit

Im 4. Jahrtausend v. Chr. bildeten sich Kulturen mit Ackerbau und Viehzucht. Drei Bestattungen auf dem Gebiet von Schmöckwitz aus dieser Zeit bilden die ältesten Menschenfunde auf Berliner Boden. Ein Dorf der Trichterbecherkultur konnte 1932 – 1934 auf dem Gelände der Britzer Hufeisensiedlung ausgegraben werden.

Im 4. und 5. Jahrhundert n. Chr. verließen große Teile der germanischen Stämme das Gebiet um Havel und Spree und wanderten Richtung Oberrhein nach Schwaben. Im Berliner Raum nahm die Besiedlungsdichte ab, er blieb aber von germanischen Restgruppen besiedelt.

Die Gründung der Mark Brandenburg

Ab dem 6. Jahrhundert zogen Slawenstämme in die Lausitz und in das Spree-Havel-Gebiet. Slawische Spuren finden sich an den Randgebieten außerhalb des späteren Berliner Stadtkerns.

Im Raum Berlin siedelten die Heveller und die Sprewanen, die zu den Lutizen gehörten. Die Heveller bewohnten das Havelland bis zum Rhinluch und zum Tegeler See. Sie hatten ihr Zentrum auf der Brennaburg auf der heutigen Dominsel der Stadt Brandenburg. Zur Sicherung nach Osten errichteten sie um 750 südlich der Spreemündung in die Havel einen weiteren Burgwall. Im Osten befanden sich die Sprewanen, deren Zentrum die Köpenicker Schlossinsel bildete. Hier existierte im 9. Jahrhundert ebenfalls ein slawischer Burgwall. Die Sprewanen gründeten weitere Siedlungen in Mahlsdorf, Kaulsdorf, Pankow und Treptow. Der durch Münzfunde bezeugte Sprewanenfürst Jaxa von Köpenick, der auf der Köpenicker Burg vermutlich seinen Hauptsitz hatte, wurde 1157 vom Askanier Albrecht dem Bären (1134 – 1170) bei der Eroberung der Brennaburg geschlagen und vertrieben. Albrecht, der 1134 von Lothar III. mit der Nordmark belehnt wurde, gründete daraufhin die Mark Brandenburg und ernannte sich zu ihrem ersten Markgrafen.

Handelsstadt im Mittelalter 1200–1448

Ende des 12. Jahrhunderts legten Kaufleute aus dem niederrheinisch-westfälischen Raum eine erste Siedlung an. Trockene Flächen auf beiden Seiten der Spree dienten ihnen als Siedlungsplätze. Auf der rechten Uferseite, der Spreeinsel direkt gegenüber Cölln, entstand Alt-Berlin. Die Urkunden mit den frühesten Erwähnungen Cöllns vom 28. Oktober 1237 und Berlins vom 26. Januar 1244 befinden sich im Domstiftsarchiv in Brandenburg an der Havel. Als Stadt wird Berlin erstmals 1251 urkundlich erwähnt, Cölln erst zehn Jahre später.

Seinen Aufstieg zu einem bedeutenden Spreeübergang verdankt Berlin-Cölln den Askaniern, die den alten Fernhandelsweg von Magdeburg nach Posen durch die Stadt leiteten. Wirtschaftlich konnte sich die Stadt durch das von den gemeinsam regierenden Markgrafen Otto III. und Johann I. ausgestellte Niederlags- oder Stapelrecht

Reste der Spandauer Stadtmauer am Hohen Steinweg

gegenüber Spandau und Köpenick durchsetzen. Dieses verpflichtete durchreisende Kaufleute, ihre Waren einige Tage in der Stadt anzubieten. Dazu kamen Zollfreiheiten, die den Zwischenhandel und die Ausfuhr landwirtschaftlicher Erzeugnisse förderten. Die Stadtfläche betrug während dieser Zeit etwa 70 Hektar. Zu ihr gehörten die Handelsniederlassungen am Molkenmarkt und rund um die Nikolaikirche sowie die Gegenden des Neuen Marktes und der Marienkirche. Die Hauptverbindung zwischen Berlin und Cölln war der Mühlendamm, der die Spree anstaute und auf dem sich mehrere Mühlen befanden.

Zu dieser Zeit existierten eine Propstei, drei Pfarrkirchen (Marienkirche, Nikolaikirche und Petrikirche in Cölln), das Graue Kloster des Franziskanerordens und das Dominikanerkloster (in Cölln) sowie die zugehörigen Klosterkirchen. Um das Heilig-Geist-Spital entstand ein eigenes Stadtviertel, das Georgenhospital befand sich im Osten von Berlin vor dem Oderberger Tor bzw. Georgentor. Das 1406 gegründete Gertraudenhospital lag südöstlich von Cölln. In der Klosterstraße befand sich das Hohe Haus, in dem zeitweise die Kurfürsten residierten.

Im Jahr 1307 schlossen sich Berlin und Cölln zu einer Verteidigungsunion zusammen.

Die Mark Brandenburg unter den Wittelsbachern

Nach dem Aussterben der märkischen Askanier 1320 übertrug der Wittelsbacher Kaiser Ludwig IV., ein Onkel des letzten Askaniers Heinrichs II., die Mark Brandenburg im Jahr 1323 seinem ältesten Sohn Ludwig dem Brandenburger.

Im 14. Jahrhundert waren Berlin und Cölln Mitglied in der Hanse.

Zwei Großbrände – 1378 in Cölln und 1380 in Berlin – zerstörten das Rathaus und fast alle Kirchen sowie den überwiegenden Teil der Stadturkunden und -dokumente.

Friedrich I. war 1415–1440 Kurfürst der Mark Brandenburg. Mitglieder der Familie Hohenzollern regierten bis 1918 in Berlin, erst als Markgrafen und Kurfürsten von Brandenburg, dann als Könige in und von Preußen und schließlich als Deutsche Kaiser.

Kurfürstliche Residenzstadt und Königliche Hauptstadt 1448–1806

Berlin-Cölln wurde nach 1448 als Residenzstadt der brandenburgischen Markgrafen und Kurfürsten betrachtet. 1451 bezog Friedrich II. seine neue Residenz in Cölln. Als Berlin-Cölln Wohnsitz der Hohenzollern wurde, musste es seinen Status als Hansestadt aufgeben.

Die Bevölkerungszahl stieg im 16. Jahrhundert auf über 10 000 an. Westlich von Berlin wurde 1527 der Tiergarten als Jagdrevier für die Kurfürsten angelegt. Als Verbindung zum Schloss baute man 1573 einen Reitweg, aus dem später die Straße Unter den Linden hervorging. Dadurch begann die Stadtentwicklung in Richtung Westen.

Joachim II., Kurfürst von Brandenburg und Herzog von Preußen, leitete 1539 die Reformation ein und beschlagnahmte im Rahmen der Säkularisierung Besitztümer der Kirche. Das so zugefallene Geld benutzte er für Großprojekte wie den Bau der Zitadelle Spandau und des Kurfürstendamms als Verbindungsstraße zwischen seinem Jagdschloss im Grunewald und seiner Residenz im Berliner Stadtschloss.

Kurfürst Johann Sigismund trat 1613 vom lutherischen zum reformierten Glauben über.

Vom Dreißigjährigen Krieg bis zu den Napoleonischen Kriegen 1618–1806

Der Dreißigjährige Krieg hatte für Berlin verheerende Folgen, die Bevölkerung halbierte sich. Friedrich Wilhelm, bekannt als der »Große Kurfürst«, übernahm 1640 die Regentschaft. Er begann eine Politik der Immigration und der religiösen Toleranz. Die Verbindung von Oder und Spree durch den Friedrich-Wilhelm-Kanal ab 1668 brachte für Berlin wirtschaftliche Vorteile.

In der Folge des Dreißigjährigen Krieges begann 1658 unter der Leitung von Johann Gregor Memhardt der Bau einer Festungsanlage, die etwa 1683 fertiggestellt war. Die 1662 neu gegründete Stadt Friedrichswerder sowie die Vorstadt Neukölln am Wasser lagen innerhalb dieser Anlage. Der alte Reitweg zum Tiergarten wurde ab 1647 zur Allee ausgebaut und mit Linden bepflanzt. Nördlich davon erfolgte ab 1674 die zweite Stadterweiterung, die Dorotheenstadt. Die dritte Neustadt war die Friedrichstadt, die ab 1691 entstand. Vor den Toren der Festung befanden sich im Norden die Spandauer Vorstadt, im Osten die Stralauer Vorstadt und dazwischen die Georgenvorstadt; im Süden lag die Köpenicker Vorstadt und südwestlich die Leipziger Vorstadt.

Im Jahr 1671 siedelten sich 50 aus Österreich vertriebene jüdische Familien an. Mit dem Edikt von Potsdam 1685 lud Friedrich Wilhelm überdies französische Hugenotten nach Brandenburg ein. Über 15 000 Franzosen kamen, von denen sich 6 000 in Berlin niederließen. Um 1700 waren 20 Prozent der Berliner Einwohner Franzosen; ihr kultureller Einfluss war groß.

Zur Annäherung der beiden protestantischen Konfessionen in Brandenburg fand 1662–1663 das Berliner Religionsgespräch statt.

Der erste Kirchenneubau für die Anhänger der reformierten Kirche war die 1695 erbaute Parochialkirche. Die Berliner Hugenottengemeinde ließ die Französische Friedrichstadtkirche errichten.

Die angestrebte Standeserhöhung zum preußischen König erreichte Kurfürst Friedrich III. 1701, Berlin wurde damit zur Hauptstadt des Königreichs Preußen. Am 17. Januar 1709 wurde das Edikt zur Bildung der Königlichen Residenz Berlin durch Zusammenlegung der Städte Berlin, Cölln, Friedrichswerder, Dorotheenstadt und Friedrichstadt erlassen. Die Vereinigung erfolgte zum 1. Januar 1710. Die Einwohner der Berliner und Cöllner Vorstädte erhielten 1701 die Bürgerrechte und waren damit den Stadtbewohnern gleichgestellt.

Für das ab 1696 für die Kurfürstin Sophie Charlotte westlich von Berlin gebaute Schloss Lützenburg erfolgte 1705 die Umbenennung in Schloss Charlottenburg. Die benachbarte Siedlung erhielt den Namen Charlottenburg und das Stadtrecht.

Mit dem Bau des Zeughauses 1695 begann der repräsentative Ausbau der späteren Straße Unter den Linden. Andreas Schlüter gestaltete in diesem Rahmen das Berliner Schloss um.

Um die Residenzstadt zum Mittelpunkt der Künste und Wissenschaften zu machen, gründete Kurfürst Friedrich III. 1696 die »Academie der Mahler-, Bildhauer- und Architectur-Kunst« sowie 1700 die Kurfürstlich-Brandenburgische »Societät der Wissenschaften«. Erster Präsident wurde Gottfried Wilhelm Leibniz. 1711 wurde die Berliner Sternwarte eingeweiht und 1685 das »Collegium medicum« eingerichtet. Außerhalb der Stadtmauern entstand 1710 ein »Lazareth« für Pestkranke, das 1727 zum Bürgerhospital unter dem Namen Charité umgewandelt wurde. Bereits 1661 war die Churfürstliche Bibliothek angelegt worden. Die erste Zeitung Berlins erschien 1617 und hatte unter wechselndem Namen bis Mitte des 18. Jahrhunderts ein Monopol, seit 1751 wurde sie inoffiziell »Vossische Zeitung« genannt.

Friedrichs Sohn, Friedrich Wilhelm I., König in Preußen, ab 1713 an der Macht, baute Preußen zu einer bedeutenden Militärmacht auf.

1709 hatte Berlin 55 000 Einwohner, von denen 5 000 in der Armee dienten, 1755 waren es bereits 100 000 Einwohner bei 26 000 Soldaten.

Unter dem Oberbaudirektor Philipp Gerlach wurden in den 1730er-Jahren die Torplätze Quarree, Octogon und Rondell angelegt. Der Gendarmenmarkt entstand 1688 nach Plänen von Johann Arnold Nering. Die barocken Neustädte waren durch ein geordnetes Straßenraster geprägt mit geraden Straßen, die weite Perspektiven boten.

Im Jahr 1740 kam Friedrich II., bekannt als Friedrich der Große, an die Macht. Unter ihm wurde die Stadt zum Zentrum der Aufklärung.

Der bekannteste Berliner Philosoph der Zeit war Moses Mendelssohn. Mittelpunkte der Berliner Aufklärung waren der literarische Freundeskreis um den Verleger und Literaten Friedrich Nicolai in dessen Haus in der Brüderstraße und der Montagsklub.

Der Bau des Forum Fridericianum begann 1741 mit der Grundsteinlegung für das Opernhaus unter Knobelsdorff. Nach Plänen von Georg Christian Unger entstand die Königliche Bibliothek. Die Königliche Porzellan-Manufaktur wurde 1763 gegründet. Zuckersiedereien entstanden. Johann Georg Wegely gründete 1723 eine Wollzeugmanufaktur auf der Speicherinsel, heute ein Teil der Fischerinsel. Der Bankier und Händler Veitel Heine Ephraim ließ das als Ephraim-Palais bekannt gewordene Haus errichten

An der Spree wurden für den Warenhandel bedeutsame Gebäude errichtet, wie der Alte und Neue Packhof oder der Aktienspeicher und das Mehlhaus.

Die inzwischen veraltete militärische Festungsanlage wurde ab 1734 abgerissen. Der damit beauftragte Stadtkommandant Graf von Hacke ließ 1750 beim Abbruch des Spandauer Tors einen Platz anlegen, der bald zum Hackeschen Markt wurde. Die Spandauer Vorstadt erhielt 1712 eine eigene Kirche in der Sophienstraße.

Unter der Regierung Friedrich Wilhelms II. setzte eine Zeit der Stagnation ein. Er war ein Gegner der Aufklärung, praktizierte Zensur und setzte auf Repressalien. Er ließ eine neue steinerne Stadtmauer errichten und gab ein neues Brandenburger Tor in Auftrag – das bekannte heutige Wahrzeichen der Stadt. Die Wirtschaftsförderung wurde beendet, was zu Krisen in der Textilindustrie und zur Verarmung großer Teile der Berliner Bevölkerung führte. Dagegen entstanden zahlreiche prächtige Hofpaläste. Die bisher bevorzugte barocke Formgebung wurde durch den Klassizismus abgelöst. Trotz aller Probleme entwickelten sich Wissenschaften und Kultur in Berlin. Es gab zahlreiche literarischen Salons wie die Salons von Henriette Herz oder Rahel Varnhagen. Oper, Theater, Kunst und Wissenschaft nahmen einen deutlichen Aufschwung. Künstler wie der Grafiker und Illustrator Daniel Chodowiecki oder die Bildhauer Johann Gottfried Schadow und Christian Daniel Rauch arbeiteten in Berlin.

Carl Gotthard Langhans baute die Potsdamer Straße/Potsdamer Chaussee als erste befestigte Chaussee Preußens aus. Nach seinen Plänen wurde 1789–1791 auch das Brandenburger Tor errichtet. Davor befand sich seit 1730 ein Exerzierplatz, aus dem später der Königsplatz hervorging. Das Schloss Bellevue wurde 1786 fertiggestellt.

Reformen, Restaurationszeit, Reichsgründung 1806–1871

Preußens Armee beteiligte sich am Kampf gegen Frankreich, wurde jedoch in der Doppelschlacht bei Jena und Auerstedt 1806 besiegt. Der König verließ Berlin in Richtung Königsberg. Auch Behörden und wohlhabende Familien zogen aus Berlin fort. Aus dem Umland kamen Flüchtlinge in die Stadt. Napoleons Armee zog durch das besiegte Preußen und erreichte im Oktober 1806 Berlin. Am 27. Oktober 1806 wurde ein feierlicher Einzug durch das Brandenburger Tor inszeniert. Im Anschluss besetzten französische Truppen für zwei Jahre die Stadt. Die Verwaltung wurde in dieser Zeit nach französischem Vorbild umstrukturiert, staatliches Eigentum und persönlicher Besitz der Adligen wurden eingezogen, Kunstschätze wie die Quadriga vom Brandenburger Tor nach Paris verbracht. Die französischen Soldaten von bis zu 30 000 Mann mussten verpflegt und privat einquartiert werden und die Stadt hatte insgesamt 2,7 Millionen Taler für den Unterhalt der Besatzungstruppen zu zahlen. Alle Maßnahmen führten zu einem Ausbluten der Berliner Wirtschaft; Produktion und Handel gingen zurück und die Lage der Bevölkerung verschlechterte sich.

Innere Reformen und neue Berliner Verwaltung

Dem Zusammenbruch des altpreußischen Militärstaats wurde mit demokratischen Reformen entgegengewirkt. Reformer wie Freiherr vom und zum Stein, der Philosoph Johann Gottlieb Fichte oder der Theologe Friedrich Schleiermacher setzten sich nun für die Berliner Belange ein. Unter Stein wurde am 19. November 1808 die neue Berliner Städteordnung beschlossen und in einem Festakt am 6. Juli 1809 in der Nikolaikirche proklamiert. Dies führte zur ersten frei gewählten Stadtverordnetenversammlung. Wahlberechtigt waren nur Hauseigentümer und Personen mit einem Jahreseinkommen von über 200 Talern; das waren rund sieben Prozent der Einwohner. An die Spitze der neuen Verwaltung wurde ein Oberbürgermeister gewählt, der erste war Carl Friedrich Leopold von Gerlach, der das Amt bis zu seinem Tod 1813 bekleidete.

Weitere Reformen waren: die Einführung einer Gewerbesteuer, das unter Staatskanzler Carl August von Hardenberg verabschiedete Gewerbe-Polizeigesetz mit der Abschaffung der Zunftordnung und Einführung der Gewerbefreiheit, die bürgerliche Gleichstellung der Juden und die Erneuerung des Heereswesens. Dies alles führte zu einem Wachstumsschub und war die Grundlage für die spätere Industrieentwicklung in der Stadt. Der König kehrte Ende 1809 mit seinem gesamten Hofstaat nach Berlin zurück. Als Napoleon in seinem zweiten Russlandfeldzug geschlagen war, sorgte General Blücher auch für die sofortige Rückgabe der Quadriga. Sie nahm erneut ihren Platz auf dem Brandenburger Tor ein, dabei wurde dem Stab der Siegesgöttin nach einem Entwurf von Karl Friedrich Schinkel ein Eisernes Kreuz und ein preußischer Adler hinzugefügt.

Geistige Erneuerung und Gründung der Berliner Universität

Wilhelm von Humboldt ordnete das Bildungswesen neu. Die Gründung der Berliner Universität erfolgte 1810. Zu den ersten Professoren gehörten August Boeckh, Albrecht Daniel Thaer, Friedrich Carl von Savigny und Christoph Wilhelm Hufeland. Erster Rektor wurde der Philosoph Johann Gottlieb Fichte. Die neue Universität entwickelte sich rasch zum geistigen Mittelpunkt von Berlin und wurde weit über die preußische Residenzstadt hinaus berühmt.

Zwischen 1810 und 1811 erschien auch Berlins erste Tageszeitung, die von Heinrich von Kleist herausgegebenen »Berliner Abendblätter«.

Das Volpische Kaffeehaus in der Straße An der Stechbahn, später Café Josty, wurde ebenso zu einem beliebten öffentlichen Treffpunkt des Bürgertums wie das Weinlokal Lutter & Wegner am Gendarmenmarkt. Friedrich Ludwig Jahn begann 1811 mit den Turnveranstaltungen in der Hasenheide. Seit 1812 galt für die Juden eine Berufsfreiheit.

Karl Friedrich Schinkel legte 1822 Pläne für die Neugestaltung der nördlichen Spreeinsel vor, dort wurde 1825 mit dem Bau des Alten Museums begonnen. 1821 wurde das Schauspielhaus am Gendarmenmarkt eröffnet.

Bevölkerungswachstum und Industrialisierung

In den folgenden Jahrzehnten bis um 1850 verdoppelte sich die Zahl der Einwohner, von 200 000 auf 400 000. Berlin wurde nach London, Paris und Sankt Petersburg die viertgrößte Stadt Europas. Die damit verbundenen sozialen Probleme und die Wohnungsnot führten zu einem gewaltigen Bauboom. Insbesondere im Innenstadtbereich entstanden auf engstem Raum Mietshäuser. Außerhalb der Stadtmauern siedelten sich neue Fabriken an, in denen die Zuwanderer als Arbeiter oder Tagelöhner beschäftigt wurden. Wichtige Firmen waren: die Königlich Preußische Eisengießerei, die Maschinenbauanstalt von August Borsig, die Werke von Louis Schwartzkopff, Julius Pintsch oder Heinrich Ferdinand Eckert. Die erste Eisenbahn in Preußen, die Berlin-Potsdamer Eisenbahn, nahm 1838 ihren Betrieb auf. Die erste von Borsig gebaute Lokomotive fuhr 1841 vom neuen Anhalter

Bahnhof. Der Stettiner Bahnhof nahm 1842 den Betrieb auf. Im selben Jahr wurde auch der Frankfurter Bahnhof eröffnet, der als einziger innerhalb der Zollmauer lag. Der fünfte Kopfbahnhof wurde 1846 als Hamburger Bahnhof eingeweiht.

Von der Berliner Sternwarte in der Dorotheenstraße wurde bis Ende 1832 eine optische Telegrafenlinie über Potsdam bis Magdeburg fertiggestellt, deren Verlängerung später bis Koblenz erfolgte.

Das erste Warenhaus Berlins, das Kaufhaus Gerson, eröffnete 1849 am Werderschen Markt. Ab 1825 wurde vor allem für die Straßenbeleuchtung eine zentrale Gasversorgung aufgebaut.

Die Berliner Münze bezog 1800 ihr neues Gebäude am Werderschen Markt. In der Jägerstraße residierte die 1765 gegründete Königliche Hauptbank (ab 1847 Preußische Bank, aus der 1876 die Reichsbank hervorging). Seit 1815 hatte das Bankhaus Mendelssohn seinen Sitz in der Jägerstraße. In der Nachbarschaft war das Gebäude der staatlichen Seehandlungsgesellschaft. Wichtig für die Finanzierung der Industrie wurde die 1856 gegründete Berliner Handels-Gesellschaft, die zwischen Französischer Straße und Behrenstraße ihren Sitz hatte. Die 1851 gegründete Disconto-Gesellschaft, eine der größten deutschen Bankgesellschaften, residierte Unter den Linden. Die Gegend entwickelte sich zum führenden Zentrum der Finanzwirtschaft in Deutschland.

In den 1820er-Jahren bildete sich die Friedrich-Wilhelm-Stadt als eigener Stadtteil heraus. Bis 1841 wurden die Stadtgrenzen über die Zollmauer erweitert, die Oranienburger und Rosenthaler Vorstadt kamen hinzu, ebenso die äußere Luisenstadt, das äußere Stralauer Viertel und das äußere Königsviertel sowie die Friedrichsvorstadt.

Peter Joseph Lenné übernahm ab 1840 die stadtbaulichen Planungen. Aufbauend unter anderem auf Ideen von Schinkel legte er 1840 die »Projectirten Schmuck- und Grenzzüge von Berlin mit nächster Umgebung« vor, worin der Ausbau des Landwehrkanals vorgeschlagen wurde. Mit dem 1852 fertiggestellten Luisenstädtischen Kanal sollte der neue Stadtteil einen attraktiven Freiraum erhalten.

Das Königreich Preußen wurde 1850 konstitutionelle Monarchie. Die zwei Kammern des Preußischen Landtags, Herrenhaus und Abgeordnetenhaus, hatten ihren Sitz in Berlin. Durch den Zusammenschluss der deutschen Zollsysteme zum Deutschen Zollverein (1834) wurden die Bedingungen für die Berliner Wirtschaft weiter verbessert.

Eine bedeutende Stadterweiterung erfolgte 1861. Wedding mit Gesundbrunnen, Moabit, die Tempelhofer und Schöneberger Vorstädte und die äußere Dorotheenstadt wurden eingemeindet.

Barrikadenkämpfe 1848 und politische Neuausrichtung
Trotz aller Fortschritte blieben die politischen Spannungen erhalten. Der Tod Königs Friedrich Wilhelm III. und der Regierungsantritt von Friedrich Wilhelm IV. änderten an den bestehenden Zuständen wenig. Die erstarkenden Handwerksbetriebe schlossen sich im Jahr 1844 zum Berliner Handwerker-Verein zusammen und nahmen damit auch auf die politische Bildung des Mittelstandes Einfluss. Missernten und die zunehmende Verfolgung Andersdenkender führten zu ersten Unruhen in der Stadt.

Am 18. März 1848 kam es zu einer großen Kundgebung, an der sich rund 10 000 Berliner beteiligten. Die königstreuen Truppen marschierten auf und es kam zu Barrikadenkämpfen. Bis zum Ende der Märzrevolution am 21. März kamen 192 Personen ums Leben. Am 14. Juni 1848 wurde das Zeughaus gestürmt und geplündert.

Infolge des Aufstands kam es zu zahlreichen Zugeständnissen seitens des Königs; vor allem wurde die Presse- und Versammlungsfreiheit eingeführt, es entstanden erste politische Vereinigungen als Vorläufer späterer Parteien. Ende 1848 wurde ein neuer Magistrat gewählt. Der seit 1834 amtierende Oberbürgermeister Heinrich Wilhelm Krausnick wurde durch Franz Christian Naunyn abgelöst. Zur Beschäftigung der Erwerbslosen wurden Notstandsarbeiten eingeführt. Sie führten zum schnellen Ausbau des Berliner Wasserstraßensystems. Diese Verbesserungen waren jedoch nicht nachhaltig. Im Spätherbst 1848 setzte der König ein neues Kabinett ein, stationierte preußische Truppen in Berlin und schließlich wurde der Belagerungszustand ausgerufen.

Die Zeit der Reaktion bis zur Gründung des Kaiserreiches 1871
Im März 1850 wurde eine neue Stadtverfassung und Gemeindeordnung beschlossen. Die Presse- und Versammlungsfreiheit wurde wieder aufgehoben, ein neues Dreiklassenwahlrecht eingeführt und die Befugnisse der Stadtverordneten stark eingeschränkt.

Im Jahr 1861 wurde Wilhelm I. neuer König.

1861 wurde das Stadtgebiet durch die Eingemeindung von Wedding und Moabit sowie der Tempelhofer und Schöneberger Vorstadt erweitert.

Das rapide Bevölkerungswachstum führte erneut zu großen Problemen. Während der Amtszeit des Oberbürgermeisters Karl Theodor Seydel wurde das Verkehrswesen erneuert, der Bau der Berliner Ringbahn führte zur besseren Verbindung der Berliner Kopfbahnhöfe. Das erste kommunale Krankenhaus entstand im Friedrichshain. 1862 trat der Hobrecht-Plan in Kraft, der die Bebauung von Berlin und seines Umlandes in geordnete Bahnen lenken sollte. Der Bau von Wasserversorgung und Kanalisation unter maßgeblicher Beteiligung von Rudolf Virchow schuf wesentliche Voraussetzungen für die moderne Stadt. Der Neubau des Roten Rathauses wurde 1869 fertiggestellt.

Die ersten Postbezirke für Berlin wurden 1862 festgelegt. Das Haupttelegrafenamt zwischen Französischer und Jägerstraße entstand ab 1863. Zwei Jahre später ging das Rohrpostsystem in Betrieb. 1910–1916 wurde das neue Haupttelegrafenamt in der Oranienburger Straße gebaut, in unmittelbarer Nähe liegt das 1881 fertiggestellte Postfuhramt. Für das Hofpostamt wurde bis 1882 ein Neubau errichtet.

Die ersten Plakatsäulen von Ernst Litfaß wurden 1855 aufgestellt.

Vor allem im Nordosten der Stadt entstanden mehrere große Brauereien, unter anderem das Unternehmen von Julius Bötzow, die Schultheiss-Brauerei von Richard Roesicke, die Aktienbrauerei Friedrichshöhe von Georg Patzenhofer und Friedrich Goldschmidt sowie das Böhmische Brauhaus von Armand Knoblauch.

Hauptstadt des Deutschen Kaiserreiches 1871–1918

Unter der Führung Preußens kam es nach Ende des Deutsch-Französischen Kriegs zur Kleindeutschen Lösung; 1871 wurde das Deutsche Reich gegründet, Wilhelm I. wurde Kaiser, Otto von Bismarck Reichskanzler und Berlin zur Hauptstadt des Reiches.

Berlin war inzwischen zu einer Industriestadt mit 800 000 Einwohnern angewachsen. Mit diesem Wachstum konnte die Infrastruktur nicht mithalten. 1873 wurde der Bau der Kanalisation begonnen und 1893 abgeschlossen. Auf den Boom der Gründerzeit folgte der Gründerkrach und in der zweiten Hälfte der 1870er-Jahre eine Wirtschaftskrise.

Die weiterhin rasant wachsende Industrie Berlins brachte eine starke Arbeiterbewegung hervor.

Nach der Reichsgründung von 1871 bestand in der Hauptstadt Berlin ein Bedarf an repräsentativen Regierungsgebäuden. Der Bau des neuen Reichstagsgebäudes begann 1884 am Königsplatz. Nach der Fertigstellung 1894 wurde am alten Standort zwischen Leipziger Straße und heutiger Niederkirchnerstraße ein Gebäudekomplex für das Preußische Herrenhaus und den Preußischen Landtag (1892–1904) errichtet.

Johann Heinrich Gustav Meyer wurde 1870 Gartendirektor von Berlin und plante mehrere Parks wie den Volkspark Friedrichshain, den Volkspark Humboldthain, den Treptower Park oder den Kleinen Tiergarten.

Preußisches Abgeordnetenhaus

Zwischen 1899 und 1912 wurden die Heilanstalten in Buch, das Rudolf-Virchow-Krankenhaus und der Osthafen gebaut sowie der Schillerpark angelegt.

Bereits in 1860er-Jahren hatte die öffentliche Hand mit dem Ankauf von Grundstücken im historischen Stadtkern begonnen. Durch die Neubebauung mit Gebäuden für kommunale Einrichtungen wurde die Berliner Altstadt zu einem modernen Stadtzentrum. Der Bau des Berliner Rathauses erfolgte zwischen 1860 und 1869. Durch das schnelle Stadtwachstum war das Rote Rathaus bald zu klein und es wurde ein »zweites Rathaus« benötigt. 1902–1911 entstand daher das Alte Stadthaus. In der Dircksenstraße wurde 1886–1890 das Polizeipräsidium gebaut. Das Land- und Amtsgericht in der Littenstraße errichtete man zwischen 1896 und 1905.

Am Rande des Zeitungsviertels in der südlichen Friedrichstadt wurde 1879 an der Oranienstraße in Kreuzberg die Reichsdruckerei gegründet, die hoheitlichen Wertdruck wie Banknoten und Briefmarken zentral für das Deutsche Kaiserreich herstellte.

Um den Alexanderplatz besser mit der Friedrichstadt zu verbinden, erfolgte 1891 der Durchbruch der Kaiser-Wilhelm-Straße durch die Berliner Altstadt. Die Berliner Stadtbahn wurde ab 1883 gebaut und folgt teilweise dem Verlauf des alten Festungsgrabens. Zur Bewältigung des stark angewachsenen Verkehrs begann 1896 die Konstruktion der U-Bahn und der Vorortstrecken.

Nach Plänen des Architekten Alfred Messel entstand zwischen 1896 und 1906 an der Leipziger Straße ein Wertheim-Warenhaus, 1907 wurde das Kaufhaus des Westens eröffnet, beide zählten zu den größten Warenhäusern Europas. Das Gebiet um den Kurfürstendamm entwickelte sich zur zweiten Berliner City. Weitere City-Bereiche waren das Regierungsviertel Wilhelmstraße, das Bankenviertel, das Zeitungsviertel und das Konfektionsviertel. Im Exportviertel Ritterstraße konzentrierten sich Unternehmen der Luxuswarenherstellung. Die bedeutendsten Geschäftsstraßen waren Friedrichstraße, Leipziger Straße und Unter den Linden. Als renommierteste Hotels galten das Kaiserhof, das Bristol, das Adlon und das Esplanade.

Mit dem Bau des ersten Blockkraftwerks in der Schadowstraße begann in den 1880er-Jahren die Elektrifizierung der Berliner Innenstadt. Die Städtischen Electricitäts-Werke (später: BEWAG) wurden 1884 gegründet, und das erste öffentliche Kraftwerk ging 1885 in der Markgrafenstraße in Betrieb. Emil Rathenau gründete 1883 die Deutsche Edison-Gesellschaft für angewandte Elektricität, die sich unter dem Namen AEG innerhalb weniger Jahrzehnte zum größten deutschen Industrieunternehmen entwickelte. Bereits 1847 hatte Werner von Siemens die Telegraphen Bau-Anstalt von Siemens & Halske gegründet.

Für die AEG entwarf Peter Behrens moderne Industriebauten, wie die AEG-Turbinenfabrik von 1909 in Moabit oder die Werke im Wedding. Zwischen Charlottenburg und Spandau entstand mit der Siemensstadt ein ganzer Stadtteil, der von der Elektroindustrie geprägt wurde. Dort finden sich bedeutende Bauten der Industriearchitektur, wie die Dynamohalle oder das in den 1920er-Jahren von Hans Hertlein errichtete Schaltwerk. Die flächendeckende Elektrifizierung erfolgte in den 1920er- und 1930er-Jahren. Siemens stellte 1881 in Lichterfelde die erste elektrisch betriebene Straßenbahn vor. Die erste U-Bahnstrecke vom Stralauer Tor zum Potsdamer Platz wurde 1902 eröffnet.

Ernst Schering gründete 1864 seine chemische Fabrik, und aus dem Zusammenschluss der Unternehmen von Paul Mendelssohn Bartholdy, Carl Alexander von Martius und Max August Jordan entstand 1873 die Actien-Gesellschaft für Anilin-Fabrikation (Agfa).

Die Physikalisch-Technische Reichsanstalt nahm 1887 ihre Arbeit auf. Ihr erster Präsident war der Physiker Hermann von Helmholtz. Die 1911 gegründete Kaiser-Wilhelm-Gesellschaft als Trägerin der in der Grundlagenforschung führenden Kaiser-Wilhelm-Institute war in Berlin ansässig. Mehrere Kaiser-Wilhelm-Institute entstanden in Dahlem. Die Urania-Gesellschaft, eine neuartige Bildungseinrichtung, wurde 1888 gegründet.

Ein Beispiel für die typische Berliner Mischung von Wohnen und Arbeiten in der Innenstadt sind die Hackeschen Höfe.

In den vom Hobrecht-Plan vorgesehenen Bereichen, den heutigen Stadtteilen Kreuzberg, Prenzlauer Berg, Friedrichshain und Wedding, begann der Bau von billigem Wohnraum für Arbeiter. Diese überbelegten Wohngebiete waren durch dichte Bebauung, lichtarme Höfe, Kellerwohnungen und mangelnde sanitäre Ausstattung geprägt. Industriebetriebe verursachten Luftverschmutzung und Lärm. Im Südwesten der Stadt entstanden ab 1850 großzügige und weit ausgedehnte Villenkolonien für das wohlhabende Bürgertum, beispielsweise in Lichterfelde. Weitere Villenviertel folgten im Westen gegen Ende des 19. Jahrhunderts, zum Beispiel Grunewald oder Westend. Entlang der damals neuen Kaiserstraße, die Lichterfelde mit Charlottenburg verband, bildeten sich die bürgerlichen Wohnviertel Friedenau und Wilmersdorf.

Die Gesellschaft von Salomon und Georg Haberland baute das Viertel um den Viktoria-Luise-Platz, das Bayerische Viertel und das Rheingauviertel. Ab der Jahrhundertwende entstanden vor der Stadt einige Gartenstädte wie die Baugenossenschaft »Freie Scholle« in Tegel, die Waldsiedlung Hakenfelde, die Gartenstadt Staaken oder die Gartenstadt Falkenberg. Die im Reformbaustil errichteten Wohnhäuser um den Rüdesheimer Platz versuchten Gartenstadt und Großstadt zu verbinden. Mit dem Reichsgenossenschaftsgesetz von 1889 wurde die Gründung von Wohnungsbaugenossenschaften möglich. In den folgenden Jahren entstanden eine Reihe gemeinnütziger Wohnanlagen, zum Beispiel von Paul Mebes für den Beamten-Wohnungs-Verein, von Alfred Messel in der Proskauer Straße und das Weißbachviertel (beide in Friedrichshain).

Otto Lilienthal führte seine Versuchsflüge durch und in Johannisthal eröffnete 1909 der erste Motorflugplatz Deutschlands.

Der Erste Weltkrieg führte in Berlin zu Hungersnöten. Im Winter 1916/1917 waren 150 000 Menschen auf Hungerhilfe angewiesen; Streiks brachen aus. Als 1918 der Krieg endete, dankte Wilhelm II. ab. Der Sozialdemokrat Philipp Scheidemann und der Kommunist

Karl Liebknecht riefen nach der Novemberrevolution die Republik aus. In den nächsten Monaten kam es in Berlin zu zahlreichen Straßenkämpfen.

In den ersten Jahren der Weimarer Republik war Berlin Schauplatz gewaltsamer innenpolitischer Auseinandersetzungen. Zur Jahreswende 1918/1919 wurde in Berlin die Kommunistische Partei Deutschlands (KPD) gegründet. Im Spartakusaufstand im Januar 1919 versuchte sie die Macht an sich zu reißen. Doch die Revolte scheiterte und rechtsgerichtete Truppen töteten am 15. Januar 1919 Rosa Luxemburg und Karl Liebknecht. Ein Jahr darauf, am 13. Januar 1920, während die Nationalversammlung im Reichstag über das Betriebsrätegesetz verhandelte, fand vor dem Haus eine Demonstration gegen den Gesetzesvorschlag statt. Dazu hatten die linken Oppositionsparteien USPD und KPD aufgerufen, die dann aber die 100 000 Demonstranten dem Selbstlauf überließen. Als die Menge das Gebäude zu stürmen drohte, eröffnete die Polizei das Feuer und tötete mindestens 20 Menschen, über 100 wurden verletzt. Damit handelte es sich um die blutigste Demonstration der deutschen Geschichte. Im März 1920 versuchte Wolfgang Kapp an der Spitze von Freikorpsformationen im Kapp-Putsch die sozialdemokratische Regierung zu stürzen und eine Militärherrschaft zu errichten. Die Berliner Reichswehrtruppen sympathisierten mit den Putschisten, verhielten sich jedoch weitgehend neutral. Während die Regierung Berlin verlassen hatte, brach der Putsch infolge eines reichsweiten Generalstreiks nach fünf Tagen zusammen.

Am 1. Oktober 1920 wurde durch das Gesetz über die Bildung einer neuen Stadtgemeinde Groß-Berlin gegründet. Dabei wurde Berlin mit sieben weiteren Städten, nämlich Charlottenburg, Köpenick, Lichtenberg, Neukölln, Schöneberg, Spandau und Wilmersdorf, 59 Landgemeinden und 27 Gutsbezirken zu einer Gemeinde unter dem Namen Berlin verschmolzen. Groß-Berlin hatte damals 3 804 048 Einwohner und wurde damit nach New York, London, Tokio und Paris zur fünftgrößten Stadt der Welt sowie zur größten Industriestadt Europas.

Seit der Wahl zur Berliner Stadtverordnetenversammlung von 1919 galt das Frauenwahlrecht, das Wahlalter wurde von 25 auf 20 Jahre herabgesetzt und das Dreiklassenwahlrecht abgeschafft.

Im Jahr 1922 wurde Außenminister Walther Rathenau in Berlin ermordet. Die Stadt war schockiert: eine halbe Million Menschen kamen zu seiner Beerdigung.

Die ersten Jahre der jungen Republik waren von wirtschaftlichen Problemen geprägt. Die Arbeitslosigkeit war hoch. Die

Geldentwertung verschärfte sich und erreichte im Herbst 1923 ihren Höhepunkt. Zudem hatte Deutschland durch den Friedensvertrag von Versailles hohe Reparationen zu zahlen. Ab 1924 besserte sich die Situation auf der Basis neuer Vereinbarungen mit den Alliierten, amerikanischer Hilfe (Dawes-Plan) und einer besseren Finanzpolitik. Die Hochzeit Berlins, die sogenannten Goldenen Zwanziger Jahre, begannen. Personen wie der Architekt Walter Gropius, der Physiker Albert Einstein, der Maler George Grosz, Schriftsteller wie Arnold Zweig, Bertolt Brecht und Kurt Tucholsky, die Schauspielerin Marlene Dietrich und Regisseure wie Friedrich Wilhelm Murnau, Fritz Lang und Max Reinhardt machten Berlin zum kulturellen Zentrum Europas.

Die Gegend zwischen Lützowplatz und Potsdamer Platz war Wohnort vieler Künstler, und Kunsthändler wie Alfred Flechtheim hatten hier ihre Galerien. Zum bevorzugten Treffpunkt wurde das Romanische Café am Kurfürstendamm. Ein weiteres kulturelles Zentrum im Berliner Westen war das Viertel um den Prager Platz, wo viele Künstler, Schauspieler und Schriftsteller lebten.

Im Jahr 1924 eröffnete der Flughafen Tempelhof. Im gleichen Jahr fand auch die erste Funkausstellung auf dem Messegelände statt, die erste »Grüne Woche« folgte 1926. Berlin wurde zum zweitgrößten Binnenhafen des Landes. Die ab 1924 nach und nach elektrifizierten Berliner Stadt-, Ring- und Vorortbahnen wurden 1930 unter dem Namen S-Bahn zusammengefasst – eine Infrastruktur, die zur Versorgung der über 4 Millionen Berliner benötigt wurde. Mit der Ausstrahlung der ersten Unterhaltungssendung begann 1923 im Vox-Haus die Geschichte des deutschen Rundfunks. 1926 wurde der Funkturm eingeweiht. Das von Hans Poelzig entworfene Haus des Rundfunks wurde 1931 eingeweiht. Die autobahnähnliche Renn- und Versuchsstrecke AVUS wurde 1921 eröffnet. Zwischen 1930 und 1933 führte der Verein für Raumschiffahrt auf dem Raketenflugplatz Berlin in Tegel erste Raketenversuche durch.

Erwin Barth gestaltete den Klausenerplatz, die neuen Anlagen von Lietzenseepark, den Volkspark Jungfernheide sowie den Volkspark Rehberge. Um die dicht bebaute Innenstadt herum entstand ein grüner Parkring. Das neue Strandbad Wannsee wurde 1930 eingeweiht. Zudem begann unter dem Stadtbaurat Martin Wagner zur Linderung der Wohnungsnot der Bau von Großsiedlungen durch gemeinnützige Wohnungsunternehmen.

Der Alexanderplatz wurde ab Ende der 1920er-Jahre umgestaltet; das Berolina- und das Alexanderhaus entstanden nach Plänen von Peter Behrens. Den U-Bahnhof unter dem Platz entwarf Alfred

Grenander. Am Lehniner Platz wurde der WOGA-Komplex mit dem Universum-Kino gebaut und am Potsdamer Platz das Columbushaus von Erich Mendelsohn.

Die Zeit des Aufschwungs endete im Jahr 1929 mit der Weltwirtschaftskrise. Im November 1929 gewann die NSDAP ihre ersten Sitze in der Stadtverordnetenversammlung (5,8 Prozent der Stimmen, 13 Mandate). Die NSDAP schnitt bei Wahlen in Berlin bis 1933 signifikant schlechter ab als im Reichsdurchschnitt. Bei der Reichstagswahl im Juli 1932 erhielt sie in Steglitz 42,1 und in Zehlendorf 36,3, im Wedding aber nur 19,3 und in Friedrichshain 21,6 Prozent der Stimmen. Am 20. Juli 1932 wurde die preußische Regierung unter Otto Braun in Berlin durch einen Staatsstreich der rechtskonservativen Reichsregierung, den sogenannten Preußenschlag, abgesetzt. Am 30. Januar 1933 wurde Hitler, der seit 1931 im Hotel Kaiserhof logierte, zum Reichskanzler ernannt.

Zeit des Nationalsozialismus

Die Jahre 1932–1935

In den Jahren der Weimarer Republik war das bei der politischen Rechten verhasste »rote Berlin« eine Wähler- und Mitgliederhochburg von KPD und SPD gewesen. Bis 1933 waren alle Versuche des 1926 ernannten NSDAP-Gauleiters Joseph Goebbels, die strukturelle Dominanz der Linksparteien zu brechen, erfolglos geblieben. Das gelang erst durch die im Anschluss an den Reichstagsbrand ausgelöste Terrorwelle, die im Juni 1933 mit der »Köpenicker Blutwoche« einen lokalen Höhepunkt erreichte. Der seit 1931 amtierende Oberbürgermeister Heinrich Sahm trieb 1933 zusammen mit Julius Lippert, dem zum Staatskommissar ernannten NSDAP-Fraktionschef in der Stadtverordnetenversammlung, die »Säuberung« der städtischen Körperschaften und Behörden voran und trat noch 1933 in die NSDAP ein. Geschätzt wird, dass bis Ende 1933 rund 30 000 Menschen aus politischen Gründen inhaftiert, viele in den über 100 SA-Lokalen und »wilden« Konzentrationslagern misshandelt, nicht wenige auch getötet wurden.

Das Olympiajahr 1936

Im Jahr 1936 wurden in Berlin die Olympischen Sommerspiele abgehalten, sie waren bereits vor 1933 an Berlin vergeben worden. Die Nationalsozialisten nutzten die Spiele zur Propaganda. In diese Zeit fallen auch die Planungen der Nationalsozialisten, Berlin zur

»Welthauptstadt Germania« auszubauen. Nach Plänen des Architekten Albert Speer sollten gigantische Zentralachsen in Berlin realisiert werden, an denen die Errichtung von Monumentalbauten vorgesehen war.

Die Judenverfolgungen in Berlin

Um 1933 lebten etwa 160 000 Juden in Berlin, etwa ein Drittel aller deutschen Juden und etwa vier Prozent der Bevölkerung der Stadt. Ein Drittel davon waren arme Immigranten aus Osteuropa, die hauptsächlich im Scheunenviertel nahe dem Alexanderplatz lebten.

Vom 9. bis 10. November 1938 brannten in Berlin infolge des reichsweit organisierten Pogroms die Synagogen. Jüdische Geschäfte und Wohnungen wurden demoliert. Die Zwangsauswanderung in Verbindung mit »Arisierungen« (Enteignungen) wurde vorangetrieben. Um 1939 lebten noch rund 75 000 Juden in Berlin.

Am 18. Oktober 1941 ging vom Bahnhof Grunewald der erste von insgesamt 63 Transporten mit Juden ins damalige Litzmannstadt (heute Łódź) ab. Der Holocaust begann. 50 000 Berliner Juden wurden in die Konzentrationslager verschleppt, wo die meisten ermordet wurden. Nur rund 1 200 Juden überlebten in Berlin die Kriegsjahre, indem sie sich – auch mit Hilfe von Judenrettern – versteckten.

Der Zweite Weltkrieg in Berlin

Am 1. September 1939 begann der Zweite Weltkrieg, von dem Berlin anfangs wenig betroffen war. Die ersten britischen Fliegerangriffe auf Berlin fanden 1940 statt. Da sich die Stadt jedoch außerhalb der Reichweite der Bomber befand, waren die ersten Schäden noch relativ gering.

Zu Kriegsende waren Teile der Innenstadt komplett zerstört. Die äußeren Bezirke erlitten geringere Beschädigungen. Im Schnitt waren ein Fünftel (50 Prozent in der Innenstadt) der Berliner Gebäude zerstört.

Die Verkehrsinfrastruktur war größtenteils lahmgelegt; die Versorgungslage war bis nach dem Ende des Krieges katastrophal. Ab dem 21. April 1945 eroberten sowjetische und polnische Verbände in der Schlacht um Berlin die Stadt. Hitler tötete sich am 30. April 1945 im Führerbunker unter der Reichskanzlei. Am Morgen des 2. Mai kapitulierte Berlins Kampfkommandant General Weidling und das Regierungsviertel wurde von der Roten Armee besetzt. In den nächsten Wochen übte der sowjetische Generaloberst Bersarin als Stadtkommandant die Macht in Berlin aus.

Das Kriegsende

Nach dem Kriegsende lag Berlin in Schutt und Asche: 28,5 Quadratkilometer des Stadtgebietes lagen in Trümmern, 600 000 Wohnungen waren total zerstört, 100 000 beschädigt, jedes zweite Kaufhaus war eine Ruine. Seit Kriegsbeginn 1939 hatte die Stadt über 1,5 Millionen Einwohner verloren; neben Kriegstoten, -gefangenen, ermordeten und vertriebenen NS-Opfern sind als größte Gruppe die nicht aus der luftkriegsbedingten Evakuierung zurückgekehrten Berliner zu nennen.

Auf der Konferenz von Jalta vom 2. bis 11. Februar 1945 beschlossen die Alliierten, Deutschland in vier Besatzungszonen und Berlin in vier Sektoren aufzuteilen, von denen jeder von einem der Alliierten (Großbritannien, Frankreich, den USA und der Sowjetunion) kontrolliert wurde. Dazu zogen sich die sowjetischen Streitkräfte im Sommer 1945 aus den Westsektoren zurück, die sie nach der Schlacht um Berlin bis dahin besetzt hatten. Noch im Mai hatte die sowjetische Stadtkommandantur einen ersten Magistrat unter Arthur Werner und eine auf KPD-Mitglieder gestützte Stadtverwaltung eingesetzt. In der Zeit vom 1. bis 4. Juli 1945 trafen die amerikanischen und britischen Besatzungstruppen sowie eine Vorausabteilung des französischen Kontingents in den ihnen zugewiesenen Sektoren ein. Trotz der Sektorenaufteilung wurde Berlin weiter von einer gemeinsamen alliierten Kommandantur verwaltet. Schon bald gab es sich verschärfende politische Konflikte zwischen den Westalliierten und der Sowjetunion.

Am 20. Oktober 1946 fand die erste Wahl zur Stadtverordnetenversammlung von Groß-Berlin in allen vier Besatzungszonen gemeinsam statt und endete mit einem deutlichen Sieg der SPD vor CDU und SED. Es folgten zunehmende Auseinandersetzungen in der Verwaltung und in der Stadtverordnetenversammlung.

Am 5. Dezember 1948 sollte eine erneute gemeinsame Wahl zur Stadtverordnetenversammlung von Groß-Berlin stattfinden, die jedoch nur in West-Berlin durchgeführt werden konnte, weil die sowjetische Besatzungsmacht sie in ihrem Sektor verboten hatte. Die SED-Fraktion hatte am 30. November 1948 eine »Stadtverordnetenversammlung« unter Teilnahme von Hunderten angeblicher Abordnungen der Ost-Berliner Betriebe durchgeführt, auf der der rechtmäßig gewählte Magistrat für abgesetzt erklärt wurde und Friedrich Ebert (der Sohn des ehemaligen Reichspräsidenten) zum Oberbürgermeister »gewählt« wurde.

Berlin-Blockade und Luftbrücke

Im Juni 1948 blockierten sowjetische Truppen sämtliche Straßen- und Schienenverbindungen durch die sowjetische Zone Richtung

Das Luftbrückendenkmal vor dem Flughafen Tempelhof

West-Berlin, in der Hoffnung, die wirtschaftliche Kontrolle über die gesamte Stadt wiederzuerlangen. Der in Ost-Berlin residierende Magistrat von Groß-Berlin verteilte an alle West-Berliner Lebensmittelkarten, die jedoch zumeist nicht in Anspruch genommen wurden. Die Blockade war mehr symbolischer Art und behinderte ausschließlich den Gütertransport aus Westdeutschland. Die West-Berliner jedoch fühlten sich in Anbetracht der politischen Verhältnisse um sie herum stärker dem westdeutschen Wirtschaftsraum zugehörig und verzichteten auf den Warenverkehr mit den östlichen Stadtbezirken und dem Umland.

Die Regierung der Vereinigten Staaten reagierte, indem sie die Luftbrücke einrichtete, bei der Nahrung, Heizstoffe und andere Versorgungsgüter in die Stadt eingeflogen wurden. Die Luftbrücke blieb bis September 1949 bestehen, obwohl die Blockade am 12. Mai 1949 aufgehoben wurde. Als Teil des Projekts erweiterten Ingenieure der US-Armee den Flughafen Tempelhof. Da die Piloten bei ihrer Landung gelegentlich Süßigkeiten für Kinder aus dem Fenster warfen, wurden die Flugzeuge von den Berlinern Rosinenbomber genannt. Pakete mit Süßigkeiten wurden auch über Ost-Berlin abgeworfen.

Das Ziel der Sowjetunion, West-Berlin wirtschaftlich mit seinem Umland zu verzahnen und eine dauerhafte wirtschaftliche Loslösung zu verhindern, misslang. Mehr noch: Die West-Berliner Bevölkerung fühlte sich nach der Blockade politisch und wirtschaftlich noch stärker mit Westdeutschland verbunden als zuvor. Nach der wirtschaftlichen Teilung war die politische Teilung somit nicht mehr aufzuhalten.

West-Berlin/Ost-Berlin

Der Aufstand vom 17. Juni in der DDR

Am 17. Juni 1953 begann in Ost-Berlin eine Demonstration von anfänglich 60 Bauarbeitern, die später als Volksaufstand bekannt wurde. Am Beginn war es nur Protest über eine kürzlich von der DDR-Regierung beschlossene Arbeitsnormerhöhung. Ihren Ausgang nahm die Demonstration an der im Bau befindlichen Stalinallee (heute: Karl-Marx-Allee). Als insbesondere der RIAS von der Demonstration berichtete, solidarisierten sich viele Ost-Berliner mit dem Protestzug und reihten sich ein. Unterstützung erhielten die Ost-Berliner, die zum Potsdamer Platz zogen, von Berlinern aus den Westbezirken. Auch in zahlreichen Städten der DDR kam es zu Arbeitsniederlegungen und Demonstrationen.

Als der Aufstand außer Kontrolle zu geraten drohte, rief die Regierung der DDR sowjetische Truppen zur Hilfe. Es kam zu Straßenkämpfen, bei denen auf kaum bewaffnete Arbeiter scharf geschossen wurde. Die Niederschlagung des Aufstandes kostete mindestens 153 Personen das Leben. Die Beteiligung von West-Berliner Arbeitern, die Berichterstattung des RIAS, Angriffe auf Volkspolizisten und das Niederbrennen des Columbushauses nutzte die DDR-Regierung, um den Aufstand als konterrevolutionär und von West-Berlin gesteuert zu bezeichnen. Die unbeliebten Normerhöhungen wurden dennoch zurückgenommen und Kampfgruppen aus politisch besonders linientreuen Bürgern gegründet, um zukünftige Aufstände ohne sowjetische Soldaten niederschlagen zu können.

Mauerbau

Am 13. August 1961 begann die ostdeutsche Regierung mit dem Bau der Berliner Mauer, die die Trennung Berlins endgültig machte. Der Plan zum Bau der Mauer war ein Staatsgeheimnis der DDR-Regierung und sollte die Emigration der ostdeutschen Bevölkerung in den Westen verhindern, da die DDR wirtschaftlich und personell auszubluten drohte (sogenannte Abstimmung mit den Füßen).

Als die ersten Steinblöcke in den frühen Morgenstunden am Potsdamer Platz gelegt wurden, standen amerikanische Truppen mit scharfer Munition bereit, ließen den Bau der Mauer jedoch geschehen. Zwar wurden die Westalliierten durch Gewährsleute über die Planung »drastischer Maßnahmen« zur Abriegelung von West-Berlin informiert, vom konkreten Zeitpunkt und Ausmaß der Absperrung gaben sie sich öffentlich überrascht. Da ihre Zugangsrechte nach West-Berlin nicht beschnitten wurden, griffen sie nicht militärisch ein.

US-Präsident John F. Kennedy besuchte am 26. Juni 1963 Berlin. Vor dem Rathaus Schöneberg hielt er eine Rede über die Mauer, in der er die historischen Worte sprach: »Ich bin ein Berliner«. Dies bedeutete den Berlinern in der demokratischen Insel inmitten der DDR viel, war jedoch in Anbetracht der amerikanischen Akzeptanz des Mauerbaus teilweise Symbolik. Für die Westalliierten und die DDR bedeutete die Mauer eine politische und militärische Stabilisierung, der Status quo von West-Berlin wurde im wahrsten Sinne des Wortes zementiert – die Sowjetunion gab ihre im Chruschtschow-Ultimatum noch 1958 formulierte Forderung nach einer entmilitarisierten, »freien« Stadt West-Berlin auf.

Im Jahr 1971 sicherte das Viermächteabkommen über Berlin die Erreichbarkeit West-Berlins und beendete die wirtschaftliche und politische Bedrohung, die mit einer Schließung der Zufahrtsrouten möglich gewesen wäre. Ferner bekräftigten alle vier Mächte die gemeinsame Verantwortung für ganz Berlin und stellten klar, dass West-Berlin kein Bestandteil der Bundesrepublik sei und nicht von ihr regiert werden dürfe. Während die Sowjetunion den Viermächtestatus nur auf West-Berlin bezog, unterstrichen die Westalliierten 1975 in einer Note an die Vereinten Nationen ihre Auffassung vom Viermächtestatus über Gesamt-Berlin.

Berlinpolitik

Der Westteil der Stadt wurde von der Bundesrepublik massiv subventioniert, auch um mit dem »Schaufenster des Westens« propagandistische Wirkung in der DDR zu entfalten. Unternehmen erhielten massive Investitionszuschüsse. Die Berlinzulage (genannt »Zitterprämie«), ein achtprozentiger Lohnaufschlag, sollte den fortgesetzten Arbeitskräftemangel lindern. Auch in Ost-Berlin wurden rund 50 Prozent des städtischen Haushalts aus der Staatskasse der DDR finanziert.

Stadtentwicklung

Der Kurfürstendamm im Westen und der Alexanderplatz im Osten wurden jeweils als neue repräsentative Zentren ausgebaut. Mit der Freien Universität Berlin wurde im Westteil 1948 eine eigene Universität gegründet. Weitere bedeutende Bauprojekte im Westen waren unter anderem die Kongresshalle, die anlässlich der Internationalen Bauausstellung Interbau 1957 entstandene Mustersiedlung Südliches Hansaviertel, das nach seinem Architekten benannte Corbusierhaus, die Stadtautobahn, die Berliner Philharmonie, die Neue Nationalgalerie von Ludwig Mies van der Rohe, das Europa-Center-Berlin, das Internationale Congress Centrum (ICC), das neue Gebäude der Deutschen Oper oder die Staatsbibliothek Preußischer Kulturbesitz (heute: Staatsbibliothek zu Berlin, Haus Potsdamer Straße) nach Plänen des Architekten Hans Scharoun. Parallel dazu sind historische Gebäude aufwendig restauriert worden, so beispielsweise der Martin-Gropius-Bau oder anlässlich der 750-Jahr-Feier 1987 der Hamburger Bahnhof. Den Wohnungsbau kennzeichneten seit den 1960er-Jahren mehrere Großwohnraumsiedlungen wie die Gropiusstadt in Neukölln, das Märkische Viertel in Reinickendorf oder das Falkenhagener Feld in Spandau. 1960 wurde Werner Düttmann zum Senatsbaudirektor von West-Berlin berufen. Das internationale Filmfestival Berlinale fand 1951 erstmals statt. Seit 1957 war der von Paul Schwebes entworfene Zoo Palast zentrales Wettbewerbskino.

Um 1955 wurde das DDR-Bauwesen nach überwiegend ökonomischen Kriterien neu ausgerichtet, der industrielle, typisierte Wohnungsbau begann. Größere Baustellen waren der Wohnkomplex Friedrichshain ab 1956, der zweite Bauabschnitt der Karl-Marx-Allee ab 1958 (ca. 4 500 Wohnungen) oder das Wohngebiet Fennpfuhl ab 1961. In der Luisenstadt begann 1958 der Bau des Neanderviertels (ab 1966 Heinrich-Heine-Viertel) mit Q3A-Typenbauten.

Im Osten begann in den 1970er-Jahren ein groß angelegtes Wohnungsbauprogramm, in dem ganze Stadtteile neu angelegt wurden, nachdem schon in den 1960er-Jahren insbesondere am Alexanderplatz repräsentative Neubauten einschließlich des Fernsehturms errichtet worden waren (Kongresshalle, Haus des Lehrers). Der Palast der Republik eröffnete 1976. 1984 wurde Schinkels Schauspielhaus als Konzerthaus Berlin völlig renoviert wiedereröffnet. Der Tierpark in Friedrichsfelde feierte 1955 seine Einweihung.

Von der »Kahlschlagsanierung« zur »behutsamen Stadterneuerung«

Mit dem Beschluss des ersten Stadterneuerungsprogramms 1963 setzte im Westteil Berlins ein großflächiger Abriss zehntausender

Wohnungen der innerstädtischen Quartiere aus dem späten 19. Jahrhundert ein (Mietskasernen). Diese Gebiete wurden nach den Vorstellungen des modernen Städtebaus völlig umgestaltet und neu bebaut. Das Viertel um die Brunnenstraße im Wedding wurde zum größten zusammenhängenden Sanierungsgebiet Deutschlands mit rund 17 000 Wohnungen. Dieser Umgang mit der Stadt wurde zunehmend kritisiert. Eine Wende brachte das Europäische Jahr des Denkmalschutzes 1975 – erstmals gelang es dem Architekten Hardt-Waltherr Hämer am Klausenerplatz in Charlottenburg einen Mietskasernenblock (Block 118) mit innerer Bebauung überwiegend zu erhalten.

Mitte der 1970er-Jahre hatten sich die politischen und ökonomischen Rahmenbedingungen geändert. Das Viermächteabkommen von 1971 bestätigte die Teilung Berlins, Planungen, die sich noch auf die ganze Stadt bezogen, wurden aufgegeben. Die »Ölkrise« leitete die langsame Abkehr von der autogerechten Stadt ein, sodass 1976 der Aufbau eines umfassenden Stadtautobahnsystems aufgegeben wurde. 1974 endete der Bau von Großsiedlungen am Stadtrand. Im selben Jahr wurde noch ein zweites Stadterneuerungsprogramm gestartet, welches einen höheren Anteil modernisierter Altbauwohnungen vorsah. Beispielsweise sollten bei der Sanierung des Stadtteils um den Chamissoplatz in Kreuzberg Platz, Straßen und Teile der alten Höfe erhalten bleiben. Allerdings wurden weiterhin Tausende Wohnungen aus der Gründerzeit abgerissen und durch städtebauliche Großformen ersetzt wie z. B. das Neue Kreuzberger Zentrum am Kottbusser Tor (1969–1974), die Autobahnüberbauung Schlangenbader Straße in Wilmersdorf (1976–1980) oder der »Sozialpalast« in Schöneberg (1977). Der gesellschaftliche Protest gegen die »Kahlschlagsanierungen« durch Hausbesetzungen erreichte zwischen 1979 und 1982 seinen Höhepunkt. Die städtebauliche Wende hin zur Wiedergewinnung der Innenstadt als Wohnort leitete 1978 der Beschluss zur Durchführung einer Internationalen Bauausstellung, der IBA 1984–1987, ein. Der »Kahlschlagpolitik« des Neubaus und dem modernen Städtebau wurden die Leitbilder der »behutsamen Stadterneuerung« und der »kritischen Rekonstruktion« gegenüber gestellt. Die Themen der IBA waren unter anderem ökologisches Bauen, Bürgerbeteiligung, neue Wohnformen, Umnutzung von Gebäuden, Mischung von Wohnen und Arbeiten und die fußgängerfreundliche Umgestaltung von Straßen.

Lösung der Wohnungsfrage als soziales Problem

Mit dem Regierungswechsel 1971 in der DDR wurde auf dem VIII. Parteitag der SED die Ausrichtung der künftigen Wirtschaftspolitik

festgelegt (Einheit von Wirtschafts- und Sozialpolitik) und ein lang-
fristiges Wohnungsbauprogramm eingeleitet. Das Politbüro des ZK
der SED beschloss 1976 den Neubau von rund 200 000 Wohnungen bis 1990 in Ost-Berlin. Das Ziel sollte durch die Errichtung von
Großsiedlungen am Stadtrand, Baulückenschluss in der Innenstadt
und durch Stadterneuerungsmaßnahmen erreicht werden. Bereits
1973 war mit der Sanierung der historischen Bausubstanz am Arnim-
platz begonnen worden, die auch für die West-Berliner Entwicklung
bedeutsam war. Ebenfalls in Prenzlauer Berg wurden die Häuser um
den Arkonaplatz von Mitte der 1970er- bis Mitte der 1980er-Jahre
restauriert. Diese beispielhaften Projekte führten auch in Ost-Berlin
zur Anerkennung des Wertes der historischen Bausubstanz, das 1979
erlassene Abrissverbot wurde in der Praxis allerdings häufig umgan-
gen. Die aufwendigen Stadterneuerungsmaßnahmen blieben letztlich
Einzelfälle, der überwiegende Altbaubestand verfiel weiter. Die Investitionen flossen vor allem in die großen Neubaugebiete. 1975–1987
wurden in Marzahn rund 62 000 Wohnungen errichtet und ein neuer
Stadtbezirk gegründet. Marzahn war damit das größte Wohnungsbau-
projekt der DDR. Ab 1979 folgte der Aufbau von Hohenschönhausen,
wo bis 1989 über 40 000 Wohnungen entstanden. In Hellersdorf wurden zwischen 1981 und Ende 1989 rund 34 000 Wohnungen gebaut.
In der ersten Hälfte der 1980er-Jahre entstand am Stadtrand in Köpenick das Salvador-Allende-Viertel II, eine weitere Großsiedlung in
Altglienicke (Treptow) war Mitte der 1980er-Jahre in Planung.

Im Vorfeld der 750-Jahr-Feier sollten zusätzlich 20 000 Neubau-
wohnungen entstehen und 10 000 Wohnungen modernisiert werden.
Bekanntere Beispiele sind die Restaurierungen der Husemannstraße
oder der Sophienstraße sowie von Teilen der Spandauer Vorstadt
(dort wurden historisierende Plattenbauten errichtet). Der Aufbau des
Nikolaiviertels kann als Variante der »kritischen Rekonstruktion« der
historischen Stadt gesehen werden. 1983–1986 wurde in Prenzlauer
Berg das Prestigeprojekt Ernst-Thälmann-Park errichtet.

Die »68er« im Westteil

Ab 1968 wurde West-Berlin Zentrum der Studentenrevolten, die von
der Freien Universität ausgingen und ihr Zentrum in Charlottenburg
hatten. Ein weiterer Brennpunkt war die Zentrale der Springer-Verlage
in der damaligen Kreuzberger Kochstraße (heute: Rudi-Dutschke-
Straße). Es ging hier um einen gesellschaftlichen Konflikt, der die
Bevölkerung spaltete. Studenten und Polizei standen sich dabei oft
gewalttätig gegenüber.

Ein Moment, der die Studentenbewegung aufrüttelte und aktivierte, war der 2. Juni 1967, als der pazifistische Student Benno Ohnesorg in der Nähe der Deutschen Oper bei einer Demonstration gegen den Besuch des Schahs von Persien von dem Polizisten Karl-Heinz Kurras erschossen wurde.

Terroranschläge im Westteil

Ab Anfang der 1970er Jahre entwickelte sich in West-Berlin eine Terroristenszene. Neben Personen aus der Roten Armee Fraktion war in West-Berlin auch die Bewegung 2. Juni aktiv, die sich nach dem Todesdatum von Benno Ohnesorg benannt hatte. Am 10. November 1974 wurde der Kammergerichtspräsident Günter von Drenkmann ermordet und 1975 der Vorsitzende der Berliner CDU, Peter Lorenz, von Terroristen entführt.

Hausbesetzerszene

Als Reaktion auf den Wohnungsmangel bei gleichzeitigem spekulationsbedingtem Leerstand entwickelte sich im östlichen Teil Kreuzbergs Ende der 1970er-Jahre eine vergleichsweise große und aktive Hausbesetzerbewegung. Im Juli 1981 erreichte die Anzahl der besetzten Häuser in Berlin mit 165 ihren Höhepunkt. Von diesen Besetzungen wurden 78 bis zum November 1984 durch den Abschluss von Miet-, Kauf- oder Pachtverträgen legalisiert, die Restlichen wurden geräumt.

Eine neue Hausbesetzerbewegung entwickelte sich 1989 in den Ost-Berliner Stadtteilen Friedrichshain und Prenzlauer Berg. Bei der Räumung der Mainzer Straße kam es zu schweren Straßenschlachten. Viele der Besetzungen wurden ähnlich wie bei der ersten Besetzungswelle legalisiert. Die letzten besetzten Häuser, die im Rahmen der »Berliner Linie« toleriert worden waren, ließ der Berliner Innensenator Jörg Schönbohm zwischen 1996 und 1998 räumen.

750-Jahr-Feier

Zwischen 1982 und 1986 wurden in Vorbereitung auf die umfangreichen 750-Jahr-Feierlichkeiten von 1987 in beiden Teilen der Stadt zahlreiche Verschönerungen vorgenommen. Beispielsweise wurden in West-Berlin der Breitscheidplatz und der Rathenauplatz neu gestaltet. Im Ostteil wurde das Nikolaiviertel mit historischen Versatzstücken als »neue« Altstadt gebaut. In Ost und West wurden auch S- und U-Bahnhöfe im Innenstadtbereich saniert und z. T. auch aufwendig künstlerisch ausgestaltet, wie der U-Bahnhof Klosterstraße in Ost-Berlin als »erfahrbares Museum«.

An Pfingsten fand vom 6. bis 8. Juni 1987 an drei aufeinanderfolgenden Tagen das Concert for Berlin statt. Das Konzertgelände lag beim Reichstag nahe der Mauer und es kam auf deren Ostseite zu Zusammenstößen zwischen jugendlichen Zuhörern und der Volkspolizei.

Zentren der Oppositionsbewegung im Ostteil Berlins während der 1980er-Jahre waren die Gethsemanekirche, Samariterkirche und Zionskirche. Am 17. Januar 1988 protestierten Bürgerrechtler auf der offiziellen Liebknecht-Luxemburg-Demonstration. Im Herbst 1989 kam es zur Wende und friedlichen Revolution in der DDR. Am 4. November 1989 fand mit der Alexanderplatz-Demonstration die größte nicht staatlich gelenkte Demonstration in der Geschichte der DDR statt.

Bei den Feierlichkeiten zum 40. Jahrestag der DDR in Ost-Berlin im Oktober 1989 hielt der Ehrengast Michail Gorbatschow eine Rede, in der er andeutete, dass er eine restriktive Politik der DDR-Regierung in Bezug auf die Flüchtlinge, die zu diesem Zeitpunkt über die Grenzen von Ungarn und der Tschechoslowakei flüchteten, nicht zulassen würde.

Am 9. November ließen die Grenztruppen zunächst am Übergang Bornholmer Straße, später auch an anderen Grenzübergängen nach einer missverstandenen Äußerung des Politbüromitglieds Günter Schabowski auf einer Pressekonferenz die dort wartende Menge passieren. Viele Ost-Berliner fuhren noch in der Nacht nach West-Berlin. Am Brandenburger Tor erklommen Menschen die Mauer, es herrschte Volksfeststimmung. Die Reisefreiheit wurde nicht mehr zurückgenommen und die Mauer wurde abgerissen.

Der Ost-Berliner Oberbürgermeister Tino Schwierzina und der West-Berliner Regierende Bürgermeister Walter Momper arbeiteten fortan in enger Absprache, um die große Menge an Aufgaben, die die bevorstehende Wiedervereinigung der Stadthälften aufwarf, in Angriff zu nehmen.

Das »wiedervereinigte« Berlin

Laut Einigungsvertrag wurde Berlin mit der Wiedervereinigung am 3. Oktober 1990 zur Hauptstadt Deutschlands. Mit der Zustimmung zum Einigungsvertrag verzichteten die Alliierten auf ihre Kontrolle über Berlin, wodurch der umstrittene rechtliche Status Berlins geklärt und damit die Berlinfrage gelöst war. Am 2. Dezember 1990 fanden die ersten Wahlen zum Abgeordnetenhaus des wiedervereinigten Berlins statt. Der Sitz von Bundestag und Bundesregierung war allerdings immer noch Bonn. Erst nach einer kontroversen – auch von der Öffentlichkeit geführten – Debatte beschloss der Bundestag am 20. Juni 1991, dass die Hauptstadt Berlin auch Parlaments- und Regierungssitz werde.

Als erstes Verfassungsorgan der Bundesrepublik Deutschland verlegte zum 1. Januar 1994 der damalige Bundespräsident Richard von Weizsäcker seinen Dienstsitz nach Berlin.

Die Infrastrukturen der zwei völlig unterschiedlichen »Städte« Ost- und West-Berlin mussten zusammengeführt werden. Die Stadt verwandelte sich dadurch für mehr als ein Jahrzehnt in eine riesige Baustelle, in der der neue Hauptbahnhof, das Regierungsviertel und der Potsdamer Platz die größten Bauvorhaben darstellten.

Im Jahr 1996 scheiterte eine Volksabstimmung zur Zusammenlegung der Bundesländer Berlin und Brandenburg am Widerstand der Brandenburger Wähler.

Am 7. September 1999 nahm der Bundestag und am 29. September 2000 der Bundesrat seine Arbeit in Berlin auf.

Stelen markieren den Verlauf der Berliner Mauer

Etwa 80 Jahre nach dem Zusammenschluss zu Groß-Berlin wird die Verwaltung der Stadt reformiert. In der Folge werden aus 23 Bezirken 12.

Seit der Wiedervereinigung stellen der Wegfall der meisten staatlichen Subventionen und seit 1997 der Berliner Bankenskandal die Stadt und das Land Berlin vor gewaltige Probleme, die die Handlungsfähigkeit der Stadtverwaltung einschränken. Der Bankenskandal führte 2001 zu einem erfolgreichen Misstrauensvotum gegen den Regierenden Bürgermeister Eberhard Diepgen. Sein Nachfolger wurde Klaus Wowereit.

Seit 2005 wächst die Industrieproduktion, die infolge der wendebedingten Stilllegungen von Industriefirmen stark zurückgegangen war, wieder. Die Kreativwirtschaft und die Gründerszene haben einen Boom erfahren.

Die Verschuldung des Bundeslandes Berlin ist überdurchschnittlich hoch. Berlin klagte 2003 beim Bundesverfassungsgericht, um wegen der »extremen Haushaltsnotlage« eine Bundesergänzungszuweisung von 35 Milliarden Euro zum Schuldenabbau zu erhalten. Diese Klage wurde 2006 zurückgewiesen. Die defizitäre Lage Berlins konnte durch die starke Zunahme des Berlin-Tourismus ein wenig gemildert werden (Zitat von Klaus Wowereit: »Berlin ist arm, aber sexy«).

Nach der Abgeordnetenhauswahl 2011 wurde eine große Koalition aus SPD und CDU gebildet.

Am 28. Oktober 2012 feierte die Stadt offiziell ihr 775-jähriges Jubiläum.

Größtes »Sorgenkind« der Stad bleibt der neue Flughafen Berlin-Brandenburg »Willy Brandt«. Nach zahlreichen Verschiebungen des für 2012 geplanten Eröffnungstermins durch Baumängel und technische Probleme, immensen Kostensteigerungen und Korruptionsskandalen ist derzeit nicht absehbar, wann die Eröffnung stattfinden und ob der Flughafen jemals wirtschaftlich wird arbeiten können.

Mitte: Fläche: 10,69 km², Einwohnerzahl: 85 295

Mitte

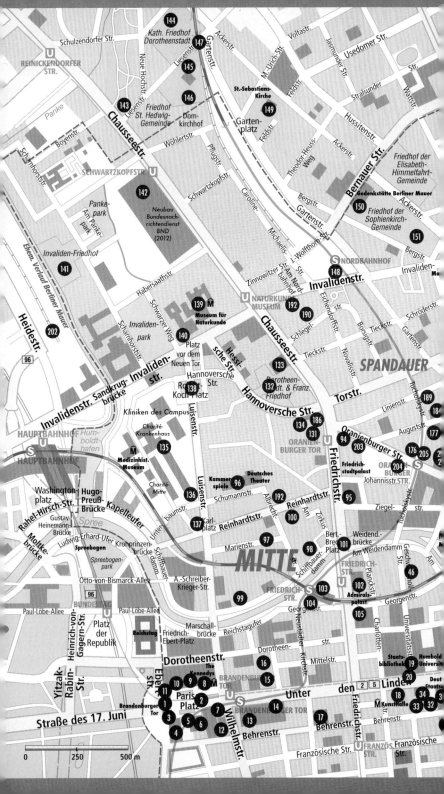

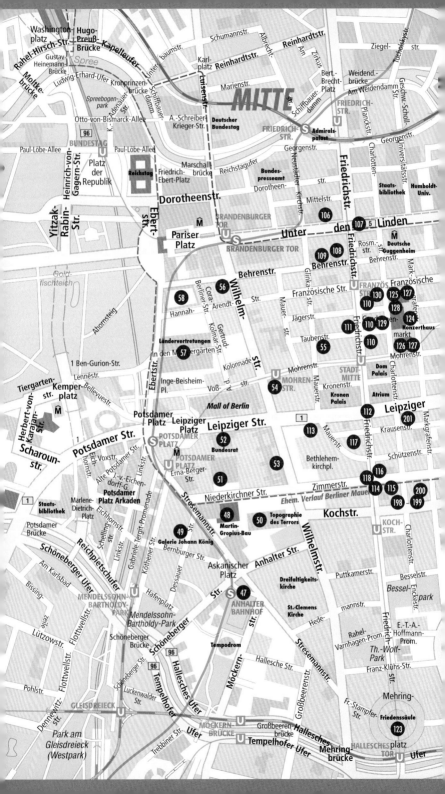

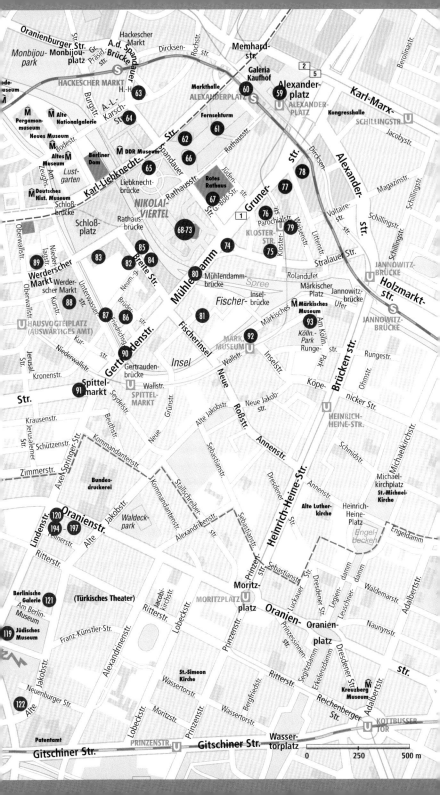

Der Pariser Platz

❶ Brandenburger Tor

Das Brandenburger Tor, das die Westseite des Pariser Platzes säumt, wurde 1788–1791 unter dem Namen »Friedenstor« nach den Plänen von Carl Gotthard Langhans d. Ä. errichtet. Als Vorbild dieses monumentalen, 20 m hohen Tors aus Sandstein, das zu den eindrücklichsten Werken des deutschen Klassizismus zählt, dienten die Propyläen auf der Akropolis in Athen. Mit der Absicht, Zoll einzunehmen und Desertionen zu verhindern, wurden die Tore doppelt abgesperrt; das mittlere Tor war für die Mitglieder des königlichen Hofes bestimmt.

An den seitlichen Außenmauern befinden sich die den Frieden symbolisierenden Skulpturen des römischen Kriegsgottes Mars, mit einem in die Scheide stoßenden Schwert, und der Göttin Minerva (oder Athene), die eine Lanze in der Hand hält. Die Modelle dieser beiden Skulpturen fertigte Johann Gottfried Schadow an. Über den Durchgängen entlang läuft ein Relief, das die Taten des Herkules darstellt und damit unterschiedliche Formen des Widerstandes und Aufbegehrens illustriert.

Von Johann Gottfried Schadow stammt auch der Entwurf der das Tor krönenden Quadriga mit der Friedensgöttin. Die 6,3 m hohe kupferne Plastik wurde 1793 auf das Tor gesetzt und im Laufe der Zeit drei Mal heruntergenommen: 1806 verschleppte Napoleon sie nach der Niederlage Preußens nach Paris; acht Jahre später konnte sie jedoch als »Siegesgöttin« mit umkränztem Eisernen Kreuz wieder nach Berlin geholt und zurück auf ihren alten Platz gestellt werden. Im Zweiten Weltkrieg wurde die Plastik durch Bombenangriffe so stark beschädigt, dass sie im Rahmen der Rekonstruktionen des Tores entsorgt und durch eine Kopie aus West-Berlin 1958 ersetzt werden musste. Von Seiten der DDR wurde allerdings das Eiserne Kreuz abgenommen. Erneut stark beschädigt wurde die Quadriga durch die Wiedervereinigungsfeiern 1989. Zwei Jahre später musste sie daher restauriert werden; dabei wurde das stützende Eisenstangenkorsett im Inneren durch ein Gestänge aus rostfreiem Stahl ersetzt. Auch das Eiserne Kreuz wurde in diesem Zuge wieder angebracht.

▸ Pariser Platz; U-/S-Bahn: Brandenburger Tor

❷ Pariser Platz 1–7

Der Pariser Platz wurde 1734 als staubiger Exerzierplatz am Ende der kurfürstlichen Allee und am Rande einer Mauer mit einem schlichten

Durchlass angelegt. 1788 brach man das alte Tor und seine Wachhäuser ab und beauftragte Carl Gotthard Langhans, für die Straße Unter den Linden einen würdigen Abschluss zu schaffen. So entstand an der Westseite des Platzes das monumentale Brandenburger Tor. Nach Osten hin wird der viereckige Platz durch die Straße Unter den Linden sowie die Eckgebäude des Hotel Adlons (Unter den Linden 1), einem Bau der Architekten Kollhoff und Timmermann (Nr. 78) und einem Gebäude von Ortner & Ortner (Nr. 80) abgeschlossen.

Die Bauten rund um den Pariser Platz folgen einer strengen Bauregelung, die Architekten und Bauherren gleichermaßen beachten mussten. Sie lehnt sich an ein Übereinkommen bezüglich der Gestaltung des Platzes an, das 1993 bzw. 1995 für die Grundzüge des Wiederaufbaus des Platzes entwickelt wurde. Bestimmte Vorgaben bezüglich des Baumaterials, der Farbgebung, der Gebäudehöhe und der Beachtung historischer Parzellenstruktur sowie dem beabsichtigten Wechsel von geöffneten und geschlossenen Wandflächen schränkten die architektonischen Ausdrucksmöglichkeiten ein.

▸ U-/S-Bahn: Brandenburger Tor

③ Das Sommersche Haus – Pariser Platz 1

Das Sommersche Haus wurde 1737 zusammen mit dem Gebäude des Pariser Platzes 2 errichtet und stand in direkter Nachbarschaft zum alten Brandenburger Tor. Zum Westen hin war der Bau durch die 4 m hohe Akzisemauer begrenzt. 1764 wurde das bis dahin gemeinsame Grundstück getrennt, das Haus Nr. 1 ging in den Besitz des Königlichen Geheimen Legations-Rath Friedrich Carl Niclas Freiherr von Danckelmann über, der es 1787 an den Maler Francis Cunningham verkaufte. 1847 übernahm der Zimmermeister und Stadtrat Carl August Sommer das Gebäude, zu dessen Eigentum auch das Haus Nr. 7 zählte. Sommer ließ den alten Bau abreißen und dreistöckig wiederaufbauen. 1902 erwarb ihn Gustav Sponholz, 1918 Oppenheim und Söhne, die jedoch in den späten 1930er-Jahren enteignet wurden und somit den Besitz aufgeben mussten. Im Zweiten Weltkrieg wurden die historischen Bauten von Friedrich August Stüler am Pariser Platz 1 und 7 Opfer völliger Zerstörung; die Neubauten wurden nach Plänen von Josef Paul Kleihues errichtet.

▸ U-/S-Bahn: Brandenburger Tor

4 Ehemaliges Palais Blücher – Pariser Platz 2

Zusammen mit dem Grundstück am Pariser Platz 1 erhielt Graf Friedrich Ludwig von Wartensleben den Bau am Pariser Platz 2 als Schenkung von Friedrich Wilhelm I. Das Haus Nr. 2 wechselte anschließend mehrfach den Besitzer: 1816 wurde es vom Staat dem General Gebhard Leberecht von Blücher übergeben. 1930 brannte das später umgebaute Haus vollständig ab, die Ruine erwarben 1931 die USA. So zog 1939 die Amerikanische Botschaft ein und 1941 nach der Kriegserklärung wieder aus. Die Ruine wurde in den 1950er-Jahren abgetragen. Nach der Wiedervereinigung erhielt die US-Regierung das Grundstück zurück und errichtete dort ihr neues Botschaftsgebäude nach den Plänen des Kalifornischen Architektenbüros Moore, Ruble, Yudell, das 2008 offiziell eingeweiht wurde.

▸ U-/S-Bahn: Brandenburger Tor

5 Pariser Platz 3

Als erster Bau am Pariser Platz wurde 1734–1737 das Geudersche Haus errichtet. Es wechselte mehrmals den Besitzer: 1797 kam es in den Besitz des Rechtsgelehrten Carl Gottlieb Svarez, der ein Jahr später verstarb. 1810–1814 wohnte hier der Theaterintendant August Iffland als Mieter, genauso wie Friedrich Karl von Savigny 1817–1842 und Generalfeldmarschall Friedrich Heinrich Ernst von Wrangel 1848–1877. Später wurde das Gebäude abgerissen und durch ein neues Haus ersetzt. Der neue Bau wurde ab den 1920er-Jahren gewerblich genutzt, unter anderem von den Junkers-Werken. 1941 beherbergte er das Reichsministerium für Bewaffnung und Munition sowie den Generalinspektor für das deutsche Straßenwesen unter der Leitung von Fritz Todt und ab 1942 unter Albert Speer. Im Zweiten Weltkrieg wurde das Gebäude durch Bomben völlig zerstört und die Ruine 1956 abgetragen. Der letzte Eigentümer, der Roederichsche Legatenfonds, erhielt eine Entschädigung. Neuer Besitzer ist die DZ Bank, Architekt des neuen Hauses war der Kalifornier Frank O'Ghery. Dieser vertrat mit seinem Aufsehen erregenden Entwurf ein ganz eigenes ästhetisches Konzept: Zur Platzseite hin mit einer Sandsteinverkleidung und schräg eingesetzten Fenstern eher zurückgenommen, präsentiert der Bau im Inneren einen silbrig schimmernden Konferenzraum in Fischleibform.

▸ U-/S-Bahn: Brandenburger Tor

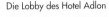 Ehemaliges Palais Arnim – Pariser Platz 4

Das Gebäude am Pariser Platz 4 wurde um 1735 von einem unbekannten Architekten für den Schutzjuden Meyer-Rieß errichtet. Nachdem ab 1760 die Eigentümer mehrmals wechselten, wurde das barocke Palais 1857/1858 von Eduard Knoblauch umgebaut. 1905–1907 erfolgte ein erneuter Umbau durch die Akademie der Künste und unter der Leitung von Ernst Eberhard von Ihne. Ab 1937 wurde das Gebäude von Albert Speer übernommen, der in den Atelierräumen seinen Entwurf für »Germania« präsentierte. Die »Entmietung« der Juden und die »Judenkartei«, die zur Organisation der Deportation diente, wurden ebenfalls hier erarbeitet und durchgesetzt. 1945 brannte das Vorderhaus aus, die Atelierräume blieben jedoch erhalten; in diesen wurde später unter anderem das Buchenwald-Denkmal von Fritz Cremer vorgestellt. Der Neubau wurde 2000–2005 nach Plänen von Günter Behnisch, Manfred Sabatke und Werner Durth errichtet und beherbergt heute wieder die Akademie der Künste. Durch eine gläserne Front zum Platz hin ist der Rest des noch erhaltenen rückgelagerten Altbaus sichtbar.

‣ U-/S-Bahn: Brandenburger Tor

Die Lobby des Hotel Adlon

7 Hotel Adlon – Unter den Linden 77

Der Neubau des Hotel Adlon grenzt direkt an das ehemalige Palais Arnim an und reicht bis weit in die Wilhelmstraße hinein. Im Deutschen Reich war das 1907 eröffnete Adlon das berühmteste Luxushotel Berlins, in dem indische Maharadschas, Charlie Chaplin und andere Berühmtheiten residierten. 1945 brannte das Hotel aus, das alte Wirtschaftsgebäude wurde in der DDR als HO-Hotel betrieben. Nach der Wende wurde 1995–1997 an der Stelle des früheren Hotelkomplexes der Neubau nach Plänen der Berliner Architekten Rüdiger Patzschke und Rainer-Michael Klotz errichtet. In traditioneller Architektursprache entwarfen sie ein historisierendes Gebäude in Anlehnung an den Vorgängerbau. Ein prachtvoller Ballsaal, zwei Wintergärten, zahlreiche Salons und Restaurants sowie eine eigene Ladenpassage knüpfen heute an die Mischung aus Eleganz, Großbürgertum und Luxus des alten Hotels an.

▸ U-/S-Bahn: Brandenburger Tor

8 Pariser Platz 5

Am Pariser Platz 5 steht das neue Gebäude für die Französische Botschaft, welches nach Plänen von Christian de Portzamparc auf dem Grundstück der alten Botschaft, die sich hier 1871–1945 befand, errichtet wurde. 2002 wurde der mit vielen unterschiedlichen Fenster- und Putzformen gestaltete neue Bau fertiggestellt. Das alte Palais stammte aus dem Jahr 1735, wurde durch Napoleon III. 1860 gekauft und anschließend mehrmals umgebaut. Nach dessen Zerstörung durch Bomben im Zweiten Weltkrieg wurde die Ruine 1959 von der DDR abgetragen.

▸ U-/S-Bahn: Brandenburger Tor

9 Ehemaliges Palais Friedlaender-Fuld – Pariser Platz 5a und 6

Am Pariser Platz 5a und 6 stand bis 1996 die Ruine des neobarocken Palais des Großindustriellen Fritz von Friedlaender-Fuld, das 1896 von Ernst von Ihne entworfen wurde. Auch das Haus Nr. 6, nach Plänen von Friedrich August Stüler im spätklassizistischen Stil erbaut, war im Besitz von Friedlaender-Fuld. Heute befindet sich auf den ehemals zwei Grundstücken das sogenannte Eugen-Gutmann-Haus, das im Auftrag der Dresdner Bank nach Plänen von Meinhard von Gerkan, Marg und Partner im neoklassizistischen Stil errichtet wurde.

▸ U-/S-Bahn: Brandenburger Tor

⑩ Pariser Platz 6a

Auch der Vorgängerbau am Pariser Platz 6a wurde nach einem Entwurf von Friedrich August Stüler erbaut und durch einen Eckturm und eine zurückhaltende spätklassizistische Fassade charakterisiert. Bei der Gestaltung des heutigen Dresdner-Bank-Gebäudes, 1996–1998 errichtet, orientierte sich dessen Architekt Bernhard Winking sowohl am historischen Entwurf Stülers als auch an der Kleihuesschen Struktur des angrenzenden Liebermann-Hauses.

▸ U-/S-Bahn: Brandenburger Tor

⑪ Haus Liebermann – Pariser Platz 7

Das ehemalige Haus der Familie Liebermann, von Friedrich August Stüler in klarem und nüchternem Stil 1944 gebaut, wurde von Max Liebermann von 1892 bis zu seinem Tod 1935 bewohnt. Dieser war 1899 Vorsitzender der Berliner Secession und ab 1920 Präsident der Preußischen Akademie der Künste. 1944/1945 wurde der Bau zerstört; Architekt des Neubaus war Josef Paul Kleihues, der sich in Bauflucht, Volumen und Höhe stark an Stüler orientierte. So gestaltete er ein säulengefasstes Portal in der Mitte der Fassade sowie vier Geschosse unter schmucklosen Dachbalustraden, welche mit der Attikahöhe des Brandenburger Tores abschließen. Für die Innenraumgestaltung ist die Innenarchitektin Margit Flaitz verantwortlich. Nach der Wende wurde es von der Quandt-Gruppe erworben.

▸ U-/S-Bahn: Brandenburger Tor

Unter den Linden

⑫ Britische Botschaft

1999 wurde das alte Gebäude der Britischen Botschaft durch den englischen Architekten Michael Wilford in einen modernen Bau umgestaltet, der mit Stilbrüchen spielt: Der klassischen Sandsteinfassade und dem schlichten, glatten Eingang steht das in zweistöckiger Höhe klaffende Loch gegenüber, aus dem sich zwei bunte Baukörper, ein lila, runder Tagungsraum sowie das hellblaue, trapezförmige Informationszentrum, hervorstrecken.

▸ Wilhelmstr. 70–71; U-/S-Bahn: Brandenburger Tor

⑬ Eckgebäude Unter den Linden/Wilhelmstraße

Eine neue Fassade erhielt auch das Gebäude an der Ecke Unter den Linden/Wilhelmstraße. Während zu DDR-Zeiten in diesem Haus Margot Honecker wohnte, wird es heute vom Deutschen Bundestag genutzt.

▸ Ecke Unter den Linden/Wilhelmstr.; U-/S-Bahn: Brandenburger Tor

⑭ Russische Botschaft

Die Russische Botschaft lässt mit ihrer strengen Architektur deren stalinistischen Ursprung erkennen. 1950–1953 wurde sie an der Stelle der alten, im Krieg zerstörten russischen Botschaft aus dem 18. Jahrhundert nach den Plänen Stryshewskis und anderen im Stil eines vereinfachten Klassizismus errichtet. Der Grundriss lehnt sich noch an die Baufassung an, die sich Anfang des 18. Jahrhunderts Unter den Linden entwickelte. Vor Beginn des 19. Jahrhunderts verschwand diese jedoch angesichts des dringenden Raumbedarfs an luxuriösen Adressen. Die Russische Botschaft weicht damit heute als einziges Gebäude der Straße von der Höhe und dem Abstand zum öffentlichen Straßenraum ab, der 1909 im sogenannten Lindenstatut festgelegt wurde.

▸ Unter den Linden 63–65; U-/S-Bahn: Brandenburger Tor

⑮ Ehemalige Polnische Botschaft

Gegenüber der Russischen Botschaft steht die alte Polnische Botschaft. Deren Neubau wurde nach langjährigem Leerstand 2012 endgültig beschlossen; die Fertigstellung soll planmäßig 2016 erfolgen.

▸ Unter den Linden 70–72; U-/S-Bahn: Brandenburger Tor

⑯ Schadowhaus

Das Schadowhaus ist das letzte erhaltene klassizistische Gebäude in Berlin. Es war ein Geschenk des preußischen Königs an Johann Gottfried Schadow, einen der bekanntesten deutschen Bildhauer des deutschen Klassizismus. Sein wichtigstes und berühmtestes Werk ist die Quadriga auf dem Brandenburger Tor. Nach einer siebeneinhalbjährigen Restauration, in der man das Haus von Grund auf sanierte und renovierte, wurde es am 12. Juni 2013 offiziell an den Bundestag übergeben und wird zukünftig das Kunstreferat der Bundestagsverwaltung beherbergen.

▸ Schadowstr. 10–11; U-/S-Bahn: Brandenburger Tor

17 Komische Oper

Die Komische Oper ist die kleinste der drei städtischen Opern Berlins. Mit ihrem Erweiterungsbau zieht sie sich heute bis hin zur Behrenstraße, in der sich der Haupteingang befindet. Der Theaterbau wurde 1891/1892 nach Entwürfen der Wiener Architekten Ferdinand Fellner d. J. und Hermann Helmer errichtet; zunächst war hier das Theater Unter den Linden, später das Metropol-Theater untergebracht. Nach starken Beschädigungen im Zweiten Weltkrieg wurde der Bau im Februar 1946 wieder aufgebaut.

▸ www.komische-oper-berlin.de; Behrenstr. 55–57; U-Bahn: Französische Str.,
Brandenburger Tor, S-Bahn: Brandenburger Tor

18 KunstHalle (ehemalige Deutsche Guggenheim)

An der Ecke Unter den Linden/Charlottenstraße befindet sich die im April 2013 eröffnete KunstHalle der Deutschen Bank, in der zeitgenössische Kunst ausgestellt wird. 1997–2012 war dort die Deutsche Guggenheim untergebracht, eine Kooperation zwischen der Deutschen Bank und der Solomon R. Guggenheim Foundation, die ebenfalls zeitgenössische Kunstaustellungen präsentierte.

▸ www.deutsche-bank-kunsthalle.de; Unter den Linden 13–15; tgl. 10–20 Uhr;
U-Bahn: Französische Str., Brandenburger Tor, S-Bahn: Brandenburger Tor

19 Humboldt-Universität zu Berlin und Staatsbibliothek zu Berlin

Der Bau der Humboldt-Universität zu Berlin entstand 1748–1766 unter der Leitung von J. Bormann nach Plänen von Georg Wenzeslaus von Knobelsdorff. Im Kern geht er auf ein Palais zurück, das Friedrich der Große für seinen Bruder Heinrich errichten ließ. Seit 1809 dient der Bau der Universität. Der preußische Gelehrte Wilhelm von Humboldt hatte diese unter dem Namen »Berliner Universität« gegründet; nach Humboldt wurde sie erst 1949 umbenannt. Zu beiden Seiten des Portals stehen die Marmorstandbilder der Brüder Alexander und Wilhelm von Humboldt. In der Mitte des Vorplatzes befindet sich ein Denkmal zu Ehren von Hermann von Helmholtz, im Vorgarten links wird mit einem Denkmal an den Historiker Theodor Mommsen erinnert. Im benachbarten Gebäude Unter den Linden 8 wurde 2013 der von HG Merz entworfene Neue Lesesaal eröffnet.

▸ www.hu-berlin.de; Unter den Linden 6; www.staatsbibliothek-berlin.de; Unter den
Linden 8; U-Bahn: Friedrichstr., Französische Str., Brandenburger Tor, S-Bahn:
Friedrichstr., Brandenburger Tor

20 Reiterstandbild

Das monumentale Reiterstandbild auf dem Mittelstreifen Unter den Linden auf Höhe der Universitätsstraße erinnert an König Friedrich II. von Preußen. Auf dem untersten Sockel sind auf Ehrentafeln die Namen von 60 Zeitgenossen Friedrichs II. aufgelistet, darüber befinden sich neben allegorischen Figuren die Plastiken lebensgroßer Persönlichkeiten aus Politik, Militär, Wissenschaft und Kunst, wie beispielsweise Kant und Lessing. Das 13,5 m hohe Bronzedenkmal in der historischen Mitte Berlins bildet das Hauptwerk des klassizistischen Bildhauers Christian Daniel Rauch und wurde 1951 feierlich enthüllt. Zur Zeit der innerdeutschen Teilung stand es im Park des Schlosses Sanssouci in Potsdam. In den späten 1990er-Jahren wurde es zu Sanierungszwecken abgenommen; seit Ende 2000 steht es wieder an seinem ursprünglichen Platz.

▸ zwischen Unter den Linden 6 und 8; U-Bahn: Friedrichstr., Französische Str., Brandenburger Tor, S-Bahn: Friedrichstr., Brandenburger Tor

21 Neue Wache/Zentrale Gedenkstätte der Bundesrepublik Deutschland

Die Neue Wache bildet seit 1993 die Zentrale Gedenkstätte der Bundesrepublik Deutschland für die Opfer der Kriege und der Gewaltherrschaft. Sie wurde 1816–1818 nach den Entwürfen Karl Friedrich Schinkels gebaut und diente aktiv bis 1918 als »Haupt- und Königswache«. Der in seiner Form an einen griechischen Portikus erinnernde Bau wurde 1931 auf Befehl von Reichspräsident Paul von Hindenburg durch den Architekten Heinrich Tessow zu einem Ehrenmal für Gefallene des Ersten Weltkrieges umgestaltet; in der NS-Zeit funktionierte man den Ort zum Reichsehrenmal um. 1960 folgte die Neubestimmung der im Zweiten Weltkrieg fast vollständig zerstörten Gedenkstätte durch die DDR-Führung, die das Mahnmal für die Opfer des Faschismus und Militarismus umgestalten ließ. Die heutige Gedenkstätte erinnert durch die mitten in den leeren Raum gesetzte Skulptur »Mutter mit totem Sohn« von Käthe Kollwitz an die Opfer von Krieg und Gewaltherrschaft.

▸ Unter den Linden 4; U-Bahn: Friedrichstr., Französische Str., Brandenburger Tor, S-Bahn: Friedrichstr., Brandenburger Tor

22 Maxim Gorki Theater

Das Maxim Gorki Theater ist einer der ältesten Konzertsaalbauten Berlins und nach dem russisch-sowjetischen Schriftsteller Maxim Gorki benannt. Der klassizistische Bau wurde 1927 von dem

Schinkel-Schüler Carl Theodor Ottmer mit einer herausragenden Akustik für die berühmte Singakademie errichtet.

‣ www.gorki.de; Am Festungsgraben 2; U-Bahn: Friedrichstr., Französische Str., Brandenburger Tor, S-Bahn: Friedrichstr., Brandenburger Tor

㉓ Palais am Festungsgraben

Das Palais am Festungsgraben ließ Johann Gottfried Donner, der Kammerdiener Friedrichs II., in den Jahren 1751–1753 nach den Plänen Christian Friedrich Feldmanns errichten. Im Laufe der Jahrhunderte wurde es mehrmals umgebaut und erweitert. 1906–1945 diente das Palais als Amtssitz des preußischen Finanzministers. In der DDR wurde es als »Zentrales Haus der Deutsch-Sowjetischen Freundschaft« genutzt. Heute befinden sich in dem unter Denkmalschutz stehenden Gebäude ein Restaurant und Räume des Museums Mitte von Berlin.

‣ Am Festungsgraben 1; U-Bahn: Friedrichstr., Französische Str., Brandenburger Tor, S-Bahn: Friedrichstr., Brandenburger Tor

㉔ Zeughaus/Deutsches Historisches Museum

Das Zeughaus, das älteste Gebäude Unter den Linden und Berlins bedeutendster Barockbau, wurde in den Jahren 1695–1706 erbaut. Friedrich I. ließ es nach einem Entwurf von Johann Arnold Nering und nach dessen Tod von Jean de Bodt, Martin Grünberg und Andreas Schlüter errichten. Die reiche Bauplastik umfasst allegorische Frauengestalten und insgesamt 12 Figurengruppen mit Götterdarstellungen der Antike, die das Dach zieren. Die Fenster werden von Schlüters über hundert realistischen Schlusssteinen geschmückt, die an der Außenseite Kriegerhelme und im Innenhof 22 Masken sterbender Krieger darstellen.

Das Gebäude diente zunächst als größtes Waffenarsenal Brandenburg-Preußens, bevor es 1877–1878 zur »Ruhmeshalle der brandenburgisch-preußischen Armee« und gleichzeitig zum Museum der preußischen Geschichte mit umfassender Waffensammlung umgebaut wurde. Nach erheblichen Zerstörungen im Zweiten Weltkrieg beherbergte der quadratische Bau von 90 m Länge zu DDR-Zeiten das Museum für Deutsche Geschichte.

Seit der Wende befindet sich hier das Deutsche Historische Museum. Mitte der 1990er-Jahre wurde das Zeughaus an der Rückseite nach Plänen von Ieoh Ming Pei, der unter anderem durch seine

Der von Ieoh Ming Pei entworfene Erweiterungsbau des DHM

Pyramide im Louvre bekannt ist, um einen überwiegend gläsernen Anbau erweitert.

▸ www.dhm.de; Unter den Linden 2; tgl. 10–18 Uhr; Eintritt 8 €, erm. 4 €; U-Bahn: Friedrichstr., Französische Str., S-Bahn: Friedrichstr.

25 Schlossbrücke

Die Schlossbrücke, die den Seitenarm der Spree namens Kupfergraben überspannt, wurde zwischen 1821 und 1824 nach einem Entwurf Karl Friedrich Schinkels erbaut. Mit der steinernen Schlossbrücke auf drei Bögen ersetzte er eine hölzerne Hundebrücke aus dem 16. Jahrhundert, auf welcher sich die Jäger mit ihren Hundemeuten zur Jagd im Tiergarten trafen. Das Geländer verzierte Schinkel mit gusseisernen Fabelwesen des Meeres; auf vier Postamenten je Seite stehen Skulpturenpaare aus weißem Carrara-Marmor, die den Weg eines Jünglings vom Krieg bis zum Sieg veranschaulichen.

▸ U-Bahn: Friedrichstr., Französische Str., S-Bahn: Friedrichstr., Brandenburger Tor

26 Ehemalige Stadtkommandantur

Der dreigeschossige Quaderbau mit einem auf vier Säulen getrage-
nen Balkon wurde 1653/1654 von Johann Gregor Memhardt als sein
Wohnhaus errichtet. Nach wiederholten Umbauten übernahm 1799
die Stadtkommandantur das Haus. Nachdem es 1945 vollständig zerstört und dann abgetragen wurde, legte man an der Stelle des Baus
eine Grünfläche an. Der Senat erlaubte 1999 der Bertelsmann AG,
die Kommandantur bis Mitte 2002 nach historischem Vorbild wieder
aufzubauen. Heute wird das so äußerlich originalgetreu wiedererrich-
tete Gebäude unter anderem für Ausstellungen und die Verwaltung
des Unternehmens sowie der gleichnamigen Stiftung genutzt.

‣ Unter den Linden 1; U-Bahn: Friedrichstr., Französische Str., S-Bahn: Friedrichstr.

27 Schinkelplatz und Bauakademie

Von der linken Seite der Kommandantur aus blickt man auf den original rekonstruierten Schinkelplatz, auf dem 1946–1995 das DDR-
Außenministerium stand. Dahinter lag die nach Entwürfen von Karl
Friedrich Schinkel errichtete Bauakademie, die nach jahrelangen Ver-
suchen des Wiederaufbaus lediglich durch eine Musterfassade repräsentiert wird.

‣ Schinkelplatz; U-Bahn: Französische Str.

28 Kronprinzenpalais

Erbaut wurde dieses Palais im Jahre 1663 als Privathaus eines Kabinettse-
kretärs. Später diente es mit wenigen Unterbrechungen bis 1918 als Residenz der verschiedenen Kronprinzen. 1919 wurde das Palais der Berliner
Nationalgalerie übergeben, die hier ihre berühmte »Moderne Abteilung
der Berliner Nationalgalerie« einrichtete. Diese einzigartige Sammlung
rückte 1936 in den Fokus der Öffentlichkeit, da viele Werke von der
Gestapo konfisziert und später verbrannt wurden. Einige Werke wurden
darüber hinaus in der Wanderausstellung »Entartete Kunst« ausgestellt.

In den letzten Kriegsmonaten wurde das Palais bei einem Bombenangriff so stark zerstört, dass es komplett abgetragen werden
musste. Nach dem Wiederaufbau 1969 diente das Haus als Gästehaus
für DDR-Staatsgäste, später wurde hier der Einigungsvertrag zwischen
der DDR und der BRD unterschrieben. Das Kronprinzenpalais wird
bis heute für Ausstellungen und Theateraufführungen genutzt.

‣ Unter den Linden 3; U-Bahn: Friedrichstr., Französische Str., S-Bahn: Friedrichstr.

29 Prinzessinnenpalais/Operncafé

Das Prinzessinnenpalais entstand zunächst als separater Bau neben dem Kronprinzenpalais. Dafür hatte 1733 der Architekt Friedrich Wilhelm Diterichs zwei 1730 errichtete Wohnhäuser umgebaut, indem er sie durch einen weiträumigen Mittelbau zu einem Palais verband. 1811 fügte Heinrich Gentz den Kopfbau Unter den Linden und den Verbindungsbogen zum benachbarten Kronprinzenpalais an. Das Palais ist nach den drei Töchtern Friedrich Wilhelms III. benannt, die hier bis zu ihrer Verheiratung lebten. Heute befinden sich hier verschiedene gastronomische Einrichtungen.

▸ Unter den Linden 5; U-Bahn: Friedrichstr., Französische Str., S-Bahn: Friedrichstr.

30 Deutsche Staatsoper

Der frühe klassizistische Theaterbau war nicht nur das erste freistehende Opernhaus Preußens, sondern auch der erste Bau des Forum Fridericianum. Dieses Forum sollte westlich der alten Stadt und quer zu Unter den Linden die Künste, die Wissenschaften und die Politik zusammenführen; bedeutende Architektur sollte dieses Vorhaben symbolisieren. Das langgestreckte rechteckige Gebäude der Deutschen Staatsoper mit dem verzierten Giebeldreieck auf dem Portikus wurde von Georg Wenzeslaus von Knobelsdorff in den Jahren 1741–1743 errichtet. Die Figuren des an einen Apollotempel erinnernden Außenbaus zeigen antike Dichter und Figuren der griechischen Mythologie. 1787 erfolgte eine Modernisierung des Innenraums durch Johann Friedrich Langhans und nochmals nach einem Brand im Jahr 1844 durch Carl Ferdinand Langhans. Im Zweiten Weltkrieg wurde das Gebäude zweimal komplett zerstört und 1951–1955 wieder aufgebaut. Seit 2010 wird die Deutsche Staatsoper saniert, der Betrieb findet in dieser Zeit im Schillertheater in der Bismarckstraße statt. Die Bauarbeiten sollen offiziell 2014 abgeschlossen sein.

▸ www.staatsoper-berlin.de; Unter den Linden 7; U-Bahn: Friedrichstr., Französische Str., S-Bahn: Friedrichstr.

31 St.-Hedwigs-Kathedrale

Die hinter der Staatsoper gelegene und 1747–1773 errichtete St.-Hedwigs-Kathedrale ist ein runder, schlichter Zentralbau mit Kuppel. Der Eingang ist als antiker Säulenportikus ausgestaltet, rückwertig wurde eine überkuppelte Kapelle angefügt. Georg Wenzeslaus von Knobelsdorff lieferte die ursprünglichen Pläne des am Pantheon in Rom orientierten Baus, die endgültige Fassung jedoch entstand unter den

Architekten Johann Gottfried Büring und Jean Laurent Legeay. Friedrich II. hatte die Kirche nach der Eroberung Schlesiens für seine nun teilweise katholische Bevölkerung bauen lassen. Nach der vollständigen Zerstörung im Zweiten Weltkrieg wurde die Kirche 1952–1963 wieder aufgebaut.

▸ www.hedwigs-kathedrale.de; Hinter der Katholischen Kirche 3; U-Bahn: Friedrichstr., Französische Str., S-Bahn: Friedrichstr.

32 Bebelplatz

Der Bebelplatz, eine rechteckige und vollständig bepflasterte Freifläche zwischen Staatsoper und Alter Bibliothek, war als Mittelpunkt des Forum Fridericianum geplant. Am 10. Mai 1933 fand hier die Bücherverbrennung der Nazis statt. Heute erinnert daran das Denkmal »Versunkene Bibliothek« des Künstlers Micha Ullmann mit einer im Pflaster eingelassenen Glasplatte, unter der sich im Boden versenkte Bücherregale befinden.

▸ U-Bahn: Friedrichstr., Französische Str., S-Bahn: Friedrichstr.

33 Alte Bibliothek

Die Alte Bibliothek, wegen ihrer geschwungenen Form auch »Kommode« genannt, entstand 1775–1780 unter der Leitung von Georg Christian Unger. Dieser hatte auf Anordnung des Königs den 50 Jahre alten Entwurf von Joseph Emanuel Fischer von Erlach für die Wiener Hofburg kopiert, deren Bau jedoch erst 1889–1893 und in veränderter Form abgeschlossen wurde. Damit ist die Berliner Kopie in wienerischem Barock skurrilerweise 100 Jahre älter und »originaler« als ihr Vorbild. Im Zweiten Weltkrieg zerstört, wurde das Innere der Bibliothek bis 1969 wiederaufgebaut. Heute befinden sich hier Räume der Humboldt-Universität zu Berlin.

▸ Bebelplatz 2; U-Bahn: Friedrichstr., Französische Str., S-Bahn: Friedrichstr.

34 Altes Palais

Das Alte Palais wurde unter dem Namen Schwedtscher Palais 1680 als Wohnhaus für den Obristen Weiler errichtet. 1834–1837 baute man an dieser Stelle nach den Plänen von Carl Ferdinand Langhans d. J. einen klassizistischen, zweigeschossigen Bau mit friesartigem Mezzanin, der als Wohnhaus der wilhelminischen Prinzen, Wilhelm I. und II., diente. Das Innere des Palais erhielt durch Johann Heinrich Strack

1845 einen Umbau; im Zweiten Weltkrieg wurde es durch einen Brand vollständig zerstört. Heute beherbergt der Bau Räumlichkeiten der Humboldt-Universität.

▸ Unter den Linden 9; U-Bahn: Friedrichstr., Französische Str., S-Bahn: Friedrichstr.

Die Spreeinsel

35 Die Museumsinsel

Die Museumsinsel liegt auf der nördlichen Spitze der Spreeinsel in der historischen Mitte von Berlin, auf der im 19. Jahrhundert erste Museen entstanden. Heute ist das über einhundert Jahre gewachsene Gesamtkunstwerk Museumsinsel mit seinen fünf großen Museumsbauten das Zentrum der Berliner Museumslandschaft und wurde im Jahr 2000 offiziell in die Liste des Weltkulturerbes der UNESCO aufgenommen.

Nach dem Zweiten Weltkrieg waren viele Museumsgebäude und Kunstwerke Beschädigungen und Zerstörungen zum Opfer gefallen. Auch die oberirdischen Verbindungsbrücken zwischen den einzelnen Museen existierten nicht mehr. Nach der Wende konnten die Sammlungen, die nach dem Zweiten Weltkrieg auf verschiedene Orte aufgeteilt wurden, wieder zusammengeführt werden. Zu diesem Zeitpunkt reiften auch Überlegungen zu einem Wettbewerb zur Wiederherstellung und Ergänzung der Museumsinsel. 1997 ging schließlich David Chipperfield aus einem zweiten Wettbewerb der ersten fünf Preisträger hervor. Zwei Jahre später erfolgte die Genehmigung des Masterplans durch den Stiftungsrat der Stiftung Preußischer Kulturbesitz, die mit der Gesamtplanung der Museumsinsel beauftragt worden war. Der Masterplan entspricht den UNESCO-Kriterien, die Baudenkmale zu schützen und sie vor Veränderungen zu bewahren. Auch ein unterirdisches Erschließungssystem ist geplant, die »archäologische Promenade«, die alle Gebäude außer der Nationalgalerie miteinander verbinden und so eine Art Schnellrundgang für Besucher ermöglichen soll. Bis etwa 2015 soll die Sanierung der weltweit einzigartigen Museumsinsel abgeschlossen sein.

▸ S-Bahn: Hackescher Markt

36 Staatsratsgebäude

Das 1962–1964 errichtete ehemalige Staatsratsgebäude der DDR auf der Südseite des heutigen Schlossplatzes birgt in seiner Fassade den letzten baulichen Rest der 1950 gesprengten Schlossruine: das Portal

Staatsratsgebäude

Nummer V, das sogenannte Lustgartenportal, welches 1706–1713 von Eosander von Göthe in Anlehnung an Schlüter gestaltet wurde. Auf dem oberen Balkon rief Karl Liebknecht 1918 hier die sozialistische Republik aus. Nach der Wende hatte das dreigeschossige Gebäude mit seinen 165 Büroräumen sowie mehreren Sitzungssälen und einem Kino vorübergehend 450 Beamte des Bundeskanzleramtes beherbergt, bis diese 2001 ins neue Kanzleramt zogen. Ein zunächst geplanter Abriss konnte unter massiven Protesten zahlreicher Architekten, Stadtplaner und Kunsthistoriker verhindert werden; heute befindet sich in dem denkmalgeschützten Bau der Sitz der European School of Management. Der Lustgarten, zu dem sich das Portal ursprünglich öffnete, liegt auf der Nordseite des Schlossplatzes Richtung Berliner Dom.

› Schlossplatz 1; U-Bahn: Friedrichstr., Französische Str., S-Bahn: Friedrichstr.

37 Ehemaliger Palast der Republik
Der 1976 auf dem ehemaligen Standort des Berliner Schlosses errichtete Palast der Republik ist als Berliner Sehenswürdigkeit nicht mehr vorhanden. Nachdem der Bundestag 2002 für den Wiederaufbau des Berliner Stadtschlosses stimmte, wurde ein Jahr später der Abriss des

Volkspalastes entschieden. Dieser war schon 1990 wegen Asbestbelastung geschlossen und dann nach einigen Verzögerungen Ende 2008 endgültig abgerissen worden.

Der Palast der Republik war das Prestigeobjekt der DDR, das mit seinen Unterhaltungseinrichtungen wie Restaurants, Bars, einem Theater, einer Bowlingbahn und einer Diskothek ein Haus des Volks symbolisierte. In einem separaten Trakt tagte die Volkskammer der DDR.

An der Stelle des Palasts soll das Humboldt-Forum entstehen, das hinter drei rekonstruierten Außenfassaden des Berliner Stadtschlosses ab 2019 Nutzungsräume für Ausstellungen, Kulturveranstaltungen und Bibliotheken bieten soll.

▸ Schlossplatz; U-Bahn: Friedrichstr., Französische Str., S-Bahn: Friedrichstr.

38 Humboldt-Box

Die Humboldt-Box dient als temporärer Ausstellungsort aller Pläne, die für das Humboldt-Forum existieren. Der Förderverein »Wiederaufbau Schloss« zeigt dazu ein Stadtmodell der historischen Mitte Berlins. Von der Aussichtsterrasse mit Restaurant kann man die Bauarbeiten am Schloss verfolgen.

▸ www.humboldt-box.com; Schlossplatz 5; tgl. 10–18 Uhr; Eintritt 4 €, erm. 2,50 €; U-Bahn: Friedrichstr., Französische Str., S-Bahn: Friedrichstr.

39 Altes Museum

Das Alte Museum wurde 1825–1830 nach Plänen Karl Friedrich Schinkels errichtet. Der klassizistische Bau ist im Stil eines griechischen Tempels erbaut, wobei das Erechtheion auf der Athener Akropolis als konkretes Vorbild diente. Das Äußere ist insbesondere durch seine weite Freitreppe mit den beiden Bronzeskulpturen von August Kiß und August Wolff charakterisiert sowie durch die 18 ionischen Säulen an der Vorhalle. Im Inneren befindet sich eine prachtvolle 23 m hohe und breite Rotunde mit korinthischen Säulen, die nach dem Vorbild des römischen Pantheons gestaltet wurde.

Vor dem Gebäude steht eine von Johann Gottlieb Christian Cantian geschaffene Granitschale von 7 m Durchmesser. Der Steinmetz fertigte diese im 19. Jahrhundert aus einem eiszeitlichen Findling an.

▸ www.smb.museum.de; Bodestr. 1–3; Eingang am Lustgarten; Mo–Mi, Fr–So 10–18, Do 10–22 Uhr; Eintritt 8 €; S-Bahn: Hackescher Markt

40 Lustgarten

Der Lustgarten vor dem Alten Museum, einer der traditionsreichsten Plätze Berlins, wurde nach Schinkelschen Plänen rekonstruiert und im September 1999 wiedereröffnet. Ursprünglich ein Kräuter- und Küchengarten, wandelte er sich im Laufe der Jahrhunderte zunächst zu einem barocken Lustgarten, dann zu einem Exerzierplatz für die Soldaten Friedrich Wilhelms I. und später im 19. Jahrhundert unter der Anleitung Peter Joseph Lennés zu einem neu gestalteten Garten mit Kastanien an den Seiten. Nachdem er in der Weimarer Republik für politische Demonstrationen genutzt wurde, ließen ihn die Nazis für ihre Aufmärsche asphaltieren. Zu DDR-Zeiten ebenfalls für Aufmärsche und Veranstaltungen verwendet, kam erst mit der Wiedervereinigung die Neuerung für den alten Platz: Er wurde wieder zum Lustgarten und im Sinne Lennés neu begrünt.

▸ Am Lustgarten; S-Bahn: Hackescher Markt

41 Berliner Dom

Mit dem Bau einer Oberpfarr- und Domkirche 1465 reichen die Ursprünge des Berliner Doms bis ins Mittelalter zurück. An deren Stelle steht heute der von Kaiser Wilhelm II. in den Jahren 1894–1905 neu errichtete Drittbau. Zuvor von Schinkel im klassizistischen Stil ausgeführt, ließ der Kaiser diesen von Julius Carl Raschdorff in einen neobarocken Repräsentationsbau im wilhelminischen Stil mit einer 75 m hohen Kuppel umwandeln, der an die römische Peterskirche und die St.-Pauls-Kathedrale in London erinnern sollte. So machte Kaiser Wilhelm II. die Hof- und Zeremoniekirche, die zugleich Gruft der Hohenzollern war, zu einer Zentralkirche des deutschen Protestantismus. Im Inneren der Kirche befinden sich unter anderem das Kuppelmosaik von Anton von Werner, die Apostelschranke von Schinkel und Sarkophage einiger bedeutender Hohenzollern-Herrscher.

Im Rahmen des Wiederaufbaus nach dem Zweiten Weltkrieg, der erst in den 1970er-Jahren begonnen wurde, waren die Außenarbeiten 1983, die Innenarbeiten erst 2002 abgeschlossen.

▸ www.berliner-dom.de; Am Lustgarten, Mo–Sa 9–20, So und Feiertage 12–20, Okt.–März jeweils bis 19 Uhr; Eintritt 5 €, Kinder bis 14 J. frei; S-Bahn: Hackescher Markt

42 Neues Museum

Der Bau wurde 1843–1855 von Friedrich August Stüler errichtet. Er war für die ägyptischen Kunstbestände, das Kupferstichkabinett, die ethnografische und prähistorische Sammlung sowie für Teile der Kunstkammer vorgesehen. Die räumliche und dekorative Gestaltung durch kunstvoll ausgemalte und goldgeschmückte Räume sollte die Museumsstücke ergänzen. So präsentiert der Stülerbau neben herausragender Bautechnik auch bedeutendes Kunsthandwerk. Darüber hinaus sollten die klar vom Haupttreppenhaus ausgehenden und vorgegebenen Rundgänge pro Etage sowie das Fehlen von komplizierten Überschneidungen dem Besucher eine optimale Orientierung gewähren.

Nach den schweren Zerstörungen durch den Zweiten Weltkrieg wurden erste Restaurierungen erst 1986 begonnen. Ab 2003 erfolgte schließlich der Wiederaufbau nach Plänen von David Chipperfield. Die Reste des Ursprungsbaus ließ dieser dabei, wo möglich, stehen und setzte sie in Kontrast zu moderner, klarer Formensprache, wie sie beispielsweise im Treppenhaus zu sehen ist. Im Herbst 2009 fand die Wiedereröffnung des Museums statt, das nun die Sammlung des Ägyptischen Museums und des Museums für Vor- und Frühgeschichte beherbergt.

▸ www.smb.mueseum.de; Bodestr. 1–3; Mo–Mi, So 10–18, Do–Sa 10–20 Uhr; Eintritt 10 €; S-Bahn: Hackescher Markt

43 Alte Nationalgalerie

Der dritte Bau der Museumsinsel wurde 1866–1876 als Auftragsarbeit Friedrich Wilhelms IV. von Friedrich August Stüler und Johann Heinrich Strack erbaut. Er diente als Ausstellungsort zeitgenössischer Malerei des 19. Jahrhunderts, deren Grundstock eine Schenkung von 262 Gemälden des Bankkaufmanns Johann Heinrich Wagner war. Das klassizistische Gebäude aus rotem Sandstein erinnert mit seiner hohen Substruktion und der langen Kolonnadenreihe an einen römischen Tempelbau. Der Außenbau ist durch eine ausladende doppelläufige Treppenanlage charakterisiert, auf der eine Reiterfigur an Friedrich Wilhelm IV. als Ideengeber der Museumsinsel erinnert. Seit der Neueröffnung im Dezember 2001 präsentiert der generalsanierte Museumsbau wieder Kunst des 19. Jahrhunderts.

▸ www.smb.museum.de; Bodestr. 1–3; Di–Mi, Fr–So 10–18, Do 10–22 Uhr; Eintritt 8 €; S-Bahn: Hackescher Markt

44 Bode-Museum

Auf der Spitze der Museumsinsel und zugänglich über die Monbijoubrücke liegt das Bode-Museum. Der neobarocke Museumsbau wurde von Ernst von Ihne konzipiert und 1904 unter dem Namen Kaiser-Friedrich-Museum fertiggestellt. Kostbare Exponate der aus der preußischen Kunstkammer hervorgegangenen Skulpturensammlung und Objekte des Museums für Byzantinische Kunst wurden hier ausgestellt.

Charakterisiert wird das Gebäude insbesondere durch die zwei Kuppeln, unter denen die Treppenhäuser liegen. In dem größeren Treppenhaus, das als Eingangshalle dient, steht der Abguss der Reiterfigur des Großen Kurfürsten; das Original befindet sich im Charlottenburger Schloss. Die Treppenhäuser werden im Erdgeschoss durch eine zentrale Achse verbunden. Dort befindet sich die sogenannte Basilika, welche an die Kirche San Salvatore al Monte in Florenz angelehnt ist und sich über beide Geschosse erstreckt.

1956 wurde der Bau nach schweren Kriegsbeschädigungen nach seinem einstmaligen Generaldirektor, Wilhelm von Bode, als Bode-Museum wiedereröffnet. 2000–2006 erfolgte eine originalgetreue Restaurierung des Baus, der nun eine der größten Sammlungen für ältere Plastik in Deutschland mit Werken vom frühen Mittelalter bis zum 18. Jahrhundert präsentiert, wobei ein Schwerpunkt auf der Italienabteilung liegt. Die Sammlung spätantiker und byzantinischer Kunstwerke und das Münzkabinett mit 500 000 Objekten ergänzt die Ausstellung.

▸ www.sbm.museum.de; Bodestr. 1–3, Eingang Monbijoubrücke; Mo–Mi, Fr–So 10–18, Do 10–22 Uhr; Eintritt 8 €; S-Bahn: Hackescher Markt

45 Pergamonmuseum

Nach den Entwürfen von Alfred Messel wurde 1910–1930 durch Ludwig Hoffmann das letzte der fünf Museen auf der Spreeinsel errichtet. Die große Dreiflügelanlage mit Ehrenhof sollte im Nordflügel das Deutsche Museum, im Südflügel das 1899 gegründete Vorderasiatische Museum und im Mittelbau das Pergamonmuseum mit Architekturbeständen aufnehmen. Heute vereint das Museum die Antikensammlung mit dem Pergamonaltar, das Vorderasiatische Museum mit seinem farbenprächtigen Ischtar-Tor mit der 180 m langen Prozessionsstraße von Babylon sowie dem Markttor von Milet aus römischer Zeit und das Museum für Islamische Kunst mit seiner kostbaren Fassade des Wüstenschlosses Mschatta aus Jordanien. Seit 2008 wird nach Plänen des

Architekturbüros Oswald Mathias Ungers das Museum im Rahmen des Masterplans der Museumsinsel abschnittsweise saniert.

> ▸ www.sbm.museum.de; Bodestr. 1–3; Di–Mi, Fr–So 10–18, Do 10–22 Uhr;
> Eintritt 8 €; S-Bahn: Hackescher Markt
> Seit Oktober 2014 bis vorauss. 2019 ist der Pergamonaltar aufgrund von Sanierungsarbeiten für die Museumsbesucher nicht zugänglich.

46 Museumshöfe

Zum Masterplan der Museumsinsel gehört auch der Ausbau des ehemaligen Friedrich-Engels-Kasernengeländes am Kupfergraben für museale Zwecke. Dieses soll zu den Museumshöfen umgebaut werden, in denen die interne Museumsarbeit mit Restaurierungswerkstätten, Studiendepots, Bibliotheken, Archiven und Laboren betrieben werden sowie wissenschaftlicher Austausch stattfinden soll.

2012 wurde in diesem Rahmen bereits das Archäologische Zentrum der Stiftung Preußischer Kulturbesitz eröffnet, das erstmals die fünf Archäologiemuseen unter einem Dach vereint. Dazu gehören das Ägyptische Museum mit Papyrussammlung, die Antikensammlung, das Museum für Islamische Kunst sowie das Vorderasiatische Museum.

> ▸ www.smb.museum; Geschwister-Scholl-Str. 6; U-/S-Bahn: Friedrichstr.

Anhalter Bahnhof bis Wilhelmstraße

47 Anhalter Bahnhof

Der Anhalter Bahnhof wurde 1876–1880 nach den Plänen von Franz Schwechten erbaut. Von dem prachtvollen Backsteinbau im Renaissancestil ist heute jedoch lediglich die Ruine des Haupteingangs erhalten. Einst wurde der ehemalige 170 m lange und über 60 m breite Bahnhof von seinen Gästen aufgrund der üppig ausgeschmückten Empfangsräume und insbesondere der großen glasüberwölbten Halle bestaunt. Gesäumt von eleganten Hotels, Kneipen und Restaurants fuhren hier die Züge Richtung Süden ab, mit Zielen wie München, Rom, Athen oder Istanbul. Gleichzeitig wurden hier Staatsgäste empfangen, die man anschließend über die Stresemannstraße zum Regierungsviertel brachte.

1946 wurde der Betrieb durch die Deutsche Reichsbahn nach einer provisorischen Ausbesserung zunächst wieder aufgenommen. Da der Bahnhof durch die Verlagerung des Fernreiseverkehrs durch die DDR jedoch entbehrlich wurde, legte man ihn 1952 endgültig still, worauf 1959–1961 der Abbruch durch Sprengung erfolgte.

Anhalter Bahnhof

Der eine Teil des Geländes, hinter dem Bahnhofportikus, wurde als Sportfläche ausgestaltet, auf dem anderen steht seit 2001 das Tempodrom mit seinem zeltartigen Neubau. Im alten Luftschutzbunker des Anhalterbahnhofs ist neben einer Dokumentation über die Geschichte des Ortes das Berliner Gruselkabinett zu besichtigen.

▸ Askanischer Platz 6; S-Bahn: Anhalter Bahnhof

48 Martin-Gropius-Bau

Der Martin-Gropius-Bau mit seiner reich verzierten Fassade im Renaissancestil wurde 1881 fertiggestellt und nach seinem Architekten, einem Verwandten des Bauhaus-Gründers Walter Gropius, benannt. Der Einfluss der Schinkelschule wird durch die dreigeteilten Fenster, die Verwendung von verschiedenen Ziegeln und die quadratische Grundfläche sichtbar. Im Innern ist der Bau durch seinen großen Lichthof mit umlaufender Galerie charakterisiert.

Zunächst war hier das Königliche Kunstgewerbemuseum untergebracht. Nach der Restaurierung der schweren Beschädigungen durch den Zweiten Weltkrieg wurde es 1981 als Ausstellungshaus wiedereröffnet. Heute werden in den Räumen große internationale Wechselausstellungen präsentiert.

▸ www.gropiusbau.de; Niederkirchner Str. 7; Mi–Mo 10–20 Uhr (geöffnet im Rahmen von Wechselausstellungen); Eintritt variiert; U-Bahn: Potsdamer Platz, S-Bahn: Potsdamer Platz, Anhalter Bahnhof

❹⁹ Galerie Johann König

2002 gegründet, ist die Galerie seit 2006 in der Dessauer Straße unweit des Martin-Gropius-Baus ansässig. 27 Künstler werden derzeit vertreten, darunter etablierte wie auch junge aufstrebende Künstler aus den Bereichen Konzept- und raumbezogene Kunst, die sich vielfältiger Medien von Skulptur über Video und Fotografie bis hin zu Performance bedienen.

▸ www.johannkoenig.de; Dessauer Str. 6–7; Di–Sa 10–18 Uhr; U-Bahn: Potsdamer Platz, S-Bahn: Anhalter Bahnhof

❺⁰ Topographie des Terrors

Topographie des Terrors heißt heute die hügelige Fläche östlich des Martin-Gropius-Baus. 1987 durch eine Bürgerinitiative angeregt, befindet sich dort heute ein Ausstellungs-, Dokumentations- und Tagungszentrum. Es widmet sich der Geschichte des Ortes während der NS-Zeit: Hier befand sich die Schaltzentrale des nationalsozialistischen Terrorapparates. Die Gestapo richtete in der ehemaligen Kunstgewerbeschule ihren Verwaltungssitz ein, deren Keller ab 1934 als Gefängnis diente. In das benachbarte Hotel Vier Jahreszeiten zog die SS ein, der Sicherheitsdienst bezog das Prinz-Albrecht-Palais. Die Institutionen wurden 1939 zum Reichssicherheitshauptamt zusammengefasst.

Nach dem Krieg waren die Gebäude beschädigt, aber nicht zerstört. Sie wurden schließlich abgerissen und das Gelände verwilderte, bis die Bürgerinitiative sich dessen annahm. Auch den Erhalt eines Stückes der Berliner Mauer an der Niederkirchnerstraße setzte sie durch.

Das Zentrum befindet sich in einem 2010 eröffneten kubischen Bauwerk der Architektin Ursula Wilms, das bewusst auf symbolische Formen verzichtet. Die Stahlkonstruktion lässt interessante Einblicke und Wegführungen in die noch erhaltenen Fundamentreste zu.

▸ www.topographie.de; Niederkirchnerstr. 8, am Martin-Gropius-Bau; tgl. 10–20 Uhr; Eintritt frei; U-Bahn: Potsdamer Platz, S-Bahn: Potsdamer Platz, Anhalter Bahnhof

51 Preußisches Abgeordnetenhaus

Das Preußische Abgeordnetenhaus wurde 1892–1897 errichtet. In den Jahren 1899–1918 hatte hier die zweite Kammer des Preußischen Landtages, das Preußische Abgeordnetenhaus, seinen Sitz. Karl Liebknecht und Rosa Luxemburg gründeten im Januar 1919 an diesem Ort die KPD. Zu Zeiten des Nationalsozialismus wurde es vorübergehend vom Volksgerichtshof genutzt und später zum Haus der Flieger als Teil des Reichsluftfahrtministeriums umgestaltet. Nach starken Kriegsbeschädigungen baute die DDR-Regierung das Haus teilweise wieder auf und nutzte es ebenfalls für diverse Ministerien, darunter das Ministerium für Staatssicherheit mit Horcheinrichtungen. Heute tagt hier das Berliner Abgeordnetenhaus.

▸ www.abgeordnetenhaus.de; Niederkirchnerstr. 5; Führungen nach Voranmeldung, Tel.: 030/23 25 10 64; U-Bahn: Potsdamer Platz, S-Bahn: Potsdamer Platz, Anhalter Bahnhof

52 Preußisches Herrenhaus

Das rückwärtig benachbarte Preußische Herrenhaus in der Leipziger Straße 3, 1904 durch den Architekten Friedrich Schulze erbaut, war Sitz der ersten Kammer des Preußischen Landtages. Die Verfassung des preußischen Staates von 1850 sah ein Zweikammersystem vor, in dem die erste Kammer des Parlamentes zusammen mit dem Abgeordnetenhaus die Legislative stellte. 1848–1854 war sie eine reine Wahlkammer mit 180 Mitgliedern; wahlberechtigt waren alle männlichen preußischen Staatsangehörigen ab 30 Jahre, die in ihrer Gemeinde seit mindestens sechs Monaten ansässig waren und entweder acht Taler Steuern pro Jahr zahlten oder mindestens 500 Taler Einkommen hatten oder ein Vermögen von mindestens 5 000 Talern besaßen. Nach einer erneuten Verfassungsänderung 1853 gab es keine gewählten Mitglieder mehr und 1855 wurde der Name des Hauses in Herrenhaus geändert. Bis 1918 blieb die zur Ausführung des verfassungsändernden Gesetzes erlassene königliche Verordnung von 1854 in Kraft.

Das Gebäude wurde im Laufe der Zeit von diversen Institutionen genutzt, beispielsweise vom angegliederten Reichsluftfahrtministerium und der Akademie der Wissenschaften der DDR; seit 2000 tagt hier bis zu zwölf Mal jährlich der deutsche Bundesrat.

▸ Leipziger Str. 3–4; U-Bahn: Potsdamer Platz, Mohrenstr., S-Bahn: Potsdamer Platz

53 Reichsluftfahrtministerium

Der massige graue Bau des ehemaligen Reichsluftfahrtministeriums wurde 1935/1936 nach Plänen von Ernst Sagebiel errichtet, nachdem das Gebäude des alten Kriegsministeriums an dieser Stelle abgerissen worden war. In moderner Ingenieurtechnik entstand auf Befehl von Hermann Göring ein Komplex mit 2 000 um verschiedene Höfe gruppierten Räumen. Die Monumentalität des wuchtigen Baus wird durch dessen Verkleidung mit Muschelsteinplatten unterstützt. Nach dem Zweiten Weltkrieg wurde das nahezu unbeschadete Bauwerk von der DDR als Haus der Ministerien genutzt. Dort saß auch die Zentrale der Plankommission. Am 17. Juni 1953 zogen hierher demonstrierende Arbeiter und forderten unter anderem freie Wahlen.

Das in der Zwischenzeit völlig sanierte Haus wurde in Detlev-Rohwedder-Haus umbenannt, in Gedenken an den 1991 ermordeten Vorstandsvorsitzenden der Treuhandanstalt. Diese war 1991–1995 in dem Gebäude für die Privatisierung des Volkseigentums der DDR zuständig. Seit dem Regierungsumzug nach Berlin beherbergt der Bau das Bundesfinanzministerium.

Im Säulengang am Haupteingang Leipziger Straße, in dem sich ursprünglich ein Relief der Verherrlichung der deutschen Soldaten befand, ist ein Wandbild von Max Lingner von 1953 zu sehen. Lingner schuf im Stil des sozialistischen Realismus eine Abbildung von Arbeitern beim Aufbau des sozialistischen Staates. Auf dem Vorplatz befindet sich des Weiteren ein auf dem Boden eingelassenes Denkmal in Form eines Fotos, das den Aufstand dieser Arbeiter am 17. Juni 1953 thematisiert.

▸ Wilhelmstr. 97; U-Bahn: Mohrenstr.

54 Botschaft der Tschechischen Republik

Die Botschaft der Tschechischen Republik liegt an der Verlängerung der Voßstraße nach Osten, welche ursprünglich die Südseite des von Lenné gestalteten Wilhelmplatzes bildete. Das Gebäude wurde 1974–1978 als Botschaft der Tschechoslowakei in der DDR errichtet und stellt mit seinen geometrischen Baukörpern ein bedeutsames Beispiel des brutalistischen Architekturstils dar.

▸ Wilhelmstr. 44; U-Bahn: Mohrenstr.

55 Pfarrhäuser

Die zweigeschossigen Pfarrhäuser an der Ecke Tauben-/Glinkastraße sind die letzten erhaltenen Bürgerhäuser aus dem 18. Jahrhundert in der Friedrichstadt. Sie wurden nach dem Theologen und Mitbegründer der Universität Friedrich Schleiermacher benannt, der dort 1809–1816 wohnte. Hinter den Mansarddächern liegt ein sehenswerter grüner Innenhof.

▸ Ecke Tauben-/Glinkastr.; U-Bahn: Mohrenstr.

56 Wohnsiedlung am Wilhelmplatz

Die 1992 fertiggestellte Wohnsiedlung am Wilhelmplatz galt einst mit ihrer plastischen Fassadengestaltung, den Erkern, Wintergärten und großzügig geschnittenen Wohnungen mit relativ gehobener Innenausstattung als luxuriöses Domizil. Sie sollte von Seiten der DDR ein Demonstrationsobjekt in Richtung Westen sein und gleichzeitig führenden Funktionären adäquaten Wohnraum bieten. Vom Innenhof der Wilhelmstraße 77 wird man an deutsche Geschichte aus über hundert Jahren erinnert: Im Norden schiebt sich die Kuppel des Reichstags in den Blick, im Süden ist die Silhouette des Potsdamer Platzes zu erkennen. Unter der heutigen Ecke In den Ministergärten/Gertrud-Kolmar-Straße befand sich einst die Bunkeranlage der Neuen Reichskanzlei, der sogenannte Führerbunker. Auch der ehemalige Grenzstreifen befindet sich in unmittelbarer Nähe; früher konnten die Mieter ihn aus den westlich gelegenen Fenstern beobachten.

▸ Wilhelmstr. 77; U-Bahn: Mohrenstr.

57 Vertretungen der Bundesländer

In den Ministergärten befinden sich die Vertretungen der Bundesländer Niedersachsen, Schleswig-Holstein, Saarland, Rheinland-Pfalz, Brandenburg, Mecklenburg-Vorpommern und Hessen. Die Repräsentanzen sind durchgängig als moderne transparente Bürogebäude gestaltet, die sich bürgernah und föderal präsentieren.

▸ In den Ministergärten; U-Bahn: Mohrenstr., Potsdamer Platz, S-Bahn: Potsdamer Platz

58 Zentrales Denkmal für die ermordeten Juden Europas

Zwischen Behrenstraße und Französischer Straße wurde im Mai 2005 das Zentrale Denkmal für die ermordeten Juden Europas eröffnet. Das Mahnmal wurde von dem New Yorker Architekten Peter Eisenman entworfen und besteht aus über 2 700 Betonstelen von 0,5 m bis zu 4,7 m Höhe. Diese bedecken, wie in einem Wald verstreut, den gesamten nördlichen Bereich der ehemaligen Minister-gärten. Der Eröffnung gingen über zehn Jahre heftige Diskussionen, mehrere Wettbewerbe und eine Überarbeitung des schließlich aus-gewählten Entwurfes voraus. Unterhalb des von den umliegenden Straßenzügen deutlich abgegrenzten Stelenfeldes befindet sich der Ort der Information, der über die Ursachen und Folgen des Völker-mordes informiert.

▸ www.stiftung-denkmal.de; Cora-Berliner-Str. 1; Stelenfeld: tgl. 24 Std. geöffnet; Ort der Information: Apr.–Sep. Di–So 10–20, Okt.–März Di–So 10–19 Uhr; U-/S-Bahn: Potsdamer Platz, Brandenburger Tor

Alexanderplatz bis Klosterviertel

59 Alexanderplatz

Ursprung des Alexanderplatzes ist ein Ochsen- und Wollmarkt aus dem 17. und 18. Jahrhundert, der 1805 zu Ehren des russischen Zaren Alexander I. umbenannt wurde. Mit der Einrichtung der Stadtbahn zum Ende des 19. Jahrhunderts nahm das Verkehrsaufkommen deut-lich zu, ein Bahnhof für Fern-, S-, und U-Bahn, Busse und Straßen-bahnen entstand. Die Zerstörungen des Zweiten Weltkriegs ließen am Alexanderplatz nur die beiden Bürohäuser von Peter Behrens – das Berolinahaus und das Alexanderhaus – übrig. Die beiden Gebäude wurden 1932 errichtet, als der Alexanderplatz in einen modernen Stadtplatz umgestaltet werden sollte. Auf das bis in die 1960er-Jahre gebliebene Trümmerfeld folge eine Neubebauung, in deren Zuge eine Reihe von Hochhäusern um den Platz herum entstand, wie das Haus der Elektrotechnik (heute Bundesministerium für Umwelt), das Haus des Reisens, Haus der Statistik, das Haus der Presse (heute Berliner Verlag), das Centrum Warenhaus (heute Galeria Kaufhof), das Hotel Stadt Berlin (heute Park Inn) und das Haus des Lehrers mit seinem ausdrucksvollen Wandfries. Der Platz selbst wurde zur Fußgänger-zone. Der Brunnen der Völkerfreundschaft von Walter Womacka im Zentrum und die Weltzeituhr von Erich John, beide von 1969, be-findet sich heute immer noch auf dem Platz. Des Weiteren erinnert eine in den Boden eingelassene Gedenktafel an die größte Demonst-ration in der Geschichte der DDR, bei der am 4. November 1989 etwa 500 000 Demonstranten auf dem Alexanderplatz mehr Demokratie forderten. Seit der Wiedervereinigung wird nach einem Masterplan

Die Weltzeituhr am Alexanderplatz

von Hans Kollhoff umgebaut: eine Randbebauung mit neuen Hochhäusern ist vorgesehen.

▸ U-/S-Bahn: Alexanderplatz

60 Bahnhof Alexanderplatz

Der 1882 eröffnete und 1995–1998 umgebaute Bahnhof Alexanderplatz markiert die Stelle, auf der sich im 17. Jahrhundert eine Festungsanlage befand, die mit der mittelalterlichen Stadtmauer verbunden war. Ein Stadttor, das in diese Anlage integriert war, ermöglichte den Zugang nach Berlin. Die darauf zuführenden Verkehrswege ließen bei der Stadterweiterung den Alexanderplatz entstehen. Die heutige Rathausstraße führte als Hauptstraße des alten Stadtkerns bis zum Stadtschloss. Über den ehemaligen Festungsgraben führten in einem weiten Bogen hinweg die später zum Kleistpark versetzten Königskolonnaden. Als letzte Hinterlassenschaft der barocken Stadtgrenze wurde der Graben allerdings in den 1870er-Jahren zugunsten des Stadtbahnprojektes zugeschüttet. Der Weg unter der Bahnstrecke hindurch führt daher nach wenigen Metern direkt in das mittelalterliche Stadtgebiet von Berlin, das von hier bis zur Spree reichte.

▸ U-/S-Bahn: Alexanderplatz

61 Fernsehturm

Der auf mittelalterlichem Grund stehende Fernsehturm wurde nach einem Entwurf von Hermann Henselmann, Erbauer der Berliner Karl-Marx-Allee, 1969 fertiggestellt. Mit seinen 368 m Höhe ist er das höchste Bauwerk Berlins. In 200 m Höhe befinden sich in einer verglasten Kugel, die sich im 30-Minuten-Takt einmal um 360 Grad dreht, eine Aussichtsplattform und ein Restaurant, die an klaren Tagen den Blick bis zu 40 km weit ins Umland freigeben.

▸ www.berlinerfernsehturm.de; Panoramastr. 1a; März–Okt. tgl. 9–24, Nov.–Febr. tgl. 10–24 Uhr; Eintritt 13 €, Kinder bis 16 J. 8,50 €; U-/S-Bahn: Alexanderplatz

62 Marienkirche

Um 1270 wurde mit dem Bau der Marienkirche begonnen. Im Rahmen der mittelalterlichen Stadterweiterung entstand im angrenzenden Gebiet zu dieser Zeit auch das Marienviertel. Im 14. und 15. Jahrhundert erhielt die dreischiffige Hallenkirche – und zweitälteste Pfarrkirche Berlins – ihre endgültige Gestalt. Der gotisch-klassizistische Turmhelm aus dem späten 18. Jahrhundert stammt von Carl Gotthard Langhans; die barocke Marmorkanzel von 1703 ist ein Meisterwerk des Schlossbaumeisters und Bildhauers Andreas Schlüter. Neben dem Taufbecken von 1430 präsentiert die Kirche in der Eingangshalle des Turmes eine einzigartige Totentanz-Malerei mit Dialogversen – eine kunsthistorische Kostbarkeit. Das 22 m lange Fresko aus dem 15. Jahrhundert entstand nach der großen Pestepidemie und wurde erst 1960 von Friedrich August Stüler wiederentdeckt – nachdem es über 100 Jahre mit Kalkfarbe übertüncht war.

Einst grenzte direkt an die Kirche der Neue Markt an. 1886 wurde der Marktbetrieb hier allerdings eingestellt, da hinter dem Bahnhof Alexanderplatz die Zentralmarkthalle eröffnete und der Marktverkauf unter freiem Himmel untersagt wurde. Des Weiteren befand sich hier ursprünglich auch die Bronzefigur Martin Luthers, die später nördlich der Kirche aufgestellt wurde, wo sie heute immer noch steht.

▸ www.marienkriche-berlin.de; Karl-Liebknecht-Str. 8; Nov.–März tgl. 10–18, Apr.–Okt. tgl. 10–21 Uhr; U-/S-Bahn: Alexanderplatz

63 Denkmalensemble »Block der Frauen«

Auf der von DDR-Wohnblöcken eingerahmten Grünanlage, dem einstigen Standort der im Zweiten Weltkrieg zerstörten Alten Synagoge, erinnert seit 1995 das Denkmalensemble »Block der Frauen« von Ingeborg Hunziger an den Frauenaufstand im Jahr 1943. Drei Steinblöcke mit eingemeißelten Figuren, Symbolen und Schriften erinnern an den öffentlichen, mehrere Tage andauernden und in der gesamten NS-Zeit einzigartigen Protest, der sich gegen die Entfernung von jüdischen Zwangsarbeitern aus den Rüstungsbetrieben richtete. Auch Juden aus »Mischehen« wurden abgeholt und zum Sammellager Rosenstraße, ehemals Jüdisches Wohlfahrtslager, gebracht. Sie waren aber von der Deportation ausgenommen, was die nichtjüdischen Ehefrauen nicht wissen konnten.

Den ehemaligen Standort der erst 1714 eingeweihten Synagoge zeigen in den Rasen eingelassene Steine an; eine Stelltafel mit Fotos liefert Informationen.

▸ Rosenstr. 2–4; U-Bahn: Alexanderplatz, S-Bahn: Alexanderplatz, Hackescher Markt

64 Gotische Kapelle

Einbezogen in den Neubau der ehemaligen Handelshochschule, die heute als Institut für Wirtschaftswissenschaften zur Humboldt-Universität gehört, befindet sich die kleine gotische Kapelle. Sie war einst der Andachtsraum des um 1300 erbauten Hospitals zum Heiligen Geist. 1476 wurde der Dachstuhl erneuert, um 1520 erhielt der Innenraum sein filigranes Sternrippengewölbe. Von der Ausmalung der Gewölbezwickel mit Pflanzen sind noch Reste zu sehen. Auch der historische Ziegelboden wurde bei der jüngsten Restaurierung wieder freigelegt.

1995/1996 und noch einmal während der Restaurierung fanden Ausgrabungen in der Kapelle und auf dem angrenzenden Grundstück, dem früheren Friedhof, statt, bei denen man auf Massengräber mit Seuchentoten stieß. Spitäler waren in den entstehenden mittelalterlichen Städten nötig, um die Kranken, Armen und Alten, losgelöst aus ihrer Familie und Dorfgemeinschaft, zu beherbergen und zu pflegen. Auch für mittellose Reisende und Pilger waren sie eine Anlaufstelle. Wegen der Seuchengefahr befanden sie sich in der Regel vor der Stadt.

Das Innere der Kapelle kann donnerstags zwischen 12 Uhr und 13 Uhr besichtigt werden, der Eingang befindet sich im Gebäude der Wirtschaftswissenschaftlichen Fakultät. Vom 2. Obergeschoss des

Treppenhauses kann man außerdem durch zwei Sichtfenster in den mittelalterlichen Dachstuhl der Kapelle schauen.

> ‣ Spandauer Str. 1; U-Bahn: Alexanderplatz, S-Bahn: Alexanderplatz, Hackescher Markt

65 Marx-Engels-Forum

Das 1986 vollendete Marx-Engels-Forum war einst in eine Grünanlage zwischen Spandauer Straße und Spree eingebettet und präsentierte auf seiner kreisrunden Innenfläche eine überlebensgroße Doppel-Bronze-figur des sitzenden Karl Marx und des neben ihm stehenden Friedrich Engels. Ergänzt wurde die Figur durch Edelstahlstelen mit eingeätzten Fotos sowie Bronze- und Marmorreliefs von verschiedenen Künstlern. Im Zuge des U-Bahnbaus der Linie U5 wurde das Denkmal 2010 auf die Grünfläche an der Karl-Liebknecht-Brücke versetzt. Der frühere Platz wurde bei den Bauten zerstört.

> ‣ Karl-Liebknecht-Str.; U-Bahn: Klosterstr., Alexanderplatz, S-Bahn: Alexanderplatz

66 Neptunbrunnen

Zwischen Marienkirche und Rotem Rathaus liegt ein 10 m hohes Meisterwerk der Brunnengestaltung des späten 19. Jahrhunderts. 1891 von Reinhold Begas erbaut und ein Geschenk der Stadt an Wilhelm II., stand der Neptunbrunnen ursprünglich an der Südseite des Stadt-schlosses. Seinen neuen Platz erhielt er Ende der 1960er-Jahre. Die zentrale Figur des Meeresgottes Neptun wird durch vier Frauenfiguren ergänzt, die die deutschen Flüsse Elbe, Rhein, Weichsel und Oder versinnbildlichen und sich am Rande des Beckens befinden.

> ‣ Spandauer Str.; U-Bahn: Klosterstr., Alexanderplatz, S-Bahn: Alexanderplatz

67 Rotes Rathaus

Das Rote Rathaus, seit jeher nach seiner Backsteinfassade benannt, wurde 1861–1869 von Hermann Friedrich Waesemann im Rundbo-genstil erbaut. Die Vierflügelanlage lässt Einflüsse der italienischen Neorenaissance und flämischer Rathaustürme erkennen, konkretes Vorbild war jedoch die französische Kathedrale von Laon. Neben dem 94 m hohen Turm präsentiert das Rathaus auch einen 200 m langen Terrakottafries. Dieser läuft entlang der Balkone des ersten Geschos-ses und illustriert die Geschichte Berlins von den Anfängen bis zur Reichsgründung 1871.

Vor dem Rathaus stehen zwei Bronzefiguren: »Trümmerfrau« und »Aufbauhelfer« von Fritz Cremer aus dem Jahr 1958. Sie erinnern an die Anstrengungen des Wiederaufbaus in der Nachkriegszeit. Auch das Rote Rathaus war stark zerstört worden, wurde jedoch schnell wieder aufgebaut. Seitdem diente es dem Ostberliner Magistrat als Amtssitz; nach der Wende zogen der Regierende Bürgermeister und der Berliner Senat ein.

▸ Rathausstr. 15; U-Bahn: Klosterstr., Alexanderplatz, S-Bahn: Alexanderplatz

68 Nikolaiviertel

Das Nikolaiviertel, zwischen Rotem Rathaus, Spree und Mühlendamm gelegen, zeigt nachgebildete und originale historische Bauten des zerstörten Alt-Berlins. Nach fast völliger Zerstörung des Viertels im Zweiten Weltkrieg wurden anlässlich der 750-Jahr-Feier Berlins im Jahre 1987 zwischen 1981 und 1987 zahlreiche Häuser, die sich ursprünglich woanders befanden, anhand von Vorbildern aus dem 17., 18. und 19. Jahrhundert rekonstruiert. Neben den historischen Gebäuden stehen im Nikolaiviertel jedoch auch Plattenbauten, die der Bezirk Rostock samt ihrer Ostseegiebel errichtete.

▸ U-Bahn: Klosterstr.

69 Gerichtslaube und Kneipe Zum Nußbaum

Die Gerichtslaube in der Poststraße ist ein Nachbau der zum Roten Rathaus gehörenden ehemaligen Gerichtslaube, die einst unter Verwendung von Originalsteinen in den Schlosspark Babelsberg am Rande Potsdams versetzt wurde. Heute beherbergt sie eine Gaststätte.

Ganz in der Nähe, in der Propststraße, befindet sich das alte Wirtshaus Zum Nußbaum. Der mit dem Giebel zur Straße stehende Bau wurde im 16. Jahrhundert auf der Alt-Cöllner Seite, der heutigen Fischerinsel, errichtet. Populär wurde das Wirtshaus vor allem durch den Grafiker und Zeichner Heinrich Zille, dem in der Straße ein Museum gewidmet ist.

▸ Poststr. 28; Propststr. 6/7; U-Bahn: Klosterstr.

70 Zille-Museum

Ebenfalls in der Probststraße (Nr. 11) befindet sich das kleine Zille-Museum. Es präsentiert mit Filmdokumenten, Memorabilien, Skizzen und Zeichnungen das Leben und Werk Heinrich Zilles (1858–1929).

Zille war ein stadtbekannter und populärer Berliner Künstler, der mit seinen sozialkritischen Werken die Tradition des Berliner Realismus weiterführte. 1903 wurde er Mitglied der Berliner Secession, 1924 Professor und Mitglied der Akademie der Künste.

▸ www.zillemuseum-berlin.de; Probststr. 11; Nov.–März 11–18, Apr.–Okt. 11–19 Uhr; Eintritt 6 €; U-Bahn: Klosterstr.

71 Knoblauchhaus

Das Knoblauchhaus von 1760 in der Poststraße 23 – heute ein Familiengeschichtsmuseum mit dem Schwerpunkt »Berliner Wohnkultur des Biedermeier« – ist eines der erhaltenen originalen Bürgerhäuser. Der dreigeschossige Barockbau mit dem feinen, umlaufenden Rankenfries wurde fast 170 Jahre von der Familie Knoblauch bewohnt. Deren Mitglieder waren angesehene Bürger, darunter Industrielle, Stadträte und Universitätsprofessoren. Der bedeutendste unter ihnen war der Architekt Eduard Knoblauch (1801–1865), der über 50 Stadthäuser, Villen und Landsitze sowie die Neue Synagoge in der Oranienburger Straße entwarf.

▸ www.stadtmuseum.de; Poststr. 23; Di–So 10–18 Uhr; Eintritt frei; U-Bahn: Klosterstr.

72 Ephraim-Palais

Das Rokoko-Palais in der Poststraße 16, das der Baumeister Friedrich Wilhelm Diterichs für den jüdischen Bankier Ephraim 1762–1765 erbaute, wurde im Rahmen der Ausweitung der Mühlendammbrücke 1935/1936 abgerissen. Die Fassade jedoch rettete man: sie wurde magaziniert und bei einem Kulturgutaustausch in den 1980er-Jahren an Ost-Berlin zurückgegeben. Der Wiederaufbau dieses Meisterwerks der Berliner Palaisarchitektur des 18. Jahrhunderts dauerte zweieinhalb Jahre und wurde 1987 abgeschlossen. Feine Schmuckdetails wie vergoldete Schmiedeeisen, Pilasterpaare, Puttendekor und toskanische Doppelsäulen am Portal schmücken die beiden Flügel des Baus, die an der Ecke ineinander übergehen. Heute sind in dem Gebäude, das auch als »schönste Ecke« Berlins bezeichnet wird, Wechselausstellungen des Stadtmuseums beherbergt.

▸ www.stadtmuseum.de; Poststr. 16; Di, Do–So 10–18, Mi 12–20 Uhr; Eintritt 5 €; U-Bahn: Klosterstr.

73 Nikolaikirche

Im Zentrum des Viertels befindet sich die nach dem Schutzheiligen der Händler und Kaufleute benannte Nikolaikirche, das älteste bestehende Bauwerk Berlins. Die einstige Feldsteinbasilika von 1260 wurde im 14. Jahrhundert zu einer gotischen Hallenkirche mit Umgangschor erweitert. Die auffallenden Zwillingstürme mit ihren spitzen Turmhelmen erhielten jedoch ihr heutiges Aussehen erst in den 1870er-Jahren, als man die asymmetrische Kirchenbaustruktur aus dem Mittelalter auflöste. Heute wird die Kirche als Museum genutzt.

Im ausgehenden 12. Jahrhundert gehörte die Kirche zu einer Siedlung, die sich um die Spree und ihre Überquerung für den Fernhandel Richtung Oder, an der Stelle des Mühlendamms gelegen, bildete und damit den Ursprung Berlins ausmacht. Es gibt Urkunden aus den Jahren 1237 für Berlins Schwesterstadt Cölln und 1244 für Berlin selbst. Diese sind jeweils die Ersterwähnung beider Städte, die sich 1307 zu einer Union vereinigten.

▸ www.stadtmuseum.de; Nikolaikirchplatz; tgl. 10–18 Uhr; Eintritt 5 €; U-Bahn: Klosterstr.

74 Molkenmarkt

Der Molkenmarkt entstand im Mittelalter als zentraler Marktplatz und gilt als der älteste Platz Berlins; seinen Namen erhielt er im 17. Jahrhundert nach den Mollen (niederdeutsch für Mühlen) vom Mühlendamm. Im 18. Jahrhundert entstanden dort mehrere Adelspalais. Wegen des Ausbaus des Mühlendamms in den 1930er-Jahren verschwanden allerdings etliche Bauten. Prominenteste Opfer: das Ephraim-Palais und die Gaststätte Zur Rippe. Die noch vorhandenen Häuser, außer jenen an der Südseite, wurden im Zweiten Weltkrieg zerstört. Eines der erhaltenen Palais aus dem 18. Jahrhundert ist das barocke Palais Schwerin am Molkenmarkt 3. In der DDR als Kulturministerium genutzt, beherbergt der denkmalgeschützte Bau heute das Deutsch-Französische Jugendwerk. Rechts davon schließt der Neubau für die Berliner Münze aus der NS-Zeit an, in dem bis zum Umzug nach Reinickendorf 2006 der Euro geprägt wurde.

▸ U-Bahn: Klosterstr.

75 Altes Stadthaus

Das Alte Stadthaus am Molkenmarkt zwischen der Jüden-, Kloster-, Parochial- und Stralauer Straße sticht besonders durch seinen auffälligen Rundturm zur Straßenfront der Jüdenstraße hin hervor. Es wurde nach Entwürfen des Stadtbaurats Ludwig Hoffmann 1902–1911 zu Entlastung des Roten Rathauses für die damalige Stadtregierung errichtet und nach seiner Fertigstellung 1911 zunächst als »Neues Stadthaus« bezeichnet. Mitte der 1990er-Jahre begann eine umfassende Renovierung; anschließend diente das Alte Stadthaus wieder seiner ursprünglichen Verwendung als ein Gebäude der Stadtverwaltung. Seitdem beherbergt es die Berliner Senatsverwaltung für Inneres.

▸ Molkenmarkt; U-Bahn: Klosterstr.

76 Neues Stadthaus

Links vom Alten Stadthaus schließt sich das sogenannte Neue Stadthaus an, das 1937–1939 nach Plänen von Kurt Starcks und Franz Arnous errichtet wurde. Bis 1948 tagte hier der Gesamtberliner Magistrat, dann zogen die Westberliner Abgeordneten aus und es wurde eine Ostberliner Stadtregierung gebildet. Heute befinden sich hier Abteilungen des Senats und das Standesamt Mitte.

▸ Molkenmarkt; U-Bahn: Klosterstr.

77 Klosterkirche

An der gleichnamigen Straße und U-Bahn-Station befindet sich der Ruinenrest der Klosterkirche. Im 13. Jahrhundert errichteten hier die Franziskaner ihre Berlinniederlassung, und das zum ersten Mal in der Stadtbaugeschichte mit Ziegelsteinen. Im 16. Jahrhundert beherbergte das säkularisierte Klosterareal das Gymnasium zum Grauen Kloster, die erste höhere Bildungseinrichtung, welches unter anderem von Bismarck und Schinkel besucht wurde.

Ganz in der Nähe der Ruine ist noch ein Stück der alten Stadtmauer zu sehen, die ursprünglich aus Feldstein errichtet und später mit Ziegeln ergänzt und ausgebessert wurde. Als sie im 17. Jahrhundert durch die neue Festungsanlage ihren ursprünglichen Zweck aufgeben musste, wurde sie als Rückwand für Häuserbauten verwendet.

▸ www.klosterruine-berlin.de; Klosterstr. 73a; U-Bahn: Klosterstr.

78 Stadtgericht Mitte

Das hinter der Stadtmauer gelegene Gerichtsgebäude an der Littenstraße mit seinem eindrucksvollen Treppenhaus ist das letzte Überbleibsel der früheren Straßenbebauung im alten Klosterviertel.

Teile der Ruine der Klosterkirche

1896–1904 wurde der einst 207 m lange Bau nach Plänen von Otto Schmalz errichtet, den nördlichen Bauteil riss man jedoch 1968 zur Verbreiterung der Grunerstraße ab.

▸ Littenstr. 11–17; U-Bahn: Klosterstr.

79 Parochialkirche

Die Parochialkirche wurde 1695–1703 nach Plänen von Oberbaudirektor Johann Arnold Nering und seinem Nachfolger Martin Grünberg erbaut. Im Zweiten Weltkrieg wurde der Sakralbau durch einen Brand zerstört, woraufhin der Turm einstürzte und bisher nicht wieder aufgebaut wurde. Damit ist die Kirche heute der einzige erhaltene Barockbau, dessen Innenraum noch die Kriegszerstörungen erkennen lässt.

▸ Klosterstr. 67; Mo–Fr 9–15:30 Uhr; U-Bahn: Klosterstr.

Mühlendammbrücke bis Märkisches Ufer

80 Mühlendammbrücke

Die einbogige Brücke, die Teil der Ost-West-Verbindung vom Alexanderplatz zum Potsdamer Platz ist, stammt von 1968. Ihr voran ging der Molendamm, der erste befestigte Spreeübergang im Zentrum der Doppelstadt Berlin/Cölln. Im 13. Jahrhundert wurde dieser zu einer Brücke erweitert. Anfang des 19. Jahrhunderts erhielt sie ein Sandsteingewölbe, das wiederum 1892 durch eine Stahlkonstruktion ersetzt wurde.

‣ Molkenmarkt/Gertraudenstr.; U-Bahn: Märkisches Museum,
  Klosterstr.

81 Petriviertel und Fischerkiez

Das alte Cölln wird durch den Mühlendamm in zwei Hälften geteilt. Nördlich befindet sich das Petriviertel, in dem die längst abgerissene Cöllner Kirche stand. Die Breite Straße war die Prunkstraße Cöllns; hier befanden sich das Cöllnische Rathaus und die Petrikirche, umsäumt von den Häusern reicher Bürger. Heute sind hier in eine Bebauung der 1960er-Jahre einige alte Häuser eingestreut.

Südlich des Mühlendamms befindet sich der Fischerkiez, wo sich einst der Fischmarkt und die schmalen Häuser der weniger gut situierten Bürger befanden. In den 1960er-Jahren riss die DDR sämtliche von den Zerstörungen des Zweiten Weltkriegs ausgelassene Bauten ab. Die alten, eng aneinander gereihten Häuser wurden durch sechs von Weitem sichtbare 18- und 21-geschossige Hochhäuser ersetzt, in denen 3000 Bewohner ihre Wohnstatt haben.

‣ U-Bahn: Märkisches Museum

82 Breite Straße 12–17

In einem Plattenbaublock am linken Südende des Mühlendamms, in der Breiten Straße 12–17, befand sich das in den 1960er-Jahren errichtete Ministerium für Bauwesen der DDR. Walter Womacka hatte dafür 1968 das metallene Fassadenbild »Der Mensch ist das Maß aller Dinge« entworfen. 2011 wurde jedoch der Abriss des Ministeriums beschlossen. Nach archäologischen Grabungen an sich dort tief im Boden befindenden Fundamenten der Stadt Cölln aus dem 13. Jahrhundert soll hier eine neue Bebauung von Wohn- und Geschäftshäusern entstehen.

‣ U-Bahn: Märkisches Museum, Spittelmarkt

83 Staatsratsgebäude

Mit seiner Fassade erinnert das ehemalige Staatsratsgebäude an die Überreste der 1950 gesprengten Stadtschlossruine: In den Bau aus den 1960er-Jahren ist ein Portal des alten Stadtschlosses integriert. In dem früheren sozialistischen Vorzeigebau befindet sich heute eine Hochschule deutscher Konzerne.

Das ehemalige Staatsratsgebäude auf der Südseite des heutigen Schlossplatzes birgt in seiner Fassade mit Portal Nummer V, das sogenannte Lustgartenportal, den letzten baulichen Rest der 1950 gesprengten Schlossruine. Von hier rief Karl Liebknecht 1918 auf dem unteren Balkon die sozialistische Republik aus. Der Lustgarten, zu dem sich das Portal ursprünglich öffnete, befindet sich auf der Nordseite des Schlossplatzes Richtung Berliner Dom (vgl. auch Seite 58).

▸ Schlossplatz; U-Bahn: Märkisches Museum, Spittelmarkt

84 Berliner Stadtbibliothek

Der Eingang in der Breiten Straße, den Fritz Kühn mit 117 metallenen Varianten des Buchstabens »A« in allen denkbaren Schriftarten schmückte, führt in die 1901 gegründete Berliner Stadtbibliothek, die heute zur Stiftung Zentral- und Landesbibliothek Berlin gehört. Der Bau wurde 1966 nach Plänen von Heinz Meulan errichtet und anlässlich der X. Berliner Festtage eröffnet.

▸ Breite Str. 30–36; U-Bahn: Märkisches Museum, Spittelmarkt

85 Ribbeckhaus

Das Ribbeckhaus ist das älteste Gebäude in der Umgebung. 1624 fasste der Kammerrat von Ribbeck den Renaissancebau aus zwei bestehenden Gebäuden unter einer Fassade zusammen. Im Knorpelwerk, das den Eingang rahmt, kann man noch die Inschrift mit seinem Namen und dem seiner Frau erkennen. Den Baugewohnheiten dieser Zeit entsprechend, wurden am Dach zur Ausschmückung die vier Quergiebel aufgestellt; dahinter befanden sich zumeist nur ungenutzte Dachräume. Einige Jahrzehnte später wurde das Haus modernisiert und in ein frühbarockes Zweckgebäude, der Alte Marstall genannt, eingegliedert, das heute das Zentrum für Berlin-Studien beherbergt. Dieser Komplex wiederum wurde um 1900 von Ernst von Ihne mit der neobarocken Fassade des Neuen Marstalls eingefasst.

▸ Breite Str. 35; U-Bahn: Märkisches Museum, Spittelmarkt

86 Brüderstraße

Die Brüderstraße war im Mittelalter etwas länger und führte – daher der Name – zum Dominikanerkloster. Hier stehen drei alte Häuser, die in einen Wohnblock der 1960er-Jahre eingefasst sind. In der Brüderstraße 10 steht das sogenannte Galgenhaus, welches 1688 errichtet und um 1805 mit einem einfachen klassizistischen Dekor ausgeschmückt wurde. Im Innern befindet sich ein eindrucksvolles Treppenhaus, das allerdings nicht öffentlich zugänglich ist. Nebenan stehen die Sächsische Landesvertretung (Nr. 11) mit ihrem historisierenden Zierrat von 1905 und das Nicolaihaus (Nr. 13), welches nach seiner Errichtung im 17. Jahrhundert vielfach umgebaut wurde. Auf seiner barocken Fassade erinnern zahlreiche Gedenktafeln an die Personen, die einst das Haus belebten, denn hier war ein kulturelles Zentrum Berlins. 1787 gelangte der Bau in den Besitz des Schriftstellers und Verlegers Nicolai, der es von Carl Friedrich Zelter umbauen ließ. Nicolai empfing hier viele bedeutende Personen der Berliner Aufklärung, die heute auf den Tafeln stehen. Das Haus schmücken unter anderem seine Treppenhäuser: das eine ist in Holz geschnitzt, das andere mit fein ziselierter Bronze ausgestaltet.

Die gegenüberliegende Straßenseite wird durch in den Plattenblock integrierte Kaufhäuser geprägt, die schon um 1900 das Bild des gesamten Areals nördlich des Mühlendamms bestimmten.

▸ U-Bahn: Märkisches Museum, Spittelmarkt

87 Jungfernbrücke

Entlang der Friedrichsgracht gelangt man zu der 1798 erbauten und den Spreearm Kupfergraben überspannende Jungfernbrücke, die sich als letzte von insgesamt neun baugleichen Zugbrücken Berlins erhalten hat. Um die Herkunft des Namens ranken sich verschiedene Legenden, welche beispielsweise vom Eifersuchtsmord einer jungen Frau auf der Brücke handeln oder der nur Männern vorbehaltenen benachbarten Flussbadeanstalt, derentwegen junge Frauen an der Brücke zurückbleiben mussten.

▸ U-Bahn: Spittelmarkt

88 Auswärtiges Amt

Der Bau des heutigen Auswärtigen Amts mit seiner monumentalen, ungegliederten Steinfassade wurde 1934–1938 nach Plänen von Heinrich Wolff, dem Leiter der Reichsbank-Bauabteilung, errichtet. Im

Die Jungfernbrücke ist die älteste noch erhaltene Brücke der Stadt

Laufe der Zeit diente das Gebäude auch dem Ministerium der Finanzen der DDR und dem Zentralkomitee der SED. 1997–1999 erhielt das Gebäude mit der leicht geschwungenen Seitenfront einen Erweiterungsbau von den Architekten Thomas Müller und Ivan Reimann, der sich zwar an die Ausmaße des Altbaus anlehnt, jedoch dessen steife Monumentalität durch Auslassungen und Glasflächen auflockert.

‣ Werderscher Markt 1; U-Bahn: Hausvogteiplatz

89 Friedrichswerdersche Kirche
Die Friedrichswerdersche Kirche gegenüber dem Außenministerium wurde 1824–1830 nach Plänen von Karl Friedrich Schinkel im neogotischen Stil errichtet. Der an englischen Vorbildern angelehnte Bau beherbergt heute das Schinkelmuseum mit Werken des Berliner Klassizismus. Ab Oktober 2012 wurde die Kirche jedoch bis auf Weiteres

geschlossen. In dem denkmalgeschützten Gebäude gab es Abplatzungen vom Deckenputz, die die Besucher und Ausstellungsstücke gefährden könnten.

Rechts daneben stand einst Schinkels berühmte Bauakademie, deren Ruine in der DDR zugunsten eines neuen Außenministeriums abgerissen wurde. Seit 1995 ist der Wiederaufbau der Bauakademie vorgesehen.

▸ Werderscher Markt; U-Bahn: Hausvogteiplatz

90 Gertraudenbrücke

Die kleine Gertraudenbrücke verbindet die Fischerinsel mit dem sogenannten Friedrichswerder, dem Ortsteil westlich des Spreekanals. Die Ursprünge der Doppelbrücke, bestehend aus einer alten Fußgänger- und einer neueren Straßenbrücke, gehen bis in das 13. Jahrhundert zurück, in dem sie nach dem benachbarten Gertraudenhospital benannt wurde. Ihre heutige Form erhielt sie Ende des 19. Jahrhunderts durch den Architekten und Baurat Otto Stahn. Die Bronzefigur von Rudolf Siemering stellt die Heilige Gertraude, Schutzpatronin der Wanderer, Reisenden und Pilger, dar.

▸ U-Bahn: Spittelmarkt

91 Spittelmarkt

Auch der Spittelmarkt erhielt seinen Namen nach dem nahegelegenen Gertraudenhospital (von »Hospital« über »Spital« zu »Spittel«). Der einst dicht bebaute und belebte Verkehrsknotenpunkt hatte nach dem Wiederaufbau nach dem Zweiten Weltkrieg seine ursprüngliche Form völlig verloren. Heute drängt sich dort die rhythmische Neubebauung der Leipziger Straße, die die DDR in den 1970er-Jahren gegen das Springer-Hochhaus im Westen errichten ließ.

▸ U-Bahn: Spittelmarkt

92 Ermelerhaus

Das Ermelerhaus befindet sich an der sogenannten Friedrichsgracht, die Friedrich Wilhelm im 17. Jahrhundert nach holländischem Vorbild gestalten ließ. Sie gehört zu jenen Grachten, die Cölln umsäumten, nachdem 1680 die alte Stadtmauer abgerissen worden war. Das helle und mit Figurenschmuck verzierte Ermelerhaus am Märkischen Ufer 10 wurde 1806 erbaut und stand eigentlich in der Breiten Straße.

In den 1960er-Jahren wurde es wie die Nummer 12 an seinen neuen Platz an der Gracht versetzt.

▸ Märkisches Ufer 10; U-Bahn: Märkisches Museum

93 Märkisches Museum

Der rote Backsteinbau des Märkischen Museums wurde um 1900 von Stadtbaudirektor Ludwig Hoffmann für die Bestände des Märkischen Provinzial-Museums entworfen. Dabei nahm er sich explizit brandenburgische Architektur zum Vorbild. So ist der Haupttrakt des Museums der Katharinenkirche in Brandenburg nachempfunden, der Museumsturm ähnelt dem Turm der Wittstocker Bischofsburg. Die Rolandstatue vor dem Eingang hat den Roland des Neustädtischen Rathauses in Brandenburg zum Vorbild. In dem benachbarten Köllnischen Park befindet sich zudem der Stumpf einer Windmühle aus dem 17. Jahrhundert, der sogenannte Wusterhausener Bär. Des Weiteren stehen dort ein runder Backsteinturm mit Haube von 1718 sowie einige Kapitelle vom abgerissenen Schloss und Segmente der Berliner Mauer. Die Attraktion des Parks ist aber wohl der 1927 angelegte Bärenzwinger mit den lebenden Braunbären, dem Wappentier Berlins. Von dort aus ist außerdem das 1930/1931 nach Plänen von Albert Grottheiner erbaute AOK-Verwaltungsgebäude zu sehen. Dieser monumentale Bau mit der dunkelroten Klinkerblendfassade gilt als ein herausragendes Beispiel spätexpressionistischer Architektur.

▸ www.stadtmuseum.de; Am Köllnischen Park 5; Di–So 10–18 Uhr; Eintritt 5 €; U-Bahn: Märkisches Museum, Jannowitzbrücke, S-Bahn: Jannowitzbrücke

Die Friedrichstraße

94 Oranienburger Tor

Am Oranienburger Tor auf der Friedrichstraße stand einst das Stadttor der Berliner Zoll- und Akzisemauer, welche im 18. Jahrhundert die Berliner Stadtmauer ersetzte. Heute befindet sich dort neben den historischen Häusern eine große Brachlandschaft, auf der zu Anfang des Jahrhunderts ein gewaltiges Passagenkaufhaus errichtet wurde. An der Friedrich- und Oranienburger Straße standen zu dieser Zeit jeweils riesige Kopfbauten, von denen glasüberdachte Passagenräume zu einer eindrucksvollen Stahlbeton-Kuppelhalle führten. Die Passage war europaweit eine der größten ihrer Art, wirtschaftlich jedoch ein

Misserfolg. Nach dem Ersten Weltkrieg wurde das Gebäude unter der AEG als Haus der Technik zu einem bedeutenden Ausstellungsgebäude. In den späten 1980er-Jahren erfolgte der Abriss aufgrund der geplanten Errichtung einer großen Straßenkurve, die, den Boulevard-Planungen folgend, die Friedrich- und Oranienburger Straße zusammenführen sollte. Die Realisierung der Pläne blieb jedoch durch die Wende aus. Einige Abschnitte des DDR-Neubautenprogramms aber wurden verwirklicht. An der Einmündung der Claire-Waldoff-Straße oder an den »Spreeterassen« an der Weidendammer Brücke lässt sich noch das geplante »schicke« Stadtbild erahnen.

> ‣ U-Bahn: Oranienburger Tor

95 Friedrichstadt-Palast

Der Friedrichstadt-Palast wurde 1981 auf einem ehemaligen Kasernen- und später Zirkusgelände gebaut. Auf der 7 700 m² großen Fläche sollte der rechteckige Betonbau als großes Revue-Theater dienen. Neben den strukturierten und mit Rundbogenformen gegliederten Fassadenelementen charakterisieren den Palast die Reliefs an der Nord- und Südseite, die die Bildhauerin Emilia N. Bayer schuf. Sie illustrieren die Geschichte des Palastes als Zirkus, Schauspielhaus und Varieté-Theater. Auf dem mit 24 Metern breitesten Bühnenportal Europas, das einst Ikonen wie Josephine Baker und Marlene Dietrich betraten, werden heute noch aufwendig und optisch ausgefeilte Shows gezeigt.

> ‣ www.palast-berlin.eu; Friedrichstr. 107; U-Bahn: Oranienburger Tor, Friedrichstr.,
> S-Bahn: Friedrichstr.

96 Deutsches Theater und Kammerspiele

Das Deutsche Theater und die Kammerspiele sind einer der traditionsreichsten Theaterkomplexe Berlins. Die heutige Lage erhielt es erst nach dem Zweiten Weltkrieg; zuvor war es ein Hinterhoftheater. Dessen Anfänge liegen in der Zeit um 1850, als das »Friedrich-Wilhelmstädtische Theater« errichtet wurde, dessen prächtiger Innenraum noch heute zum Teil erhalten ist. Als Deutsches Theater erreichte das Haus ab 1894 mit den Regisseuren Otto Brahm, Max Reinhardt und zu DDR-Zeiten Wolfgang Langhoff große Beachtung. Auch heute noch zählt das Deutsche Theater zu den bedeutendsten Theatern Berlins. Büsten auf dem Vorplatz des Gebäudes erinnern an die wichtigsten Hausregisseure.

> ‣ www.deutschestheater.de; Schumannstr. 13; U-Bahn: Oranienburger Tor, Friedrichstr., S-Bahn: Friedrichstr.

97 Marienstraße

Zwischen Deutschem Theater und Schiffsbauerdamm liegt die ruhige Marienstraße, deren Wohnhausbebauung als Gesamtensemble einzigartig in Berlin ist. Die vergleichsweise kleinen Gebäude entstanden zwischen 1830 und 1840 und sind damit die einzigen fast noch vollständig erhaltenen Häuser aus dieser Zeit.

▸ U-/S-Bahn: Friedrichstr.

98 Berliner Ensemble

Der Bau des Berliner Ensembles – eines der berühmtesten Theaterhäuser Berlins – wurde 1892 errichtet. Seine Fassade ist heute entstuckt, der Innenraum hat jedoch seine historische Ausgestaltung beibehalten. Besonders der Zuschauerraum beeindruckt mit seinen üppig neubarocken Formen. Berühmt wurde das Berliner Ensemble vor allem durch seinen Begründer: Berthold Brecht. Dieser war 1948 aus dem Exil mit der Intention zurückgekehrt, das deutsche Theater zu erneuern. Dafür drängte es ihn zum Berliner Ensemble, dem Haus seines größten Publikumserfolgs: bereits 1928 wurde die »Dreigroschenoper« hier triumphal uraufgeführt. Nach dem Zweiten Weltkrieg zog er daher mit dem von ihm und Helene Weigel neu gegründeten Berliner Ensemble in den Bau am Schiffbauerdamm. Seit 1999 führt Claus Peymann das Theater; an Brecht erinnert das 1988 eingeweihte Bronze-Denkmal von Fritz Cremer. Dieses befindet sich auf einer kreisförmigen Fläche, die eine Drehbühne versinnbildlicht und als Aufschrift das Gedicht »Fragen eines lesendes Arbeiters« trägt.

▸ www.berliner-ensemble.de; Bertolt-Brecht-Platz 1; U-/S-Bahn: Friedrichstr.

99 Emerson Gallery

Die von dem Amerikaner Russell Radzinski 2003 gegründete Galerie präsentiert in erster Linie junge Kunst mit gesellschaftlichen Bezügen. Lesungen und Podiumsgespräche runden das Programm ab.

▸ www.emerson-gallery.de; Schiffbauerdamm 19; Di–Fr 14–19, Sa 12–16 Uhr; U-/S-Bahn: Friedrichstr.

100 Alter Friedrichstadtpalast

Der Alte Friedrichstadtpalast ging nach dem Ersten Weltkrieg unter dem Namen »Großes Schauspielhaus« aus einer zum Zirkus umgebauten Markthalle hervor. Hans Poelzig hatte ihn für Max Reinhardt neu gestaltet und schuf damit eine der berühmtesten expressionistischen Architekturen. Nach dem Zweiten Weltkrieg und dem Wiederaufbau in den späten 1940er-Jahren erreichte das Haus unter seinem neuen Namen »Friedrichstadtpalast« große Bekanntheit. Da jedoch die Fundamentierung des Gebäudes an der Spree problematisch war, musste es abgerissen werden. Heute entsteht auf der vormaligen Brachfläche ein Luxuswohnhaus.

▸ U-/S-Bahn: Friedrichstr.

⑩ Weidendammer Brücke

Die Weidendammer Brücke ist eine kunstvolle eiserne Konstruktion aus dem Jahre 1897, wobei ihre Ursprünge als Holzbrücke bis ins 17. Jahrhundert zurückreichen. Damit ist sie die drittälteste Brücke im Berliner Stadtzentrum. Die Entwürfe für die 73 m lange und 22,5 m breite Brücke lieferte Otto Stahn. In der Mitte der mit schmiedeeisernen Ziergittern versehenen Geländer befinden sich zwei kaiserliche Reichsadler; über den Brückenpfeilern stehen Kandelaber in Form schlanker Gittermasten mit Fabelmasken und vergoldeten Sonnen an der Spitze.

▸ U-/S-Bahn: Friedrichstr.

⑩ Admiralspalast

Der Admiralspalast wurde 1910 als Badeanstalt mit Eislaufbahn errichtet, von der sich im Vorderhaus Reste der Ausstattung erhalten haben. Als die im hinteren Gebäudeteil gelegene Eislaufbahn keinen Gewinn einbrachte, wurde sie in den 1920er-Jahren in ein Theater umgebaut. Darin spielte nach dem Krieg die Staatsoper bis zu ihrer Wiedereröffnung 1955 Unter den Linden; später zog das Metropol-Theater ein. Heute beherbergt das Haus unter anderem das schon in der DDR bedeutende Kabarett die »Distel«. Ein neuer Betreiber hat nach Renovierungen seit 2006 den Theaterbetrieb wieder eingeführt. Er knüpft an die Tradition des Hauses an und zeigt ein unterschiedliches Programm.

▸ www.admiralspalast.de; Friedrichstr. 101; U-Bahn: Oranienburger Tor, Friedrichstr., S-Bahn: Friedrichstr.

⑩ Tränenpalast

Der heute denkmalgeschützte Tränenpalast wurde 1961/1962 als Empfangsgebäude für den ehemaligen Transitverkehr des Bahnhofs Friedrichstraße errichtet. Der Name leitet sich von den Abschiedsszenen ab, die sich bis 1989 hier zugetragen haben. Heute beherbergt der gläserne Bau die Dauerausstellung »GrenzErfahrung. Alltag der deutschen Teilung«, die mit biografischen Beispielen, 570 Objekten und 30 Medienstationen den deutschen Alltag mit der Teilung und Grenze veranschaulicht. Die wichtigsten Stationen im Vereinigungsprozess werden ebenfalls dargestellt.

▸ www.hdg.de/berlin/traenenpalast; Reichstagufer 17; Di–Fr 9–19, Sa/So 10–18 Uhr; Eintritt frei; U-/S-Bahn: Friedrichstr.

104 Bahnhof Friedrichstraße

Der Bahnhof Friedrichstraße war der Mittelpunkt dieses Straßenabschnitts. Er wurde 1882 unter dem Namen Centralbahnhof eröffnet und war – entgegen der älteren Kopfbahnhöfe – ein Ort mitten im Fernverkehr zwischen Paris und St. Petersburg. Die Hohenzollern ließen hier den kaiserlichen Empfangssalon einbauen, doch nicht nur von kaiserlichen Gästen, sondern auch von Reisenden aus den unteren Gesellschaftsschichten wurde der Bahnhof stark frequentiert. In den 1990er-Jahren erfolgte eine aufwendige Renovierung.

Admiralspalast

Vor dem Bahnhof befinden sich große Neubauten. Hier entstand 1878 das zweitälteste Grand Hotel von Berlin, das Central. Mit seinen Fassadenmosaiken, den Balkonen und überkuppelten Ecktürmen ähnelte es bis zu seiner Zerstörung im Zweiten Weltkrieg einem Pariser Warenhaus. Bekannt war das Haus vor allem für seinen Wintergarten mit einer Fläche von 1 500 m², der in den 1920er-Jahren ein vornehmer und überregional berühmter Veranstaltungsort wurde.

▸ U-/S-Bahn: Friedrichstr.

105 Internationales Handelszentrum

1978 wurde gegenüber des Bahnhofs Friedrichstraße das Internationale Handelszentrum der DDR errichtet. Weiter südlich verengt sich die Friedrichstraße, bevor das »KulturKaufhaus« mit einigen in den Neubau eingegliederten alten Fassaden und das Hotel »Maritim pro Arte« wieder die frühere Bauflucht aufzeigen.

▸ Friedrichstr. 95; U-/S-Bahn: Friedrichstr.

106 Polnische Apotheke und Haus der Schweiz

Die Polnische Apotheke und das Haus der Schweiz haben sich in der Friedrichstraße als historische Bauten erhalten. Die Polnische Apotheke wurde 1989 von Alfred Breslauer errichtet. An der abgestumpften Ecke befindet sich ein polnischer Adler und das Relief der Kurfürstin Dorothea. Diese hatte einst einem Vorgänger der Schachts, die in der zweiten Hälfte des 19. Jahrhunderts die bekannteste Apothekerfamilie Berlins waren, die Errichtung einer Apotheke erlaubt. Das Haus der Schweiz mit bronzenem Tellknaben an der Ecke wurde im Auftrag der Schweizerischen Bodenkreditanstalt 1934 –1936 nach Plänen des Schweizer Architekten Ernst Meier errichtet.

▸ Unter den Linden 24 / Friedrichstr. 155/156; U-/S-Bahn: Friedrichstr.

107 Ecke Friedrichstraße/Unter den Linden

Um die Jahrhundertwende wurde an dieser stark befahrenen Straßenecke der erste Verkehrspolizist Preußens postiert, der den Verkehr zuweilen mit der Trompete regelte. Des Weiteren befanden sich hier die drei prominentesten Cafés von Berlin: Viktoria, Bauer und Kranzler. Die Schließung des Cafés Bauer erfolgte schon 1924, die Cafés Viktoria und Kranzler fielen den Zerstörungen des Zweiten Weltkriegs zum

Opfer. Heute befindet sich hier unter anderem das »Upper Eastside Berlin«, ein Gebäudekomplex mit Einzelhandel, Wohnungen und Büros.

▸ U-/S-Bahn: Friedrichstr.

108 Grand Hotel

Das »Westin Grand« wurde als Grand Hotel 1987 eröffnet und von Erich Honecker persönlich eingeweiht. Man wollte ein Hotel mit Weltniveau schaffen: So präsentiert das Hotel im Innern eine »Revuetreppe«, die durch alle Geschosse reicht; die Zimmer, beispielsweise die »Schinkel-Suite«, sind teilweise mit historischen Möbeln ausgestattet. Das Hotel erinnert als einziges Gebäude an die Baupläne der DDR, die die doppelte Verbreiterung der Trasse der Friedrichstraße nach Osten hin vorsahen. Repräsentative Großbauten waren in der Planung und wurden teilweise begonnen, nach der Wende jedoch nicht mehr fertiggestellt und schließlich abgerissen – bis auf das »Westin Grand«.

▸ Friedrichstr. 158–164; U-Bahn: Französische Str.

109 Weitere Bauten nahe Behrenstraße

Die abgeschrägte Ecke mit dem Bogen zur Behrenstraße soll an die bis zur Kriegszerstörung stehende Kaisergalerie erinnern, die hier ihren Haupteingang hatte und als eine der Attraktionen der Friedrichstraße galt.

Das gegenüberliegende Gebäude ist einer der wenigen erhaltenen Vorkriegsbauten. Es wurde von der Pschorr-Brauerei errichtet und war ein beliebter Vergnügungsort.

Nach der Wende wurde die Friedrichstraße gemäß des neu geplanten Stadtbildes gestaltet. Die Entwürfe sahen eine Traufhöhe von 22 m, die Beschaffung des Außenbaus mit Fenstern in steinerner Fläche – eine Abkehr der bisher klassischen gläsernen Fassade – sowie einen Wohnanteil von 20 Prozent vor.

▸ U-Bahn: Französische Str.

110 Quartiere 205–207

Die Quartiere 205–207 sind die drei ältesten Neubauten der Friedrichstraße. Sie wurden zwischen 1992 und 1995 errichtet und sind unterirdisch miteinander als »Friedrichstraßenpassagen« verbunden.

Den nördlichen Bau Quartier 207 entwarf der französische Stararchitekt Jean Nouvel, der entgegen der eigentlich festgeschriebenen

Vorgaben eine gläserne Fassade bauen durfte. Hier befindet sich die Berliner Dependance des Pariser Kaufhauses »Galeries Lafayette«, in dessen Innern die Läden über alle Geschosse hinweg um riesige gläserne Trichter und Kegel liegen. Neben internationaler Mode für Frauen, Männer und Kinder, Accessoires, Schuhen, Schmuck etc. beherbergt das Untergeschoss die Feinschmecker-Abteilung »Lafayette Gourmet« mit französischen Delikatessen. Des Weiteren befinden sich in dem Bau Büroflächen auf sieben Etagen und im obersten Stockwerk 15 Wohnungen.

Das Quartier 206 wurde vom amerikanischen Architektenbüro Pei, Cobb, Freed & Partners geplant. In dem Bau, aus dessen Fassade spitze Ecken herausragen und das im Innern in Dreiecks- und Schachbrettmustern im Art-déco-Stil der 1930er-Jahre gestaltet ist, befinden sich Edelboutiquen mit internationaler Couture. Auch eine Kunstgalerie, ein Café, eine Privatklinik sowie Büroflächen und zwölf Wohnungen beherbergt das Gebäude.

Das südliche quadratische Quartier 205 wurde nach Plänen von Oswald Mathias Ungers in kubischer Formsprache errichtet. Das Quartier besteht aus einem Kernbau, der mit sechs verbundenen Häusern zwei Atrien einschließt. Auf zehn Stockwerken sowie drei Tiefebenen befinden sich hier Edel-Boutiquen, kleine Spezialgeschäfte und Gastronomie. Im Foyer beim rückwertigen Eingang zum Deutschen Dom hin befindet sich der 11 m hohe »Turm von Klythie« – eine Skulptur, die der US-amerikanische Künstler John Chamberlain aus Autoblechen und verchromten Stoßstangen schuf.

▸ www.galerieslafayette.de; www.quartier206.com; www.theq.eu; Friedrichstr. 70–78; U-Bahn: Stadtmitte, Französische Str.

⓫ Russisches Haus der Wissenschaft und Kultur
Das massige Veranstaltungs- und Kulturzentrum mit Kabarett und Kino wurde 1984 mit Granit- und Marmorfassade erbaut. Es war damals unter dem Namen »Haus der Sowjetischen Wissenschaft und Kultur« die größte entsprechende Institution außerhalb der Sowjetunion.

▸ Friedrichstr. 176–179; U-Bahn: Stadtmitte, Französische Str.

⓬ Ecke Friedrichstraße/Leipziger Straße
Die Leipziger Straße war vor dem Krieg Berlins traditionelle Einkaufsstraße. Heute stehen in der massiv verbreiterten Straße viele

Hochhäuser, die im Rahmen der in den 1970er-Jahren vorgenommenen radikalen Umgestaltung errichtet wurden. Die Nachwende-Neubauten an der Kreuzung wurden dagegen wieder auf der ursprünglichen Straßenflucht errichtet.

▸ U-Bahn: Stadtmitte

113 Museum für Kommunikation

Nur ein Block westlich der Friedrichstraße, in der Leipziger Straße 16, befindet sich das Museum für Kommunikation im Gebäude des früheren Reichspostmuseums. Dieses war der Vorgänger des heutigen Museums; es wurde 1872 eröffnet und gehörte damit zu den weltweit ersten Museen für die Geschichte der Technik. Der Bau in der Leipziger Straße entstand 1871–1874 für das Reichspostamt; 1893–1897 wurde es erweitert und das Reichspostmuseum integriert. Im Zweiten Weltkrieg wurde das Gebäude schwer beschädigt und die Sammlung ausgelagert, erst im Jahr 2000 erfolgte nach mehreren Jahren Restaurationen und Sanierungen die Wiedereröffnung als Museum für Kommunikation. Neben wechselnden Sonderausstellungen bietet das Museum auch eine umfangreiche Sammlung von historischen Objekten. In seiner Schatzkammer präsentiert es kostbare Exponate, unter anderem die Blaue und die Rote Mauritius.

▸ www.mfk-berlin.de; Leipziger Str. 16; Di 9–20, Mi–Fr 9–17, Sa/So 10–18 Uhr; Eintritt 4 €, erm. 2 €; U-Bahn: Mohrenstr., Stadtmitte

114 Checkpoint Charlie

Der Checkpoint Charlie ist der bekannteste der ehemaligen Grenzübergänge. Der Name stammt von dem Kürzel für den dritten Grenzübergang des amerikanischen Sektors. 1961 fand hier die sogenannte Panzerkonfrontation statt: Als die DDR-Volkspolizei Mitglieder der alliierten Streitkräfte daran hindern wollte, unkontrolliert nach Ost-Berlin zu fahren, fuhren Panzer der US-Army am Kontrollpunkt auf. Mit ihrem Protest wollten die USA zeigen, dass sie die Einschränkungen in ganz Berlin nicht widerspruchslos hinnehmen würden. Heute stehen an dieser Stelle ein Wachhäuschen samt Warnschild, das zur Registrierung und Betreuung der Streitkräfte bei ihrem Übergang nach Ost-Berlin aufgestellt worden war, sowie ein Stapel Sandsäcke. Zudem sind zwei große Fotos sichtbar, die je einen sowjetischen und einen amerikanischen Soldaten zeigen. Als Teile eines Kunstprojekts, das die sieben innerstädtischen

Straßenübergänge zwischen Ost- und Westberlin markiert, hat der Künstler Frank Thiel die beiden Fotos aufgestellt. Die zwei Soldaten blicken von erhöhter Warte auf den jeweils anderen Teil der Stadt, allerdings mit harmloser Miene: Die Fotos wurden 1994 beim Abzug der Truppen aus Berlin aufgenommen.

▸ Friedrichstr. 43–45; U-Bahn: Kochstr.

115 Haus am Checkpoint Charlie/Mauermuseum

Das Museum Haus am Checkpoint Charlie wurde 1963 mit Sponsorengeldern und in Privatinitiative aufgebaut und zeigt auf mehreren Ebenen eindrucksvolle Zeugnisse rund um den Mauerbau und die innerdeutsche Grenze. Im Mittelpunkt stehen dabei die Einzelschicksale der DDR-Flüchtlinge: die Tunnelbauten, die umgebauten Fluchtfahrzeuge und andere Fluchtprojekte sowie vielerlei Mauerkunst und DDR-Reliquien werden präsentiert.

▸ www.mauermuseum.de; Friedrichstr. 43; tgl. 9–22 Uhr; Eintritt 12,50 €; U-Bahn: Kochstr.

116 Zentrum Kalter Krieg

Mit 175 großformatigen Fotos, der sogenannten Checkpoint Gallery, und einer »BlackBox« informiert die Freiluftausstellung direkt am Checkpoint Charlie an der Ecke Friedrichstraße/Zimmerstraße über das Leben und die Politik in der Zeit 1945–1990.

▸ www.bfgg.de/zentrum-kalter-krieg; Friedrichstr. 47; BlackBox: tgl. 10–18 Uhr, letzter Einlass 17:30 Uhr; Eintritt 5 €, erm. 3,50 €, Schüler ab 14 J. 2 €, Kinder bis 14 J. frei; U-Bahn: Kochstr.

117 Quartier 106

Das Büro- und Geschäftshaus Quartier 106 wurde 1998 nach den Plänen des Architekten Philip Johnson gebaut. In das Pflaster des angrenzenden kleinen Platzes hat man den Grundriss der kleinen barocken Bethlehemkirche eingelassen, die hier bis zur Kriegszerstörung stand. Daneben erinnert die Skulptur »Houseball« – ein Bündel Hausrat symbolisierend – von Claes Oldenburg und Coosje van Bruggen an die Kirche und ihre Gemeindemitglieder.

▸ Friedrichstr. 200; U-Bahn: Stadtmitte, Kochstr.

118 Ecke Friedrichstraße/Zimmerstraße

An der Ecke Zimmerstraße befindet sich der einzige erhaltene Originalbau der Friedrichstraße, der 1735 errichtet wurde. In dem cremefarbenen Bau war bis 2008 das Café Adler beherbergt, seit 1989 vor allem ein Treffpunkt für die Mitarbeiter aus den benachbarten Zeitungsredaktionen (taz, Morgenpost und andere), freie Autoren und Feierabendtrinker, vor allem aber für Touristen. Heute befindet sich dort das Café Einstein.

▸ U-Bahn: Kochstr.

119 Jüdisches Museum

Der Barockbau des Jüdischen Museums wurde 1735 nach Plänen von Philipp Gerlach als Kollegienhaus erbaut und diente zunächst als Kammergericht, an dem unter anderem E. T. A. Hoffmann arbeitete. Das im Krieg völlig zerstörte Haus wurde bis 1969 als Berliner Museum wiederaufgebaut. Heute befinden sich in dem Bau, der im

Der Neubau des Jüdischen Museums wurde von Daniel Libeskind entworfen

Untergeschoss mit dem Neubau verbunden ist, unter anderem Sicherheitskontrolle, Kartenverkauf, Information und Garderobe.

Auf dem rechts anschließenden Grundstück wurde nach einer sehr langen Planungsphase 2001 der Neubau des Jüdischen Museums eröffnet. Die außergewöhnliche Architektur wurde von Daniel Libeskind im Stil des Dekonstruktivismus als asymmetrische, blitzartige Formation eines zerbrochenen Davidsterns entworfen. In die zinkblechverkleidete Fassade sind unregelmäßig schmale Fensterschlitze geschnitten. Im Inneren befinden sich teils Ausstellungsräume, teils symbolisch-assoziative Raumfolgen. Die Dauerausstellung beginnt im obersten Stockwerk und konzentriert sich auf die jüdische Geschichte bis 1900, im zweiten Obergeschoss werden das 20. Jahrhundert und die heutige Situation behandelt.

> ‣ www.juedisches-museum-berlin.de; Lindenstr. 9–14; Mo 10–22, Di–So 10–20 Uhr (an jüdischen Feiertagen und am 24. Dez. geschlossen, s. Website); Eintritt 8 €, Kinder bis 6 J. frei; U-Bahn: Hallesches Tor, Kochstr.

⑫⓪ Galerie Berinson

Werke der Klassischen Moderne wie Bauhaus, Surrealismus, Expressionismus oder Dadaismus sind der Schwerpunkt der Galerie Berinson, die bereits seit 1989 existiert. Zu den vertretenden Künstlern zählen Ernst Ludwig Kirchner und Fritz Schleifer.

> ‣ www.berinson.de; Lindenstr. 34, 3. Etage; Di–Sa 11–18 Uhr; U-Bahn: Kochstr.

⑫① Berlinische Galerie

Die Berlinische Galerie ist das Landesmuseum für Moderne Kunst, Fotografie und Architektur und damit eine der wichtigsten städtischen Institutionen für die Kunst zwischen 1870 und der Gegenwart, darunter Werke der Jungen Wilden, der Dadaisten, der Neuen Sachlichkeit und der russischen Avantgarde Berlins. Seit Oktober 2004 ist sie in einer ehemaligen Lagerhalle in der Alten Jakobstraße untergebracht. Zuvor befand sich der Bestand im Martin-Gropius-Bau.

> ‣ www.berlinischegalerie.de; Alte Jakobstr. 124–128; Mi–Mo 10–18 Uhr; Eintritt 8 €; Sa/So 15 Uhr kostenlose Führungen; U-Bahn: Hallesches Tor, Kochstr.

⑫② Haus des Deutschen Metallarbeiter-Verbandes

Das Haus des Deutschen Metallarbeiter-Verbandes von 1929 gehört zu den wichtigsten Berliner Architekturen der Klassischen Moderne und gilt als Hauptwerk des Architekten Erich Mendelsohn. Heute befindet sich in dem eleganten Bau mit konkav geschwungener Fassade der Sitz der IG-Metall.

▸ Alte Jakobstr. 149; U-Bahn: Hallesches Tor

123 Mehringplatz und Hallesches Tor

Der Mehringplatz mit dem Halleschen Tor bildet den südlichen Endpunkt der Friedrichstraße. Das historische Hallesche Tor ist heute jedoch nur noch durch einige Säulenreste zu erahnen. Angelehnt an die Renaissance-Stadt Rom liefen hier einst Linden-, Wilhelm- und Friedrichstraße zusammen. Nach diesem italienischen Schema entsprechen der Mehringplatz der Piazza del Popolo und die Friedrichstraße dem Corso. Hinweistafeln im Durchgang an der Südseite des Platzes informieren über die Geschichte von dessen Anlage bis zu seiner Zerstörung. Nach dem Zweiten Weltkrieg entstand hier nach Entwürfen von Werner Düttmann und Hans Scharoun ein Fußgängerplatz mit umliegenden Hochhäusern, die sich an die Planungen einer nie realisierten Stadtautobahn orientierten. Den Platz schmückt die 19 m hohe und zentral aufgestellte Friedenssäule. Mit einer Bronzestatue der Siegesgöttin Viktoria von Christian Daniel Rauch gekrönt, wurde sie 1840 zum 25. Jubiläum des Friedens nach den Napoleonischen Kriegen errichtet.

Bis in die frühen 1990er-Jahre hinein galt das Gebiet um den Mehringplatz als sozialer Brennpunkt. Verschiedene Maßnahmen sollten die Umgebung aufwerten, wie beispielsweise der Pfad der Visionäre (www.pfaddervisionaere.de) mit den in den Boden eingelassenen Platten mit Zitaten bedeutender Europäer oder die Plastik »Woher kommen wir, wohin gehen wir« vom Berliner Bildhauer Rainer Kriester von 1975 (s. auch Seite 444).

▸ U-Bahn: Hallesches Tor

Der Gendarmenmarkt

124 Der Gendarmenmarkt

Der Gendarmenmarkt entstand im 17. Jahrhundert, als die Friedrichstadt insbesondere von Glaubensflüchtlingen konzipiert und realisiert wurde, die durch das »Edikt von Potsdam« des Großen Kurfürsten Bleiberecht in Berlin erhalten hatten. Bei den Plänen wurden

Hauskarees ausgelassen; an dieser Stelle entstand ein Marktplatz, eingefasst von zweigeschossigen Bauten.

▸ U-Bahn: Stadtmitte, Hausvogteiplatz

125 Französische Friedrichstadtkirche
Die Französische Friedrichstadtkirche steht an der Nordseite des Platzes. Die Kirche mit dem schmucklosen, einfachen Innenraum entstand 1701–1705. Sie ist eine leicht verkleinerte Kopie der Hauptkirche der Hugenotten in Charenton in der Nähe von Paris, die König Ludwig XIV. hatte abbrechen lassen. Heute ist die Französische Friedrichstadtkirche immer noch die Hauptkirche der französischen Gemeinde in Berlin.

▸ Gendarmenmarkt 5; U-Bahn: Französische Str., Hausvogteiplatz

126 Deutsche Kirche
Als Pendant zur Französischen Friedrichstadtkirche wurde 1701–1708 nach Entwürfen von Martin Grünberg die »Neue Kirche« für Schweizer Immigranten errichtet. Da hier auf Deutsch gepredigt wurde, bürgerte sich für den barocken, fünfseitigen Zentralbau mit vorgelagertem Turm bald der Name Deutsche Kirche ein.

Zunächst umgaben Friedhöfe die beiden Kirchen, später wurden sie im Auftrag Friedrich Wilhelms I. mit Pferdeställen für das Regiment Gens d'armes überbaut. Aus dem »Friedrichstädtischen Markt« wurde dadurch »Gendarmenmarkt«.

▸ Gendarmenmarkt 5; U-Bahn: Hausvogteiplatz, Stadtmitte, Französische Str.

127 Französischer Dom und Deutscher Dom
Der Französische und der Deutsche Dom wurden ab 1780 von Georg Christian Unger und Carl Friedrich Gontard gebaut. Friedrich II. hatte die beiden Türme in Auftrag gegeben, um seine architektonisch nüchterne Hauptstadt durch zwei Kuppelbauten (französisch le dôme = die Kuppel, daher der Name Deutscher und Französischer Dom) auszuschmücken. So stellten die fast identischen Türme und die klassizistischen Säulenvorhallen zwar eine repräsentative Kulisse dar, hatten aber keine tiefere Bedeutung oder besondere Funktion. Orientiert am Geist der Aufklärung sind die Domspitzen nicht mit einem Kreuz versehen, sondern mit allegorischen Figuren der Religion auf dem französischen und mit denen der Tugend auf dem deutschen Dom.

Der 1996 komplett restaurierte Deutsche Dom beherbergt heute die Dauerausstellung »Wege, Irrwege, Umwege. Die Entwicklung der parlamentarischen Demokratie in Deutschland«.

Der Französische Dom bietet neben einer 50 m hohen Aussichtsplattform ein Hugenottenmuseum, das über die Geschichte der einstigen Einwanderer informiert.

▸ Frz. Dom: www.franzoesischer-dom.de; Aussichtsplattform: Apr.–Okt. tgl. 10–19, Nov.–März tgl. 10–18 Uhr; Hugenottenmuseum: Di–So 12–17 Uhr; Eintritt 2 €; Dt. Dom: Dauerausstellung Okt.–Apr. Di–So 10–18, Mai–Sept. 10–19 Uhr; Eintritt frei; U-Bahn: Hausvogteiplatz, Stadtmitte, Französische Str.

128 Schauspielhaus/Konzerthaus

Das Schauspielhaus ist das zentrale Gebäude auf dem Gendarmenmarkt. Mit dem Deutschen und Französischen Dom bildet es ein dreiteiliges Bauensemble. Der klassizistische Bau zählt zu den Hauptwerken Karl Friedrich Schinkels. Dieser errichtete es aus den Ruinen des 1817 abgebrannten Königlichen Nationaltheaters, mit dem legendäre Namen wie Franz Liszt, Paganini und Mendelssohn-Bartholdy verbunden sind. Nach seiner Zerstörung im Zweiten Weltkrieg wurde es 1984 in originalgetreuer Rekonstruktion als Konzerthaus wiedereröffnet.

▸ www.konzerthaus.de; Gendarmenmarkt 2; U-Bahn: Hausvogteiplatz, Stadtmitte, Französische Str.

129 Lutter & Wegner

Die 1811 gegründete Gaststätte Lutter & Wegner erinnert mit ihrer historischen Einrichtung an die Zeit um 1800, in der sich rund um den Gendarmenmarkt das bürgerliche Viertel der Residenzstadt befand. Zu den wohl berühmtesten Gästen zählte E. T. A. Hoffmann, der in der Novelle »Des Vetters Eckfenster« seinem Stammplatz ein literarisches Denkmal setzte.

▸ www.l-w-berlin.de; Charlottenstr. 56; U-Bahn: Stadtmitte, Französische Str.

130 Borchardt

In der Französischen Straße 47 befindet sich das traditionsreiche und – vor allem bei Berliner Prominenten aus Politik und Kultur – beliebte Restaurant Borchardt mit französisch-internationaler Küche. Es wurde 1853 als »Delicatessen- und Wein-Großhandlung« von August

F. W. Borchardt gegründet. Das fünfgeschossige Gebäude errichtete Carl Gause 1899/1900 als Erweiterung eines heute nicht mehr erhaltenen Nachbarhauses. Gause gestaltete eine repräsentative Fassade aus rotem Sandstein mit Einflüssen aus Neorenaissance und -barock.

▸ www.borchardt-restaurant.de; Französische Str. 47; tgl. ab 12 Uhr; U-Bahn: Französische Str.

Oranienburger Tor bis Rosenthaler Tor

131 Oranienburger Tor

Das Oranienburger Tor war früher ein Grenz- und Zollübergang mit barockem Bogen, an den heute nur noch ein Brandwandbild erinnert. Das Gebiet rund um das Oranienburger Tor war einst Weideland, das sich Anfang des 19. Jahrhunderts zum Industriegebiet entwickelte. Zunächst ließ sich die Borgische Maschinenanstalt hier nieder, anschließend kamen viele andere hinzu, wie beispielsweise die Fabriken Egell, Wöhlert und Schwartzkopff. Von den einstigen Industriebauten in der Chausseestraße steht heute nur noch das 1899 entstandene Gebäude der Firma Borsig. Ein bronzener Schmied und die Firmenbezeichnung auf der Fassade weisen noch auf das ehemalige Industriegebiet hin.

Die Industrialisierung Berlins wurde stark von diesen Maschinenbaufirmen beeinflusst. Aus Großbritannien eingeführte Verfahren begünstigten die Herstellung von Lokomotiven und Dampfmaschinen, aber auch von Rüstungsgerät. Mit der Wirtschaftskrise um 1873 mussten die Firmen finanzielle Misserfolge einstecken und gaben diese Niederlassungen für Gebiete außerhalb der Stadt auf. Die früheren Standorte wurden daraufhin mit rentablen Mietskasernen bebaut, von denen noch heute das Stadtbild östlich der Chausseestraße charakterisiert wird (vgl. Seite 85).

▸ U-Bahn: Oranienburger Tor

132 Dorotheenstädtischer und Französischer Friedhof

Der I. Dorotheenstädtische Friedhof wurde 1762 angelegt und bis 1826 mehrmals vergrößert. Da im 19. Jahrhundert das Gebiet der Dorotheenstadt zwischen Unter den Linden und Spree ein gutbürgerliches Viertel war, sind auf dem Friedhof zahlreiche Professoren bestattet, unter anderem Georg Wilhelm Friedrich Hegel und Johann

Gottlieb Fichte. Aber auch andere bekannte Persönlichkeiten haben hier ihre Gräber, beispielsweise die Baumeister Friedrich August Stüler und Karl Friedrich Schinkel, die Schriftsteller Bertolt Brecht, Heinrich Mann, Johannes R. Becher, Arnold Zweig und Anna Seghers, der Regisseur Heiner Müller, der Künstler John Heartfield, die Schauspielerin Helene Weigel und der Buchdrucker Ernst Theodor Litfaß. Alt-Bundespräsident Johannes Rau hat seit 2006 ein Ehrengrab auf dem Friedhof. Ein Liegeplan am Eingang zum Friedhof in der Chausseestraße 126 gibt eine erste Orientierung für die Grabmäler, von denen viele mit künstlerischen Bildhauerarbeiten geschmückt sind. Das älteste klassizistische Grabmal stammt aus dem Jahre 1807 und gehört dem verstorbenen Fabrikanten Jacob Fröhlich.

Der Französische Friedhof liegt in unmittelbarer Nachbarschaft zum Dorotheenstädtischen Friedhof und wurde 1780 von der Französisch-Reformierten Gemeinde Berlins als Begräbnisstätte für

Dorotheenstädtischer Friedhof, Grab von Karl Friedrich Schinkel

die Nachkommen der Hugenotten angelegt. Hier findet man weniger Prominente als viel mehr außergewöhnliche Grabmalkunst, beispielsweise an den Grabstätten von Ancillon, Devrient und Ravené. Gemeinsam mit dem Dorotheenstädtischen Friedhof bildet er den bedeutendsten noch genutzten Kirchhofkomplex Berlins aus dem 18. Jahrhundert. Der Zugang befindet sich in der Chausseestraße 127.

> ‣ Chausseestr. 126; U-Bahn: Naturkundemuseum

133 Brecht-Haus

An den Friedhof grenzt im Norden ein bürgerliches Mietshaus aus der Mitte des 19. Jahrhunderts. 1953 wurde dessen Hofquerflügel nach Plänen von Werner Henselmann für den Dramatiker Bertolt Brecht ausgebaut, was von außen an den großen Fenstern sichtbar ist. Brecht verbrachte hier seine letzten drei Lebensjahre. Nach seinem Tod hat seine Ehefrau Helene Weigel die Räume museal bewahrt, sodass sie heute neben dem Humboldt-Schloss Tegel zu den wichtigsten authentischen Gedenkstätten in Berlin zählen. Der Eingang zum Brecht-Haus befindet sich in der Chausseestraße 125. Im 2. Obergeschoss befinden sich neben dem 1974 gegründeten Helene-Weigel-Archiv das Brecht-Archiv, Brechts Bibliothek und ein Großteil der erhaltenen Brecht-Handschriften; zudem können die Wohnungen Brechts und Weigels besichtigt werden. Weitere Einrichtungen des Brecht-Hauses sind das Literaturforum und ein Kellerrestaurant.

> ‣ www.adk.de/de/archiv/gedenkstaetten/gedenkstaetten-brecht-weigel.htm;
> Chausseestr. 125; Besichtigungen der Arbeits- und Wohnräume nur mit Führung,
> s. Website; U-Bahn: Naturkundemuseum

134 Bundesministerium für Bildung und Forschung

In dem Eckhaus an der Hannoverschen Straße 28–30 befand sich einst die »Ständige Vertretung der Bundesrepublik Deutschland bei der DDR«. Heute beherbergt der Bau das Bundesministerium für Bildung und Forschung.

> ‣ Hannoversche Str. 28–30; U-Bahn: Oranienburger Tor

135 Charité

Auf dem parkartig angelegten und von dem Flüsschen Panke durchlaufenen Gelände der Charité befinden sich das Anatomische Theater

und die Tierarzneischule. Das von einer freitragenden Kuppel gekrönte Gebäude des Anatomischen Theaters wurde 1789 von Carl
Gotthard Langhans, dem Architekten des Brandenburger Tors, für
die Königliche Tierarzneischule erbaut. Unter der bemalten Kuppel
im Inneren wurde, umringt von amphitheatralisch ansteigenden Sitz-
reihen, einst seziert. Weiter nach Westen, an der Luisenstraße, befindet sich der 1839 errichtete Hauptbau der Tierarzneischule. Das benachbarte 21-geschossige Hochhaus der Chirurgischen Klinik wurde
1977–1982 erbaut.

Der Vorläufer der Charité wurde 1711 vom ersten Preußenkönig
angesichts einer drohenden Epidemie als Pesthaus außerhalb der Stadt
gegründet. Die Pest blieb aus, man wandelte das Haus in ein (Armen-)
Krankenhaus um. Erst seit den großen Neubauten um 1916 wurde es
ein Krankenhaus im heutigen Sinne und entwickelte sich im Laufe
der Zeit zu einer bedeutenden Institution für Lehre und Forschung.

▸ Virchowweg/Luisenstraße; U-Bahn: Oranienburger Tor

⑬⑥ Albrecht von Graefe-Denkmal
Südlich des Charité-Hochhauses, an der Ecke der Luisenstraße/Schu-
mannstraße, befindet sich Albrecht von Graefe-Denkmal. Es wurde
1882 zu Ehren des früh verstorbenen Augenarztes von Graefe errichtet. Die Entwürfe stammen von den Architekten Martin Carl Philipp
Gropius und Heino Schmieden; die überlebensgroße Bronzeplastik
sowie die Terrakotta-Relieftafeln schuf der Königsberger Bildhauer
Rudolf Leopold Siemering.

▸ U-Bahn: Oranienburger Tor

⑬⑦ Karlplatz und Virchowdenkmal
Auf dem nahe gelegenen und seit 1827 nach dem Prinzen Karl benannten Karlplatz steht das Denkmal für Rudolf Virchow. Fritz Klimsch
schuf dieses erste deutsche Denkmal zu Ehren eines Mediziners
1906–1910. Es stellt eine Löwenkämpfergruppe dar, die den Kampf
des Arztes gegen Krankheiten versinnbildlichen soll. In unmittelbarer
Nähe befindet sich auch der Haupteingang zum Krankenhausgelände,
der sich seit der großen Neubauphase im frühen 20. Jahrhundert mit
Rundturm repräsentativ zeigt.

▸ U-Bahn: Oranienburger Tor

138 Robert-Koch-Platz

Der Robert-Koch-Platz ist eine kleine Grünfläche zwischen Charité und Hannoversche Straße. Hier stehen die Denkmäler Robert Kochs, des Entdeckers des Tuberkel-Bakteriums, 1916 von Louis Tuaillon geschaffen, und des Chemikers Emil Fischer, das 1921 von Fritz Klimsch gestaltet wurde.

▸ U-Bahn: Naturkundemuseum, Oranienburger Tor

139 Museum für Naturkunde

Das Naturkundemuseum ist das mittlere Gebäude von drei Monumentalbauten, die 1874–1889 von August Tiede errichtet wurden; rechts davon befindet sich die Landwirtschaftliche Hochschule, links die Bergbau-Akademie. Die Treppenhäuser und Sammlungssäle im Inneren sind mit Eisenkonstruktionen ausgestaltet. Besonders beeindruckend ist der glasgedeckte Lichthof, in dem sich unter anderem ein 23 m langes Dinosaurierskelett, das höchste ausgestellte Saurierskelett der Welt, befindet. Die beachtliche Sammlung des Museums mit über 25 Mio. Objekten und der weltweit umfangreichsten Schmetterlingssammlung zählt zu den bedeutendsten ihrer Art.

▸ www.naturkundemuseum-berlin.de; Invalidenstr. 43; Di–Fr 9:30–18, Sa/So und Feiertage 10–18 Uhr; Eintritt 6 €, Kinder 3,50 €; U-Bahn: Naturkundemuseum

140 Invalidenstraße 44–49

Westlich des Naturkundemuseums zeigen sich schon die ersten Bauten des neuen Regierungsviertels. Die ehemalige Bergbau-Akademie beherbergt heute das Bau- und Verkehrsministerium, die ehemalige »Militärärztliche Kaiser-Wilhelm-Akademie« an der Ecke zur Scharnhorststraße wurde vom Bundesministerium für Wirtschaft und Technologie bezogen. Zwischen den beiden Häusern befindet sich auf der früheren Grenzübergangsstelle Invalidenstraße eine ästhetizistische Denkmalanlage, die eine versinkende Mauer darstellt.

▸ U-Bahn: Naturkundemuseum, Hauptbahnhof, S-Bahn: Hauptbahnhof

141 Invalidenfriedhof

Der Invalidenfriedhof liegt hinter den Resten des 1748 erbauten Invalidenhauses (heute Teil des Bundesministeriums für Wirtschaft und Technologie) in der Scharnhorststraße. Der 1748 angelegte Friedhof entwickelte sich im 19. Jahrhundert zur exklusiven Adresse für die

Bestattung von Angehörigen des Berliner Militärs. Seit dem Zweiten Weltkrieg wurden jedoch keine Militärbeisetzungen mehr vorgenommen. Der Friedhof hat zahlreiche bedeutende Grabmäler bewahrt, wenn auch durch die Lage im Grenzgebiet ganze Grabfelder abgeräumt worden sind. Die verbliebenen Abschnitte der Hinterlandmauer hat man als Denkmal erhalten. Sie sind im Zusammenhang mit dem Wachturm an der Kieler Straße zu sehen, der heute zum Teil von sechsgeschossiger Bebauung eingefasst wird. Das bedeutendste Grabmal auf dem Invalidenhof ist das des Generals Gerhard Johann David von Scharnhorst. Es wurde 1834 von Christian Daniel Rauch nach einem Entwurf von Friedrich Schinkel erschaffen: ein schlafender Löwe auf einem 5,60 m hohen sarkophagähnlichen Marmorpostament.

▸ An der Kieler Brücke 33; U-Bahn: Naturkundemuseum, Hauptbahnhof, S-Bahn: Hauptbahnhof

(142) Zukünftige Zentrale des Bundesnachrichtendienstes
Das Gebiet gegenüber dem Invalidenfriedhof war ehemals mit einer Kaserne bebaut. Nach deren Abriss entstand in den 1950er-Jahren das »Stadion der Weltjugend«. Als dieses im Zuge der Bewerbung für die Olympischen Spiele 2000 niedergerissen wurde, lag hier zunächst eine innerstädtische Stadtbrache. Seit 2006 entsteht auf dem Gebiet die neue Zentrale des Bundesnachrichtendienstes.

▸ U-Bahn: Schwartzkopffstr.

(143) Denkmal »Wiedervereinigung«
Dort, wo die Liesenstraße von Osten in die Chausseestraße mündet, befand sich bis 1990 eine innerstädtische Grenzübergangsstelle zur Einreise von West-Berlinern nach Ost-Berlin. An diese erinnert auf dem begrünten, ehemals West-Berliner Eckgrundstück ein 2,40 m hohes Wiedervereinigungsdenkmal aus grob behauenem Muschelkalk nach einem Entwurf der Künstlerin Hildegard Leest. Das Denkmal von 1962 besteht aus zwei stilisierten menschlichen Figuren, die sich über einen Graben hinweg die Hände entgegenstrecken. Es wurde so positioniert, dass der symbolisierte Händedruck über den Grenzübergang der Chausseestraße hinweg zu erfolgen schien. Entlang der Liesenstraße ist der Mauerstreifen heute weitestgehend verschwunden, nur auf den benachbarten Friedhöfen finden sich noch einige Reste.

▸ U-Bahn: Schwartzkopffstr.

144 Dorotheenstädtischer Friedhof II

Der II. Dorotheenstädtische Friedhof wurde 1842 eingeweiht. Zu den hier Bestatteten zählen unter anderem der Cafétier Kranzler, der Komponist Nicolai, der Dombaumeister Raschdorff sowie die Zirkusfamilien Renz, Busch und Schumann.

▸ Liesenstr. 9; U-Bahn: Schwartzkopffstr.

145 Domfriedhof St. Hedwig

Der katholische Friedhof der St. Hedwigs-Gemeinde wurde 1834 eingeweiht und ist der älteste bestehende katholische Friedhof Berlins. Auf ihm ruhen Prominente wie der Cafétier Bauer, die Konfektionäre Peek und Cloppenburg, die Hotelfamilie Adlon sowie zahlreiche Persönlichkeiten aus dem Berliner Kulturleben.

▸ Liesenstr. 8; U-Bahn: Schwartzkopffstr.

146 Französischer Friedhof II

Der knapp über einen Hektar große Französische Friedhof II wurde seit 1835 benutzt. Auf ihm befindet sich unter anderem das Grab Theodor Fontanes.

▸ Liesenstr. 7; U-Bahn: Schwartzkopffstr.

147 Eisenbahnbrücke

Die Eisenbahnbrücke zwischen Liesenstraße und Gartenstraße wurde Ende des 19. Jahrhunderts neu erbaut und war damals ein bautechnisches Meisterwerk. Seit der Blockade 1948 ist sie allerdings nicht mehr zugänglich. Als letztes historisches Objekt steht sie heute in einem in den 1970er-Jahren weitreichend umgestalteten Stadtgebiet, das seit 1920 zu Wedding zählt.

▸ U-Bahn: Schwartzkopffstr.

148 Nordbahnhof

Der Nordbahnhof, bis 1950 Stettiner Bahnhof genannt, war einer der großen Kopfbahnhöfe Berlins. Bis 1952 war er Ausgangspunkt der Bahnstrecke zum Pommerschen Stettin. Heute erinnert an diesen nur noch ein Gebäuderest des ab 1897 angeschlossenen Vorortbahnhofs; er wird als Eingang zum S-Bahnhof Nordbahnhof genutzt.

▸ S-Bahn: Nordbahnhof

149 Kirche St. Sebastian

Die neugotische Kirche St. Sebastian wurde nach Plänen von Max Hasak in den Jahren 1890–1893 erbaut. Sie wurde nach dem Vorbild der Elisabethkirche in Marburg gestaltet und zählt zu den bedeutendsten katholischen Kirchen des späten 19. Jahrhunderts. Der Platz, auf dem sie steht – heute Gartenplatz genannt –, war die letzte öffentliche Hinrichtungsstätte in Berlin. Die Hinrichtungen zogen damals zahlreiche Schaulustige an, wobei die Anwohner ihre Fenster rentabel vermieten konnten. Anschließend wurden die Delinquenten um den Galgen herum begraben. 1840 setzte Friedrich Wilhelm IV. dem Schauspiel an diesem Ort ein Ende, da er die Hinrichtungen zur Festung in Spandau verlegen ließ.

▸ Feldstr. 4; U-Bahn: Schwartzkopffstr.

150 Gedenkstätte Berliner Mauer

Die 1998 eingeweihte, offizielle Gedenkstätte für die Berliner Mauer erinnert mit dem letzten vollständigen Grenzstreifen an die Mauerzeit. Eine Besonderheit ergab sich an der Bernauer Straße dadurch, dass der Straßenraum zu West-Berlin gehörte und die benachbarten Fassaden der Ost-Berliner Mietshäuser die Sektorengrenze bildeten. So war dieser Ort 1961, als die Häuser geräumt wurden, Schauplatz spektakulärer Fluchtaktionen durch Sprünge aus dem Fenster. Später wurden die Bauten abgerissen und ein vollständiger Grenzstreifen angelegt. Nach dem Mauerfall war zunächst keine Rede von einem Erhalt des Geländes; ein Stück auf dem Sophienfriedhof blieb eher zufällig übrig und wurde sodann als Ort der Gedenkstätte festgelegt.

Für das Mahnmal wurde ein Abschnitt des erhaltenen Grenzstreifens unter Verwendung von Originalteilen restauriert. Das 80 m lange Stück Grenzland fasste man nach einem Entwurf von Sven und Claudia Kohlhoff durch zwei 6 m hohe Edelroststahlwände ein. Einen Blick in den Todesstreifen ermöglichen die Sehschlitze in diesen Wänden.

Zur Mauergedenkstätte gehören die Versöhnungskapelle und ein in den 1990er-Jahren entstandenes Dokumentationszentrum. Die Kapelle ging aus der neugotischen Versöhnungskirche hervor, die für den Bau der Grenzanlagen gesprengt wurde. Im Jahr 2000 wurde durch die Versöhnungsgemeinde anstelle der früheren Kirche eine Kapelle eingeweiht, die das vor der Sprengung gerettete Geläut in einem Glockenträger umfasst.

Gedenkstätte Berliner Mauer

2009 wurde die Gedenkstätte um das Besucherzentrum an der Ecke Bernauer Straße/Gartenstraße erweitert. 2010 folgten zusätzliche Erweiterungen, darunter eine dauerhaft zugängliche Außenausstellung von 1,3 km Länge nach Entwürfen der Berliner Büros sinai, ON architektur und Mola+Winkelmüller Architekten.

Eine weitere Möglichkeit, sich eine Vorstellung von der ehemaligen Mauer zu machen, bietet die durch die Innenstadt verlaufende doppelte Kopfsteinpflasterreihe mit Hinweistafeln. Sie zeigt an, wo die vordere Sperrmauer im Frühjahr 1989 verlief. Damals hatten die Aus- und Umbauten der Grenzanlagen ihren letzten Stand erreicht. Ihr Verlauf kann beispielsweise entlang der Niederkirchner- und Zimmerstraße gut erschlossen werden, wo die Grenze ein ursprünglich barockes Wohn-, Geschäfts- und Verwaltungsviertel zerschnitt. An der Ecke der beiden Straßen findet man einen Mauerrest am originalen Standort. Er wurde 1990 in seinem fragilen, von den sogenannten Mauerspechten verursachten Zustand unter Denkmalschutz gestellt.

Auch durch den 2002–2006 realisierten »Berliner Mauerweg« lässt sich der Verlauf der ehemaligen DDR-Grenzanlagen zu West-Berlin nachverfolgen. Der ausgeschilderte Rad- und Wanderweg führt über rund 160 Kilometer um die frühere Halbstadt herum und ist in 14 Einzelstrecken aufgeteilt. In regelmäßigen Abständen helfen Übersichtspläne bei der Orientierung, darüber hinaus sind im Innenstadtbereich Karten und Hörstationen aufgestellt.

▸ www.berliner-mauer-gedenkstaette.de; Bernauer Straße 111; Besucherzentrum: Apr.–Okt. Di–So 9:30–19, Nov.–März Di–So 9:30–18 Uhr; das Dokumentationszentrum ist wegen Umbauarbeiten bis voraussichtlich November 2014 geschlossen; U-Bahn: Bernauer Str.; »Berliner Mauerweg«: Überblick und weitere Informationen auf www.berlin.de

151 Sophienfriedhof

Der 1713 von der evangelischen Sophiengemeinde gegründete Friedhof gehört zu den Traditionsfriedhöfen Berlins. Der Friedhof ist auch unter dem Namen »Musikerfriedhof« bekannt, da hier Musiker und Komponisten wie Bechstein, Kollo und Lortzing ihre letzte Ruhe fanden.

▸ Bergstr. 29; S-Bahn: Nordbahnhof

152 Geldzählerbrunnen

Auf dem 1912/1913 als Marktplatz angelegten Pappelplatz in der Invalidenstraße steht der Geldzählerbrunnen, der 1912 von Ernst Wenck geschaffen wurde. Er ist eines der wenigen Zierobjekte des Gebietes, in dem sich einst das Armenviertel Berlins befand.

▸ Pappelplatz; S-Bahn: Nordbahnhof

153 Ackerhalle

Die Markthalle an der Ecke Invalidenstraße/Ackerstraße wurde 1886–1888 nach Plänen von Berlins erstem Stadtbaurat Hermann Blankenstein in gelbem Backstein erbaut. Er unterteilte den Innenraum als Eisenkonstruktion in mehrere Schiffe, weshalb die Hallen im Volksmund bald »Gemüsekirchen« genannt wurden. Für jedes Stadtviertel konzipierte Blankenstein eine derartige Markthalle, von denen die Ackerhalle die heute einzige komplett erhaltene ist. Seit der Sanierung 1990/1991 beherbergt die Halle einen Supermarkt.

▸ Ackerstr. 23–26; U-Bahn: Rosenthaler Platz, S-Bahn: Nordbahnhof

154 St.-Elisabeth-Kirche

Gegenüber der Ackerhalle steht die Ruine der von Karl Friedrich Schinkel 1832–1834 als erste Vorstadtkirche des Nordens erbaute St.-Elisabeth-Kirche. Der einschiffige, rechteckige Saalbau im antik-griechischen Stil wird seit 1990 nach und nach saniert. Heute dient die Kirche, wie auch die Villa Elisabeth, das ehemalige Gemeindehaus nebenan, nicht mehr als Sakralraum, sondern kulturellen Projekten und diversen anderen Veranstaltungen.

▸ www.elisabeth-kirche.de; Invalidenstr. 3; U-Bahn: Rosenthaler Platz, S-Bahn: Nordbahnhof

155 Warenhaus Jandorf

An der Ecke Brunnenstraße/Invalidenstraße liegt das ehemalige Warenhaus Jandorf, das am besten erhaltene der historischen Berliner Kaufhäuser. Jandorf ließ den fünfgeschossigen Mauerpfeilerbau 1903 vom Architekturbüro Lachmann & Zauber errichten. Für das Erdgeschoss wurde Muschelkalkstein verwendet, in den oberen Geschossen besteht die Fassade aus Tuffstein. Zu DDR-Zeiten als Modeinstitut genutzt, stand das Gebäude seit den 1990er-Jahren weitgehend leer. Heute befinden sich dort unter anderem Ausstellungs- und Veranstaltungsräume.

▸ U-Bahn: Rosenthaler Platz

156 Galerie KOW Berlin

Die Galerie KOW wurde 2009 gegründet und präsentiert seitdem zeitgenössische internationale Kunst.

▸ www.kow-berlin.info; Brunnenstr. 9; Mi–So 12–18 Uhr; U-Bahn: Rosenthaler Platz

157 Zionskirchplatz

Auf dem Zionskirchplatz steht die von August Orth 1866–1873 erbaute Zionskirche. Orth verband bei ihrem Bau romanische und gotische Stilelemente und stattete sie mit einem 67 m hohen Turm aus. 1931–1932 war Dietrich Bonhoeffer hier als Pastor tätig, ein bronzener Torso an der Westseite erinnert daran. In den 1970er-Jahren war dieses Areal eines der größten Sanierungsgebiete der DDR. Auch war die Kirche eines der Zentren der DDR-Opposition. Die Zionsgemeinde stellte der Bewegung Räumlichkeiten im Gemeindehaus in der Griebenowstraße zur Verfügung, in denen die sogenannte Umwelt-Bibliothek eingerichtet wurde. Heute präsentiert sich die Gegend zwischen dem ruhigen, begrünten Kirchplatz und dem belebten Arkonaplatz nördlich des Zionskirchplatzes als entspannter Kiez. Der Arkonaplatz wurde in der Mitte des 19. Jahrhunderts angelegt und nach mehreren Umgestaltungen 1984 saniert. Jeden Sonntag findet dort ein Flohmarkt statt. Die historische gusseiserne und mit Ornamenten geschmückte Wasserpumpe samt Brunnenbecken aus Sandstein stammt aus dem 19. Jahrhundert und wurde als öffentlicher Trinkbrunnen genutzt.

▸ www.troedelmarkt-arkonaplatz.de; Tram 12 und M1 bis Zionskirchplatz

158 Weinbergpark

Der Weinbergpark entstand nach dem Zweiten Weltkrieg durch Abriss von Mietskasernen. Seit 1958 steht im Nordwesten des Parks das bronzene Heinrich-Heine-Denkmal, das von Waldemar Grzimek, Bruder des Frankfurter Zoodirektors, 1955 geschaffen wurde.

▸ U-Bahn: Rosenthaler Platz

Die Spandauer Vorstadt

159 Scheunenviertel mit Gemeindeschule und historischen Wohnhäusern

Die älteste erhaltene Gemeindeschule von 1842 in der Hirtenstraße 4 und die Wohnhäuser aus der Mitte des 19. Jahrhunderts mit den Hausnummern 16–18 lassen noch ein wenig den früheren Charakter des Scheunenviertels erahnen, der sonst weitgehend verlorengegangen ist.

Der Name des Scheunenviertels leitet sich von einem Edikt aus dem Jahr 1675 ab, dem zufolge sämtliche hölzernen Scheunen und Schuppen der Stadt wegen der Brandgefahr nur noch außerhalb der Stadtgrenze erbaut werden durften. Als Berlin dann im 18. Jahrhundert über diese Grenze hinauswuchs, wurden die Holzscheunen als ärmliche Wohnhäuser genutzt. Das Scheunenviertel wurde dadurch zum Armenviertel Berlins, das sich zu Beginn des 20. Jahrhunderts zum sozialen Brennpunkt mit Kriminalität, Prostitution und Polizei-Razzien entwickelte.

▸ U-Bahn: Rosa-Luxemburg-Platz

160 Rosa-Luxemburg-Platz

Der Rosa-Luxemburg-Platz entstand 1908–1914 im Auftrag des Berliner Magistrats. Er veranschaulicht die unterschiedlichen Versuche, das Scheunenviertel zu kontrollieren und aufzuwerten. Dabei wurde zuerst die Kaiser-Wilhelm-Straße, vom Stadtschloss her kommend, quer durch das Viertel gezogen und an ihrem Ende der dreieckige Babelsberger Platz – der damalige Name des Rosa-Luxemburg-Platzes – angelegt. Als monumentales Gebäude, das Straße und Platz architektonisch fassen sollte, baute hier 1913–1915 der Volksbühnenverein sein Theater nach Plänen von Oskar Kaufmann, der damit sein Hauptwerk schuf. 1926 richtete die KPD ihre Zentrale im Karl-Liebknecht-Haus ein; darauf verweisend wurde der Platz 1945 in Liebknechtplatz umbenannt, es folgten die Namensänderungen in Luxemburgplatz 1947 und Rosa-Luxemburg-Platz 1969. 2006 wurde auf dem Platz das Rosa-Luxemburg-Denkmal von Hans Haacke eingeweiht. Der Künstler ließ hier 60 dunkle Betonbalken in den Boden ein, die Zitate und Fragmente aus Rosa Luxemburgs Schriften zeigen.

▸ U-Bahn: Rosa-Luxemburg-Platz

161 Lichtspieltheater Babylon

Das Lichtspieltheater Babylon ist der eindrucksvollste Bau aus der Phase der Umbebauung des Scheunenviertels. Nach Unterbrechungen durch den Ersten Weltkrieg wurden erst 1928/1929 nach Entwürfen von Berlins neuem Stadtbaurat Martin Wagner und Hans Poelzig auf den brachliegenden Grundstücken moderne Wohnhäuser errichtet. Von der weitgehenden Zerstörung der Häuser durch den Zweiten Weltkrieg blieb das Lichtspieltheater verschont. In der DDR diente der im Stil der Neuen Sachlichkeit gestaltete Bau als Spartenkino. 1999–2002 wurde er saniert und denkmalgerecht rekonstruiert; seit 2001 wird er wieder als Kino und für andere kulturelle Veranstaltungen genutzt.

▸ www.babylonberlin.de; Rosa-Luxemburg-Str. 30; U-Bahn: Rosa-Luxemburg-Platz

162 Buchhandlung Pro qm

2007 zog der ehemals in der Alten Schönhauser Straße beheimatete Buchladen in sein neues Domizil in der Almstadtstraße. Das Gebäude ist ein Entwurf aus dem Büro von Hans Poelzig und damit Teil eines städtebaulichen und architektonischen Gesamtkunstwerks, das der Architekt der Klassischen Moderne in den 1920er-Jahren rund um das heutige Kino Babylon errichtet hat. Der 1999 von Katja Reichard, Axel John Wieder und Jesko Fezer gegründete, minimalistisch eingerichtete Laden versteht sich als thematische Fachbuchhandlung für Stadt, Politik, Pop, Ökonomiekritik, Architektur, Design, Kunst und Theorie.

▸ www.pro-qm.de; Almstadtstraße 48–50; Mo–Sa 11–20 Uhr; U-Bahn: Rosa-Luxemburg-Platz

163 Karl-Liebknecht-Haus

Das Karl-Liebknecht-Haus in der Weydingerstraße wurde 1912 errichtet und beherbergte seit 1926 die KPD, die insbesondere rund um den Alexanderplatz zahlreiche Gebäude besetzte. Nachdem 1933 die KPD verboten wurde, enteignete man das Karl-Liebknecht-Haus und nannte den Bülowplatz – heute Rosa-Luxemburg-Platz – in Horst-Wessel-Platz um. Heute beherbergt das Haus unter anderem die Bundesgeschäftsstelle der Partei Die Linke.

▸ Kleine Alexanderstr. 28; U-Bahn: Rosa-Luxemburg-Platz

164 St.-Marien- und St.-Nikolai-Friedhof

Nördlich von Volksbühne und Karl-Liebknecht-Haus liegt der 1802 eröffnete St.-Marien- und St.-Nikolai-Friedhof. Bis 1945 befand sich hier unter anderem das Grab des SA-Manns Horst Wessel, das jedoch von der Roten Armee beseitigt wurde. Weitere politisierende Veränderungen in der Gegend erfolgten durch den Einzug des Zentralkomitees der SED in das gegenüberliegende Kaufhaus Jonaß und die Umbenennung des Bülowplatzes in Rosa-Luxemburg-Platz.

▸ Prenzlauer Allee 7; U-Bahn: Senefelder Platz, Rosa-Luxemburg-Platz

165 Alter Garnisonfriedhof

Der Alte Garnisonfriedhof an der Ecke Kleine Rosenthaler Straße/Linienstraße wurde um 1706 gegründet und zählt damit zu den ältesten noch erhaltenen Begräbnisstätten Berlins. Die schon 1655 gegründete evangelische Garnisongemeinde erhielt damals von König Friedrich I. dieses Grundstück für die Bestattung ihrer Verstorbenen. In den 1970er-Jahren wurde der Friedhof, auf dem einige künstlerisch bedeutende Grabmäler verblieben waren, in einen Park umgestaltet, der heute unter Denkmalschutz steht. Unter den Gräbern befinden sich die Ruhestätten von Carl Friedrich von Holtzendorff, für die Karl

Friedrich Schinkel eine rote Granitstele entwarf, sowie die des romantischen Dichters Friedrich Freiherr de la Motte Fouqué mit einer von einem Eisenkreuz gekrönten Marmorstele. Auch das 1853 nach dem Entwurf Schinkels errichtete Eisenkunstguss-Grabmal für die Oberleutnantsfamilie Teichert ist erhalten geblieben.

> ‣ Kleine Rosenthaler Str. 3–7; U-Bahn: Rosenthaler Platz

166 Neue Schönhauser Straße

Die Neue Schönhauser Straße präsentiert sich mit weitgehend restaurierten Häusern, die mehr und mehr Szeneläden und etablierte Restaurants beherbergen. Der sandsteinverkleidete Neurenaissance-Bau mit der Hausnummer 13 wurde nach einem Entwurf von Alfred Messel errichtet. Einst befand sich dort eine »Volks-Kaffee- und Speisehalle«, von einer gemeinnützigen Gesellschaft für die ärmere Bevölkerungsschicht eingerichtet. Dem gegenüber steht ein bürgerliches Wohnhaus aus der Zeit um 1770, das damit eines der wenigen Berliner Gebäude ist, welches mit seiner Fassade das Straßenbild aus der Zeit Friedrich des Großen erahnen lässt. Es gibt zwar noch weitere Bauten aus dieser Epoche, allerdings sind diese durch die oftmals später erfolgte Aufstockung und das Entfernen des Stucks als solche nicht mehr erkennbar. So etwa die Häuser in der Rosenthaler Straße 36 und 37, die im Inneren noch über ein barockes Treppenhaus mit ovalem Auge verfügen.

> ‣ U-Bahn: Weinmeisterstr.

167 Hackescher Markt

Der innerstädtische Verkehrsknotenpunkt Hackescher Markt mit S-Bahn, Tram und Nachtbus-Stationen erhielt seinen Namen von dem anliegenden nach General von Hacke benannten Platz, der um 1750 nach Abriss der alten Stadtbefestigung entstand. Der S-Bahnhof wurde 1878–1882 nach Plänen des Architekten Johannes Vollmer gebaut und ist einer der letzten erhaltenen Bahnhöfe aus dieser Zeit. Die besonders aufwendig gebaute Bahnhofshalle aus Backstein wurde in der Zwischenzeit mehrmals renoviert und steht heute unter Denkmalschutz. Unterhalb der Halle befinden sich in den Stadtbahnbögen zahlreiche Cafés, Bars und Restaurants; der anliegende Markt wird als Wochenmarkt (Do 9–18, Sa 10–18 Uhr) genutzt.

> ‣ S-Bahn: Hackescher Markt

168 Hackesche Höfe

Die Hackeschen Höfe wurden 1906–1908 gebaut und ziehen sich bis zur Sophienstraße durch. In den acht Höfen auf insgesamt 10 000 m² mischen sich Wohnungen, ausgefallene Läden, Handwerksbetriebe, ein Kino, Restaurants, Cafés und das Varieté-Theater Chamäleon. Während die 1961 entstuckte Fassade der Hackeschen Höfe eher konventionell erscheint, präsentiert insbesondere der erste Hof beeindruckende bunte Jugendstil-Fassaden von August Endell mit ungewohnter Fassadengliederung und langen kobaltblauen Schmuckbändern aus glasierten Ziegeln. Nach hinten hin werden die Höfe in ihrer architektonischen Anlage immer schlichter und zeigen sich in ganz unterschiedlicher Ausgestaltung. Aufgrund des großen Touristenandrangs sind abends einige der Wohnhöfe für die Öffentlichkeit nicht zugänglich.

▸ www.hackesche-hoefe.com; Theater: www.chamaeleon-berlin.de; Rosenthaler Str. 40/41; S-Bahn: Hackescher Markt

Die Hackeschen Höfe erstrecken sich über 10 000 m²

169 Kaufhaus der Familie Wertheim

An der Ecke Rosenthaler Straße/Sophienstraße steht das letzte erhaltene Kaufhaus der Familie Wertheim, das sich aufgrund der Kriegszerstörung heute nur noch mit stark vereinfachter Fassade präsentiert. Es wurde 1903–1906 nach Plänen des Architekten Alfred Messel errichtet, der zu dieser Zeit schon mit den Entwürfen für das Pergamonmuseum beschäftigt war und das Kaufhaus Wertheim zu seinem letzten Warenhaus machte.

▸ U-Bahn: Weinmeisterstr., S-Bahn: Hackescher Markt

170 Sophienstraße mit Vereinshaus

In der Sophienstraße stehen zahlreiche alte, erhaltene Bürgerhäuser. Auf der südlichen Seite befinden sich zwei zweigeschossige Häuser, die die Bauflucht des 18. Jahrhunderts zeigen. Das auffälligste Gebäude, auf der gegenüberliegenden Seite, stammt aus der Zeit um 1840, erhielt seinen aufwendigen Schmuck aus farbigen Terrakotten aber erst 1904. Der Bogenzwickel über dem Haupteingang zeigt mit den zwei freundschaftlich umschlungenen Händen das Signum des 1844 gegründeten Berliner Handwerksvereins. Dieser hatte 1864 das Haus in der Sophienstraße 15 ausgebaut. Als das Haus durch die Errichtung des benachbarten Wertheim-Warenhauses erheblich beschädigt wurde, erwarb Wertheim das Vereins-Haus. Der Handwerksverein kaufte dafür das Haus Nr. 18, welches zum repräsentativen Vereinshaus ausgebaut wurde.

Im Hof des Vereinshauses befinden sich die sogenannten Sophiensaele. Deren größter Saal fasst ca. 300 Personen und wurde früher für die Zusammenkünfte der Berliner Arbeiterschaft genutzt. Heute dient er verschiedenen Theatergruppen als Bühne und zählt zu den führenden Adressen in der Berliner Theaterszene.

Zum Stadtjubiläum 1987 wurde die Straße einer umfassenden Renovierung nach dem Motto »Handwerk & Tradition« unterzogen. Danach wurde auch das Angebot der Läden ausgerichtet, sodass heute Puppentheater, Nähstube, Goldschmied, erzgebirgischer Weihnachtsschmuck und Töpferwaren die Straße als Adresse für sonst selten erhältliche Produkte überregional bekannt gemacht haben. Ausleger und Ladenbeschriftung wurden historisch-nostalgisch gestaltet, sodass die Sophienstraße auch für DEFA-Produktionen als Filmkulisse diente.

▸ Theater: www.sophiensaele.com; Sophienstr. 18; U-Bahn: Weinmeisterstr., S-Bahn: Hackescher Markt

171 Sophie-Gips-Höfe

Die Sophie-Gips-Höfe umfassen das Areal einer alten Fabrik und drei Bürgerhäuser zwischen der Sophienstraße 21 und der Gipsstraße 12. Hier richteten Erika und Rolf Hoffmann nach einer Sanierung 1995 in den ausgebauten Dachgeschossen ihre private Sammlung von Gegenwarts-0kunst ein. Die Sammlung Hoffmann (s. auch Seite 123) zeigt unter anderem Werke von Gerhard Richter, Andy Warhol und Nan Goldin.

▸ www.sammlung-hoffmann.de; Sophienstr. 21; Tel.: 030/28 49 91 20; Sa 11–16 Uhr mit vorheriger Anmeldung; Eintritt 10 €; U-Bahn: Weinmeisterstr., S-Bahn: Hackescher Markt

172 Sophienkirchhof und Sophienkirche

Die Sophienkirche wurde 1712 von Königin Sophie Luise, der dritten Frau Friedrichs I., gestiftet und als Saalbau nach Plänen des Baumeisters Philipp Gerlach erbaut. Der barocke Kirchturm, der von Turmbaumeister Johann Friedrich Grael geplant und erst 1732–1734 angefügt wurde, ist heute der einzige der ehemals vielen Barocktürme in Berlin. In dem von zwei Pfarrhäusern gerahmten und heute nicht mehr genutzten Sophienkirchhof sind unter anderem der Singakademiedirektor Carl Friedrich Zelter, der Historiker Leopold von Ranke sowie der Dichter Karl Wilhelm Ramler und die Dichterin Anna Luisa Karsch bestattet.

▸ Große Hamburger Str. 29–30; U-Bahn: Weinmeisterstr., S-Bahn: Hackescher Markt

173 St. Hedwig-Krankenhaus und Große Hamburger Straße

Das 1846 gegründete katholische St. Hedwig-Krankenhaus ist das zweitälteste Großkrankenhaus Berlins. Der Klinkerbau befindet sich in der Großen Hamburger Straße, welche einst auf die Landstraße in Richtung Hamburg führte. An der Einmündung der Krausnickstraße wird der Blick auf den Berliner Dom frei; zur Rechten sieht man die Neue Synagoge. Einige Schritte weiter wird links der Sophienkirchturm durch neubarocke Mietshäuser eingefasst, deren Einschusslöcher und Spuren von Granatsplittern im Putz aus den letzten Kriegstagen stammen. Am rechten Haus wurde als Hinweis und Mahnung ein Stahlrahmen mit dem Wort »Pax« (Friede) angebracht. Weiter nach Süden stehen auf der rechten Seite zwei kleine Häuser auf dem Bürgersteig hervor, anhand derer sich noch die enge Bauflucht aus dem 18. Jahrhundert erkennen lässt.

▸ Große Hamburger Str. 5; S-Bahn: Oranienburger Str.

174 Jüdisches Gymnasium Moses Mendelssohn

Der wilhelminische Bau, der von der Großen Hamburger Straße weit zurück springt, beherbergt das Jüdische Gymnasium Moses Mendelssohn. Mendelssohn hatte die Schule 1778 gegründet; seinen Namen trägt sie erst seit 2012, zuvor war sie unter den Namen Jüdische Oberschule und Jüdische Knabenschule bekannt. 1942 wurde das Schulgebäude von der Gestapo in die zentrale Sammelstelle der Berliner Juden zur Deportation umgewandelt. Von der Sammelstelle Große Hamburger Straße wurden bis 1945 Tausende von Berlinern zu den Güterbahnhöfen Grunewald und Beusselstraße und von dort in die Vernichtungslager deportiert. Ein schlichter Gedenkstein und ein Mahnmal verweisen heute darauf. Zu DDR-Zeiten beherbergte das Gebäude eine staatliche Berufsschule; nach der Wende gelangte es wieder in den Besitz der jüdischen Gemeinde, die dort abermals eine Schule einrichtete.

▸ Große Hamburger Str. 27; S-Bahn: Oranienburger Str.

175 Jüdischer Friedhof Berlin-Mitte

Der Jüdische Friedhof Berlin-Mitte ist der älteste erhaltene Jüdische Friedhof Berlins. Er wurde im 17. Jahrhundert mit der Gründung der ersten jüdischen Gemeinde angelegt und bis ins frühe 19. Jahrhundert genutzt. Da es der jüdische Brauch vorsieht, Grabstätten nicht neu zu vergeben, sondern für alle Zeit zu erhalten, war der Friedhof im frühen 19. Jahrhundert mit seinen 3 000 Gräbern voll belegt, sodass an der Schönhauser Allee eine neue Begräbnisstätte eröffnet werden musste. Der alte Friedhof in Berlin-Mitte wurde 1827 geschlossen. 1943 befahl die Gestapo die Zerstörung des Friedhofs, woraufhin die Gräber, darunter jene von Veitel Heine Ephraim, Marcus Herz, David Fränkel, Isaak Bernhard und Moses Mendelssohn, umgepflügt wurden. Einige der wenigen geborgenen Grabsteine befinden sich heute im Centrum Judaicum. Tafeln an der Mauer der kleinen Grünanlage und neu aufgestellte Grabmale erinnern an die hier Bestatteten.

▸ Große Hamburger Str. 26–27; S-Bahn: Oranienburger Str.

176 Postfuhramt

Das Postfuhramt wurde 1875–1881 nach Plänen von Carl Schwatlo errichtet und war seinerzeit einer der größten Behördenbauten Berlins. Hinter dem zweiflügligen Hauptbau des historischen Backsteingebäudes lagen zwei niedrige Hoftrakte mit Postkutschenremisen und

Ställe für etwa 250 Pferde. Im Hauptbau selbst befanden sich Verwaltungsräume, das Zentrum des Rohrpostsystems, Teile des Fernsprechamtes, Wohnungen der Postbediensteten und die Ausgabestelle des Paketpostamts.

Lange von der Deutschen Post genutzt, wurde 1995 der Postbetrieb im ehemaligen Postfuhramt eingestellt. 2006–2013 nutzte das C/O Berlin, das Internationale Forum für Visuelle Dialoge, das Gebäude für seine Fotografie-Ausstellungen, die ab Herbst 2014 im Amerika Haus in der Hardenbergstraße präsentiert werden (s. auch Seite 222). Denn 2012 kaufte den denkmalgeschützten Bau die Firma Biotronik, die hier ihre Hauptstadtrepräsentanz einrichten will.

Dem Postfuhramt gegenüber steht ein niedriges Haus, das im Jahr 1792 erbaut wurde und damit zu den ältesten erhaltenen Gebäuden in diesem Viertel zählt. Es erinnert an die erste Bebauungsphase der Oranienburger Straße, als diese noch als unbefestigter Feldweg von Berlin nach Spandau führte (s. auch Seite 127).

▸ Oranienburger Str. 35; S-Bahn: Oranienburger Str.

⑰ Jüdische Mädchenschule und Auguststraße

Wie in der Oranienburger Straße bietet die Auguststraße mit ihren Seitenstraßen ein lebendiges Straßenbild mit zahlreichen Bars, Cafés und Clubs. Auch viele Galerien haben sich hier angesiedelt. Dennoch lassen die erhaltenen Fassaden und Höfe noch etwas von dem kleinbürgerlich-handwerkhaften Charakter der früheren Spandauer Vorstadt erahnen. Hausnummer 69 zeigt beispielsweise noch eine schöne Hofanlage vom Anfang des 19. Jahrhunderts und eine elegant geschwungene Treppe in der Durchfahrt.

Zudem waren Straße und Viertel bis zur Vertreibung und Deportation der Juden unter den Nationalsozialisten stark jüdisch geprägt. So steht in der Auguststraße 11–13 das Gebäude der ehemaligen jüdischen Mädchenschule. Der Klinkerbau mit den horizontalen Fensterbänden wurde 1927/1928 von Gemeindebaumeister Alexander Beer im Stil der Neuen Sachlichkeit erbaut. 1942 musste die Schule schließen, bis zum Ende des Krieges beherbergte das Gebäude ein Militärkrankenhaus. 1950–1996 diente der Bau wieder als Schule und stand danach leer. Seit 2012 befinden sich hier Galerieräume, ein Restaurant, ein öffentlicher Fest- und Speisesaal für die Jüdische Gemeinde sowie Wohnungen und Gästeapartments.

▸ S-Bahn: Oranienburger Str.

178 Buchhandlung do you read me?!

Umgeben von zahlreichen Galerien findet man in der Auguststraße 28 über 1 000 auch fremdsprachige Magazine, Zeitschriften und Bücher aus über 20 Ländern. Die Themengebiete kommen meist aus dem kreativen Bereich: Kunst, Mode, Architektur und Graphic Design. Daneben gibt es zahlreiche Veranstaltungen. Die Termine werden regelmäßig auf der Website bekannt gegeben.

‣ www.doyoureadme.de; Auguststraße 28; Mo–Sa 10–19:30 Uhr; U-Bahn: Weinmeisterstr.

179 Jüdisches Krankenhaus

Links neben der Jüdischen Mädchenschule befindet sich das ehemalige Verwaltungsgebäude des Jüdischen Krankenhauses. Das klassizistische Gebäude wurde 1859–1861 wie die dahinter liegende Synagoge von Eduard Knoblauch erbaut. Das eigentliche Krankenhausgebäude war der Klinkerbau auf dem Hof, der durch das Durchfahrtsportal in den Blick kommt. Nachdem im frühen 20. Jahrhundert das neue Jüdische Krankenhaus in der Iranischen Straße im Bezirk Wedding eröffnet wurde, siedelten sich in dem Komplex in der Auguststraße zahlreiche soziale und kulturelle Institutionen der Gemeinde an. Nachdem diese durch die nationalsozialistische Verwaltung enteignet wurde, diente der Bau zu DDR-Zeiten als Schule. Zurzeit wird der bauhistorisch einzigartige, mittlerweile wieder der Jüdischen Gemeinde gehörende Gebäudekomplex voraussichtlich bis 2015 saniert.

‣ Auguststr. 14–16; S-Bahn: Oranienburger Str.

180 Clärchens Ballhaus

Das Tanzhaus wurde 1913 im Hinterhaus der Auguststraße 24–25 von Fritz Bühler und seiner Ehefrau Clara Habermann – damals noch unter dem Namen »Bühlers Ballhaus« – eröffnet und war ein Etablissement gehobener Art. Heute ist es eines der letzten erhaltenen Ballhäuser aus der Zeit um 1900, in dem immer noch Abendveranstaltungen und Tanzkurse stattfinden.

‣ S-Bahn: Oranienburger Str.

181 Koppenplatz

Im 18. Jahrhundert hatte Stadthauptmann Christian Koppe das hier liegende Armenhaus für Frauen gestiftet. Hundert Jahre später erhielt er dafür von der Stadt Berlin eine Ehrung in Form des klassizistischen Säulen-Denkmals am Eckhaus. Auf der Platzfläche selbst steht seit 1996 das von dem Bildhauer Karl Biedermann und der Gartenarchitektin Eva Butzmann konzipierte Denk- und Mahnmal »Der verlassene Raum«. Der Bronzeguss zeigt einen Stuhl etwas abgerückt von einem Tisch, ein weiterer Stuhl ist umgestürzt – Symbol für überstürzten Aufbruch, Flucht und Deportation der zahlreichen Juden aus dem Scheunenviertel während der NS-Zeit. Umgeben wird der Koppenplatz von einem Schulbau aus dem Jahr 1902 und dem Gebäude der Wilhelminen-Amalien-Stiftung von 1835.

▸ U-Bahn: Rosenthaler Platz

182 St.-Adalbert-Kirche

In der Linienstraße befindet sich mit der katholischen St.-Adalbert-Kirche und ihrer Chorpartie ein architektonisches Beispiel der Klassischen Moderne. Der expressionistisch geprägte und verklinkerte

Bei Tanzfreunden beliebt: Clärchens Ballhaus

Saalbau wurde 1933 von dem zu seinerzeit berühmten Architekten Clemens Holzmeister erbaut. Dieser band die Halbrundapsis des glockenturmlosen Kirchenbaus symmetrisch in die Fassadenfront der Wohnhäuser ein. Der Eingang zu dieser Berliner Hinterhofkirche befindet sich im Mietshaus in der Torstraße 168.

▸ Linienstr. 101; U-Bahn: Rosenthaler Platz

183 Torstraße und Rosenthaler Platz

Die Torstraße markiert die äußere Grenze der historischen Spandauer Vorstadt. Die Mietshäuser sind berlintypisch und mehr für die gut situierten Bürger der Reichshauptstadt gebaut worden als für die Kleinbürger der alten Vorstadt. Nach dem Ersten Weltkrieg zogen jedoch die wohlhabenden Bürger in andere Bezirke und die Straße entwickelte sich zu einer Arbeiter- und Verkehrsstraße. In den 1980er-Jahren erfolgte durch Abriss und Neubau eine weitreichende Sanierung der Torstraße, wobei ihr historischer Charakter größtenteils verloren ging.

Der Rosenthaler Platz liegt an der Stelle des früheren Rosenthaler Tors der Berliner Stadtmauer. Bis ins 19. Jahrhundert hinein war der Durchgang einer der wenigen, der auch Juden den Zugang zur Stadt ermöglichte. Im Zuge der Erweiterung Berlins und der Schleifung der Zollmauer wurde das Rosenthaler Tor um 1867 abgerissen.

▸ U-Bahn: Rosenthaler Platz

Kunst in Mitte

184 Kunstwerke (KW)

Die KW Institute for Contemporary Art wurden von Klaus Biesenbach Anfang der 1990er-Jahre in einem damals völlig verfallenen Komplex in der Auguststraße, einer alten Margarinefabrik mit barocken Gebäuden, gegründet. Hier entwickelte er mit einer Gruppe junger Kunstinteressierter ein Zentrum für Ausstellungen und Künstlerwohnungen für internationale Stipendiaten. 1998 richteten die Kunstwerke unter der Leitung von Biesenbach, der heute Kurator am Museum of Modern Art in New York ist, die erste Berlin-Biennale aus. Sie gehören damit zu den entscheidenden Institutionen, die Berlin nach der Wende zur internationalen Metropole für zeitgenössische Kunst gemacht haben. Im Innenhof befindet sich ein Café, das in

einem vom amerikanischen Künstler Dan Graham geschaffenen Glas-
pavillon eingerichtet ist.

▸ www.kw-berlin.de; Auguststr. 69; Mi–Mo 12–19, Do 12–21 Uhr; Eintritt 6 €,
  erm. 4 €; S-Bahn: Oranienburger Str.

185 Galerie Eigen + Art

Die Galerie Eigen + Art von Gerd Harry Lybke befindet sich in der
Auguststraße 26. Die Galerie vertritt etablierte und junge zeitgenössische Künstler aus unterschiedlichen Medienbereichen, unter anderem
Neo Rauch, Hauptvertreter der Leipziger Schule und heute einer der
bekanntesten deutschen Künstler.

Zusammen mit Klaus Biesenbach initiierte Lybke die jährlich im
Frühjahr und Herbst stattfindenden Galerienrundgänge, die gemein-
sam mit dem Artforum und der Berliner Messe für zeitgenössische
Kunst stattfinden.

▸ www.eigen-art.com; Auguststr. 26; Do–Sa 11–18 Uhr; S-Bahn: Oranienburger Str.

186 Galerie Christian Ehrentraut

Die Galerie widmet sich der internationalen jungen Kunst.

▸ www.christianehrentraut.com; Friedrichstr. 123; Di–Sa 11–18 Uhr; U-Bahn:
  Oranienburger Tor

187 Galerie Sprüth Magers

Die Galerie Sprüth Magers in der Oranienburger Straße 18 ist die Berliner Dependance der Avantgarde-Galeristinnen Monika Sprüth und
Philomene Magers. Zu den Künstlern, die auf zwei Etagen im etwa
zweimonatigen Rhythmus präsentiert werden, gehören beispielsweise
Cindy Sherman, George Condo und Andreas Gursky.

▸ www.spruethmagers.com; Oranienburger Str. 18; Di–Sa 11–18 Uhr; S-Bahn:
  Oranienburger Str., Hackescher Markt

188 Sammlung Hoffmann

Jeden Samstag öffnet Erika Hoffmann ihr Zuhause und gibt Führungen durch ihre private Sammlung, die sie zusammen mit ihrem
2001 verstorbenen Ehemann Rolf Hoffmann seit 1968 angelegt hat.
Die Sammlung umfasst unter anderem großformatige Bildwerke von
Frank Stellar oder A. R. Penck, aber auch Installationen von Felix

Gonzales-Torres und Pipilotti Rist. Die Sammlung wird jedes Jahr von Erika Hoffmann neu eingerichtet; nach Anmeldung kann man dort am Wochenende an Führungen teilnehmen (s. auch Seite 117).

▸ www.sammlung-hoffmann.de; Sophienstr. 21; Tel. 030/28 49 91 20; Sa 11–16 Uhr mit vorheriger Anmeldung; Eintritt 10 €; U-Bahn: Weinmeisterstr.

189 Galerie neugerriemscheider

In der Linienstraße 155 haben die Galeristen Tim Neuger und Burkhard Riemschneider einen Ausstellungspavillon als klassischen White Cube zur Verfügung. In der einstigen Fabrikremise zeigen sie junge Kunst, wie zum Beispiel die Skulpturen von Tobias Rehberger.

▸ www.neugerriemschneider.com; Linienstr. 155; Tel: 030/28 87 72 77; U-Bahn: Oranienburger Tor, S-Bahn: Oranienburger Str.

190 Galerie Mehdi Chouakri

Die Galerie Mehdi Chouakri befindet sich in den Edison-Höfen in der Invalidenstraße. Hier liegen die nördlichen Ausleger der sich ständig in Bewegung befindenden Galerieszene der mittleren Stadtviertel. Die Galerie zeigt mit ihren Ausstellungen, wie Künstler, darunter beispielsweise Silvie Fleury und John Armleder, Lifestyle und Design kommentieren.

▸ www.mehdi-chouakri.com; Edison Höfe, Invalidenstr. 117, Eingang Schlegelstr. 26; Di–Sa 11–18 Uhr; U-Bahn: Naturkundemuseum

191 Galerie Zagreus

In der Brunnenstraße 9 befindet sich das außergewöhnliche Galeriehaus von Arno Brandlhuber. Im zweiten Hinterhof liegt die Galerie Zagreus, die mit ihren Ausstellungen – mit dem Schwerpunkt »Essen« – Dinnerabende verbindet (mit vorheriger Anmeldung).

▸ www.zagreus.net; Brunnenstr. 9a; Tel.: 030/28 09 56 40; U-Bahn: Rosenthaler Platz

192 Sammlung Boros

Im einstigen Reichsbahnbunker (für 2 000 Personen) in der Reinhardtstraße 20 präsentiert der Kommunikationsdesigner Christian Boros seit 2007 zeitgenössische Kunst, darunter Künstler wie Olafur

Eliasson, Tobias Rehberger und Santiago Sierra. Vier Jahre dauerte der Umbau des Bunkers, der zu DDR-Zeiten wegen der Lagerung von Südfrüchten »Bananenbunker« genannt und in den 1990er-Jahren als »Bunker« einer der berüchtigtsten Technoclubs der Welt war. Auf dem Dach des Bunkers lebt Boros in einer 450 m² großen Penthousewohnung mit Pool (nicht zugänglich).

▸ www.sammlung-boros.de; Führungen mit vorheriger Anmeldung Do–So; Eintritt 12 €; Reinhardtstr. 20; U-Bahn: Oranienburger Tor

193 Galerie Contemporary Fine Arts

Die Galerie Contemporary Fine Arts ist ein Beispiel für die zahlreichen Berliner Galerien, deren Besitzer ihren Ursprung in Köln haben, das in der alten Bundesrepublik als das Zentrum für den modernen Kunstmarkt galt. Früher in den Sophienhöfen, direkt unter der Sammlung Hoffmann gelegen, stellt die Galerie seit 2007 in den neuen Räumlichkeiten Am Kupfergraben aus. Die Ausstellungen zeigen zwischen Malerei und multimedialer Installation wichtige Künstler der Generation zwischen 40 und 50 wie Daniel Richter und Raymond Pettibon.

▸ www.cfa-berlin.com; Am Kupfergraben 10; Di–Sa 10–18 Uhr; U-/S-Bahn: Friedrichstr.

194 Berlin Gallery District

Auch in Kreuzberg sind zahlreiche Galerien vertreten; das Zentrum bildet hier das Berlin Gallery District zwischen Leipziger Straße und Halleschem Ufer. Hier befindet sich das Galeriehaus, das in der Lindenstraße 34–45 politisch motivierte Kunst in einem recht noblen Ausstellungsgebäude zeigt.

▸ www.berlingallerydistrict.com; www.galeriehaus.com; U-Bahn: Kochstr.

195 Galerie Zak/Branicka

Wie sich schon am Namen erahnen lässt, vertritt die 2007 von Asia Zak und Monika Branicka gegründete Galerie polnische zeitgenössische Künstler, darunter sowohl etablierte wie auch jüngere Künstler.

▸ www.zak-branicka.com; Lindenstr. 35; Di–Sa 11–18 Uhr; U-Bahn: Kochstr.

196 Galerie Jochen Hempel

Die Galerie Jochen Hempel vertritt in einem breit aufgestellten Programm deutsche und internationale Künstler, darunter Beat Streuli, Ulf Puder und Marcin Cienski.

▸ www.jochenhempel.com; Lindenstr. 35; Di–Sa 11–18 Uhr; U-Bahn: Kochstr.

197 Konrad Fischer Galerie

Konrad Fischer präsentierte in den 1960er-Jahren als einer der Ersten Minimal- und Konzeptkunst in Deutschland. Nach Erweiterungen des Galerieprogramms in den 1980er- und 1990er-Jahren eröffnete die Konrad Fischer Galerie schließlich 2007 eine Dependance in Berlin, wo unter anderem jüngere zeitgenössische Künstler vertreten sind.

▸ www.konradfischergalerie.de; Lindenstr. 35; Di–Sa 11–18 Uhr; U-Bahn: Kochstr.

198 Galerie Crone

Immer mehr Ausleger der Galerien in Berlin-Mitte befinden sich im ehemaligen Zeitungsviertel, dem Gebiet um Zimmerstraße, Kochstraße und Charlottenstraße. So zum Beispiel die Galerie Crone in der Rudi-Dutschke-Straße, die Künstler wie Norbert Bisky vertritt.

▸ www.cronegalerie.com; Rudi-Dutschke-Str. 26; Di–Sa 11–18 Uhr; U-Bahn: Kochstr.

199 Galerie VeneKlasen/Werner (ehemals Julius Werner)

Die Galerie VeneKlasen/Werner liegt direkt neben der Galerie Crone und vertritt beispielsweise Antonius Höckelmann und Per Kirkeby.

▸ www.vwberlin.com; Rudi-Dutschke-Str. 26; Di–Sa 11–18 Uhr; U-Bahn: Kochstr.

200 Buchmann Galerie

Die Buchmann Galerie in der Charlottenstraße vertritt unter anderem Fiona Rae und Mario Merz.

▸ www.buchmanngalerie.com; Charlottenstr. 13; Di–Sa 11–18 Uhr; U-Bahn: Kochstr.

201 Galerie Thomas Schulte

Die Galerie Thomas Schulte ist ebenfalls in der Charlottenstraße, im Erdgeschoss des renovierten Geschäfts- und Kontorgebäudes aus dem boomenden Berlin um 1900, angesiedelt und konzentriert sich auf Konzeptkunst.

> ▸ www.galeriethomasschulte.de; Charlottenstr. 24; Di–Sa 12–18 Uhr; U-Bahn: Stadtmitte

202 Heidestraße

Ein weiteres Galerienzentrum befindet sich in der Heidestraße nahe dem Hauptbahnhof. Zwischen Lagerhallen und Reparaturwerkstätten haben mehrere Galerien ihren Ausstellungsort auf dem Gewerbehof mit der Nr. 46–52, darunter Tanas, die den Fokus auf junge türkische Kunst legt.

> ▸ www.heidestrasse.com; www.tanasberlin.de; U-/S-Bahn: Hauptbahnhof

Der Flyer »Index« liegt in den meisten Galerien aus und informiert über Ausstellungen und Events der über 600 Berliner Galerien (www. indexberlin.de).

Eine hervorragende Möglichkeit, die vielen Galerien zu erkunden, bieten auch das jährlich stattfindende Gallery Weekend Berlin (www.gallery-weekend-berlin.de/) sowie die Berlin Art Week (www. berlinartweek.de).

Die Oranienburger Straße

203 Tacheles

Das Kunsthaus Tacheles war ein Kunst- und Veranstaltungszentrum im ruinösen Flügel an der Oranienburger Straße, der einst ein großes Passagenkaufhaus und damit Verbindung zwischen Friedrich- und Oranienburger Straße werden sollte. Nach dem Ersten Weltkrieg wurde der Bau durch die AEG als »Haus der Technik« genutzt; von hier wurde unter anderem die weltweit erste Fernsehsendung übertragen. Im Zweiten Weltkrieg erlitt das Haus große Beschädigungen, der größte Verlust erfolgte aber zu DDR-Zeiten. Nur die Wende konnte den schon geplanten Abriss des noch verbliebenen Tacheles verhindern. Im Laufe der Zeit entwickelte sich hier eine Heimstätte der alternativen Kunst- und Kulturszene Berlins. 1990 hatten rund 50 Künstler aus Ost- und West-Berlin den Bau besetzt, um den Rest der

Passage zu retten. So wurde das Tacheles ein Ort für Veranstaltungen, Galerien, Ateliers und einem Café. 2012 wurde das Kunsthaus jedoch zwangsgeräumt und an zwei Orten in Marzahn neu etabliert.

▸ U-Bahn: Oranienburger Tor, S-Bahn: Oranienburger Str.

204 Oranienburger Straße 67

An der Hausnummer 67 erinnert eine Gedenktafel an Alexander von Humboldt, der hier von 1842 bis zu seinem Tod 1859 wohnte. Seine Wohnung beherbergte auch einen Teil seiner Sammlungen, zu denen Gemälde, Kunstschätze, Bücher sowie ausgestopfte Tiere zählten.

▸ U-Bahn: Oranienburger Tor, S-Bahn: Oranienburger Str.

205 Postfuhramt

Das Postfuhramt wurde 1875–1881 nach Plänen von Carl Schwatlo errichtet und war seinerzeit einer der größten Behördenbauten Berlins (s. auch Seite 118).

▸ Oranienburger Str. 35; U-Bahn: Oranienburger Tor, S-Bahn: Oranienburger Str.

206 Heckmann-Höfe

Die Heckmann-Höfe sind nach den Hackeschen Höfen die wohl bekanntesten Höfe Berlins. Benannt ist die Anlage nach dem hier einst ansässigen Maschinenfabrikanten Reinhold Heckmann. Mit der Zeit mischten sich in den schmalen und tiefen Bauabschnitten Arbeiten, Wohnen und Vergnügen; heute befindet sich in den mittlerweile restaurierten Höfen mit vielen Pflanzen und einem Brunnen immer noch ein buntes Miteinander aus Design, Kultur, Kleingewerbe, Dienstleistung und Gastronomie. Der Hof zur Oranienburger Straße beherbergt beispielsweise eine Bonbonmacherei mit Schauküche.

▸ www.bonbonmacherei.de; Oranienburger Str. 32; Mi-Sa 12–20 Uhr; U-Bahn: Oranienburger Tor, S-Bahn: Oranienburger Str.

207 KunstHof

Auch im KunstHof in der Oranienburger Straße 27 findet sich solch eine vielseitige Mischung. Zu den Mietern der im klassischen Stil errichteten Gebäude, die zu den wenigen noch geschlossenen erhaltenen Wohn- und Gewerbehofanlagen aus dem späten 18. Jahrhundert gehören, zählen heutzutage Galerien, Kunstgewerbetreibende und kreative Dienstleistungsunternehmen.

▸ www.kunsthof-berlin.de; Oranienburger Str. 27; S-Bahn: Oranienburger Str.

208 Neue Synagoge und Centrum Judaicum

Die Neue Synagoge wurde vom Schinkel-Schüler Eduard Knoblauch und Friedrich August Stüler gebaut und 1866 zum jüdischen Neujahrsfest feierlich eingeweiht. Der prächtige Bau im maurischen Stil mit kleinen Minaretten und der goldenen, 50 m hohen Kuppel war nötig geworden, weil die alte Synagoge für die stark anwachsende jüdische Gemeinde zu klein wurde. In der neuen Synagoge fanden nun über 3000 Gemeindemitglieder Platz, womit der Bau europaweit einer der größten seiner Art war. 1943 brannte das Gebäude nach

Blick auf die Neue Synagoge

Bombenangriffen aus; 1958 wurde das ruinöse Hauptgebäude abgerissen. Der Wiederaufbau begann 1988, 1995 fand die Neueröffnung statt. Die wiederhergestellten Teile umfassen neben der Vorhalle das Männervestibül, den Repräsentantensaal und die oberste Frauenempore; die ursprünglichen Ausmaße der Synagoge sind auf dem Grundstück mit weißen Kieselsteinen markiert.

In dem Gebäude befindet sich auch das Centrum Judaicum. Es ist eine Dokumentations- und Forschungsstelle sowie ein Ort für Ausstellungen zur jüdischen Geschichte. Weitere jüdische Einrichtungen in der Nähe charakterisieren die Oranienburger Straße wieder als Zentrum des jüdischen Lebens in Berlin, beispielsweise das Anne-Frank-Zentrum und der Zentralrat der Juden in Deutschland.

▸ www.cjudaicum.de; Oranienburger Str. 28–30; So–Fr ab 10 Uhr; Eintritt 3,50 €, Kuppel 2 €; S-Bahn: Oranienburger Str.

209 Monbijoupark

Der 3 ha große Monbijoupark ist nach dem Schloss Monbijou benannt, das einst an diesem Ort errichtet wurde. Ein erster kleiner Schlossbau war bereits um 1703 errichtet worden. Dieser ging 1710 in den Besitz der Königin Sophie Dorothea über, in deren Auftrag das Schloss samt Garten aus- und umgebaut wurde und die es fortan »mon bijou«, mein Juwel, nannte. Im Rahmen des neuen Hohenzollernmuseums diente das Schloss ab 1877 als Museumsbau. Die Sammlungen wurden allerdings im Krieg vernichtet und teilweise als Beutekunst entwendet. 1960 erfolgte durch einen Beschluss des Magistrats der Abriss der wiederaufbaufähigen Ruine. 2006/2007 wurde der Park aufwendig renoviert und umfasst seitdem neben einer breiten Uferpromenade auch einen Grillplatz, einen Rodelberg und einen Brunnen im Stil des 18. Jahrhunderts.

Im Park nahe dem östlichen Ausgang ist eine kleine Büste des Dichters Adelbert von Chamisso aufgestellt. Dieser hatte 1790 für einige Zeit die Stellung eines Pagen bei Königin Luise. Das Denkmal wurde zu seinem 50. Todestag im Jahr 1888 enthüllt.

▸ Oranienburger Str. 13–26; S-Bahn: Hackescher Markt, Oranienburger Str.

210 Ramones Museum Berlin

Gegenüber dem Monbijoupark befindet sich in der Krausnickstraße das Ramones Museum Berlin. Über 300 Exponate aus der 22-jährigen Bandgeschichte der New Yorker Punk-Band The Ramones werden hier ausgestellt. Sämtliche ausgestellte Exponate sind Originale aus den aktiven Jahren der Band zwischen 1975 und 1996.

› www.ramonesmuseum.com; Krausnickstr. 23; So–Do 12–20, Fr/Sa 12–22 Uhr; S-Bahn: Oranienburger Str.

Moabit: Fläche 7,72 km², Einwohnerzahl: 73 835
Hansaviertel: Fläche: 0,53 km², Einwohnerzahl 5 486
Tiergarten: Fläche: 5,17 km², Einwohnerzahl: 13 299

Tiergarten

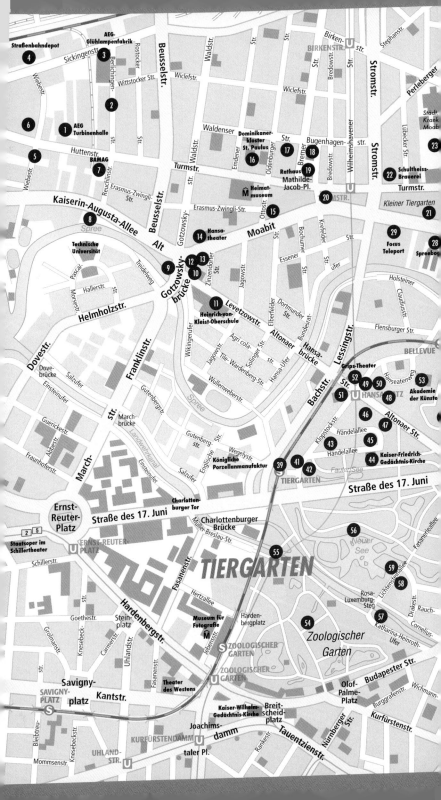

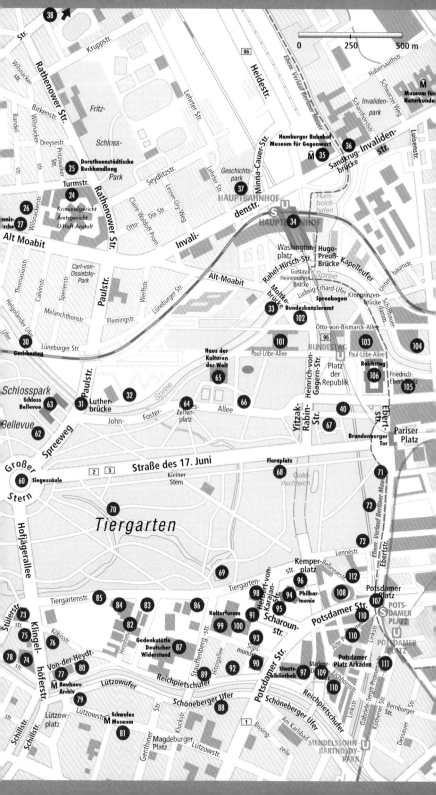

Das ehemalige Industrieviertel Moabit

① AEG-Turbinenhalle

Die AEG-Turbinenhalle an der Huttenstraße wurde 1909 von Peter Behrens fertiggestellt und ist eines der bedeutendsten Denkmäler der modernen Industriearchitektur. Die »Allgemeine Electricitäts-Gesellschaft« baute nach der Jahrhundertwende ihre weiträumigen Fabriken, die zunächst im Wedding entstanden, dann auch in Moabit. 1907 wurde dafür Peter Behrens als künstlerischer Berater sowohl für die Bauten als auch die Produkte eingestellt. Er schuf den innovativen Bau mit sichtbarer Tragwerkkonstruktion, unverkleideten Stahlstützen, großen Glasflächen und polygonalem Giebel, der eine Abkehr vom historischen Verkleidungsstil darstellt und die Bestimmung und Funktion des Gebäudes offenlegt. An der gegenüberliegenden Längsseite, von einem Verwaltungsbau verdeckt, liegt eine weitere, kleinere

Die Turbinenhalle der AEG

Halle, in der die Vorfabrikation stattfand. Heute werden in den Gebäuden von Siemens Gasturbinen hergestellt.

▸ Huttenstr. 12–19; S-Bahn: Beusselstr.

❷ Berlichingenstraße

Die Berlichingenstraße zieht an der Turbinenhalle entlang die ehemalige Grenze zwischen Arbeit und Wohnen. Zudem zeigt sich hier
deutlich, dass Tiergarten im Zweiten Weltkrieg zur Hälfte zerstört
wurde; nur wenige Häuser wurden seitdem ordentlich saniert und
viele zeigen noch ihre kahlen Brandwände.

▸ S-Bahn: Beusselstr.

❸ AEG-Glühlampenfabrik

Am nördlichen Ende der Berlichingenstraße liegt die ehemalige, heute
denkmalgeschützte AEG-Glühlampenfabrik. Die Produktionsstätte
wurde 1904–1912 von Gustav Teske und Viktor Kühn für die AEG
errichtet. Ab 1919 nutzte OSRAM die Fabrik, 1939 wurde sie von
TELEFUNKEN gemietet und 1956 ganz übernommen. Nach Zerstörungen im Zweiten Weltkrieg wurde der weiß-rote Geschossbau im
üblichen Backstein 1951–1956 wiederaufgebaut und beherbergt heute
unter anderem das Jobcenter Mitte.

▸ Ecke Sickingerstr./Berlichinger Str.; S-Bahn: Beusselstr.

❹ Straßenbahndepot

An der Ecke Sickingerstraße/Wiebestraße entstand 1901 ein Straßenbahndepot, um auch weiter entfernt lebende Arbeiter mit dem öffentlichen Nahverkehr an die Fabriken anzubinden. Als in den 1950er-
Jahren der Straßenbahnverkehr in West-Berlin eingestellt wurde,
verschrottete die BVG hier die nutzlos gewordenen Wagen. Danach
fanden verschiedene Kulturveranstaltungen in der vierschiffigen Back-
steinhalle statt; heute ist in dem renovierten Depot das Oldtimer-
Zentrum Classic Remise untergebracht.

▸ Ecke Sickingerstr./Wiebestr.; S-Bahn: Beusselstr.

❺ Wiebestraße

Im südlichen Teil der Wiebestraße liegt der weitläufige Bereich der
ehemaligen Firma Loewe. Zunächst war hier eine Waffenfabrik an-

sässig, die später durch eine Elektroabteilung ergänzt wurde. Heute sind von den ehemaligen Gebäuden nur noch wenige erhalten. Siemens ersetzte die ehemalige Montagehalle 1996 mit der langen, silbergrau gewellten Halle auf der östlichen Straßenseite. Diese wurde von Alfred Grenander in der Zeit um den Ersten Weltkrieg zusammen mit anderen Loewe-Gebäuden entworfen und lehnt sich mit ihren schmalen, vorgestellten Betonpfeilern an die Loewe Fräs- und Bohrmaschinenfabrik jenseits der Huttenstraße an. Die Sandsteinreliefs, die gemauerten toskanischen Klinkersäulen und die Firmenzeichen sollten hier einen nüchternen, aber deutlichen Repräsentationsgestus darstellen. Heute werden die Hallen von verschiedenen Kleinbetrieben genutzt; auf dem ehemaligen westlichen Loewe-Gelände entstand der Centro Industrie Park mit mehreren Neubauten.

▸ S-Bahn: Beusselstr.

⑥ Verwaltungsbau

In der Huttenstraße ist von den Loeweschen Anlagen im damals modernen Pavillonstil der Verwaltungsbau erhalten, welcher mit Sandsteinschmuck, Ecktürmchen und Giebeln ebenfalls repräsentativ ausgestaltet ist. 1907–1908 wurde er nach Plänen von Alfred Grenander errichtet.

▸ Huttenstr. 17–20; S-Bahn: Beusselstr.

⑦ Berlin-Anhaltische-Maschinenbau AG (BAMAG)

In der Reuchlinstraße befindet sich das Gelände der 1872 gegründeten Berlin-Anhaltischen-Maschinenbau AG, die dort Maschinen und Apparate für den Gas- und Wasserbereich herstellte. Die Backsteinanlage der ehemaligen Aktiengesellschaft wurde 1992 saniert; der Gewerbepark beherbergt heute verschiedene Betriebe.

▸ Reuchlinstr. 10; S-Bahn: Beusselstr.

⑧ Uferpark

Aus der Haupteinfahrt des Gewerbeparks in der Kaiserin-Augusta-Allee heraus nach Süden führt ein Weg zu einem kleinen Uferpark. Von dort sieht man gegenüber das Produktionstechnische Zentrum aus den 1980er-Jahren, das heute gemeinsam von der Technischen Universität und dem Fraunhofer Institut betrieben wird. Hinter der verglasten Versuchshalle liegen in einem langgestreckten Gebäudekomplex die

Arbeitsräume und Laboratorien. Richtung Osten rückt das Ensemble um die Gotzkowskybrücke in den Blick; im Westen sieht man einen Glasbau, der von Dienstleistern und Verwaltungen genutzt wird.

▸ Kaiserin-Augusta-Allee; S-Bahn: Beusselstr.

Alt-Moabit

9 Gotzkowskybrücke

Die heute denkmalgeschützte und nach dem Kaufmann und Begründer der Königlichen Porzellan-Manufaktur Johann Ernst Gotzkowsky benannte Brücke wurde 1868–1888 über der Spree erbaut und verbindet die Ortsteile Moabit und Charlottenburg. 1910/1911 erneuerte Alfred Grenander im klassizistischen Stil die vierspurige Straßenbrücke, die zu Beginn des 20. Jahrhunderts auch dazu genutzt wurde, den gesamten Stadtteil mit seinem oft sozial angespannten Klima abzuriegeln – mal von Seiten der Arbeiter, mal von der Polizei. Die im Jugendstil gearbeiteten Tierskulpturen auf den Eckpfeilern stammen von Walther Schmarje und stellen auf Charlottenburger Seite zwei fischschwänzige Widder und auf Moabiter Seite einen Stier dar; an der Ecke Gotzkowskystraße/Wikingerufer steht ein wuchtiger Schmuckbogen mit einer Treppenanlage von Grenander, der zur Uferpromenade führt.

Nach Westen hin sieht man von der Brücke aus das helle Produktionstechnische Zentrum (vgl. Seite 138); im Osten fällt der Blick auf die blockhafte Erlöserkirche von 1909 mit ihrem neogotischen Doppelturm. Am ruhigen Wikingerufer ist die anmutende Fassade des Pfarrhauses zu sehen.

▸ U-Bahn: Turmstr., Hansaplatz

10 Ulrike-von-Levetzow-Schule

Der Schulbau der Ulrike-von-Levetzow-Schule ist wie die Erlöserkirche mit ihrem Pfarrhaus – und die meisten anderen Gebäude in dieser Gegend – aus Backstein gebaut. Er wurde von Stadtbaurat Hermann Blankenstein errichtet, der eine ganz eigene Vorstellung von Schulgebäuden hatte, nach der er den üppigen Stil der Gründer- und wilhelminischen Zeit vermied. Seine Schulen zeigen daher alle dieselbe Architektur auf: mehrflügelige, langrechteckige Bauten mit oftmals überhöhter Mittelvorlage, die die Aula beherbergt, und nur wenige Terrakottaverzierungen. An der Ulrike-von-Levetzow-Schule verweist

Letztere auf die Wünsche »FREI«, »FROH« und FROMM«. Heute befindet sich in dem Bau eine Berufsschule.

▸ Ecke Zinzendorfstr./Levetzowstr. 37; U-Bahn: Turmstr., Hansaplatz

11 Heinrich-von-Kleist-Oberschule

Direkt gegenüber der Ulrike-von-Levetzow-Schule befindet sich der Bau der Heinrich-von-Kleist-Oberschule, die seit 2012 aufgrund der Fusionierung mit einer anderen Schule den Namen Gymnasium Tiergarten trägt. Der Bau wurde aus dunkelrotem Klinker gebaut und wird durch eine lange, leicht akzentuierte Fassade charakterisiert. An der großen Wand des Mittelteils befindet sich auf einer Konsole die von Josef Thraks geschaffene »Penthesilea«. Im Inneren der Schule hängt eine Tafel, die an das Schicksal der jüdischen Mitschüler erinnert.

Das Denkmal links der Schule an der Ecke zur Jagowstraße thematisiert ebenfalls jüdische Geschichte, denn hier stand früher eine der größten Synagogen Berlins. In der Pogromnacht 1938 wurde sie nur leicht beschädigt, im Krieg aber fast vollständig zerstört. Seit 1988 erinnert das Mahnmal aus Marmor an die Deportation der Berliner Juden, die sich in der als Sammelstelle missbrauchten Synagoge einfinden mussten. Dargestellt wird ein Eisenbahnwaggon in und vor dem sich stilisierte, mit einem Seil gefesselte Bündel aus Menschen befinden; eine schräg aufragende Metalltafel in der Höhe der ehemaligen Synagoge zeigt die Deportationsdaten.

▸ Levetzowstr. 3; U-Bahn: Turmstr., Hansaplatz

12 Ehemaliges Pumpwerk

In der Gotzkowskystraße befindet sich mit dem ehemaligen Pumpwerk ein weiterer Backsteinbau. Seit 1890 hatte das Pumpwerk Abwässer auf die Rieselfelder außerhalb der Stadt gepumpt; es wurde zu einem Veranstaltungsort ausgebaut, nachdem Stefan Schroth und Oswald Mathias Ungers in den 1980er-Jahren eine neue Pumpe entworfen hatten.

▸ www.universalhall.de; Gotzkowskystr. 22; U-Bahn: Turmstr., Hansaplatz

13 Landhaus Cabanis

Das Landhaus in Alt-Moabit 71–71a von 1876 gilt als ältestes erhaltenes Landhaus in Moabit und soll einst Besitz- und Erbstück einer der einflussreichsten Familien des Ortes wie die Beussels und Gerickes gewesen sein. Heute befinden sich dort Wohnungen und das Johannesstift der Evangelischen Kirche.

▸ Alt-Moabit 71–71a; U-Bahn: Turmstr., Hansaplatz

14 Hansa Theater

Das Hansa Theater wurde 1888 von der Berliner Kronenbrauerei erbaut und zunächst als Saal mit 424 Sitz- und 1 364 Stehplätzen für gesellige und politische Veranstaltungen eingerichtet. Ein Jahr später wurde der Saal als Stadttheater Moabit genutzt. Im Kinoboom der 1920er-Jahre baute man das Saalgebäude zum Kino um, begann aber 1963 wieder Theateraufführungen zu zeigen. Nach wiederkehrenden finanziellen Problemen und damit verbundenen kurzzeitigen Schließungen befindet sich hier heute das Neue Hansa Theater Berlin, das neben politisch-satirischem und musikalischem Volkstheater auch kleinere Kunst-Events organisiert.

▸ www.nhtberlin.de; Alt-Moabit 48; U-Bahn: Turmstr.

15 Ottoplatz

Der Ottoplatz liegt an der Ecke Alt-Moabit/Ottostraße. Bis 2010 befanden sich hier das dürftige Restgrün der einstigen königlichen Baumschule und einige Tischtennisplatten; dann wurde der Platz neugestaltet und präsentiert sich heute mit einem pädagogisch betreuten Spielplatz mit Spielhaus.

▸ Ecke Alt-Moabit/Ottostr.; U-Bahn: Turmstr.

16 Dominikanerkloster

Das Dominikanerkloster Sankt Paulus wurde 1867 auf Initiative von katholischen Mönchen gegründet, die sich in Moabit niedergelassen hatten. 1892/1893 errichtete man die neogotische Kirche mit ihrer Doppelturmfassade aus bunten Ziegeln nach Entwürfen von Engelbert Seibertz. Das Kloster musste jedoch zunächst feindselige Angriffe der überwiegend protestantischen Bevölkerung erdulden, die ihren Höhepunkt 1869 im Moabiter Klostersturm fanden. Der König setzte sich aber für den Schutz des Klosters ein. 1905/1906 wurde das Kloster durch ein Gemeindehaus sowie 1965 durch eine Schule aus Beton und Glas ergänzt.

▸ Oldenburger Str. 46; U-Bahn: Turmstr.

17 Wichernhaus

Das Wichernhaus in der Waldenserstraße 31 wurde 1913/1914 als Unterkunft für ledige Männer gebaut. Die Fassadenbilder weisen noch auf die Tätigkeiten dieser »Schlafburschen«, aber auch auf die hohen Werte der Kultur hin. Heute beherbergt der Bau ein Hostel.

Gegenüber steht ein 1890–1892 errichtetes ehemaliges Pferdestraßenbahndepot mit unauffälligem Ziegelschmuck.

▸ Waldenserstr. 31; U-Bahn: Turmstr.

18 Arminius-Markthalle

Die Arminius-Markthalle mit ihrem neoklassizistischen Schmuck wurde 1891 nach Plänen von Hermann Blankenstein erbaut. Damals konnten die althergebrachten Straßenmärkte die hygienischen Vorschriften nicht mehr einhalten und so bekam das aufstrebende

In der Arminius-Markthalle

Gewerbeviertel Moabit eine moderne Einkaufstätte, in der 425 Stände auf insgesamt 10 Verkaufsgängen Platz hatten. Seit 2010 steht die historische Halle als »Ort der guten Dinge«, Manufakturenkaufhaus und Veranstaltungsort für Kunst und Kultur wieder zur Verfügung. Das Angebot reicht von Backwaren, Obst, Gemüse und Blumen über Weingüter, Wohn-Accessoires bis hin zu Kosmetik.

Ansonsten begibt sich die Moabiter Bevölkerung zum Einkaufen in die Turmstraße, die traditionelle Einkaufsmeile des Viertels. Hier kauft ein buntes Publikum in Billigläden, türkischen Obstläden und mittlerweile auch Bio- und Asia-Supermärkten ein.

▸ http://arminiushalle.zunftnetz.org; Arminiusstr. 2–4; Kernöffnungszeiten: Mo–Do 7:30–18 (einzelne Nahversorger auch bis 20 Uhr), Fr 7:30–19 (einzelne Nahversorger auch bis 20 Uhr), Sa 7:30–15 Uhr; Zunft[werk]-Manufakturenkaufhaus Mo–Do 10–18, Fr 10–19, Sa 10–16 Uhr; U-Bahn: Turmstr.

19 Rathaus Tiergarten

Das fünfgeschossige und heute unter Denkmalschutz stehende Rathaus Tiergarten wurde 1935 von Stadtbaudirektor Richard Ermisch entworfen und auf dem ehemaligen Arminiusplatz errichtet. 1952 ergänzte man den Bau um einen modernen, von Karl Fritz entworfenen Sitzungssaal zwischen den zwei Seitenflügeln. Zur Turmstraße hin befindet sich einen Ehrenhof, der 1995 nach der langjährigen Sekretärin und Freundin von Rosa Luxemburg namens Mathilde Jacob benannte wurde. Aufgrund ihres jüdischen Glaubens wurde sie im KZ ermordet; bis zu ihrer Deportation hatte sie viele Jahre im Hansaviertel gewohnt.

▸ Mathilde-Jacob-Platz 1; U-Bahn: Turmstr.

20 Heilandskirche

Die Heilandskirche wurde 1892–1894 nach Plänen von Friedrich Schulze an der Thusneldaalle, der kürzesten Allee Berlins, errichtet. Sie verfügt mit ihrem 87 m hohen Turm über den höchsten Kirchturm Berlins. Die Firma Bolle stiftete für diesen die noch heute erhaltenen drei Glocken. Der Bauplatz der neugotischen und kreuzförmigen Backsteinkirche wurde von Kaiser Wilhelm II. persönlich ausgewählt, wofür er einen Teil des Kleinen Tiergartens zur Verfügung stellte. Heute finden in der Kirche regelmäßig Gottesdienste und Veranstaltungen statt.

▸ www.kgmoabit-west.de; Thusnelda-Allee 1; U-Bahn: Turmstr.

㉑ Kleiner Tiergarten

Der 7 ha umfassende Kleine Tiergarten rund um den U-Bahnhof Turmstraße war einst der sogenannte Hintere Tiergarten. Kurfürst Friedrich Wilhelm hatte das ursprüngliche Gutsareal als Gegenstück zum Großen Tiergarten übernommen, als Berlin sich im Zuge des Ausbaus zur Residenzstadt vergrößerte und Teile des ehemaligen Jagdgeländes aufgegeben werden mussten. Nach den Beschädigungen im Zweiten Weltkrieg wurde die im Laufe der Zeit mehrfach umgestaltete Anlage 1960 vom Gartenarchitekten Wilhelm Alverdes neu gestaltet. Derzeit wird der Park erneut verändert: bis 2016 werden hier nach Plänen des Landschafsarchitekten Peter Late Spielflächen, neue Wege, ein Teehauspavillon, Wasserspiele und eine historische Rollerbahn angelegt.

▸ Turmstr./Alt-Moabit; U-Bahn: Turmstr.

㉒ Schultheiss-Brauerei

Die ehemalige Schultheiss-Brauerei wurde 1871 aus gelben Ziegeln und mit turmähnlichen Erkern, Türmchen und Zinnen errichtet. Einst befand sich in diesem Areal das Vergnügungszentrum des Bezirks mit Tanz- und Kinoeinrichtungen; heute ist der Brauereigarten verschwunden und in dem Gebäude befinden sich lediglich ein Restaurant und einige Betriebe. Ab 2014 soll hier allerdings nach einem Sanierungsplan ein großangelegtes Freizeit-, Einkaufs- und Dienstleistungszentrum entstehen.

▸ Ecke Turmstr./Stromstr.; U-Bahn: Turmstr.

㉓ Moabiter Krankenhaus

Das Moabiter Krankenhaus wurde im späten 19. Jahrhundert als Seuchenstation für Berlin aus dunklem Backstein errichtet und entwickelte sich in den 1920er-Jahren zum Zentrum jüdischer Ärzte, das neben der Charité als wichtigstes Krankenhaus Berlins galt. 2001 wurde es aufgrund von Sparmaßnahmen geschlossen und wird derzeit von verschiedenen medizinischen Instituten und Organisationen genutzt.

▸ Turmstr. 21; U-Bahn: Turmstr.

㉔ Kriminalgericht Moabit

Der Gebäudekomplex Kriminalgericht Moabit wurde 1902–1906 nach Plänen von Rudolf Mönnich und Carl Vohl aus der preußischen Bauverwaltung am Ostende der Turmstraße errichtet. Der neobarocke Bau aus dunklem Sandstein war zur Zeit seiner Errichtung ein hochmoderner und imponierender Bau: Er war das erste elektrisch beleuchtete Gebäude Berlins mit 21 Sälen, einer riesigen Eingangshalle mit geschwungener Treppenanlage, versteckten Gängen und Treppen zum Gerichtssaal sowie zwei 60 m hohen Türmen. Der Bau gilt heute aufgrund seiner imposanten Architektur als Inbegriff des Wilhelminismus und beherbergt unter anderem die Jugendstrafabteilungen des Amtsgerichts Tiergarten, die Strafkammern des Landgerichts Berlin sowie einen Großteil der Staatsanwaltschaft Berlin. Am südlichen Ende des Gebäudekomplexes schließt sich die Untersuchungshaftanstalt Moabit an. Das vor dem Gebäude stehende Löwendenkmal in der Wilsnacker Straße versinnbildlicht den Kampf der Gerechtigkeit gegen die Falschheit.

▸ Turmstr. 91; U-Bahn: Turmstr.

㉕ Dorotheenstädtische Buchhandlung
Neben Krimis und Fachliteratur zu juristischen Fragen – passend zur Lage gegenüber des Kriminalgerichts Moabit – liegt ein Schwerpunkt der Buchhandlung auf Literatur aus und über Berlin bzw. den Kiez. Wer mehr Inspiration braucht, wird von Inhaber Klaus-Peter Rimpel beraten. In unregelmäßigen Abständen werden Lesungen veranstaltet, die auf der Website der Buchhandlung angekündigt werden.

▸ www.dorotheenstaedtische-buchhandlung.de; Turmstr. 5; Mo–Fr 9–19, Sa 9–16 Uhr; U-Bahn: Turmstr.

㉖ Gedenkfriedhof
Auf dem kleinen Gedenkfriedhof gegenüber des Kriminalgerichts in der Wilsnacker Straße sind mehr als 300 Menschen begraben, die in der näheren Umgebung lebten und in den letzten Wochen des Zweiten Weltkriegs gewaltsam umkamen. Unter ihnen war Albrecht Haushofer. Er war nach dem gescheiterten Hitler-Attentat vom 20. Juli 1944 Häftling im Zellengefängnis in der Lehrter Straße und wurde am 23. April 1945 von der SS ermordet. Auf einer Tafel neben dem Friedhofstor ist ein Sonett abgedruckt, das er während seiner Haftzeit verfasst hat.

▸ Wilsnacker Str.; U-Bahn: Turmstr.

㉗ Johanniskirche
Die Johanniskirche wurde 1832–1835 nach Plänen von Karl Friedrich Schinkel als schlichte Vorstadtkirche errichtet. 1851 ergänzte Friedrich

August Stüler den Bau um eine Schule, ein Pfarrhaus, eine Säulenhalle und einen Glockenturm. Eine zweite Erweiterung fand 1895/1896 durch Max Spitta statt, der das Querhaus und einen neuen Chor anfügte. Im Zweiten Weltkrieg wurde die Kirche stark beschädigt und brannte 1943 während eines Luftangriffs völlig aus. Unter der Leitung von Otto Bartning fand 1952–1957 der Wiederaufbau statt. Heute steht der gesamte Gebäudekomplex mit dem dahinterliegenden Friedhof unter Denkmalschutz.

▸ www.st-johannis-berlin.de; Alt-Moabit 23–25; U-Bahn: Turmstr.

28 Spreebogen

Auf dem Gelände des Spreebogens stand bis 1969 noch die Meierei Bolle, die seit 1886 den Großraum Berlin mit frischen Milchprodukten beliefert hatte. 1989 kaufe der Unternehmer Ernst Freiberger das Areal und finanzierte hier ein Dienstleitungszentrum.

Nach Osten hin liegt das renovierte Meiereigebäude. Es wurde von Wolf-Rüdiger Borchardt restauriert und umgewandelt, wobei darauf geachtet wurde, dass die noch zahlreich erhaltenen Details wie altes Mauerwerk und gusseiserne Säulen mit den Umbauten harmonisieren. Heute bildet das alte Gebäude mit Büros, Einkaufszentrum und Hotel den Kern eines 46 000 m² umfassenden Komplexes.

Nach Westen hin ragt die Seitenfront des u-förmigen Bürokomplexes aus Glas und Granit hervor, der zur Spree im Süden hin orientiert ist. Dort stehen am Ufer die zwei großen gerundeten Türme, in denen sich das Innenministerium befindet.

▸ www.spree-bogen.de; Alt-Mobabit 98–101a–d/Kirchstr. 8–11; U-Bahn: Turmstr.

29 Focus Teleport Berlin

Der Focus Teleport Berlin wurde 1987 von Walter Rolfes und Joachim Ganz mit dem Ziel entworfen, hier eine Art Gründerzentrum und Sitz von Technologiefirmen zu errichten. Ein Ladeturm des früheren Mühlengeländes aus Backstein und ein altes Lagerhaus blieben dabei erhalten. Ergänzt wurden diese durch eine Gruppe kubischer Baukörper auf Grundlage eines quadratischen Motivs. Die rhythmisierten Würfelformen und blauen Fensterrahmungen setzen sich als moderne Elemente von den Terrakottaplatten der auf die Tradition des Backsteins bezugnehmenden Fassade ab.

▸ Alt-Moabit 96a; U-Bahn: Turmstr.

S-Bahnhof Bellevue bis Hamburger Bahnhof – Moabiter Brücken

30 Gerickesteg

Der Gerickesteg verbindet als Fußgängerbrücke über die Spree den Stadtteil Moabit mit dem S-Bahnhof Bellevue im Hansaviertel. Die heute unter Denkmalschutz stehende Bogenbrücke mit einer Spannweite von 52 m wurde 1914/1915 nach Plänen des Architekten Bruno Möhring errichtet. Von hier hat man einen Ausblick auf die unmittelbare Umgebung. Die Spree hinunter befindet sich die anmutende Moabiter Brücke aus dunklem rheinischen Basaltstein und Zierrat aus Kandelabern und Bären. Am südlichen Spreeufer stehen zur Jahrhundertwende errichtete Häuser, gegenüber sieht man die verglasten Fassaden des Spreebogens und den von Kuben geprägten Focus Teleport Berlin, die die alten Gebäude der ehemaligen Meierei Bolle einfassen.

‣ S-Bahn: Bellevue

31 Lutherbrücke

Vom Gerickesteg durch einen Uferweg verbunden ist die Lutherbrücke. Mit ihren sternbekrönten Obelisken und dem schmiedeeisernen Geländer führt die denkmalgeschützte Auto-, Rad- und Fußgängerbrücke über die Spree zum Schloss Bellevue hinüber. Sie wurde 1981/1982 nach Plänen von Karl Bernhard und Otto Stahn errichtet. Im Zweiten Weltkrieg versanken die südlichen Brückenbögen aufgrund der Zerstörungen in der Spree; nach einer provisorischen Reparatur wurde die 60 m lange und 28 m breite Brücke 1974–1975 umfassend renoviert. Von hier hat man einen weiten Ausblick nach Osten: das internationale Handelszentrum, die Kuppel des Reichtages, das Kanzleramt, der Fernsehturm am Alexanderplatz sind zu sehen, ebenso die Bäume des Tiergartens und der Turm des Carillons (vgl. Seite 165).

‣ S-Bahn: Bellevue

32 »Bundesschlange«

Die sogenannte Bundesschlange liegt auf dem Moabiter Werder, einem Gebiet am Nordufer der Spree, das im Osten vom Hauptbahnhof, im Westen vom Präsidentendreieck und im Norden durch die S-Bahn eingegrenzt wird. Der Abschnitt mit der heutigen Bundesschlange lag lange Zeit brach, umfasst heute jedoch über 700 Wohnungen für die Bundesbediensteten. Diese wurden als Ergebnis eines Wettbewerbs 1995 nach Plänen von Georg Bumiller in Form einer Riesenschlange errichtet.

Das 320 m lange, mehrfach gewundene Backsteingebäude steigt von Osten nach Westen von fünf auf acht Stockwerke auf und nimmt so die Leitidee vom Band des Bundes auf, nach der das neue Regierungsviertel jenseits der Spree gestaltet wurde. Die Wohnungen haben eine offene Seite nach Süden mit Blick auf den Tiergarten und eine verschlossene zur S-Bahn hin. Vier Häuser in Würfelform begrenzen das Viertel.

Weiter am Uferweg entlang unterquert man eine kleine Brücke, die den Kanzlergarten mit Moabit verbindet. Kurz davor wird der Blick auf das Haus der Kulturen der Welt, den Reichstag und das hintere Ende des Bundeskanzleramts frei.

> ▸ Joachim-Karnatz-Allee 1–43; S-Bahn: Bellevue

33 Moltkebrücke

Die mit rotem Sandstein verblendete Auto- und Fußgängerbrücke verbindet das Regierungsviertel im Spreebogen mit dem Moabiter Werder und dem Hauptbahnhof. 1886–1891 wurde sie mit einer Länge von 78 m und einer Breite von 26 m unter der künstlerischen Leitung von Otto Stahn errichtet, der sie mit reichem Bild- und Skulpturenschmuck versah. Im Zweiten Weltkrieg stark beschädigt, wurde die heute unter Denkmalschutz stehende Moltkebrücke 1947 wieder in Betrieb genommen und 1983–1986 umfassend restauriert und modernisiert.

> ▸ Alt-Moabit/Ludwig-Erhard-Ufer; U-Bahn: Bundestag, Hauptbahnhof, S-Bahn: Hauptbahnhof

34 Berliner Hauptbahnhof

Nach fast zehn Jahren Planung und Bau wurde 2006 der Berliner Hauptbahnhof eröffnet. Das Gebäude mit der 180 m × 50 m großen Bahnhofshalle aus Glas und 85 km Stahlseilen wurde vom Architektenbüro Gerkan, Marg und Partner entworfen. Zuvor stand auf dem Gelände seit 1871 der im Zweiten Weltkrieg stark zerstörte und 1959 gesprengte Lehrter Bahnhof, früher einer der sechs Berliner Kopfbahnhöfe und später S-Bahnhof. An diesen erinnert heute die 2007 errichtete Skulptur »Rolling Horse« von Jürgen Goertz auf der nordöstlichen Seite des neuen Bahnhofs.

Der Berliner Hauptbahnhof ist mit seinen insgesamt 14 Bahnsteigen, die sich auf der Nord-Süd-Achse 15 m unter und auf der Ost-West-Achse 10 m über Straßenniveau befinden, der größte

320 m lang ist die »Bundesschlange«

Kreuzbahnhof Europas, der täglich 300 000 Reisende und Besucher zählt. Durch einen gewaltigen Lichtschacht fällt das Tageslicht bis auf die unteren Bahnsteige; in gläsernen Panorama-Aufzügen kann man in diesem auf und ab fahren. Neben den 80 Ladengeschäften und 20 Cafés auf 3 Etagen befindet sich in den 64 m hohen Bügelbauten, die die Stadtbahn überspannen, 42 000 m² Bürofläche.

Bautechnisch entwickelte sich das millionenschwere Projekt zur logistischen Meisterleistung: 1,5 Mio. m³ Erde mussten ausgehoben und auf Schiffen abtransportiert werden, neun Baugruben wurden trockengelegt, um Grundwasserabsenkungen zu vermeiden und Brücken mussten bei laufendem Betrieb gebaut werden.

Auch auf dem Gebiet in unmittelbarer Nähe des Hauptbahnhofs sind zahlreiche Projekte im Entstehen: Auf dem Areal um den Humboldthafen herum wird zurzeit ein Wohn- und Geschäftsviertel gebaut; auf der Brachfläche nördlich des Bahnhofs entsteht mit der Europacity ein neues Quartier aus Wohnungen, Büros und Kunsträumen im alten Gewerbegebiet entlang der Heidestraße.

> ▸ U-/S-Bahn: Hauptbahhof

35 Hamburger Bahnhof

Der Hamburger Bahnhof wurde 1845–1847 im spätklassizistischen Stil von Friedrich Neuhaus mit Anklängen an Schinkel und Stüler errichtet und ist damit das älteste erhaltene Bahnhofsgebäude Berlins. Bereits 1884 wurde dieser jedoch stillgelegt, da der Verkehr auf den benachbarten Lehrter Bahnhof verlagert wurde. Die eindrucksvolle Hallenkonstruktion beherbergte daraufhin ein Verkehrs- und Baumuseum, wurde aber nach dem Zweiten Weltkrieg nicht mehr genutzt. 1984 kaufte der West-Berliner Senat den Bau und ließ ihn nach Plänen von Josef Paul Kleihues als Dependance der Neuen Nationalgalerie umgestalten. Heute beherbergt das ehemalige Bahnhofsgebäude das Museum für Gegenwart, das ein breites Spektrum an moderner Kunst von Bildern, Skulpturen oder Plastiken über sämtliche Medien, Performances bis hin zu innovativen Musikereignissen zeigt. Die Basis der Dauerausstellung bildet die Privatsammlung von Erich Marx mit Werken von Künstlern wie Andy Warhol, Roy Lichtenstein, Cy Twombly, Robert Rauschenberg, Anselm Kiefer und Joseph Beuys. Seit 2002 ist mit der Sammlung Marzona auch Minimal-, Konzept- und Land Art sowie Arte Povera zu sehen. In den angegliederten Rieckhallen ist seit 2004 die Kunstsammlung Friedrich Karl Flicks mit Werken von Martin Kippenberger, Cindy Sherman, Marcel Duchamp und anderen angeschlossen. Eine

Lichtinstallation von Dan Flavin an der Fassade des Museums taucht den Museumshof und die Umgebung nachts in blau-gelbgrünes Licht.

▸ www.hamburgerbahnhof.de; Invalidenstr. 50–51; Di/Mi/Fr 10–18, Do 10–20, Sa/So 11–18 Uhr; Eintritt 14 €, Kinder und Jugendliche bis 18 J. frei; U-/S-Bahn: Hauptbahnhof

36 Sandkrugbrücke

Die Sandkrugbrücke führt über den Spandauerschifffahrtskanal hinweg nach Mitte. Von hier bietet sich nach Süden hin ein Ausblick auf die Charité und in weiterer Entfernung auf mehrere Neubauten am Potsdamer Platz. Nach Norden schaut man entlang des Kanals auf den ehemals durch die Berliner Mauer geteilten Invalidenfriedhof.

▸ U-/S-Bahn: Hauptbahnhof

37 Lehrter Straße

Am südlichen Ende der Lehrter Straße befanden sich einst verschiedene Einrichtungen des preußischen Justizvollzugs, darunter die Frauenhaftanstalt. Der an die Invalidenstraße grenzende Park erinnert an das einstige Moabiter Zellengefängnis, dessen Baureste in den Park integriert wurden. Nach einer Gefängnisreform wurde hier 1842–1849 in Anlehnung an englische Gefängnisse das erste preußische Mustergefängnis errichtet. Dabei setzte man auf Isolationshaft: In der sternförmigen, panoptischen Anlage unterlagen die Gefangenen nicht Körperstrafen, sondern wurden ausschließlich in Isolationszellen gesperrt. Sogar in den Gemeinschaftsräumen wurden die Häftlinge durch ausgeklügelte Einrichtungen voneinander getrennt. Allerdings führten die Bedingungen nicht zu der erwünschten Besserung, sondern vielmehr zu einer erhöhten Selbstmordrate, woraufhin man das Experiment der Abschottung abbrach. Später saßen hier berühmte Gefangene ein, wie der »Hauptmann von Köpenick«, die Schriftsteller Wolfgang Borchert und Albrecht Haushofer sowie einige Gefangene des Attentatsversuchs auf Hitler vom 20. Juli 1944. An der Außenmauer der Westseite steht eine Informationstafel zum ehemaligen Gefängnis. Weiter im Norden der Lehrter Straße befinden sich eine Mischung aus renovierten Gründerzeithäusern, die Kulturfabrik mit Kino, Theater- und Konzertbühne, Sozialbauten und das Blaue Haus, einem Bürokomplex, in dem seit 2009 unter anderem ein Teil des Jobcenters Mitte untergebracht ist.

▸ www.kulturfabrik-moabit.de; U-/S-Bahn: Hauptbahnhof

38 Perleberger Brücke

Die Perleberger Brücke führt über die Bahntrasse, deren Gleise einen Großteil des Fernverkehrs des Hauptbahnhofs leiten. Die Brücke selbst wird von einer langen S-Bahn-Brücke überspannt, die ab 2017 den S-Bahn-Verkehr von der Ringbahn an den Berliner Hauptbahnhof anbinden soll.

▸ U-Bahn: Reinickendorfer Str., S-Bahn: Westhafen

Das Hansaviertel

39 S-Bahnhof Tiergarten

1885 wurde der mit einem verzinkten Eisenwellblechdach im Stil der Gründerzeit gedeckte Bahnhof als »Haltestelle Thiergarten« in Betrieb genommen. 1957 war der Bahnhof der Haupteingang zur »Interbau«, der internationalen Bauausstellung, in der 53 Architekten aus 13 Ländern das Hansaviertel im Sinne des »modernen Städtebaus« neu gestalteten. Unter den Architekten waren die besten der Besten versammelt: unter anderem Walter Gropius (USA), Pierre Vago (Frankreich), Jakob Bakema (Niederlande) sowie Werner Düttmann, Egon Eiermann und Paul Baumgarten (Deutschland). Zusammen schufen sie ein hochmodernes, komfortables und ungewöhnliches Wohnambiente, in dem zu den 1 300 Wohneinheiten für etwa 3 500 Mieter auch zwei Kirchen, ein Einkaufszentrum, eine U-Bahn-Station, eine Bibliothek, ein Kino und eine Schule hinzukamen. Die Ansammlung innovativer Gebäude hatte auch eine politische Funktion: Sie war Antwort auf die in Ost-Berlin entstehenden Großbauten wie beispielsweise die »Paläste für Arbeiter« in der heutigen Karl-Marx-Allee. Am Anfang der Klopstockstraße gibt eine Hinweistafel mit Lageplan Aufschluss über die Bauten im Hansaviertel. Auch Bronzetafeln an den Hauseingängen informieren über das Entstehungsjahr und die verantwortlichen Architekten.

Während der Ausstellung verlief vom Zoologischen Garten bis zum S-Bahnhof Tiergarten eine Seilbahn, die jedoch zum Ende der Ausstellung wieder abgebaut wurde. Heute fällt am Bahnhof Tiergarten der »Weltbaum« an der Brandwand eines gegenüberliegenden Hauses auf. Mit dieser Arbeit von 1974 kritisieren die Maler Siegfried Rischar, Peter Janssen und Fritz Köthe die Zerstörung der Natur.

▸ S-Bahn: Tiergarten

40 Berlin-Pavillon

An der Straße des 17. Juni steht der von den Berliner Architekten Daniel Gogel, Hermann Fehling und Peter Pfankuch entworfene Berlin-Pavillon. Der großflächig verglaste eingeschossige Bau diente während der Interbau als Präsentationsort für die Unterlagen des »Hauptstadt-Berlin«-Wettbewerbs. Er wurde zur Dauereinrichtung und war seitdem Ort verschiedener Ausstellungen. Heute beherbergt das Gebäude einen Souvenir-Shop und ein Restaurant.

‣ www.berlin-pavillon.de; Scheidemannstr. 1; U-Bahn: Brandenburger Tor, Bundestag, S-Bahn: Brandenburger Tor

41 Altbauten an der Klopstockstraße

In der Joseph-Haydn-Straße kann man an den klassizistischen Stuckfassaden noch die ursprüngliche Bebauung erahnen. 1954 wurden die beschädigten Häuser abgerissen und die Grundstücksbesitzer enteignet; nur zwei Eigentümer setzten sich erfolgreich zur Wehr. Der Altbau an der Klopstockstraße 1–3, heute durch einen Neubau ergänzt, erinnert mit dem Namen »Charlottenhof« an ein früheres Gartenlokal im Hansaviertel.

‣ Joseph-Haydn-Str./Klopstockstr.; S-Bahn: Tiergarten

42 Punkthochhaus von Siegmann und Müller-Rehm

An der Ecke Händelallee/Klopstockstraße 2 befindet sich das von den Berliner Architekten Gerhard Siegmann und Klaus Müller-Rehm entworfene Punkthochhaus. Der 17-geschossige Bau war für alleinstehende Mieter konzipiert: Er umfasst 164 1-Zimmer-Wohnungen, die auf der einen Seite für Männer mit einem Kochschrank, auf der anderen Seite für Frauen mit einer selbstständigen Küche versehen waren.

‣ Klopstockstr. 2; S-Bahn: Tiergarten

43 Wohnhaus von Walter-Gropius

In der Händelallee 3–9 steht das von Bauhaus-Begründer Walter Gropius konzipierte Wohnhaus – das einzige eingetragene Baudenkmal im Hansaviertel. Auf der Südseite des geschwungenen, zehngeschossigen Baus liegen in versetztem Rhythmus die paarig übereinander angeordneten und mit weißer Brüstung versehenen Balkone; auf der

Wohnhaus von Walter Gropius

Rück- bzw. Nordseite befinden sich vier Fahrstuhltürme, deren Aufzüge allerdings nur in den Zwischengeschossen halten.

▸ Händelallee 3–9; U-Bahn: Hansaplatz

44 Kaiser-Friedrich-Gedächtniskirche
Die evangelische Kaiser-Friedrich-Gedächtniskirche wurde im Rahmen der Internationalen Bauausstellung 1957 nach Plänen von Ludwig Lemmer errichtet. Der betonkastenartige, schlichte Kirchenbau
ersetzte einen neugotischen Vorgängerbau von 1893–1895, der im
Zweiten Weltkrieg zerstört worden war. Die mit Spenden finanzierte
neue Kirche wurde in Stahlbeton-Skelettbauweise konzipiert und
verfügt in Richtung Westen über eine angeschlossene Seitenkapelle.

Nach Osten hin steht der freie, 68 m hohe Kirchturm, in dessen offenem Inneren eine Wendeltreppe bis zu den drei Glocken hinaufführt. Die doppelflügeligen Aluminium-Portaltüren sind mit einem Relief von Gerhard Marcks verziert, die runden Fenster an den Seiten und über dem Eingang stammen von Georg Meistermann. Heute finden hier regelmäßig Gottesdienste und Veranstaltungen statt.

‣ www.kfg-berlin.de; Händelallee 22; U-Bahn: Hansaplatz

45 Wohnhäuser der Händelallee

In der Händelallee 59 steht das von Sergius Ruegenberg, einem Mitarbeiter Hans Scharouns, konzipierte Wohnhaus, dessen verschachtelte Formsprache an den Dekonstruktivismus erinnert.

Die mit hellblauen Balkonen gestaltete Wohnzeile mit den Hausnummern 14–18 entwarf der Franzose Pierre Vago. In der benachbarten Klopstockstraße finden sich die linearen Wohnzeilen der Architekten Hoffmann, Gottwald, Schneider-Eseben, Luckhardt und Müller.

In der Händelallee 30–32 steht ein Bau des finnischen Architekten Alvar Aalto, der diesen mit weißen Leca-Platten verkleiden und an der Südseite vorspringende Loggien anbauen ließ. Den Innenraum der Wohnungen stattete Aalto nach innovativen Ideen aus: Durch Faltwände können die Bewohner die um einen Mehrzweckraum in der Mitte gruppierten Räume nach eigenem Bedarf verändern.

Von der Händelallee aus kommt auch das graublau verkleidete Scheibenhaus der Schweden Jaenecke und Samuelson in der Altonaer Straße 3–9 in Sicht.

‣ Händelallee; U-Bahn: Hansaplatz

46 Bibliothek am Hansaplatz

Die vom Berliner Architekten Werner Düttmann konzipierte Bibliothek am Hansaplatz ist unter anderem durch eine Unterquerung des von Aalto gebauten Gebäudes zu erreichen. Düttmann schuf einen eingeschossigen Bau mit großen Glasflächen, in dessen Mitte ein ruhiger, begrünter Lesehof liegt. Die Bibliothek besitzt eine direkte Verbindung zum U-Bahnhof Hansaplatz, dessen Ostwand übrigens mit einem von Fritz Winter geschaffenen abstrakten Glasmosaik ausgeschmückt ist.

‣ Altonaer Str. 15; U-Bahn: Hansaplatz

47 Eternit-Haus

Das Eternit-Haus wurde von Paul Baumgarten für die Eternit AG entworfen, die auf der Interbau 1957 ihre neuen Produkte Glasplatten-Verkleidung und Wellasbest vorstellte. Baumgarten gab der Wohnanlage eine offene Gestaltung. Das Erdgeschoss wurde ursprünglich als Ausstellungsfläche genutzt, die beiden oberen Geschosse dienten dem Wohnen. Die in Reihe liegenden Maisonettewohnungen mit Dachterrassen sind über einen Laubengang miteinander verbunden.

▸ Altonaer Str. 1; U-Bahn: Hansaplatz

48 Altonaer Straße 4–14

In der Altonaer Straße 4–14 befindet sich ein achtgeschossiger Wohnbau, der von Oscar Niemeyer, Architekt der brasilianischen Hauptstadt Brasilia, konzipiert wurde. Der achtgeschossige Bau steht auf v-förmigen Stelzen; der Aufzug steht in der Form eines Turmes frei vom Haus und hat lediglich im fünften und siebten Stock Verbindungen zum Gebäude. In diesen Stockwerken liegen Gemeinschaftsräume, die jedoch von den Mietern nicht genutzt werden und daher leer stehen.

▸ Altonaer Str. 4–14; U-Bahn: Hansaplatz

49 Bartningallee

Die Chrom-Nickel-Stahl-Skulptur an der Kreuzung Bartningallee und Altonaer Straße stammt von Hans Uhlmann und entwickelte sich zum Markenzeichen der Interbau.

Das helle, schlanke und funktionale Haus Bartningallee 2–4 mit der Poststelle wurde nach einem Entwurf von Egon Eiermann errichtet, der auch die Neubauten der Gedächtniskirche geschaffen hat. Auf der linken Seite folgen die Punkthochhäuser der Architekten Schwippert, Lopez und Baldessari.

▸ Bartningallee; U-Bahn: Hansaplatz

50 Galerie Lüttgenmeijer

Im Erdgeschoss eines Wohnhauses im Hansaviertel hat sich die von dem Deutschen Markus Lüttgen und dem Niederländer Robert Meijer gegründete Galerie niedergelassen. Dort präsentiert sie mehrwöchige Ausstellungen mit Werken zeitgenössischer Künstler.

▸ www.luettgenmeijer.com; Bartningallee 2–4; Di–Sa 12–18 Uhr; U-Bahn: Hansaplatz

51 St.-Ansgar-Kirche

Die katholische St.-Ansgar-Kirche am Hansaplatz wurde nach Plänen des Berliner Architekten Willy Keuer errichtet. Auch sie wurde mit den zu dieser Zeit innovativen Baustoffen gebaut und weist zwischen den Stahlbetonstützen eine Art Muster aus Beton auf. Der mit einer Kassettendecke im Inneren ausgestaltete Sakralbau steht auf einem parabelförmigen Grundriss und ist durch die Sakristei an ein Pfarrhaus angegliedert. Der Glockenturm liegt freistehend seitlich des Baus. Heute ist die denkmalgeschützte St.-Ansgar-Kirche Ort regelmäßiger Gottesdienste und Veranstaltungen.

▸ www.laurentius-berlin.de; Klopstockstr. 31; U-Bahn: Hansaplatz

52 Grips-Theater

Unter der Randbebauung der U-Bahnstation Hansaplatz befindet sich das weltweit renommierte Grips-Theater. Zunächst beherbergte das von Ernst Zinsser und Hansrudi Plarre geplante Gebäude das Kino »Bellevue«; 1974 zog das Kinder- und Jugendtheater ein und wurde in den 1980er-Jahren mit dem mittlerweile legendären Stück »Linie 1« bekannt. In dem Theater finden heute bis zu 400 Zuschauer Platz; der Eingang wird von einem von Rainer Hachfeld geschaffenen Mosaik ausgeschmückt.

▸ www.grips-theater.de; Altonaer Str. 22; U-Bahn: Hansaplatz

53 Akademie der Künste

Im Anschluss an die Interbau baute Werner Düttmann 1960 das Gebäudeensemble für die Akademie der Künste. Es besteht aus drei miteinander korrespondierenden Bereichen: dem Ausstellungstrakt mit Innenhof und rauer Waschbetonfassade, dem klinkerverkleideten Studio-Bau mit großem Theater- und Vortragssaal sowie mit kupfernen Spitzgiebeldächern und dem fünfgeschossigen »Blauen Haus«, in dem die Verwaltung und der Gästetrakt mit Ateliers untergebracht sind. Am Eingang ruht die »Große Liegende« von Henry Moore.

Die Akademie hat ihren Ursprung in der Kurfürstlichen Akademie von 1639. Bis zu ihrer zwangsweisen Schließung im Jahr 1938 befand sich die daraus hervorgehende Preußische Akademie der Künste am Pariser Platz in Mitte. 1954 wurde die Akademie im Westen neu gegründet und berief sich – ebenso wie ihr Pendant im Osten am Robert-Koch-Platz – auf diese alte Tradition. 1994 brachte man beide Seiten wieder zusammen und mittlerweile ist die wiedervereinte Akademie auch wie früher an ihrem traditionellen Ort am Pariser

Platz beheimatet. Einige der Ausstellungen und Veranstaltungen finden jedoch weiterhin im Haus am Hanseatenweg statt.

▸ Hanseatenweg 10; U-Bahn: Hansaplatz

Der Tiergarten

54 Zoologischer Garten

Der 35 ha große Zoologische Garten Berlin gilt mit seinen über 17 000 Tieren und fast 1 600 Arten als einer der artenreichsten Zoos der Welt. Es gibt zwei Besuchereingänge: den Haupteingang am Hardenbergplatz unmittelbar am S-Bahnhofe Zoologischer Garten und den Nebeneingang mit dem berühmten Elefantentor an der Budapester Straße. Die Anfänge des Berliner Zoos gehen auf eine Fasanerie zurück, die Friedrich der Große zwischen Stadtschloss und Schloss Charlottenburg hatte anlegen lassen. Im frühen 19. Jahrhundert, kurz nach Gründung der Berliner Universität, setzte sich der Afrikaforscher und Naturwissenschaftler Martin Hinrich Carl Lichtenstein dafür ein, einen größeren Tierpark anstelle der Fasanerie anzulegen. Alexander von Humboldt und Gartenbaumeister Peter Joseph Lenné unterstützten dieses Vorhaben, sodass 1844 der erste deutsche Tierpark eröffnet wurde – die Tiere der königlichen Menagerie siedelten dafür auf die Pfaueninsel um. Der neue Zoo wurde von der Bevölkerung mit Begeisterung aufgenommen und erhielt daher im Rahmen des Baus der Berliner Stadtbahn 1882 eine direkte Verkehrsanbindung durch den Bahnhof Zoologischer Garten. Im Zweiten Weltkrieg wurde der Tierbestand bis auf 91 Tiere verringert und auch die prunkvollen Tierhäuser vernichtet, die dem damaligen Zeitgeschmack folgend die Architektur der jeweiligen Herkunftsländer der untergebrachten Tierarten widerspiegelten. Später wurden das Giraffenhaus, das Wisent- und Bisonhaus, das Antilopenhaus und das Siamhaus wiederaufgebaut. Auch das Elefantentor erlitt im Krieg Zerstörungen und wurde 1987 neu aufgebaut. Für Kinder befindet sich in der Nähe der Kamele und Nashörner ein Kinderzoo mit Gänsen, Ziegen und Ponys. Detaillierte Informationen zu Bestand, Verbreitung, Gefährdung und Fütterungszeiten der einzelnen Tierarten bieten die wetterfesten Tafeln an den Gehegen.

In unmittelbarer Nachbarschaft zum Zoo liegt das Aquarium, das sowohl über die Budapester Straße in der Nähe des Elefantentors als auch über den rückwertigen Eingang im Zoogelände zu betreten ist. Unter den Begründern und Betreibern des nach Londoner Vorbild 1869 eröffneten Aquariums gehört der Zoologe Alfred Brehm. Dieser legte das Aquarium zunächst Unter den Linden an und bot den Zuschauern zur damaligen Zeit mit einer Seekuh, einem Walross und anderen Wassertieren eine Sensation. Fische, Spinnen, Amphibien und ein Gorilla waren ebenfalls unter den ausgestellten Tieren. 1910 musste das Aquarium aufgrund des Baus von Geschäftsgebäuden an einen anderen Ort verlegt werden. So wurde 1913 das heutige Aquarium im Zoo erbaut. Im Zweiten Weltkrieg fast vollständig zerstört, zählt es nach dem Wiederaufbau heute zu einem der größten und artenreichsten Aquarien der Welt. Über drei Stockwerke wird von unten nach oben die Welt der Elemente Wasser (Aquarium), Erde (Terrarium) und Luft (Insektarium) gezeigt.

▸ Zoo: www.zoo-berlin.de; Hardenbergplatz 8; tgl. 9–19 Uhr; Eintritt 13 €, erm. 10 €; Aquarium: www.aquarium-berlin.de; Budapester Str. 32; tgl. 9–18 Uhr; Eintritt 13 €, erm. 10 €; U-/S-Bahn: Zoologischer Garten

55 Untere Freiarchenbrücke

Die Schleusenbrücke liegt am Ende des Wegs, der hinter dem Bahnhofsgebäude am S-Bahnhof Zoologischer Garten parallel zur S-Bahn-Trasse mit leichter Steigung beginnt. Rechts grenzt der Weg an das Zoogelände, durch dessen Umzäunung die Dromedare zu sehen sind. Direkt neben der Brücke befindet sich der Schleusenkrug, der besonders im Sommer ein beliebtes Lokal für Tiergartenbesucher ist. Von der Brücke aus sieht man, wie sich das Wasser teilt und teils durch die Schleuse, teils über ein Wehr daneben fließt. Auf der Insel dazwischen befindet sich die Versuchsanstalt für Wasser- und Schiffsbau. Die Industrieskulptur aus blauen und roten Röhren wurde von Ludwig Leo entworfen und ist weltweit die größte Anlage ihrer Art. Dahinter, am westlichen Ende des Tiergartens, fließen Schleusen- und Wehrwasser wieder zusammen. Dem Weg die Steinstufen herunter folgend erreicht man geradeaus die Straße des 17. Juni. Auf der kurzen Strecke dorthin befindet sich das Freilichtmuseum für Gaslaternen mit etikettierten Straßengaslaternen aus aller Welt. Zur linken Seite werden durch die Viadukte der S-Bahn einige Hausboote sichtbar; zur rechten Seite läuft ein Uferweg stromaufwärts des Kanals.

Der Name der Brücke leitet sich übrigens vom früheren Begriff für Schleuse ab: Arche; die Obere Freiarchenbrücke befindet sich an der Lohmühleninsel in Kreuzberg.

▸ Müller-Breslau-Str.; U-Bahn: Zoologischer Garten, S-Bahn: Zoologischer Garten, Tiergarten

56 Mahnmal für Karl Liebknecht

Am Ufer des Neuen Sees erinnert das Denkmal von Karl Liebknecht, bestehend aus einer unvollendeten Klinkerstele und einem Gedenkstein, an dessen brutale Ermordung. An diesen Platz am Nordrand des Sees wurde Liebknecht am 15. Januar 1919 von Freikorps-Soldaten gezerrt und von hinten erschossen.

‣ S-Bahn: Tiergarten

57 Mahnmal für Rosa Luxemburg

Das Mahnmal für Rosa Luxemburg befindet sich unter der Corneliusbrücke, die in der Nähe der Lichtensteinbrücke den Kanal überspannt. Der schräg zum Wasser aufgestellte Namenszug erinnert an ihre grausame Ermordung, ebenfalls am 15. Januar 1919. Luxemburg wurde von ehemals kaiserlichen Soldaten zunächst verhört, misshandelt und dann erschlagen; ihre Leiche wurde anschließend in den Landwehrkanal geworfen.

Mit den Denkmälern für Liebknecht und Luxemburg wird an zwei Persönlichkeiten der deutschen Arbeiterbewegung und die Begründer der KPD erinnert. In den hinterhältigen Morden kommen auch die politischen Unruhen in den wirren Anfängen der Weimarer Republik und die bürgerkriegsähnliche Situation in Berlin in dieser Zeit zum Ausdruck.

‣ S-Bahn: Tiergarten

58 Spanische Botschaft

Unmittelbar hinter der Zooerweiterung steht das heute denkmalgeschützte Gebäude der Spanischen Botschaft. Der mächtige neoklassizistische Eckbau wurde 1938–1943 von den Brüdern Walter und Johannes Krüger geplant; als Bauherr fungierte die Reichsbaudirektion Berlin, eine Behörde des Reichsfinanzministeriums. Der Zweiflügelbau mit spitzwinkligem Grundriss und einer abgeschrägten Ecke, in welcher sich der Haupteingang befindet, wurde nach der Rückverlegung der Hauptstadtfunktionen nach Berlin 1998–2003 unter der Leitung der spanischen Architekten Jesús Velasco Ruiz und José de Onzono y Angulo umgebaut und modernisiert. Er steht an der westlichen Grenze des früheren Diplomatenviertels, das sich von hier über die Tiergartenstraße bis hin zum Landwehrkanal erstreckt.

‣ Lichtensteinallee 1; S-Bahn: Tiergarten

59 Café am Neuen See

Gegenüber der Spanischen Botschaft liegt das Café am Neuen See am östlichen Ende des Neuen Sees. Das beliebte Lokal mit Holzterrasse direkt am Wasser ist einer der ältesten und bekanntesten Biergärten Berlins, auch Boote kann man hier ausleihen.

Die Lichtensteinallee führt direkt hinein in den Tiergarten. Rechts befindet sich ein Arm des Neuen Sees und die gusseiserne Gotische Brücke, die 1987 durch einen Nachguss zurückgewonnen werden konnte und als deren ursprünglichen Schöpfer man Friedrich August Stüler vermutet. In der Nähe steht das Denkmal für Theodor Fontane, das Max Klein 1908–1910 in Marmor ausführte. Klein stellte Fontane als Spaziergänger dar; Stock und Hut erinnern an die »Wanderungen durch die Mark Brandenburg«. Um 1985 wurde das Denkmal durch eine Kopie ersetzt. Das Original steht heute in der Großen Halle des Märkischen Museums.

Geradeaus beginnt die Fasanerieallee in Form eines breiten, kurz gehaltenen Grünzuges, der über große bronzene Plastiken hinweg den Blick auf die Siegessäule freigibt. Zur linken Seite hin verdichtet sich die Vegetation des Grünzuges, der von hier bis zur Siegessäule als beliebter Schwulenstrich und Cruisingort gilt.

In der Nähe führt die denkmalgeschützte Löwenbrücke über stilles Wasser. Die 17 m lange und 2 m breite Fußgängerbrücke wurde 1838 nach Entwürfen von Ludwig Ferdinand Hesse und Christian Friedrich Tieck gebaut und ist die letzte erhaltene und zugleich erste Hängebrücke Berlins. Den Namen erhielt die Brücke durch ihre vier gusseisernen und auf hohen Steinsockeln sitzenden Löwenfiguren, die in ihren Mäulern die Drahtseile halten. 2008 wurde die Brücke für Fußgänger jedoch aufgrund erheblicher Schäden gesperrt; ein denkmalgerechter Brückenneubau ist für 2014 geplant.

▸ S-Bahn: Tiergarten

60 Siegessäule

Die Siegessäule auf dem Großen Stern bildet den Mittelpunkt des Tiergartens. Fünf Straßen laufen auf dem riesigen Rondell zusammen, dessen Ränder mit dem Nationaldenkmal für den Fürsten Bismarck von Reinhold Begas sowie den Denkmälern des Generalfeldmarschalls von Moltke von Joseph Uphues und des Kriegsministers von Roon von Harry Magnussen bestückt sind.

Die Siegessäule wurde nach der Reichsgründung 1871 von Johann Heinrich Strack für den Königsplatz vor dem Reichstag entworfen.

1873 wurde sie mit der über 8 m hohen und 35 t schweren vergoldeten Viktoria von Friedrich Drake anlässlich der Siege Preußens über
Dänemark, Österreich und Frankreich feierlich eingeweiht.

Die Basis der 69 m hohen Säule ist über einen Tunnel zu erreichen.
Der mit bronzenen Reliefs verzierte Sockel trägt einen runden Säulen-
umgang, in dem ein Glasmosaik des Kaisermalers Anton von Werner
die Einigung Deutschlands nach dem Sieg 1870/1871 darstellt.

Im Zuge der Umgestaltung zur »Reichshauptstadt Germania« ließ
Hitler die Siegessäule 1938/1939 auf den Großen Stern versetzen und
durch eine zusätzliche Säulentrommel mit vergoldeten Geschützroh-
ren aus der Kriegsbeute um 7,5 m aufstocken. Von der Aussichtsplattform in 48 m Höhe und nach 285 Treppenstufen lässt sich die Struktur des Tiergartens deutlich erkennen: Die Straße des 17. Juni verläuft
vom Brandenburger Tor über den Großen Stern und den Ernst-Reuter-Platz bis hinaus an die Westgrenze des Stadtgebietes. Auch diese
wurde unter Hitler umgestaltet; ursprünglich verlief hier die Charlottenburger Chaussee zum noch erhaltenen Charlottenburger Stadttor
am Landwehrkanal und bildete dann die Verbindung zum Schloss
Charlottenburg. 1939 wurde die alte Chaussee durch Albert Speer als

Mittelpunkt des Tiergartens: die Siegessäule

»Ost-West-Achse« auf das Doppelte und der Große Stern auf 200 m Durchmesser verbreitert.

2010 – 2011 erfolgte eine umfassende Sanierung der Siegessäule; die Viktoria, die im Berliner Volksmund auch »Goldelse« genannt wird, und weitere Bauteile wurden mit 1,2 kg Blattgold neu vergoldet.

‣ U-Bahn: Hansaplatz, S-Bahn: Tiergarten

61 Englischer Garten

Der Englische Garten liegt zwischen Schloss Bellevue und Altonaer Straße und ist Teil des Schlossparks Bellevue. Nach dem Zweiten Weltkrieg initiierte der Englische Außenminister Anthony Eden 1951/1952 eine Bepflanzung mit ersten Bäumen auf dem zerstörten Parkareal, woraus im Volksmund das Wortspiel »Garten Eden« entstand.

Mittelpunkt des Englischen Gartens ist ein Haus im Stil des 17. Jahrhunderts; es wurde in Anlehnung an die von Gilly konzipierte Meierei errichtet, die einst für den Schlosspark Bellevue errichtet worden war. Heute beherbergt der Bau ein Teehaus, in dem auch kleinere Konzerte und kulturelle Veranstaltungen stattfinden.

‣ www.teehaus-tiergarten.com; Altonaer Str. 2/2a; Öffnungszeiten s. Website; U-Bahn: Hansaplatz

62 Bundespräsidialamt

Neben dem Englischen Garten und 200 m südlich von Schloss Bellevue befindet sich das 1998 eingeweihte Bundespräsidialamt. Nach den Plänen der Frankfurter Wettbewerbssieger Martin Gruber und Helmut Kleine-Kranenburg entstand hier ein vierstöckiger ovaler Bau. Er verfügt über ebenmäßig in die Fassade eingelassene Fenster, sodass sich das Grün der Umgebung in der glatten Außenseite des Gebäudes spiegelt. Im Inneren liegen im Zentrum ein glasüberdachtes Atrium, ein umlaufender Galeriegang sowie insgesamt 120 Büros und Sitzungszimmer. Der Öffentlichkeit ist der Zutritt nicht gestattet.

Hinter dem Bundespräsidialamt befindet sich ein winziger Friedhof. Längst aufgelassen, stehen hier immer noch ungepflegte Grabstätten und zwei Bronzeplastiken. Die Plastik »Knappe mit Pony« wurde 1896 von Erdmann Encke geschaffen, die Bison-Statue stammt von Rudolf Siemering aus dem Jahre 1900.

‣ Spreeweg 1; S-Bahn: Bellevue

63 Schloss Bellevue

Im Schloss Bellevue und seinem Park mit Teich, Terrassen, Denkmälern und Skulpturen hat der Bundespräsident seinen Amtssitz. 1720 besiedelten zunächst Hugenotten das Gebiet des heutigen Schloss Bellevue, die hier eine Seidenraupenzucht planten. Allerdings hatten die Siedler beim Anpflanzen der dazu erforderlichen Maulbeerbäume keinen Erfolg und betrieben stattdessen Gärtnerei und Landwirtschaft. Etwa 20 Jahre später wurde das Gebiet von Knobelsdorff erworben und bebaut. 1785 erwarb es Prinz August Ferdinand von Preußen, der kleine Bruder des Alten Fritz, und beauftragte den Architekten Philipp Bourmann, eine Sommerresidenz zu errichten. Der Prinz und seine Familie wohnten bis 1843 regelmäßig in dem Anwesen, anschließend wurde es von Mitgliedern des Kaiserhauses genutzt. Persönlichkeiten wie Humboldt, Schiller, Königin Luise und Napoleon zählten zu den Gästen des Schlosses, das als der früheste klassizistische Schlossbau Preußens gilt. 1791 gestaltete Carl Gotthard Langhans den ovalen Festsaal; das Landschaftspanorama im Vorraum stammt von Schinkel.

1928 ging der Bau in staatlichen Besitz über und wurde als Ausstellungsort, Gästehaus und Museum genutzt. Seit 1959 dient das heute denkmalgeschützte Schloss dem Bundespräsidenten als Berliner Residenz und wurde 2004/2005 umfassend saniert.

▸ Spreeweg 1; S-Bahn: Bellevue

64 Zeltenplatz

An der John-Foster-Dulles-Allee liegt der Zeltenplatz mit den fächerförmig von ihm abgehenden Pfaden, die an barocke Gartenkunst erinnern. Der Name leitet sich von dem Weg »In den Zelten« ab, der von hier in nordöstliche Richtung parallel zur Spree verlief. 1745 begann man damit, Leinenzelte für die Bewirtung von Ausflugsgästen aufzustellen, die bald durch Holzhütten und später durch Häuser ersetzt wurden, sodass sich der Weg in eine Straße verwandelte. 1844 errichtete der Restaurantbesitzer Joseph Kroll seinen Krollschen Wintergarten in dem Bereich, wo heute das Bundeskanzleramt steht. Der Nachfolger des Krollschen Wintergartens war das 1894 eröffnete Neue Königliche Opernhaus, auch als Krolloper bekannt. Diese wurde jedoch im Zweiten Weltkrieg stark beschädigt und anschließend abgerissen.

In den Nachkriegsjahren setzten Überlegungen für die Neugestaltung des Gebiets ein. Man plante ein neues Regierungsviertel zwischen Schloss Bellevue und der Museumsinsel – dort, wo sich auch heute weitgehend das Regierungsviertel befindet.

▸ U-Bahn: Bundestag, Bus 100 bis Haus der Kulturen der Welt

65 Alte Kongresshalle/Haus der Kulturen der Welt

Das Haus der Kulturen der Welt entstand als Kongress- und Veranstaltungszentrum und war der amerikanische Beitrag für die Interbau 1957 nach den Plänen des Architekten Hugh A. Stubbins, einem früheren Mitarbeiter von Walter Gropius. Dieser konzipierte das Zentrum aus zwei gänzlich unabhängig voneinander liegenden Bauteilen. So hat das Hauptgebäude eigentlich ein eigenes Dach; die in Anlehnung an die organische Architektur entworfene gebogene Haube darüber wird beidseitig durch Stützpfeiler gehalten. Die Konstruktion des Dachs wurde allerdings schon während der Bauplanungen als risikoreich eingestuft und stürzte tatsächlich 1980 ein, wobei ein Mensch ums Leben kam. Anschließend wurde ein weiterhin geschwungenes, jedoch besser abgestütztes Dach errichtet und die Halle 1985 wiedereröffnet. Vier Jahre später erfolgte die Umbenennung in Haus der Kulturen der Welt. Heute finden hier Veranstaltungen und Ausstellungen internationaler zeitgenössischer Künstler statt mit einem Schwerpunkt auf die nichteuropäischen Gesellschaften und Kulturen.

Vor dem Gebäude flankieren zwei rechteckige Spiegelteiche die weite Freitreppe. Auch die Bronzeplastik »Big Butterfly« von Henry Moore steht hier. Daneben ragt das schwarze Carillon auf; Land-Art-Exponate sowie bunte Plastiken schmücken die Wiesen ringsum.

▸ www.hkw.de; John-Foster-Dulles-Allee 10; tgl. 10–19, Ausstellungen Mi–Mo 11–19 Uhr; U-Bahn: Bundestag, Bus 100 bis Haus der Kulturen der Welt

66 Carillon

Das Carillon wurde 1987 anlässlich der 750-Jahr-Feier von der Daimler-Benz AG unter Edzard Reiter für die Stadt Berlin gestiftet. Es sollte an die Carillons in der Parochialkirche und der Potsdamer Garnisonkirche gedenken, die beide im Zweiten Weltkrieg zerstört wurden. Geplant wurde das Carillon von den Berliner Architekten Scholz, Jansen, Schultes und Bangert. Sie schufen vier 42 m hohe, schlanke Ecktürme aus schwarzem Labradorgestein, die im Grundriss ein Quadrat bilden und durch ein flaches, umgestülptes Zeltdach zusammengefasst werden. Frei unter dem Dach aufgehängt befindet sich das Spiel der 68 Glocken in unterschiedlicher Größe und somit fünfeinhalb Oktaven

Tonumfang. Es ist das größte Glockenspiel Europas, in dem sich der Carilloneur mithilfe eines Fahrstuhls bis zu den Glocken transportieren kann, um per Klöppel und Taststock die Glocken zu spielen.

Dies geschieht live jeden Freitag und an Feiertagen; an den anderen Tagen sorgt eine computergesteuerte Automatik in der Mittagszeit und abends für ein Konzert, welches bis mitten in den Tiergarten hinein zu hören ist.

▸ Große Querallee; U-Bahn: Bundestag

⑥⑦ Sowjetisches Ehrenmal

An der Straße des 17. Juni steht das von zwei T34-Panzern flankierte Sowjetische Ehrenmal. Es zeigt das 6,5 m hohe Bronzestandbild eines Rotarmisten auf einem mächtigen, gebogenen Säulenportal, welches wiederum auf einem mehrstufigen Sockel steht. Der Architekt Nikolai Sergijewski und die Bildhauer Wladimir Zigal und Lew Kerbel errichteten es aus den Marmor- und Granitblöcken der zerbombten Reichskanzlei Hitlers.

Am 11. November 1945 wurde dieses erste unmittelbar nach Kriegsende fertiggestellte Bauwerk eingeweiht und soll an die 20 000 Soldaten aus der UdSSR erinnern, die im Kampf um Berlin gefallen sind. In die Steinplatten auf der Kolonnade sind die Namen einiger gefallener Soldaten eingemeißelt; 2 500 von ihnen sind im hinteren Bereich des Ehrenmals begraben.

▸ Straße des 17. Juni; U-Bahn: Bundestag, Brandenburger Tor, S-Bahn: Brandenburger Tor

⑥⑧ Floraplatz

Auf dem Floraplatz, an dem westlichen von zwei Wegen in Richtung Kulturforum gelegen, befindet sich das Reiterin-Standbild »Amazone zu Pferd«. Es wurde 1895 von dem Berliner Bildhauer Louis Tuaillon in Bronze geschaffen, jedoch erst 1906 auf dem runden Platz aufgestellt. Vor der Alten Nationalgalerie auf der Museumsinsel steht eine Kopie der Bronzestatue.

▸ Floraplatz; U-/S-Bahn: Potsdamer Platz

⑥⑨ Luiseninsel

Auf der künstlich aufgeschütteten Insel, welche in einem Wasserzug des Tiergartens in der Nähe der Bellevue Allee liegt, befindet sich das Luisendenkmal. Königin Luise Auguste Wilhelmine Amalie, die

Ehefrau von Friedrich Wilhelm III., wurde zu Lebzeiten und von darauffolgenden Generationen beinahe kultisch verehrt. Sie galt als schön
und klug, interessierte sich für die von Karl Freiherr vom Stein und
von Karl August Fürst von Hardenberg eingeleiteten Reformvorstel-
lungen und führte mit Napoleon Verhandlungen über nachsichtigere
Friedensbedingungen. Sie war aber auch Mutter von 10 Kindern und
starb früh im Alter von 34 Jahren.

1808 beschlossen die Bürger Berlins, für Luise und Friedrich
Wilhelm III. nach ihrer Heimkehr aus dem Exil in Ostpreußen ein
Ehrenmal aufzustellen. So wurde eine von Johann Gottfried Schadow
entworfene Stele mit aufsitzender Marmorschale errichtet. Das Ehrenmal ging jedoch verloren und wurde erst 1904 durch ein marmornes Denkmal zu Ehren Prinz Wilhelms von Adolf Prütt ersetzt. 1880
folgte ein überlebensgroßes Marmorstandbild der Königin vom Bildhauer Erdmann Encke. Dieser schuf das Abbild der Königin mithilfe
von Bleistiftzeichnungen, ihrer Totenmaske und einer von Schadow
geschaffenen Büste. Luise blickt in Richtung des Denkmals von Friedrich Wilhelm III. von Friedrich Drake, das bereits 1849 aufgestellt worden war. Die beiden Denkmäler stehen jeweils auf von Schmuckgittern
aus Schmiedeeisen umgebenen und gärtnerisch gestalteten Plätzen.

▸ U-/S-Bahn: Potsdamer Platz

70 Rousseau-Insel

In unmittelbarer Nähe der Luiseninsel befindet sich die Rousseau-
Insel. Diese liegt in einem Abschnitt, den der Hofgärtner Justus Eh-
renreich Sello 1792 zwischen Großer und Kleiner Sternallee als sogenannte Neue Partie angelegt hatte. Seit 1987 steht auf einer kleinen
Insel in diesem Abschnitt ein Denkmal für den französisch-schwei-
zerischen Philosophen der Aufklärung Jean-Jacques Rousseau. Die
Weihestätte für den populären Denker entstand in Anlehnung an die
Rousseau-Insel im Pariser Park Ermenonville, auf der Rousseau beigesetzt wurde. Das ursprüngliche Berliner Denkmal, eine auf einem
Postament stehende Urne, ging im 19. Jahrhundert verloren. Als Ersatz wurde die heute zu sehende Stele von Günter Anlauf aufgestellt.

Am gegenüberliegenden Ufer befindet sich die Statue Lortzings;
in südliche Richtung, direkt an der Tiergartenstraße, steht das wuchtige Wagner-Denkmal. Der Rosengarten liegt nordöstlich der kleinen
Rousseau-Insel.

▸ U-/S-Bahn: Potsdamer Platz

71 Löwengruppe

Die von Wilhelm Wolff geschaffene Löwengruppe liegt südwestlich des Brandenburger Tors und wurde 1878 aufgestellt. Die 3,80 m hohe Bronzefigur mit Steinsockel stellt eine von einem Pfeil getroffene Löwin dar, die sterbend am Boden liegt und von einem hochaufgerichteten wütenden männlichen Löwen sowie zwei Löwenjungen flankiert wird. 2012 wurde die Gruppe restauriert.

▸ U/S-Bahn: Brandenburger Tor

72 Denkmäler von Goethe und Lessing

An der Ebertstraße am östlichen Rand des Tiergartens und gegenüber dem Denkmal für die ermordeten Juden Europas steht das 1880 aufgestellte Denkmal zu Ehren Johann Wolfgang Goethes von Fritz Schaper. Das 6 m hohe Ehrenmal aus Carrara-Marmor umfasst ein Standbild des Dichters, das auf einem runden, 2,72 m hohen Sockel steht. Auf dem abgestuften Unterbau befinden sich drei allegorische Figurengruppen: die Allegorie der lyrischen Dichtkunst, die der dramatischen Dichtkunst und die Allegorie der Wissenschaft.

Das 7 m hohe Denkmal zu Ehren des Dichters Gotthold Ephraim Lessing befindet sich am südöstlichen Rand des Tiergartens an der Lennéstraße. Es wurde von Otto Lessing, einem Verwandten des Dichters, erbaut und 1890 eingeweiht. Das Ensemble umfasst ein 4 m hohes Granitpostament, auf dem das 3 m große Marmorstandbild steht. Dieses stellt den jungen Lessing dar, der in der linken Hand ein aufgeschlagenes Buch hält. Das Postament wurde künstlerisch mit Reliefs des Verlegers Christoph Friedrich Nicolai, des Philosophen Moses Mendelsohn und des Dichters Ewald von Kleist ausgestaltet. Auf der Vorder- und Rückseite befinden sich vollplastische allegorische Bronzefiguren.

▸ U-/S-Bahn: Brandenburger Tor

Botschaftsviertel bis Kulturforum

73 Botschaften der nordischen Länder

Am westlichen Ende des Diplomatenviertels, im sogenannten Tiergartendreieck zwischen Cornelius- und Stülerstraße, liegt das Bauensemble der nordischen Botschaften. Hier haben die Architekten Alfred Berger und Tiina Parkkinen ein Gemeinschaftshaus errichtet, an das sich die jeweils von heimischen Architekten gestalteten Botschaften

Dänemarks, Schwedens, Norwegens, Finnlands und Islands anschließen. So sind die keil- und trapezförmigen einzelnen Gebäude voneinander abgehoben, bilden aber dennoch ein geschlossenes Ganzes. In einer Schleife sind sie um die zentrale Plaza errichtet; in dem Gemeinschaftsbau befinden sich ein Veranstaltungssaal und ein skandinavisches Restaurant.

Eingespannt wird der Komplex von außen durch eine Membran aus grün patinierten Kupferlamellen, an den Innenseiten werden die vielfältigen Baumaterialien sichtbar: Glas und nordische Holzarten wie Espe, Lärche und Birke finden sich in den Atrien, Hofnischen und Arkadengängen.

▸ Rauchstr. 1; U-Bahn: Wittenbergplatz, Nollendorfplatz, Bus 100 und 200 bis Nordische Botschaften/Adenauer-Stiftung

74 CDU-Bundeszentrale

An der Ecke Corneliusstraße/Klingelhöferstraße ragt seit 2000 das gläserne Vorderteil der CDU-Bundeszentrale hervor. Das Architektenbüro Petzinka, Pink und Partner hat das Haus als eine von einem Glaskastenbau eingefasste Ellipse konzipiert, die um einen kleinen englischen Garten herum liegt. Neben der Parteizentrale beherbergt der Bau auch Wohnungen sowie Büro- und Ladenflächen.

▸ Klingelhöferstr. 8; U-Bahn: Wittenbergplatz, Nollendorfplatz, Bus 100, 106, 187 bis Lützowplatz

75 Mexikanische Botschaft

Die Mexikanische Botschaft in der Klingelhöferstraße 3 wurde 1999–2000 nach Plänen der mexikanischen Architekten Teodoro Gonzáles de Léon und Francisco Serrano errichtet. Das Äußere gestalteten sie mit einer steilen, vertikalen Lamellenfront aus weißem Marmor-Sichtbeton; das Innere wird durch ein haushohes Atrium mit kreisförmigem Grundriss gegliedert.

▸ Klingelhöferstr. 3; U-Bahn: Wittenbergplatz, Nollendorfplatz, Bus 100 und 200 bis Nordische Botschaften/Adenauer-Stiftung

76 Konrad-Adenauer Stiftung

Der moderne Bau der Konrad-Adenauer-Stiftung wurde vom Kölner Architekten Thomas van den Valentyn entworfen. Dieser konzipierte den Bau in einer einfachen, kubischen Formensprache.

Mexikanische Botschaft

Die helle Fassade steht im Kontrast zu dunklen Elementen, wie die dunkle Fensterreihe und das Vordach am Eingang, wodurch die Formenstrenge aufgelockert wird.

> ‣ Klingelhöferstr. 23; U-Bahn: Wittenbergplatz, Nollendorfplatz, Bus 100 und 200 bis Nordische Botschaften/Adenauer-Stiftung

77 Bauhaus-Archiv/Museum für Gestaltung

Das 1997 eingeweihte Bauhaus-Archiv mit seinen weißen, schlank gestaffelten Türmen befindet sich zwischen dem Landwehrkanal und der Von-der-Heydt-Straße. In einer Kombination aus Museum, Archiv und Ausstellungsforum kann der Besucher hier die Ideen, Werke und Personen des Bauhauses, der 1919 in Weimar gegründeten und wichtigsten deutschen Kunstschule der Klassischen Moderne, entdecken. Zudem wird ein Café geboten sowie ein Museumsshop, in dem man Bauhaus-Klassiker und -Design erwerben kann.

Der denkmalgeschützte Bau wurde von Walter Gropius, bis 1928 Bauhaus-Direktor, ursprünglich für die Hanglage der Darmstädter Rosenhöhe konstruiert. Dann beschloss man die Verlegung des Museums nach Berlin. Dieser letzte Sitz des Bauhauses stand unter der

Leitung von Ludwig Mies van der Rohe und wurde schließlich von den Nationalsozialisten geschlossen.

Die Rampe mit Anlauf wurde von Alexander Cvijanovic konzipiert, um den Entwurf Gropius' dem ebenen Grundstück in Berlin anzupassen. In den nächsten Jahren wird das Museum mit der weltgrößten Sammlung zum Bauhaus durch einen Bau an der Klingelhöferstraße erheblich vergrößert; das Erweiterungsgebäude soll zum 100. Gründungsjubiläum des Bauhauses 2019 der Öffentlichkeit übergeben werden.

> ‣ www.bauhaus.de; Klingelhöferstr. 14; Mi–Mo 10–17 Uhr; Eintritt 7 €, erm. 4 €;
> U-Bahn: Wittenbergplatz, Nollendorfplatz, Bus 100, 106, 187 bis Lützowplatz

78 Galerie Georg Nothelfer

Die Galerie Georg Nothelfer, die 1971 gegründet wurde, zählt zu den ältesten Galerien der Stadt. Schwerpunkte sind Informelle Kunst, Tachismus und gestische Malerei, wobei neben mittlerweile verstorbenen Künstlern auch jüngere Künstler wie Madeleine Dietz oder Herta Müller vertreten sind.

> ‣ www.galerie-nothelfer.de; Corneliusstr. 3; Di–Fr 11–18:30, Sa 10–14 Uhr;
> U-/S-Bahn: Potsdamer Platz

79 Grand Hotel Esplanade

Das moderne Gebäude des Grand Hotel Esplanade am Lützowufer wurde 1988 nach Plänen des Berliner Architekten Jürgen Sawade errichtet. Dieser konzipierte das Luxushotel mit über 400 Zimmern als spiegelbildlich ineinander geschobenes Doppeldreieck. Ursprünglich stand das Grand Hotel Esplanade, das vor und während der 1920er-Jahre zu den berühmtesten Hotels Berlins gehörte, am Potsdamer Platz. Im Zweiten Weltkrieg wurde es durch einen Bombenangriff weitgehend zerstört; heute ist ein kleiner Teil des ehemaligen Hotelgebäudes in das Sony Center integriert.

> ‣ Lützowufer 15; U-Bahn: Wittenbergplatz, Nollendorfplatz, Bus 100 und 200 bis
> Nordische Botschaften/Adenauer-Stiftung

80 Villa von der Heydt

Die Villa von der Heydt ist ein Zeugnis der klassizistischen Villenbebauung der Nach-Schinkel-Zeit und damit eines der letzten erhaltenen Beispiele für die Wohnkultur im alten Tiergartenviertel.

August von der Heydt war preußischer Minister und ließ sich 1860–1862 nach Plänen von Hermann Ende und Gustav A. Linke eine stattliche und heute restaurierte Villa errichten. Peter Joseph Lenné gestaltete den dazugehörigen Garten. Heute residieren hier der Präsident und die Hauptverwaltung der Stiftung Preußischer Kulturbesitz, der die Staatlichen Museen zu Berlin angehören.

▸ Von-der-Heydt-Str. 16–18; U-Bahn: Wittenbergplatz, Nollendorfplatz, M29 bis Köbisstr.

81 Schwules Museum

Seit 1985 informiert das Schwule Museum über die Geschichte, den Alltag und die Kultur homosexueller Frauen und Männer, insbesondere ab den 18. Jahrhundert. Begleitet wird die Dauerausstellung von Wechselausstellungen, die der Typisierung und Stigmatisierung von Homosexuellen entgegenwirken. Im angeschlossenen Archiv im Untergeschoss werden Zeitschriften aus Deutschland ab 1896, aus Europa und der Welt gesammelt. Ein Bestand aus Fotos, Videos, Filmen, Plakaten, Autographen, Kunstwerken sowie Nachlässen umfasst das Archiv ebenfalls. Die Bibliothek im Obergeschoss zählt derzeit ca. 10 000 Bände zum Thema Homosexualität und gewährleistet durch eine computergestützte Katalogisierung den Zugriff auf einzelne Titel und Themen. Zunächst am Mehringdamm 61 beheimatet, befindet sich das Museum seit 2013 in einer ehemaligen Druckerei in der Lützowstraße 73.

▸ www.schwulesmuseum.de; Lützowstr. 73; Mo/Mi/Do/Fr/So 14–18, Sa 14–19 Uhr; Eintritt 6 €, erm. 4 €; U-Bahn: Nollendorfplatz, Kurfürstenstr.

82 Diplomatenviertel des »Dritten Reichs«

Das Viertel am südwestlichen Rand des Tiergartens wurde, nachdem sich hier schon zuvor mehrere diplomatische Vertretungen niedergelassen hatten, durch Albert Speers Auftrag, Berlin zur Hauptstadt »Germania« umzubauen, schließlich zum Diplomatenviertel erklärt. Nach dem Zweiten Weltkrieg verkam das Viertel zum Brach- und Ruinenland; heute befinden sich hier die abwechslungsreichen Architekturen der neuen Botschaftsbauten.

Im Zentrum des ehemaligen Diplomatenviertels liegt die nach einem Süßwarenfabrikant benannte Hildebrandtstraße. Heute ist mit der Hausnummer 5 noch ein von ihm finanziertes Mietshaus erhalten. Bis 1940 beherbergte es den Sitz der Estnischen Botschaft.

Ein weiteres früheres Wohnhaus in der Hiroshimastraße 11 befindet sich seit jeher im Besitz der Republik Griechenland. Heute beherbergt es als restaurierter und erweiterter Bau die Griechische Botschaft (die sich momentan im Umbau befindet). Auch die Häuser der Friedrich-Ebert-Stiftung befinden sich in unmittelbarer Nähe, in der Hiroshimastraße 17 und 28.

Ebenfalls in der Nachbarschaft liegen die Ländervertretungen Baden-Württembergs, an der Tiergartenstraße, und Bremens, an der Hiroshimastraße. Letztere wurde von Konrad Wohlhage und Léon Hilde entworfen, die gemeinsam mit Siegfried Wernik auch die Indische Botschaft in der Tiergartenstraße konzipiert haben. Auch die Botschaften Portugals, der Vereinigten Arabischen Emirate und Ägyptens befinden sich im Diplomatenviertel. Die Botschaft Südafrikas liegt in der Tiergartenstraße 17a, die der Türkei in der Tiergartenstraße 19. Die GUS-Staaten, ehemals Sowjetunion, die USA, Frankreich und Großbritannien befinden sich rund um den Pariser Platz.

› Hildebrandtstr./Hiroshimastr./Tiergartenstr./Pariser Platz; U-/S-Bahn: Potsdamer Platz, Bus 200 bis Tiergartenstr., M29 bis Köbisstr.

83 Italienische Botschaft

Die Italienische Botschaft gilt als ein Zeugnis der Repräsentationsarchitektur der Nationalsozialisten. 1938–1942 wurde die Zweiflügelanlage nach Plänen des deutschen Architekten Friedrich Hetzelt im Stil eines italienischen Renaissance-Palazzos errichtet. Nach der Wiedervereinigung erfolgte eine Restauration nach Entwürfen des römischen Architekten Vittorio de Feo, der diese möglichst originalgetreu – samt Beibehaltung der Kriegsschäden – durchführte.

› Hiroshimastr. 1; U-/S-Bahn: Potsdamer Platz, Bus 200 bis Tiergartenstr.

84 Japanische Botschaft

In der Tiergartenstraße 24/25 befindet sich mit der Japanischen Botschaft ein weiteres Gebäude, das ursprünglich in den 1930er-Jahren errichtet wurde. Nach Zerstörungen im Zweiten Weltkrieg wurde hier Mitte der 1980er-Jahre das Deutsch-Japanische Kulturzentrum eingerichtet, wobei man sich am Vorgängerbau orientierte. 1998–2000 folgten weitere Umbauten für die Neunutzung als Botschaftsgebäude.

› Hiroshimastr. 6; U-/S-Bahn: Potsdamer Platz, Bus 200 bis Tiergartenstr., M29 bis Köbisstr.

85 Canisius-Kolleg

Das Canisius-Kolleg ist ein katholisches privates Gymnasium unter der Trägerschaft des Jesuitenordens. Das Anwesen befand sich einst im Besitz der Firma Krupp, dem wichtigsten Rüstungslieferanten im »Dritten Reich«, die dort 1936–1937 ihre Berliner Firmenvertretung durch die Architekten Paul Mebes und Paul Emmerich errichten ließ.

▸ Tiergartenstr. 30/31; U-/S-Bahn: Potsdamer Platz, M29 bis Köbisstr., Bus 100 und 200 bis Nordische Botschaften/Adenauer-Stiftung

86 Österreichische Botschaft

Die Österreichische Botschaft liegt an der Ecke Tiergarten-/Stauffenbergstraße. Sie wurde 1997 nach Plänen des Architekten Hans Hollein als ein viergeschossiger Gebäuderiegel entlang der Stauffenbergstraße errichtet; auch die Villa im hinteren Grundstücksbereich wurde von Hollein konzipiert. Zusammen bilden beide eine U-Form, in deren Gelenk sich ein gewölbter Baukörper befindet.

▸ Stauffenbergstr. 1; U-/S-Bahn: Potsdamer Platz, Bus 200 bis Tiergartenstr.

87 Gedenkstätte Deutscher Widerstand

Die Gedenkstätte Deutscher Widerstand befindet sich in der Stauffenbergstraße 11–13, einem Teil des Büro- und Verwaltungskomplexes, der als Bendlerblock bekannt wurde. Nach dem gescheiterten Attentat auf Hitler am 20. Juli 1944 wurden hier im Hinterhof Oberst Claus Graf von Stauffenberg und Mitverschwörer hingerichtet.

Im heutigen Ehrenhof der Gedenkstätte befindet sich die 1953 enthüllte männliche Aktplastik des Bildhauers Richard Scheibe sowie eine Ehrentafel. Die Gedenkstätte selbst bietet mit faksimilierten Originaldokumenten von Akten und Briefen, Fotos und Filmmaterial ausführliche Informationen über die Personen und Gruppen des Widerstands im Dritten Reich.

Die Verwaltungsbauten waren schon bei der Errichtung des wilhelminischen Reichsmarineamts am Reichpietschufer im Besitz des Militärs. So zog hier nach dem Reichsmarineamt das Reichswehrministerium ein und 1938 das Oberkommando des Heeres (OHK). Heute beherbergt der Gebäudekomplex das Bundesverteidigungsministerium.

▸ www.gdw-berlin.de; Stauffenbergstr. 13–14, Eingang über den Ehrenhof; Mo–Mi, Fr 9–18, Do 9–20, Sa/So 10–18 Uhr; Eintritt frei; U-/S-Bahn: Potsdamer Platz, M29 bis Gedenkstätte Dt. Widerstand

88 Galerie Aurel Scheibler

1991 in Köln gegründet, zog die Galerie 2006 nach Berlin. Zu den vertretenen internationalen zeitgenössischen Künstlern gehören sowohl Nachwuchskünstler als auch etablierte Künstler.

‣ www.aurelscheibler.com; Schöneberger Ufer 71; Di–Sa 11–18 Uhr; U-Bahn: Mendelssohn-Bartoldy-Park

89 Shell-Haus

Das architekturhistorisch bedeutende Shell-Haus zwischen Hitzigallee und Stauffenbergstraße wurde 1930/1931 nach Plänen von Emil Fahrenkamp im Stil der Neuen Sachlichkeit erbaut. Nach dem Auszug der hier bis 2011 ansässigen Gasag mietete das Verteidigungsministerium die Räumlichkeiten in dem Stahlskelettbau an, dessen Bauelemente sich treppenartig – von fünf bis zehn Geschossen – zur Stauffenbergstraße hin steigern. In der mit Travertin verkleideten Fassade sitzen die Fensterbänder in versetzter Anordnung; mit ihren charakteristisch abgerundeten Ecken in Bronze-Einfassung unterstreichen sie den Rhythmus der vor- und zurückspringenden Wellenbewegungen auf der Frontseite.

‣ Reichpietschufer 60; U-/S-Bahn: Potsdamer Platz, M29 bis Gedenkstätte Dt. Widerstand

90 Neue Nationalgalerie

Die neue Nationalgalerie wurde 1965–1968 von Ludwig Mies van der Rohe, bis 1933 Leiter des Bauhauses in Dessau und Berlin, entworfen. Der Bau gilt als späte Ikone der Moderne und herausragende Architektur der Berliner Nachkriegsgeschichte. Über breit angelegte Stufen erreicht man eine von Glas eingefasste Halle, die von einer freien Stahlkassettendecke auf acht schmalen Außenstützen überdacht wird. Mit der nüchternen Strenge dieses Raumgefüges bezieht sich van der Rohe explizit auf den Schinkelschen Klassizismus. Das Plateau, auf dem der Glasbau steht, birgt Ausstellungsräume mit verrückbaren Wänden, durch die man den komplett ummauerten Skulpturengarten erreicht. Das Modell für den Bau stammt aus einem schon vorhandenen Entwurf von 1957/1958 für einen Verkaufspavillon der Rumfirma Bacardi in Santiago de Cuba.

Das Museum zeigt eine Sammlung bildender Kunst des 20. Jahrhunderts bis zu den 1960er-Jahren. Im Erdgeschoss werden große, international beachtete Wechselausstellungen gezeigt; im Untergeschoss befinden sich die permanenten Sammlungen. Der Schwerpunkt liegt

Ludwig Mies van der Rohe entwarf die Neue Nationalgalerie

auf der Kunst der Klassischen Moderne mit Künstlern wie Edvard Munch, Ernst Ludwig Kircher, Karl Schmidt-Rottluff; aber auch die Nachkriegskunst von Pablo Picasso, Max Ernst, Francis Bacon und amerikanischer Künstler wie Frank Stella und Sol le Witt wird präsentiert.

‣ www.smb.museum; Potsdamer Str. 50; Di/Mi, Fr 10–18, Do 10–20, Sa/So 11–18 Uhr; Eintritt 8 €; U-/S-Bahn: Potsdamer Platz
Aufgrund umfassender Sanierungsarbeiten unter der Leitung des britischen Architekten David Chipperfield wird die Neue Nationalgalerie ab Anfang 2015 voraus. für drei bis vier Jahre geschlossen sein.

91 Kulturforum

Die Neue Nationalgalerie ist Teil des Kulturforums, eines der großen Kulturzentren Berlins, das neben der Neuen Nationalgalerie die Staatsbibliothek, Philharmonie, die St. Matthäus-Kirche, das Kunstgewerbemuseum, die Kunstbibliothek und das Kupferstichkabinett umfasst. Die Grundfläche der neuen Museen am Kulturforum wird von der Sigismund-, Stauffenberg- und Tiergartenstraße begrenzt. Zur Mitte hin liegt die St. Matthäus-Kirche, während zur Seite des ehemaligen Kemperplatzes und der Potsdamer Straße das Forum von den Bauten Hans Scharouns und Edgar Wisniewskis eingefasst wird.

Entstanden ist das Kulturforum als weiterer Teil des schon 1946 von Hans Scharoun erstellten »Kollektivplans« mit einem Kulturband, das entlang der Spree als locker gefügte Verbindung zwischen der Museumsinsel und dem Friedrichsforum Unter den Linden im Osten über die Akademie der Künste im Hansaviertel bis zum Schloss Charlottenburg im Westen mit dem Kulturforum einen weiteren zentralen Knotenpunkt erhielt.

1962 wurde durch die Stiftung Preußischer Kulturbesitz eine Erweiterung des Forums beschlossen, was vor allem aus der Konkurrenzsituation mit der DDR hervorging. Die neuen Museen waren daher als modernes Gegenstück zur Museumsinsel im Osten Berlins geplant. Dies kommt besonders deutlich im Bau der Neuen Nationalgalerie zur Geltung, dessen Gestalt van der Rohe durch klassizistische Elemente an das von Karl Friedrich Schinkel konzipierte Alte Museum, das Hauptgebäude der Museumsinsel, anlehnte.

▸ www.kulturforum-berlin.de; Potsdamer Str. 50; U-/S-Bahn: Potsdamer Platz

92 Wissenschaftszentrum Berlin für Sozialforschung

Das Wissenschaftszentrum Berlin für Sozialforschung liegt zwischen der Nationalgalerie und dem Shell-Haus. Der Gebäudekomplex wurde 1984–1987 nach Plänen von Michael Wilford und James Stirling errichtet und integriert einen erhaltenen Teil des ehemaligen, 1894 mit einer Fassade im Stil der Neorenaissance errichteten Reichsversicherungsamts. Der Neubau wird vor allem durch seine hellblaue und rosa Fassadengestaltung sowie die ausgeprägten Fensterlaibungen charakterisiert.

▸ www.wzb.eu/de; Reichpietschufer 50; U-Bahn: Potsdamer Platz, Mendelssohn-Bartholdy-Park, S-Bahn: Potsdamer Platz

93 St.-Matthäus-Kirche

Die St.-Matthäus-Kirche wurde 1844–1846 nach Plänen von Friedrich August Stüler errichtet. Dieser gestaltete für den Matthäikirchplatz einen dreischiffigen Sakralbau mit Ziegelbänderung, drei Apsiden und einem schlanken Turmaufbau im byzantinischen Stil. Im Zweiten Weltkrieg wurde die Kirche stark beschädigt; ihr Äußeres wurde anschließend originalgetreu und das Innere stark vereinfacht wiederhergestellt. Dienstag bis Sonntag 11–18 Uhr ist die Kirche zur Besichtigung und stillen Andacht geöffnet.

▸ Matthäikirchplatz (Kulturforum); U-Bahn: Potsdamer Platz, Mendelssohn-Bartholdy-Park, S-Bahn: Potsdamer Platz

94 Philharmonie

Die Philharmonie wurde 1960–1963 nach Plänen von Hans Scharoun errichtet und galt zu dieser Zeit als revolutionärer Bau, der in der Fachwelt große Bewunderung hervorrief. Tatsächlich ist dem Architekten, einem Vertreter der organischen Architektur, einer der ungewöhnlichsten Bauten der Nachkriegsmoderne gelungen: Über das asymmetrische Gebäude erhebt sich ein zeltartiges Dach mit einer Fassade aus eloxierten Aluminiumplatten (die 1980 nachträglich angefügt wurde). Im Zentrum des achteckigen Saalbaus befindet sich die Bühne, darum herum gruppieren sich terrassenförmig die Zuschauerreihen für fast 2 500 Besucher. Sie reichen hinauf bis unter die abgestufte Decke mit Reflektoren, Schallsegeln und integierter Beleuchtung. Wegen ihrer hervorragenden Akustik ist die Philharmonie einer der besten Konzertsäle der Welt; auch die hier spielenden Philharmoniker haben es zu weltweitem Ruhm gebracht, mit Dirigenten wie Herbert von Karajan – dem das Gebäude seinen Spitznamen »Zirkus Karajan« verdankt –, Claudio Abbado und seit Herbst 2002 Sir Simon Rattle.

Nördlich der Philharmonie steht seit 1988 die 25 m lange und 3,5 m hohe Skulptur »Berlin Junction« von Richard Serra. Zwei parallele, in sich gekrümmte Corten-Stahlplatten stehen frei auf dem Boden, wodurch ein schmaler Gang entsteht, dessen Enden beim Begehen nicht sichtbar sind.

Am nördlichen Ende der Skulptur – allerdings unabhängig davon – ist eine Bronzetafel in den Boden eingelassen, die als Gedenktafel an die Villa Tiergartenstraße 4 erinnert. Ab 1940 war das dort stehende Haus unter dem Kürzel »T 4« bekannt und die Zentrale der sogenannten Aktion T 4. In diesem Rahmen wurde unter dem Begriff »Euthanasie« systematisch Massenmord an etwa 300 000 Menschen verübt, die psychisch erkrankt oder geistige und körperliche Behinderungen hatten. Im Zweiten Weltkrieg wurde die Villa beschädigt und schließlich 1950 abgerissen.

> ‣ www.berliner-philharmoniker.de; Herbert-von-Karajan-Str. 1; tgl. außer im Juli und August um 13:30 Uhr einstündige Führungen für 5 €/Person, Treffpunkt ist der Künstlereingang der Philharmonie; U-/S-Bahn: Potsdamer Platz

95 Kammermusiksaal

Der südlich an die Philharmonie angelagerte Kammermusiksaal wurde 1984–1988 auf einem sechseckigen Grundriss errichtet. Edgar Wisniewski hatte den Bau mit Platz für 1 100 Besucher nach einem Entwurf Scharouns nach dessen Tod 1972 realisiert. Im Zentrum der sogenannten »Kleinen Philharmonie« befindet sich wie im großen Philharmoniebau ein Orchesterpodium, das von auf verschiedenen Ebenen angelegten Zuschauerrängen eingefasst wird. Ein gefalteter Dachaufbau schließt den Saal nach oben hin ab.

▸ Herbert-von-Karajan-Str. 1; U-/S-Bahn: Potsdamer Platz

96 Musikinstrumenten-Museum

Das Musikinstrumenten-Museum wurde 1984–1988 zusammen mit dem Kammermusiksaal als dessen nördlicher Anschlussbau von Edgar Wisniewski gebaut. Es verfügt über einen Vortragssaal, eine Instrumentenbauwerkstatt sowie über 3 000 kostbare Exponate. Zu den bedeutendsten gehören das Bach-Cembalo und die Wurlitzer Konzertorgel. Das Museum ist Teil des Staatlichen Instituts für Musikforschung, das im Besitz eines umfangreichen Archivs ist und sich neben der Akustikforschung auch der Musikgeschichte und Musikpsychologie widmet.

▸ www.sim.spk-berlin.de; Ben-Gurion-Str. 1; Di/Mi, Fr 9–17, Do 9–20 (ab 18 Uhr freier Eintritt), Sa/So 10–17 Uhr; Eintritt 6 €, Kinder bis 18 J. frei; U-/S-Bahn: Potsdamer Platz

97 Staatsbibliothek

Ebenfalls von Scharoun und Wisniewski stammt die 1967/1968 erbaute Staatsbibliothek, die das Kulturforum nach Osten hin abschließt. Der vielgliedrige Baukörper der sogenannten Stabi umfasst einen lichtdurchfluteten, großräumigen Lesesaalbereich mit Freitreppen zwischen offenen Raumebenen; die Bestände der Bibliothek gehören in Umfang und Qualität zu den weltweit besten Großbibliotheken. Die Staatsbibliothek am Kulturforum ist das Pendant zur Deutschen Staatsbibliothek Unter den Linden. Seit der Wende sind die beiden Häuser wieder vereint, wenn auch weiterhin in getrennten Gebäuden. Während sich im Ostteil der Stadt der historische Bestand bis 1945 befindet, liegt bei der westlichen Staatsbibliothek der Schwerpunkt auf der Literatur ab 1946 bis zur Gegenwart. An die Staatsbibliothek am Kulturforum schließt sich das Ibero-Amerikanische Institut an, das mit seinen ebenfalls bedeutenden Bibliotheksbeständen weltweit bekannt ist.

▸ www.staatsbibliothek-berlin.de; Potsdamer Str. 33; Mo–Fr 9–21, Sa 9–19 Uhr; jeden 3. Sa im Monat kostenlose Führungen um 10:30 Uhr, Treffpunkt Foyer; U-/S-Bahn: Potsdamer Platz

98 Kunstgewerbemuseum

Das Kunstgewerbemuseum wurde 1867 als »Deutsches Gewerbe-Museum zu Berlin« eröffnet und hatte den Auftrag zur Unterrichtung und Geschmacksbildung von Kunsthandwerkern, Industriezeichnern sowie der Öffentlichkeit. Seitdem hat es mehrere Umzüge hinter sich gebracht: zunächst war es im Martin-Gropius-Bau untergebracht, zog dann weiter ins Berliner Stadtschloss und befand sich anschließend aus politischen Gründen zweigeteilt im Charlottenburger Schloss und im Schloss Köpenick. Letzteres beherbergt noch heute einen Teil der Sammlung, der andere ist seit 1985 in dem 1967 entworfenen und 1985 eröffneten Stahlskelettbau von Rolf Gutbrod am Kulturforum zu sehen. Hier werden heute zahlreiche Exponate des europäischen Kunstgewerbes vom Mittelalter bis ins 20. Jahrhundert präsentiert, darunter Kirchen- und Möbelkunst sowie das Lüneburger Ratssilber. Wechselausstellungen zu Handwerk, Schmuck und Design der Gegenwart ergänzen das Programm.

Das Kunstgewerbemuseum ist Teil eines Konzepts für eine vom Forum her zugängliche Museumsgruppe, zu der auch eine Gemäldegalerie, eine Skulpturengalerie und das Kupferstichkabinett zählten. Mit deren gesamter Planung und Entwicklung war Rolf Gutbrod beauftragt worden. Doch schon die Gestaltung des ersten Gebäudes für den Komplex, das Kunstgewerbemuseum, fand wenig Anklang und wurde für zu bieder gehalten. Daraufhin wurde die Planung Gutbrods gestoppt und die Architekten Heinz Hilmar und Christoph Sattler mit der Überarbeitung des gesamten Konzeptes beauftragt.

2012–2014 wurden die Ausstellungsflächen des Kunstgewerbemuseums durch das Architekturbüro Kuehn Malvezzi umfassend umgestaltet.

▸ www.smb.museum; Herbert-von-Karajan-Str. 10; Di–Fr 10–18, Sa 11–18 Uhr; Eintritt 8 €; U-/S-Bahn: Potsdamer Platz

99 Gemäldegalerie

Die Gemäldegalerie befindet sich in einem Ergänzungsbau des Überarbeitungsauftrags zur Museumsgruppe auf dem Kulturforum. Die Architekten Heinz Hilmer und Christoph Sattler ließen den 1998 eröffneten Bau mit einer Blockrandbebauung an der Stauffenberg- und Sigismundstraße abschließen, wobei sie die ehemalige Villa des Verlegers Paul Parey in den Neubau integrierten.

Präsentiert wird in der Gemäldegalerie europäische Malerei vom 13. bis zum 18. Jahrhundert. Die wertvolle Sammlung geht auf die

Kunstschätze des Großen Kurfürsten und Friedrichs des Großen zurück. Nach dem Zweiten Weltkrieg wurde die Sammlung getrennt und konnte erst acht Jahre nach der Wiedervereinigung im neuen Museumsbau von Hilmer und Sattler zusammengeführt werden. Hier werden die rund 1 000 Meisterwerke in 18 gleichmäßig beleuchteten Sälen und 35 Kabinetten präsentiert, die von einer großen Wandelhalle ausgehen und einer klaren Organisation von Epoche, Land und Schule folgen. Schwerpunkte der Bestände bilden die deutsche und holländisch-flämische Malerei mit Künstlern wie Albrecht Dürer, Luca Cranach d. Ä., Hans Holbein oder Peter Paul Rubens sowie die italienischen Meister wie Botticelli, Raffael, Tizian und Caravaggio. Im Zentrum der großen Halle steht das lang gestreckte, minimalistische Brunnenbecken »Fünf-Sieben-Neun« von Walter de Maria. Im Untergeschoss ist zusätzlich eine Studiengalerie mit weiteren 400 Meisterwerken und eine digitale Galerie mit PC-Arbeitsplätzen untergebracht.

▸ www.smb.museum; Matthäikirchplatz 4–6; Di/Mi, Fr 10–18, Do 10–20, Sa/So 11–18 Uhr; Eintritt 10 €; U-/S-Bahn: Potsdamer Platz

100 Kupferstichkabinett

Das 1831 offiziell gegründete Kupferstichkabinett beherbergt in einem an die Gemäldegalerie angeschlossenen Bau über 500 000 druckgrafische Werke sowie etwa 110 000 Zeichnungen, Ölskizzen, Pastelle und Aquarelle aus 1 000 Jahren Kunst- und Kulturgeschichte. Wegen der Empfindlichkeit der Exponate, zu denen Zeichnungen von Sandro Botticelli, Dürer, Rembrandt und Schinkel, aber auch Picasso und Oldenburg gehören, gibt es keine permanente Ausstellung; sie werden in temporären Schauen zu einzelnen Themenkomplexen oder Schwerpunkten gezeigt. Die 1867 gegründete Kunstbibliothek in der Etage unter dem Kupferstichkabinett umfasst ebenfalls herausragende Bestände. So bietet die öffentliche Präsenzbibliothek neben kunsthistorischer Literatur auch eine Sammlung von ungefähr 3 000 Architekturzeichnungen und Entwürfen von Innenräumen sowie Sammlungen von Handzeichnungen, Ornamentstichen, Plakat- und Reklamekunst, Gebrauchsgrafik, Buchkunst und Fotografie.

▸ www.smb.museum; Matthäikirchplatz 8; Di–Fr 10–18, Sa/So 11–18 Uhr; Eintritt 6 €; U-/S-Bahn: Potsdamer Platz

Das »Band des Bundes«

101 Bundeskanzleramt

Das im Sommer 2001 durch Gerhard Schröder eingeweihte Bundeskanzleramt wurde als Ergebnis des noch von Helmut Kohl entschie-
denen städtebaulichen Spreebogen-Wettbewerbs 1992 nach Plänen
der Berliner Architekten Axel Schultes und Charlotte Frank gebaut.
Diese fügten das Kanzleramt als eines unter zahlreichen neuen Regie-
rungsbauten in den neu gefassten Spreebogen ein, den sie als »Band
des Bundes« begriffen, ein verbindendes Symbol des Neubeginns, ver-
gleichbar mit dem von Hans Scharoun geplanten Band der Kultur in
der Nachkriegszeit.

Das Kanzleramt wird durch einen großen kubusförmigen Baukörper charakterisiert, der in der Mitte 36 m misst und neun Geschosse
besitzt, die den Kabinettsaal, ein Pressezentrum, einen internationalen Konferenzsaal und die Räume für die Staatsminister beherbergen. An der Nord- und Südseite wird der Bau von zwei 18 m hohen
und bis zu 335 m langen Büroflügeln eingefasst, deren geschlossene

Bundeskanzleramt

Fassadenfronten mit großen Wintergärten durchsetzt sind. Die Absetzung des mittig höher gesetzten Kubus mit ausgeschnittenen Bogensegmenten repräsentiert die besondere Stellung des Kanzleramts gegenüber dem Bundestag mit seinen Bauten in unmittelbarer Nachbarschaft. Asymmetrische Baukörper und Säulenreihen sowie eine symbolhaft gemeinte Überbrückung der Bürogebäude über die Spree mit dem sich anschließenden Kanzlerpark verleihen dem Bau trotz seiner Monumentalität eine gewisse Leichtigkeit. Der Eingangsbereich wird durch die riesige, rostrote und im Jahr 2000 aufgestellte Stahlskulptur »Berlin« des spanischen Bildhauers Eduardo Chilida markiert.

▸ Willy-Brandt-Str. 1; für kostenlose Führungen – für Einzelpersonen meist Sa um 11 Uhr – am besten mehrere Wochen im Voraus an besucherdienst@bk.bund.de wenden; U-Bahn: Bundestag

102 Schweizerische Botschaft

Die Schweizerische Botschaft verweist mit ihrem Altbau als einziges Gebäude auf das alte Diplomatenviertel. 1870/1871 wurde es nach Plänen von Friedrich Hitzig als privates Stadtpalais im sogenannten Alsenviertel – einem kleinen Quartier im Berliner Spreebogen – für den Mediziner Friedrich Frerichs errichtet. Der alte Bau wird durch einen wehrhaft wirkenden Neubau der Schweizer Architekten Diener und Diener ergänzt.

▸ Otto-von-Bismarck-Allee 4a; U-Bahn: Bundestag

103 Paul-Löbe-Haus

Das Paul-Löbe-Haus, nach dem sozialdemokratischen Reichstagspräsidenten benannt, wurde vom Münchener Architekten Stephan Braunfels konzipiert und 2002 bezogen. Im Zentrum des knapp 1 000 Büros umfassenden Baus befindet sich eine über 150 m lange Halle, an die acht Rotunden mit 19 zweigeschossigen Sitzungssälen für die Ausschüsse angeschlossen sind. Die Spree-Rotunde beherbergt darüber hinaus den Saal des Europaausschusses sowie zwei Restaurants.

▸ Platz der Republik 1; das Paul-Löbe-Haus sowie das Jakob-Kaiser-Haus können nur im Rahmen kostenloser Kunst- und Architekturführungen (i. d. R. Sa/So 14 und 16 Uhr) besichtigt werden; Anmeldung unter www.bundestag.de; U-Bahn: Bundestag

104 Marie-Elisabeth-Lüders-Haus

Das Paul-Löbe-Haus wird am anderen Spreeufer durch das Marie-Elisabeth-Lüders-Haus fortgesetzt; durch zwei offene Brücken sind die beiden Gebäude verbunden. In dem nach der liberalen Politikerin benannten Haus sind die wissenschaftlichen Dienste sowie eine der weltweit größten Parlamentsbibliotheken untergebracht.

> ‣ Schiffbauerdamm; ohne Anmeldung kann tgl. (außer Mo) 11–17 Uhr der Kunst-Raum mit temporären Ausstellungen besichtigt werden und Fr–So 11–17 Uhr das von Ben Wagin gestaltete Mauer-Mahnmal, Zugang über die Spree-Ufer-promenade; Eintritt frei; kostenlose Führungen durch das Haus finden i. d. R. Sa/So 12 und 14 Uhr statt, Anmeldung unter www.bundestag.de; U-Bahn: Bundestag

105 Jakob-Kaiser-Haus

Unter dem Namen Jakob-Kaiser-Haus, benannt nach dem Mitbegründer der CDU, befinden sich südöstlich des Reichtags weitere, miteinander verbundene Verwaltungsbauten von Bundestag und Fraktionen. Der Häuserkomplex, auch Dorotheenblöcke genannt, befindet sich zwischen dem Brandenburger Tor und dem ehemaligen Reichstagspräsidentenpalais an der Spreeseite, dem heutigen Sitz der Parlamentarischen Gesellschaft. Fünf Neubaublöcke und drei restaurierte historische Gebäude stehen auf dem Areal, das von der Dorotheenstraße in zwei Teile getrennt wird. 3 000 Büros, Konferenzräume, die Parlamentsbibliothek, ein TV-Studio, ein Kasino sowie Innenhöfe zum Flanieren werden darin eingefasst. Errichtet wurde der gewaltige Gebäudekomplex nach Plänen von fünf Architektenteams: Busmann und Haberer sowie Thomas van den Valentyn aus Köln, Gerkan, Marg und Partner aus Hamburg und Pit de Bruijn aus Amsterdam. Das Konzept der Architekten lehnte sich an das einst von Kurfürstin Dorothea gegründete barocke Stadtviertel zwischen Spree und Unter den Linden an.

> ‣ Platz der Republik 1; für Besichtigungen s. Paul-Löbe-Haus; U-Bahn: Bundestag

106 Reichstag

Das Reichstagsgebäude, der Sitz des Deutschen Bundestags, wurde nach Plänen von Paul Wallot errichtet und 1894 eingeweiht. Erst zwei Jahrzehnte später brachte man die von Peter Behrens entworfene Inschrift »Dem deutschen Volke« über dem Portal an, denn Wilhelm II. konnte sich nie mit dem von ihm verschmähten Bau anfreunden und verweigerte bis dahin die Montage des Schriftzugs. Wichtiger als die Inschrift war jedoch zuvor die die Kuppel krönende wilhelminische Kaiserkrone gewesen, ein Symbol des seit 1871 bestehenden Deutschen Reiches. Doch erst zehn Jahre nach Gründung wurde der Bau des Reichstags als Parlamentssitz beschlossen, der sich wiederum weitere zehn Jahre hinzog. Dabei fügte Paul Wallot Elemente aus Klassizismus, Barock und Renaissance zusammen, um dem Bau eine seiner Funktion entsprechende repräsentative Ausgestaltung und Monumentalität zu verleihen. Das Ergebnis war ein wuchtiger, wehrhaft wirkender Quaderbau mit massigen Ecktürmen, in dessen Mitte sich der Plenarsaal sowie die charakteristische Kuppelkonstruktion befanden. Im Zweiten Weltkrieg wurde der Bau stark beschädigt, 1945 hissten die Soldaten der Roten Armee auf dem Dach der Ruine in einem symbolischen Akt die rote Fahne. Erst 1970 wurde das mittlerweile kuppellose Gebäude nach langwierigen Umbauarbeiten durch Paul Baumgarten wieder genutzt. Es gab einen neuen Plenarsaal, Wandelhallen und Sitzungssäle. Auf Druck der Russen hin durften jedoch keine bundespolitischen Entscheidungen im Reichstag getroffen werden. So stellte sich der politische Normalbetrieb erst 1998 wieder ein, nachdem in der Zwischenzeit die Dauerausstellung »Fragen an die Deutsche Geschichte« hier untergebracht und nach der Wende die Hauptstadtpräsenz 1991 wieder zurück nach Berlin verlegt worden war. Der Architekt Sir Norman Foster wurde mit der architektonischen Neugestaltung beauftragt, der im Inneren einen lichten Plenarsaal sowie klar gegliederte Räumlichkeiten konzipierte, die von einer weithin sichtbaren, begehbaren Kuppel aus Glas gekrönt werden. Das Zentrum des Baus bildet ein gläserner Würfel, der sich durch alle Geschosse hindurch bis in das gläserne Kuppelrund schiebt. 1999 wurde das Gebäude offiziell dem Bundestag übergeben und ist seitdem eines der städtebaulichen Attraktionen Berlins, das täglich Hunderte von Besuchern anzieht.

Das gesamte Gebäude ist mit Kunstwerken ausgestattet, darunter deutsche international etablierte Künstler wie Sigmar Polke und Gerhard Richter sowie Repräsentanten der ehemaligen Alliierten wie Christian Boltanski für Frankreich und Jenny Holzer für die USA; auch Künstler aus der ehemaligen DDR wie Carlfriedrich Claus und Bernhard Heisig sind vertreten. Im nördlichen Innenhof befindet sich die Neon-Installation von Hans Haacke, die die Inschrift »Dem deutschen Volke« neu zu »Der Bevölkerung« formuliert. Eingebettet ist Haackes Inschrift in ein Biotop mit vielen Pflanzen, für das die Abgeordneten aus ihren Wahlkreisen Erde beisteuerten. Ein künstlerisches Großereignis gab es im Sommer 1995 mit dem »Wrapped Reichstag«, für den Christo und Jeanne-Claude das Reichstagsgebäude in silber-weiße Hightechfaser einspannten.

> ▸ Platz der Republik 1; Öffnungszeiten der Kuppel tgl. 8–24, letzter Einlass 22 Uhr; kostenlose Besichtigung nur durch – möglichst frühzeitige – vorherige Anmeldung über www.bundestag.de, mit Vorlage des Personalausweises; U-/S-Bahn: Brandenburger Tor

Der Potsdamer Platz

107 Potsdamer Platz

Als Potsdamer Platz wird gemeinhin das Stadtareal zwischen Kulturforum, Landwehrkanal, Großem Tiergarten sowie Ebert- und Köthener Straße benannt – obwohl der eigentliche Potsdamer Platz sich lediglich als dessen Begrenzung an der Ostseite befindet. An diesem Ort ist auf kriegsbedingtem Brachland ab 1990 in zehnjähriger Bauphase eine Stadt in der Stadt errichtet worden. Zahlreiche internationale Wettbewerbe, 45 Bauleiter, 450 Architekten, rund 100 Baufirmen und 1 500 Bauarbeiter – zu Spitzenzeiten ca. 4 000 – waren an »Europas größter Baustelle«, wie der Platz während seiner Bauzeit genannte wurde, beschäftigt. Dabei wurden gleich mehrere Großprojekte verwirklicht. Neben dem Bau der Gebäudekomplexe wurde unter dem Tiergarten hindurch ein vierspuriger Autotunnel zwischen neuem Hauptbahnhof und Landwehrkanal gegraben; der Potsdamer Platz erhielt somit eine eigene Zu- und Ausfahrt. Des Weiteren ist mit den parallel zum Autotunnel verlaufenden Bahngleisen die Nord-Süd-Trasse durch die Stadt fertiggestellt worden, der Regionalbahnhof Potsdamer Platz nahm im Mai 2006 seinen Betrieb auf. Das Areal ist daher verkehrstechnisch hervorragend in die Stadtlandschaft integriert. Heute kommen täglich Tausende von Berlinern und Touristen hierher, um zu arbeiten, einzukaufen und auszugehen. Auch Wohnungen befinden sich auf dem Gelände; die Filmfestspiele haben in dem modernen Stadtkomplex ebenfalls eine neue Heimat gefunden.

> ▸ U-/S-Bahn: Potsdamer Platz

108 Sony Center

Das Sony Center liegt auf einem dreieckigen Gelände im Nordwesten des Potsdamer Platzes. Die Pläne für den Gebäudekomplex lieferte der US-Amerikaner Helmut Jahn. Er schuf sieben Bauten, die sich um das

Forum im Zentrum gruppieren. Dieses entwarf Jahn als lichtdurch-flutete Arena mit zeltförmiger Überdachung, unter der sich auf einer 4 000 m² großen runden Platzanlage Restaurants, Cafés und Geschäfte befinden.

Umgeben wird der Platz vom Filmhaus, das das Filmmuseum Berlin und die Deutsche Kinemathek. Museum für Film und Fernse-hen beheimatet. Das Kino Arsenal, die Deutsche Film- und Fernseh-akademie (dffb) und ein IMAX-3-D-Kino befinden ebenfalls in dem Gebäude. Marlene Dietrich wird hier neben dem nach ihr benannten Platz weiter südlich des Potsdamer Platzes mit der Marlene-Dietrich-Sammlung gewürdigt.

Ebenfalls angrenzend an das Forum liegt der neobarocke Kaiser-saal des Grand Hotel Esplanade (vgl. Seite 171). Das Hotel lag am ursprünglichen Potsdamer Platz und war Veranstaltungsort für die Herrenabende Kaiser Wilhelms II. Im Zweiten Weltkrieg fast vollstän-dig zerstört, blieb nur der Kaisersaal erhalten, der im Zuge der Neube-bauung des Potsdamer Platzes für 25 Mil. Euro nummeriert, abgebaut, verpackt und 75 m weiter wieder aufgebaut wurde. Daran angeschlos-sen befinden sich die Luxuswohnungen der Esplanade Residence.

Dominiert wird die Silhouette des Sony-Geländes vom 26-stö-ckigen, halbrund geschwungenen Turm, dem Sony Center, in dem die europäische Zentrale von Sony untergebracht ist. Der Büroturm besteht aus zwei Elementen, die im Halbkreis aufeinander stoßen; die gläserne, gerundete Fassade erreicht seitlich eine Höhe von 103 m.

▸ www.sonycenter.de; www.filmmuseum-berlin.de; Potsdamer Str. 2; Di/Mi, Fr–So 10–18, Do 10–20 Uhr; Eintritt 7 €; U-/S-Bahn: Potsdamer Platz

109 Daimler(Chrysler)-Areal

Das Daimler(Chrysler)-Areal fasst 19 Gebäude ein, die sich um den Marlene-Dietrich-Platz im Mittelpunkt gruppieren. Begrenzt wird die 700 000 m² große Fläche im Süden vom Reichpietschufer, im Westen von den Bauten entlang der Ben-Gurion-Straße und der Neuen Potsda-mer Straße im Norden. Die Architekten Renzo Piano aus Italien, Arata Isozaki aus Japan, Lord Richard Rogers aus England, Rafael Moneo aus Spanien sowie Hans Kollhoff, Christoph Kohlbecker, Ulrike Lau-ber und Wolfram Wöhr aus Deutschland konzipierten hier ein durch Wohnungen, Geschäfte und Büros unterschiedlich genutztes Gelände.

Um den Marlene-Dietrich-Platz liegen die Potsdamer Platz Arka-den – ein glasüberdachtes Einkaufszentrum auf drei Etagen mit direk-tem Zugang zu U- und S-Bahn. Auch das Hyatt Hotel, ein Musical

Theater, ein Kasino, ein Varieté, ein Kinocenter sowie Restaurants, Bars und Clubs befinden sich in dem Gebäudeensemble.

Verstreut über das Daimler(Chrysler)-Areal stehen zudem insgesamt acht Skulpturen aus der Sammlung Daimler AG, welche überwiegend Auftragsarbeiten der Künstler sind. In der Eichhornstraße sieht man Keith Harings »Untitled (The Boxers)«, auf der Wasserfläche vor dem Atrium Tower (ehemals debis-Haus) Mark di Suveros »Galileo«, am Fontaneplatz Robert Rauschenbergs »The Riding Bikes« und am Marlene-Dietrich-Platz »Prinz Friedrich Arthur von Homburg« von Frank Stella. Der Atrium Tower beherbergt außerdem Werke von François Morellet, Nam June Paik, Jean Tinguely sowie an der Fassade die Skulptur »Gelandet« von Auke de Vries.

› Marlene-Dietrich-Platz; U-/S-Bahn: Potsdamer Platz

110 Kollhoff-Hochhaus, Atrium Tower und Isozaki-Geschäftsblock
Drei Hochhäuser markieren die Ränder des Daimler(Chrysler)-Areals. Im Norden ist es das Kollhoff-Hochhaus, ein abgestufter Turmbau aus Backstein von Hans Kollhoff. Am Fontane-Platz südlich des Kollhoffschen Bürohochhauses liegt das alte, kleine Weinhaus Huth, das als einziges Gebäude des Potsdamer Platzes noch aus der Zeit vor dem Zweiten Weltkrieg, von 1911/1912, stammt. Heute befinden sich in dem denkmalgeschützten Haus ein Restaurant und eine Weinstube sowie seit 1999 die Daimler Contemporary Galerie mit internationaler Gegenwartskunst.

Am Reichpietschufer markiert der Atrium Tower von Renzo Piano das Daimler(Chrysler)-Areal. Die Tochterfirma von Daimler(Chrysler) sowie dessen Vertrieb Deutschland zogen 1997 in den 83 m hohen Büroturm ein, der oben von einem leuchtend grünen Würfel abgeschlossen wird und sich bis zum Marlene-Dietrich-Platz erstreckt.

Direkt nebenan an der Linkstraße befindet sich der achtgeschossige Geschäftsblock von Arata Isozaki, der hier zwei lang gestreckte, ineinander geschobene Kammbauten entworfen hat, von dem aus sich ein gläserner, dreigeschossiger Baukörper zum Reichpietschufer hin ausstreckt.

› Kollhoff-Hochhaus: Potsdamer Platz 1; Weinhaus Huth: Alte Potsdamer Str. 5; debis-Haus: Eichhornstr. 3; U-/S-Bahn: Potsdamer Platz

111 Park Kolonnaden
Im Osten des Potsdamer Platzes, zwischen Köthener, Bernburger und Stresemannstraße liegen die Park Kolonnaden. Der 2002 fertiggestellte Komplex umfasst fünf Gebäude, die größtenteils Büros beherbergen.

Park Kolonnaden

Nach Westen hin weisen sie begrünte Innenhöfe auf, nach Norden
werden sie durch ein tropfenförmiges Bürohaus abgeschlossen, dessen Fassade die Architektur des »Hauses Vaterland« aufnimmt, das
sich früher an dieser Stelle befand. Unter den Architekten für das
mit einer durchweg roten Klinkerfassade versehene Gebäudeensemble
waren der Berliner Jürgen Sawade, Diener & Diener aus der Schweiz
und der Hamburger Architekt Peter Schweger.

Direkt neben den Kolonnaden befindet sich seit 2003 der Tilla-
Durieux-Park, eine deichähnliche 2,5 ha große, baumlose und schräg-
gestellte Wiese.

▸ Kolonnaden Potsdamer Platz; U-/S-Bahn: Potsdamer Platz

112 Beisheim-Center

Als letzter Komplex am Potsdamer Platz wurde 2004 das Beisheim-
Center fertiggestellt. Der Metro-Gründer ließ auf dem Lenné-Dreieck
zwischen Sony Center und Großem Tiergarten fünf Bauten um den
Inge-Beisheim-Platz herum errichten, in dem sich Büros und Appartements sowie die Hotels Marriott und Ritz-Carlton befinden.

▸ Berliner Freiheit; U-/S-Bahn: Potsdamer Platz

Wedding: Fläche: 9,23 km², Einwohnerzahl: 81 595

Wedding

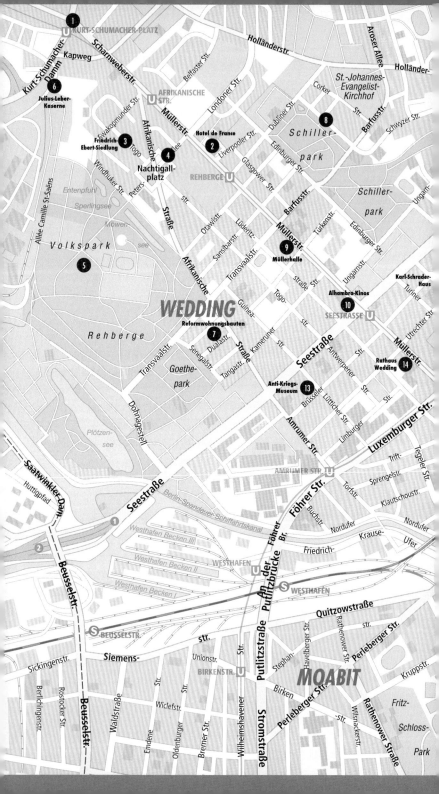

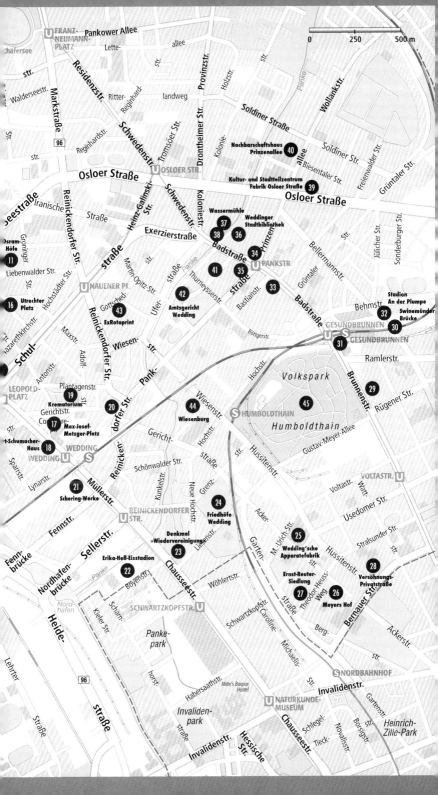

Der westliche Wedding

1 Kurt-Schumacher-Platz

Der 1955 nach dem Sozialdemokraten Kurt Schumacher benannte
Platz befindet sich schon auf Reinickendorfer Gebiet. An dem wichtigen Verkehrsknotenpunkt kreuzen sich der Kurt-Schumacher-Damm
Richtung Autobahn, die Ollenhauerstraße Richtung Brandenburg,
die Scharnweberstraße Richtung Tegel und die Müllerstraße Richtung Stadtmitte. Der Name Müllerstraße verweist auf die ländliche
Vergangenheit der Gegend, denn einst war die unbefestigte Chaussee
von Windmühlen umgeben. In den 1980er-Jahren wurde der Kurt-
Schumacher-Platz neu gestaltet; durch die Nähe zum Flughafen Tegel
überfliegen die Flugzeuge den Platz in relativ geringer Höhe.

> ‣ U-Bahn: Kurt-Schumacher-Platz

2 Hotel de France

Das Hotel de France in dem denkmalgeschützten Gebäude am Kurt-
Schumacher-Platz ist eng mit der deutsch-französischen Geschichte
Berlins verbunden. Denn 1961 wurde in dem Haus, das sich in der
ehemaligen französischen Besatzungszone befindet, das Centre Cul-
turel Français eröffnet. Hier wurden Veranstaltungen, Seminare und
kulturelle Programme organisiert, die die deutsch-französische Beziehung stärken sollten. Nach dessen Schließung im Jahr 1990 wurde das
Centre als Hotel de France in diesem Sinne weitergeführt. So sind an
die 49 Zimmer und 2 Appartments ein Theater-/Kinosaal, mehrere
Konferenzräume und ein französisches Restaurant angeschlossen.

> ‣ www.hotel-francais-berlin.de; Müllerstr. 74; U-Bahn: Rehberge, Afrikanische Str.

3 Friedrich-Ebert-Siedlung

Die heute denkmalgeschützte Friedrich-Ebert-Siedlung wurde 1928–
1939 von den Architekten Paul Mebes und Paul Emmerich im Stil
der Neuen Sachlichkeit konzipiert, zu deren Charakteristika kubische
Hausformen, Flachdächer und glatte, ornamentlose Fassaden zählen.
Die beiden Architekten errichteten die Häuser diagonal zur Straßen-
achse, wobei sie diese von fünf Stockwerken in der Müllerstraße auf
drei Stockwerke zu den Rehbergen hin graduell abstuften. Die Häuser
zwischen Togo- und Müllerstraße wurde von Mebes und Emmerich
persönlich gestaltet, zwischen Togo- und Windhuker Straße erfolgte
die Bebauung nach Plänen Bruno Tauts. Den Ideen des Siedlungsbaus

Die Friedrich-Ebert-Siedlung an der Afrikanischen Straße

der 1920er-Jahre folgend, sollten in den ca. 1400 1- bis 3-Zimmer-wohnungen hauptsächlich Arbeiter einziehen. Allerdings wurden die Mieten mit 45–80 Reichsmark später teurer als geplant, sodass sich vor allem Beamte und Angestellte in der Siedlung niederließen. 1933 wur-den die Häuser von den Nationalsozialisten gestürmt, die hier den ver-meintlichen Sitz von SPD- und KPD-Funktionären vermuteten. Nach zahlreichen Verhaftungen änderten sie den Namen der Siedlung nach deren Wohnbaugesellschaft in »Eintracht« um (1949 erfolgte die Rück-benennung). Die Hälfte der ursprünglichen Mieter war so bis 1935 durch Flucht oder Verhaftung fortgezogen. Im Zweiten Weltkrieg wur-den mehrere Häuser schwer beschädigt, die man in den 1950er-Jahren jedoch wieder instand setzte. Anschließend wohnten bis in die 1980er-Jahre hier vorwiegend alteingesessene Mieter; seit den 1990er-Jahren ziehen aber auch mehr und mehr junge Familien in die Siedlung.

▸ Afrikanische Str./Togostr./Müllerstr.; U-Bahn: Afrikanische Str.

4 Petersallee

Neben der Afrikanischen Straße erinnern die umliegenden Plätze und Straßen an die Epoche des deutschen Kolonialismus, vor allem in Afrika. Das Vorhaben, die belasteten Straßen- und Platznamen des »Afrikanischen Viertels« umzuändern, konnte nicht realisiert wer-den. So auch bei der Petersallee: 1939 wurde ein Teil der Londoner Straße zu Ehren Carl Peters benannt, ein für seinen Rassismus heftig umstrittener deutscher Reichskommissar für Deutsch-Ostafrika. Doch statt eines neuen Namens beschloss die Bezirksverordnetensammlung 1987 auf Forderungen der Öffentlichkeit nach einer Umbenennung hin, dass die Straße ab jetzt nach Hans Peters, Jurist, Politiker und Widerstandskämpfer gegen das NS-Regime, benannt sei, worauf seitdem eine Tafel am Straßenschild verweist.

▸ U-Bahn: Rehberge, Afrikanische Str.

5 Volkspark Rehberge

Der 90 ha große Volkspark Rehberge wurde 1926–1929 angelegt und dient mit einem kleinen Tiergehege als Erholungsort sowie als Sport- und Spielstätte; in dem Amphitheater finden zudem Freilichtaufführungen statt – wie beispielsweise in den Sommermonaten das Freiluftkino. 1848–1859 wurde auf einem Teil des heutigen Parks der beim Bau des Spandauerschifffahrtskanals entstandene Aushub abgeladen; auch ein Schießplatz für das Preußische Militär befand sich hier zwischenzeitlich. Nach Ende des Ersten Weltkriegs wurde der dichte Forstbestand aufgrund mangelnden Feuerholzes restlos abgeholzt und verkam zu einer Art Sanddünenlandschaft. Der fehlende Bewuchs führte zu Erosionen, weshalb ab 1926 eine Neugestaltung als Landschaftspark erfolgte. In diesem Zuge wurde auch die bis heute existierende erste Dauerkleingartenanlage Berlins angelegt. Bis zu 1 200 Arbeitslose waren bei den Arbeiten im Einsatz, welche Teil des Notprogramms gegen die Arbeitslosigkeit waren. Da entsprechend der Landschaftsparkidee auf die gewöhnliche Parkgeometrie verzichtet wurde, konnten die natürlichen Erhebungen in die Neugestaltung integriert werden.

▸ www.freiluftkino-berlin.de; Zugang unter anderem über Petersallee, Windhuker Str. und Otawistr.; U-Bahn: Rehberge, Afrikanische Str.

6 Julius-Leber-Kaserne

Die Julius-Leber-Kaserne steht am Westrand des Volkspark Rehberge und wurde nach dem SPD-Reichstagsabgeordneten und Widerstandskämpfer benannt, der im Januar 1945 von den Nationalsozialisten am Plötzensee ermordet wurde. 1935–1939 erbaute man die Kaserne mit mehr als 100 Gebäuden auf einer 80 ha großen Fläche für die Hitler-Wehrmacht und benannte sie nach Hermann Göring. Nach Ende des Zweiten Weltkriegs wurde die Anlage von den französischen Besatzungsmächten bezogen, die die Kaserne in »Quartier Napoléon« umbenannten. Als mit dem Fall der Mauer auch der Alliiertenstatus der Stadt endete, zogen die Franzosen ab. Seit 1995 wird das Gelände mit Sportstätten und Wohnquartieren für etwa 2000 Soldaten von der Bundeswehr genutzt.

▸ Kurt-Schumacher-Damm 41; U-Bahn: Kurt-Schumacher-Platz

❼ Reformwohnungsbauten

Am südlichen Rand des Volkspark Rehberge befindet sich der kleine Goethepark, der von vorgelagerten Reformwohnungsbauten von Ludwig Mies van der Rohe umgeben wird. Sie wurden 1925/1926 als u-förmiger Komplex mit schlichter Fassade errichtet und umschließen in ihrem Inneren gelegene Hofgärten für die Mieter. Von der Sambesistraße aus kann man die Anlagen näher betrachten.

▸ Afrikanische Str. 19–41; U-Bahn: Amrumer Str.

❽ Siedlung Am Schillerpark

Entlang der Bristolstraße liegt mit der 1924–1928 nach Plänen von Bruno Taut errichteten Siedlung Am Schillerpark ein Gegenstück zur Friedrich-Ebert-Siedlung. Nach dem Zweiten Weltkrieg ergänzte man sie im Rahmen des Wiederaufbauprogramms entlang der Oxforder und Corker Straße. Die Häuser mit roter Klinkerfassade liegen in verkehrsberuhigten Straßen und werden von zahlreichen Grünflächen umgeben. Auch ein Altersheim, mehrere Kitas, eine Kirche und ein Schulzentrum umfasst die Siedlung.

▸ Bristolstr./Barfusstr./Corker Str./Dubliner Str./Holländerstr./Oxforder Str./ Windsorer Str.; U- Bahn: Rehberge

❾ Müllerhalle

Die Müllerhalle an der Müllerstraße – der Hauptgeschäftsstraße des Bezirks – wurde 1950 als schlichter Bau errichtet. 2012 wurde der Abriss dieser einzigen Markthalle in Wedding beschlossen, an deren Stelle heute ein zweistöckiger Neubau steht, der einen Supermarkt und diverse Geschäfte beherbergt.

Ein Stück weiter wird die Müllerstraße von der breiten Seestraße gekreuzt, eine Hinterlassenschaft der nach dem Zweiten Weltkrieg geplanten und nicht vollständig realisierten inneren Ringautobahn. Seit 1997 wird sie von der ersten Straßenbahn auf West-Berliner Gebiet befahren.

▸ Müllerstr. 123–125; U-Bahn: Rehberge, Seestr.

⑩ Alhambra-Kinos

An der Ecke Müller-/Seestraße befindet sich der mit viel Glas ausgestaltete Neubau des früheren Alhambra-Kinos (heute Cineplex
Alhambra). Der Ursprungsbau wurde in den 1950er-Jahren errichtet
und umfasste einen Kinopalast mit breiter Bühne und Plüschsitzen.

▸ Seestr. 94; U-Bahn: Seestr.

⑪ Osram-Höfe

Die heute denkmalgeschützten Osram-Höfe, die Backsteingebäude
der ehemaligen Osramwerke, wurden nach Plänen des Architekten
Hermann Enders zum Teil vor dem Ersten Weltkrieg und später
1936/1937 mit Risaliten und Erkern verzierten Fassaden errichtet.
Ab 1904 entwickelte sich das Gelände zum größten Glühlampen-
werk Europas. 1988 stellte Osram die Glühlampenproduktion in
den Höfen nahezu ein, nur noch ein kleiner Teil der Osramschen
Produktion erfolgte dort. Anfang der 1990er-Jahre übernahm die
Carée Seestraße GbR die Osram-Höfe und begann mit der Sanierung.

Osram-Höfe

Um an die bedeutende industrielle Vergangenheit zu erinnern, taufte man den Gebäudekomplex 1999 in Osram-Höfe um. Heute befinden sich hier rund 60 Firmen und Einrichtungen aus den Bereichen Einzelhandel, Dienstleistung und Handwerk, darunter zwei Galerien, Mode- und Möbelläden, ein Discounter und ein Restaurant. Auch das Zentralarchiv des Deutschen Herzzentrums ist hier untergebracht.

▸ Oudenarder Str. 16; U-Bahn: Seestr., Nauener Platz

⑫ Karl-Schrader-Haus

Das u-förmige Karl-Schrader-Haus wurde 1904–1906 nach Plänen der Architekten Friedrich Kristeller und Hugo Sonnenthal durch die Berliner Baugenossenschaft errichtet. Die Architekten gliederten die Fassade an der gerundeten Stirnseite durch ein mit Jugendstilornamentik und dem Namen Karl Schrader versehenes Schriftband. Karl Schrader war Mitbegründer und Vorsitzender der 1886 gegründeten Genossenschaft, die in dicht bebauten Innenstadtquartieren große Wohnanlagen mit preiswerten, jedoch hellen und gut belüftbaren Arbeiterwohnungen schaffen wollte. Das Karl-Schrader-Haus steht als Reformwohnungsbau des frühen 20. Jahrhunderts zeitlich mit am Anfang dieses sozial gerechteren Wohnens. Im Wohnhof der Anlage befindet sich ein Gemeinschaftsraum, der für Veranstaltungen genutzt werden kann. Eine solche Veranstaltung ist beispielsweise das Erzählcafé Wedding, in dem an jedem zweiten Sonnabend um 15 Uhr Menschen bei Kaffee und Kuchen aus ihrem Leben erzählen.

▸ Liebenwalder Str. 35–36a/Malplaquetstr. 14–16b; U-Bahn: Seestr., Nauener Platz

⑬ Anti-Kriegs-Museum

Das Anti-Kriegs-Museum wurde 1923 vom anarchistisch-pazifistischen Kriegsgegner Ernst Friedrich gegründet. Hier werden in einer Dauerausstellung die Schrecken der vergangenen Weltkriege, pazifistische Aktionen und aktuelle Kriegssituationen in der Welt dokumentiert. Zudem ist ein Luftschutzkeller zu besichtigen, dessen Einrichtung originalgetreu rekonstruiert wurde. In Wechselausstellungen werden Spezialthemen behandelt, eine »Peace Gallery« zeigt darüber hinaus Kunst gegen den Krieg.

▸ www.anti-kriegs-museum.de; Brüsseler Str. 21; tgl.16–20 Uhr; Eintritt frei; U-Bahn: Amrumer Str.

14 Rathaus Wedding

Das Rathaus Wedding wurde 1928–1930 nach Plänen des Architekten Friedrich Hellwig errichtet, der den Verwaltungsbau mit roter Backsteinfassade, kubischen Baukörpern sowie einer Gliederung durch weiße Fensterbänder im Stil der Neuen Sachlichkeit gestaltete. 1960–1964 wurde das Rathaus durch ein Gebäude hinter einem dreiseitig verglasten Sondertrakt ergänzt, der den früheren Plenarsitzungssaal beherbergt. Entworfen wurde der Neubau von Fritz Bornemann, der bei seinen Plänen den Nutzen als Verwaltungsbau in den Vordergrund stellte. Seit der Zusammenlegung der Bezirke befindet sich im Rathaus Wedding lediglich das Bürgeramt sowie untergeordnete Bezirkseinrichtungen.

  ‣ Müllerstr. 146/147; U-Bahn: Leopoldplatz

15 Leopoldplatz

Der etwa 4,5 ha große Leopoldplatz an der Müllerstraße entstand um 1862 und trägt seit 1891 seinen Namen. Hier befinden sich zwei hintereinander gestellte Kirchen: die im Stil einer römischen Basilika erbaute Alte Nazarethkirche von Karl Friedrich Schinkel und die 1891–1893 von Max Spitta errichtete neugotische Neue Nazarethkirche. Zusammen mit der St.-Pauls-Kirche, einer weiteren Schinkelschen Vorstadtkirche im Bezirk, verfügt Wedding damit über zwei Kleinode der klassizistischen Architektur.

  ‣ U-Bahn: Leopoldplatz

16 Utrechter Platz

An der Ecke Utrechter Straße/Malplaquetstraße liegt der Utrechter Platz, der Teil eines relativ homogenen gründerzeitlichen Viertels ist. Sein Name leitet sich vom Frieden von Utrecht ab, der 1713 zwischen England, Frankreich, Holland, Preußen, Savoyen und Portugal geschlossen wurde und den Spanischen Erbfolgekrieg beendete. Seit 2003 ist der Platz durch diverse Baumaßnahmen ein durch Spielplätze, Frei- und Grünflächen vernetztes Areal; auch die denkmalgeschützte Wasserpumpe wurde wieder instand gesetzt.

  ‣ Ecke Utrechter Str./Malplaquetstr.; U-Bahn: Seestr., Leopoldplatz

17 Max-Josef-Metzger-Platz

Der an der Müllerstraße gelegene Max-Josef-Metzger-Platz, wie er heute heißt, ist 1862 entstanden. 1887 erhielt er nach einem preußischen Feldmarschall den Namen Courbièreplatz. Nach dem Zweiten Weltkrieg erfuhr der Platz eine für das Wedding der 1950er-Jahre typische Umgestaltung: Die bisher nach barocken und land-schaftlichen Vorbildern gestaltete Anlage mit ihren durch Gehölz-streifen gegliederten Nischen und geschwungenen Wegen wurde eingeebnet. Auch ein 12 m hohes Denkmal wurde aufgestellt – die »Trümmersäule« von Gerhard Schultze-Seehof, die mit ihren Re-liefs die damaligen politischen Vorstellungen, beispielsweise vom Wiederaufbau Berlins, widerspiegeln sollte. Seit 1994 heißt der Platz Josef-Metzger-Platz, benannt nach dem Pfarrer und Kriegsgeg-ner Max-Josef Metzger, der seit 1939 in der Willdenowstraße lebte und aufgrund seines Engagements für Ökumene und Demokratie in Deutschland nach der Machtergreifung der Nationalsozialisten ver-folgt, mehrfach verhaftet und 1943 schließlich verurteilt und hinge-richtet wurde.

▸ U-/S-Bahn: Wedding

⑱ Kurt-Schumacher-Haus
Das Kurt-Schumacher-Haus wurde 1960 nach Plänen des Architekten Wilhelm Nemack errichtet. An der Fassade des Baus, der den Sitz des Berliner SPD-Landesverbands beherbergt, ist der Leitspruch »Berlin ist der Anspruch der Demokratie auf ganz Deutschland« verewigt. Namens-geber des Baus ist Kurt Schumacher, Journalist und sozialdemokratischer Abgeordneter des Reichstages (bis 1933), der von den Nazis verfolgt und ins KZ gebracht wurde. Von 1945 bis zu seinem Tode war Schumacher Vorsitzender der Sozialdemokratischen Partei Deutschlands.

Im Haus hat auch das August-Bebel-Institut seinen Sitz, das dort unter anderem die »Galerie im Kurt-Schumacher-Haus« betreibt.

▸ Müllerstr. 163; U-/S-Bahn: Wedding

⑲ Krematorium
Das älteste ehemalige Berliner Krematorium mit seinem schon von Weitem sichtbaren Schornstein wurde 1910–1912 gebaut und war von einem Säulenfriedhof in Form eines römischen Atriums umgeben. Römischer Tradition entsprachen auch die sogenannten Kolumba-rien, eine oberirdische Grabkammer mit Wandnischen zum Abstellen der Urnen.

Zur »Art Week 2013« wurde in dem denkmalgeschützten, umge-bauten Gebäude die Galerie Patrick Ebensperger eröffnet, die unter

anderen Benjamin Heisenberg, Locust Jones, Hajnal Németh und Isa
Schmidlehner vertritt.

▸ www.ebensperger.net; Plantagenstr. 30, gegenüber Nr. 10; Di–Fr 12–18:30,
  Sa 12–16 Uhr; U-/S-Bahn: Wedding

⑳ Nettelbeckplatz

Der verkehrsberuhigte Nettelbeckplatz wird von der Reinickendor-
fer-, Pank- und Lindower Straße begrenzt. Er entstand um 1884 und
wurde nach dem Seemann Joachim Christian Nettelbeck benannt. In
seiner Mitte befindet sich die Brunnenskulptur »Tanz auf dem Vul-
kan« von der Künstlerin Ludmila Seefried-Matejkova. Dienstags und
freitags findet hier ein Wochenmarkt statt.

▸ U-/S-Bahn: Wedding

㉑ Schering-Werke

Das Gebiet um die Kreuzung Reinickendorfer Straße/Müllerstraße
wird von den weitläufigen Anlagen der Schering-Werke (seit 2006
Bayer AG) dominiert. Zu den eindrucksvollsten Bauten gehört die
mehrstöckige Bürobrücke, die die Fennstraße überspannt.

1858 wurde das Areal von dem Chemiker und Apothekeninhaber
Ernst Christian Schering erworben, der wie zahlreiche andere Industrielle der Stadt von der Innenstadt an den Stadtrand zog, wo es noch
genug Platz für die stark expandierenden Firmen und Betriebe gab.
Bis 2006 war Schering die einzige Firma von Weltrang mit Hauptsitz
in Berlin; im März 2006 wurde das Unternehmen durch den Bayer-
Konzern aufgekauft.

Das älteste Schering-Gebäude wurde 1872 als Hauptlabor gebaut
und steht in der Fennstraße 10. 1986 richtete Schering hier ein Fir-
menmuseum ein und legte es mit dem 1979 gegründeten Archiv unter
dem Namen »Scheringianium« zusammen. Präsentiert wird eine Dauerausstellung zur Firmengeschichte sowie zahlreiche Bestände und
Sammlungen des Archivs, die nach Anmeldung öffentlich nutzbar
sind. Der Neubau direkt neben dem U-Bahnhof Reinickendorfer-
straße ist eine Forschungseinrichtung, die in den 1990er-Jahren mit
verglastem Innenkern und einer Außenfassade aus Glas errichtet
wurde.

▸ www.scheringstiftung.de; Müllerstr. 170–171; Tel.: 030/46 81 217; U-/S-Bahn:
  Wedding

Der östliche Wedding

22 Erika-Heß-Eisstadion

In der Müllerstraße 185 befindet sich das nach der langjährigen SPD-Bezirksbürgermeisterin benannte Erika-Heß-Eisstadion. Es wurde 1967 fertiggestellt und ist die drittgrößte Eissporthalle Berlins. 1982/1983 wurde die zunächst ausschließlich dem Eissport dienende Halle zu einer Mehrzweckhalle umgebaut, sodass sie seitdem auch für Hallenfußball und Tierschauen genutzt wird.

▸ Müllerstr. 185; U-Bahn: Reinickendorfer Str.

23 Denkmal »Wiedervereinigung«

Auf der Grünfläche an der Ecke Liesenstraße/Chausseestraße befindet sich die 2,40 m hohe Skulptur »Wiedervereinigung« von Hildegard Leest. Diese hatte das Kunstwerk aus Muschelkalkstein 1962 in der Form von zwei stilisierten Menschen entworfen, die sich über eine Kluft hinweg die Hände reichen (vgl. Seite 105).

▸ Ecke Liesenstr./Chausseestr.; U-Bahn: Reinickendorfer Str.

24 Friedhöfe Wedding

Auf der Brachlandschaft zur rechten Seite der Liesenstraße stand bis zur Wende die Mauer. Diese trennte den auf westlicher Seite liegenden Dorotheenstädtischen Friedhof II vom auf der östlichen Seite liegenden Französischen Friedhof. Die nahe gelegene Eisenbahnbrücke zwischen Liesenstraße und Gartenstraße wurde Ende des 19. Jahrhunderts neu erbaut und war damals eine ingenieurtechnische Meisterleitung. Ebenfalls in der Nähe befindet sich die neugotische St.-Sebastian-Kirche. Sie wurde 1890–1893 nach Plänen von Max Hasak errichtet, dem als Vorbild die Elisabethkirche in Marburg diente. Heute zählt sie zu Berlins bedeutendsten katholischen Kirchen des späten 19. Jahrhunderts (vgl. Seite 107).

▸ Friedhöfe: Liesenstr. 9, Liesenstr. 7; St.-Sebastian-Kirche: http://st-sebastian-berlin.de; Feldstr. 4; U-Bahn: Schwartzkopffstr.

25 Wedding'sche Apparatefabrik

Die Wedding'sche Apparatefabrik in der Ackerstraße 76 wurde von dem Unternehmer Wilhelm C. J. Wedding errichtet und 1887 von der AEG übernommen. 1888–1890 erweiterte man die Fabrik nach

Plänen von Franz Schwechten und Paul Tropp um einen geschlossenen, mit rotem Backstein verkleideten fünfstöckigen Bau. Die AEG
stellte hier Zähler, Messinstrumente, Bogenlampen und Kleinmoto-
ren her. Nach dem Zweiten Weltkrieg wurden Teile der zerstörten
Gebäude wiederhergestellt und die Produktion erneut aufgenommen.
1978 erfolgte die Schließung der Fabrik.

1985/1986 war hier das Berliner Innovations- und Gründerzentrum (BIG) untergebracht. Heute wird das denkmalgeschützte
Gebäude von Jungunternehmern aus verschiedenen Branchen und
einigen Fachbereichen der Technischen Universität genutzt.

Die Apparatefabrik war Teil eines ausgedehnten Industriekomple-
xes zwischen Acker-, Brunnen-, Voltastraße und Gustav-Meyer-Allee,
der neben Siemensstadt und Borsigwalde ein weiteres Industrieareal
im Berliner Norden war. Nach Plänen des Architekten Peter Behrens
entstanden hier an der Volta- und Hussitenstraße moderne Industriebauten. Auf den benachbarten Flächen zwischen S-Bahn und Humboldthain ließen später auch andere Firmen ihre Produktionsstätten errichten. Heute verweist auf die einstige Industrieära nur noch
das Beamtentor in der Brunnenstraße 107a, das Franz Schwechten
1896/1897 im neogotischen Stil errichtete. Das denkmalgeschützte Tor
diente einst den Angestellten und Besuchern als Zugang zum damals
größten Berliner Werk der AEG. Dahinter befindet sich ein Hochhaus-
neubau, der einem augenförmigen Grundriss entwächst. Er wurde von
Nixdorf gebaut und beherbergt heute die Bankgesellschaft Berlin.

▸ Acker-, Brunnen-, Voltastr./Gustav-Meyer-Allee; U-Bahn: Voltastr.

🖤26 Meyers Hof

In der Ackerstraße stand auch der berüchtigte Meyers Hof, dessen
Name sich auf seinen Erbauer Jaques Meyer bezieht. In dem 1874 errichteten Häuserkomplex mit zwei vierstöckigen Quergebäuden und
sechs engen Hinterhöfen wohnten bis zu 2000 Personen in 257 Wohnungen unter teilweise katastrophalen hygienischen Bedingungen.
Erst 1972 wurde die größte aller Berliner Mietskasernen abgerissen;
heute steht hier ein Neubaublock.

▸ Ackerstr. 132/133; U-Bahn: Bernauer Str.

🖤27 Ernst-Reuter-Siedlung

Direkt neben dem Meyers Hof entstand 1953–1955 auf dem Gelände
einer im Krieg zerstörten Eisengießerei die nach dem ehemaligen

Regierenden Bürgermeister benannte Ernst-Reuter-Siedlung mit 422 Wohnungen. Nach Plänen des Architekten Felix Hinssen wurde die Siedlung im Rahmen des sozialen Wohnungsbaus errichtet, unter anderem mit dem Ziel, Wohnraum für Flüchtlinge aus der DDR und für West-Berliner Arbeitnehmer zu schaffen, die noch im Ostsektor wohnten. Mit ihren fünf-, sieben- und neungeschossigen Zeilenbauten sowie dem fünfzehngeschossigen Punkthochhaus wurde die Ernst-Reuter-Siedlung auch als West-Berliner Vorzeigeprojekt und politische Antwort auf die Ost-Berliner Stalinallee gesehen.

▸ Ackerstr./Gartenstr.; U-Bahn: Bernauer Str.

㉘ Versöhnungs-Privatstraße
Zwischen Hussiten- und Strelitzer Straße befindet sich die 1903/1904 nach Plänen des Architekten Ernst Schwartzkopff errichtete Wohnanlage der Versöhnungs-Privatstraße. Der Vaterländische Bauverein hatte in Auftrag gegeben, hier auf 7 180 m² Baugrund 208 1-, 2- und 3-Zimmerwohnungen, 43 Einzelzimmer und fünf Läden entstehen

Haus in der Versöhnungs-Privatstraße

zu lassen inklusive einer Badeanstalt, einem Kinderhort mit Turnsaal und einer Bibliothek für die Mieter. Die Anlage gliederte sich in sechs aufeinanderfolgende Höfe, die durch die Versöhnungs-Privatstraße miteinander verbunden waren. Der 1902 gegründete Vaterländische Bauverein verstand sich als christlich-patriotische, kaisertreue Gesinnungsgemeinschaft. Gelder aus Preußischen Wohnungsfürsorgefonds und dem Reichsfond für den Wohnungsbau von Angestellten und Arbeitern des Reiches konnten als neue staatliche Finanzierungsmöglichkeiten genutzt werden. Die Wohnanlage gehörte zu den ersten größeren Vorhaben, die nach diesem Konzept entstanden.

An den Fassaden entlang der Versöhnungs-Privatstraße wurde in historisierenden Formen die Architekturentwicklung Berlins dargestellt. Da der Bauherr der immer populärer werdenden Sozialdemokratie äußerst kritisch gegenüberstand, wollte er mit dem beispielhaften Wohnprojekt auch demonstrieren, dass Kaiser und christliche Arbeiterbewegung durchaus fähig seien, die soziale Frage zu lösen. Nach 1945 und in den 1970er-Jahren wurden viele Teile der Anlage abgerissen; von der heute denkmalgeschützten Anlage sind Hof I (Romanik), Hof II ohne östlichen Seitenflügel (märkische Backsteingotik), Hof III (altdeutsche Bauart) und die westliche Fassade von Hof IV (deutsche Renaissance) erhalten.

▸ Hussitenstr. 4/5; U-Bahn: Bernauer Str.

29 Brunnenstraße

Auf dem Gelände um die Brunnenstraße zwischen Humboldthain und Bahnanlage wurde in den 1960er-Jahren vom Regierenden Bürgermeister Willy Brandt das damals größte zusammenhängende Sanierungsgebiet Deutschlands beschlossen und durchgeführt.

Hintergrund dieser Kahlschlagsanierung war vor allem der starke Bevölkerungsanstieg: Bis zum Ersten Weltkrieg hatte sich in nur 40 Jahren die Bevölkerung in Wedding verzehnfacht, während aus der Innenstadt drei Viertel der Einwohner weggezogen waren. Zudem war nach dem Zweiten Weltkrieg das Bild des Weddinger Ostens vor allem durch heruntergekommene Altbausubstanz, Hütten und Lagerplätze gekennzeichnet.

Aufgrund der Kahlschlagsanierung wurden die meisten Bewohner in Umsetzungswohnungen im Reinickendorfer Märkischen Viertel verdrängt. So hatte sich nach Abschluss der Sanierungsarbeiten die Bevölkerung fast komplett neu zusammengesetzt und war um die Hälfte verkleinert worden. Des Weiteren stand dem Neubau von

12 000 Wohnungen die Renovierung von nur 600 Altbauwohnungen gegenüber. Einige der frei stehenden restaurierten Eckhäuser findet man beispielsweise in der Ramler- und Lortzingstraße.

▸ U-Bahn: Voltastr.

30 Swinemünder Brücke/»Millionenbrücke«

Die 228 m lange Swinemünder Brücke wurde 1902–1905 nach Plänen des Architekten Bruno Möhring und des Ingenieurs Friedrich Krause errichtet. Die genietete Stahl-Fachwerkkonstruktion wurde als »Millionenbrücke« bekannt, da für ihren Bau über eine Millionen Goldmark (rund 6 187 000 Euro) ausgegeben wurde. 2005 wurde sie aufwändig saniert.

▸ Swinemünder Str.; U-/S-Bahn: Gesundbrunnen

31 Bahnhof Gesundbrunnen

Der Bahnhof Gesundbrunnen wurde 1872 eine Station der Ringbahn. Nach dem Umbau im Jahr 1895 dienten drei Bahnsteige dem problemlosen Umsteigen zwischen Ringbahnsteig, Fernbahn und Vorortbahn. 1930 wurde der Bahnhof um die Umsteigemöglichkeit zur neuen Untergrundbahn ergänzt, der heutigen Linie U 8, womit der Bahnhof bis zum Zweiten Weltkrieg zu den wichtigsten S-Bahnhöfen des gesamten Berliner Streckennetzes zählte.

Nach dem Krieg waren große Bereiche des Areals zunächst ungenutzt. Seit dem Lückenschluss der Ringbahn 2002 und umfangreichen Neubauarbeiten für einen Doppel-Richtungsbahnsteig für Vorortlinien sowie den Anschluss an Fern- und Regionalbahnlinien ist der Bahnhof wieder in vollem Betrieb. Seit 1997 befindet sich zudem das Einkaufszentrum Gesundbrunnen-Center direkt am Bahnhof.

▸ U-/S-Bahn: Gesundbrunnen

32 Stadion An der Plumpe

An der Ecke Behmstraße/Jülichstraße lag einst das Stadion An der Plumpe, das der Fußballverein Hertha BSC im Jahr 1974 zur Deckung seiner Schulden an den Berliner Senat verkaufte, der dieses anschließend abriss. Zuvor hatte das 1923/1924 erbaute Stadion dem Fußballverein knapp 40 Jahre als Heimspielstätte gedient. Heute erinnert die Skulptur »Fußballer und Fußball« vor dem Wohnkomplex in der Bellermannstraße 64 – 70 an die ehemalige Sportstätte.

Der Name des früheren Stadions leitet sich von dem im Berliner Volksmund verbreiteten Wort Plumpen für Wasserpumpen ab, die es in der ganzen Stadt verteilt gab. Auch in der Behmstraße gab es eine Wasserpumpe, die mit einer Heilquelle im nahe gelegenen Luisenbad verbunden war. Aus dieser Pumpe entstand der Name Plumpe zunächst für den gesamten Ortsteil und etablierte sich später als Spitzname für das Stadion. Der eigentliche Ortsteilname Gesundbrunnen leitet sich ebenfalls von der nahegelegenen Heilquelle ab.

▸ Ecke Behmstr./Jülichstr.; U-/S-Bahn: Gesundbrunnen

33 Badstraße

Der Name Badstraße geht ebenso auf die Heilquelle zurück. Am Ufer des Flüsschens Panke liegt das Haus Nr. 39. Hier entdeckte vor über 200 Jahren der Hofapotheker von Friedrich II., Dr. Friedrich Wilhelm Behm, eine eisenhaltige Quelle, um die herum er bis 1760 die Trink- und Heilstättenanstalt mit dem Namen »Friedrichs Gesundbrunnen« errichtete. Etwa hundert Jahre danach entstand in diesem Areal ein Vergnügungsviertel mit Kneipen, Lokalen und Kinos. 1882 versiegte allerdings die Quelle beim Bau der Kanalisation für die Badstraße. Der einträgliche Kurbetrieb war damit beendet, die Läden und Lokale aber blieben weiterhin bestehen.

▸ Badstr. 39; U-Bahn: Pankstr.

34 U-Bahnhof Pankstraße

Rund um den U-Bahnhof Pankstraße befinden sich einige historische Häuser. Das Haus Nr. 39 beispielsweise, auf dessen Grundstück man die Heilquelle entdeckte, wurde in den Jahren um die Jahrhundertwende mit einer mit Kacheln verzierten Fassade errichtet.

Dort wo heute die modernen Stahlglas-Eckhäuser an der Kreuzung am U-Bahnhof Pankstraße stehen, befanden sich früher der Kristall-Kino-Palast und etwas weiter die Straße hinunter die Corso-Lichtspiele, die 1957 die ersten Berliner Filmfestspiele veranstalteten.

Der Name Pankstraße leitet sich von dem Flüsschen Panke ab, welches bei Bernau entspringt. Eine eigentliche Quelle gibt es jedoch nicht, sondern das Wasser feuchter Wiesen wird in einer Betonzisterne gesammelt und fließt von dort aus in Richtung Berlin. Ein Arm des Flusses mündet in den Weddinger Nordhafen, der andere fließt meist unterirdisch über die Invalidenstraße bis zum Schiffbauerdamm, wo er in die Spree mündet. Am Ufer der Panke befindet sich ein Grünzug zum Entlangwandern am Fluss.

‣ U-Bahn: Pankstr.

35 St.-Pauls-Kirche

Die St.-Pauls-Kirche an der Ecke Bad- und Pankstraße ist eine von vier Vorstadtkirchen, die Schinkel auf gleichem Grundriss, aber mit unterschiedlicher Fassadengestaltung entwarf. Die schlichte, einschiffige und ehemals turmlose Kirche wurde 1832–1835 errichtet und ist die dritte der Schinkelschen Vorstadtkirchen. Durch den Putzbau mit seinen korinthischen Pilastern, den flachen Giebeln und dem breiten Architrav unter dem weit auskragenden Traufgesims gleicht die Kirche einem antiken Tempel. Sie gehört heute zur Kirchengemeinde an der Panke im Kirchenkreis Berlin Nord-Ost.

‣ www.kirche-berlin-nordost.de; Badstr. 50; U-Bahn: Pankstr.

36 Weddinger Stadtbibliothek

Nahe dem Pankeufer steht ein Haus, das noch aus den Zeiten der unzähligen Weddinger Ausflugslokale im 19. Jahrhunderts stammt. Der Schriftzug »Kafe Küche« auf der Fassade verweist auf die frühere Nutzung des Gebäudes als Restaurant und Ballsaal. Heute befindet sich hier die Stadtbibliothek Wedding; durch Lichtschächte auf dem Vorplatz sind die Leseecken und Bücherregale im Untergeschoss sichtbar.

‣ Travemünder Str. 2; U-Bahn: Pankstr.

37 Wassermühle

Am Pankeufer in unmittelbarer Nähe der Stadtbibliothek kann man eine farbige Markierung über der Wasserlinie erkennen, die auf eine frühere kleine Wassermühle an dieser Stelle verweist, die unter anderem als königliche Papiermühle genutzt wurde. Eine erste schriftliche Erwähnung der Mühle stammt aus dem Jahr 1251; der heutige Bau, der ein Architekturbüro beherbergt, wurde 1844 errichtet.

‣ Badstr. 40a; U-Bahn: Pankstr.

38 Tresorfabrik S. J. Arnheim

Am Pankeufer hinter der Wassermühle befand sich einst die größte Tresorfabrik Deutschlands, woran heute der ausgeblichene

Fassadenschriftzug »Arnheim« an der Ecke zur Badstraße hin erinnert. 1890 hatte hier Carl Arnheim nach Plänen des Architekten Wilhelm Martens ein Mietshaus, eine erste Fabrikhalle, ein Inspektorenhaus, mehrere Lager- und Werkstattgebäude sowie die 180 m langen Shedhallen errichten lassen. Während Arnheim in den ersten Jahren zum Synonym für Geldschränke wurde, verschlechterte sich die wirtschaftliche Lage zunehmend durch die Konkurrenz; nach der Weltwirtschaftskrise 1929 musste das Unternehmen zwangsversteigert werden. Nach dem Zweiten Weltkrieg zogen andere Unternehmen in die noch vorhandenen Gebäude ein; 1966/1967 wurde das Gelände ein Gewerbehof. Im Zusammenhang mit der Gestaltung des Pankegrünzuges wurden bis auf die Shedhallen alle früheren Fabrikationsstätten abgerissen und der Hof in den Pankegrünzug integriert. Seit 1986 beherbergen die restaurierten und denkmalgeschützten Pankehallen (Shedhallen) eine Bildhauerwerkstatt für den Berufsverband Bildender Künstler. In einem breiten Galeriegang im ersten Stock werden die Arbeiten präsentiert.

▸ Badstr. 40/41; U-Bahn: Pankstr.

39 Kultur- und Stadtteilzentrum Fabrik Osloer Straße
Das soziokulturelle Zentrum Fabrik Osloer Straße befindet sich seit 1978 in den ein Jahr zuvor aufgegebenen Montagehallen der »Zündholzmaschinenfabrik A. Roller«. Ursprünglich sollten hier lediglich Jugendwohngemeinschaften gegründet werden, später siedelten sich jedoch auch andere Projekte an, beispielsweise Nachbarschaftstage mit Kindertheater, Familienberatung, Babytrödelmarkt und Frauenprojekte. Auch eine Gästeetage, ein Jugendgästehaus des Bundes Deutscher Pfadfinder und das Kindermuseum Labyrinth in der mehrstöckigen Montagehalle befinden sich heute hier.

▸ www.labyrinth-kindermuseum.de; Osloer Str. 12; U-Bahn: Pankstr.

40 Nachbarschaftshaus Prinzenallee
In der Nähe der Fabrik Osloer Straße liegt das Nachbarschaftshaus Prinzenallee, ein ehemals besetztes Haus, in dem heute etwa 100 Bewohner in Selbstverwaltung auf drei Etagen zusammen leben und arbeiten. Das Nachbarschaftshaus umfasst neben einer großen Küche, einer Terrasse, einem Massage- und Gruppenraum und einer Veranstaltungshalle auch ein Café sowie einen Aktivitätsraum für Haus- und Kiezbewohner.

▸ Prinzenallee 58; U-Bahn: Pankstr.

41 Buttmannstraße

In der Buttmannstraße befinden sich viele Häuser mit gut restaurierten Gründerzeitfassaden; die linke Häuserfront etwa wurde 1980/1981 von Hausbesetzern instand gesetzt. An der Ecke zur Badstraße steht zudem eine der vielen historischen Handschwengelpumpen Berlins. Der Name der Straße leitet sich vom Theologen Philipp Buttmann ab, der der zweite Pastor an der Weddinger St.-Pauls-Kirche war und in der Pankstraße 30 wohnte.

‣ U-Bahn: Pankstr.

42 Amtsgericht Wedding

Das Amtsgericht am Brunnenplatz wurde 1901–1906 nach Plänen von Rudolf Mönnich und Paul Thoemer im Stil der Neogotik errichtet. Die Architekten orientierten sich bei der Gestaltung des mehrflügeligen, fünfgeschossigen Baus an der Albrechtsburg in Meißen. Der Portalbereich hat eine Länge von ca. 120 m und wird von bronze- und kupferbeschlagenen Eingangstüren mit Tierdarstellungen und den Wappen von Wittenau, Heiligensee, Tegel, Hermsdorf,

Amtsgericht Wedding

Lübars und Reinickendorf sowie einer Figur der Justitia geschmückt. Letztere wird auch die »Weddinger Justitia« genannt: Ihre Augen sind nicht verbunden und in der Hand hält sie ein Gesetzbuch und ein Schild. Im Giebel des Portals befindet sich der nach 1933 angebrachte Reichsadler, dessen Hakenkreuz entfernt wurde. Heute beherbergt der denkmalgeschützte Bau, hinter dessen Schmuckfassade sich eine neogotische, kathedralenähnliche Treppenanlage befindet, das Nordberliner Amtsgericht für Zivilsachen und Grundangelegenheiten sowie das Zentrale Berliner Mahngericht und das Europäische Mahngericht für Deutschland.

▸ Brunnenplatz; U-Bahn: Pankstr.

43 ExRotaprint

Das Gebäudeensemble in der Gottschedstraße 4 stammt aus der Gründerzeit und Nachkriegsmoderne und beherbergte bis 1989 den Druckmaschinenhersteller Rotaprint. Die prägnanten Neubauten wurden zwischen 1957–1960 von dem Architekten Klaus Kirsten errichtet. Nach dem Konkurs von Rotaprint gab es zunächst 18 Jahre lang keine Perspektive für das Areal. Seit 2007 wird das heute denkmalgeschützte Gelände jedoch mittels eines 99-jährigen Erbbaurechts von der von Mietern gegründeten, gemeinnützigen GmbH ExRotaprint entwickelt, vermietet und saniert. Diese verfolgt eine heterogene Nutzung aus Gewerbebetrieben, Kulturschaffenden und sozialen Einrichtungen.

▸ www.exrotaprint.de; Gottschedstr. 4; U-Bahn: Nauener Platz

44 Wiesenburg

In der Wiesenstraße 55–59 baute der 1869 gegründete Berliner Asylverein für Obdachlose im Jahr 1895 nach einem Entwurf von Georg Töbelmann ein Refugium, das der Volksmund schon bald als Wiesenburg bezeichnete. Sie war in ein Beamtenwohnhaus, das Asyl mit Sammelhalle, Schlafsälen und Speisehalle und einen technischen Bereich mit Wasch- und Maschinenhaus aufgegliedert und konnte 700 Obdachlose aufnehmen. Anders als bei den staatlichen Obdachlosenheimen benötigte der Asylsuchende hier keine polizeiliche Registrierung. So nahm das Haus im Durchschnitt 250 000 Besucher im Jahr auf; 1907 wurde zudem ein Frauenasyl eingeweiht. Ab dem Ersten Weltkrieg wurden Teile des Gebäudes aus finanziellen Gründen vermietet, woraufhin verschiedene Firmen einzogen. Nach der Zerstörung einiger Bautrakte durch eine Brandbombe im Zweiten Weltkrieg wurde das Haus erst 1951 enttrümmert. Das erhaltene Beamtenhaus, in dem sich heute eine Tanz- und Kulturhalle befindet, steht unter Denkmalschutz. Eine Gedenktafel erinnert an die Geschichte der Wiesenburg; eine Abbildung der früheren Hausordnung informiert über die Einzelheiten der alten Hausvorschriften.

▸ Wiesenstr. 55–59; S-Bahn: Humboldthain

45 Volkspark Humboldthain

Der Volkspark Humboldthain wurde 1869–1872 nach Plänen des Gartenbauarchitekts Johann Heinrich Gustav Meyer als der erste Volkspark Weddings angelegt. Nach dem 1860 entstandenen Volkspark Friedrichshain war er der zweite Volkspark Berlins. Mit den später ergänzten Parkanlagen sollte er der Erholung der oftmals chronisch kranken Arbeiter dienen. Daher integrierte man auch verschiedene Spiel- und Sportanlagen in den Park wie beispielsweise eine Rodelbahn. 1941 errichteten die Nationalsozialisten einen Hochbunker, wofür ein 1887 für Alexander von Humboldt aufgestelltes Denkmal bestehend aus einer Ansammlung exotischer Pflanzen weichen musste. Im Zweiten Weltkrieg wurde der Park samt Bunker vollständig verwüstet; die noch vereinzelt übriggebliebenen Bäume wurden gefällt und als Feuerholz verwendet. Die französischen Besatzer planten eigentlich eine Sprengung des Bunkers, die jedoch nicht realisiert werden konnte, sodass er stattdessen mit Trümmerschutt aufgefüllt wurde. Heute ist der Volkspark Humboldthain mit seinem Freibad, einem Rosengarten und der 85 m hohen Humboldthöhe mit weitem Ausblick über die Stadt ein populäres Ausflugsziel. Der Bunker sowie andere Bunker und unterirdische Gänge in der Umgebung sind seit 1997 durch den gemeinnützigen Verein Berliner Unterwelten e. V. im Rahmen von Besichtigungstouren der Öffentlichkeit zugänglich.

▸ berliner-unterwelten.de; Tickets erhältlich in der Brunnenstr. 105 (vor Kaufland, neben dem Eingang zum U-Bahnhof Gesundbrunnen); Eintrittskarten für Führungen (Ausnahme Tour E und F) sind nur im Tagesverkauf (am Tag der jeweiligen Führung) erhältlich, kein Vorverkauf von Eintrittskarten; tgl. 10–16 Uhr; U-/S-Bahn: Gesundbrunnen

Charlottenburg: Fläche: 10,60 km², Einwohnerzahl: 123 226

Charlottenburg

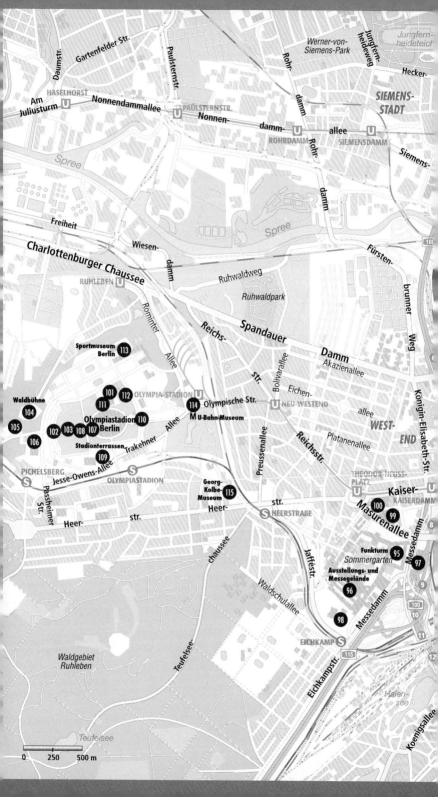

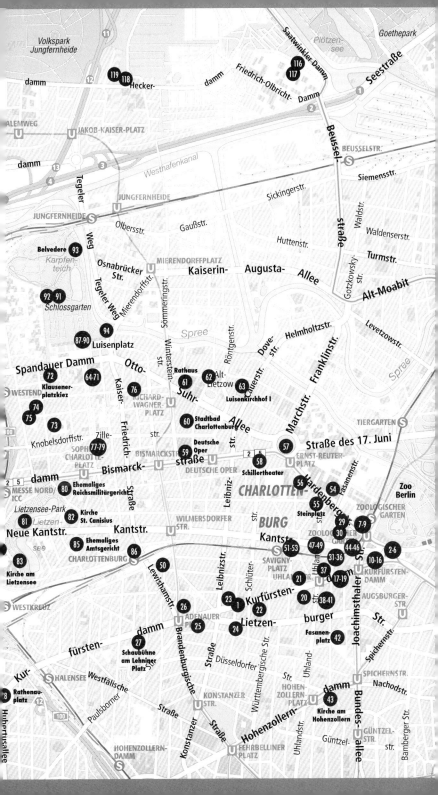

Rund um den Kurfürstendamm

1 Kurfürstendamm

Der Kurfürstendamm war einst ein Reitpfad zum Jagdschloss Grunewald, der 1542 zeitgleich mit diesem unter Joachim II. entstand und so die Residenzstadt Berlin mit den weitläufigen Jagdgebieten im Westen verband. Als Berlin zum kaiserlichen Sitz bestimmt wurde, sollte auf Anordnung Bismarcks der Damm in einen repräsentativen Boulevard von 35 m Breite und 4,5 km Länge umgestaltet werden. Die Straßenanlage mit Dampfstraßenbahn, die als westliches Pendant zur Prachtstraße Unter den Linden gedacht war, wurde in nur zehn Jahren Bauzeit bis 1885 errichtet. In dieser Zeit wuchs die Einwohnerzahl Berlins drastisch an und auch Charlottenburg wurde vom Baurausch der Gründerzeit ergriffen. Das Großbürgertum siedelte sich an und zeigte seinen Wohlstand in reich ornamentierten Fassaden. Auch zahlreiche Künstler und Intellektuelle zogen in das Viertel, avantgardistische Bewegungen fanden hier ihren Schauplatz. So wurde der Kurfürstendamm in den 1920er-Jahren zur Amüsiermeile und zum kulturellen Zentrum Berlins, in dem es unzählige Theater, Kinos, Varietés und Kaffeehäuser gab. Im Zweiten Weltkrieg fiel etwa die Hälfte der Gebäude am Ku'damm – wie der Kurfürstendamm im Volksmund genannt wird – den Zerstörungen zum Opfer. Mit dem Wiederaufbau entwickelte sich der Boulevard anschließend mit seinen edlen Boutiquen, Kinos und Theatern zum Symbol des freien Westens. Nach der Wende konzentrierten sich die Investoren eher auf den Potsdamer Platz und Berlin-Mitte, sodass der Kurfürstendamm seine bis dahin unangefochtene Vormachtstellung verlor. Mittlerweile macht er seinem Ruf als noble Einkaufsadresse jedoch wieder alle Ehre: architektonisch auffällige Bauten entstehen, edle Läden dominieren und überregional bekannte Theater wie das Boulevardtheater Komödie erfreuen sich großer Beliebtheit.

▸ www.kurfuerstendamm.de; www.theater-am-kurfuerstendamm.de; U-Bahn: Kurfürstendamm, Wittenbergplatz, Zoologischer Garten, S-Bahn: Zoologischer Garten

2 Kaiser-Wilhelm-Gedächtniskirche

Die Kaiser-Wilhelm-Gedächtniskirche wurde 1891–1895 nach Plänen von Franz Schwechten zu Ehren des ersten deutschen Kaisers, Wilhelm I., errichtet. 1943 wurde die Kirche durch Bomben fast völlig zerstört, lediglich der Stumpf des Hauptturms blieb verschont. Das Überbleibsel wurde den Berlinern zum Mahnmal der Kriegsschrecken und steht für den Überlebenswillen der Stadtbewohner. Daher konnte auch sein zunächst geplanter Abriss durch vehemente Proteste seitens der Bürger in den 1950er-Jahren verhindert werden. Die Turmruine wurde stattdessen in den von Egon Eiermann entworfenen Neubau integriert. 1961 wurde die neue Gedächtniskirche eingeweiht. Sie umfasst einen achteckigen Kirchraum mit 1200 Sitzplätzen sowie einem sechseckigen, 53 m hohen Turm aus Glas, Stahl und Beton. Zum »hohlen Zahn«, wie die Kirchenruine im Volksmund genannt wird, gesellten sich nun »Puderdose und Lippenstift«. Die 22000 Glasbausteine an den flachgedeckten Stahlskelettbauten wurden in Chartres angefertigt und tauchen das Kircheninnere in ein beruhigendes Blau. Über dem Hauptaltar hängt die goldfarbene Großplastik »Auferstanden« von Karl Hemmeter. Unter den weiteren Objekten im Innenraum befinden sich auch die schlichte, unversehrt gebliebene Christusfigur aus der alten Kirche, ein orthodoxes Kreuz zum Gedenken an die Opfer des Nationalsozialismus sowie das Coventry-Kreuz, das aus alten Nägeln der Ruine der englischen Kathedrale geschmiedet wurde, die 1940 von der deutschen Luftwaffe zerstört wurde. Zur vollen Stunde erklingt ein Glockenspiel aus der Turmruine. Hier wurde 1987 eine Gedenkhalle eingerichtet, die eine kleine Ausstellung zur Geschichte der Gedächtniskirche sowie einige Überreste aus der alten Kirche beherbergt.

› www.gedaechtniskirche-berlin.de; Breitscheidplatz; Kirche tgl. 9–19 Uhr, Gedenkhalle Mo–Fr 10–18, Sa 10–17:30, So 12–17:30 Uhr; Eintritt frei; kostenlose 30-minütige Führungen: Mo–Sa 13:15, 14, 15 Uhr, zusätzl. Mo/Fr/Sa 10:15, 11, 12, So 12, 13, 14, 15 Uhr, um eine Spende wird gebeten; U-Bahn: Kurfürstendamm, Wittenbergplatz, Zoologischer Garten, S-Bahn: Zoologischer Garten

3 Europa-Center

Das Europa-Center wurde 1963–1965 nach Plänen von Helmut Hentrich und Hubert Petschnigg errichtet. Die Architekten konzipierten einen 103 m hohen, 22-stöckigen Büro- und Einkaufskomplex, der Berlins erste überdachte Einkaufsstraße war. Heute beherbergt der Bau mit dem sich drehenden Mercedes-Stern auf dem Dach zahlreiche Geschäfte, Restaurants und im Untergeschoss das Kabarett »Die Stachelschweine«.

Das Europa-Center liegt am Breitscheidplatz, auf dem sich der von Joachim Schmettau entworfene Weltkugelbrunnen aus rotem Granit und Bronze befindet, von den Berlinern auch »Wasserklops« genannt.

› www.europa-center-berlin.de; Tauentzienstr. 9–12; U-Bahn: Kurfürstendamm, Zoologischer Garten, S-Bahn: Zoologischer Garten

4 Bikini-Haus

Nördlich gegenüber des Breitscheidplatzes, jenseits der Budapester Straße, liegt das Bikini-Haus, das 1955–1957 nach Entwürfen der Architekten Paul Schwebes und Hans Schoszberger errichtet wurde. Seinen Namen erhielt der langgezogene Flachbau von einem früheren Luftgeschoss in der Mitte, das jedoch später verglast wurde. Der denkmalgeschützte Bau wurde 2010–2014 renoviert und anschließend als moderner Hotel- und Einkaufskomplex unter dem Namen »Bikini Berlin« wiedereröffnet. Im 10. Stock des Hotels befindet sich die *Monkey Bar*. Von hier hat man einen weiten Ausblick über die City West – ebenso wie auf das Affengehege des Zoos; des Weiteren bietet die Bar eine Terrasse sowie regelmäßige Veranstaltungen.

▸ www.bikiniberlin.de; Budapester Str. 40–50; Monkey Bar: Mo–Fr 15–1, Sa/So 15–2 Uhr; U-/S-Bahn: Zoologischer Garten

5 Zoo Palast

Der Zoo Palast wurde 1956/1957 nach Entwürfen von Paul Schwebes, Hans Schoszberger und Gerhard Fritsche errichtet und als zentrales Kino der Filmfestspiele 1957 eröffnet. Die Architekten konzipierten den zwei Kinosäle umfassenden Bau mit einer leicht nach außen gewölbten und hellgelben Keramikplatten verzierten Fassade, an der handgemalte, großflächige Kinoplakate angebracht wurden. In den 1970er- und 1980er-Jahren wurde das Kino auf neun Säle erweitert. 2010–2013 erfolgte eine umfassende Neugestaltung, wobei fünf weitere Kinosäle hinzukamen.

Ursprünglich hatte hier das 1905/1906 errichtete Kino »Palasttheater am Zoo« gestanden, in dem zahlreiche deutsche Uraufführungen stattfanden. 1943 wurde es durch Bombeneinschläge zerstört und später durch den Zoo Palast ersetzt.

▸ www.zoopalast-berlin.de; Hardenbergstr. 29a; U-/S-Bahn: Zoologischer Garten

6 Zoofenster

Das als »Zoofenster« bezeichnete Hochhaus an der Hardenbergstraße gegenüber dem U-/S-Bahnhof Zoologischer Garten wurde 2009–2013 nach Plänen des Frankfurter Architekten Christoph Mäckler errichtet. Neben Geschäften beherbergt der 118 m hohe Bau ein Hotel sowie das neugegründete *Romanische Café*. Dieses befand sich ursprünglich dort, wo heute das Europa-Center steht, und war zur Jahrhundertwende bis in die 1920er-Jahre hinein Treffpunkt von

Blick von der Terrasse der Monkey Bar

Berliner Künstlern und Intellektuellen. Zu den regulären Gästen des
Romanischen Cafés, das sich im Laufe der Zeit in eine »Schwim-
mer-« – für Stammgäste – und eine »Nichtschwimmerabteilung« –
für unbekannte, neugierige Gäste – aufteilte, gehörten unter anderen
Gottfried Benn, Otto Dix, Hanns Eisler, George Grosz, Mascha Ka-
léko, Erich Kästner, Irmgard Keun, Else Lasker-Schüler, Max Liebermann, Rudolf Steiner und Stefan Zweig.

▸ Hardenbergstr. 27–28a; U-/S-Bahn: Zoologischer Garten

7 Bahnhof Zoologischer Garten
Der Bahnhof Zoologischer Garten ist der größte Nahverkehrsknoten-
punkt in Berlin, an dem Fern-, S-, U-Bahnen und zahlreiche Buslinien
zusammentreffen. Er wurde 1878–1882 nach Plänen von Ernst Dirck-
sen als Bahnhof für die Stadtbahn errichtet und zwei Jahre später auch
für den Fernverkehr geöffnet. 1902 wurde er nach einem Entwurf

von Alfred Grenander durch den U-Bahnhof ergänzt. Nach Plänen von Fritz Hahne erfolgte 1934–1941 eine komplette Neugestaltung des Bahnhofs; seitdem wurde er regelmäßig um- und ausgebaut. In den 1970er- und 1980er-Jahren wurde der Bahnhof als Drogen- und Stricherszene bekannt, die unter anderem die Autorin Christiane Felscherinow in ihrer Autobiografie »Wir Kinder vom Bahnhof Zoo« thematisierte. Heute steht der Bahnhof unter Denkmalschutz; 2015–2017 soll eine grundlegende Sanierung erfolgen, in deren Rahmen das Empfangsgebäude modernisiert wird.

▸ U-/S-Bahn: Zoologischer Garten

⑧ C/O Berlin

Das im Jahr 2000 als private Stiftung gegründete C/O Berlin ist ein Ausstellungshaus für Fotografie, das in wechselnden Ausstellungen international renommierte Künstler zeigt, wie beispielsweise Annie Leibovitz, Robert Mapplethorpe und James Nachtwey, sowie Vorträge, Workshops, Führungen und Künstlergespräche veranstaltet. Bis zum Frühjahr 2013 war es im ehemaligen Postfuhramt in Berlin-Mitte beheimatet. Aufgrund der Kündigung des Mietvertrags zog das Haus 2014 in das Amerika-Haus in der Hardenbergstraße um.

Das Amerika-Haus wurde im Rahmen der Internationalen Bauausstellung 1956/1957 nach Plänen von Bruno Grimmek errichtet. Bis 2006 diente es als Informationszentrum der USA und kulturelle Begegnungsstätte, die auch eine Bibliothek, Ausstellungsflächen sowie ein Kino umfasste. In den letzten Jahren erfolgten verschiedene Zwischennutzungen; für die Eröffnung des C/O Berlins wurde das Haus mit der bunten Mosaikfassade renoviert und teilweise umgebaut.

▸ www.co-berlin.org; Hardenbergstr. 22–24; U-/S-Bahn: Zoologischer Garten

⑨ Museum für Fotografie

Das Museum für Fotografie wurde 2004 eröffnet und schließt zwei Akteure zusammen: die Abteilung Fotografie der Kunstbibliothek Berlin im zweiten Obergeschoss und die Sammlung der Helmut-Newton-Stiftung, von dem in Berlin geborenen Fotografen 2003 selbst gegründet, in den beiden unteren Etagen. So werden in dem mit 2000 m² Ausstellungsfläche größten Museum für Fotografie in Berlin sämtliche fotografische Formen und Stile vom 19. bis zum 21. Jahrhundert präsentiert.

Der neoklassizistische Museumsbau wurde 1909 nach Plänen von Julius Boethke und Heino Schmieden als Kasino des »Offizierscorps der Landwehr-Inspektion Berlin e. V.« errichtet und umfasste den prunkvollen Kaisersaal – der heute die Abteilung der Kunstbibliothek beherbergt –, Gästezimmer, weitere Festsäle und ein Restaurant. 1950 ging das im Zweiten Weltkrieg stark beschädigte Kasino in den Besitz des Berliner Senats über, der es der Kunstbibliothek zur Verfügung stellte.

▸ www.smb.museum; Jebensstraße 2; Di/Mi/Fr 10–18, Do 10–20, Sa/So 11–18 Uhr; Eintritt 10 €, erm. 5 €; U-/S-Bahn: Zoologischer Garten

⑩ Ehemaliges Kaisereck

Das Kaisereck, ein großes, gerundetes Eckgebäude am Breitscheidplatz, wurde 1913/1914 nach Plänen von Johann Emil Schaudt im romanischen Stil errichtet. Zunächst als Geschäfts- und Bürohaus genutzt, zogen hier anschließend das Seidenhaus Michels & Cie sowie die Reichsgetreidegesellschaft ein. Heute beherbergt der denkmalgeschützte fünfgeschossige Bau unter anderem Modegeschäfte und Kanzleien.

▸ Kurfürstendamm 237/Rankestr. 1a; U-/S-Bahn: Zoologischer Garten

⑪ Marmorhaus

Das Marmorhaus wurde 1912/1913 nach Entwürfen des Architekten Hugo Pál als Kinosaal errichtet. Dieser gestaltete einen für den Kurfürstendamm typischen fünfgeschossigen Bau mit einer Fassade aus schlesischem Marmor. 1975 wurden von der Ufa zusätzlich vier Schachtelkinos eingebaut; 1997 erfolgte eine umfassende Renovierung dieses ältesten Kinos des Kurfürstendamms. Durch die zunehmende Konkurrenz der Multiplex-Kinos konnte sich das Kino allerdings nicht halten und wurde 2001 geschlossen. 2008 erfolgte hier jedoch die Wiedereröffnung eines gehobenen Kinos, das 2013 zu den Austragungsorten der Berlinale gehörte und damit an die traditionsreiche Geschichte des Baus anknüpfte.

▸ Kurfürstendamm 236; U-Bahn: Kurfürstendamm

⑫ Ehemaliges Café Schilling

Am Kurfürstendamm 234 befand sich einst das Café Schilling, gefolgt vom Café Möhring. Der Bau wurde 1901 fertiggestellt und war im Innern mit prächtigem neobarocken Wand- und Deckenschmuck ausgestattet. Schon 1902 trank man hier Kaffee, ab 1911 konnte man den Ausblick von der ersten am Kurfürstendamm eröffneten Terrasse genießen. Heute befindet sich in dem Gebäude unter anderem die Filiale einer Bekleidungskette; die opulenten Stuckdecken sind noch erhalten.

▸ Kurfürstendamm 234; U-Bahn: Kurfürstendamm

⑬ Alter Gloriapalast

Der alte Gloriapalast am Kurfürstendamm 12 ist heute zwar zu Geschäftsräumen umgebaut worden, erinnert mit seinem Namen jedoch noch an die Internationalen Filmfestspiele, die seit 1951 hier veranstaltet wurden. Ein erster neobarocker Kinosaal an dieser Stelle wurde 1924/1925 nach Plänen von Ernst Lessing und Max Bremer eingerichtet. Den Vorgängerbau, 1894–1896 nach Entwürfen von Franz Schwechten errichtet, integrierten die Architekten in den Neubau. Das Kino Gloria-Palast mit 1 200 Sitzplätzen eröffnete 1926; später wurde hier der erste deutschsprachige Tonfilm uraufgeführt. Im Zweiten Weltkrieg zerstört und 1948 wiedereröffnet, erfolgte 1998 die Schließung des Kinos. Das unter Denkmalschutz stehende und restaurierte Foyer mit dem Kassenhäuschen und der Wendeltreppe sowie das denkmalgeschützte Neonschild an der Fassade sind heute noch erhalten.

▸ Kurfürstendamm 12; U-Bahn: Kurfürstendamm

⑭ Café Kranzler

Das Café Kranzler wurde 1932 in den Räumen des ehemaligen Cafés des Westens eröffnet. Dieses vormalige Café galt seit 1894 als Treffpunkt von Künstlern und Schriftstellern und zählte zu seinen Stammgästen unter anderen Alfred Döblin, Gottfried Benn und George Grosz. Nach den Zerstörungen im Zweiten Weltkrieg wurde das Café Kranzler zunächst in einem 1951 von Paul Schwebes entworfenen Flachbau wiedereröffnet. Dieser wurde 1957/1958 abgerissen und durch den heute noch bestehenden Bau mit aufsitzender Rotunde ersetzt. Seit der Schließung des historischen Kaffeehauses im Jahr 2000 dient lediglich der Rundbau mit seiner rot-weiß gestreiften Markise im dritten Stock als Café. Im restlichen Gebäude befinden sich die Geschäftsräume einer Boutique.

▸ www.cafekranzler.de; Kurfürstendamm 18; U-Bahn: Kurfürstendamm

🔵15 Neues Kranzler-Eck

Das Neue Kranzler-Eck entstand 1992–1998 nach Plänen des Architekten Helmut Jahn, der auch das Sony Center am Potsdamer Platz entworfen hat. Er konzipierte ein bis zu 60 m hohes Gebäudeensemble, dessen gläserner Querriegel den denkmalgeschützten Kaufhausbau mit dem alten Café Kranzler integriert. Die einzelnen Gebäude des Ensembles bilden eine Passage zwischen Kantstraße und Ku'damm, in der es neben Geschäften auch Volieren mit Fasanen und Enten gibt.

▸ www.neueskranzlereck.de; Kurfürstendamm 22; U-Bahn: Kurfürstendamm

🔵16 Neues Ku'damm-Eck

Das Neue Ku'damm-Eck wurde 1998–2001 nach Plänen des Architektenbüros Gerkan, Marg und Partner errichtet. Es entwarf einen zehngeschossigen Rundbau mit einem wellenförmigen Sockelgeschoss, auf dessen Vorsprung sich das Skulpturenensemble »Das Urteil von Paris« von Markus Lüpertz befindet. Das Gebäude beherbergt unter anderem ein Hotel sowie die Geschäftsräume einer Modekette.

Nebenan, in der Augsburger Straße 41, liegt ein von Jan Kleihues entworfenes und 2002–2005 errichtetes Hotelgebäude. Mit einer Höhe von knapp 70 m gehört der Bau mit der stufenartig ansteigenden Fassade aus Naturstein zu den höchsten Gebäuden der City-West.

An der Straßenecke gegenüber dem Hotel befindet sich eine denkmalgeschützte Verkehrskanzel mit Kiosk und U-Bahn-Zugang. Sie stammt aus den 1950er-Jahren und war bis 1962 in Betrieb.

▸ Ecke Kurfürstendamm/Joachimstaler Str./Augsburger Str.; U-Bahn: Kurfürstendamm

🔵17 Lichtspielhaus

Das ehemalige Lichtspielhaus am Kurfürstendamm 26 sowie das benachbarte Haus (Nr. 25) zeigen noch die alten, für den Ku'damm typischen Prachtfassaden. Der Bau mit der Hausnummer 26 wurde 1912/1913 als »Unions-Palast« im Stil des Wilhelminischen Klassizismus errichtet und beherbergte eines der ersten Lichtspieltheater Berlins. Ab 1945 residierte hier die »Filmbühne Wien«. 2000 wurde das Kino geschlossen und nach diversen Zwischennutzungen sowie zeitweiligem Leerstand 2011–2013 in Geschäftsräume umgebaut.

▸ Kurfürstendamm 26; U-Bahn: Kurfürstendamm

18 Ehemaliges Astor-Kino

Im 1895/1896 nach Plänen von Heinrich Mittag und Heinrich Seeling erbauten Eckgebäude an der Ecke Kurfürstendamm/Fasanenstraße eröffnete 1920 der Komponist und Pianist Rudolf Nelson ein Revue-theater. Zu Gast waren hier unter anderen Josephine Baker im Jahr 1926, aber auch Kurt Tucholsky und Friedrich Hollaender. Als Nelson 1933 vor den Nazis flüchten musste, richtete Rudolph Möhring in den Räumen das Astor-Kino mit rund 500 Plätzen ein, das bis 2002 durchgängig in Betrieb war. Nachdem das Kino wegen erhöhter Mietforderungen schließen musste, zog ein Modegeschäft in die Räume ein.

‣ Ecke Kurfürstendamm/Fasanenstr.; U-Bahn: Uhlandstr.

19 Hotel Kempinski

Das Hotel Kempinski war 1952 das erste Hotel, das nach dem Zweiten Weltkrieg wiedereröffnete, nachdem der 1890 errichtete Vorgängerbau sowie über 190 andere Gebäude am Kurfürstendamm zerstört worden waren.

Berthold Kempinski hatte 1862 in seinem Heimatort Raschkow bei Posen eine Weinhandlung eröffnet und war zehn Jahre später nach Berlin gezogen, wo er einen Imbiss und später mehrere Restaurants eröffnete. Eines dieser Restaurants wurde 1927 am Kurfürstendamm 27 eröffnet, mittlerweile unter der Leitung von Kempinskis Schwiegersohn Richard Unger. 1937 wurden die Betriebe beschlagnahmt, und Richard Unger emigrierte mit seiner Familie in die USA. Sein Sohn Friedrich Unger errichtete 1951 das Hotel auf dem rückgeführten Grundstück mit der Hausnummer 27. Das Gebäude mit der sanft gerundeten Fassade gilt als Musterbeispiel eines gelungenen 1950er-Jahre-Baus. Heute sind die Kempinski Hotels die älteste europäische Luxushotelgruppe.

‣ Kurfürstendamm 27; U-Bahn: Uhlandstr.

20 Ku'damm-Karree

Das Ku'damm-Karee am Kurfürstendamm 206–209 wurde in den frühen 1970er-Jahren erbaut. Der Theater- und Passagen-Komplex beherbergt das multimediale und erlebnisreiche Museum The Story of Berlin sowie die gemeinschaftlich geführten Boulevardtheater Komödie und Theater am Kurfürstendamm. Die Komödie wurde 1924 von Max Reinhardt eröffnet, das 1921 gegründete Theater am Kurfürstendamm gelangte später ebenfalls unter Reinhardts Leitung. Ab 2015 soll der Komplex nach Plänen des Architekten David Chipperfield komplett umgebaut werden, die Theater und das Museum werden im modernen Neubau erhalten bleiben. Des Weiteren sind hier neben Geschäfts- und Büroräumen auch ca. 300 Wohnungen vorgesehen.

▸ www.kudamm-karree.de; Theater: www.theater-am-kurfuerstendamm.de; Museum: www.story-of-berlin.de; tgl. 10–20 Uhr; 12 €, erm. 9 €, Kinder 6–16 Jahre 5 €; Kurfürstendamm 206–209; U-Bahn: Uhlandstr.

㉑ Ehemaliges Café Reimann

Das ehemalige Café Reimann wurde 1920 am Kurfürstendamm 35 eröffnet und war bei den Charlottenburgern äußerst beliebt. Am 12. September 1931, dem Abend vor Rosch ha-Schanah, dem jüdischen Neujahrstag, wurde es jedoch Schauplatz brutalster Gewalttacken: Über 1 000 Nationalsozialisten jagten und verprügelten rund um den Kurfürstendamm alle nach ihren Vorstellungen jüdisch aussehenden Passanten. Das Café Reimann wurde völlig verwüstet, die Gäste teilweise schwer verletzt. Organisiert wurden die heute als Kurfürstendamm-Krawalle bezeichneten Ausschreitungen von dem Berliner Gauleiter Joseph Goebbels und dem Berliner SA-Führer Wolf-Heinrich von Helldorf. Heute befindet sich in dem Bau ein Hotel.

▸ Kurfürstendamm 35; U-Bahn: Uhlandstr.

㉒ Haus Cumberland

Das Haus Cumberland wurde ab 1911 nach Plänen des Architekten Robert Leibnitz, der auch das Adlon Hotel konzipiert hatte, in Anlehnung an amerikanische Appartementhäuser errichtet. 1912 sollte der weitläufige Komplex als »Boarding Palast« eingeweiht werden, allerdings scheiterte die Geschäftsidee schon vor der Eröffnung, da der Eigentümer Konkurs ging. Das 60 m breite und etwa 180 m tiefe Haus mit fünf Innenhöfen, die mit Brunnen und Putti ausgestaltet sind, wurde daraufhin versteigert. Verschiedene Nutzungen folgten, darunter die des Kaiserlichen Waffen- und Munitionsbeschaffungs-amts, eines Grand Hotels, des Reichswirtschaftsministeriums und der Finanzverwaltung. 1966–2003 befand sich in dem Gebäude die Berliner Oberfinanzdirektion. Nach einigen Jahren Leerstand erwarb 2006 ein Investor das Gebäude und ließ es bis 2012 zu einem Wohn-, Geschäfts- und Gastronomiekomplex umbauen.

▸ www.cumberland-kurfuerstendamm.de; Kurfürstendamm 193/194; U-Bahn: Uhlandstr., Adenauerplatz

23 Kurfürstendamm 56–60

Mehrere Baukomplexe am Kurfürstendamm blieben von den Zerstörungen des Zweiten Weltkriegs verschont, darunter das Gebäude am Kurfürstendamm 56–60 zwischen Wieland- und Leibnizstraße, das heute noch die historische Bebauung erkennen lässt. Die großflächigen Wohnungen in diesem Gebäude wurden ab 1907 bewohnt und umfassten oftmals mehr als zehn Räume. Auch Warmwasser, Zentralheizung und elektrisches Licht wurden den Mietern hier geboten. Die Fassaden der Häuser waren ebenfalls entsprechend prunkvoll ausgestaltet. In der Vorkriegszeit beherbergten die Bauten vermögende Mieter, unter denen viele zum jüdischen Großbürgertum zählten. Durch die zunehmenden Repressionen der Nationalsozialisten wurden die jüdischen Bürger jedoch immer mehr vom öffentlichen Leben ausgeschlossen. Im Gegensatz zu Warschau gab es in Berlin kein Ghetto, sondern einzelne Häuser, in die die Berliner Juden umgesiedelt wurden. Auch am Kurfürstendamm richtete man ab 1933 diese Häuser ein, darunter das Gebäude mit der Hausnummer 177. Viele von den zwangsumgesiedelten Juden wurden von hier über den Kurfürstendamm zu den Deportationszügen am Bahnhof Grunewald getrieben.

‣ U-Bahn: Adenauerplatz

24 Olivaer Platz

Am Olivaer Platz endete zur Mitte des 19. Jahrhunderts der Kurfürstendamm und bog nach Süden Richtung Schmargendorf und Jagdschloss Grunewald ab. Der nach dem Kloster Oliva bei Danzig benannte Platz wurde 1892 sowie 1901–1907 nach Plänen des Stadtobergärtners Richard Thieme angelegt, der sich von der bis dahin üblichen eklektizistischen Schmuckplatzgestaltung abwandte und den Olivaer Platz nach streng geometrischen und symmetrischen Formen anlegte. Auch ein Kinderspielplatz wurde eingerichtet. Nach dem Zweiten Weltkrieg zunächst nach Thiemes Ausgestaltung wiederhergestellt, wurde der Platz in den 1960er-Jahren umgebaut und ein Springbrunnen, Backsteinwände sowie Bänke aus Beton aufgestellt. Auch die Skulptur »Schlüssel« von Yasuo Mizui fand hier einen Platz, gefolgt von der 6 m hohen Stahlskulptur »Lenz 92« von Pit Kroke im Eingangsbereich. Ab 2014 wird der Platz erneut umgestaltet; große Rasenflächen, Promenaden an der Nord- und Südseite und ein Platz mit Café im Westen sollen hier entstehen.

‣ U-Bahn: Adenauerplatz

25 Fischer Kunsthandel & Editionen

1992 gegründet, konzentrierte sich die Galerie Fischer Kunsthandel & Edition zunächst auf Skulpturen und figurative Malerei. Ab Mitte der 1990er-Jahre wurde der Schwerpunkt auf Neue Sachlichkeit und Kunst der Verschollenen Generation verlagert, also jener Künstler, die ihre Laufbahn zwischen den beiden Weltkriegen begannen, aber durch die Bestimmungen der Nazis schließlich an einem weiteren Schaffen gehindert wurden. Hierzu zählen beispielsweise Otto Dix oder auch George Grosz.

▸ www.fischer-kunsthandel.de; Xantener Str. 20; Di–Fr 11–13 u. 14:30–19, Sa 11–14 Uhr; U-Bahn: Adenauerplatz

26 Adenauerplatz

An der Kreuzung des Kurfürstendamms mit der Lewishamstraße und der Brandenburgischen Straße befindet sich der 1973 nach dem ehemaligen deutschen Bundeskanzler benannte Adenauerplatz. Zu Ehren Konrad Adenauers wurde 2005 eine 1,85 m hohe Bronzestatue der Kölner Bildhauerin Helga Tiemann auf der Nordseite des Platzes aufgestellt. Im Zentrum befindet sich die Brunnenskulptur »Säule der Brandung« von Brigitte und Martin Matschinsky-Denninghoff. 1996 wurde zudem ein Gedenkstein für Mete Ekşi aufgestellt, der bei einer gewalttätigen Auseinandersetzung zwischen Jugendlichen 1991 auf dem Platz ums Leben kam.

Seit 1972 verläuft der Nord-Süd-Verkehr an dieser Stelle unterirdisch; bei den dafür erforderlichen Umbauten entstand auf einer Restfläche des Grundstücks Kurfürstendamm 70 das schmalste Baugelände des Ku'damms. Auf dem Areal befindet sich heute das 2,5 m breite und 25 m lange »Handtuchhaus«, wie es im Volksmund genannt wird, welches 1992–1994 nach Plänen von Helmut Jahn mit imposanter Stahl-Glas-Fassade errichtet wurde. Um die Grundfläche zu vergrößern, springt das Gebäude ab der ersten Etage bis zu 5 m zur Straße hin hervor. In dem Gebäude befinden sich Büroräume.

▸ U-Bahn: Adenauerplatz

27 Schaubühne am Lehniner Platz

Die Schaubühne am Lehniner Platz wurde 1928 nach Plänen von Erich Mendelsohn im Stil der Neuen Sachlichkeit errichtet. Das heute denkmalgeschützte Ensemble umfasste damals einen Wohnhausblock mit Ladenzeile, das »Universum-Kino« und das »Kabarett der

Schaubühne am Lehniner Platz

Komiker«. Auch nach dem Zweiten Weltkrieg richtete man in dem halbrunden Kopfbau des Ensembles wieder ein Lichtspielhaus ein. 1978 wurde das Gebäude aufgrund maroder Bausubstanz abgerissen und bis 1981 nach Plänen des Architekten Jürgen Sawade durch einen originalgetreuen Nachbau mit multifunktionalen Theaterräumen ersetzt, in den das Theaterensemble Schaubühne einzog.

▸ www.schaubuehne.de; Kurfürstendamm 153; U-Bahn: Adenauer Platz

28 Rathenauplatz

Der Rathenauplatz befindet sich am westlichen Ende des Kurfürstendamms und grenzt bereits an den Grunewald. 1957 wurde er nach dem deutschen Außenminister Walter Rathenau benannt, der 1922 in der benachbarten Königsallee von Mitgliedern einer rechtsextremistischen terroristischen Vereinigung ermordet wurde. Auf der begrünten Mittelinsel des Platzes befindet sich die von Wolf Vostell zur 750-Jahr-Feier Berlins 1987 geschaffene Skulptur »Beton Cadillacs«, die zwei in Beton gegossene Cadillacs zeigt.

▸ S-Bahn: Halensee

Die Fasanenstraße

29 Ludwig-Erhard-Haus

Das Ludwig-Erhard-Haus wurde 1994–1998 nach Plänen von Nicholas Grimshaw errichtet und ist heute Sitz der Berliner Börse sowie anderer wichtiger Institutionen der regionalen Wirtschaft. Grimshaw konzipierte einen Bau mit 15 elliptischen Stahlbögen, die sich bis zu 38 m hoch und 61 m weit über das Gebäude spannen und dem Bau, zusammen mit den klobigen Füßen, zu dem Namen »Gürteltier« verholfen haben.

Von dem öffentlich zugänglichen Foyer mit einem Café aus kann man einen Blick auf die Börsenhalle werfen.

▸ www.leh-berlin.de; Fasanenstr. 85; U-/S-Bahn: Zoologischer Garten

30 Delphi-Filmpalast

Der Delphi-Filmpalast wurde 1927/1928 zunächst als Tanzlokal nach Plänen von Bernhard Sehring errichtet, der auch das benachbarte Theater des Westens konzipiert hatte.

Erst im Rahmen des Wiederaufbaus des Gebäudes nach den schweren Zerstörungen des Zweiten Weltkriegs in den Jahren 1947–1949 wurde hier ein Kino eingerichtet. Im Souterrain des Hauses befindet sich ein Jazzkeller; zur Fasanenstraße hin liegt ein Terrassencafé mit schöner Aussicht, auch unter der Bezeichnung Delphiterrassen bekannt. Es wurde in den 1990er-Jahren in Anlehnung an die ursprüngliche, 1927 im Stil italienischer Villengärten angelegte Terrassenanlage wiederhergestellt.

▸ www.delphi-filmpalast.de/kino; Kantstr. 12a; U-Bahn: Zoologischer Garten, Kurfürstendamm, Uhlandstr., S-Bahn: Zoologischer Garten

31 Kantdreieck

An der Ecke Kant-/Fasanenstraße steht das 1992–1995 nach Plänen von Josef Paul Kleihues errichtete Kantdreieck. Auf dem Dach in 36 m Höhe befindet sich ein markantes, bewegliches Windsegel aus genietetem Blech – das Wahrzeichen der Kantstraße. Das elfgeschossige Gebäude wird als Bürohaus genutzt.

▸ Ecke Kant-/Fasanenstr.; U-Bahn: Zoologischer Garten, Kurfürstendamm, Uhlandstr., S-Bahn: Zoologischer Garten

32 Künstlerhaus St. Lukas

Das Künstlerhaus St. Lukas wurde 1889/1990 nach Plänen von Bernhard Sehring als Wohn- und Atelierhaus errichtet. Die Fassade des burgartigen Hauses schmückte Sehring fantasievoll mit Erkern, Türmchen, Reliefs und Skulpturen, das Innere stattete er mit Gemälden, Skulpturen, alten Möbeln und Kleinkunst aus Tirol und Italien aus. Der nach St. Lukas – der Schutzpatron der Maler – benannte Backsteinbau war für Künstler gedacht, die hier zusammen leben und arbeiten sollten. So gab es neben den Atelierwohnungen und Malerwerkstätten auch Gemeinschaftsräume, eine Kneipe, eine private Kunst- und Kunstgewerbeschule sowie eine Mal-, Zeichen-, Modellier- und Schnitzerschule. In der Mitte des Gartenhofes wurde eine Brunnenanlage von Nikolaus Friedrich angelegt. Zu den hier lebenden Künstlern gehörten unter anderen George Grosz, Ernst Barlach, Max Slevogt, Ernst von Wolzogen sowie Max Kruse und seine für ihre Puppen berühmte Frau Käthe Kruse. Auch Sehring selbst zog in das Künstlerhaus ein. 1987 wurde das denkmalgeschützte Gebäude umfassend saniert, und auch heute noch leben und arbeiten in den Wohnungen und Ateliers Künstlerinnen und Künstler.

‣ Fasanenstr. 13; U-Bahn: Uhlandstr.

33 Galerie Springer

1991 in Frankfurt am Main gegründet, zog die Galerie Ende der 1990er-Jahre nach Berlin und ließ sich im Künstlerhaus St. Lukas in der Fasanenstraße nieder. Der Schwerpunkt liegt auf dem Bereich Fotografie internationaler Künstler; pro Jahr finden etwa 4–6 Ausstellungen statt.

Des Weiteren betreut die Galerie sowohl private als auch öffentliche Sammlungen.

‣ www.galeriespringer.de; Fasanenstr. 13; Di–Fr 12–18, Sa 12–15 Uhr; U-Bahn: Uhlandstr., S-Bahn: Savignyplatz

34 Galerie Fahnemann

Die 1982 gegründete Galerie hat sich auf die Bereiche Malerei, Fotografie und Grafiken spezialisiert. Regelmäßig werden die Arbeiten des 1989 verstorbenen Malers und Grafikers Hans Hartung, einer der wichtigsten Vertreter der Informellen Kunst, präsentiert.

‣ www.galerie-fahnemann.de; Fasanenstr. 61; Tel.: 030/8 83 98 97, Besuch nur nach vorheriger Absprache; U-Bahn: Spichernstr.

35 Jüdisches Gemeindehaus

Das Jüdische Gemeindehaus in der Fasanenstraße wurde von den Architekten Dieter Knoblauch und Hans Heise entworfen und 1959 eingeweiht. Sie konzipierten es als einfachen Stahlbetonskelettbau mit vorgelagertem Eingangshof. Zuvor hatte an dieser Stelle die 1910–1912 nach Plänen von Ehrenfried Hessel errichtete Synagoge gestanden. Sie wurde in der Reichspogromnacht 1938 angezündet und brannte aus. Ihre Reste wurden für den Neubau abgerissen, teilweise aber auch in diesen integriert, wie das vorgesetzte Eingangsportal an der Fassade. Vor dem Haus befindet sich ein von Richard Hess entworfenes und 1987 aufgestelltes Bronzedenkmal in Form einer halb entrollten Thoraschrift sowie eine Gedenkwand für die Opfer der Konzentrationslager. Neben einem Betsaal beherbergt das Gemeindehaus heute auch die jüdische Volkshochschule, eine öffentliche Bibliothek mit Literatur zum Judentum und ein koscheres Restaurant.

› www.jg-berlin.org; Fasanenstr. 79/80; U-Bahn: Uhlandstr.

36 Villa Ilse

Die Villa Ilse wurde 1872–1874 nach Entwürfen des Architekten H. Sobotta im Auftrag von Leopold Ilse errichtet. Sobotta entwarf ein zweistöckiges Gebäude im Stil des italienischen Klassizismus, auf dessen Dach sich ein aufgestockter Glockenturm befindet. Der Verandavorbau an der Straßenfassade wurde 1922 angefügt, darüber liegt der typische Quergiebel und das Obergeschoss mit dem Mittelvorbau. Bis 2011 war die Villa über eine Brücke mit dem benachbarten Bankhaus Löbbecke verbunden, das seine Räume allerdings 2006 an einen anderen Ort verlegte. Seit 2012 beherbergt die Villa die Geschäftsräume eines Investors.

› Fasanenstr. 76/78; U-Bahn: Uhlandstr.

37 Hotel Kempinski

An der Ecke Kurfürstendamm/Fasanenstraße steht das sanft gerundete Gebäude des Hotels Kempinski, der erste Hotelneubau der Nachkriegszeit (vgl. Seite 226).

› Kurfürstendamm 27; U-Bahn: Uhlandstr.

38 Wintergarten-Ensemble

In der Fasanenstraße 23–27 liegt das sogenannte Wintergarten-Ensemble mit sorgfältig restaurierten Gründerzeitvillen. Den Namen

Literaturhaus

erhielt es durch den Wintergarten des Literaturhauses mit der Nr. 23. Das Gebäude wurde nach Plänen Hans Grisebachs im Stil eines italienischen Renaissance-Palastes errichtet und wird neben dem Cafébetrieb auch regelmäßig für Ausstellungen, Lesungen und andere Veranstaltungen genutzt.

Über einen Skulpturengarten gelangt man ins private Käthe-Kollwitz-Museum. Es umfasst über 200 zeichnerische und druckgrafische Arbeiten, Originalplakate und Plastiken der Künstlerin. Das Museum ging aus der Sammlung des Malers und Kunsthändlers Hans Pels-Leusden hervor, dessen Galerie im Nebenhaus fortgeführt wird. Das Gebäude mit der Nr. 24 stammt aus dem Jahr 1871 und war das erste Haus der Fasanenstraße. Es wurde von Maurermeister Martens errichtet und ist wie Nr. 23 als freistehende Villa mit spätklassizistischen Elementen konzipiert.

Die unmittelbar sich anschließenden Häuser Nr. 25 und 26 entwarfen und bauten Grisebach und Martens 1891/1892 als fünfstöckige

Vorstadtvillen, von denen insbesondere die Villa Grisebach in der Nr. 25 hervorsticht. Die Architekten verzierten den Bau mit schmiedeeisernen Treppengeländern und detailreichen Stuckarbeiten. Einst wohnte hier Grisebach selbst, heute haben mehrere Berliner Kunsthändler, darunter das Aktionshaus Grisebach, hier ihre Geschäftsräume.

Das schlichte Gebäude mit der Nr. 27 ist das jüngste Haus des Ensembles. Der moderne fünfgeschossige Bau wurde nach Plänen des Architektenbüros Hundertmark + Ketterer errichtet; zuvor hatte hier ebenfalls eine Grisebachvilla gestanden, die aber den Zerstörungen des Zweiten Weltkriegs zum Opfer fiel. Der Bau wird als Büro- und Geschäftsraum genutzt.

▸ www.literaturhaus-berlin.de; www.kaethe-kollwitz.de; www.villa-grisebach.de; Fasanenstr. 23–27; U-Bahn: Uhlandstr.

39 Buchhandlung Kohlhaas & Company

Im Erdgeschoss des Literaturhauses begleitet die Buchhandlung Kohlhaas & Company die Leseveranstaltungen und Ausstellungen des Literaturhauses mit dem entsprechenden Buchangebot. Geführt wird ein Sortiment deutscher und internationaler Weltliteratur in deutschen Übersetzungen, bedeutende Publikationen aus Philosophie, Geschichte und Politik, Kunst, Musik sowie Theater. Ein besonderer Schwerpunkt liegt auf Kulturgeschichte, insbesondere auf der jüdischen Kulturgeschichte Europas. Daneben gibt es Berlin-Literatur und Regionales.

▸ www.kohlhaasbuch.de; Fasanenstr. 23; Mo–Fr 10:30–19:30, Sa 10–18 Uhr; U-Bahn: Kurfürstendamm

40 Haus Nr. 28 und Fasanenpassage

In dem Haus an der Fasanenstraße Nr. 28 befand sich einst die Wohnung des Botschafters Ulrich von Hassell, in der die »Mittwochsgesellschaft« stattfand, ein Kreis von Politikern und Wissenschaftlern mit Verbindungen zu den Widerstandsgruppen »Kreisauer Kreis« und »20. Juli«. Nach dem missglückten Attentat auf Hitler wurden von Hassell wie auch Wilhelm Leuschner, Carl Goerdeler und weitere Personen am 8. September 1944 zum Tode verurteilt und in Plötzensee hingerichtet.

Vom Haus aus führt ein Durchgang, die Fasanenpassage, durch mehrere Höfe hindurch zur parallel zur Fasanenstraße verlaufenden Uhlandstraße sowie nach Süden zur Lietzenburger Straße.

Modegeschäfte, Galerien und Restaurants befinden sich entlang der Passagen und in den Höfen.

▸ Fasanenstr. 28; U-Bahn: Uhlandstr.

④ Galerie Buchholz

Die Galerie wurde 1986 in Köln gegründet und eröffnete 2008 auch einen Ausstellungsraum in der Fasanenstraße in Charlottenburg, wo sie Werke zeitgenössischer Künstler wie Wolfgang Tillmans, Willem de Rooij oder Tony Conrad präsentiert.

▸ www.galeriebuchholz.de; Fasanenstr. 30; Di–Sa 11–18 Uhr; U-Bahn: Uhlandstr.

㊷ Fasanenplatz

Der Fasanenplatz wurde 1870 nach Plänen von Johann Anton Wilhelm von Carstenn angelegt. Am Platz und in den umliegenden Straßen wohnten viele Künstler und Intellektuelle, darunter die Schriftsteller Gerhart Hauptmann, Heinrich Mann und Arno Holz.

Im Rahmen der Internationalen Bauausstellung 1984 wurde der Platz umgestaltet: Er wurde gepflastert und damit verkehrsberuhigt, der bis dahin durchgängige Kreisverkehr wurde abgeschafft. 1989 stellte man zudem die von Rolf Lieberknecht geschaffene Wasserstele aus Edelstahl und Glas auf.

▸ U-Bahn: Spichernstr.

㊸ Kirche am Hohenzollernplatz

Die evangelische Kirche am Hohenzollerndamm wurde 1930–1935 nach Plänen von Ossip Klarwein im expressionistischen Stil erbaut. Sie gilt als Hauptwerk deutscher expressionistischer Architektur. Im Zweiten Weltkrieg brannte die Kirche aus, wodurch der Innenraum größtenteils zerstört wurde. Die Instandsetzung des heute denkmalgeschützten Baus erfolgte 1961, die letzten Kriegsschäden konnten jedoch erst bei der Sanierung 1990/1991 repariert werden. Heute finden hier neben Gottesdiensten auch andere Veranstaltungen statt, darunter das samstägliche 30-minütige und kostenlose A-capella-Konzert eines professionellen Vokalensembles.

▸ www.hohenzollerngemeinde.de; www.noonsong.de; Nassauische Str. 66–67; U-Bahn: Hohenzollernplatz

Kantstraße bis Rathaus Charlottenburg

44 Karstadt-Kaufhaus

Das kubusförmige Gebäude in der Joachimstaler Straße 5 wurde 1956 nach Plänen des Architekten Hanns Durstmann als Bilka-Warenhaus errichtet. Außer den umlaufenden Schaufensterscheiben und den rückwertig eingelassenen Fensterreihen hat der Bau keine Fenster zur Straßenseite. Die Außenwand ist mit Rauten ausgestaltet, die im Zentrum jeweils eine rötlich-ockerfarbene Kreisfläche besitzen. Heute beherbergt der Bau ein Karstadt-Kaufhaus.

> ▸ Joachimstaler Straße 5; U-Bahn: Kurfürstendamm, Zoologischer Garten, S-Bahn: Zoologischer Garten

45 Beate Uhse Erotikmuseum

Das Beate Uhse Erotikmuseum informiert auf drei Etagen über die Geschichte(n) der Erotik und das Unternehmen Beate Uhse. 1995 wurde das Museum anlässlich des Firmenjubiläums von Beate Rotermund-Uhse eröffnet, die 50 Jahre zuvor in Flensburg das erste »Fachgeschäft für Ehehygiene« Deutschlands eingerichtet hatte. Auch in das Leben von Beate Uhse, der ersten Stunt-Pilotin Deutschlands, gibt das Museum Einblicke.

> ▸ http://erotikmuseum.beate-uhse.com; Joachimstaler Str. 4; Mo–Mi 9–22, Do–Sa 9–24, So 11–22 Uhr; Eintritt 9 €; U-Bahn: Zoologischer Garten, Kurfürstendamm, S-Bahn: Zoologischer Garten

46 Theater des Westens

Das Theater des Westens wurde 1895/1896 nach Plänen von Bernhard Sehring als privates Vorstadttheater gebaut. Sehring gestaltete den Bau mit einer Fassade im Stil der Neorenaissance mit Giebeln, mächtigen Säulen und einer ausladenden Freitreppe. Die Bühne befindet sich in einem backsteinernen Trakt, der mit neogotischem Schmuck- und Fachwerkelementen ausgestaltet ist, im hinteren Bereich des Gebäudes. Während hier ab 1896 zunächst nur Theateraufführungen stattfanden, wurden ab 1898 auch Opern und ab 1908 Operetten aufgeführt.

In den 1920er-Jahren zeigte man große Revuen mit prominenten Persönlichkeiten, darunter beispielsweise Josephine Baker. Auch Ballett, Broadway-Musicals und Kabaretts erfreuten im Laufe der Jahre das Publikum. 2002 erwarb der Konzern Stage-Entertainment das

Theater und ließ das denkmalgeschützte Gebäude bis 2003 umfassend renovieren.

▸ Kantstr. 10–12; U-Bahn: Zoologischer Garten, Kurfürstendamm, S-Bahn: Zoologischer Garten

47 Weltbühne-Redaktionshaus

Im Gebäude in der Kantstraße 152 befand sich ab 1927 der Redaktionssitz der Wochenzeitschrift »Weltbühne«, die politische Beiträge publizierte und deren Herausgeber bis 1933 Carl von Ossietzky war. 1935 erhielt Ossietzky den Friedensnobelpreis, den er aber nicht entgegennehmen durfte; drei Jahre später starb er an den Folgen seiner KZ-Haft in Papenburg. Heute beherbergt der Bau das Restaurant Paris Bar, das seinen Gästen klassische französische Küche bietet.

▸ Kantstr. 152; U-Bahn: Uhlandstr., Kurfürstendamm

48 Camera Work

Die Fotogalerie Camera Work befindet sich in einer ausgebauten Remise im zweiten Hof in der Kantstraße 149. Hier werden international renommierte Fotografen wie Helmut Newton, André Kertesz, David Bailey und Jean-Loup Sieff präsentiert. Die mittlerweile weltweit bekannte Galerie wurde 1997 gegründet und widmet sich darüber hinaus jungen Künstlern, die am Beginn ihrer Karriere stehen.

▸ www.camerawork.de; Kantstr. 149; Di–Sa 11–18 Uhr; U-Bahn: Uhlandstr., S-Bahn: Savignyplatz

49 stilwerk

Das stilwerk in der Kantstraße 17 ist ein Kaufhaus für Möbel und Einrichtungsartikel. Hier werden auf fünf Etagen hochklassige Produkte zu Wohndesign sowie Büro- und Badeinrichtung angeboten; auch Stoffe, Bodenbeläge, Küchen und Unterhaltungselektronik finden sich im Sortiment der exquisiten Geschäfte. Der Glasfassadenbau mit dem markanten, nasenförmigen Eingangsbereich an der Ecke Kant-/Uhlandstraße wurde 1999 eröffnet und beherbergt auf 20 000 m² Gesamtfläche 54 Läden.

▸ www.stilwerk.de; Kantstr. 17; Mo–Sa 10–19 Uhr; U-Bahn: Uhlandstr., S-Bahn: Savignyplatz

50 Galerie Michael Schultz

Die Galerie hat ihren Fokus auf zeitgenössische Malerei und Skulptur gelegt, vertreten sind namhafte Künstler wie Anselm Kiefer oder Gerhard Richter. Darüber hinaus konzentriert sich die Galerie aber auch auf die Entdeckung und Förderung jüngerer Künstler. 2007 und 2008 eröffnete Michael Schultz Dependancen in Seoul und Peking.

> ▸ www.schultzberlin.de; Mommsenstr. 34; Di–Fr 10–19, Sa 10–14 Uhr; U-Bahn: Wilmersdorfer Str., S-Bahn: Charlottenburg

51 Savignyplatz

Der Savignyplatz entstand 1861 im Rahmen des Hobrechtschen Plans für die Stadterweiterung Berlins und wurde 1887 nach dem preußischen Justizminister und Rechtsgelehrten Friedrich Carl von Savigny benannt. Sieben Straßen münden auf dem von der Kantstraße durchschnittenen Platz, der – auch aufgrund des 1896 eröffneten S-Bahnhofs – einer der wichtigsten Verkehrsknotenpunkte Charlottenburgs ist. 1926/1927 wurde er nach einem Plan von Gartenbaudirektor Erwin Barth umgestaltet und ist heute ein Gartendenkmal mit Blumenrabatten, Laubenbänken und Rosenspalieren. Am Nordrand des Platzes befinden sich seit 1931 die zwei spiegelgleichen Bronzeskulpturen »Knabe mit Ziege« von August Kraus; auf der Südhälfte steht seit 1987 ein rekonstruierter, von Alfred Grenander konzipierter Kiosk von 1905. Des Weiteren wurde 2007 das historische Eingangshäuschen am Südrand des Platzes rekonstruiert. In Anlehnung an die historischen Pläne von 1927 wurde auch die Gasdruckanlage wieder aufgebaut und um eine Installation der Berliner Künstlerin Ute Lindner erweitert. Besonders im Sommer ist der Savignyplatz mit seinen anliegenden Cafés, Restaurant und Bars ein beliebter Treffpunkt. Die umliegenden Straßen sind ebenfalls stark belebt: hier befinden sich neben vielen Bars und Restaurants auch zahlreiche Antiquitäten- und Trödelläden, Buchhandlungen sowie Mode- und Schmuckgeschäfte.

> ▸ S-Bahn: Savignyplatz

52 Bücherbogen am Savignyplatz

Die 1980 für Architektur, Kunst, Design und Fotografie gegründete Buchhandlung befindet sich im Zentrum der Büchermeile Knesebeckstraße. Im Stadtbahnbogen 592 sind die Gebiete Architektur,

Freiraumplanung, Produktdesign und Grafik Design untergebracht, im Stadtbahnbogen 593 die Kunstabteilung. Die Räumlichkeiten der gut sortierten Buchhandlung laden zum Stöbern ein, außerdem finden hier zahlreiche Veranstaltungen wie Autorenlesungen und Buchpräsentationen statt.

▸ www.buecherbogen.de; Else-Ury-Bogen 599–600; Mo–Fr 10–20, Sa 10–19 Uhr; S-Bahn: Savignyplatz

53 Autorenbuchhandlung

Schriftsteller und Kulturschaffende, unter ihnen Heinrich Böll, Uwe Johnson, Walter Kempowski, Elfriede Jelinek, Klaus Wagenbach und Martin Walser, beschlossen Ende der 1970er-Jahre dem Trend der Großbuchhandlungen und Stapelware entgegenzuwirken. Sie gründeten mit finanzieller Eigenbeteiligung die autorenbuchhandlungen in München, Frankfurt und Berlin. Die ehemals in der Carmerstraße beheimatete Berliner autorenbuchhandlung zog 2012 in den Else-Ury-Bogen am S-Bahnhof Savignyplatz. Zu finden ist auch ein Literaturcafé, abends finden Veranstaltungen statt.

▸ www.autorenbuchhandlung.com; Stadtbahnbogen 593; Mo–Sa 9–20, So 9–18 Uhr; S-Bahn: Savignyplatz

54 Universität der Künste

Das Hauptgebäude der Universität der Künste (UdK) mit seiner neobarocken Fassade wurde 1898–1902 nach Plänen der Architekten Kayser und von Großheim errichtet. Eingefasst wird der opulente Bau von der Mensa der Technischen Universität und den Musikfachbereichen der UdK. Die staatliche UdK ist eine der ältesten Kunsthochschulen Berlins und mit regelmäßigen Aufführungen, Ausstellungen und Konzerten eine feste Größe in der Berliner Kulturszene.

▸ www.udk-berlin.de; Hardenbergstr. 33; U-Bahn: Zoologischer Garten, Ernst-Reuter-Platz, S-Bahn: Zoologischer Garten

55 Steinplatz

Der Steinplatz wurde 1885 angelegt und nach dem preußischen Beamten und Reformer Heinrich Friedrich Karl Freiherr vom und zum Stein benannt. Fünf Straßen münden auf den begrünten Blockplatz ein, der zum Teil noch gründerzeitliche Bebauung aufweist. 1950 wurde er nach Entwürfen von Joachim Kaiser mit Gehölzrahmen und Blumenrabatten neu gestaltet. An der nordwestlichen Ecke an der Hardenbergstraße wurde 1951 ein Gedenkstein für die Opfer des Stalinismus aufgestellt, symmetrisch dazu an der nordöstlichen Ecke 1953 ein Gedenkstein für die Opfer des Nationalsozialismus. Seit 1987 befindet sich auch eine Büste des Freiherrn vom und zum Stein auf dem Platz.

Zu den anliegenden Bauten gehört das Hotel am Steinplatz in der Uhlandstraße 197. Der Bau wurde 1906/1907 nach Plänen von August Endell im Jugendstil errichtet und steht heute unter Denkmalschutz.

‣ U-Bahn: Ernst-Reuter-Platz, Zoologischer Garten, S-Bahn: Zoologischer Garten

56 Renaissance-Theater

Das Renaissance-Theater wurde 1902 im Stil des Art déco errichtet und ist das einzige vollständig erhaltene Art-déco-Theater Europas. Die von César Klein geschaffene Innenausstattung mit Rosenholzintarsien im asiatischen Stil sowie die expressionistische Formensprache sind bis heute erhalten. 1926/1927 wurde das Haus nach Plänen von Oskar Kaufmann zum Vorstadttheater umgebaut. Nach den Zerstörungen des Zweiten Weltkriegs erfolgten 1946 und noch einmal 1985 Rekonstruktionen, in deren Rahmen die Eingangshalle die von Hella Santarossa konzipierte bläulich leuchtende Verglasung erhielt. Der Bau mit dem halbrunden zweigeschossigen Vorbau mit fünf schlanken, rundbogigen und über beide Geschosse reichenden Fenstern im Eingangsbereich steht heute unter Denkmalschutz. Vor dem Gebäude befindet sich der 1911 errichtete, mit bronzenen Enten geschmückte Brunnen von August Gaul. Seit Mitte der 1990er-Jahre widmet sich das Theater der internationalen Gegenwartsdramatik, präsentiert aber neben den Hauptproduktionen auch Lesungen oder musikalische Veranstaltungen.

‣ www.renaissance-theater.de; Knesebeckstr. 100; U-Bahn: Ernst-Reuter-Platz

57 Ernst-Reuter-Platz

Der Ernst-Reuter-Platz wurde 1953 nach dem ersten Bürgermeister von West-Berlin benannt. Zuvor war er unter der Bezeichnung »Am Knie« bekannt, was sich von dem Knick der Charlottenburger Straße an dieser Stelle ableitete. In den 1950er-Jahren wurde die Straßenkreuzung nach einem Entwurf von Bernhard Herinke zum Verkehrskreisel ausgebaut und der Platz selbst nach Plänen von Werner Dittmann mit einer Brunnenanlage ausgeschmückt; Fußgänger können den Platz

durch eine Unterführung erreichen. Die heute den Platz umgebenden Hochhäuser wurden in den 1950er-Jahren erbaut und haben die
ursprüngliche Vorstadtvillenbebauung vollständig ersetzt. Sie beherbergen größtenteils Einrichtungen der Technischen Universität, die
sich 1878 in Charlottenburg niederließ.

▸ U-Bahn: Ernst-Reuter-Platz

58 Schillertheater

Das Schillertheater wurde 1905–1907 nach Entwürfen von Max
Littmann und Jacob Heilmann als dreiflügelige Anlage aus Theaterbau, einer Gaststätte und einer Mehrzweckhalle errichtet. Den Zuschauerraum statteten die Architekten in einer einem Amphitheater
ähnelnden Form mit gleichrangigen Plätzen aus. Nach den Zerstörungen im Zweiten Weltkrieg wurde der Bau 1951 nach Plänen der
Architekten Heinz Völker und Rolf Grosse wiedererrichtet, wobei das
alte Gebäude im Kern erhalten blieb. 1995 erfolgte aus finanziellen
Gründen die Schließung des Theaters, seitdem wird die Bühne für
wechselnde Produktionen genutzt. Seit 2010 sind für die Dauer der
voraussichtlich fünfjährigen Sanierungsarbeiten der Staatsoper Unter
den Linden deren Ensemble und die Staatskapelle im Schillertheater
untergebracht.

▸ www.staatsoper-berlin.de; Bismarckstr. 110; U-Bahn: Ernst-Reuter-Platz

59 Deutsche Oper

Der erste Bau der Deutschen Oper wurde 1911/1912 nach einem Entwurf von Heinrich Seeling errichtet. An derselben Stelle baute nach
deren Kriegszerstörung Fritz Bornemann 1956–1961 ein mit Spree-
kieseln verkleidetes Betongebäude mit einer 70 m langen, fensterlosen
Hauptfassade, das Reste des ersten Baus unter der Stahlverkleidung
am rückwertigen Gebäudeteil einfasst. Das Innere wird von Schlichtheit und Reduktion bestimmt und ist der Funktion untergeordnet.
Im breiten und nur leicht gekrümmten Zuschauerraum kann man
die weite Bühne von jedem Platz aus sehen; die mit exotischen Edel-
hölzern verkleidete Wandvertäfelung richtet die Konzentration auf die
Bühne.

In den 1920er- und 1930er-Jahren zählte die Oper mit Dirigenten wie Wilhelm Furtwängler, Richard Strauss, Otto Klemperer und
Erich Kleiber zu den renommiertesten Häusern der Welt. Heute ist
die denkmalgeschützte Deutsche Oper mit 1 859 Sitzplätzen eines

Blick in den Saal der Deutschen Oper während eines Konzerts

der größten Theater Deutschlands. Seit 1961 wird die Hauptfassade zudem von einer von Hans Uhlmann geschaffenen abstrakten Stahlplastik geschmückt.

‣ www.deutscheoperberlin.de; Bismarckstr. 35; U-Bahn: Deutsche Oper

60 Stadtbad Charlottenburg

Das Stadtbad »Alte Halle« in der Krummen Straße, eine der ältesten Straßen von Charlottenburg, wurde 1899 von Paul Bratring im romanischen Stil erbaut. Die Einrichtung von Stadtbädern wurde damals gefördert, da die Wohnungen im 19. Jahrhundert keine eigenen Badezimmer besaßen. Aufgrund seines historischen Ambientes ist es eines der originellsten Hallenbäder Berlins. Direkt nebenan befindet sich das moderne Stadtbad »Neue Halle«.

‣ Krumme Str. 9/10; U-Bahn: Deutsche Oper

61 Rathaus Charlottenburg

Das Rathaus Charlottenburg wurde 1899–1905 nach Plänen der Architektengemeinschaft Heinrich Reinhardt und Georg Süßenguth als bürgerlicher Monumentalbau errichtet und 1911–1916 durch Heinrich Seeling erweitert. Der repräsentative Bau mit seinem über 88 m hohen Turm zeugt vor allem davon, dass Charlottenburg um 1900 eine der reichsten Gemeinden Deutschlands war. Die 70 m lange Hauptfassade an der Otto-Suhr-Alle wurde prunkvoll im Stil des Historismus gestaltet und weist Elemente des Jugendstils auf; nach schweren Zerstörungen im Zweiten Weltkrieg wurde sie 1947–1952 rekonstruiert. In Anlehnung an mittelalterliche Rathäuser wird die Fassade durch opulenten Figurenschmuck unterschiedlicher Bildhauer gegliedert und ist mit Allegorien aus Wissenschaft und Kunst sowie Darstellungen der Handwerkszünfte ausgeschmückt. Im Eingangsbereich befindet sich ein detailreich ausgeführtes Stadtwappen mit einer Athene des Bildhauers Ernst Westphal. Durch das von A. M. Krause geschaffene, schmiedeeiserne Portal führt der Weg zu einer repräsentativen Treppenanlage, einer steinernen Grotte und festlichen Sälen. Der Ratskeller wurde in den 1960er-Jahren teilrekonstruiert und mit einer Intarsiendecke aus der Werkstatt Wilhelm Kimbels ausgestaltet. Heute befinden sich in dem Bau Abteilungen der Bezirksverwaltung Charlottenburg-Wilmersdorf sowie eine Stadtbücherei.

▸ Otto-Suhr-Allee 100; U-Bahn: Richard-Wagner-Platz

62 Alt-Lietzow

Alt-Lietzow ist der alte Dorfkern Charlottenburgs, der an einer Sumpfwiese lag, von der sich der Name ableitet (Wasserpfuhl, Lache, Pfütze: Lutze, Lütze oder Lützow). Der Einzelhof Lütze wurde 1239 erstmals erwähnt, im Laufe der Jahre siedelten sich weitere Höfe rings um die längliche Dorfaue an. Heute erinnert an die dörfliche Vergangenheit lediglich die denkmalgeschützte Grünanlage. An deren westlichem Ende steht ein 1873 geschaffenes Kriegerdenkmal mit einem ruhenden Löwen, das in Erinnerung an den Deutsch-Französischen Krieg 1870/1871 aufgestellt wurde.

An der Hausnummer 30, wo im 15. Jahrhundert die Dorfkirche aus Feldstein stand, befindet sich die evangelische Lietzow-Kirche, die 1960/1961 nach Plänen Ludwig von Walthausens errichtet wurde. Er konzipierte die Kirche als einen zeltartigen Saalbau mit frei stehendem Glockenturm.

Die anliegende ehemalige Villa Kogge mit der Hausnummer 28, in der sich heute ein Standesamt befindet, wurde 1864–1966 für den Holzhändler Carl Kogge errichtet und ist eines der ältesten Patrizierhäuser Charlottenburgs. Der spätklassizistische Putzbau mit sandsteinartigen, rötlichen Absetzungen und Vorbauten wurde Anfang der 1990er-Jahre originalgetreu restauriert und steht heute unter Denkmalschutz. Die Fassaden wurden mit Reliefs des Bildhauers Christian Daniel Rauch ausgeschmückt; auf der zur Dorfwiese zeigenden Seite befindet sich ein in Anlehnung an das Denkmal Friedrichs II. Unter den Linden ausgeführtes Fries.

▸ U-Bahn: Richard-Wagner-Platz

63 Luisenkirchhof I

Der Luisenkirchhof I wurde 1815 eingeweiht. Er wurde damals außerhalb der Stadtgrenze angelegt, weil die Nutzung innerörtlicher Begräbnisstätten aus hygienischen Gründen aufgegeben werden musste. Der am Schloss Charlottenburg tätige Hofgärtner George Steiner wurde mit der Gestaltung der neuen Friedhofsanlage beauftragt. Hier wurden unter anderen der Bankier Robert Warschauer und seine Ehefrau Adèle, geb. Thévoz, mit einer 1899 vom königlichen Hofbaurat Ernst von Ihne entworfenen Marmorgrabmauer bestattet sowie die Stiftsdame Ida von Blücher mit einer um 1900 nach Plänen von Otto Wittig aus schwedischem Granit mit Goldmosaikkuppel errichteten Grabkapelle.

▸ Guerickestr. 5–9; U-Bahn: Richard-Wagner-Platz

Schloßstraße bis Stuttgarter Platz

64 Stülerbauten

Gegenüber dem Schloss Charlottenburg liegen an der Ecke Spandauer Damm/Schloßstraße die sogenannten Stülerbauten. 1851–1859 wurden diese nach Plänen von Friedrich August Stüler als Offiziers-Kasernen der Gardes du Corps errichtet. In den 1920er- und 1930er-Jahren beherbergten die Gebäude das staatliche Polizei-Institut. Nach teilweise schweren Beschädigungen im Zweiten Weltkrieg wurden die beiden als Pendant errichteten Kopfbauten in den 1950er-Jahren wiederhergestellt und zu Ausstellungsräumen umgebaut. Mit den Sammlungen Berggruen und Scharf-Gerstenberg der Stiftung Preußischer

Kulturbesitz, dem Bröhan-Museum und der Abguss-Sammlung Antiker Plastik der Freien Universität Berlin hat sich hier ein kleines Museumszentrum entwickelt. Zwischen den Eckbauten befindet sich eine Bronzedenkmal Prinz Albrechts von Preußen, das 1901 von Conrad Freyberg und Eugen Boermel erschaffen wurde.

▸ Ecke Spandauer Damm/Schloßstr.; U-Bahn: Richard-Wagner-Platz, Sophie-Charlotte-Platz, S-Bahn: Westend

65 Museum Berggruen

Das Museum Berggruen im westlichen der zwei Kopfbauten gegenüber dem Schloss Charlottenburg geht auf die Sammlung des 1914 in Berlin-Wilmersdorf geborenen Heinz Berggruens zurück (gest. 2007). Dieser emigrierte aufgrund seines jüdischen Glaubens 1936 in die USA und eröffnete nach dem Krieg in Paris eine Galerie. Er arbeitete dort äußerst erfolgreich als Kunsthändler und legte eine einzigartige Sammlung der Klassischen Moderne an. Nachdem Berggruen, der mit Picasso befreundet war, seine 165 Arbeiten umfassende Sammlung fünf Jahre lang in London gezeigt hatte, ließ er sie nach Berlin überführen und seit 1996 im Stülerbau zeigen. Im Jahr 2000 wurde sie der Stiftung Preußischer Kulturbesitz übereignet. Neben dem Schwerpunkt »Picasso und seine Zeit« mit 100 Arbeiten Picassos aus allen Schaffensperioden ist auch Paul Klee mit 60 Gemälden vertreten sowie Matisse und Giacometti. Seit 2013 ist das Museum um das benachbarte Kommandantenhaus am Spandauer Damm und um einen hofseitig neu angelegten Skulpturengarten erweitert worden. Ein gläserner Gang verbindet die beiden Gebäude miteinander.

▸ www.smb.museum; Schloßstr. 1; Di–Fr 10–18, Sa/So 11–18 Uhr; Eintritt 10 €, erm. 5 €, das Ticket gilt auch für die Sammlung Scharf-Gerstenberg; U-Bahn: Richard-Wagner-Platz, Sophie-Charlotte-Platz, S-Bahn: Westend

66 Sammlung Scharf-Gerstenberg

Die Sammlung Scharf-Gerstenberg befindet sich mit der Ausstellung »Surreale Welten« im östlichen Stülerbau. Sie geht auf eine Kollektion des Kunstsammlers Dieter Scharf zurück (gest. 2001) und zeigt Werke der Surrealisten und deren Vorläufer. Unter den Ausstellungsobjekten befinden sich Werke von Picasso, Dalí, Magritte, Max Ernst und Hans Bellmer. Während der Teilung Berlins beherbergte der Bau das Ägyptische Museum, das mittlerweile wieder auf der Museumsinsel untergekommen ist. Die anschließende Um- und Neugestaltung des Stülerbaus wurde nach Plänen des Architekten Gregor Sunder-Plassmann durchgeführt.

▸ www.smb.museum; Schloßstr. 70; Di–Fr 10–18, Sa/So 11–18 Uhr; Eintritt 10 €, erm. 5 €, das Ticket gilt auch für das Museum Berggruen; U-Bahn: Richard-Wagner-Platz, Sophie-Charlotte-Platz, S-Bahn: Westend

67 Bröhan-Museum

Das Bröhan-Museum geht zurück auf die Sammlung von Karl H. Bröhan (gest. 2000) und präsentiert 1 600 Objekte des europäischen Kunsthandwerks zwischen 1889 und 1939. Die Objekte der verschiedenen Stilrichtungen aus dieser Zeit sind in Raumensembles ausgestellt: Der Besucher wandelt durch Jugendstilräume, Zimmer im Art déco oder Funktionalismus mit den entsprechenden Möbeln, Lampen, Teppichen sowie Silber-, Porzellan- und Glasarbeiten. Die Ausstellung umfasst auch Gemälde, Zeichnungen und Druckgrafiken der Berliner Secession sowie zwei Räume, die Henry van den Velde gewidmet sind. Außerdem werden Wechselausstellungen gezeigt.

▸ www.broehan-museum.de; Schloßstr. 1a; Di–So 10–18 Uhr; Eintritt 8 €, erm. 5 €; U-Bahn: Richard-Wagner-Platz, Sophie-Charlotte-Platz, S-Bahn: Westend

68 Abguss-Sammlung Antiker Plastik

Die Sammlung präsentiert rund 2 000 Gipsabgüsse griechischer und römischer Skulpturen aller Epochen. Sie wurde 1819 gegründet und war bis zu ihrer Zerstörung im Zweiten Weltkrieg weltweit die größte ihrer Art. Der angeschlossene Gipsformereikomplex umfasst neben den Werkstätten und Lagern auch Ausstellungs- und Verkaufsräume, in denen Besucher Gipsrepliken erwerben können.

▸ Abguss-Sammlung: www.abguss-sammlung-berlin.de; Schloßstr. 69b; Do–So 14–17 Uhr; Eintritt frei; U-Bahn: Richard-Wagner-Platz, Sophie-Charlotte-Platz, S-Bahn: Westend; Gipsformerei: www.smb.museum; Sophie-Charlotten-Str. 17/18; Mo–Fr 9–16, Mi bis 18 Uhr; Eintritt frei; S-Bahn: Westend

69 Carl-Schuhmann-Hallen

An der Ecke Schloßstraße/Otto-Grüneberg-Weg befinden sich die zwei übereinander angeordneten Turnhallen von Inken und Hinrich Baller. Der Stahlbetonbau mit verglaster Fassade wurde 1987/1988 errichtet und fügt sich mit seinen leichten, geschwungenen Formen beinahe nahtlos in die benachbarten Fassaden ein. Verschiedene Schulen und Sportvereine nutzen die Hallen, die nach Carl Schumann, dem ersten deutschen Olympiasieger – 1896 im Pferdesprung –, benannt wurden.

Weitere Gebäude der Architekten Baller befinden sich mit einem Wohnhaus in der Schloßstraße 45 – 47 sowie an den Ecken Stallstraße/Nithackstraße und Schustehrusstraße/Nithackstraße.

Die anderen Bauten der Schloßstraße sind hauptsächlich Villen, die in der zweiten Hälfte des 19. Jahrhundert im spätklassizistischen Stil erbaut wurden (wie Nr. 18, 18a, 67). Das Haus Nr. 67 mit den ionischen Säulen und Rundbogenfenstern im Obergeschoss wurde beispielsweise 1873/1874 nach Plänen von G. Töbelmann in Anlehnung an die Schinkelsche Architektur errichtet.

Am Wohnhaus an der Schloßstraße 22 erinnert eine Gedenktafel an den ehemaligen Bewohner Otto Grüneberg, der Mitglied der »Roten Jungfront« war und sich in einer Häuserschutzstaffel des Zille-Kiezes zur Abwehr des SA-Terrors engagierte. 1931 kam es an der Ecke Schloßstraße/Hebbelstraße zu einem Zusammenstoß mit der SA, bei dem Grüneberg von einem SA-Mann erschossen wurde.

▸ Schloßstr. 56; U-Bahn: Richard-Wagner-Platz, Sophie-Charlotte-Platz

70 Villa Oppenheim

Die Villa Oppenheim wurde 1881/1882 nach Plänen von Christian Heidecke im Stil der Neorenaissance mit Remisengebäuden und Gartenanlage für den Obertribunalrat Otto Georg Oppenheim errichtet. 1911 verkaufte dessen Sohn Hugo Oppenheim den gesamten Komplex an die Stadt Charlottenburg. 1919 – 1922 erbaute diese die dahinter anschließende Schule am Schloss, ehemals Schlesienoberschule, nach einem Entwurf von Hans Winterstein, der die Villa in den Schulbau integrierte. Nach Beschädigungen im Zweiten Weltkrieg sicherte man die Villa 1954 zunächst provisorisch; eine umfassende Restaurierung erfolgte 1985/1986. Nach erneuter umfangreicher Sanierung wurde hier 1912 das Museum Charlottenburg-Wilmersdorf eröffnet. Die einstige private Gartenanlage der heute denkmalgeschützten Villa Oppenheim wurde unter anderem durch den Charlottenburger Stadtgartendirektor Erwin Barth in den öffentlich zugänglichen Schustehruspark umgewandelt.

▸ www.villa-oppenheim-berlin.de; Schloßstr. 55; Di–Fr 10–17, Sa/So 11–17 Uhr; Eintritt frei; U-Bahn: Richard-Wagner-Platz, Sophie-Charlotte-Platz

Villa Oppenheim

71 Eosander-Schinkel-Grundschule

Die Esosander-Schinkel-Grundschule wurde 1913/1914 nach Plänen von Paul Weingärtner und Heinrich Seeling als fünfgeschossige Flügelanlage erbaut. Sie konzipierten den Bau mit einem Granitsockel und elfenbeinfarbenem Putz, der durch roten Sandstein und braune Keramikplatten gegliedert wird. Der Reliefschmuck wurde von Ludwig Isenbeck gestaltet. Im Ersten Weltkrieg wurde das Gebäude als Lazarett und Kaserne genutzt, danach zog bis zum Zweiten Weltkrieg die Infektionsabteilung des städtischen Krankenhauses Westend ein. In den 1950er-Jahren, nachdem die Kriegsschäden beseitigt waren, zogen die Herder-, die Eosander- und die Schinkel-Grundschule ein. Die Herder-Schule fand eine andere Bleibe, die Eosander- und Schinkelschule – nach den beiden Baumeistern Eosander von Göthe und Karl Friedrich Schinkel benannt – schlossen sich 1997 zur Eosander-Schinkel-Grundschule zusammen.

▸ Nithackstr. 8–16; U-Bahn: Richard-Wagner-Platz

72 Klausenerplatzkiez

Der Klausenerplatz am Rande des Spandauer Damms bildet den Mittelpunkt eines noch relativ gut erhaltenen Viertels, das Ende des 19. Jahrhunderts angelegt wurde. Vor allem aufgrund seiner verkehrsberuhigten Straßen, dem großen Spielplatz und dem zweimaligen Wochenmarkt (dienstags und samstags 8–13 Uhr) ist der Platz beliebt. 1844 wurde er als Reitplatz für das Regiment der Gardes du Corps angelegt. Als er ab 1889 seine Funktion als Reitplatz verlor, wurde er von Mietshäusern umbaut und erhielt 1921 durch den Gartendirektor Erwin Barth eine Gartenarchitektur.

Am Klausenerplatz 12/13 steht die katholische Kirche St. Kamillus. Sie wurde 1931/1932 nach Plänen des Architekten Hermann Albert Mohr als vierflügeliger Hochbau im Stil des Expressionismus errichtet und umfasst neben der Kirche ein Seniorenheim, Gemeindesäle, einen Kindergarten, ein Kloster und ein Pfarramt.

Im nach dem Platz benannten Klausenerplatzkiez, im Laufe der Jahre auch als »Schlossviertel«, »Roter Kiez« und »Kleiner Wedding« bezeichnet, lebten die weniger vermögenden Leute, wie Schlossangestellte, Arbeiter und Beamte – im Gegensatz zum Viertel östlich der Schloßstraße, das von Großbürgern in hochherrschaftlichen Häusern und Villen bewohnt wurde. Man stößt hier auf Überbleibsel der ursprünglich eingeschossigen Bebauung, repräsentative Gründerzeitvillen und Wiederaufbauten der Nachkriegsjahre, aber auch kürzlich errichtete Neubauten. Heinrich Zille, Berliner Maler, Zeichner und Fotograf, lebte bis 1929 in dem Viertel und verarbeitete in seinen Werken die von ihm hier häufig beobachteten verheerenden Wohnverhältnisse und sozialen Missstände. Denn das Viertel stand immer im Gegensatz zum nahegelegenen Schloss Charlottenburg und hatte oft mit Verödung, Unterversorgung und Überalterung zu kämpfen. In den 1970er-Jahren plante die Neue-Heimat-Baugenossenschaft eine Kahlschlagsanierung, die jedoch die dagegen kämpfenden Bürgerinitiativen erfolgreich verhindern und stattdessen eine bewohnergerechte Modernisierung erwirken konnten. In den 1980er-Jahren war hier die Hochburg der Charlottenburger Hausbesetzerbewegung. Heute ist besonders die Christstraße mit ihrer nahezu geschlossen wirkenden spätklassizistischen Bebauung durch ein- bis zweigeschossige Wohnhäuser und den zahlreichen schmiedeeisernen Balkonen sehenswert (beispielsweise Nr. 34: 1872 errichtet nach Ernst Schuffenhauer; Nr. 35–37: 1873/1874 errichtet von F. Mair Rolph; Nr. 39 errichtet 1873 von L. Mertens; Nr. 40: 1875 errichtet nach E. George).

▸ Kirche: www.sankt-kamillus-gemeinde.de; Klausenerplatz; S-Bahn: Westend

73 Ehemaliges Ledigenheim

Das ehemalige Ledigenheim wurde nach Plänen des Charlottenburger Stadtbaurats Rudolf Walter mit dreiteiliger Fassade errichtet und 1908 als erstes deutsches Arbeiterwohnheim eröffnet. Die Unterkunft war ein Versuch, den sogenannten Schlafgängern entgegenzutreten. »Schlafgänger« wurden die ca. 8 000, meist jüngeren Arbeiter in Charlottenburg genannt, die wegen der immensen Wohnungsnot und aufgrund ihres geringen Einkommens nur Bettstellen als Übernachtungsmöglichkeit anmieten konnten. In der bürgerlichen Bevölkerung hatten sie bald den Ruf als gewaltbereite, unmoralische und Frauen und Kinder verführende Umhertreibende. In dem Ledigenheim sollten diese einen hotelähnlichen Komfort und Service erhalten. Bis zu 370 Männer lebten in dem Wohnheim, an das eine Volksbücherei, eine Volksbadeanstalt sowie eine Volksspeisehalle und Geschäfte angegliedert waren. Nach dem Zweiten Weltkrieg erhielt das Haus einen eher schlechten Ruf und wurde 1971 schließlich aufgelöst und verkauft. Heute befindet sich hier ein Studentenwohnheim mit 154 Einzelzimmern.

▸ Danckelmannstr. 46/47; U-Bahn: Sophie-Charlotte-Platz, S-Bahn: Westend

74 Engelhardt-Höfe

Die Engelhardt-Höfe befinden sich auf dem Gelände der ehemaligen Engelhardt Brauerei an der Ecke Danckelmannstraße/Christstraße. Hier haben die Architekten Petra und Paul Kahlfeld ein Ensemble von Gebäuden um zwei unterschiedlich charakterisierte Innenhöfe geordnet und schon vorhandene Gebäude, wie die Unternehmervilla und das Lagerhaus aus den 1960er-Jahren, in die Neubebauung integriert. Die mit gelbbrauner Ziegelfassade und großen Fensterflächen gestalteten Bauten dienen als Wohn-, Geschäfts- und Ausstellungsräume.

▸ www.engelhardt-hoefe.com; Danckelmannstr. 9/Christstr. 30; S-Bahn: Westend

75 Sophie-Charlotten-Str. 88

Im 4. Stock des 1886 erbauten Hauses in der Sophie-Charlotten-Straße 88 hatte 1892–1929 der Maler, Zeichner und Fotograf Heinrich Zille mit seiner Familie eine Wohnung. Am Haus in der Sophie-Charlotten-Straße 88a hängt eine 1949 enthüllte Bronzetafel an der Fassade, die an den einstigen Bewohner erinnert (s. auch Seite 75).

▸ S-Bahn: Westend

76 Gierkeplatz

Der Gierkeplatz und das ihn umgebende Areal östlich der Schloßstraße werden durch Wohnbauten für den Mittelstand in früh- bis
neoklassizistischem Baustil charakterisiert. Auch die evangelische
Luisenkirche befindet sich hier. Sie wurde 1712 von Phillip Gerlach
im Barockstil errichtet; 1823–1826 folgte die Erweiterung um einen
Turm im Biedermeierstil durch Karl Friedrich Schinkel, dessen stilis-
tische Vorstellungen bei der Restaurierung 1987/1988 auch auf den
übrigen Bau übertragen wurden. In der Gierkezeile 39 steht das erste
Charlottenburger Schulhaus; in der Schustehrustraße 13 und der Wilmersdorfer Straße 18 befinden sich des Weiteren noch einige erhaltene
eingeschossige Ackerbürgerhäuser aus den Anfängen des 18. Jahrhunderts. Die städtebauliche Entwicklung der Charlottenburger Altstadt
wird besonders deutlich in der Haubachstraße, in der eingeschossige
Bürgerhäuser (Nr. 8 und Nr. 3) neben zweigeschossigen (Nr. 15) und
viergeschossigen Häusern (Nr. 15) bis hin zur fünfgeschossigen Miets-
hausbebauung aus der Zeit um 1900 (Nr. 21 und 23) stehen.

▸ U-Bahn: Richard-Wagner-Platz

77 Nasses Dreieck

Das Nasse Dreieck ist ein Areal in der Mitte der Schloßstraße, in
Höhe der Knobelsdorff- und Zillestraße, auf dem sich einst mit dem
Lietzengraben eine natürliche Vertiefung aus der Eiszeit befand, die
man im frühen 18. Jahrhundert als sogenannte Karpfenteichwiese
nutzte. Über die Wiese führte ein Bohlenweg, um die Schloßstraße
durch eine Verlängerung über den Sophie-Charlotte-Platz mit der
großen Ost-West-Achse zu verbinden. Die Reste dieses Areals gestalteten die Bebauungspläne bis in die 1990er-Jahre hinein aufgrund des
morastigen Untergrundes als äußerst schwierig. Um 1900 hatte die
Stadt Charlottenburg geplant, das als Nasses Dreieck bezeichnete Gelände in eine Parklandschaft umzugestalten. Das Vorhaben wurde allerdings von der Stadtverordnetenversammlung abgelehnt und wenige
Jahre später erfolgte ohne Rücksicht auf den schlechten Baugrund
eine Komplettbebauung des Areals mit Mietshäusern. Das erste dieser
Häuser musste jedoch bereits fünf Jahre später aufgrund von Rissen
abgetragen werden, die restlichen Gebäude benötigten ständige Stüt-
zung und Beobachtung. Als sich 1972 der Grundwasserspiegel durch
den U-Bahn-Bau der Linie 7 um drei Meter gesenkt hatte, wurden
die 28 Häuser mit 460 Wohnungen, drei Kneipen, einem Kino und
20 Läden endgültig abgerissen. Nachdem der Untergrund lange Zeit

gepflastert blieb, versah man ihn 2003 schließlich mit einer Bitumen-decke. Heute befindet sich ein Sportplatz auf dem Gelände des Nassen Dreiecks.

▸ U-Bahn: Sophie-Charlotte-Platz

78 Seniorenwohnheim

Das Seniorenwohnheim an der Schloßstraße entstand Anfang der 1980er-Jahre nach Plänen der Architekten Jürgen Sawade, Dieter Fro-wein und Gerhard Spangenberg als Nachfolgebau eines 1890 erbau-ten und im Zweiten Weltkrieg zerstörten Oberrealschulgebäudes. Die schmiedeeisernen Gitter stammen noch von diesem Vorgängerbau. Der Künstler Paul Blankenburg entwarf 1980–1983 für die Erdge-schoss-Außenwand zusammen mit strafgefangenen Jugendlichen ei-nen Bilderzyklus aus 29 Wandbildern, der die deutsche Geschichte des 20. Jahrhunderts thematisiert. Dabei schildert jeweils ein Triptychon ein Jahrzehnt: Von links nach rechts werden die 1920er- bis 1980er-Jahre dargestellt – unter anderem durch Charleston tanzende Damen, die Weltkriege, die Studentenrevolte und Che Guevara. Das letzte Bild zeigt den Kreis der malenden Jugendlichen in Picknickszenen.

▸ Schloßstr. 26/27; U-Bahn: Sophie-Charlotte-Platz

79 Sophie-Charlotte-Platz

Der Sophie-Charlotte-Platz wurde 1892 nach der Königin von Preu-ßen, der Gemahlin von König Friedrich I., benannt. Der Blockplatz wird von Gebäuden im Stil der Neorenaissance gesäumt. Ab hier geht der Kaiserdamm als Bismarckstraße weiter, die von repräsentativen Wohn- und Geschäftshäusern des frühen 20. Jahrhunderts in unter-schiedlichen Bauweisen flankiert wird. 1904 wurde diese Straßen- und Sichtachse von Berlin-Mitte bis zum noblen Ortsteil Neu-Westend angelegt; eine Verbreiterung erfolgte 1936 anlässlich der Olympiade.

▸ U-Bahn: Sophie-Charlotte-Platz

80 Ehemaliges Reichsmilitärgericht

Das ehemalige Reichsmilitärgericht wurde 1908 nach Plänen der Ar-chitekten Heinrich Joseph Kayser und Karl von Großheim erbaut. 1936–1943 beherbergte das repräsentative neobarocke Gebäude das Reichskriegsgericht. Über 260 Oppositionelle des Hilterregimes er-hielten damals hier ihr Todesurteil. Mit einer Gedenktafel wird heute an diese Opfer erinnert. Ab 1951 bis zum Ende der innerdeutschen Teilung hatte das Kammergericht seinen Sitz in dem Gebäude. 2005 wurde es von einem Privatinvestor erworben, der hier rund 100 luxuriöse Mietwohnungen bauen ließ.

‣ Witzlebenplatz 1/2; U-Bahn: Sophie-Charlotte-Platz

81 Lietzensee

Der sichelförmige Lietzensee existierte schon vor der Besiedelung dieses Gebiets und befand sich einst mitten in einem Wald. Seit 1824 gehörte er zum Privatbesitz der Familie von Witzleben, die hier unter anderem Angelpartien veranstaltete und erste Parkanlagen anlegen ließ. 1904 wurde das Terrain an eine Baugenossenschaft verkauft, die ein Jahr später vornehme Mietshäuser direkt am Ostufer des Sees errichtete. Im Rahmen von Arbeitsbeschaffungsmaßnahmen wurde 1919/1920 nach Plänen von Erwin Barth der Landschaftspark

Ruheoase: der Lietzensee

angelegt, wobei auch Privatgärten miteinbezogen wurden. Das nördliche Parkareal wurde als Barockgarten mit Blumenrabatten, kleinen Alleen, Bosketten sowie einem 1924/1925 von Rudolf Walter als Meierei erbauten kleinen Parkwächterhaus ausgestaltet, das heute als Parkcafé dient. Am südlichen Rand geht der Park in einen englischen Landschaftsgarten über, der unter anderem ein hochherrschaftliches Eckgebäude sowie die Kaskade von Heinrich Seeling und Erwin Barth zur Dernburgstraße hin umfasst. Die Parkwege werden von Skulpturen gesäumt, darunter das Gefallenendenkmal »Königin-Elisabeth-Garde-Regiment Nr. 3« (1925) von Eugen Schmohl, der »Sandalenbinder« (1909) von Fritz Röll, der »Speerträger« (1940) von Bernhard Bleeker sowie eine Tierplastik von August Gaul.

▸ U-Bahn: Sophie-Charlotte-Platz, Kaiserdamm, S-Bahn: Messe Nord/ICC

82 Kirche St. Canisius

Die katholische Kirche St. Canisius brannte 1995 aus und wurde anschließend durch einen Neubau der Architekten Heike Büttner, Claus Neumann und George Braun ersetzt. Diese konzipierten die Kirche als zwei Kuben – einen offenen und einen geschlossenen – aus hellem Sichtbeton. Der geschlossene Kubus bildet den Kirchenraum; an dessen Schnittstelle mit dem offenen Kubus befindet sich die holzverkleidete halbrunde Marienkapelle, die apsisartig in den offenen Raum hineinragt.

▸ www.st.canisius-berlin.de; Witzlebenstr. 30; U-Bahn: Sophie-Charlotte-Platz

83 Kirche am Lietzensee

Die evangelische Kirche am Lietzensee wurde nach Plänen von Paul Baumgarten im Stil der Moderne errichtet und 1959 eingeweiht. Baumgarten gestaltete die heute unter Denkmalschutz stehende Kirche als fünfeckigen Bau mit einem verglasten Eingangsbereich und einer trapezförmigen, fensterlosen Fassade, der Platz für 700 Besucher bietet.

▸ www.lietzenseegemeinde.de; Herbartstr. 4–6; S-Bahn: Messe Nord/ICC

84 Ehemalige Landespostdirektion

Der expressionistisch gestaltete Gebäudekomplex der ehemaligen Landespostdirektion wurde 1925–1928 nach Entwürfen von Willy Hoffmann erbaut. Die monumentale Vierflügelanlage mit fünf bis sieben Geschossen verfügt im Inneren über einen Verbindungstrakt mit holzvertäfeltem Festsaal. Die Oberpostdirektion hatte in den 1920er-Jahren über 1 000 Beschäftigte und wurde 1934 in Reichspostdirektion umbenannt, welche wiederum 1945 in der Abteilung für das Post- und Fernmeldewesen des Magistrats von Groß-Berlin aufging. 1954 wurde hier die Landespostdirektion Berlin gegründet. Heute befindet sich in dem denkmalgeschützten Gebäudekomplex der Berliner Sitz eines Kommunikationsunternehmens.

▸ Dernburgstr. 44–52; S-Bahn: Messe Nord/ICC

85 Ehemaliges Amtsgericht

Das heute denkmalgeschützte Amtsgerichtsgebäude wurde 1895–1897 als »Civilgericht« von Poetsch & Classen im Stil des märkischen Barock errichtet und 1915–1921 erweitert. Nach einem Entwurf von Adolf Bürckner und Eduard Fürstenau wurde 1896/1897 für die damaligen Strafabteilungen des Gerichts ein Nebengebäude im Neorenaissancestil erbaut, das über einen angeschlossenen Gefängnistrakt verfügt. Der Amtsgerichtsplatz vor dem Gerichtsgebäude wurde 1897 als Rasenfläche mit Gehölzen angelegt. Die Bronzeplastik »Treblinka« des russischen Bildhauers Vadim Sidur erinnert hier an die Ermordung von 900 000 Juden in dem östlich von Warschau gelegenen NS-Vernichtungslager. Des Weiteren befindet sich auf dem Platz die 1905 von Rudolf Walter und Walther Spickendorff gebaute und denkmalgeschützte Bedürfnisanstalt, die heute ein Bistro beherbergt.

▸ Amtsgerichtsplatz 1; U-Bahn: Sophie-Charlotte-Platz

86 Stuttgarter Platz

Der Stuttgarter Platz – im Volksmund kurz »Stutti« genannt – wurde im Rahmen des Hobrechtschen Bebauungsplans von 1858 angelegt. Um 1890 wurde der benachbarte Bahnhof Charlottenburg in Betrieb genommen und erste repräsentative Wohnhäuser entstanden rings um den Platz. Heute ist vor allem der nordwestliche Teil des Platzes von gehobenen Restaurants und Cafés sowie kleinen Geschäften und einem Kinderspielplatz umgeben.

▸ U-Bahn: Wilmersdorfer Str., S-Bahn: Charlottenburg

Schloss Charlottenburg

87 Ehrenhof

Das Schloss Charlottenburg ist das einzige noch erhaltene Hohen-zollernschloss Berlins und wohl das beste Beispiel barocker Baukunst in der Hauptstadt. Die Schlossanlage mit einer Länge von 505 m geht auf ein für die Kurfürstin und spätere Königin Sophie-Charlotte 1695–1699 erbautes kleines Lustschloss zurück, das Friedrich III. nach Plänen von Johann Arnold Nering von Martin Grünberg errichten ließ. Das Schlösschen lag damals im Grünen vor den Toren der Stadt und wurde nach dem benachbarten Dorf Lietzow Schloss Lietzenburg benannt. Nach dem frühen Tod seiner Frau 1705 nannte Friedrich I. es in »Charlottenburg« um. Der letzte Bewohner des Schlosses war Kaiser Friedrich II. im Jahr 1888. Nachdem es im Zweiten Weltkrieg fast vollständig zerstört wurde, baute man es über 20 Jahre lang nach historischem Vorbild wieder auf.

Der Haupteingang führt durch den Ehrenhof, in dem heute das Reiterstandbild des Großen Kurfürsten steht. Ursprünglich hatte man die von Andreas Schlüter 1698–1703 geschaffene Plastik auf der ehemaligen Langen Brücke, der heutigen Rathausbrücke, in Berlin-Mitte aufgestellt. Während des Zweiten Weltkriegs wurde das Denkmal zur Bewahrung vor Schäden abgenommen, um es in ein bombensicheres Depot zu bringen. Beim Rücktransport über die Spree sank das Denkmal 1947 im Tegeler See. Erst 1949 konnte man das Standbild bergen und stellte es anschließend vor dem Schloss Charlottenburg auf.

In dem Hof befinden sich auch zwei Nachbildungen der antiken römischen Skulpturen des »Borghesischen Fechters« von 1867. Zudem ist der Sohn des Großen Kurfürsten mit einem Standbild vertreten.

Das Denkmal des Kurfürsten Friedrich III. wurde von Andreas Schlüter geschaffen und steht vor dem Ost-Flügel.

In der Adventszeit findet auf dem Hof vor dem Schloss ein Weih-nachtsmarkt statt.

▸ Schloss: www.spsg.de; Weihnachtsmarkt: www.wvdsc.de; Spandauer Damm/ Luisenplatz; U-Bahn: Sophie-Charlotte-Platz, Richard-Wagner-Platz

88 Altes Schloss

Der älteste Bauteil ist der mit einer Kuppel gekrönte Mitteltrakt – das Alte Schloss. In dem dreigeschossigen Bau mit elf Achsen residierte Sophie-Charlotte, die als hochgebildete Königin hier unter anderem ihren Jugendfreund Johann Gottfried Leibniz empfing. Am Fuße des Treppenaufgangs steht der Gipsabguss der lebensgroßen Prinzessinnengruppe von Schadow, ein bedeutendes Beispiel preußisch-klassizistischer Bildhauerkunst. Der Mitteltrakt ist heute für die Öffentlichkeit zugänglich. Es werden die Privatgemächer Friedrichs I. und seiner Gemahlin gezeigt, die ein eindrucksvolles Porzellankabinett mit 2700 Porzellangefäßen und vergoldeten Spiegelwänden umfassen. Auch das Schlafgemach des Königs mit Marmorbad sowie eine komplett rekonstruierte Schlosskapelle mit prunkvoller Königsloge sind zu besichtigen. Im Obergeschoss befindet sich die aus dem frühen 18. Jahrhundert stammende Eichengalerie mit kunstvollen Schnitzereien, die mit Gemälden die Geschichte Brandenburgs und die Entwicklung der Residenzstadt veranschaulicht. Auch die Ahnengemälde der Hohenzollern werden hier präsentiert. 1701–1713 wurde das Alte Schloss durch den Architekten Eosander von Göthe umfangreich erweitert. Denn nachdem sich Kurfürst Friedrich III. zum ersten König Preußens gekrönt hatte, stieg auch sein Prestigebedürfnis, dem der bisherige Bau nicht mehr genügte. So ließ er nach französischem Vorbild (Versailles) das Schloss um die beiden Seitentrakte sowie um den 48 m hohen Kuppelturm auf dem Haupttrakt erweitern, der 1952 mit einer goldenen Fortuna von Richard Scheibe geschmückt wurde.

▸ www.spsg.de; Spandauer Damm/Luisenplatz; Barockräume im Erdgeschoss nur mit Führung, Apr.–Okt. Di–So 10–18, Nov.–März Di–So 10–17 Uhr; Eintritt 12 €, erm. 8 €; U-Bahn: Sophie-Charlotte-Platz, Richard-Wagner-Platz

89 Große Orangerie und Schlosstheater

Der westliche Trakt ist die Große Orangerie, in der einst Zitronen-, Pomeranzenbäume und andere exotische Pflanzen aus dem Schlossgarten überwinterten. Heute werden die Räume für Veranstaltungen und Konzerte im höfischen Stil genutzt.

Den Abschluss des Orangerieflügels bildet das Schlosstheater, das 1787–1791 unter Friedrich II. durch Carl Langhans entstand. Das Gebäude wird heute vom Museum für Vor- und Frühgeschichte genutzt, zu dessen berühmtesten Objekten die Grabungsfunde von Heinrich Schliemann aus Troja und der sogenannte Berliner Goldkegel gehören. Die Sammlungen des Museums waren 1960–2009 im Schlosstheater zu sehen und werden nun auf der Museumsinsel im Neuen Museum präsentiert; die Räume im Schloss dienen nun als Depot.

90 Neuer Flügel

Der östliche Trakt, der sogenannte Neue Flügel, entstand 1740–1746 unter Friedrich II. nach Plänen des Architekten Georg Wenzeslaus von Knobelsdorff. Er ist heute nahezu originalgetreu wiederhergerichtet und beherbergt die prächtigsten Räume des Schlosses, darunter die Goldene Galerie, ein knapp 50 m langer Festsaal mit prachtvoll vergoldeten Stuckdekorationen und Konsolspiegeln im Rokoko-Stil. Der Weiße Saal mit seinem weißen Stuckmarmor und der pastellfarbenen, aufgewölbten Decke diente Friedrich II. als Thron- und Bankettsaal. Östlich der Goldenen Galerie liegen die Privatgemächer Friedrich des Großen, die heute die Sammlung der Gemälde Jean-Antoine Watteaus samt deren Hauptwerk »Ladenschild des Kunsthändlers Gersaint« von 1720 beherbergen. Nachdem der König verstarb, wohnte hier dessen Schwiegertochter Luise. Ihre Wohnräume wurden ebenfalls rekonstruiert, darunter das elegante, von Karl Friedrich Schinkel entworfene Schlafzimmer.

> ‣ Wegen Sanierungsarbeiten ist der Neue Flügel seit 2012 bis vorauss. Ende 2014 geschlossen.

Schloss Charlottenburg

91 Schlosspark

Nördlich des Schlosses befindet sich der 55 ha große Schlosspark, der als einer der schönsten Gärten Berlins gilt. Er besteht aus einem Barockparterre im französischen Stil, das 1687 von Simon Godeau als erster französischer Barockgarten auf deutschem Boden angelegt wurde, und einem eher naturbelassenen englischen Landschaftsgarten, der im 18. Jahrhundert als Erweiterung des Gartens nach Peter Joseph Lenné entstand. Drei Bauwerke sind auf den Park verteilt: das Mausoleum der Königin Luise, das barocke Belvedere und der Schinkel-Pavillon. Darüber hinaus befindet sich hier ein ehemaliger Karpfenteich, den etliche Steinskulpturen und Vasen säumen.

92 Mausoleum

Das Mausoleum wurde 1810 nach dem plötzlichen Tod der Königin Luise, Gattin Friedrich Wilhelms III., von Heinrich Gentz entworfen, der es in Form eines kleinen Tempels mit Portikus und dorischer Säulenfront konzipierte. Luise, die als eine bei den Berlinern äußerst beliebte Königin gilt, ruht in einem von Christian Daniel Rauch entworfenen Sarkophag, der die Königin als Schlafende in faltenreichem Gewand zeigt.

> ‣ www.spsg.de; Apr.–Okt. Di–So 10–18 Uhr, Nov.–März geschlossen; Eintritt 2 €, erm. 1 €

93 Belvedere

Das barocke Belvedere wurde 1788 von Carl Gotthard Langhans als Teehaus erbaut. Der zwischen Spree und Karpfenteich gelegene dreigeschossige Bau mit flachem Kuppeldach beherbergt seit 1971 die Königliche Porzellan-Manufaktur, die hier kostbare Exponate aus dem 18. und 19. Jahrhundert ausstellt.

> ‣ www.spsg.de; Apr.–Okt. Di–So 10–18 Uhr, Nov.–März geschlossen; Eintritt 3 €, erm. 2,50 €

94 Schinkel-Pavillon

Der Schinkel-Pavillon am östlichen Eingang des Parks wurde im Auftrag von Friedrich Wilhelm III. als Sommerhaus erbaut. Schinkel entwarf es im Stil eines italienischen Landhauses, dessen konkretes Vorbild die Villa Reale del Chiatamone in Neapel war, die der König bei einem Italien-Aufenthalt bewohnt hatte. In dem schlichten, zweigeschossigen Kubus mit einem rundherum führenden Balkon befindet sich seit 1970 ein kleines Museum mit Gemälden der Romantik und des Biedermeiers.

▸ www.spsg.de; Apr.–Okt. 10–18, Nov.–März 10–17 Uhr; Eintritt 4 €, erm. 3 €

Funkturm, ICC, Messehallen und Haus des Rundfunks

95 Funkturm

Der Funkturm wurde 1924–1926 nach Plänen von Heinrich Straumer errichtet und gilt bis heute als Wahrzeichen des Messe- und Ausstellungsgeländes. Straumer orientierte sich bei dem Entwurf der 146 m hohen Eisenkonstruktion am Pariser Eiffelturm. In etwa 55 m Höhe befindet sich heute ein Restaurant; in 125 m Höhe liegt eine Aussichtsplattform, zu der die Besucher in einem gläsernen Aufzug in nur 34 Sekunden befördert werden.

Das Messegelände entstand schon vor dem Ersten Weltkrieg auf einem weitläufigen Exerziergelände am Ende der Neuen Kantstraße im Charlottenburger Viertel Witzleben. Zur 3. Deutschen Funkausstellung 1929 wurden vom Turm aus die ersten tonlosen Fernsehbilder aus der Fernsehstation Witzleben gesendet.

▸ www.funkturm-messeberlin.de; Hammarskjöldplatz, über Eingang Messehalle 16 zu erreichen; Aussichtsplattform: Mo 10–20, Di–So 10–23 Uhr, kann ggf. witterungsbedingt kurzfristig schließen; Eintritt 5 €, erm. 2,80 €; Restaurant: Di 18–23, Mi–So 11:30–23 Uhr; Eintritt 2,80 €, erm. 1,50 €; U-Bahn: Theodor-Heuss-Platz, S-Bahn: Messe Nord/ICC

96 Ausstellungs- und Messegelände

Das Ausstellungs- und Messegelände umfasst 160 000 m² Hallenfläche, verteilt auf 26 Messehallen. Hier finden jährlich über 40 Messen, Kongresse und Veranstaltungen statt, darunter die Grüne Woche, die Internationale Tourismus Börse (ITB) und die Internationale Funkausstellung (IFA). Die erste Messehalle wurde 1914 fertiggestellt, eine zweite folgte 1924. Ab 1937 entstand die 35 m hohe Ehrenhalle nach Plänen von Richard Ermisch, eingefasst von je 102 m langen Seitenhallen, hinter denen die in den 1950er-Jahren errichteten Hallen von Gustav Müller und Franz Heinrich Sobotka stehen. Das Messegelände wurde in den letzten 25 Jahren ständig erweitert und um neue Hallen vergrößert, die sich alle in Richtung Jafféstraße befinden und einen Rundgang bilden. Der als Oval angelegte und 10 000 m² große Sommergarten geht auf Pläne von Hans Poelzig zurück und dient seit 1981 als Skulpturengarten mit Werken zeitgenössischer Berliner Künstler.

▸ www.messe-berlin.de; Messedamm 22; S-Bahn: Messe Nord/ICC, Messe Süd

97 ICC

Das Internationale Congress Centrum ist mit dem Messegelände durch einen Übergang verbunden. Es wurde 1975 –1979 nach Entwürfen von Ralf Schüler und Ursulina Schüler-Witte errichtet und war die Antwort des Westens auf den Palast der Republik. Die beiden Architekten gestalteten einen für die damalige Zeit hochmodernen Bau mit neuester Technikausstattung, der 80 Säle umfasste, in denen verschiedenste öffentliche Veranstaltungen abgehalten wurden. Durch den engen Baugrund, der verkehrsgünstig direkt neben der Stadtautobahn liegt, entstand der schmale Grundriss von 80 × 320 m. Der Haupteingang liegt an der schmalen Seite zur Masurenallee und damit abgewandt vom eigentlichen Messebereich. Immer wieder wurde in dem Gebäude Asbest gefunden, über eine Schließung wird seit Jahren diskutiert.

▸ www.icc-berlin.de; Messedamm 22; S-Bahn: Messe Nord/ICC, Messe Süd

98 CityCube Berlin

Der CityCube Berlin liegt direkt am S-Bahnhof Messe-Süd und wurde im Frühjahr 2014 nach zweijähriger Bauzeit eröffnet. Der kubusförmige, multifunktionale Messe-, Kongress- und Eventkomplex wurde nach Entwürfen des Dresdener Architektenbüros Code Unique auf dem Gelände der ehemaligen Deutschlandhalle errichtet. Durch zwei Ebenen mit jeweils 6 000 m² Raumfläche gilt sie als adäquater Ersatz für das ICC.

▸ www.citycube-berlin.de; Messedamm 26; S-Bahn: Messe Süd

99 Haus des Rundfunks

Das Haus des Rundfunks wurde 1929 –1931 nach Plänen von Hans Poelzig im Stil des Expressionismus errichtet. Es ist das erste Funkhaus Deutschlands: 1935 startete hier das erste regelmäßige Fernsehprogramm. Poelzig wählte als Grundform ein Dreieck mit konkaven Schenkeln, dessen Hauptfassade zur Masurenallee hin eine Gerade von 150 m Länge bildet. Die Außenwände wurden mit dunklem Klinker und regelmäßigen Fenstergruppen ausgestaltet. Der Bau umfasst neben den zur Straße hin liegenden Büros auch Studios mit hervorragender Akustik und vom Lärm abgeschirmte Sendesäle. Im Zentrum des Baus befindet sich ein Lichthof, in dem Georg Kolbes Akt »Zur Nacht« von 1930 sowie die abstrakte »Hommage an Kolbes ›Zur Nacht‹« von Volkmar Haase stehen. Nach dem Zweiten Weltkrieg wurde das unzerstörte Funkhaus bis 1952 von der sowjetischen Besatzungsmacht kontrolliert und vom Berliner Rundfunk aus Ost-Berlin genutzt, obwohl es im Gebiet der britischen Alliierten stand. Als der Berliner Rundfunk 1951 einen neuen Standort in Adlershof bekam, wurden die Sendeanlagen und Studioeinrichtungen demontiert und dorthin gebracht. Bis 1956 stand daraufhin das Haus des Rundfunks leer. Erst als der Bau an die Bundesrepublik übergeben und grundlegend renoviert wurde, zog 1957 der SFB (Freier Sender Berlin) in das Gebäude, der 2003 im Rundfunk Berlin-Brandenburg (RBB) aufging.

▸ www.haus-des-rundfunks.de; Masurenallee 14; U-Bahn: Theodor-Heuss-Platz

100 RBB-Fernsehzentrum

Das Fernsehzentrum wurde 1965–1970 nach Entwürfen von Robert Tepez für den SFB errichtet, als dieser weitere Produktionsräume benötigte. Heute befinden sich hier Produktionsräume des RBB. Der Bau besteht aus zwei Flügeln, in deren Mitte sich auf dem Dach ein Turm befindet, der wie ein Gelenk zwischen den beiden Trakten erscheint. Die 7- bis 14-geschossigen Flügel sind etagenweise jeweils abwechselnd mit braunem und weiß-metallenem Aluminium verkleidet. Eine Fußgängerbrücke verbindet das Fernsehzentrum mit dem benachbarten Haus des Rundfunks.

▸ Masurenallee 16–20; U-Bahn: Theodor-Heuss-Platz

Das Olympiagelände

101 Reichssportfeld

Das 132 ha große Olympiagelände liegt unmittelbar vor der Havelseenkette ganz im Westen Charlottenburgs. 1936 wurde es mit dem Olympiastadion im Zentrum von den Nationalsozialisten anlässlich der Olympischen Spiele angelegt.

Die Fläche, auf dem die Olympischen Spiele stattfanden, wird noch heute Reichssportfeld genannt. Die monumentale Anlage wurde 1934–1936 nach einem Entwurf des Berliner Architekten Werner March errichtet und umfasst das Olympiastadion sowie Schwimm-, Reit-, Eishockey- und Tennisstadien. Der riesige Komplex war jedoch mehr als nur eine Sportstätte: Er sollte auch die politische Macht und den Herrschaftsanspruch der Nationalsozialisten demonstrieren. Nach dem Krieg dienten einige Teile des Sportgeländes als Hauptquartier der britischen Streitkräfte und waren für die Öffentlichkeit nicht zugänglich. Seit den 1960er-Jahren dient es wieder als Austragungsort von Sportveranstaltungen, seit der Fußball-Weltmeisterschaft wurden hier auch Rockkonzerte und Kirchentage abgehalten. Heute sind die Bauten und Gelände zumeist umfassend saniert – vor allem durch die Vorbereitungen zur Fußball-WM 2006 – und werden in unterschiedlicher Weise genutzt.

▸ S-Bahn: Olympiastadion

102 Langemarckhalle und Glockenturm
Die Langemarckhalle liegt am westlichen Rand des Olympiageländes und wurde 1936 von Werner March als nationale Gedenkstätte der Nazis für die Gefallenen der Schlacht bei Langemarck 1914 in Flandern, bei der Zehntausende junge deutsche Reservisten starben, erbaut. 2006 wurde die Halle für die Fußball-Weltmeisterschaft umfassend saniert und in Kooperation mir dem Deutschen Historischen Museum die Dokumentationsausstellung »Geschichtsort Olympiagelände 1909–1936–2006« eröffnet.

Der 78 m hohe Glockenturm ist Teil der Langemarckhallen und bietet von seiner Aussichtsplattform einen weiten Ausblick auf das gesamte Olympiagelände. Der Glockenturm und die Olympische Glocke sind jedoch nicht im Original erhalten. 1947 wurde der Turm wegen erheblicher Kriegsschäden gesprengt, wobei die Glocke beschädigt wurde. Erst 1961/1962 wurde ein neuer Glockenturm errichtet und ein Nachguss der Glocke eingehängt.

▸ www.glockenturm.de; Am Glockenturm; Apr.–Okt. tgl. 9–18 Uhr; S-Bahn: Pichelsberg, Ausgang Waldbühne, dann ausgeschildert

103 Maifeld
Das Maifeld ist ein riesiges, grasbewachsenes Rechteck östlich des Glockenturms, das als Aufmarschplatz für propagandistische Veranstaltungen konzipiert wurde und von einem Tribünenwall umringt

ist. Mit einer Größe von 112 000 m² bietet es Platz für 250 000 Besucher, die Tribünen können zusätzlich 60 000 Zuschauer aufnehmen. 1936 wurden hier das Dressurreiten und die Polowettbewerbe ausgetragen. Nach dem Krieg war die Fläche bis 1994 Teil des britischen Hauptquartiers und neben den von den Briten ausgeführten Polo-, Cricket- und Hockey-Wettkämpfen auch Schauplatz der alljährlichen Geburtstagsparaden der britischen Truppen für Queen Elizabeth II., der auch Tausende Berliner beiwohnten. Seit dem Abzug der britischen Truppen dient das Feld als Austragungsort von wechselnden Sportturnieren und anderen Großveranstaltungen.

▸ Glockenturmstr. 1; S-Bahn: Pichelsberg

104 Waldbühne

Auch die Waldbühne ist Teil des Olympiageländes und liegt westlich des Glockenturms in einer Senke des Murellenberges, in der sogenannten Murellenschlucht. Sie wurde 1934–1936 nach Plänen von Werner March als Freilichtbühne mit 88 Stufen für 20 000 Zuschauer errichtet. March orientierte sich dabei am Vorbild antiker Theater und arbeitete auch Ideen von Joseph Goebbels ein. Während der Olympiade 1936 fanden hier die Turnwettkämpfe statt. Seit den frühen 1960er-Jahren dient die Waldbühne verschiedenen Großveranstaltungen als Austragungsort, insbesondere Konzerten aus Klassik, Pop und Rock. Legendär ist der Aufritt der Rolling Stones im Jahr 1965, bei dem das ganze Mobiliar zu Bruch ging und die Bühne erst vier Jahre später wieder öffnen konnte.

▸ www.waldbuehne-berlin.de; Glockenturmstr. 1; S-Bahn: Pichelsberg

105 Eissporthalle

Die Eissporthalle wurde 2010–2012 im Auftrag des Bezirksamts Charlottenburg-Wilmersdorf direkt neben der Waldbühne errichtet. Sie dient als Ersatz für die ehemalige, 2001 abgerissene Eissporthalle in unmittelbarer Nähe der Deutschlandhalle. Die Eissporthalle besteht aus zwei Eisflächen, von denen eine überdacht ist. Auf den Zuschauerbänken finden 1 000 Personen Platz.

▸ Glockenturmstr. 14; Mo 15–17 (Eltern & Kinder bis 6 J.), Di 9:30–16:30, Mi 12–16:30, Do 9:30–16:30, Fr 9:30–11:30 Uhr (nur Senioren und Menschen mit Behinderung); Eintritt 3,30 €, erm. 1,60 €; Schlittschuhe können für ca. 4 € vor Ort ausgeliehen werden; S-Bahn: Pichelsberg

106 Olympia-Reiterstadion

Das Olympia-Reiterstadion befindet sich südwestlich des Olympia-stadions. In den 1920er-Jahren zählte es zum ehemaligen Grunewald-Pferderennbahn-Gelände, das 1908 nach Plänen von Werner Marchs Vater, Otto March, errichtet wurde, und war europaweit eine der größten und modernsten Anlagen seiner Art. Heute ist neben dem Reitplatz und den Stallungen auch die Tribüne erhalten. Als Austra-gungsort verschiedener Veranstaltungen wird das Stadion beispiels-weise für Messen und kleinere Festivals genutzt.

▸ Passenheimer Str. 24; S-Bahn: Pichelsberg

107 Olympiastadion

Östlich des Maifelds liegt das weitläufige ovale und für 100 000 Besu-cher konzipierte Olympiastadion. Ursprünglich hatte Werner March eine unverkleidete Stahlbeton-Skelettkonstruktion mit verglasten Zwischenwänden entworfen, die jedoch bei Hitler keinen Gefallen

Olympiastadion

fand. Daraufhin realisierte March den Vorschlag des Reichsarchitekten Albert Speer, die äußeren Stützpfeiler aus grobem fränkischem Muschelkalk aufzustellen und die Zwischenwände mit Platten aus demselben Material zu füllen. March legte das Stadion voll unterkellert und mit unterirdischen Straßen an. Auf diesen wurden die Sportlerinnen und Sportler 1936 mit Militär-Lkw aus dem Olympischen Dorf, das westlich von Berlin im Elstal gelegen war, durch den Marchtunnel bis zu ihren Umkleidekabinen gebracht. Zwei Jahre nach den Spielen wurden hier Bunkerwände und Zwischendecken eingerissen und die Räume der Firma Blaupunkt unter anderem für die Produktion von Zündern für Flugabwehrwaffen zur Verfügung gestellt.

Für die Fußball-Weltmeisterschaft 2006 wurde das Stadion nach Plänen des Architekturbüros Gerkan, Marg und Partner umfassend modernisiert und komplett restauriert. Es wurde um mehrere Meter tiefer gelegt und mit 76 000 eleganten grauen Sitzplätzen, einer blauen Tartanbahn – da das Stadion die Heimstätte des Hertha BSC ist – und einem transparent scheinenden Dach ausgestattet.

Auf dem Olympiagelände rund um das Stadion steht eine Vielzahl von imposanten Plastiken und Wandfriesen, darunter Sportler verschiedener Disziplinen von Sepp Mages, Willy Meller, Karl Albiker und Arno Breker, riesige Pferde mit Rossehalter von Josef Wackerle sowie Reliefs von Gustav Seitz und Arno Lehmann. Sie folgen dem Konzept »Gesamtkunstfeld Reichssportfeld«, das insbesondere durch Werner March unterstützt wurde. Charakteristisch für die Skulpturen sind vor allem deren Blockhaftigkeit und Vereinfachung mit strengen, dynamischen Formen. Das gesamte Olympiagelände steht mitsamt dem reichhaltigen Inventar an Plastiken, Skulpturen und Reliefs unter Denkmalschutz.

> • www.olympiastadion-berlin.de; Olympischer Platz; 20. März–31. Mai 9–19, Juni–15. Sept. 9–20, 16. Sept.–31. Okt. 9–19, Nov.–19. März 10–16 Uhr; Eintritt 7 €, erm. 5 €; U-/S-Bahn: Olympiastadion

108 Marathontor

Das Marathontor befindet sich als 25 m breite Aussparung in der Westkurve des Olympiastadions. An den seitlichen Wänden der das Tor einfassenden Treppenhausblöcke wurden die Namen der Olympiasieger angebracht sowie eine Gedenktafel für Carl Diem, den Generalsekretär und Leiter der Spiele. Unter dem Tor befindet sich der Marathontunnel, durch den zum ersten Mal in der Geschichte der Olympischen Spiele die olympische Fackel vom griechischen Olymp zum Austragungsort getragen wurde. Auch die Vertreter der Nationen schritten bei der Eröffnungsfeier der Spiele durch dieses Tor. Der Tunnel wird von dem auf einem Sockel stehenden Dreifuß mit der Bronzeschale des olympischen Feuers gekrönt.

‣ S-Bahn: Olympiastadion

109 Stadionterrassen

Die Stadionterrassen wurden schon vor dem alten Stadion errichtet und befinden sich vor dem Südtor des Olympiastadions, in unmittelbarer Nähe zum S-Bahnhof Olympiastadion. Im Laufe der Zeit baute man sie mehrmals um und glich sie schließlich an die anderen, in nationalsozialistischer Bauweise errichteten Gebäude an. Zur Olympiade lief hier ein Restaurantbetrieb, der 5 000 Menschen gleichzeitig verköstigte. Heute beherbergt der Komplex ein Restaurant mit mehreren anmietbaren Veranstaltungsräumen sowie einen Biergarten mit Stadionblick für 500 Personen.

‣ www.cateringberlin.de; Jesse-Owens-Allee 2; Mo–Fr 11:30–15 Uhr, der Biergarten ist bei Veranstaltungen am und im Olympiastadion geöffnet; S-Bahn: Olympiastadion

110 Olympisches Tor und Olympischer Platz

Das Olympische Tor am Haupteingang des Stadions liegt auf dessen Ostseite und wird durch den jeweils 35 m hohen Preußen- und Bayernturm flankiert. Die beiden Turmbauten halten die Wahrzeichen der Olympischen Spiele: fünf Ringe für fünf Kontinente.

Der Olympische Platz liegt in östlicher Richtung vor dem Olympischen Tor. Er mündet in die Olympische Straße und wird vom Friedhof Heerstraße sowie Parkplätzen eingefasst. Früher hieß die Südachse des Platzes Reichssportfeldstraße; erst 1998 wurde sie nach zehnjährigem Aufbegehren der Anwohner in Flatowallee umbenannt. Der neue Name erinnert an die jüdischen Cousins Gustav-Felix und Alfred Flatow, die bei den ersten Olympischen Spielen der Neuzeit in Athen 1896 im Turnen Gold gewonnen hatten. Einer der Cousins war später von den Nationalsozialisten in das Konzentrationslager Theresienstadt deportiert und ermordet worden. Südwestlich des Platzes befindet sich der ehemalige Bahnhof Reichssportfeld, heute U-Bahnhof Olympia-Stadion, der ebenfalls aus Anlass der Olympischen Spiele angelegt wurde.

‣ U-Bahn: Olympia-Stadion

111 Olympia-Schwimmstadion

Das Schwimmstadion grenzt unmittelbar an das nördliche Areal des Olympiastadions an. Es umfasst zwei Becken, die auch heute noch als öffentliches Sommerbad genutzt werden. 1978 wurde die Anlage im Rahmen der Schwimmweltmeisterschaft modernisiert, wobei die Keramikfliesen, der Kunststeinfußboden und die original verputzen Arkadengänge erhalten blieben.

▸ Olympischer Platz 3; U-Bahn: Olympia-Stadion

112 Sportforum

Nordöstlich des Olympiastadions liegen die Tennis- und Hockey-plätze. Noch weiter nördlich und etwas abgeschieden befindet sich das sogenannte Sportforum, die ehemalige Reichsakademie für Leibes-übungen, mit dem Haus des Deutschen Sports, das einst den Sitz des Reichssportführers beherbergte. Nach dem Zweiten Weltkrieg wurde das Sportforum zum Hauptquartier der britischen Streitkräfte. Heute wird das Areal mit Schwimmbad, Turnhalle und mehreren Sportplät-zen wieder für Sportveranstaltungen genutzt.

▸ U-Bahn: Olympia-Stadion

113 Sportmuseum Berlin

Das Sportmuseum Berlin im Haus des Deutschen Sports im Olym-piapark bietet die größte Sportsammlung Deutschlands mit mehr als 100 000 Exponaten und einer Fotosammlung mit etwa 1,5 Millionen Bildmotiven. Auch eine Bibliothek mit 37 000 Bänden sporthis-torischer Literatur aus drei Jahrhunderten, darunter alle Verbands-zeitschriften des deutschen Sports in Ost und West von 1945/1946 bis 1989, beherbergt das Museum. Es ist aus dem Sporthistorischen Kabinett Berlin, dem Sammlungszentrum Zentrales Sportmuseum der DDR und dem West-Berliner Forum für Sportgeschichte e.V. hervorgegangen und ein Nachfolger des 1925 gegründeten Museums für Leibesübungen zu Berlin, das 1934 von den Nationalsozialisten geschlossen wurde. Zu den Schwerpunkten der Sammlung gehört der Laufsport aus aller Welt, auch Wechsel- und Sonderausstellungen zu unterschiedlichen Themen der Sportgeschichte werden präsentiert.

▸ www.sportmuseum-berlin.de; Mo–Fr: 10–14 Uhr; Eintritt: in den Olympiapark Ber-lin: 1 €, erm. 0,50 €, in die Ausstellung: freier Eintritt; Hanns-Braun-Str./Adlerplatz; U-Bahn: Olympia-Stadion

In der Umgebung

114 U-Bahn-Museum Berlin

Das Berliner U-Bahn-Museum wurde 1997 eröffnet und befindet sich im elektromechanischen Hebelstellwerk des Olympiastadions, das 1931–1983 in Betrieb und zu dieser Zeit das größte seiner Art in Europa war. Die Anlage wurde von der Bau-Anstalt Siemens & Halske errichtet und ermöglichte die Sicherung von 616 Fahrstraßen durch die Bedienung von 99 Licht- und Zahlensignalen sowie 103 elektrischen Weichen. In den Nebenräumen des Stellwerks werden Ausstellungen mit zahlreichen Exponaten präsentiert. Darüber hinaus finden jährlich vier bis sechs Sonderfahrten mit den nicht mehr im Betrieb befindlichen Zuggattungen statt.

‣ www.ag-berliner-u-bahn.de; Rossitter Weg 1; geöffnet jeden 2. Samstag im Monat 10:30–16 Uhr; Eintritt 2 €, erm. 1 €; U-Bahn: Olympia-Stadion

115 Georg-Kolbe-Museum

Das Georg-Kolbe-Museum wurde 1950 eröffnet und befindet sich im ehemaligen Atelierhaus des Bildhauers, das dieser 1928/1929 nach Plänen von Ernst Rentsch im Stil des Neuen Bauens errichten ließ. Die Sammlung umfasst das Werk Kolbes sowie Skulpturen anderer Künstler aus der ersten Hälfte des 20. Jahrhunderts, darunter Richard Scheibe, August Gaul und Gerhard Marcks. Auch Bildhauerzeichnungen, ein Archiv und eine Bibliothek beherbergt das Museum. Nach seinem Tod 1947 ging der größte Teil von Kolbes Nachlass seinem Wunsch entsprechend in eine private Stiftung über, die auch heute noch Trägerin des Museums ist.

‣ www.georg-kolbe-museum.de; Sensburger Allee 25; Di–So 10–18 Uhr; S-Bahn: Heerstr.

116 Gedenkstätte Plötzensee

Die Gedenkstätte Plötzensee liegt westlich des Volksparks Jungfernheide in Charlottenburg-Nord, zwischen Stadtautobahn und Saatwinkler Damm. Sie wurde 1951/1952 nach Entwürfen des Architekten Bruno Grimmek eingerichtet und ist den Opfern des Nationalsozialismus im In- und Ausland geweiht. Sie erinnert daran, dass zwischen 1933 und 1945 fast 3 000 Menschen an dieser Stelle nach Unrechtsurteilen der NS-Justiz hingerichtet wurden.

Gedenkmauer an der Gedenkstätte Plötzensee

117 Todeshaus

Im sogenannten Todeshaus mussten die Verurteilten in engen, dunklen Zellen und mit Handschellen gefesselt auf ihre Exekution durch den Strick oder das Fallbeil warten. Unmittelbar vor ihrer Hinrichtung band man ihnen die Hände auf dem Rücken zusammen, den Frauen wurden die Haare abgeschnitten. Durch einen schwarzen Vorhang war der Hinrichtungsraum in zwei Bereiche aufgeteilt: in dem einen stand bis nach Kriegsende die Guillotine, in dem anderen befanden sich ein Waschbecken und acht Fleischerhaken mit Eisenträgern unter dem Dach, um mehrere Opfer gleichzeitig hängen zu können.

Der Hinrichtungsraum kann im Rahmen eines Besuchs der Gedenkstätte besichtigt werden. Er wird ergänzt durch die Dokumentation einiger ausgewählter Urteile des Volksgerichtshof und des bürokratischen Ablaufs der Exekutionen. Eine mit Muschelkalkplatten verkleidete Gedenkwand für die Opfer befindet sich vor dem Hinrichtungshaus.

▸ www.gedenkstaette-ploetzensee.de; Hüttigpfad; März–Okt. tgl. 9–17, Nov.–Feb. tgl. 9–16 Uhr; Eintritt frei; S-Bahn: Beusselstr., von dort weiter mit Bus 123 bis Gedenkstätte Plötzensee

118 Evangelisches Gemeindezentrum Plötzensee

Zwei Kirchen wurden in Erinnerung an die in Plötzensee inhaftierten und ermordeten Opfer der nationalsozialistischen Gewaltherrschaft errichtet. Eine davon ist das Evangelische Gemeindezentrum Plötzensee am Heckerdamm 226, das 1968–1970 nach Plänen von Dietmar Grötzebach, Gerd Neumann und Günter Plessow errichtet wurde. Das Gebäudeensemble umfasst unter anderem eine Kirche, eine Kindertagesstätte, Gemeinderäume, einen Jugendclub, Wohnungen und Büros. Das Äußere der Kirche gestalteten die Architekten sehr schlicht; auch das dunkel gehaltene Innere mit einem quadratischen Gottesdienstraum aus Beton und einem Altar im Zentrum, um den im Quadrat die Kirchenbänke angeordnet sind, ist sparsam ausgestattet. Die 16 Holztafeln an den Wänden stammen vom Wiener Künstler Alfred Hrdlicka. In seinem »Plötzenseer Totentanz«, als dessen Grundmotiv und Hintergrund Hrdlicka die Fenster und Haken des Hinrichtungsraumes in Plötzensee wählte, verbindet er das Thema der mittelalterlichen Totentanzdarstellungen mit heutigen Bedrohungen, wie beispielsweise in »Tod im Boxring«, »Tod des Demonstranten«, »Tod im Showbusiness«, »Kain erschlägt seinen Bruder Abel« und »Tod einer Minderheit«.

▸ www.charlottenburg-nord.de; Heckerdamm 226; U-Bahn: Jakob-Kaiser-Platz

119 Maria Regina Martyrum

Die zweite Kirche der Gedenkstätte ist die katholische Kirche Maria Regina Martyrum am Heckerdamm 230, die 1960–1963 nach Plänen von Hans Schädel und Friedrich Ebert errichtet wurde. 1984 kam ein Karmeliterinnen-Kloster hinzu. An der rechten Außenwand der Kirche befindet sich ein Kreuzweg mit Freialtar von Otto Herbert Hajek. Auch dieser Bau ist im Äußeren schlicht gehalten; einzig das von Fritz König geschaffene Fassadenzeichen »Apokalyptische Frau« fungiert als Ausschmückung. Eine verglaste Eingangshalle führt über eine breite Treppe zwischen den beiden Stützmauern in das dunkle Innere der

Kirche. Im Untergeschoss liegt hier eine Krypta mit der Gedenkstätte für Märtyrer. An der Stirnwand befindet sich ein breites Altargemälde, »Das himmlische Jerusalem« von Georg Meistermann.

▸ www.gedenkkirche-berlin.de; www.karmel-berlin.de; Heckerdamm 232; U-Bahn: Jakob-Kaiser-Platz

Berlin-
Grunewald

Mahnmal
Gleis

Wilmersdorf: **Fläche:** 7,16 km², **Einwohnerzahl:** 123 226

Wilmersdorf

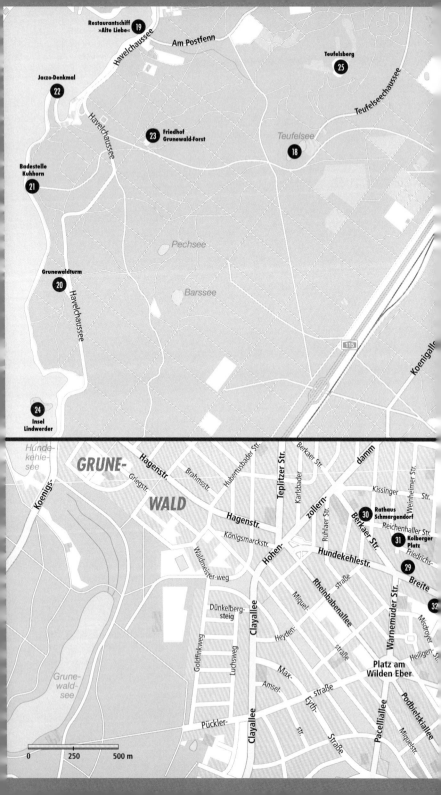

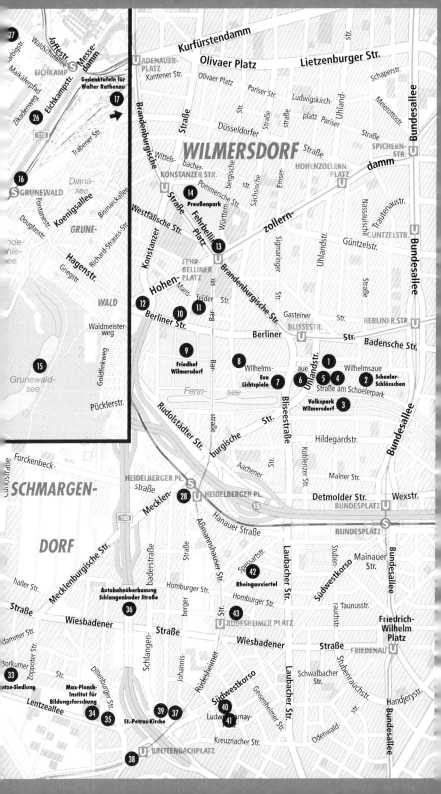

Von der Wilhelmsaue zum Fehrbelliner Platz

① Wilhelmsaue

Die Wilhelmsaue lässt heute noch die dörflichen Spuren des alten Wilmersdorf erahnen. An ihrem östlichen Ende wird sie auf der einen Seite von Altbauten, auf der anderen von Wohnblöcken aus den 1950er-Jahren gesäumt. Die eigentliche ehemalige Aue ist ein begrünter Mittelstreifen, der die heutige Wilhelmsaue teilt. »Du befindest dich hier auf der ehemaligen Dorfaue im ältesten Teil unseres Bezirks«, erklärt dort die Inschrift auf einem Findling. Hier befanden sich um 1750 »Bauerngehöfte, Felder, Wiesen und Seen«. Die Wilhelmsaue erhielt erst 1888 ihren Namen, 1300–1875 wurde sie lediglich Dorfaue bzw. Dorfstraße und 1875–1888 dann Wilhelmstraße genannt. Zunächst als Dorfanger mit Teich angelegt, wurde sie 1888 als Grünanlage umgestaltet.

› U-Bahn: Blissestr.

② Schoeler-Schlösschen

Das heute denkmalgeschützte Schoeler-Schlösschen ist das älteste erhaltene Wohngebäude in Wilmersdorf. Es wurde 1752 erbaut und 1765/1766 aufgestockt und zu einem eleganten Sommersitz umgebaut, der heute zu den wenigen in Berlin erhaltenen bürgerlichen Landhäusern des 18. Jahrhunderts zählt. Seinen Namen erhielt der Bau nach seinem letzten privaten Besitzer, dem Augenarzt Heinrich Schoeler, der ihn 1844–1918 bewohnte. 1829 ging das Schoeler-Schlösschen in den Besitz des Bezirks Wilmersdorf über, der dort eine Bibliothek und eine Heimatstube einrichtete. 1936 nutze die Hitlerjugend den Bau als Heim, 1946–2003 befand sich hier eine Kindertagesstätte. Heute hat die »Stiftung Denkmalschutz Berlin« im Schoeler-Schlösschen ihren Sitz. Zusammen mit dem Bezirksamt Charlottenburg-Wilmersdorf lässt sie das Haus seit 2006 renovieren. Während die äußerliche Sanierung bereits abgeschlossen ist, wird am Innenausbau weiterhin gearbeitet. Im Erdgeschoss befindet sich ein kleines Café; die Nutzung für die restlichen Räumlichkeiten wird derzeit noch diskutiert. Das Gartenareal des Schoeler-Schlösschens wurde schon in den 1930er-Jahren für die Öffentlichkeit geöffnet und fungiert als Bindeglied zwischen der Dorfaue und dem Volkspark Wilmersdorf.

› Wilhelmsaue 126; U-Bahn: Blissestr.

Das Schoeler-Schlösschen ist das älteste noch erhaltene Gebäude in Wilmersdorf

③ Volkspark Wilmersdorf

Der Volkspark Wilmersdorf zieht sich mit einer Länge von mehr als 2 km vom Rathaus Schöneberg im Osten bis zur Rudolstädter Straße im Westen hin. Die Anlage umfasst drei unterschiedlich gestaltete Bereiche: den 1912/1913 von Richard Thieme entworfenen Landschaftspark östlich der Bundesallee, das von Wilhelm Riemann 1933 begonnene, aber unvollendete Gebiet westlich der Bundesallee bis zur Mecklenburgischen Straße, auf dem sich einst der Wilmersdorfer See befand, und der von Eberhard Fink und Karl Schmid 1960 neugestaltete Westteil bis zur Rudolstädter Straße. Letzterer ist mit Sportanlagen, Wiesen und einem Blumengarten als Landschaftspark gestaltet, in dem sich auch der langgestreckte Fennsee befindet.

▸ U-Bahn: Blissestr.

④ Auenkirche

Die Auenkirche liegt unmittelbar neben dem Schoeler-Schlösschen. Sie wurde 1895–1897 nach Plänen des Kirchenarchitekten Max Spitta im Stil der märkischen Backsteingotik errichtet. Spitta konzipierte sie als dreischiffige Hallenkirche mit einem 65 m hohen Turm. Der Eingangsgiebel wird von einem aus 72 000 Steinchen hergestellten Mosaik der Deutschen Mosaik-Werkstätten ausgeschmückt; im Inneren der Kirche kann man eine der bedeutendsten und größten Orgeln Berlins besichtigen. Auf dem Vorbau befindet sich die Windfahne der alten Dorfkirche, welche man nach der Einweihung der Auenkirche abtrug.

▸ www.auenkirche.de; Wilhelmsaue 119; U-Bahn: Blissestr.

⑤ Blissestift

Das Blissestift wurde aus dem Vermögen der Stiftung des kinderlosen Ehepaars Georg Christian und Amalie Auguste Blisse als Waisenhaus errichtet und 1911 eröffnet. Das Ehepaar Blisse steht exemplarisch für die sogenannten Millionenbauern in Wilmersdorf, darunter beispielsweise die Familien Schramm und Mehlitz, die durch Grundstücksverkäufe im Zuge der Entwicklung des Stadtteils zur Großstadt reich geworden waren. Die sieben Villen an der Aue, die trotz der großstädtischen Bebauung erhalten blieben, zeugen davon – darunter beispielsweise das ehemalige Landhaus der Familie Gieseler in der Wilhelmsaue 122/123, das heute denkmalgeschützte Landhaus der Familie Blisse in der Wilhelmsaue 120, welches 1890–1981 von Wilhelm Balk errichtet wurde, sowie die 1875 errichtete und heute denkmalgeschützte bäuerliche Villa in der Wilhelmsaue 17. Das Blissestift befindet sich heute in der Verwaltung des Bezirksamts Charlottenburg-Wilmersdorf und beherbergt verschiedene kommunale Einrichtungen, darunter ein Schulhort und eine Ganztagsbetreuungseinrichtung.

▸ Wilhelmsaue 116/117; U-Bahn: Blissestr.

⑥ Erste Kirche Christi Wissenschafter

Das rosafarbene Haus der Ersten Kirche Christi Wissenschafter wurde 1936/1937 nach Entwürfen von Otto Bartning errichtet. Im Zweiten Weltkrieg zerstört, wurde es 1956–1985 in vereinfachter Form ebenfalls von Bartning wieder aufgebaut. Die Fassade des auf trapezförmigem Grundriss erbauten Gebäudes zeigt im Mittelteil Arkaden, hinter denen die Eingänge durch eine offene Vorhalle zur Kirche führen.

Rechts und links lassen Glaswände die inneren Treppenhäuser erkennen. Die Gemeinde der Christi Wissenschafter wurde 1866 in den USA gegründet und verbreitete sich ab 1896 auch in Deutschland. Das Gebäude beherbergt neben dem Kirchensaal Räume für Verwaltung, Sonntagsschule und einen Leseraum.

▸ Wilhelmsaue 112; U-Bahn: Blissestr.

7 Eva Lichtspiele

Die Eva Lichtspiele in der Blissestraße wurden 1913 als »Roland Lichtspiele« eröffnet. 1920 wurde das Kino in Eva Lichtspiele umbenannt und mit dem gleichzeitigen Umbau konnten hier in den folgenden Jahren Filme mit Musikbegleitung präsentiert werden, zunächst durch eine Violinistin und später durch ein ganzes Orchester. Heute erinnert das Programmkino mit seiner Ausstattung an die 1950er-Jahre. Mittwochabends läuft hier die Traditionsreihe »Der Alte Deutsche Film«, mit bekannten und weniger bekannten deutschsprachigen Filmen aus den 1930er- und 1940er-Jahren.

▸ www.eva-lichtspiele.de; Blissestr. 18; U-Bahn: Blissestr.

8 Ecke Wilhelmsaue/Mannheimer Straße

Der westliche Teil der Wilhelmsaue zeigt ein architektonisch uneinheitliches Bild: Gründerzeitbauten mit Remisen neben einer alten Villa und einigen Neubauten. An der Straßenecke Wilhelmsaue/Mannheimer Straße stehen Häuser aus dem Wiederaufbauprogramm der 1950er-Jahre. Vor dem Haus in der Mannheimer Straße 27 gedenkt ein in den Gehweg eingelassener Granitstein an Rosa Luxemburg und Karl Liebknecht mit der Inschrift: »Letzter Zufluchtsort der deutschen Revolutionäre Rosa Luxemburg und Karl Liebknecht vor ihrer Ermordung durch marodierende Reichswehrtruppen am 15. Januar 1919.«

▸ U-Bahn: Blissestr.

9 Friedhof Wilmersdorf

Der Friedhof Wilmersdorf wurde 1886 als Wilmersdorfer Friedhof an der Berliner Straße angelegt. Mit dem Krematorium, das 1922 nach Plänen der Architekten Herrnring und Bettenstedt im neoklassizistischen Stil erbaut und mittlerweile stillgelegt wurde, nimmt er ein großflächiges Gebiet bis zum Volkspark im Süden ein. Der Eingang zum älteren Teil liegt an der Berliner Straße, gegenüber der Brienner

Straße. Hier befinden sich die Erbbegräbnisse der Millionenbauern, wie Georg Christian und Amalie Auguste Blisse, aber auch die Gräber des Schriftstellers Fedor von Zobeltitz, der Architekten Heinrich Seeling und Peter Behrens, des Berlin-Forschers Kurt Pomplun und des Komponisten Theo Mackeben. 1935–1945 waren auf dem Friedhof nur noch Urnenbestattungen zugelassen und der Ort in »Urnenhain Wilmersdorf« umbenannt worden. Davon zeugt heute die bis zur Decke ausgefüllte Urnenhalle rechts vom Eingang.

▸ Berliner Str. 81–103; U-Bahn: Blissestr., Fehrbelliner Platz

⑩ Moschee
An der Ecke Berliner Straße/Brienner Straße steht die älteste existierende Moschee Deutschlands. Sie wurde 1924–1928 nach Plänen von K. A. Herrmann im Mogulstil errichtet. Herrmann konzipierte einen unaufdringlichen Bau mit heller, pastellfarbener Fassade, der von einem Park eingefasst wird. Über dem kubusförmigen Unterbau erhebt sich die indisch anmutende Kuppel von 10 m Durchmesser. Die ehemals je 32 m hohen maurischen Minarette sind seit den Beschädigungen durch den Zweiten Weltkrieg nur noch halb so hoch und werden nicht mehr benutzt. Die heute unter Denkmalschutz stehende Moschee wird von der pakistanisch-islamischen Gemeinde »Ahmadiya Anjuman« genutzt.

▸ www.aaiil.org/german; Brienner Str. 7/8; U-Bahn: Fehrbelliner Platz

⑪ Dänische Christianskirche – Dänische Gemeinde
Die Dänische »Christiankirken« in der Brienner Straße wurde 1967 eingeweiht und ist nach dem dänischen König benannt. Sie ist als Flachdachbungalow im Stil skandinavischer Architektur konzipiert und verfügt über einen freistehenden schmalen Glockenturm aus dunkel gebeiztem Holz. Neben der Kirche umfasst das Grundstück der Gemeinde auch einen Gemeindesaal, eine Bibliothek, die Wohnung des Kirchendieners und ein kleines Studentenwohnheim.

▸ www.christianskirken.de; Brienner Str. 12; U-Bahn: Fehrbelliner Platz

⑫ Russisch-Orthodoxe Christi-Auferstehungs-Kathedrale
Die Russisch-Orthodoxe Christi-Auferstehungs-Kathedrale am Hoffmann-von-Fallersleben-Platz wurde 1936/1937 von Karl Schellberg erbaut. Die dreischiffige Basilika im russisch-byzantinischen Stil ist

mit fünf kupferfarbenen kleinen Zwiebeltürmen mit Goldkreuzen bekrönt. Die russisch-orthodoxe Kirche in Wilmersdorf geht auf die Zeit nach der Oktoberrevolution zurück, als Berlin neben Paris eines der europäischen Zentren der russischen Emigration war – Charlottenburg wurde damals auch Charlottengrad genannt – und der Bezirk wiederum das Zentrum Berlins.

‣ Hohenzollerndamm 166; U-Bahn: Fehrbelliner Platz, S-Bahn: Hohenzollerndamm

⑬ Fehrbelliner Platz
Der Fehrbelliner Platz ist eine Kreuzung der Brandenburgischen Straße und des Hohenzollerndamms und erhielt seinen Namen nach der Schlacht bei Fehrbellin in Brandenburg 1675, in der der Große Kurfürst die schwedischen Truppen zum Rückzug aus der Mark Brandenburg zwang. Rund um den Platz befindet sich einer der geschlossensten Architekturkomplexe des »Dritten Reiches«.

Das ehemalige Karstadt-Verwaltungsgebäude am Fehrbelliner Platz 1 wurde 1935/1936 nach Entwürfen des Architekten Philipp Schaefer errichtet. Dieser gestaltete es mit einem rautenförmigen Grundriss und einer mit Natursteinplatten verkleideten Fassade, die durch zu Vierergruppen zusammengesetzte Fenster untergegliedert ist. Heute wird der Bau vom Landesverwaltungsamt Berlin genutzt.

Am Fehrbelliner Platz 2 wurde 1934–1936 nach Plänen von Otto Firle der neue Verwaltungssitz der Nordstern-Versicherung errichtet. Firle konzipierte für den Südost-Abschnitt des Platzrandes einen damals modernen T-förmigen Stahlskelettbau mit einer Verkleidung aus Naturstein. Der Hauptzugang ist mittig angeordnet und wird durch ein breites, auf zwei Fahnenmasten ruhendes Vordach betont. Die Fassadengestaltung mit den Platten zwischen den Fenstern hat eine beinahe textilhafte Qualität, die die Geschossunterteilung überspielt. Im Inneren spiegelt sich mit dem gläsernen Fahrstuhlschaft und den engen Treppenhäusern die Schlichtheit des Äußeren wider. Heute befinden sich in dem Bau Abteilungen der Berliner Senatsverwaltung für Stadtentwicklung und Umwelt.

Nebenan, am Fehrbelliner Platz 3, liegt das 1935–1938 nach Plänen von Ludwig Moshamer errichtete ehemalige Verwaltungsgebäude der Reichsgetreidestelle. Um Metall einzusparen, entwarf Moshamer einen fünfgeschossigen Stahlbetonbau, dessen Schauseite zum Platz er mit Naturstein und deren Fensterlaibungen und Gesimse mit Muschelkalk verkleidete. In Anlehnung an das benachbarte Gebäude von Firle gestaltete Moshamer den Bau in vertikaler und horizontaler

Innenhof des Wilmersdorfer Rathauses

Gliederung und setzte den Haupteingang an die Platzfront. Heute beherbergt das Haus verschiedene Behörden des Bundes, darunter das Bundesarchiv, Abteilung Filmarchiv.

Am Fehrbelliner Platz 4 entstand als letzter Gebäudekomplex der NS-Zeit das heutige Rathaus Wilmersdorf. Es wurde 1941–1943 nach Plänen von Helmut Remmelmann im neuklassizistischen Stil als Erweiterung des benachbarten Sitzes der Deutschen Arbeiterfront (DAF) errichtet. Remmelmann entwarf einen relativ schlichten Mauerwerksbau ohne Stahlträger, dessen Inneres entsprechend eng strukturiert ist und einen kreisrunden, säulengesäumten Ehrenhof einfasst. Hier ist heute das Bezirksamt Charlottenburg-Wilmersdorf mit den Abteilung Jugend, Familie, Schule, Sport und Umwelt ansässig.

Die noch unbebaute Platzseite wurde 1970–1973 mit einem modernen Verwaltungsgebäude für die Bundesversicherung für Angestellte (BfA) geschlossen. So entstand am Fehrbelliner Platz 5 nach Entwürfen der Architekten Jan und Rolf Rave ein sechsgeschossiges Gebäude in kubischer Form, das sich in seinen Proportionen der schon vorhandenen Platzbebauung angleicht. Heute wird der Bau von der Deutschen Rentenversicherung genutzt.

Während die Architekten Rave auf Sachlichkeit setzten – als Gegengewicht zu den Nazi-Bauten –, entschied sich Gerhard Rümmler bei seiner Gestaltung des U-Bahnhofs Fehrbelliner Platz für modische Architektur. 1971 entwarf er für die Platzmitte ein rotes Empfangsgebäude mit Digitaluhrenturm. Des Weiteren wurde der Platz mit modernen Skulpturen ausgeschmückt, darunter die aus Eichenstahlblech geschweißten »Sieben Schwaben« von Hans-Georg Damm, die seit 1978 den Mittelstreifen des Hohenzollerndamms verzieren und mit ihrer Lanze den Weg zum Rathaus Wilmersdorf weisen. Seit 1983 stehen in einiger Entfernung ebenfalls auf dem Grünstreifen die »Grünen Menschen« von Erdmute und Alssandro Carlini. Die heute mit Efeu und Wein bewachsenen Eisengitterfiguren zeigen die Silhouette einer voranschreitenden Gestalt, die das Zusammenwirken von Mensch, Natur und Technik symbolisiert.

Samstags und sonntags 10–16 Uhr findet ein Trödelmarkt auf dem Fehrbelliner Platz statt.

▸ Samstags und sonntags 10–16 Uhr findet ein Trödelmarkt auf dem Fehrbelliner Platz statt; U-Bahn: Fehrbelliner Platz

⑭ Preußenpark

Der 55 000 m² große Preußenpark an der Nordseite des Fehrbelliner Platzes wurde 1905 von Richard Thieme angelegt. In den warmen Monaten gilt die große Liegewiese als Treffpunkt thailändisch-philippinisch-deutscher Familien. Zwei Skulpturen schmücken den Park: eine Kopie der 1885 von Reinhold Begas geschaffenen Skulptur »Borussia« sowie seit 1955 ein Nachguss der 1926 von Arthus Hoffmann geschaffenen Bronzeskulptur »Antilope«.

▸ Brandenburgische Str.; U-Bahn: Konstanzer Str., Fehrbelliner Platz

Grunewald

⑮ Grunewaldsee

Der Grunewaldsee ist einer von mehreren Seen – neben Schlachtensee, Krummer Lanke, Langem Luch und Hundekehle –, die im Südwesten des Grunewalds eine zum Baden beliebte Seenkette bilden. Im 16. Jahrhundert hatte sich der See und seine Umgebung zum Jagdrevier der brandenburgischen Kurfürsten entwickelt, die hier ein Jagdschloss und einen Reitweg – den sogenannten Churfüstendamm – anlegten. Im späten 19. Jahrhundert weckte das Gebiet rund um den Grunewaldsee auch das Interesse des wohlhabenden Berliner Bürgertums, das anfing, hier imposante Landhäuser zu errichten. Die daraus entstandene Villenkolonie Grunewald gilt noch heute als bekannteste und teuerste unter den etablierten Wohnadressen Berlins. Um den benachbarten Wannsee und im Ortsteil Schlachtensee, die heute beide zum Bezirk Zehlendorf zählen, entstanden ebenfalls Landhauskolonien vermögender Berliner.

› Am Südufer des Sees befinden sich das Jagdschloss Grunewald sowie das Forsthaus Paulsborn (vgl. Seite 704); S-Bahn: Grunewald

⑯ S-Bahnhof Grunewald

Der S-Bahnhof wurde 1890 angelegt, als die neue Gemeinde am Grunewald entstand. Bereits bei der Besiedelung, die auf eine Anregung von Bismarck kurz nach Reichsgründung erfolgte, wurde festgelegt, dass der beschauliche Waldcharakter erhalten bleiben sollte. So entstand auf ursprünglich sumpfigem Boden eine Landgemeinde, die 1890 mit der S-Bahn an das Stadtzentrum angeschlossen wurde. Entsprechend dem Reichtum der Gemeinde wurde der S-Bahnhof Grunewald im Stil englischer Landhäuser errichtet.

Mit dem S-Bahnhof sind jedoch auch die Schattenseiten deutscher Geschichte verbunden: Während des »Dritten Reiches« wurden von hier aus über 50 000 Juden in die Vernichtungslager deportiert, darunter auch viele Einwohner Grunewalds. Ein Mahnmal des polnischen Künstlers Karol Broniatowski erinnert daran mit einer 18 m langen Betonwand, die Negativabdrücke menschlicher Körper zeigt. Dieses »Mahnmal für die deportierten Juden Berlins am Bahnhof Grunewald« befindet sich seit 1991 links neben dem Zugang Fontanestraße (von den Gleisen kommend).

Ein weiteres Mahnmal mit dem Titel »Gleis 17« wurde 1998 auf dem Gleiskörper errichtet. Nikolaus Hirsch, Wolfgang Lorch und Andrea Wandel konzipierten dafür aneinander gereihte Metallplatten, die sich auf den ehemaligen Verladebahnsteigen rechts und links des Gleiskörpers befinden und die Deportation in die Konzentrationslager dokumentieren.

▸ S-Bahn: Grunewald

17 Gedenktafeln für Walter Rathenau

In der Koenigsallee 65 wohnte 1910–1922 Reichsaußenminister Walter Rathenau. Am 24. Juni 1922 wurde er von Rechtsradikalen in der Nähe seines Hauses ermordet. Heute erinnert an dieser Stelle, Ecke Koenigsallee/Erdener Straße, ein Gedenkstein. An seinem ehemaligen Haus in der Königsallee 65 hängt zu seinen Ehren eine Bronzetafel am Zaun.

▸ S-Bahn: Grunewald

18 Teufelssee

Zum Teufelssee südlich des Teufelsbergs gelangt man von der S-Bahn Grunewald aus über den Neuen Schildhornweg. Das Nordufer des kleinen und fast 6 m tiefen Sees gehört zum Naturschutzgebiet Teufelsfenn; die Uferhälfte ist abgesperrt und eine Umrundung des Sees daher nicht möglich. Die südliche Uferhälfte ist mit beliebten (FKK-) Badewiesen für die Öffentlichkeit zugänglich.

Am östlichen Seeufer befindet sich ein ehemaliges Pumpwerk. 1872/1873 wurde es nach Plänen der Architekten Hanschent und Schmetzer zur Wasserversorgung der westlichen Vororte Berlins gebaut und steht heute unter Denkmalschutz. Seit seiner Stilllegung 1969 wegen technischer und hygienischer Mängel wird es vom Naturschutzzentrum Ökowerk genutzt, das dort mit Ausstellungen, Kursen und Vorträgen für mehr Umweltverständnis wirbt. Auch eine Bibliothek, ein Labor, einen Biogarten und ein Café beherbergt der 2,8 ha große Komplex.

▸ S-Bahn: Grunewald

19 Restaurantschiff »Alte Liebe«

An der Havelchaussee 107 bietet sich mit dem Restaurantschiff »Alte Liebe« eine Möglichkeit zur Pause. Die Speisekarte und das Ambiente sind gutbürgerlich; an warmen Tagen kann der Andrang groß sein.

▸ www.alte-liebe-berlin.de; Havelchaussee 107; Apr.–Okt. tgl. 12–22, Nov.–März Do–So 12–19 Uhr; U-Bahn: Theodor-Heuss-Platz, von dort weiter mit Bus 218 bis Am Postfenn

20 Grunewaldturm

Der Grunewaldturm wurde 1897–1899 nach Plänen von Franz Schwechten im Stil der märkischen Backsteingotik erbaut. Der Landkreis Teltow hatte den Turm in Auftrag gegeben, um den 1888 verstorbenen deutschen Kaiser Wilhelm I. anlässlich seines 100. Geburtstags zu ehren. So steht in der Eingangshalle auch eine Statue des Kaisers, die 1902 vom Bildhauer Ludwig Manzel geschaffen wurde. Die kuppelgekrönte Gedenkhalle schmücken neo-byzantinische Deckenmosaike des Künstlers August Oetken. Der mit zahlreichen Türmchen verzierte Backsteinturm hat eine Höhe von 55 m, über 204 Stufen erreicht der Besucher die Aussichtsplattform. Diese eröffnet einen schönen Rundblick über die buchtenreiche Havellandschaft, bei gutem Wetter sogar bis nach Potsdam. Auch ein Restaurant mit Biergarten befindet sich im Turm, es hat täglich 10–22 Uhr geöffnet.

▸ Havelchaussee 61; U-Bahn: Theodor-Heuss-Platz, von dort weiter mit Bus 218 bis Grunewaldturm

21 Badestelle Kuhhorn

Die Badestelle Kuhhorn gilt als eine der schönsten Berliner Badestellen. Hier befindet sich ein großer Sandstrand mit flachen Uferstiegen. Die Havel fließt an dieser Stelle von Osten durch den Stößensee nach Westen zum Wannsee und ist relativ breit und sauber.

Am gegenüberliegenden Ufer rückt rechts ein großer Gebäudekomplex ins Blickfeld: die 1907–1913 errichtete ehemalige Villa Lemm. Bis 1991 war sie der Amtssitz des britischen Staatskommandanten; heute residiert hier der Honorarkonsul der Bahamas. Zur Anlage gehört auch das Boots- und Teehaus am Wasser.

▸ Badestelle: Havelchaussee 83; U-Bahn: Theodor-Heuss-Platz, von dort weiter mit Bus 218 bis Havelweg, anschließend ca. 15 Min. Fußweg

22 Jaczo-Denkmal

Das Jaczo-Denkmal befindet sich am Nordwesthang der Halbinsel Schildhorn. Man erreicht es über eine der Ausbuchtungen an der Havelchaussee mit dem Namen Schildhorn. Von dort führt ein schmaler Weg direkt hinter der DLRG-Station bergauf zu dem Denkmal, das König Wilhelm IV. 1845 zu Ehren des sagenumwobenen slawischen

Herrschers Jacza aus dem 6. Jahrhundert aufstellen ließ. Nach einer Niederlage gegen die Christen im nördlichen Kladow gab es für Jacza nur einen einzigen Fluchtweg: die Durchquerung der Havel. Wenn er dies schaffen sollte, so die Sage, würde er Christ werden. Als er anschließend unversehrt das andere Ufer erreichte, hängte der Wendenfürst tatsächlich seinen Kriegsschild an einen Baum und ließ sich taufen. Das Denkmal besteht aus einem Pfeiler aus schlesischem Sandstein, der nach einem Entwurf von Friedrich August Stüler angefertigt wurde. Stüler ließ sich von der Sage inspirieren und gab dem Pfeiler die Form eines Baumstumpfes, an dessen angedeuteten Zweigen die Waffen Jaczas hängen.

▸ Str. am Schildhorn; U-Bahn: Theodor-Heuss-Platz, von dort weiter mit Bus 218 bis Schildhorn

23 Friedhof Grunewald-Forst

Der Friedhof Grunewald-Forst befindet sich nördlich des Grunewaldturms mitten im Wald und gilt als einer der idyllischsten Friedhöfe Berlins. Er wird auch »Friedhof der Namenlosen« oder »Selbstmörderfriedhof« genannt, weil man hier ab 1878/1879 zunächst vor allem durch Suizid verstorbene, darunter auch Ertrunkene aus der Havel, bestattete. Seit 1920 ist der Friedhof im Besitz der Stadt Berlin und damit bis heute ein kirchenunabhängiger Friedhof. 1928/1929 wurde das knapp 5 000 m² große Areal durch eine feste Mauer eingefasst und erhielt ein steinernes Eingangstor mit Eisenflügeln nach Entwürfen von Richard Thieme. Die Gräber sind zumeist mit schlichten Stelen oder Kreuzen ausgestattet. Das wohl prominenteste Grab ist das der 1988 verstorbenen Christa Päffgen, die als Nico unter anderem mit der Gruppe Velvet Underground bekannt wurde.

▸ Havelchaussee 92b; U-Bahn: Theodor-Heuss-Platz, von dort weiter mit Bus 218 bis Havelweg

24 Insel Lindwerder

Die 2 ha große Insel Lindwerder ist ein beliebtes Berliner Ausflugsziel. Von einer Bucht an der Havelchaussee südlich des Grunewaldturms aus fährt bei Bedarf eine Fähre zur Insel, die mit einer Glocke gerufen werden kann. Die Überfahrt dauert nur wenige Minuten. Auf der Insel, die Ende des 19. Jahrhunderts von einem Gutsbesitzer entdeckt und gekauft wurde, befinden sich mehrere Bänke mit einem schönen Blick auf die Havel sowie ein Restaurant, das von April bis

Oktober geöffnet hat. Über einen Rundweg lässt sie sich leicht zu Fuß erkunden.

▸ U-Bahn: Theodor-Heuss-Platz, von dort weiter mit Bus 218 bis Lindwerder, der Anlegestelle der Fähre

25 Teufelsberg

Den Teufelsberg, die höchste Erhebung Berlins, die eigentlich aus zwei Bergen besteht, erreicht man über Havelchaussee und Schildhornweg oder über verschiedene Wege vom S-Bahnhof Grunewald. Der Trümmerberg, unter dem der Rohbau der hier von den Nationalsozialisten einst errichteten und schließlich gesprengten Wehrtechnischen Fakultät begraben liegt, ist 500 m breit, 110 m hoch und 1 km lang. Die Berghänge werden heute für viele verschiedene Freizeitaktivitäten genutzt, darunter Mountainbiking, Jogging, Drachensteigen, Schlitten- und Skifahren. Im Kalten Krieg bauten die Amerikaner hier eine Abhör- und Störstation mit riesigen weißen Radarkuppeln. Als man nach der Wende die elektronische Einrichtung entfernte, wurde die ehemalige Station zunächst für verschiedene Zwecke zwischengenutzt. Nachdem ein größeres Bauprojekt nicht verwirklich werden konnte, verfiel der Komplex. Heute wird das Gelände privat gepachtet und der Öffentlichkeit durch Führungen zugänglich gemacht.

▸ www.berlinsightout.de; Teufelsseechaussee; Führungen Sa/So 13 Uhr (im Sommer 14 Uhr); Eintritt 15 €, erm. 8 €; S-Bahn: Heerstr.

26 Eichkampsiedlung

Die Eichkampsiedlung, die vom Grunewald, der Avus und dem Messegelände eingegrenzt wird, wurde unmittelbar nach dem Ersten Weltkrieg von Max Taut für Bewohner mit niedrigen Einkommen, vornehmlich Arbeiter und Beamte, konzipiert. 1918/1919 realisierte Taut seine Pläne unter Beteiligung der Architekten Bruno Taut, Martin Wagner, Franz Hoffmann, Wilhelm Büning und Otto Pflug. In der nach der Revierförsterei Eichkamp im Forst Grunewald benannten Siedlung lebten unter anderen die Schriftsteller Arnold Zweig (Zikadenweg 59 und Kühlerweg 9), Elisabeth Langgässer (Eichkatzweg 33) und Horst Krüger (Eichkatzweg), der Philosoph Ludwig Marcuse (Eichkatzweg 25), der Gewerkschafter Siegfried Aufhäuser (Zikadenweg 72) sowie die Architekten Max Taut (Lärchenweg 15) und Wilhelm Büning (Lärchenweg 35).

▸ www.siedlung-eichkamp.de; S-Bahn: Messe Süd

㉗ Heinz-Galinski-Schule

Die Heinz-Galinski-Schule an der Waldschulallee wurde nach Plänen des israelischen Architekten Zvi Hecker errichtet und 1997 eingeweiht. Hecker konzipierte den Schulbau – aus der Luft betrachtet – in der Form eines aufgeschlagenen Buches. Dieses Motiv verwendete er, da das Wort »Schule« im Hebräischen »Haus des Buches« bedeutet. Die verschiedenen, ineinandergreifenden Gebäudeteile deuten zum anderen auch die Blätter eine Sonnenblume an. Beides zusammen, die Sonnenblumen- und Buchsymbolik, sollen die kindliche Natur mit Wissendurst, Neugierde, Optimismus und Lebensfreude verkörpern. Die Schule ist der erste Neubau einer jüdischen Schule in Deutschland nach dem Holocaust und nach dem langjährigen Vorsitzenden der Jüdischen Gemeinde zu Berlin benannt.

▸ www.heinz-galinski-grundschule.cidsnet.de; Waldschulallee 73–75; S-Bahn: Heerstr.

Rathaus Schmargendorf bis Rüdesheimer Platz

㉘ Heidelberger Platz

Der Heidelberger Platz wurde nach Entwürfen von Paul Jatzow um 1913, zeitgleich mit dem Bau des U-Bahnhofes der Linie U2, angelegt und um 1920 ausgebaut. Anfangs hieß der Platz noch »Bahnhof Schmargendorf«.

Der U-Bahnhof Heidelberger Platz wurde 1910 – 1913 nach Plänen von Wilhelm Leitgebel errichtet und besonders prunkvoll gestaltet, um den Wohlstand der Stadt Wilmersdorf auszudrücken. So entwarf Leitgebel eine von einem Kreuzrippengewölbe überkuppelte zweischiffige Halle, die von steinernen Stützen getragen wird. Kunstschmiedearbeiten, Mosaiken sowie Fliesenverkleidungen runden die Ausschmückungen des einer Kathedrale ähnelnden Bahnhofs ab. 1933 wurde der Bahnhof renoviert und neueröffnet. Auch die anderen Bahnhöfe im Stadtteil Wilmersdorf wurden derart aufwendig ausgeführt, wobei jedoch auf eine durchgängige Ähnlichkeit in Form und Ausstattung verzichtet und jeder Bahnhof individuell gestaltet wurde.

▸ U-Bahn: Heidelberger Platz

㉙ Schmargendorf Zentrum

Das Zentrum von Schmargendorf befindet sich an der Ecke Breite Straße/Berkaer Straße, wo einst der Dorfanger lag. Im 13. Jahrhundert entstand hier ein Koloniedorf, das sich im Laufe der Zeit zu einem Rittergut, zu einer Domäne und schließlich zu einer Vorortgemeinde vergrößerte. Letztere war insbesondere aufgrund ihrer vielen Ausflugslokale beliebt. Erst mit den steil ansteigenden Einwohnerzahlen des kaiserlichen Berlins im späten 19. Jahrhundert erhielt Schmargendorf einen (klein-)städtischeren Charakter. Entsprechend wurde die Dorfstraße, die heutige Breite Straße, 1872 gepflastert und 1892 mit Gaslampen ausgestattet; an der neu angelegten Straße nach Wilmersdorf, dem Hohenzollerndamm, errichtete man noble Mietshäuser. Bis heute hat sich Schmargendorf diesen kleinstädtischen und individuellen Charakter bewahrt. Dafür ist zum Teil wohl auch die Neubebauung der Breiten Straße aus den 1960er-Jahren verantwortlich, bei der nach Plänen des Architekten Hans-Jürgen Heide drei flache Ladenpavillons entstanden.

› Ecke Breite Str./Berkaer Str.; U-/S-Bahn: Zoologischer Garten, von dort weiter mit Bus 110 oder 249 bis Berkaer Str./Breite Str.

③⓪ Rathaus Schmargendorf

In der Mitte der Berkaer Straße, der Einkaufsstraße von Schmargendorf, liegt der Berkaer Platz. Hier steht das 1900–1902 nach Plänen von Otto Kerwien im Stil der märkischen Backsteingotik errichtete Rathaus. Seit 1920 befindet sich in dem prächtigen, mit Turm, Zinnenkranz sowie zahlreichen Wappen ausgeschmückten Bau aus rotem Backstein das Standesamt Wilmersdorf.

Das angrenzende Wohngebiet ist charakteristisch für dieses Stadtgebiet, denn neben Einfamilienhäusern, Villen und exklusiven Wohnungen entstanden in den 1920er- und 1930er-Jahren im Auftrag von Wohnungsbaugenossenschaften und -gesellschaften auch viele Siedlungsbauten. Die Straßen dieses Wohngebiets wurden nach bekannten Kurorten benannt.

› Berkaer Platz; U-/S-Bahn: Zoologischer Garten, von dort weiter mit Bus 110 oder 249 bis Rathaus Schmargendorf

③① Kolberger Platz

An der Reichelberger Straße liegt der Kolberger Platz, ein Dreieckplatz mit sechs Straßenmündungen. Er wurde 1900 mit Rasen und Gehölzgruppen angelegt und 1908 nach dem pommerschen Seebad Kolberg im heutigen Polen benannt. 1965 erhielt der Platz einen Kinderspielplatz und 1972 wurde er nach Entwürfen von Karl Schmid rundum erneuert. Mittwochs und samstags findet hier 8–14 Uhr ein Wochenmarkt statt.

> ‣ U-/S-Bahn: Zoologischer Garten, von dort weiter mit Bus 110 oder 249 bis Berkaer Str./Breite Str.

32 Alte Dorfkirche Schmargendorf

Die heute denkmalgeschützte alte Dorfkirche Schmargendorf in der Breiten Straße wurde im 14. Jahrhundert errichtet; sie ist die älteste erhaltene Kirche im Bezirk und mit einer Fläche von 66 m² der kleinste Kirchenbau Berlins. Mit ihrem steilen Satteldach und der Westempore ist die märkische Feldsteinkirche charakteristisch für die Kirchen in den ehemaligen Dörfern rings um Berlin. Das barocke Altarkruzifix im Kircheninneren stammt aus der Zeit um 1700. 1831 wurde der Fachwerkturm errichtet und 1957 holzverkleidet. Der ursprüngliche frühgotische Zustand der Saalkirche wurde 1937/1938 rekonstruiert; eine umfassende Sanierung erfolgte 1992. Heute finden hier regelmäßige evangelische Gottesdienste und andere Veranstaltungen statt.

Unmittelbar neben der alten Dorfkirche liegt der Friedhof Schmargendorf. Er gehört wie die Kirche zur Evangelischen Gemeinde Alt-Schmargendorf. Hier liegen unter anderen der Bildhauer Richard Scheibe, der Maler Max Pechstein sowie der Verleger Franz Cornelsen mit seiner Frau Hildegard begraben.

> ‣ www.alt-schmargendorf.de; Breite Str. 38a; U-/S-Bahn: Heidelberger Platz, von dort weiter mit Bus 249 bis Kirchstr.

33 Lentze-Siedlung

Die heute denkmalgeschützte Lentze-Siedlung wurde 1920/1921 nach Plänen von Heinrich Schweitzer für die Gemeinnützige Dahlemer Kleinhaus GmbH errichtet.

Schweitzer entwarf dafür zweistöckige Siedlungshäuser, deren Grundstücke jeweils auch ein Gartengrundstück und ein eingeschossiges Stallgebäude – später oft zu geräumigen Anbauten umgestaltet – umfassten. Die Häuser sind mit Walm- und Satteldächern ausgestattet; die Fassade der Putzbauten ist am Obergeschoss mit Holzverschalung ausgeführt, die Fenster im Erdgeschoss besitzen Fensterläden. Zunächst im Besitz des Bezirksamtes Wilmersdorf, wurde die Siedlung 1992 an die Gesobau und 2004 an die IWG Wohnen GmbH verkauft.

Reihenhäuser der Lentze-Siedlung

An dem Wohnhaus in der Zoppoter Straße 62 steht seit 1988 eine Gedenktafel für den christlichen Gewerkschaftsführer, Zentrumspolitiker und Minister der Weimarer Republik Adam Stegerwald, der hier 1921–1934 wohnte.

▸ Lentzeallee 16–72, Misdroyer Str. 1–27 und Zoppoter Str. 36–64; U-Bahn: Breitenbachplatz

34 Max-Planck-Institut für Bildungsforschung

In der Lentzeallee 94 befindet sich das Max-Planck-Institut für Bildungsforschung, das 1963 gegründet wurde und sich der Untersuchung von Prozessen menschlicher Entwicklung und Bildung widmet. Das markante Institutsgebäude wurde 1972–1974 nach Entwürfen von Daniel Gogel und Hermann Fehling errichtet. Sie konzipierten ein modernes, funktionales Gebäude, in dem sich von der zentralen, mehrstöckigen Eingangs- und Treppenhalle der Zugang zu den einzelnen Gebäudeflügeln eröffnet. Im Zentrum des Baus steht der von außen deutlich hervortretende weiße Aufzugsturm, von dem mehrere gefaltete graue Dachflächen ausgehen.

▸ www.mpib-berlin.mpg.de; Lentzeallee 94; U-Bahn: Breitenbachplatz

🄴 Ehemalige Elektronenspeicherringanlage

In der Lentzeallee 100 liegt das Landesamt für Mess- und Eichwesen, in dem sich 1982–1999 die Berliner Elektronenspeicherringgesellschaft für Synchronstrahlung, kurz BESSY, befand. Das ehemalige BESSY-Gebäude wurde 1978–1981 nach Plänen von Bernd Johae und Gerd Hänska erbaut und beherbergte einen 62,4 m langen Elektronenring zur Erforschung der Vakuum-Ultraviolett-Strahlung. Der Betrieb wurde eingestellt, als 1998 eine neue, besser ausgestattete Anlage in Berlin Adlershof eröffnet wurde. Seit 2002 befindet sich hier die Einrichtung des Landeseichamts.

▸ Lentzeallee 100; U-Bahn: Breitenbachplatz

🄵 Autobahnüberbauung Schlangenbader Straße

Unweit der Lentzeallee liegt die 600 m lange, 46 m hohe und 75 m breite Autobahnüberbauung Schlangenbader Straße. Die Wohnanlage beherbergt 1 750 Wohnungen für 5 000 Menschen sowie Restaurants, Kneipen, Supermärkte und kleinere Geschäfte. Die Wohnanlage im Architekturstil der 1970er-Jahre wurde 1980 zusammen mit dem Abzweig Steglitz der Stadtautobahn eingeweiht, die in einem Tunnel durch den Gebäudekomplex führt. Obwohl die »Schlange«, wie der Komplex im Volksmund genannt wird, als ein innovatives Projekt und ein willkommener Versuch der Mehrfachnutzung von Wohn- und Verkehrsfläche auf dem so knappen Baugrund West-Berlins galt, war das Unternehmen doch immer auch Kritik ausgesetzt. Zum einen harmonisierte der Komplex nicht wirklich mit der ihn umgebenden Stadtlandschaft, zum anderen zeigte dessen Wohnqualität bald Mängel auf. Im Laufe der Jahre drohte die Wohnstadt sogar aufgrund Verfalls zu einer Art Getto zu werden. Eine intensive Beaufsichtigung durch die DEGEWO und umfassende Ausbesserungen am Bau konnten jedoch der Schlangenbader Überbauung wieder zu einem besseren Ruf verhelfen.

▸ Schlangenbader Str. 12–36; U-Bahn: Rüdesheimer Platz

37 Institutsgebäude der FU

Das (Lateinamerika-)Institutsgebäude der Freien Universität Berlin wurde 1929/1930 für die Reichsknappschaft nach Plänen von Max Taut und Franz Hoffmann im Stil der Neuen Sachlichkeit errichtet. Das Stahlskelett des dreigeschossigen Baus wird nicht von der Fassade versteckt, sondern ist mit Keramikplatten verkleidet, wodurch die Konstruktion sichtbar wird. Die Felder dazwischen sind mit rotem Klinker ausgelegt. Der Bau steht heute unter Denkmalschutz.

▸ Rüdesheimer Str. 54; U-Bahn: Breitenbachplatz

38 Breitenbachplatz

Der Breitenbachplatz ist der Kreuzungspunkt von Schorlemer Allee, Schildhornstraße, Dillenburger Straße und Südwestkorso. Die Grünanlagen wurden nach Entwürfen des Gartenarchitekt Georg Kuphaldt angelegt; seinen Namen erhielt der ehemalige Rastatter Platz 1913 anlässlich der Eröffnung der U-Bahn-Linie Richtung Dahlem nach dem preußischen Minister für öffentliche Arbeiten Paul von Breitenbach. Jeden dritten Sonntag im Monat findet hier 10:30–15 Uhr der sogenannte Anziehmarkt statt, auf dem vor allem Bekleidung, Schmuck und Accessoires, aber auch Bücher und Schallplatten angeboten werden.

▸ www.breitenbachplatz.de; U-Bahn: Breitenbachplatz

39 St.-Petrus-Kirche

Die Kirche der Priesterbruderschaft St. Pius X., Priorat St. Petrus wurde 2001–2005 nach Entwürfen des Architekten Hermann Feller errichtet. Der Innenraum besteht zum größten Teil aus aufgekauften Stücken aufgegebener Kirchen, wie beispielsweise der Hochaltar von 1754. Die Wand- und Deckenausmalung in Anlehnung an die Formensprache der Renaissance erfolgte durch den Kirchenmaler Ralf Lürig. Die Priesterbruderschaft St. Pius X. wurde 1970 von Erzbischof Marcel Lefebvre gegründet. Sie versteht sich als Teil der römisch-katholischen Kirche, vertritt allerdings einen streng traditionsorientierten Standpunkt, indem sie beispielsweise die Heilige Messe so feiert, wie es vor 1 500 Jahren üblich war. Sie erhält keine Beiträge aus der Kirchensteuer und finanziert sich allein aus den Spenden ihrer Mitglieder.

▸ Dillenburger Str. 4; U-Bahn: Breitenbachplatz

40 Wilmersdorfer Künstlerkolonie

Die Wilmersdorfer Künstlerkolonie wurde 1927/1928 vom Schutzverband deutscher Schriftsteller und von der Bundesgenossenschaft deutscher Bühnenangehöriger auf einem Areal zwischen Laubenheimer Straße im Norden, Südwestkorso im Westen, Kreuznacher Straße im Osten und Breitenbachplatz im Süden errichtet. So entstanden um den Laubenheimer Platz, dem heutigen Ludwig-Barnay-Platz, Wohnblocks mit preiswertem Wohnraum, den bis zum Frühjahr 1933 etwa 300 Schriftsteller, Maler, Schauspieler, Sänger und Journalisten, darunter international berühmte Persönlichkeiten wie Ernst Bloch, Erich Weinert, Arthur Koestler, Ernst Busch, Susanne Leonhard und Johannes R. Becher in Anspruch nahmen. Durch ihr oft auch (links-)politisches Engagement weckten die Intellektuellen und Künstler den Unmut der Nationalsozialisten, die schließlich auch nach der Machtübernahme Hitlers versuchten, das Viertel aufzulösen. Am 15. März 1933 kam es zu einer Razzia, bei der SA-Truppen die Siedlung stürmten und Bücher verbrannten sowie kritische Schauspieler, Schriftsteller und jüdische Bewohner verhafteten und abführten. Etwa zwei Drittel der Bewohner flohen daraufhin ins Ausland. Nach dem Krieg kehrten viele der Vertriebenen in die Siedlung zurück und auch heute noch zieht die Gegend Künstler an. 1990 wurde die Siedlung unter Denkmalschutz gestellt und 1994 an die heutige Immobiliengruppe Deutsche Annington verkauft. Der 1987 gegründete Verein KünstlerKolonie e.V. widmet sich der Dokumentation der Geschichte der Personen (und ihrer Werke), die in der Siedlung lebten. An den Häusern sind oftmals Gedenktafeln angebracht, die an die einstigen prominenten Bewohner erinnern.

▸ www.kuenstlerkolonie-berlin.de; U-Bahn: Breitenbachplatz

41 Ludwig-Barnay-Platz

Der Ludwig-Barnay-Platz wurde unter dem Namen Laubenheimer Platz 1910 von der Terrain-Gesellschaft Berlin-Südwest angelegt und um 1920 gärtnerisch ausgestaltet. Um 1957 erfolgte eine Umgestaltung des Blockplatzes durch Eberhard Fink, der diesen mit einer Rasenfläche, Blumenrabatten, einem Kinderspielbecken und Tischtennisplatten ausschmückte. Seinen heutigen Namen erhielt der Platz 1963 anlässlich des 80. Jahrestags der Gründung des Deutschen Theaters nach dessen Mitbegründer Ludwig Barnay. Seit 1988 steht hier ein Gedenkstein für die politisch Verfolgten der Künstlerkolonie.

▸ U-Bahn: Breitenbachplatz

42 Rheingauviertel

Das Rheingauviertel entstand 1910–1914 als Gartenterrassenstadt und umfasst ein Areal, das von Heidelberger Platz und Hanauer Straße im Norden, Laubacher Straße im Osten, Südwestkorso und Breitenbachplatz im Süden sowie der Mecklenburgischen Straße im Westen begrenzt wird. Der Name bezieht sich auf die überwiegend nach Orten im und um den Rheingau in Hessen benannten Straßen und Plätze im Viertel. Diese Benennung verweist auf die seit 1972 bestehende Patenschaft – und seit 1991 Partnerschaft – zwischen dem Bezirk Wilmersdorf und dem Landkreis Rheingau-Taunus in Hessen.

› U-Bahn: Heidelberger Platz, Rüdesheimer Platz, Breitenbachplatz, S-Bahn: Heidelberger Platz

43 Rüdesheimer Platz

Der Rüdesheimer Platz wurde 1905 von Georg Haberland angelegt und bildet das Zentrum des Rheingauviertels. Die ihn umgebenden Bauten errichtete man nach Entwürfen von Paul Jatzow im Stil einer englischen Landhaussiedlung. So befinden sich um den weitläufigen Platz viergeschossige Putzbauten mit terrassenförmigen kleinen Gärten und Spalieren im Erdgeschoss, die durch unterschiedliche Gliederungen, hohe Dächer und unsymmetrisch angebrachte Erkern aufgelockert werden. Der Platz selbst wird von hohen Bäumen gesäumt und grenzt an der Ostseite an einem Kinderspielplatz an. Am gegenüberliegenden Ende befindet sich der 1911 von Emil Caurer d. J. entworfene neubarocke Siegfriedbrunnen mit Siegfried als Rosslenker, der von einer den Rhein versinnbildlichenden männlichen Gestalt auf der linken und einer weiblichen Mosel-Figur auf der rechten Seite flankiert wird. Seit 2006 befindet sich auf dem Platz auch ein wiedererrichtetes und teilweise neu rekonstruiertes »Café Achteck«, eines der historischen Pissoirs von 1900 (vgl. Seite 476). Von Anfang Juni bis Ende August findet hier seit 1967 jedes Jahr ein Weinfest statt, auf dem Winzer aus dem Rheingau ihre Weine ausschenken.

› U-Bahn: Rüdesheimer Platz

Spandau: Fläche: 8,029 km², Einwohnerzahl: 36 168
Siemensstadt: Fläche: 5,661 km², Einwohnerzahl: 12 139
Kladow: Fläche: 14,779 km², Einwohnerzahl: 14 731

Spandau

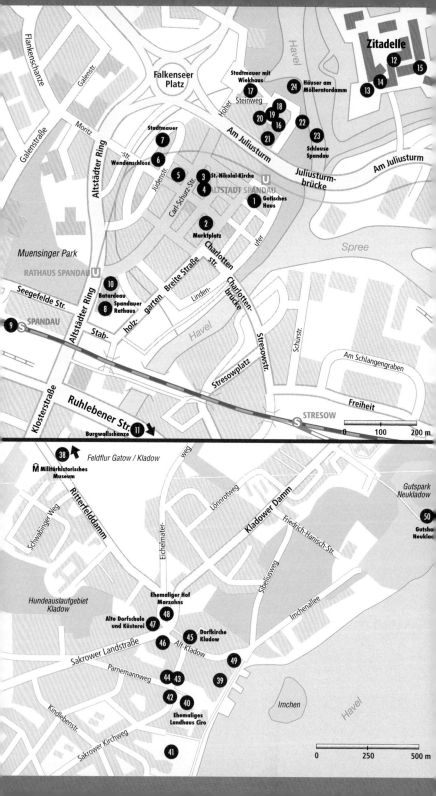

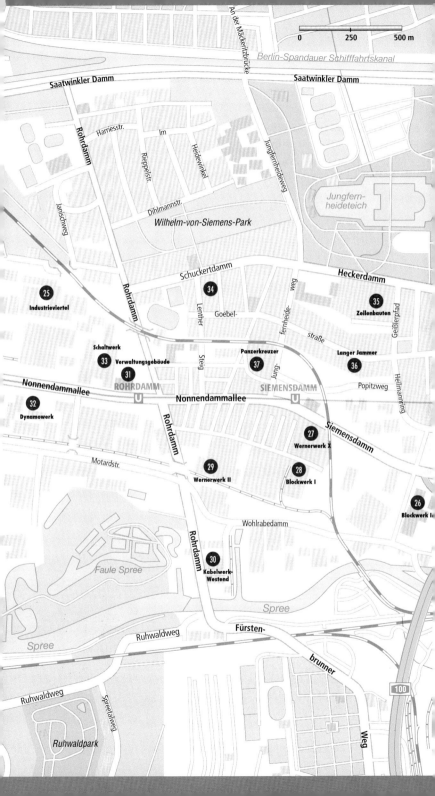

Die Spandauer Altstadt

❶ Gotisches Haus

Das Gotische Haus in der Breiten Straße zählt zu den bedeutendsten mittelalterlichen Baudenkmälern im Berliner Umland. Das spätgotische Bürgerhaus wurde Ende des 15. Jahrhunderts errichtet und stellte mit seiner repräsentativen Ziegelbauweise damals eine bauliche Ausnahme dar, weil in den Städten der Mark Brandenburg zu dieser Zeit Holz- und Fachwerkbauweisen vorherrschten. Der mittelalterliche Ursprungsbau umfasste auf beiden Geschossen jeweils zwei Räume, die im Erdgeschoss durch eine doppelte Spitzbogenarkade verbunden waren; das Gebäude ist heute an seiner unverputzten Fassade zu erkennen. Wer genau diesen ersten Bau errichtete, ist nicht mehr zu ermitteln. Man vermutet aber, dass es sich um eine Kaufmannsfamilie handelte, da die Spitzbogenarkade und das heute noch gut erhaltene Netzrippengewölbe im hinteren Raum des Erdgeschosses auf einen

Das Gotische Haus stammt aus dem 15. Jahrhundert

vermögenden Haushalt schließen lassen. Im 16. Jahrhundert erfolgte eine Erweiterung des Hauses um eine Durchfahrt mit darüberliegendem Speichergeschoss. Um 1800 wurden nach einem verheerenden Brand Teile des Hauses wiederaufgebaut, die heute an ihrem hellroten Außenputz zu erkennen sind. In diesem Zuge erhielt es auch eine klassizistische Fassade und eine geänderte Raumaufteilung. 1987 wurde das Haus nach mehreren größeren Umbauten in den 1950er-Jahren umfassend saniert und restauriert. Heute beherbergt es die »Tourist-Information Berlin-Spandau«.

‣ Breite Str. 32; Mo–Sa 10–18 Uhr; Tel.: 030/333 93 88; U-Bahn: Altstadt Spandau

② Marktplatz

Der Marktplatz ist der Mittelpunkt der Spandauer Altstadt und verbindet die Breite Straße mit der Carl-Schurz-Straße. Wie die benachbarten Straßen wurde er zur Fußgängerzone erklärt und hat sich mit seinen Sitzmöglichkeiten und Blumenkübeln sowie den umliegenden Geschäftshäusern aus den 1970er-Jahren einen kleinstädtischen Charakter bewahrt. Von März bis November werden hier jeden Montag, Dienstag, Donnerstag und Freitag 9–19 Uhr auf dem Havelländischen Bauernmarkt frische Waren aus der Region angeboten. In der Vorweihnachtszeit findet hier zudem der Weihnachtsmarkt statt, der sich mittlerweile überregionaler Bekanntheit erfreut.

‣ U-Bahn: Altstadt Spandau

③ St.-Nikolai-Kirche

Die am Reformationsplatz stehende St.-Nikolai-Kirche stammt aus dem 15. Jahrhundert. 1467/1468 wurde auf den Fundamenten eines Vorgängerbaus, dessen Rohbau auf ca. 1365 datiert wird, der Turm errichtet. Das Kircheninnere verfügt über eine reiche Ausstattung, darunter ein steinerner Renaissancealtar, mehrere kunstvoll gestaltete Epitaphien sowie ein Taufbecken von 1398. 1989 wurde eine Rekonstruktion der Barockhaube auf dem Westturm mit Schinkelschem Schmuckwerk durchgeführt. Der mächtige Backsteinbau mit seinem steilen Satteldach gilt als Reformationskirche für die Mark Brandenburg, denn 1539 hatte Kurfürst Joachim II. hier am Abendmahl der lutherischen Lehre teilgenommen. Das 1889 von Erdmann Encke geschaffene Standbild Joachims II. vor dem Kirchturm wurde zur Erinnerung an das Ereignis aufgestellt. Unmittelbar daneben steht das Denkmal für die Gefallenen der Kriege gegen Napoleon 1813–1815 von Karl Friedrich Schinkel, das die Spandauer Bürgerschaft anlässlich des ruhmreichen Kriegsendes stiftete.

Direkt neben der Kirche befindet sich das Museum »Spandovia Sacra – Heiliges Spandau«, das über die Geschichte der Reformation und der Gemeinde informiert. Ein Café, eine Bibliothek sowie ein Archiv gehören ebenfalls zum Museum.

> ‣ www.nikolai-spandau.de; Reformationsplatz; geöffnet Mo–Fr 12–16, Sa 11–15, So 11–16 Uhr; U-Bahn: Altstadt Spandau

④ Archäologischer Keller

Der Archäologische Keller in den Häusern am Reformationsplatz 3 und 4 gibt einen Blick auf die Fundamente eines mittelalterlichen Gebäudes aus behauenen Feld- und Ziegelsteinen sowie auf mehrere Gräber frei. Denn unter dem Kellerfußboden des Vorgängerbaus aus dem 16. Jahrhundert befinden sich ältere Steinfundamente, die nach vier Jahren Forschungs- und Restaurationsarbeiten 1985 freigelegt wurden. Sie stammen von einem etwa 7 m breiten und 40 m langen Gebäude, das aller Wahrscheinlichkeit nach ein Dominikanerkloster war. Auch Skelette sowie einen Brunnen aus der Barockzeit legten die Archäologen frei. Eine Besichtigung ist durch große Fenster im Boden möglich. Führungen können bei der Spandau-Information im Gotischen Haus in der Breiten Straße 32 gebucht werden.

Ein weiteres Relikt aus mittelalterlicher Zeit befindet sich gegenüber der St.-Nikolai-Kirche in der Carl-Schurz-Straße 49. Hier liegt unter einem modernen Haus ein Keller aus dem 15. Jahrhundert. Der Patrizier und Bürgermeister Claus Hönow war der erste Besitzer des Grundstücks, das später auch von den königlichen Regimentskommandeuren, darunter Heinrich, Prinz von Preußen und Bruder Friedrichs des Großen, bewohnt wurde. Ab 1850 hatte das Königliche Kreisgericht in dem Bau seinen Sitz, danach befand sich hier bis 1945 das Amtsgericht. Heute steht die Anlage unter Denkmalschutz; weitere Informationen können bei der Spandau-Information im Gotischen Haus in der Breiten Straße 32 eingeholt werden.

> ‣ Archäologischer Keller: Reformationsplatz 3–4; Kellergeschoss des Patrizierhauses: Carl-Schurz-Str. 49; U-Bahn: Altstadt Spandau

⑤ Ehemaliger Gasthof Zum Stern

An der Ecke Carl-Schurz-Straße/Ritterstraße befindet sich der ehemalige Gasthof »Zum Stern«. Dieser wurde schon 1726 als Gasthof mit

Ausspann urkundlich erwähnt und gilt damit als eines der ältesten Hotels Berlins. 1900, 1922 und 1940 erfolgten Umbauten, unter anderem nach Plänen von Adolf Steil. Bis 1982 beherbergte der Bau, der über einen Gewölbekeller aus dem 14. Jahrhundert verfügt, durchgehend das Hotel beziehungsweise den Gasthof. Danach wurde das unter Denkmalschutz stehende Gebäude restauriert und modernisiert und von neuen Bewohnern bezogen.

▸ Ecke Carl-Schurz-Str./Ritterstr.; U-Bahn: Altstadt Spandau

6 Wendenschloss

Das Wendenschloss in der Jüdenstraße wurde um 1700 errichtet und war ein wertvolles Ackerbürgerhaus. Es wurde zunächst als Wohn- und Wirtschaftshaus und später, ab 1888, als Restaurant genutzt. In den 1960er-Jahren war das bereits denkmalgeschützte Haus so baufällig, dass man es 1966 abriss und durch einen Neubau mit vorgeblendetem Fachwerk als Nachbildung des alten Gebäudes ersetzte. Heute wird der Bau vom Evangelischen Kirchenkreis Spandau genutzt.

▸ Jüdenstr. 35; U-Bahn: Altstadt Spandau

7 Stadtmauer

Etwa parallel zu Jüdenstraße verläuft das Viktoriaufer am Mühlengraben. Hier liegt ein 116 m langes Stück der heute noch erhaltenen Stadtmauer aus dem 14. Jahrhundert. 1920 wurde die Höhe dieses Mauerteils um die Hälfte verringert und ein Rundturm hinzugefügt. Die Ziegelsteine stammen von der abgerissenen Moritzkirche, die einst zwischen der Stadtmauer und der Jüdenstraße stand.

▸ Viktoriaufer; U-Bahn: Altstadt Spandau

8 Spandauer Rathaus

Das Rathaus Spandau in der Carl-Schurz-Straße am Rande der Altstadt wurde 1910–1913 nach Plänen der Architekten Heinrich Reinhardt und Georg Süßenguth mit Anleihen an die barocke Formensprache errichtet. Sie konzipierten einen rechteckigen Bau von 117 m x 48 m, dessen Fassade durch Risalite und Vorsprünge gegliedert ist und vier symmetrische Höfe einschließt. Am rückwertigen Teil des Hauptflügels befindet sich der 80 m hohe Turm, der restliche Bau wird von einem Mansardendach überwölbt. Die Architekten Reinhardt und Süßenguth, die auch das Rathaus in Charlottenburg entworfen hatten, bauten den Spandauer Bau auf dem Gelände der Bastion I der ehemaligen Stadtbefestigung. Die imposante Architektur spiegelt den Spandauer Selbstbehauptungswillen wider, denn zur Zeit der Errichtung war bereits abzusehen, dass Berlin eine Eingemeindung der prosperierenden Havelstadt plante. In diesem Sinne ist die Hauptfassade des Rathauses nicht Berlin, sondern den westlichen Erweiterungsgebieten Spandaus zugewandt. Im Zweiten Weltkrieg wurde der Bau stark beschädigt und in den 1950er-Jahren nur vereinfacht wiederaufgebaut. 1987/1988 erfolgte eine Restauration der eindrucksvollen neoklassizistischen Eingangshalle, die dabei ihre eigentümliche grüne Färbung zurückerhielt. Der Bau beherbergt heute das Bezirksamt Spandau.

Vor dem imposanten Bau liegt ein verhältnismäßig kleiner Vorplatz. Unweit von hier befindet sich der Eingang zum U-Bahnhof, dessen Linie 7 von dieser Endstation durch die ganze Stadt bis nach Neukölln fährt.

▸ Carl-Schurz-Str. 2–6; U-Bahn: Rathaus Spandau

❾ S-Bahnhof Spandau

Der S-Bahnhof Spandau wurde 1910 als »Spandau Vorortbahnhof« eröffnet. Schon 1871 war hier ein Bahnhof errichtet worden, den man jedoch 1890 bereits wieder schloss. Nachdem wiederum der »neue« Spandauer Vorortbahnhof 1980 nach 70-jähriger Inbetriebnahme geschlossen wurde, erweckte man ihn 1998 wieder zum Leben, als Spandau als letzter Bezirk an das S-Bahn-Netz angeschlossen wurde. Die Pläne für den Bahnhof mit einer 200 m langen gläsernen Halle lieferte das Architekturbüro Gerkan, Marg und Partner.

▸ S-Bahn: Spandau

❿ Batardeau

Das Batardeau ist ein Dammwerk im Festungsbau, das den Wasserstand in den Festungsgräben reguliert und hinter dem Rathaus Spandau an der Carl-Schurz-Straße liegt. Der als Backsteinwall ausgeführte Bau wurde 1841–1847 im Zuge der Neubefestigung der Altstadt angelegt, der runde Turm, auch »Bär« genannt, diente dabei zur Sicherung der Stadtmauer. Bereits im Dreißigjährigen Krieg 1618–1648 bestimmte man Spandau zur Festungsstadt und errichtete hier Wälle, Schanzen und Bastionen, die immer wieder erweitert wurden.

▸ U-Bahn: Rathaus Spandau

11 Burgwallschanze

Die 1855–1862 erbaute Burgwallschanze ist ein weiteres Festungswerk und befindet sich versteckt inmitten einer an der Ruhlebener Straße gelegenen Schrebergartenkolonie. Sie gehörte einst zur Stresowbefestigung, die man Mitte des 19. Jahrhunderts zum Schutz von Artillerie-Werkstätten, Zündhütchenfabriken und Geschützgießereien erbaute. Nach 1903 wurde die gesamte Anlage bis auf dieses noch erhaltene Kernwerk, ein heute zweigeschossiges, gelbes Backsteingebäude auf kreuzförmigem Grundriss, abgerissen. Seit 1998 befinden sich hier ein Atelier und Veranstaltungsräume, in denen junge Künstler ihre Arbeiten aus Bildender Kunst, Theater oder Musik präsentieren.

▸ www.atelier-burgwallschanze.de; Ruhlebener Str. 205; S-Bahn: Stresow

Die Zitadelle

12 Die Zitadelle damals und heute

Die Zitadelle Spandau liegt nordöstlich der Altstadt am Zusammenfluss von Spree und Havel und ist eine der besterhaltenen Renaissancefestungen Europas. Im 8. Jahrhundert entstand hier an einer von Wasser umgebenen, geschützten Stelle eine Siedlung von Slawen. Nachdem die Askanier als Sieger gegen die Slawen aus der Ostkolonisation hervorgegangen waren, erweiterten sie um 1200 die Spandauer Wasserburg zum Verwaltungs- und Militärzentrum ihrer Landesherrschaft. Mitte des 16. Jahrhunderts ließ Kurfürst Joachim II. dieses wiederum zunächst nach Plänen von Christian Römer zu einer wehrhaften Festung ausbauen, da seine alte Burg dem Hof aufgrund der verbesserten Angriffstechniken und -waffen nicht mehr die erforderliche Sicherheit bieten konnte. Weiter fortgeführt wurde der Bau nach den Entwürfen des Venezianers Francesco Chiarmella Gandino, seine endgültige Gestalt aber erhielt er durch Rochus Guerrini Graf zu Lynar aus der Toskana, der die Bauarbeiten 1594 zu Ende brachte. Unter Einbeziehung von Teilen der alten askanischen Festung hatte Letzterer ein sogenanntes Kurtinenquadrat errichtet, das aus je 300 m langen Außenmauern in Backstein gebildet wird; an den jeweiligen Enden ragen im spitzen Winkel die vorgelagerten Bastionen mit den Namen »König«, »Königin«, »Kronprinz« und »Brandenburg« hervor.

Die nach italienischem Vorbild konzipierte Zitadelle galt als uneinnehmbar und war somit ein beliebter Fluchtort. So lagerten beispielsweise im Dreißigjährigen Krieg die Schweden in dem Festungsbau; während des Siebenjährigen Krieges flüchtete Königin Elisabeth Christine mit ihrem Hofstaat vor den Österreichern hierher und zu Beginn des 19. Jahrhunderts die napoleonischen Soldaten. Auch als Staatstresor fungierte die Zitadelle: Der sogenannte Reichskriegsschatz, ein Teil der Reparationszahlungen der Franzosen an Bismarck, wurde hier kurz nach dem Deutsch-Französischen Krieg von 1870/1871 bis 1919 aufbewahrt. Bis 1876 wurde der Bau als Gefängnis benutzt. Die Nationalsozialisten produzierten und testeten in dem hier eingerichteten Heeresgasschutzlaboratorium ab 1935 chemische Kampfstoffe. Erst 1989, als die Überbleibsel der Gifte beseitigt waren, konnte die Festung wieder für Besucher zugänglich gemacht werden. Sie ist heute einer der kulturellen Mittelpunkte Spandaus. Es finden Konzerte und Ausstellungen statt, Künstler haben hier ihre Ateliers und Kunsthandwerker ihre Werkstätten, es wird Theater gespielt, Burgfeste werden veranstaltet. Eine besondere Attraktion sind die ca. 100 000 Fledermäuse, die jedes Jahr in der Zitadelle überwintern und im Rahmen einer Führung von August bis Oktober zu beobachten sind.

▸ www.zitadelle-spandau.de; Am Juliusturm 64; tgl. 10–17 Uhr; Eintritt 4,50 €, erm. 2,50 €; Infos zu den Fledermausführungen unter www.bat-ev.de; U-Bahn: Zitadelle

13 Juliusturm

Das älteste erhaltene Gebäude der Anlage ist der für Besucher zugängliche Juliusturm, das Wahrzeichen Spandaus. Der 31 m hohe Turm wurde um 1200 mit bis zu 3,60 m dicken Mauern errichtet, um von der Plattform aus die Umgebung zu überwachen. 1938 ersetzte man die 1813 stark beschädigte Mauerzier durch einen Zinnenkranz von Karl Friedrich Schinkel.

14 Palas

Der sogenannte Palas, der Wohn- und Saalbau der Burg, wurde 1450 – 1470 errichtet. In den Fundamenten des Baus sowie an anderen Stellen wurden zahlreiche jüdische Grabsteine gefunden. Dies geht auf die im Mittelalter aufkommenden judenfeindlichen Ausschreitungen zurück, bei denen auch die jüdischen Friedhöfe Spandaus geplündert und deren Steine als billiges Baumaterial benutzt wurden. Die über 70 Grabsteine sind in der Bastion »Königin« zu besichtigen.

Das Wahrzeichen Spandaus: der Juliusturm

15 Zeughaus

Das Zeughaus wurde 1856–1858 nach Plänen des Schinkelschülers Carl Ferdinand Busse errichtet. Heute beherbergt es das Stadtgeschichtliche Museum Spandau. Auf der Erdaufschüttung davor, dem Glacis, befindet sich seit 1921 die Freilichtbühne.

▸ www.museumsportal-berlin.de

Der Spandauer Kolk

16 Der Kolk

Der Kolk ist das älteste Siedlungsgebiet in Spandau und wird durch die Straße Am Juliusturm von der Altstadt getrennt. Hier befinden sich viele alte Häuser, die fast alle im Rahmen des seit 1978 laufenden Städtebauförderungsprozesses restauriert wurden. Auch die Straßen- und Platzräume wurden neu gestaltet und Neubauten eingefügt, wobei durch die gleichzeitige flächendeckende Sanierung ganzer Straßenzüge die Alt- und Neubauten oftmals verwandt erscheinen und der Unterschied zwischen ihnen nicht auf den ersten Blick zu erkennen ist.

▸ U-Bahn: Altstadt Spandau

17 Stadtmauer mit Wiekhaus

Am Hohen Steinweg neben der Dammbrücke befindet sich eines der bedeutendsten mittelalterlichen Denkmale Spandaus: ein Teil der 1350 erbauten Stadtmauer mit einem sogenannten Wiekhaus. Dabei handelt es sich um einen zur Stadt hin offenen Turm, der zum zusätzlichen Schutz der Verteidigungsanlage errichtet wurde. Seit der Restaurierung im Jahr 1985 zeigt sich hier deutlich der farbliche Unterschied zwischen der alten, noch vorhandenen Bausubstanz und den unter wissenschaftlicher Anleitung zugefügten und restaurierten Bauteilen. Der westliche Mauerabschnitt ist jünger und stammt aus dem späten 18. Jahrhundert. Zu dieser Zeit diente die ehemalige Wehranlage nur noch als Zollmauer. Bei näherer Betrachtung ist auch hier ein deutlicher Unterschied des Mauerabschnitts in Format, Farbe und Struktur zu den Backsteinen aus dem Mittelalter zu erkennen.

▸ Hoher Steinweg; U-Bahn: Altstadt Spandau

18 Spandauer Zollhaus

Das Spandauer Zollhaus am Möllentordamm ist ein weiteres sorgfältig restauriertes Baudenkmal. Es wurde 1693/1694 für den Tor-
schreiber und Hegemeister erbaut. Die An- und Umbauten sowie die
Nebengebäude lassen die jahrhundertealte wechselvolle Nutzungsge-
schichte des Hauses erkennen; die eher schlichte und schmucklose
Gestalt des Baus blieb bei der Modernisierung erhalten. Zum Hof hin
präsentiert sich der Bau allerdings mit einem Doppelportal, einer für
Berlin einzigartigen Fachwerkfassade sowie einem außergewöhnlichen
Dachstuhl. Der Seitenflügel verfügt zudem über ein Kielbogendach
aus der Mitte des 19. Jahrhunderts, das Nebengebäude stammt von
1895. Heute befindet sich hier ein Restaurant.

▸ Möllentordamm 1; U-Bahn: Altstadt Spandau

19 Kleinwohnhaus Kolk 13

Das Wohnhaus am Kolk 13 wurde 1867 errichtet. Die heutige fein
gegliederte, spätklassizistische Stuckfassade in Grüntönen ist jedoch
wie der vollständige Umbau im Inneren des Gebäudes Teil einer nicht
auf den ersten Blick zu erkennenden Modernisierung des Baus. Durch
diese wurden auch der Hauseingang und der Kellereingang des Wohnhauses, in dem einst der Heimatforscher Albert Ludewig lebte, versetzt.

▸ Kolk 13; U-Bahn: Altstadt Spandau

20 Kolk 1–6

Die ersten Häuser am Kolk 1–6 wurden in der ersten Hälfte des
18. Jahrhunderts errichtet und haben seitdem die unterschiedlichsten
Umbauphasen durchlaufen. Das Altbauhaus am Kolk 1, die linken
vier Hausachsen mit Putzquaderung im Erdgeschoss, wurde beispielsweise in das 1970 erbaute Atelierhaus für die Architekten Georg
Lichtfuß und Bodo Fleischer integriert. Hier steht Alt neben Neu,
verbunden durch ein auffällig gestaltetes Bindeglied. Auch das Haus
am Kolk 2 wurde 1983 behutsam restauriert. Deutlich ist hier der
reich gegliederte Horizontbalken zwischen den Geschossen zu sehen.
Am Kolk 3 steht die um 1750 errichtete Gaststätte, die seit 1945 den
Namen »Alte Kolkschenke« trägt. Beim Nachbarhaus Kolk 4 und dem
gegenüberliegenden Haus Kolk 12/13 ist noch das für barocke Mietshäuser in der Altstadt typische Doppelportal erhalten. Die zwei Türen
liegen hier unmittelbar nebeneinander, wobei die eine ins Erdgeschoss
und die andere über eine steile Treppe ins Obergeschoss führt. Bei der

Häuser am Kolk

Hausnummer 4 ist der Eingangsbereich noch original erhalten, das Obergeschoss hingegen wurde 1977 vollständig erneuert. Das Haus Kolk 5 wurde 1974 nach Plänen der Architekten Peter Heinrichs und Joachim Wermund rekonstruiert. Dabei stellten sie die außergewöhnliche Fachwerkfassade aus dem frühen 18. Jahrhundert mit neuen Materialen wieder her und versahen den Bau mit einer zeitgenössischen Dachgaube. Das kleine Mietshaus am Kolk 6 wurde 1905 vom Maurermeister C. Karras errichtet. 1974 erhielt es durch Manfred Henkel eine moderne Fassadenmalerei.

▸ Kolk 1–6; U-Bahn: Altstadt Spandau

㉑ St. Marien am Behnitz
Die Kirche St. Marien am Behnitz wurde 1848 vom dem Schinkelschüler August Soller entworfen, die Ausführung übernahm der Königliche Bauinspektor Julius Manger. Der außen unverputzte Ziegelbau

im an klassischen Vorbildern orientierten Baustil ist die zweitälteste katholische Kirche im Großraum Berlin. Im Jahr 2001 wurde er von einem Ehepaar privat gekauft und 2002/2003 mit eigenen Mitteln und der Hilfe von etwa 60 Restauratoren denkmalgerecht saniert. Er dient heute als Kirchen-, Konzert- und Veranstaltungsraum.

Gegenüber der Kirche liegt das bunte Backsteingebäude des preußischen Militärfiskus, das 1868 errichtet und später in den Neubau eines Kindergartens integriert wurde.

▸ www.behnitz.de; Behnitz 9; U-Bahn: Altstadt Spandau

22 Heinemann-Haus

Das Heinemann-Haus stammt aus der ersten Hälfte des 19. Jahrhunderts. 1976/1977 wurden im Rahmen einer aufwendigen Rekonstruktion und Sanierung beschädigte Bauteile einschließlich des gesamten Dachs völlig ausgetauscht; zahlreiche geschichtliche Spuren, wie ein Ladeneinbau an der Südwestecke, sind dabei zugunsten des zurückgebauten spätbarocken Bürgerhauses verschwunden.

Gegenüber am Behnitz 6 liegt ein spätklassizistisches Mietshaus, das im Vergleich zum Heinemann-Haus noch die Spuren der Geschichte erkennen lässt. Es wurde 1861/1862 errichtet, am Erdgeschoss lassen sich Nutzungsänderungen ablesen. So ist beispielsweise an der Ecke zum Möllentordamm noch ein kleiner ehemaliger Laden zu erahnen.

▸ Behnitz 5; U-Bahn: Altstadt Spandau

23 Schleuse Spandau

Die im Rahmen des Verkehrsprojekts Deutsche Einheit erbaute Schleuse Spandau wurde 2002 eingeweiht. Der 1993 wegen Baufälligkeit geschlossene Vorgängerbau war mit dem Ausbau des Großschifffahrtsweges Stettin – Berlin entstanden. Mit einer Länge von 115 m, einer Breite von 12,5 m und einer Tiefe von 4 m erfüllt sie auch die Normen für 110-m-Schiffe.

Im Mittelalter schuf man an dieser Stelle einen Stichkanal, der sich dann zum eigentlichen Flussbett der Havel entwickelte. Ab 1258 entstand hier ein Mühlenstandort und im 16. Jahrhundert schließlich eine Schleuse.

Auf dem Gebiet nahe der Schleuse, auf der nördlichen, rechten Straßenseite des Möllentordamms, war einst die Landgemeinde Damm beheimatet. Als unabhängige Siedlungsgemeinschaft entstand sie mit dem Bau der Zitadelle ab 1560, da für diesen sechs königliche

Fischer vom benachbarten Kiez auf den Damm umgesiedelt werden mussten. Die Grundstücke besaßen deshalb alle Fischereirechte und langgezogene, bis zum Wasser führenden Parzellen, auf denen im 19. Jahrhundert vielfach Nebengebäude errichtet wurden.

Die vielgestaltige Hinterhofbebauung aus dem späten 19. Jahrhundert ist einzusehen, wenn man dem Uferweg nach dem Übergang der Dammbrücke rechts folgt: beispielsweise am frühindustriellen Mietshaus am Möllentordamm 7 sowie an den Häusern mit den Hausnummern 9 und 10.

▸ Juliusturmbrücke; U-Bahn: Altstadt Spandau

24 Häuser am Möllentordamm

Die meisten Häuser am Möllentordamm präsentieren sich mit späthistorischen oder spätklassizistischen Fassaden. Noch original, aber renoviert, sind die Fassaden der Häuser am Möllentordamm 2 und 3, die jeweils um 1870 und 1898 errichtet wurden; die Fassade des Hauses mit der Hausnr. 9 stammt aus dem Jahr 1897 und ist ebenfalls noch original erhalten, wenn auch saniert. Die Fassaden der Häuser 10 und 11 wurden hingegen in den letzten Jahren völlig neu ausgestaltet. Bei der Nr. 10 diente eine historische Fotografie dazu, die Fassade aus der Zeit um 1880 zu rekonstruieren.

▸ Möllentordamm; U-Bahn: Altstadt Spandau

Die Siemensstadt

25 Spandaus Industrieviertel

Die 5 km² umfassende Siemensstadt liegt am östlichen Rand Spandaus zwischen Charlottenburg und Tegel und ist das größte Industriegelände Berlins. Sie entstand ab 1897, als Siemens neue Werksgelände erschließen musste, da die alten Produktionsstätten in Schöneberg, Charlottenburg und Kreuzberg zu klein wurden. So entwickelte sich innerhalb der nächsten 20 Jahre eine ganze Stadt, die ab 1913 den Namen Siemensstadt erhielt. Die Anfänge des Unternehmens liegen in der Mitte des 19. Jahrhunderts: Werner von Siemens hatte 1847 zusammen mit Johann Georg Halske die »Telegraphen Bau-Anstalt von Siemens & Halske« gegründet. Innerhalb weniger Jahrzehnte entwickelte sich diese von einer Werkstatt auf einem Kreuzberger Hinterhof am Schöneberger Ufer, in der neben Telegraphen auch

Drahtisolierungen, Eisenbahnläutwerke und Wassermesser hergestellt wurden, zu einem der weltweit größten Elektrounternehmen. Vor allem die Beteiligung an Kriegen löste wahre Expansionsschübe aus, wie beispielsweise durch die seit 1939 zunehmende Rüstungsproduktion, die aber auch bald das Berliner Arbeitskräftepotenzial erschöpfte. Siemens erhielt daher durch die Arbeitsämter vermittelte Häftlinge, Kriegsgefangene sowie jüdische und ausländische Zwangsarbeiter – die im Nachhinein von Siemens Entschädigungen erhielten. Heute ist die Wohnsiedlung dicht bewohnt und zahlreiche Industrie- und Werksanlagen noch in Betrieb, wobei die angesiedelten Unternehmen nicht mehr ausschließlich zu Siemens gehören. Die Bauten aus einem Jahrhundert Industrie- und Wohnungsbauarchitektur lassen jeweils drei Entstehungsphasen erkennen: die erste Erweiterung erfolgte im ersten Ansiedlungsabschnitt der Firma am Siemensdamm, die zweite wird mit dem Gelände der Schuckert-Siemenswerke westlich des Rohrdamms deutlich und die dritte vollzog sich mit dem Komplex auf der Insel Gartenfeld, die man über den Saatwinkler Damm erreicht.

26 Blockwerk II
Das Blockwerk II befindet sich auf dem ersten Ansiedlungsabschnitt am Siemensdamm 62–66 und wurde 1924/1925 nach Plänen des Siemens-Bauleiters Hans Hertlein errichtet. 1929–1931 verlängerte der Architekt den ersten Bauabschnitt durch einen zweiten Gebäudetrakt, der wiederum 1936/1937 erweitert wurde. Eine erneute Umgestaltung erfolgte 1940–1942, bei der Hertlein durch den Generalbauinspektor Albert Speer beeinflusst wurde, der durch das Werksgelände den sogenannten III. Stadtring verwirklichen wollte. Ab 1924 wurden im Blockwerk II Sicherungsanlagen für die Eisenbahn hergestellt; heute werden hier Geräte für die Nachrichtentechnik produziert.

‣ Siemensdamm 62–66; U-Bahn: Siemensdamm

27 Wernerwerk X
Das seit 1958 denkmalgeschützte Wernerwerk X, benannt zu Ehren des Siemens-Begründers Werner von Siemens, steht am stillgelegten S-Bahnhof Wernerwerk an der Ecke Siemensdamm/Ohmstraße. Es wurde 1928–1930 nach Entwürfen von Hans Hertlein und dem Baustatiker Gerhard Mensch errichtet. Diese konzipierten eine Stahlskelettkonstruktion mit Mauerwerksausfachung. Die Fassadenflächen sind mit rotbraunem Klinker verkleidet; die Dächer flach gedeckt

sowie mit hohen Ziegelsteinbrüstungen bewehrt. 1936/1937 folgte eine Flügelerweiterung zur S-Bahn-Trasse hin. Ab 1930 beherbergte der Bau das zentrale Verwaltungs- und Direktionsgebäude der Siemens & Halske AG; heute sind hier ein Rechenzentrum und die zentrale gewerbliche Ausbildungsstätte untergebracht.

▸ Siemensdamm 50–54; U-Bahn: Siemensdamm

28 Blockwerk I

Das am östlichen Ende des Wernerwerkdamms gelegene Blockwerk I wurde 1906 nach Entwürfen von Karl Janisch und dem Regierungsbaumeister Robert Pfeil errichtet und 1911 sowie 1914 umgebaut, wobei unter anderem die ursprünglich ornamentierten Putzflächen der Fassaden geglättet wurden. Der 75 m × 127 m große Bau galt damals als das europaweit erste und modernste Verwaltungs- und Fabrikhochhaus. Es war auch ein Architekturmodell des Siemens-Hausarchitekten Hans Hertlein, dessen Bauten sich durch ihre gewaltigen Proportionen, roten Klinkerfassaden und eine gerade, sachlich-nüchterne Linienführung auszeichneten. Im Krieg stark zerstört, wurde der obere Teil des Blockwerks abgetragen und stattdessen mehrere Dachaufbauten hinzugefügt. Der Name des Baus zeugt davon, dass ab 1928 alle Werke und Fertigungsstätten der Siemens & Halske-Unternehmensgruppe aufgrund ihrer Betreuung durch die zentrale Bau- und Betriebsleitung der Firma neben der Grundbezeichnung eine römische Ziffer erhielten.

1904/1905 ließ Siemens auf eigene Kosten Wohnungen im Gebiet Ohm-, Reissstraße und Wernerdamm errichten, damit den Mitarbeitern die bis dahin teilweise enorm langen Anfahrtswege erspart blieben. Die Wohnkomplexe, die noch heute dem Konzern gehören, wurden in Abkehr vom Mietskasernenbau der Innenstadt ohne Seiten- und Querflügel errichtet. In einer zweiten Phase des Wohnungsbaus 1908–1913 errichtete man auch zwischen Quellweg, Jugendweg und Mäckeritzstraße Unterkünfte.

▸ Wernerwerkdamm 17–20; U-Bahn: Siemensdamm

29 Wernerwerk II

Das Wernerwerk II wurde 1914–1922 nach Plänen von Karl Janisch und Hans Hertlein neben dem Wernerwerk I errichtet. Die Architekten konzipierten den Werksbau im Stil der Moderne als Stahlbeton-Stockwerksbau mit gleichmäßig gegliederten Fassaden. 1928/1929 erfolgten zusätzliche Erweiterungen des Werks, das der Fabrikation von Messinstrumenten diente. Der Bau wird insbesondere von dem von Hans Hertlein geschaffenen 74 m hohen Uhrenturm charakterisiert. Diese ursprüngliche Verkleidung eines Schornsteins und eines Wasserreservoirs wurde zum Wahrzeichen der aufstrebenden Siemensstadt.

▸ Wernerwerkdamm 5; U-Bahn: Siemensdamm

30 Kabelwerk Westend

Das Kabelwerk Westend, der eigentliche Mittelpunkt der Siemensstadt, liegt direkt an der Spree, zwischen Rohrdamm und Stichkanal, und wurde 1898/1899 nach Plänen von Carl Dihlmann, Fritz Gottlob und Karl Janisch errichtet. Dafür wurde eine sich hier zuvor erstreckende Naturfläche gerodet und ein Spreearm zugeschüttet, sodass der Bau aufgrund des morastigen Untergrunds auf Holzpfählen errichtet werden musste. 1977 erfolgte auf Wunsch der Konzernleitung der Abriss; seitdem steht an der Stelle der Neubau des Fernschreiberwerks.

▸ Rohrdamm 7; U-Bahn: Rohrdamm

31 Verwaltungsgebäude

Das Verwaltungsgebäude an der Ecke Nonnendammallee/Rohrdamm entstand, nachdem Siemens 1903 mit dem Erwerb der Nürnberger Schuckertwerke in die Starkstromtechnik einstieg. Mit der Siemens-Schuckertwerke GmbH, deren Gelände sich westlich des Rohrdamms ausbreitet, begründete Siemens die zweite Expansionsphase. Die Pläne für den Bau lieferte der Architekt Friedrich Blume, für die Bauausführung war Karl Janisch verantwortlich. Der erste Gebäudeteil wurde 1911 von kaufmännischen und technischen Abteilungen der Siemens-Schuckertwerke GmbH bezogen, 1913 folgten nach weiterem Ausbau die Verwaltungsabteilung, die Direktion und der Vorstand. Unter Beteiligung von Hans Hertlein wurden 1922/1923 die Innenausbauten der letzten Bautrakte fertig gestellt. Die zahlreichen Bildhauerarbeiten im Gebäudeinneren und über den Fenstern des Südportals stammen von den Künstlern Joseph Wackerle und Georg Siegberg; der Mosaikfußboden in der Ehrenhalle wurde von César Klein geschaffen. Seit dem Umzug der Konzernzentrale nach München befinden sich in dem Gebäude ein Bildungszentrum und die Verwaltung.

▸ Nonnendammallee 101–103/Rohrdamm 85; U-Bahn: Rohrdamm

Ehemaliges Siemens-Verwaltungsgebäude

32 Dynamowerk

Das Dynamowerk wurde ab 1906 nach Plänen von Carl Dihlmann durch Karl Janisch errichtet. Es erfolgten zahlreiche Umbauten und Erweiterungen, darunter auch durch Hans Hertlein, bis das Werk um 1940 seinen Endzustand erreichte. Zunächst wurden hier ab 1907 elektrische Großmaschinen hergestellt, im Ersten Weltkrieg dann auch Granaten und Minen. In den 1970er-Jahren diente das Werk der Produktion von Pumpenspeicheranlagen für Atomkraftwerke. Im Rahmen der Reichstagswahl vom 12. November 1933 gab Hitler Siemensstadt demonstrativ als seinen Wahlkreis bekannt und gab dort auch seine Stimme ab. Im Dynamowerk hatte er zudem zwei Tage zuvor seine über alle Sender übertragene Rede an die Arbeiterschaft gehalten.

▸ Nonnendammallee 62–79; U-Bahn: Rohrdamm

33 Schaltwerk

Das Schaltwerk gegenüber dem Dynamowerk besteht aus 180 m langen und 220 m breiten Flachbauten, die 1916–1918 errichtet wurden, sowie aus einem sich östlich anschließenden Hochhaus, das 1926–1928 erbaut wurde. Die Pläne für die gesamte Anlage lieferten Hans Hertlein und Carl Köttgen. Die mehrschiffigen zweistöckigen Hallenbauten in ausgefächerter Stahlkonstruktion dienten bis 1919 der Montage von Kriegsflugzeugen. Nach dem Krieg wurde die Produktion auf Schalttafeln umgestellt. Die quer gestellte zehngeschossige Hochhausscheibe mit den durchgehenden Hallen und vorgesetzten Türmen für Aufzüge und Treppen galt zur Zeit ihrer Errichtung als originelle Konstruktion; insbesondere die nächtliche Erleuchtung der Fenster fand großen Anklang. Heute befinden sich in dem Hochhaus Büroräume für das Schaltwerk sowie Räumlichkeiten für das Siemens-Bildungszentrum.

▸ Nonnendammallee 104–107; U-Bahn: Rohrdamm

34 Wohnungsbauprojekt

Nachdem 1904/1905 und 1908–1913 um die Nonnendammallee und den Siemensdamm herum Wohnungen errichtet worden waren (vgl. Seite 318), wurde 1922–1930 weiter östlich ein dritter Wohnungskomplex zwischen Jungfernheidenweg und Rohrdamm nach Entwürfen von Hans Hertlein erbaut. Mit einen Marktplatz und Hausgärten wollte er der Anlage einen dörflichen Charakter verleihen. 1931 konzipierte Hertlein mit der finanziellen Unterstützung des Großbetriebes zudem eine evangelische und 1935 eine katholische Kirche. Zwischen den beiden Kirchen befindet sich das Arbeiterinnen-Erholungsheim »Siemensgarten« (seit 1932 Siemens-Klubhaus).

▸ Jungfernheideweg/Rohrdamm; U-Bahn: Rohrdamm, Siemensdamm

35 Zeilenbauten

Die Zeilenbauten am Heckerdamm 283–293 von Paul Rudolf Henning sowie jene von Hugo Häring an der Goebelstraße gehören zur Großsiedlung Siemensstadt, die 1929–1931 im Rahmen des Wohnungsbauprogramms der Weimarer Republik errichtet wurde. Die Nähe zum Volkspark Jungfernheide machte den Standort attraktiv; zudem war die neue Wohnsiedlung als eine neue Form des sozialen Zusammenlebens, der Finanzierung und der Bautechnologie geplant. So wurden beispielsweise die Wohnungen auch mit einer durchschnittlichen Größe von 54 m^2 für die damalige Zeit ungewöhnlich großflächig konzipiert. Jede Wohnung besaß zudem Warmwasser, Zentralheizung, Bad, WC sowie eine Loggia oder einen Balkon. Für die Gesamtleitung der städtebaulichen Planung waren die Architekten Martin Wagner und Hans Scharoun verantwortlich. An der Planung der im Stil des Neuen Bauens errichteten Wohnblöcke waren bekannte Architekten dieser Zeit wie Walter Gropius, Otto Bartning, Fred Forbat und Paul Rudolf Henning beteiligt. Die Gestaltung der Freianlagen übernahm der Gartenarchitekt Leberecht Migge; Bauherr war die Baugesellschaft Heerstraße. Seit 2008 gehört die Großsiedlung Siemensstadt als eine von sechs »Siedlungen der Berliner Moderne« zum UNESCO Weltkulturerbe.

Mit den Zeilenbauten am Heckerdamm und in der Goebelstraße wurde in Bezug auf den Abstand der Zeilen untereinander sowie deren Höhe und Länge ein gänzlich neuer Standard gesetzt. Der Übergang in das Parkareal des Volksparks Jungfernheide wurde durch Rasenflächen zwischen den Bauten markiert; braune Ziegel, weiße, glatte Flächen und natürliche Mineralfarben sollten eine Harmonie mit der die Häuser umgebenden Natur herstellen.

> ‣ Heckerdamm 283–293; U-Bahn: Siemensdamm

36 Langer Jammer

Entlang der Goebelstraße wurde nach Plänen von Otto Bartning ein etwa 500 m langer Wohnblock errichtet. Wegen seiner Einförmigkeit (zur Straßenseite hin) setzte sich bald im Volksmund der Name »Langer Jammer« durch. An der Goebelstraße 55 befindet sich ein Durchgang, durch den man zur detailreichen Rückseite des Baus gelangt, die mit Balkonbändern, unterschiedlichen Fassadenformen und Grünräumen ausgestaltet ist. Diese unvermutete Attraktivität des Blocks ist ein Charakteristikum der Bauhaus-Architekten, die durch die äußerliche Schroffheit und nach innen gerichtete Behaglichkeit die nachbarschaftlichen Beziehungen stärken wollten.

> ‣ Goebelstr. 11–113; U-Bahn: Siemensdamm

37 Panzerkreuzer

Das Wohnhaus am Jungfernheideweg 1–15 wurde nach Plänen von Hans Scharoun errichtet. Es weist eine starke rhythmische Betonung und architektonische Bewegung auf, die durch gestaffelte Balkone und Dachstufungen erzeugt werden und der Anlage – verweisend auf die Ähnlichkeit zur Schiffsarchitektur – den Namen »Panzerkreuzer«

Der sogenannte Lange Jammer

einbrachte. Sie liegt im Südabschnitt der Wohnsiedlung Siemensstadt, die ausschließlich von Hans Scharoun gestaltet wurde und die Wohnblöcke an der Mäckeritzstraße 6–22 sowie am Jungfernheideweg 1–15 umfasst. Die v-förmige Anordnung von Scharouns Südteil sollte den Besucher als eine Art Haupteingang in den hinter dem Bahndamm liegenden Hauptbereich der Siedlung führen. Scharoun selbst hat lange Jahre im Jungfernheideweg 4 gewohnt.

‣ Jungfernheideweg 1–15; U-Bahn: Siemensdamm

Kladow

38 Militärhistorisches Museum

Das Militärhistorische Museum befindet sich auf dem Flugplatz Berlin-Gatow, der heute vollständig im Ortsteil Kladow liegt. Es ist eine Außenstelle des Militärhistorischen Museums der Bundeswehr in Dresden und präsentiert hier die Abteilung Luftwaffen. Zu den

Ausstellungsexponaten gehören unter anderem die Militärmaschinen des ehemaligen Warschauer Pakts, die als Bestände der Luftstreitkräfte der Nationalen Volksarmee der DDR übernommen wurden.

▸ www.mhm-gatow.de; Am Flugplatz Gatow 33; Di–So 10–18 Uhr; Eintritt frei; U-Bahn: Rathaus Spandau, von dort weiter mit Bus 135 bis Seekorso

39 Ehemalige Ausflugsstätte Seglerheim

Die heute unter Denkmalschutz stehende ehemalige Ausflugsstätte Seglerheim an der Imchenallee 46 wurde 1924/1925 errichtet und wird auch heute als Restaurant genutzt. Das benachbarte einfache Büdnerhaus mit der Hausnummer 44 hingegen wurde bis auf eine gemauerte Schwarze Küche – ein zentraler Raum mit Kochstelle und einem nach oben offenen Schlot für den Rauchabzug – und einige Fachwerkwände vollständig abgerissen. Es entstand ein kompletter Neubau, der heute ebenfalls eine Gaststätte beherbergt. In der sogenannten »Büdnerstube« kann man die alte Küchenanlage und deren Schornstein besichtigen.

Die beiden denkmalgeschützten Bauten gehören zu den Ausflugslokalen, in die man einkehren kann, nachdem man die BVG-Fähre F10, die stündlich zwischen Wannsee und Kladow verkehrt, verlassen hat. Die 20-minütige Überfahrt beginnt unmittelbar in Nähe des S-Bahnhofs Wannsee und führt vorbei am Heckeshorn – einer Ausbuchtung der Wannsee-Insel –, dem Strandbad Wannsee und der Insel Schwanenwerder. Diese wurde 1882 von der Gemeinde Kladow an den Bauspekulanten Friedrich Wilhelm Wessel verkauft und hat sich seitdem zu einem noblen Villenvorort am Rande Berlins entwickelt. Kurz vor Kladow kommen die prächtigen Wohn- und Sommerresidenzen des Uferbereiches in den Blick. Diese befinden sich zumeist an der Imchenallee, die 1894 von dem Berliner Großindustriellen Robert Guthmann und dem Kladower Bauerngutsbesitzer Ernst Schütze angelegt wurde. 1887 hatte Guthmann das Gut Neukladow und weitere Grundstücke im Dorf gekauft. Er erhoffte sich, insbesondere durch die Einrichtung einer Fährverbindung zwischen Wannsee und Kladow im Jahr 1892, eine Entwicklung des Dorfs als Wohn- und Villengebiet, bei der er mit dem Verkauf von Grundstücken verdienen konnte (vgl. Seite 328). Für den Bau der Imchenallee ließ er das Schwemmland mit Berliner Hausschutt aufschütten, ebenso auch die 1903 künstlich erhöhte und erweiterte Insel Imchen.

▸ Imchenallee 46; Bus X34, 134, 135, 234 bis Alt-Kladow

40 Ehemaliges Landhaus Ciro

Das ehemalige Haus Ciro am Sakrower Kirchweg 21 ist eines von vielen Landhäusern entlang der Havel. 1913 wurde es im Auftrag von Mathilde Trautmann als Villa Ciro erbaut und ging 1919 in den Besitz des geheimen Kommerzienrat Georg Kühn über, der das Haus seiner Tochter Veronika Braun als Hochzeitsgeschenk übergab. 1935 wurden die Räumlichkeiten als Hotel und Lokal Ciro genutzt, in dem der Ägypter Achmed Mustafa und seine Band das Publikum mit Jazz-Musik begeisterte. In den 1940er-Jahren wurde das Lokal von der Gestapo geschlossen; 1946 bezogen die Hedwigschwestern das Haus, die es bis heute unter dem Namen Sancta Maria als Kinderheim nutzen.

▸ Sakrower Kirchweg 21; Bus X 34, 134, 234 bis Parnemannweg

41 Villa Oeding, Haus Trinitatis und Wohnhaus Alexander Müllers

Die Villa Oeding wurde 1893/1894 zunächst als schlichtes Haus errichtet und 1922/1923 nach Plänen des Architekturprofessors Hans Grossmann für den Hofrat Wilhelm Oeding umgebaut.

Grossman konzipierte einen fünfachsigen, neoklassizistischen Bau mit Rokokokartuschen und weit auskragendem Zahngesims. Bewohner der Villa waren unter anderem der Regisseur Erik Charell und der Schauspieler und Sänger Hans Albers. Heute ist der Bau ein bedeutendes Haus- und Gartendenkmal, das 2000/2001 umfassend saniert wurde.

Das benachbarte Haus Trinitatis am Am Roten Stein 9c wurde 1911 im historischen Stil erbaut. Es ist die ehemalige Villa des Knopffabrikanten Hugo Hoffmann und sollte ursprünglich nur als Sommerhaus dienen. Links daneben, Am Roten Stein 9b, steht das ebenfalls im frühen 20. Jahrhundert errichtete Wohnhaus des Direktors Alexander Müller.

▸ www.villaoeding.de; Am Roten Stein 1/7; Bus X34, 134, 234 bis Parnemannweg

42 Wohnhaus mit Nebengebäude

Der Sakrower Kirchweg führt vorbei an alten und neuen Einfamilienhäusern Richtung Dorfkern. Der Weg ist nach der Separation 1848 entstanden und die ihn umgebenden Häuser waren von kleineren Bauern und Handwerkern bewohnt, die sich hier um 1900 ansiedelten. Darunter befindet sich auch das Wohnhaus des Schlachtmeisters Paul Dieck samt Nebengebäude in der Hausnummer 15. Das nüchterne, weiß gekalkte Nebengebäude steht dicht an der Straße und wird durch ein fein gegliedertes Hexagramm am Giebel und ein darüberliegendes Kreuz ausgeschmückt. Der Maler, Bildhauer und Schriftsteller Kurt Mühlenhaupt hatte hier einst sein Atelier.

▸ Bus X34, 134, 234 bis Parnemannweg

④③ Sakrower Kirchweg 9

Im Sakrower Kirchweg 9 befindet sich das ehemalige Wohnhaus des Bodenspekulanten Ernst Schütz, das mit seiner reich verstuckten Fassade den städtischen Einfluss auf das dörfliche Bauen um 1900 erkennen lässt. Hinter dem Haus liegt ein rundes Taubenhaus mit Abortablage.

▸ Bus X34, 134, 234 bis Parnemannweg

④④ Kossätenhaus

Das kleine Kossätenhaus am Sakrower Kirchweg wurde um 1800 errichtet und war damals von zwei Kleinbauernfamilien, auch Kossäten genannt, bewohnt, die sich eine gemeinsame, heute noch erhaltene Schwarze Küche – eine Kochstelle im Zentrum des Hauses mit einem nach oben offenen Schlot für den Rauchabzug – teilten. Dieses älteste Haus Kladows steht heute unter Denkmalschutz; das ursprüngliche Reetdach wurde durch Wellblech ersetzt.

Direkt hinter dem Gebäude liegt der Skulpturengarten des 2012 verstorbenen Berliner Bildhauers Volkmar Haase, der hier ab 1965 seine Werkstatt hatte.

▸ Sakrower Kirchweg 6/8; Bus X34, 134, 234 bis Parnemannweg

④⑤ Dorfkirche Kladow

Die Kladower Dorfkirche wurde im frühen 18. Jahrhundert als rechteckige Saalkirche errichtet, wobei die Umfassungsmauern einer abgebrannten Kirche aus dem 14. oder 15. Jahrhundert verwendet wurden. Nach einem Brand im Jahr 1818 erfolgte eine Erneuerung im neogotischen Stil. In diesem Rahmen erhielt der wiederaufgebaute Turm eine Haube mit Turmkugel und Turmkreuz. Ihr heutiges Aussehen erhielt die heute denkmalgeschützte Kirche durch einen Umbau 1952/1953.

Die Dorfkirche steht im Zentrum Kladows, das als typisches deutsches Breitgassendorf mit einer breiten Gasse angelegt wurde, die von Gutshöfen gesäumt wird. Kladow entstand während der askanischen Frühkolonisation im späten 12. bis frühen 13. Jahrhundert; 1267 wurde der Ort unter dem Namen Cladow erstmals urkundlich erwähnt.

▸ www.ev-dorfkirche-kladow.de; Kladower Damm 369; Bus X34, 134, 135, 234, bis Alt-Kladow

46 Haus Alt-Kladow 21/23

Das Haus in Alt-Kladow 21/23 sowie der schräg gegenüberliegende Hof neben der Kirche gehörten den sogenannten Hüfnern, den besser gestellten Bauern des Dorfes, die auf der Anhöhe rund um die Kirche wohnten. Das Haus ist mit einer 1908 neu gestalteten Jugendstilfassade ausgeschmückt. Der Stall wurde 1930 zur sich noch heute dort befindenden Gaststätte »Zum Dorfkrug« umgebaut. Der Hof war einst im Besitz des Bauern Friedrich Parnemann und ist der letzte Dreiseithof in Kladow, der, von Wellblech verdeckt, noch eine der letzten Fachwerkscheunen des Ortes umfasst.

▸ Alt-Kladow 21/23; Bus X34, 134, 135, 234 bis Alt-Kladow

47 Alte Dorfschule und Küsterei

Die alte Dorfschule und Küsterei liegen direkt gegenüber der Kirche und wurden 1876 errichtet. 1902 wurde die Schule durch den benachbarten Nachfolgebau ersetzt. 1906 und 1933 erfolgten Umbauten; heute befinden sich in der ehemaligen Schule die Stadtbücherei Kladow sowie mehrere Veranstaltungsräume.

▸ Sakrower Landstr. 2; Bus X34, 134, 135, 234 bis Alt-Kladow

48 Ehemaliger Hof Marzahns

Das ehemalige Bauernwohnhaus am Kladower Damm 387 wurde 1880 von Friedrich Carl Marzahn errichtet. Es verfügt über eine spätklassizistische Stuckfassade und eine noch vollständig erhaltene Räucherkammer im Dachgeschoss. 1940 wurde der Hof von der Stadt Berlin erworben. Nach dem Tod seiner letzten Bewohnerin 1992, die ein Dauerwohnrecht hatte, stand er zunächst leer. Ab 2001 wurde hier ein Bürgerhaus, das Haus Kladower Forum, eingerichtet, dessen gleichnamiger gemeinnütziger Verein das Gebäude umfassend sanierte und restaurierte und heute (kulturelle) Veranstaltungen und Arbeitskreise organisiert.

Hinter dem Haus befindet sich das Gemeindezentrum der evangelischen Kirche, das 1974 fertiggestellt wurde. Es ist ein Bau im Stil der Berliner Scharoun-Schule von Stephan Heise.

▸ www.kladower-forum.de; Kladower Damm 387; Bus X34, 134, 135, 234 bis Alt-Kladow

49 Alt-Kladow

In den niedrigen Häusern an der Straße Alt-Kladow lebten einst die dörflichen Unterschichten, wie die Büdner (Alt-Kladow 1) und Hirten (Alt-Kladow 3/5). In der Straße befand sich auch die Ablage des Dorfes, d. h. der Ort, an dem über den Fluss transportiertes Material gelagert oder das Vieh zur Tränke getrieben werden konnte.

▸ Bus X34, 134, 135, 234 bis Alt-Kladow

50 Gutshaus Neukladow

Das Gutshaus Neukladow liegt eingebettet in einen Landschaftspark nordöstlich des Dorfkerns auf einer Anhöhe oberhalb der Havel. Das im Stil der Gilly-Schule errichtete Herrenhaus befindet sich auf der sogenannten Insel, einer Düne, die einst von einem mittlerweile verlandeten Arm der Havel eingefasst wurde. Der Potsdamer Kabinettsrat Anastasius Ludwig Mencken hatte 1799 das Lehnschulzengut Kladow übernommen und dort ein Guts- und Verwaltungshaus errichtet. Nachdem Mencken jedoch schon 1801 verstarb, wurde das Gut von seinen Erben verkauft, woraufhin es mehrfach den Besitzer wechselte. 1887 erwarb Robert Guthmann das Anwesen mit spekulativer Absicht. Sein Plan, den weitläufigen Park zu parzellieren und die neuen Grundstücke mit Landhausvillen gewinnbringend an Berliner Großbürger zu veräußern, scheiterte jedoch nicht zuletzt an der schlechten Verkehrsanbindung des Dorfes an Berlin.

1909 überließ Guthmann das Gutshaus seinem Sohn Johannes. Dieser ließ es durch den Architekten Paul Schultze-Naumburg umbauen und machte es nicht zuletzt durch seine bedeutende Kunstsammlung zu einem Ort gesellschaftlicher Zusammenkünfte. Schultze-Naumburg fügte eine runde Veranda zur Havel an das Gebäude an und errichtete im Eingangsbereich zwei halbkreisförmige Torhäuser in Anlehnung an den Neoklassizismus. Namhafte Bekannte von Guthmann betätigten sich ebenfalls beim Umbau: Die luxuriöse Innenausstattung gestaltete der Architekt Alfred Grenander und die Innenwände der Loggia wurden von Max Slevogt ausgemalt. Der

Park Neukladow

Bildhauer August Gaul schuf verschiedene Tierplastiken für den Park; einige Steilhänge wurden vom Gartenarchitekten und Staudenzüchter Karl Förster mit Blumenkaskaden ausgestaltet.

1921 wurde Johannes Guthmann allerdings das zugesprochene lebenslange Wohnrecht von seinem Vater wieder entzogen; 1928 ging das Gut in den Besitz der Stadt Berlin über. Im Rahmen des Ausbaus Kladows zum nationalsozialistischen Stützpunkt wurden 1936 im Park Wehrmachtbaracken errichtet. Nach dem Krieg wurden das Herrenhaus und die Baracken von der Arbeiterwohlfahrt bis 1993 als Erholungsheim genutzt, danach wurden die Baracken abgerissen. Seit 2006 wird das Anwesen nach längerem Leerstand wieder für kulturelle öffentliche Veranstaltungen genutzt. Die gemeinnützige Stiftung Gutspark Neukladow engagiert sich für eine denkmalgerechte Sanierung; sie unterhält auch das Kulturpark Café im Gutshaus.

▸ www.gutspark-neukladow.de; Neukladower Allee 12; Bus X34,134 bis Neu-kladower Allee

Reinickendorf: **Fläche:** 10,5 km², **Einwohnerzahl:** 77 906
Tegel: **Fläche:** 33,7 km², **Einwohnerzahl:** 34 507
Borsigwalde: **Fläche:** 2,0 km², **Einwohnerzahl:** 6 447
Konradshöhe: **Fläche:** 2,2 km², **Einwohnerzahl:** 5 988
Heiligensee: **Fläche:** 10,7 km², **Einwohnerzahl:** 17 784
Frohnau: **Fläche:** 7,8 km², **Einwohnerzahl:** 16 695
Märkisches Viertel: **Fläche:** 3,2 km², **Einwohnerzahl:** 37 138
Lübars: **Fläche:** 5,0 km², **Einwohnerzahl:** 4 800
Hermsdorf: **Fläche:** 6,1 km², **Einwohnerzahl:** 16 213

Reinickendorf

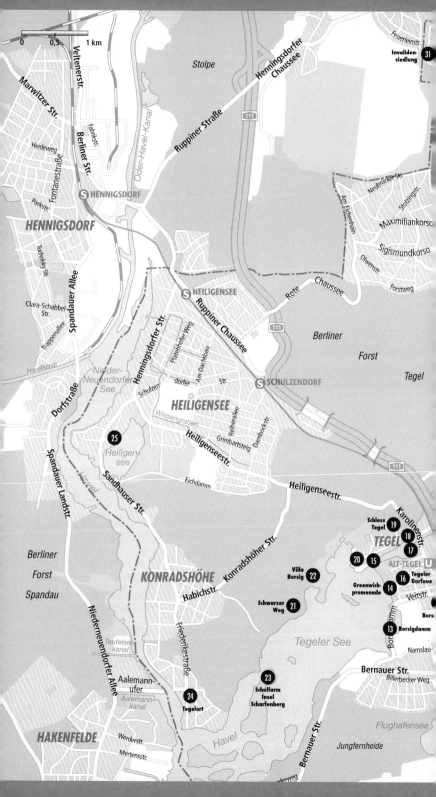

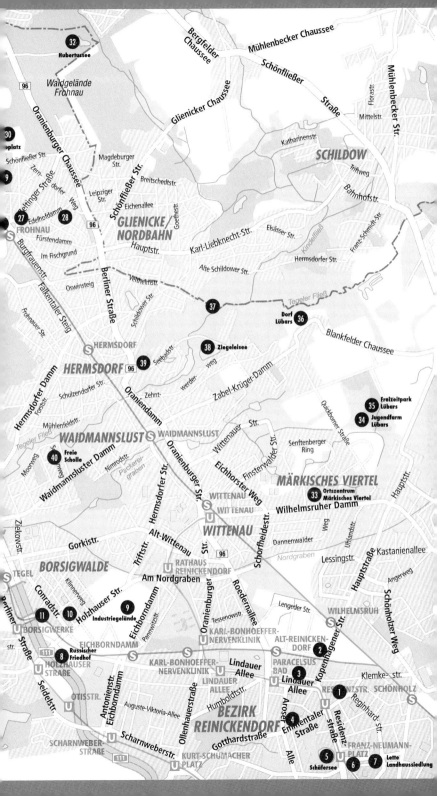

Reinickendorf-Ost

❶ Paddenpuhl

Der Paddenpuhl, offiziell Breitkopfbecken benannt, ist eine Grünanlage, die 1928 nach Plänen des damaligen Stadtgartendirektors Erwin Barth angelegt wurde. Im Zentrum der regelmäßig und axial aufgebauten Anlage liegt ein tropfenförmiger, tiefer Teich, der als Sammelbecken für Regenwasser dient.

Nördlich des Teiches befindet sich die Paddenpuhl-Siedlung, die 1927–1937 mit mehr als 500 Wohnungen sowie in dreigeschossiger Ausführung entstanden ist. Als zwischen 1925 und 1930 die Bevölkerung der Gemeinde Reinickendorf um etwa 23 000 Menschen anwuchs und dringend Wohnraum benötigt wurde, begann der Architekt Fritz Meyer im Auftrag der städtischen »Gemeinnützigen Heimstättengesellschaft Primus mbH« mit der Ausführung der Siedlung Paddenpuhl zu beiden Seiten der Klemkestraße. Stilistisch orientierte er sich dabei an der expressionistischen Formensprache, die so in ihrer Form in Berlin Besonderheitscharakter genießt. Nachdem Meyer die ersten 20 Häuser allein entworfen hatte, beteiligten sich ab 1930 die Architekten Josef Scherer und Erich Diekmann bei den Entwürfen. Es entstanden Häuser, deren Fenster mehrfarbig abgesetzt sind; die Hausecken und Einfassungen der Loggien wurden mit ihren gezackten Bögen und kleinen bunten Säulen in Kontrast zu den massigen Erkern gesetzt.

▸ Klemkestr. 9–50; U-Bahn: Residenzstraße, S-Bahn: Schönholz

❷ Ehemalige Argus-Motoren-Gesellschaft

Die Argus-Motoren-Gesellschaft, ein 1909 von Henri Jeannin gegründetes Herstellerunternehmen für Automobile sowie Stationär- und Bootsmotoren, umfasste einst das gesamte Gelände von der Ecke Flottenstraße/Kopenhagener Straße bis zum S-Bahnhof Wilhelmsruh. 1909 übernahm das Unternehmen die auf dem Gelände stehenden Werkstätten der Maschinenfabrik Leopold Ziegler von 1902 und ergänzte sie durch mehrere Neubauten. Unter den Nationalsozialisten zählte die Firma ab 1934 zu einer der größten Produktionsfirmen für die Luftwaffe. Das Firmengebiet umfasste längs der Flottenstraße 28–42 eine Reihe von Betriebsgebäuden, deren Pförtnerhaus an der Ecke zur Kopenhagener Straße sowie den daran anschließenden, bis zum Industriegleis reichenden Hallenkomplex. Auch die frühere Werkskantine entlang der Kopenhagener Straße, der dahinterliegende winkelförmige Bau, bestehend aus dem ehemaligen Laborgebäude und

Hallen für Rohrlager und Warenannahme, sowie der lang gestreckte Industriebau der früheren Mechanischen Werkstatt nördlich der Industriebahn gehörten zum Firmengelände. Auf dem Areal Flottenstraße 61 standen darüber hinaus ein Barackenlager für Zwangsarbeiter und ein Bunker. Während der innerdeutschen Teilung bildete die Kopenhagener Straße eine der vielen Sackgassen vor der Mauer; nach der Wende wurde das Gebiet aber wieder für den Verkehr geöffnet. Heute sind in dem denkmalgeschützten Industriekomplex immer noch zahlreiche Werkstätten und Firmen beheimatet, viele darunter aus der Automobilbranche.

▸ Flottenstr. 28–42/Kopenhagener Str. 35–57; S-Bahn: Wilhelmsruh

❸ Dorfaue Reinickendorf

An der Straße Alt-Reinickendorf liegt die Dorfaue des ehemaligen Bauerndorfes, die einige alte Bauten umfasst. So beispielsweise die Dorfkirche Reinickendorf, die im 15. Jahrhundert aus unverputzten Feldsteinen erbaut wurde. Der quadratische Glockenturm an der

Dorfkirche Reinickendorf

Westseite wurde erst Anfang des 18. Jahrhunderts ergänzt; die heutige Ausgestaltung des Kircheninneren geht auf eine Restaurierung um 1936 zurück. Unmittelbar neben der Kirche sind noch drei alte, teils durch Efeu versteckte und mit schmiedeeisernen Kreuzen geschmückte Grabstellen des früheren Friedhofs erhalten.

In Alt-Reinickendorf 35, 36/37 und 38 stehen noch einige ehemalige, heute modernisierte Bauernhäuser. Der Bau mit der Hausnummer 38 war früher das Rathaus von Reinickendorf; es wurde 1885 errichtet und 1896 aufgestockt. Noch Anfang der 1950er-Jahre wurden hier die Amtsgeschäfte des großflächigen Bezirks geführt; als später größere Räumlichkeiten benötigt wurden, bezog man das prachtvolle Rathaus des Ortsteils Wittenau.

Am Ostrand der Dorfaue liegt entlang dem Luisen- und Freiheitsweg eine an englische Gartenstädte angelehnte Kleinhaussiedlung. 1919/1920 wurde sie aus standardisierten Bauteilen errichtet, ist aber mittlerweile größtenteils durch moderne Anbauten stark verändert worden.

▸ Alt-Reinickendorf 30–45; U-Bahn: Paracelsus-Bad

④ Weiße Stadt

Die Reform-Wohnsiedlung »Weiße Stadt« – offiziell Siedlung Schillerpromenade benannt – wurde 1929–1931 im Auftrag der »Gemeinnützigen Heimstättengesellschaft Primus mbH« südlich der Reinickendorfer Dorfaue errichtet. Schon vor dem Ersten Weltkrieg begannen erste Planungen, sodass das Straßennetz der Siedlung 1914 fertiggestellt werden konnte. Ein abschließendes städtebauliches Konzept wurde jedoch erst nach der Einwilligung der Stadt 1928 für die Bauausstellung 1931 entwickelt. Die Entwürfe dafür stellten die Architekten Bruno Ahrends, Wilhelm Büning und Otto Rudolf, der Stadtbaurat Martin Wagner wählte aus diesen die zur Verwirklichung am besten geeigneten aus. Für die Gestaltung der Gartenanlagen konnte Ludwig Lesser, Präsident der Deutschen Gartenbau-Gesellschaft, gewonnen werden. So entstanden östlich der Aroser Allee 1 286 Wohnungen in drei- bis fünfgeschossiger Rand- und Zeilenbauweise. Das Erscheinungsbild wird durch Anleihen an die Neue Sachlichkeit geprägt: Einfachheit und Funktionalität dominieren, aufgelockert durch die farbenfrohen Türen und Fensterrahmen vor weißen, glatten Fassaden, die der Stadt ihren Namen geben. Die Wohnungen waren im Durchschnitt 50 m2 groß und besaßen Bad, WC, Loggia und Zentralheizung. Das Ziel der Baugesellschaft und der Sozialreformer im Magistrat, Wohnraum für ärmere Volksschichten bereitzustellen, misslang allerdings: Mit 78 Mark Monatsmiete waren diese Wohnungen reichlich teuer und nur für Angestellte, Beamte u. Ä. erschwinglich.

Zu den markantesten Bauten der Siedlung gehört das massige fünfgeschossige Brückenhaus, das sich wie ein Eingang zur Wohnsiedlung über die Aroser Allee spannt. Das Laubenganghaus wurde von Rudolf Salvisberg als Stahlskelettbau entworfen und war der Versuch zur Schaffung eines neuen Haustyps; durch die langen Laubengänge konnten erstmals bis zu fünf Wohnungen an einem Treppenhaus liegen. Das Brückenhaus wurde damit zum Synonym für modernes Wohnen in Reinickendorf. Seit 2008 gehört die Weiße Stadt als eine von sechs »Siedlungen der Berliner Moderne« zum UNESCO-Welterbe.

▸ Schillerring/Aroser Allee; U-Bahn: Residenzstr.

⑤ Schäfersee

Der Schäfersee ist ein 4,5 ha großes Gewässer mit einer Tiefe von 7 m zwischen Aroser Allee und Residenzstraße. Seinen Namen erhielt er nach einer ehemaligen, dort in der Nähe angesiedelten Schäferei aus dem 18. Jahrhundert. Um den See herum liegt der 1922–1928 angelegte Schäferseepark, der nach Plänen des damaligen Reinickendorfer Gartenoberinspektors Karl Löwenberg gestaltet wurde. Heute befinden sich hier ein Café, ein Bootsverleih sowie ein Minigolfplatz; im Westen schließt sich eine Kleingartenanlage an. Als Gartendenkmal steht der Park unter Denkmalschutz.

▸ Am Schäfersee; U-Bahn: Franz-Neumann-Platz

⑥ U-Bahnhof Franz-Neumann-Platz

Der 1987 eröffnete U-Bahnhof Franz-Neumann-Platz wurde nach Plänen des Architekten Rainer G. Rümmler erbaut, der den Bahnsteig in erdfarbenen Tönen ausgestaltete und die Wände mit farbenfrohen Vögeln schmückte. Wenn es nach den Anwohnern gegangen wäre, hätte der neue U-Bahnhof damals eigentlich nach dem benachbarten Gewässer »Schäfersee« benannt werden sollen. Allerdings regierte während des U-Bahn-Baus die SPD, die den Bahnhof nach einer SPD-Persönlichkeit aus der Nachkriegszeit benannte: Franz Neumann, Parteivorsitzender 1946–1963, der sich gegen die Zwangsvereinigung der West-Berliner Parteiverbände mit der KPD eingesetzt hatte.

In unmittelbarer Nähe des U-Bahnhofs steht an der Residenzstraße 109 noch ein altes eingeschossiges Büdnerhaus. Im

18. Jahrhundert war die ganze Straße von Büdnerhäusern mit ihren rückwertig liegenden Stallungen gesäumt. Dieses wurde nach einem Brand wieder rekonstruiert und beherbergt heute unter anderem eine Gaststätte.

> ▸ U-Bahn: Franz-Neumann-Platz

❼ Lette-Landhaussiedlung

Die relativ unbekannte Lette-Landhaussiedlung entstand nach englischem Vorbild ab den 1870er-Jahren rund um die Letteallee. Noch heute sind hier die kleinen farbigen Häuser mit ihren winzigen Vorgärten hinter hübschen Zäunen zu finden. Nach der Umwandlung des weitläufigen Bauernlandes wurden damals vereinzelte Wohnsiedlungen angelegt, unter anderem an der Residenzstraße, der Scharnweberstraße und an der Letteallee. Das Ensemble in der Pankower Allee (die »Große Lettekolonie«, von der heute noch die Hausnummern 12–14 sowie 38–40 erhalten sind) und weiter südlich davon in der Aegir-, Gesellschafts- und Neptunstraße (die »Kleine Lettekolonie«) erzeugte ein geschlossenes Bild, das sich heute noch durch die erhaltenen Restbauten erahnen lässt.

1872 fing man an, die Feldmark städtisch zu bebauen. Die vormals landwirtschaftlich genutzten Felder entwickelten sich zu Spekulationsobjekten, woraufhin zunächst die Entstehung vereinzelter Landhaus- und später auch dicht bebauter Wohnsiedlungen folgte. Ab 1900 war der Bezirk Reinickendorf immer noch von zerstreuten Dörfern geprägt, die sich platzmäßig ausdehnten, aber nicht zusammenwuchsen. Straßenpflaster, wie sie hier in der kleinen Siedlung, die heute ein Kleinod im zerklüfteten Bezirk ist, angelegt wurden, blieben eine Ausnahme.

> ▸ Pankower Allee/Gesellschafts-/Aegir- und Neptunstr.; U-Bahn: Franz-Neumann-Platz

Tegel

❽ Russischer Friedhof

Der Russische Friedhof wurde 1893 von russischen Auswanderern angelegt und diente im Laufe der Jahre als Begräbnisstätte für zahlreiche Exilrussen. Auf dem Friedhof steht eine von blauen Zwiebeln bekrönte Kapelle. 1893/1994 wurde sie nach Plänen des deutschen

Architekten Albert Bohm als verkleinerte Kopie der Basilius-Kathedrale am Kreml in Moskau errichtet und den Heiligen Konstantin und Helena geweiht. Samstags und sonntags feiert hier die russisch-orthodoxe Gemeinde ihre Gottesdienste.

Der Friedhof umfasst viele Grabstätten von Persönlichkeiten aus Politik, Wirtschaft und Kunst, darunter beispielsweise Wladimir Dmitriewitsch Nabokov, russischer Jurist, Diplomat und Publizist sowie Vater des Schriftstellers Vladimir Nabokov. Die Verstorbenen sind gemäß der Tradition mit dem Kopf nach Osten beigesetzt. Damit sie in heimatlichem Boden beerdigt werden konnten, hatte Zar Alexander III. im späten 19. Jahrhundert 4 000 Tonnen russische Erde in Eisenbahnwaggons nach Berlin befördert, mit der der frühere Acker aufgeschüttet wurde.

Seit 1943 befinden sich an der westlichen Friedhofsmauer einige Sammelgräber, in denen an Seuchen gestorbene oder verhungerte Kinder von sowjetischen Zwangsarbeitern der umliegenden ehemaligen Rüstungsbetriebe beerdigt wurden.

▸ www.ruskirche.de; Wittestr. 37; U-Bahn: Holzhauser Str.

9 Industriegelände

Die Betriebe des Industriegeländes, das sich zwischen dem Eichborndamm und der Holzhauser Straße erstreckt, dienten im »Dritten Reich« der Produktion von Kriegsrüstung. Bereits im Ersten Weltkrieg hatten sie zu den größten deutschen Rüstungsbetrieben gezählt. Die Gebäude wurden in einem sich dort im Laufe der Zeit eigenständig entwickelnden Architekturstil errichtet, der die märkische Backsteingotik mit der preußischen Ziegelbautradition nach Karl Friedrich Schinkel kombinierte.

Im Werk an der Breitenbacher Straße 36 wurden ab 1920 zunächst Maschinen und Waggons gebaut. 1937 fingen die staatlichen »Altmärkischen Kettenwerke« (Alkett) an, dort Panzer zu produzieren. An der Ecke Miraustraße liegen die Werke der ehemaligen »Waggon-Union«, von der auch die Berliner U-Bahnen eingerichtet wurden. Bei seiner Gründung 1889 hieß dieses Werk »Deutsche Waffen- und Munitionsfabriken« (DWM), während des Ersten Weltkrieges wurden hier Gewehre für Heer und Marine hergestellt; in der Zeit zwischen den Weltkriegen produzierte es Fahrräder und Schreibmaschinen. Nach dieser weniger gewinnbringenden Phase konnten dann ab 1940 mit erneuter Kriegsproduktion wieder größere Erträge erwirtschaftet werden, sodass das Werk auch in der Fläche expandierte. Nach 1945

Gebäude der ehemaligen »Deutsche Waffen- und Munitionsfabriken«

erfolgte eine Namensumdeutung – das »W« im Firmennamen wurde zu »Waggon«, das »M« zu »Maschinen«. Nachdem in den 1960er-Jahren noch Bahnwagen produziert wurden, erfolgte 1970 die Schließung des Werkes. Die Anlagen wurden von der »DWM Copeland« und anderen Betrieben aus der Metallverarbeitung übernommen.

Die ehemaligen Produktionsstätten stehen heute als Gesamtanlage unter Denkmalschutz. Seit einigen Jahren werden sie nach und nach saniert und zum Standort für mittelständische Unternehmen und Einzelhandel ausgebaut.

In dem weitläufigen Bau am Eichborndamm 179 wurde nach dem Krieg der Sitz der »Deutschen Dienststelle für die Benachrichtigung der nächsten Angehörigen von Gefallenen der ehemaligen deutschen Wehrmacht« eingerichtet. Sie verwaltet das Schriftgut der Waffen-SS, der Wehrmacht und weiterer militärischer Einrichtungen des »Dritten

Reiches«, damit noch 100 000 Vermisstenfälle aus dem Ersten und 1,3 Millionen aus dem Zweiten Weltkrieg bearbeitet werden können. Mittlerweile ist die Dienststelle aber auch für den umstrittenen »Nachweis über die deutsche Staats- bzw. Volkszugehörigkeit« für Übersiedler und Heimatvertriebe zuständig.

▸ Eichborndamm (179)/Holzhauser Str./Miraustr.; U-Bahn: Rathaus Reinickendorf, S-Bahn: Eichborndamm

⑩ Borsigwalde – Arbeiterwohnhäuser

Der Ursprung des Stadtteils Borsigwalde geht auf die Firma Borsig zurück, die Ende des 19. Jahrhunderts ihre Produktion von Berlin-Mitte, damals die Oranienburger Vorstadt, nach Tegel verlegte. So entstanden hier 1898–1900 die Borsig Werksanlagen, die in mehreren Etappen nach Plänen der Architekten Konrad Reimer und Friedrich Körte errichtet wurden. An der Räuschstraße, im Bereich zwischen der Holzhauser und Ernststraße, wurden 1899/1900 die ersten Häuser für die Belegschaft des Konzerns errichtet. Die zwei- bis dreigeschossigen, im Stil der Backsteingotik errichteten Arbeiterwohnhäuser sind heute komplett erhalten und stehen als Teil des gesamten Straßenzugs an der Räuschstraße unter Denkmalschutz.

Während noch 1836 August Borsig im Alter von 32 Jahren in einem Verschlag in der Invalidenstraße seine erste Dampfmaschine zusammengebaut hatte, wurde vier Jahre nach seinem Tod 1858 die 1 000. Lokomotive hergestellt und mit dem mehrtägigen »Fest der preußischen Industrie« gefeiert. 1874 hatte sich Borsig zum europaweit größten Lokomotivproduzenten entwickelt. Im Laufe der Zeit gab es zahlreiche Fusionen, Neugründungen und Abspaltungen von Tochterfirmen. Heute sind noch etwa acht Subunternehmen des ursprünglichen Unternehmens Borsig verblieben, einige produzieren noch in Berlin Tegel.

▸ Räuschstr.; U-Bahn: Holzhauser Str.

⑪ Ehemaliges Sauerstoffwerk

Am Jacobsenweg 55–57 auf dem ehemaligen Gelände der »Gesellschaft für Lindes Eismaschinen AG« steht der Bau des einstigen Sauerstoffwerkes des Unternehmens. Es wurde in mehreren Bauphasen 1911–1938 nach Plänen von Ernst Ziesel errichtet und produzierte bis 1986 flüssigen Sauerstoff. Dieser wurde noch 1931 von einem Studenten in Kannen für Hermann Oberth abgeholt, der damit auf dem benachbarten Schießplatz Tegel, dem heutigen Flughafen, seine Raketenexperimente durchführte. Im Zweiten Weltkriege wurde der flüssige Sauerstoff als Treibstoff für Waffen nach Peenemünde geliefert. Heute beherbergen die alten, unter Denkmalschutz stehenden Hallen mehrere Kleinbetriebe.

Direkt daneben, am Jacobsenweg 61, liegt das ehemalige Böhmische Brauhaus, ein Wohnhaus mit Eiskeller und Lagerhalle. 1908/1909 wurde es nach Plänen des Architekten Ernst Sembritzki für die »Böhmische Brauhaus Kommanditgesellschaft auf Aktie« errichtet.

▸ Jacobsenweg 55–61; U-Bahn: Borsigwerke

⑫ Borsigturm

Der Borsigturm, auch Borsig-Hochhaus genannt, ist heute das Wahrzeichen der ab 1898 erbauten Borsigwerke, deren Gelände sich westlich der Berliner Straße befindet. Der 65 m hohe Turm wurde 1922–1924 nach Plänen von Eugen Schmohl in Anlehnung an amerikanische Turmbauten mit expressionistischen Formelementen als eines der ersten Berliner Hochhäuser errichtet. Die Enkel Borsigs hatten den Bau in Auftrag gegeben, um dort ihre Verwaltungszentrale einzurichten. Schmohl konzipierte einen Stahlskelettbau auf einer Grundfläche von 20 m × 16 m, dessen Fassaden aus Backstein gemauert sind. Heute ist der Turm nur noch eines von wenigen Relikten aus der einstigen Industrieepoche. Er wurde in den 1970er-Jahren renoviert und dient heute als Bürogebäude.

Ebenfalls ein markantes Erkennungszeichen des Betriebsgeländes von Borsig ist das 1898 nach Plänen der Architekten Konrad Reimer und Friedrich Körte fertiggestellte und heute denkmalgeschützte Werkstor. Es wurde mit massigen Rundtürmen aus Backstein und einem zinnenbekrönten Torbogen konzipiert und steht unmittelbar am U-Bahnhof Borsigwerke.

Ganz in der Nähe der U-Bahnstation und in direkter Nachbarschaft zum Borsigturm sind in den unter Denkmalschutz stehenden Borsig-Werkhallen ein neuer Gewerbepark mit mittelständischen Dienstleistungsunternehmen, ein Gründerzentrum und die »Hallen am Borsigturm« entstanden. Bei Letzteren handelt es sich um ein nach Plänen des Architekten Claude Vasconi gestaltetes weitläufiges Einkaufszentrum mit 120 Geschäften und Einrichtungen, das auch ein Kino beherbergt.

▸ Am Borsigturm 2; U-Bahn: Borsigwerke

13 Borsigdamm

Der Borsigdamm wird aus zwei mit Trümmerschutt aufgeschütteten Halbinseln gebildet, die den Borsighafen vom Tegeler See abtrennen. 1901–1922 befand sich hier das »Seebad Ostende für Damen und Herren«. Nach der Teilung Berlins hielt der ADAC hier auf dem See seine Motorbootrennen ab. 2007 wurde der Borsighafen für Schwerlastschiffe ausgebaut.

▸ U-Bahn: Borsigwerke, S-Bahn: Tegel

14 Greenwichpromenade

Die Greenwichpromenade wurde 1909–1911 als Strandpromenade entlang des Tegeler-See-Ufers durch Aufschüttungen angelegt. Noch heute ist sie eines der beliebtesten und traditionsreichsten Ausflugsziele in Berlin. An der Promenade befinden sich unter Platanenbäumen unzählige Bänke und Cafés, an den Seeterrrassen kann man Tret- und Motorboote ausleihen. Zudem liegt hier eine Dampferanlegestelle, von der aus zahlreiche Rundfahrten – manche bis zum Wannsee – starten. Neben dem Namen der Uferpromenade erinnern auch die Briefkästen, die an der Promenade aufgestellten Kanonen und das am Ende stehende rote Telefonhäuschen an die englische Partnerstadt Reinickendorfs.

▸ U-Bahn: Alt-Tegel

15 Sechserbrücke

Die heute denkmalgeschützte Sechserbrücke liegt am Ende der Greenwichpromenade und führt über den Verbindungskanal des Tegeler Hafens. Sie wurde 1909 als 91 m lange stählerne Fachwerkbogenbrücke errichtet und heißt offiziell Tegeler Hafenbrücke. Der heutige Name geht zurück auf die Zeit, als man für das Betreten der Brücke an den auf beiden Seiten gelegenen steinernen Kassenhäuschen einen »Sechser«, ein Fünfpfennigstück, zahlen musste.

▸ Greenwichpromenade; U-Bahn: Alt-Tegel

16 Tegeler Dorfaue

Die Tegeler Dorfaue wurde erstmals 1361 urkundlich erwähnt. Damals wurde die Dorfkirche von acht Bauernhöfen umgeben. Aufgrund des sandigen Bodens blieb das um 1240 gegründete platzartige Sackgassendorf Tegel über Jahrhunderte klein und arm; erst nach einem Großfeuer 1835 kam es im Rahmen der Wiederaufarbeiten zum

Bauboom und schließlich zur Verstädterung. Heute ist um den ehemaligen Dorfanger fast nichts mehr in seinem Originalzustand erhalten, nur durch neuere Rekonstruktionen erhielt er seinen heute leicht dörflichen Charakter. Einige alte Häuser zeugen noch von der Zeit, als Tegel Mitte des 19. Jahrhunderts von den Berlinern als Ausflugsziel entdeckt wurde: Alt-Tegel 9 (um 1879), 35 und 37 (zwei ehemalige Schulhäuser aus der Mitte des 19. Jahrhunderts) sowie 51 (mit der Inschrift »1835«). 1976 entstand hier die erste Berliner Fußgängerzone.

Die Dorfkirche Tegel wurde 1911/1912 nach Plänen von Jürgen Kröger in neoromanischen Formen an der Stelle mehrerer Vorgängerbauten errichtet. Kröger entwarf ein dreischiffiges Langhaus mit einem querrechteckigen Westturm. Der Mauerwerksbau ist verputzt und wird durch Schmuckelemente aus Sandstein gegliedert. Neben der Kirche befindet sich der alte Kirchhof, der im 15. Jahrhundert angelegt und 1874 geschlossen wurde. Er umfasst noch einige alte Gräber, darunter das Grabmal von Wilhelmine Anne Susanne von Holwede, der Tante von Wilhelm und Alexander von Humboldt.

▸ www.ev-kirche-alt-tegel.de; Alt-Tegel; U-Bahn: Alt-Tegel

🔟 Tegeler Hafen

Die heutige moderne Erscheinung des Tegeler Hafens geht auf die neue Bebauung anlässlich der Internationalen Bauausstellung (IBA) 1987 zurück. Bürgerinitiativen aus der Umgebung hatten sich zunächst gegen das Projekt gewehrt, da viele Kinderspielplätze und Kleingärten verschwinden sollten. Man konnte sich jedoch auf Kompromisse einigen und die Bürger anschließend sogar für die aktive Mitarbeit gewinnen. Die städtebaulichen Rahmenentwürfe lieferte ein Architektenteam um den aus Kalifornien stammenden Charles Moore, das hier ein Ensemble aus Wohnungen, Kultur- und Freizeiteinrichtungen, orientiert an den kalifornischen »Sunshine cities« sowie an antiken Stadtgrundrissen, entwarf. So entstanden bunt gestaltete Stadtvillen, Einzelhäuser und wellenförmig abgestufte Reihenbebauungen um den Hafen herum sowie eine künstlich angelegte Insel im Hafenbecken – frei zugänglich und ebenfalls mit Stadthäusern bebaut.

1989 wurde am Kopfende des Hafens die Humboldt-Bibliothek eröffnet. Das lang gestreckte Gebäude im klassizistischen Stil wurde 1984–1987 nach Plänen von Charles Moore errichtet. Im Inneren der dreischiffigen Halle mit zentraler Rotunde befinden sich über zwei Etagen eingebaute Bücherwände, die an barocke Klosterbibliotheken erinnern. Ein aufgewölbtes und mit Zink verkleidetes Dach schließt nach oben hin den Bau ab, der neben den Bibliothekssälen auch Räumlichkeiten für Ausstellungen, Lesungen, Konzerte und Preisverleihungen umfasst. Am Flachwasserbecken vor der Bibliothek steht seit 1997 das Humboldt-Denkmal des Berliner Bildhauers Detlef Kraft. Es ist das einzige Denkmal, auf dem die Brüder Wilhelm – Schriftzeichen von einer Stele übertragend – und Alexander – als Weltreisender einen Sextanten einstellend – gemeinsam auf einem Podest stehen.

▸ Bibliothek: Karolinenstr. 19; U-Bahn: Alt-Tegel

18 Humboldt-Mühle

Die Humboldt-Mühle liegt an der Mündung des Tegeler Fließes und wurde 1361 erstmals urkundlich erwähnt. Bis 1810 war sie eine der größten der elf Wassermühlen im Niederbarnim. 1848 wurde sie zur Dampfmühle umgebaut; 1887 ließen die Unternehmer Cohn & Rosenberg die Anlage zu einer leistungsstarken Großmühle ausbauen, die bis 1988 in Betrieb war. Heute befindet sich in den denkmalgeschützten Mühlenbauten ein Hotel. Für die zeitgemäße Nutzung wurden unter Bewahrung der historischen Bausubstanz 1989–1992 das Mühlengebäude (von 1912/1913), der Getreidesilo (von 1939/1940) und das Beamtenwohnhaus (von 1848) restauriert und modernisiert sowie durch Anbauten ergänzt.

▸ An der Mühle 5–9; U-Bahn: Alt-Tegel

19 Schloss Tegel

Die Ursprünge des Tegeler Schlosses gehen auf ein Herrenhaus zurück, das 1558 im Stil der Renaissance für einen Hofsekretär Joachims II. errichtet und später vom Großen Kurfürst Friedrich Wilhelm als Jagdschloss genutzt wurde. 1766 gelangte es nach mehreren Eigentümerwechseln in den Besitz der Familie von Humboldt. Die Brüder Wilhelm und Alexander von Humboldt verbrachten hier auf dem von ihrem Vater übernommenen Anwesen ihre Kindheit. 1820–1824 ließ es Wilhelm, der das Anwesen nach dem Tod seiner Mutter übernommen hatte, als Altersruhesitz ausbauen. Er beauftragte dafür Karl Friedrich Schinkel, der das schon vorhandene Gebäude in einen vierflügeligen, streng gegliederten Gebäudekomplex mit Ecktürmen und hellen, großzügigen Räumen integrierte. Das Gebäude umfasste unter anderem den Antikensaal, den Blauen Salon und das Blaue Turmkabinett, also genug Platz um die Gemälde- und Antikensammlung Wilhelm von Humboldts unterzubringen.

1820 wurde auch der heute unter Denkmalschutz stehende Schlosspark neugestaltet. Dieser war ursprünglich von Gottlob Johann Christian Kluth angelegt worden; die Neugestaltung erfolgte durch Peter Joseph Lenné. Die bereits 1798 angelegte Lindenallee führt vorbei an der rund 400 Jahre alten Wilhelm-von-Humboldt-Eiche zur 1829 nach Plänen von Karl Friedrich Schinkel angelegten Familiengrabstätte der Humboldts mit einer Kopie der Statue der Spes, die 1818 von dem Bildhauer Bertel Thorvaldsen geschaffen wurde. Das Original befindet sich im Blauen Turmkabinett im Schloss.

Heute ist das unter Denkmalschutz stehende Schloss Tegel das letzte märkische Anwesen, das sich noch im Besitz der ursprünglichen Eigentümerfamilie befindet; es kann im Rahmen von Führungen in den Sommermonaten besichtigt werden.

▸ Adelheidallee 19–21; Mai–Sep. montags 10, 11, 15 und 16 Uhr; weitere Informationen unter 030/4 34 31 56; U-Bahn: Alt-Tegel

20 An der Malche

Die Gabrielenstraße, auch von der Greenwichpromenade aus über die Sechserbrücke zu erreichen (vgl. Seite 343), geht in einen Uferweg an der Malche über. Wenn man diesen entlang geht, stößt man bald auf »Den archaischen Engel von Heiligensee«. Die Bronzeskulptur wurde von dem Künstler Siegfried Kühl zum Gedenken an den 100. Geburtstag der Malerin und Collagekünstlerin Hannah Höch geschaffen und 1989 aufgestellt. Höch war in den 1920er-Jahren die bedeutendste, mit Kurt Schwitters und Piet Mondrian befreundete Dada-Künstlerin Berlins. Nachdem sie von den Nationalsozialisten geschmäht wurde, verbrachte sie ab 1939 ihr Leben auf einem Gartengrundstück in Heiligensee, auf dem sie die meisten ihrer Kunstwerke durch die Zeit retten konnte.

Weiter den Uferweg entlang liegt der Freizeitpark Tegel, der mit Bretterburgen, Trampolinen, Sportplätzen und den Wasserbassins vor allem bei Kindern ein beliebter Ausflugsort ist. Das Gelände ist offen zugänglich, wird jedoch nur von Mai bis Oktober 8–17 Uhr betreut. Auch ein Sanitärhaus mit Duschen ist vorhanden.

In wenigen Gehminuten erreicht man von hier den vermutlich ältesten Baum Berlins, der auch als »Dicke Marie« bekannt und ein eingetragenes Naturdenkmal ist. Der momentan 26 m hohe Baum mit einem Umfang von 6,65 m ist vermutlich 900 Jahre alt; 1237 wurde er erstmals urkundlich erwähnt. Der Name stammt angeblich von den Brüdern Alexander und Wilhelm von Humboldt, die ihre

Jugendjahre im benachbarten Schloss Tegel verbrachten, und ist eine Anspielung auf deren wohlbeleibte Köchin.

▸ Uferweg An der Malche; U-Bahn: Alt-Tegel

㉑ Schwarzer Weg

Der Schwarze Weg, von unzähligen Ausflugsstätten, Bootshäusern und Villen gesäumt, führt durch den Tegeler Forst, der sich vor allem mit dem Fahrrad gut erkunden lässt. Die Wege bis in die abgelegenen Seeorte Tegelort, Konradshöhe und Heiligensee bieten hier ständig wechselnde Ausblicke über die Seenlandschaft und den Forst mit seinem alten Baumbestand. Zudem gibt es zahlreiche Trimm-, Lehr- und Wanderpfade sowie Bänke zum Ausruhen und Wildgatter.

Richtung Nord-Osten führt der Schwarze Weg zum »Alten Fritz«, der zu den ältesten Gaststätten Berlins zählt. Er wurde 1752 eröffnet und bietet in dem einfachen, aber geräumigen Haus mit mehreren Stuben – bei schönem Wetter auch im Innenhof – moderne Landhaus-Küche und selbstgebrautes Bier an.

▸ Gaststätte: Karolinenstr. 12; Di–So ab 17 Uhr; U-Bahn: Alt-Tegel, von dort weiter mit Bus 124, 133, 222 bis Heiligenseestr./Ruppiner Chaussee

㉒ Villa Borsig

Die Villa Borsig liegt auf der 12,37 ha großen Halbinsel Reiherwerder und wurde als Sommersitz von Ernst von Borsig und seiner Familie 1911–1913 nach den Plänen von Alfred Salinger und Eugen Schmohl errichtet. Die Architekten lehnten die in barockem Stil entworfene Villa an das Schloss Sanssouci in Potsdam an. Nach dem Zweiten Weltkrieg zog hier die »Deutsche Stiftung für internationale Entwicklung« ein. Seit 2003 beherbergt der Bau ein Gästehaus des Auswärtigen Amtes sowie eine Schulungsstätte für den diplomatischen Dienst der Bundesregierung. Da das Anwesen von einer lang gezogenen Mauer verdeckt und fast nie geöffnet wird, ist die Villa nur vom Boot oder dem gegenüberliegenden Ufer aus zu sehen.

▸ Schwarzer Weg 45; U-Bahn: Alt-Tegel, von dort weiter mit Bus 222 bis Konradshöher Str./Heiligenseestr., danach ca. 10 Min. Fußweg

㉓ Schulfarm Insel Scharfenberg

Die Schulfarm Insel Scharfenberg ist ein Internat auf der Tegeler-See-Insel Scharfenberg. Es wurde im Rahmen des Reformgeistes der

Die Villa Borsig dient als Gästehaus des Bundesaußenministers

Weimarer Republik 1922 von Wilhelm Blume mit dem Ziel gegründet, hier eine unabhängige Schülerschaft mit einer radikaldemokratischen Selbstverwaltung zu entwickeln. Die Nationalsozialisten unterbanden diese Bewegung, nach dem Krieg konnte sie aber wieder weitergeführt werden. Mit den gut ausgestatteten (Kunst-)Werkstätten, kleinen Klassen und ökologischen Projekten ist das Gymnasium äußerst populär; seit einigen Jahren können auch Kinder und Jugendliche außerhalb der Insel die staatliche Ganztagsschule besuchen, die vom Festland über eine Fähre zu erreichen ist.

Die übrigen Inseln des Tegeler Sees, die alle die Endung »-werder« im Namen tragen, sind meistens nur im Sommer bewohnt. Von März bis November freitags bis sonntags und an Feiertagen 9:20–17 Uhr, Mai bis September 7:20–19 Uhr, steuert eine Fähre die kleinen Inseln nacheinander an. Auch Rad- und Wanderwege rund um den Tegeler See werden durch die Fähre verbunden.

Dort, wo die Fähre zur Insel Scharfenberg übersetzt, liegt das Strandbad Tegel. Es wurde 1932 nach der Aufschüttung des 500 m langen Sandstrandes eröffnet und wird seit 1996 von den Berliner Bäder-Betrieben verwaltet. Den Besucher erwarten neben dem von

Kiefernwäldern des Tegeler Forsts eingerahmten Sandstrand auch Rutschen, eine Bade-Insel und einen Sprungturm im Wasserbereich. Ein Spielplatz, Strandkörbe, Duschen und ein Restaurant befinden sich ebenfalls auf dem Gelände.

▸ Schulfarm: Insel Scharfenberg 4; U-Bahn: Alt-Tegel, von dort weiter mit Bus 222 bis Scharfenberg, danach mit der Fähre auf die Insel; Strandbad: www.strandbad-tegel.de; Schwarzer Weg 21; Mai–Sep. 10–19 Uhr; Eintritt 4 €; U-Bahn: Alt-Tegel, von dort weiter mit Bus 133, 222 bis Schulzendorfer Weg

24 Tegelort

Tegelort liegt im Süden des Ortsteils Konradshöhe und wird vom Tegeler Forst im Norden, dem Tegeler See im Süden und Osten sowie der Havel im Westen begrenzt. 1872 wurde die Gemeinde als »Tegelscher Orth Heiligensee« wie der Nachbarort Konradshöhe als Siedlung im Süden Heiligensees angelegt. Er wird von langen Uferwegen eingefasst; auf der gegenüberliegenden Seite kommt die zu Spandau gehörende Badestelle in Sicht. Durch eine öffentliche Autofähre, die über die Havel zum Aalemannufer führt, ist Tegelort mit dem Spandauer Ortsteil Hakensfelde verbunden.

▸ www.b-13505.de; U-Bahn: Alt-Tegel, von dort weiter mit Bus 222 bis Tegelort

25 Heiligensee

Das ehemalige Dorf Heiligensee, heute der westlichste Ortsteil des Berliner Verwaltungsbezirks Reinickendorf, wurde erstmals 1308 erwähnt; seinen Namen erhielt es nach dem einzigen Privatsee Berlins, den ein überbrückter Damm von der Havel abtrennt. Rund um den historischen Dorfanger Heiligensees liegen heute noch die aus dem 15./16. Jahrhundert stammende Dorfkirche, das alte Spritzenhaus, das Amtshaus, die alte Dorfschmiede, ein Wirtshaus von 1869 und zahlreiche Bauern- und Kossätenhäuser (beispielsweise an den Hausnummern 76 und 93). Vor dem Haus Alt-Heiligensee 73–75 ist noch das alte Straßenbahn-Wartehäuschen erhalten geblieben.

Nachdem der Bau einer Straßenbahnanlage von den Berliner Verkehrsbetrieben abgelehnt wurde, bauten die Einwohner Heiligensees 1913 auf eigene Kosten selbst eine solche, zunächst eingleisig, ab 1925 dann zweigleisig bis zum Tegeler Dorfanger. Seit der Fertigstellung der U-Bahn 1958 wird sie durch eine Buslinie ersetzt. Das stillgelegte und heute denkmalgeschützte Straßenbahndepot (Alt-Heiligensee 73–75) wurde 1912/1913 nach Plänen von Peter Behrens und um Auftrag der

AEG errichtet und diente als Werkstatt und Wagenhalle der Straßen-
bahnwagons. 1989–2008 lebten und arbeiteten hier der Bildhauer
Kai Träger und die Künstler Siegfried Kühl, Heinz Sterzenbach und
Ariane Rötz. Seit 2010 befindet sich in dem Bau mit großem Hof, in
dem noch einige alte Straßenbahnschienen liegen, ein Restaurant. In
dem Haus An der Wildbahn 33 lebte 1939–1978 die Malerin und
Collagekünstlerin Hannah Höch (vgl. Seite 346).

> ‣ S-Bahn: Schulzendorf, Heiligensee

Frohnau

26 Ortskern Frohnau

Das Ortszentrum Frohnaus wird durch einen Baukomplex gebildet,
das aus einem Kasino, einem Geschäftshaus und dem S-Bahnhof
Frohnau besteht und vom Ludolfinger- und Zeltinger Platz eingefasst
wird.

Der 30 m hohe Kasinoturm gilt als das Wahrzeichen des Ensembles, auch wenn das Kasino selbst mittlerweile geschlossen wurde. Der
Turm wurde 1909/1910 nach Plänen der Architekten Gustav Hart
und Alfred Lesser erbaut. Unterhalb der Turmspitze befindet sich ein
balkonartiger Umgang, der in einer Höhe von 26,5 m als Aussichtsplattform angelegt ist. Für den Aufstieg liegt an der Südwestseite ein
kleiner Treppenturm, der sich im Halbkreis um den Turmbau fügt.
Das Gebäude war ursprünglich ein Wasserturm, der im Inneren mit
einem Hochdruckbehälter mit 49 m³ Inhalt zur Wasserversorgung
des Bahnhofsgeländes und der angrenzenden Geschäftsgebäude ausgestattet war. Das benachbarte Bahnhofsgebäude wurde 1908–1910
ebenfalls nach einem Entwurf von Gustav Hart und Alfred Lesser
im Jugendstil für die Eisenbahndirektion Berlin errichtet. 1984–1986
erfolgte eine Renovierung.

Der Kasinoturm und das Bahnhofsgebäude sind Teil von Ludwig Lessers Gesamtkonzept für die Gartenstadt Frohnau. 1907 hatte
hier die »Berliner Terrain-Centrale« ein Waldgelände gekauft und
1908–1910 nach großzügiger Rodung eine Siedlung in Anlehnung an
die Ideen der damals entstehenden Gartenstadtbewegung angelegt.
Lesser erarbeitete daher sein Konzept nach englischen Vorbildern, die
Ausgestaltung der Gartenstadt übernahmen die Architekten Joseph
Brix und Felix Genzmer. Das Gelände wurde anschließend parzelliert
und verkauft. Die Straßen wurden dabei in einer Art »organischer«

Ordnung um die Doppelplatzanlage des Ludolfinger- und Zeltinger Platzes angelegt. Vor dem Ersten Weltkrieg wurden allerdings nur wenige Häuser errichtet, der Großteil der Bebauung entstand erst zwischen den beiden Weltkriegen. Die Terraingesellschaft hatte sich zunächst bemüht, wohlhabende Siedler anzulocken, da diese aber bereits mit ihren Villen in Zehlendorf und Grunewald wohnten, siedelten sich in Frohnau zumeist Leute mittleren Einkommens an.

Heute charakterisieren insbesondere Häuser im Landhausstil das Frohnauer Ortsbild, wie beispielsweise die Häusergruppen des Architekten Heinrich Straumer in der Straße An der Buche, einer Querstraße des den Ludolfingerplatz verlassenden Sigismundkorsos. Am Zeltinger Platz 7 befindet sich – entgegen der noch jungen Geschichte des Ortes – ein Haus mit abwechslungsreicher Vergangenheit: 1925 wurde es im Auftrag des Generaldirektors der Versicherung »Deutscher Herold« errichtet. Im »Dritten Reich« richtete hier die NSDAP ihren Ortsgruppensitz ein; nach dem Krieg diente es zunächst als Sitz des sowjetischen, dann des englischen und schließlich ab Herbst 1945 des französischen Ortskommandanten. Letzterer ließ später das Offizierskasino »Centre Bagatelle« einrichten. Mit dem Abzug der Alliierten 1990 ging das Haus unter die Leitung des Kulturamts des Bezirkes, das hier verschiedene Veranstaltungen abhält.

▸ Ludolfingerplatz/Zeltinger Platz; S-Bahn: Frohnau

㉗ Johanneskirche

Die evangelische Johanneskirche wurde 1934–1936 zusammen mit dem Gemeindehaus nach Plänen von Walter und Johannes Krüger errichtet. Die Architektenbrüder konzipierten das Ensemble als Mauerwerksbauten, die schichtweise mit drei Lagen hellbrauner und zwei Lagen dunkelbrauner Klinker verblendet sind. Die Saalkirche mit Vorhalle mit Dreiecksgiebeln und Freitreppe verfügt über einen querrechteckigen Turm, der in seiner Ausführung an romanische Westwerke mittelalterlicher Wehrkirchen erinnert. Der Innenraum ist schlicht gestaltet, die Decke ist durch spitzbogige Binder aus Stahlbeton gegliedert und mit Holz ausgeschmückt. Heute steht die Kirche unter Denkmalschutz und dient regelmäßigen Gottesdiensten und Veranstaltungen.

▸ www.ekg-frohnau.de; Zeltinger Platz 17/18; S-Bahn: Frohnau

28 Buddhistisches Haus

Das Buddhistische Haus wurde 1924 von Paul Dahlke errichtet. Der Berliner Arzt, Homöopath, Philosoph, Sinologe und Indologe hatte den Tempel auf der höchsten Stelle Frohnaus bauen lassen, nachdem er auf Reisen durch Asien zum Buddhismus konvertiert war und dessen Lehre auch in Deutschland bekannt machen wollte. Die Nationalsozialisten ließen das Haus schließen, es wurde Opfer von Plünderungen und Verfall. 1960 erwarb eine buddhistische Gesellschaft aus Sri Lanka das Grundstück und ergänzte den Tempel um einen Bibliotheksraum mit über 2 000 Bänden buddhistischer Literatur in mehreren Sprachen. Heute finden in dem täglich geöffneten Haus für alle Interessierten Workshops, Andachten und Vorträge statt. Zudem werden von der buddhistischen Gesellschaft regelmäßig Mönche für mehrere Jahre nach Berlin geschickt, die hier die Gästeräume beziehen.

Das Haus wurde aufgrund von Bauauflagen in einem der Umgebung angepassten Stil errichtet; auf dem Grundstück sind jedoch unterschiedliche ostasiatische Kult- und Weihestätten aufgestellt. Das Hauptgebäude erreicht man durch das einem indischen Heiligtum nachempfundene Elefantentor sowie über eine aus 73 Stufen bestehende Treppe – ein Symbol für die 73 Arten des Wissens eines Buddhas. Die 73 Stufen sind in acht Absätze aufgeteilt: Sie stehen für den »Edlen Achtfachen Weg« zur Erlösung vom Leid durch rechte Erkenntnis, Gesinnung, Rede, Handeln, Lebenswandel, Streben, Achtsamkeit und geistige Sammlung. Der Tempelraum inmitten einer kleinen Grünanlage bietet praktizierenden Buddhisten und Interessierten die Möglichkeit zur Ruhe kommen und zu meditieren.

▸ http://das-buddhistische-haus.de; Edelhofdamm 54; Tempel und Meditationshalle tgl. 9–18, Bibliothek und Büro Di–So 9–18 Uhr geöffnet; S-Bahn: Frohnau

29 Ludwig-Lesser-Park

Den Ludwig-Lesser-Park erreicht man vom S-Bahnhof Frohnau über die Wiltinger Straße. Er wurde 1908 von Ludwig Lesser als »Erholungspark« angelegt und 1958 nach ihm, dem Planer der Frohnauer Grünanlagen und Wegbereiter der Volksparks, benannt. Wie auch die anderen Parkanlagen legte Lesser diese Grünanlage mit hoher Naturbelassenheit an; so findet man dort beispielsweise nur den Ludwig-Lesser-Teich, der abfließendes Regenwasser auffängt. Des Weiteren steht hier ein Findling, der an die Stelle eines früheren sowjetischen Ehrenmals gesetzt wurde und an den Einmarsch der Roten Armee in

Frohnau am 22. April 1945 erinnern soll. Im Süden des Parks, zwischen der Markgrafen- und Wiltinger Straße, liegt zudem ein Kriegerdenkmal von Paul Poser, das 1922 zu Ehren der Gefallenen aus dem Ersten Weltkrieg errichtet wurde.

▸ Wiltinger Str./Schönfließer Str.; S-Bahn: Frohnau

③⓪ Poloplatz

Der Poloplatz befindet sich im Norden der nach dem englischen Lehrer, Journalisten und Juden Victor Gollancz benannten Gollanczstraße. Allerdings wurde auf der aufwendig angelegten Anlage nur einige Jahre dem Polosport nachgegangen, denn im »Dritten Reich« wurde sie als Reitschule für HJ und SA genutzt. Anschließend dienten die Grasflächen den Pferden russischer, englischer und französischer Besatzer als Weideplatz. Von Zeit zu Zeit wurden hier auch Windhund- und Motorradrennen ausgetragen. Heute umfasst das Areal verschiedene Sportanlagen, darunter ein Tennis- und ein Reitverein.

▸ Am Poloplatz; S-Bahn: Frohnau

③① Invalidensiedlung

Die Invalidensiedlung gehört zu den nördlichsten Ortsgebieten Berlins und liegt außerhalb des Ortskerns von Frohnau; man erreicht sie von dort über die Gollanczstraße, durch die Bahnüberführung und weiter über den Staehlenweg. Die Siedlung entstand, nachdem die vom Gründer Frohnaus eingerichtete Fürst-Donnersmarck-Stiftung einer Enteignung durch die Nationalsozialisten nur dadurch entgehen konnte, dass sie dem Reichskriegsministerium einen Teil ihres Frohnauer Waldes übergab. 1937 erhielt sie anschließend den Auftrag zum Bau der Invalidensiedlung. So wurden 48 uniforme Klinkerhäuser, Gemeinschafts- und Wirtschaftsgebäude im Stil des Holländischen Viertels in Potsdam errichtet, über deren Häusereingängen in Stuckreliefs die Schlachten Friedrichs II. dargestellt werden. Die vom Berliner Senat verwalteten Gebäude und Appartements wurden behindertengerecht ausgebaut und dienen etwa 200 Kriegs- und Zivilversehrten als günstige Wohnstatt.

▸ Invalidensiedlung; S-Bahn: Frohnau, von dort weiter mit Bus 125 bis Invalidensiedlung

Die Invalidensiedlung besteht aus 48 Mehrfamilienhäusern

32 Hubertussee

Der Hubertussee liegt östlich der Invalidensiedlung im Frohnauer Waldgebiet und entstand 1910 im Rahmen der Entwässerung des sumpfigen Geländes zur Erschließung des weiter im Süden liegenden Baulandes. Man erreicht dieses noch beinahe unberührte Naturareal über den Hubertusweg.

In dem Gebiet rund um den See wird man auf zwei riesige Fernmeldetürme aufmerksam: der eine hat eine Höhe von 344 m und wurde ab den 1950er- bis in die 1980er-Jahre hinein zur abhörsicheren Übermittlung von Fernschreiben, Telefongesprächen und Computerdaten genutzt.

Ganz in der Nähe haben sich 1999 auf dem Künstlerhof Frohnau ca. 40 Künstlerinnen und Künstler niedergelassen. Der Hof liegt am Hubertusweg 60 und besteht aus den Bauten eines früheren Lazaretts aus den 1920er-Jahren und einem Neubau aus den 1970er-Jahren. Die Künstler, unter anderem aus den Bereichen Malerei, Bildhauerei, Keramik- und Glaskunst, Konzept-, Video-, und Internetkunst, Fotografie und Grafik, Musik, Tanz und Schauspiel, veranstalten

verschiedene Projekte in ganz Berlin und laden im Rahmen des jährlichen Tags der offenen Tür auch zum Besuch auf das Gelände ein.

▸ www.kuenstlerhof-frohnau.de; Hubertusweg 60; S-Bahn: Frohnau, von dort weiter
mit Bus 125 bis Hubertusweg

Märkisches Viertel, das Dorf Lübars und das Tegeler Fließ

33 Ortszentrum

Das Zentrum des Märkischen Viertels liegt an der Ecke Wilhelmsru-
her Damm/Senftenberger Ring. Es umfasst unter anderem ein Hallenbad, eine Stadtbibliothek, ein Kulturhaus und ein großes Einkaufszentrum.

1963–1974 wurde das Viertel auf dem einst weitläufigsten Berliner
Kleingartengelände, auf dem sich ca. 12 000 Lauben auf alten Mais-
und Roggenfeldern befanden, durch den Berliner Senat errichtet. So
entstanden nach den Plänen der Architekten Hans C. Müller, Georg
Heinrichs und Werner Düttmann etwa 17 000 Wohnungen im Stil
des sozialen Wohnungsbaus. Zunächst in der Öffentlichkeit gelobt,
war das Viertel jedoch bald aufgrund der Wohndichte, der schlechten
Infrastruktur – zu wenig Geschäfte, Restaurants, Schulen und Spielplätze – und den dadurch entstehenden sozialen Missständen starker
Kritik ausgesetzt. Erst in den späten 1960er-Jahren änderte sich das
Bild des Ortsteils durch interessante Initiativen wie Stadtteilzeitun-
gen, Ausstellungen und Mieterbeiräte.

Heute gehören diese Diskussionen der Vergangenheit an: Nachträgli-
che Sanierungen, die Anlage von weiträumigen Erholungsflächen und
Mietergärten machen das Viertel für über 45 000 Einwohner zu einem
attraktiven Wohnort, dem auch die verbesserte Infrastruktur mit dem
großen Einkaufs- und einem Kulturzentrum, über 10 Schulen, ca.
20 Kindertagesstätten, über 30 Arztpraxen und vier Kirchen zugute kommen. Dazu zählt auch das bezirksweit geschätzte »Atrium«, eine kommunale Jugendkunstschule, in dem Kunst, Literatur und Musik von
und für Schüler angeboten wird. Des Weiteren findet donnerstags und
samstags 8–14 Uhr im Zentrum ein Wochenmarkt statt, auf dem 30–40
Händler frische Waren aus der Region und von außerhalb anbieten.

▸ Zentrum: U-/S-Bahn: Wittenau, von dort weiter mit Bus M21, 124 bis Märkisches
Zentrum; Atrium: www.atrium-berlin.de; Senftenberger Ring 97; U-Bahn: Wittenau,
von dort Bus 120 bis Atrium

34 Jugendfarm Lübars

Die Jugendfarm Lübars ist ein traditionell betriebener märkischer Bauernhof, auf dem Kühe, Schweine, Ziegen, Schafe, Esel, Pferde und viele andere Tiere in Ställen und auf Weiden beobachtet werden können. Im Rahmen spezieller Angebote lernen Kinder und Erwachsene darüber hinaus mehr über die Tiere, aber auch über das Brotbacken, Butterherstellen oder die Wollverarbeitung, beispielsweise von einem Biologielehrer des Berliner Jugendclub e. V. Auch ein Bauerngarten mit Blumen und Nutzpflanzen befindet sich auf dem Areal sowie eine Bauernschänke. Die Jugendfarm wurde 1984 vom Bezirksamt Reinickendorf als Kinderbauernhof und Naherholungsgebiet für die Bewohner der Groß-Siedlung Märkisches Viertel gegründet und ist heute ein beliebtes Ausflugziel für Kinder, Jugendliche und Erwachsene.

▸ www.jugendfarm-und-familienfarm-luebars.de; Alte Fasanerie 10; tgl. 8–19, Nov.–März 10–17:30 Uhr; Eintritt frei, außer bei Sonderveranstaltungen; U-/S-Bahn: Wittenau, von dort weiter mit Bus X21 bis Endhaltestelle Quickborner Str.

35 Freizeitpark Lübars

Der Freizeitpark Lübars liegt auf einem Gelände, auf dem 1957–1981 eine Hausmülldeponie betrieben wurde. Mit breiter Bürgerbeteiligung ist hier seit 1993 eine abwechslungsreiche Freizeit- und Erholungsanlage mit Wander-, Reit- und Radwegen, Liegewiesen, Aussichtspunkten sowie Kletter- und Rutschkombinationen, Wasserspielen, Buddelkästen und einer Skaterbahn entstanden. Auch ein 300 m langer Ski- und Rodelhang mit Flutlicht wurde angelegt. Mittelpunkt der Anlage bildet ein 85 m hoher Hügel, auf dem sich nicht nur zum alljährlichen Drachenflug-Wettbewerb die Drachen- und Modellflugbegeisterten und Interessierte treffen. Von hier hat man eine weite Aussicht über die frühere Eisenbahnstrecke hinweg, daneben rücken die zu Pankow gehörenden Stadtteile Rosenthal und Blankenfelde ins Blickfeld.

▸ Der Freizeitpark ist über die Str. Alte Fasanerie zu erreichen; U-/S-Bahn: Wittenau, von dort weiter mit Bus X21 bis Endhaltestelle Quickborner Str.

36 Dorf Lübars

Das Dorf Lübars wurde 1230 als Angerdorf gegründet und fand seine erste urkundliche Erwähnung 1247. Damals hieß der Ort noch »Lubars«: das Dorf, das einem Mann mit dem Namen Lubar gehört. Heute ist Lübars das älteste Dorf Berlins, in dem noch Landwirtschaft betrieben wird. Dadurch, dass der Ort nie vollständig an die städtische Infrastruktur angeschlossen war, ist er heute noch stark durch seinen früheren märkisch-dörflichen Charakter geprägt. So findet sich neben viel Natur auch noch die alte Dorfstruktur mit dem denkmalgeschützten Dorfanger mit Dorfschule, Freiwilliger Feuerwehr und Kopfsteinpflaster sowie der alten barocken Dorfkirche mit Dorfteich aus dem Ende des 18. Jahrhunderts. Ebenfalls erhalten ist der Labsaal, ein früheres Tanzhaus des Dorfes. Der Verein »Natur und Kultur« hatte den maroden Bau anfangs gemietet und 1998 nach dem Kauf umfassend renoviert. Heute wird hier umfangreiches Kulturprogramm geboten, darunter mit Musik- und Theateraufführungen sowie verschiedene Mal-, Tanz- und weitere Kurse. Der Verein kaufte auch das danebenliegende historische Gasthaus »Alter Dorfkrug«, ein altes strohgedecktes Hirtenhaus aus der Mitte des 19. Jahrhunderts. In dieser Zeit, als sich Berlin ins Umland ausdehnte, siedelten sich immer mehr Menschen auch in den Dörfern an und errichteten diese niedrigen Wohngebäude, die zum Teil mit Stuck verziert wurden. Heut steht das Gasthaus mit Biergarten unter Denkmalschutz.

‣ www.labsaal.de; www.gasthof-alter-dorfkrug.de; Alt-Lübars 8; S-Bahn: Waidmannslust, von dort weiter mit Bus 222 bis Endhaltestelle Alt-Lübars

37 Tegeler Fließ

Das Tegeler Fließ windet sich mit einer Länge von über 12 km von Lübars bis zum Tegeler See und ist eine der eindrucksvollsten und schönsten Naturlandschaften von Berlin. Unterschiedliche Biotoptypen wie feuchte Niederungsbereiche, Seen, Quell- und Durchströmungsmoore oder Trockenrasengebiete lassen gemeinsam eine vielfältige Biotoplandschaft entstehen. Unzählige seltene und bedrohte Arten, wie der Eisvogel oder die Glattnatter, sind in der mit ebenfalls seltenen Arten belebten Pflanzenwelt zu finden, die sich hier noch fast ungestört entwickeln kann. Vom westlichen Dorfausgang führt ein Weg rechts ab bis zum Fließ und an ihm entlang bis zur etwa 200 m langen Holzbrücke, die als Naturlehrpfad ein Sumpfgebiet überspannt. An ihrem Ende erwartet den Wanderer ein ländliches Villenviertel mit Obstgärten. In den Herbstmonaten kann man hier an den mit Verkaufsschildern bestückten Hecken Pflaumen und Äpfel kaufen, nachdem man zuvor aus den in den Zweigen hängenden Schälchen mit Kostproben probiert hat.

‣ Zum Fließ gelangt man auch über die Str. Am Vierrutenberg; S-Bahn: Waidmannslust, von dort weiter mit Bus 222 bis Am Vierrutenberg

38 Ziegeleisee

Der Ziegeleisee war im 19. Jahrhundert die Tongrube mehrerer Ziegeleien in Lübars. Denn wie der Name des Sees schon verrät, gab es in der Region ein üppiges Lehm- und Tonvorkommen, das unzählige Ziegeleien entstehen ließ. Unter anderem am Kriminalgericht in Moabit (vgl. Seite 144) oder am Figurenfries des Roten Rathauses (vgl. Seite 74) kann man sich heute die Tegeler Produkte anschauen. Der Name des Reinickendorfer Ortsteils Tegel leitet sich übrigens vom mittelhochdeutschen Wort für Ziegel, »tygel« und später »tegel«, ab.

Um 1912 bildete sich durch das langsame Einströmen von Grundwasser der See. Seit 1926 lockt dieser im Sommer mit dem Strandbad Lübars zahlreiche Gäste an. Das Freibad ist insbesondere aufgrund seines ungewöhnlich sauberen Wassers beliebt. Im angeschlossenen Restaurant finden auch Veranstaltungen statt, wie beispielsweise Pfingst-Frühkonzerte oder Osterbrunchs.

Linker Hand vom Freibad beginnt der Wanderweg Nr. 4. Er führt am Hermsdorfer See entlang, welcher das heute einzig erhaltene Gewässer der Seenkette ist, aus der einst das Fließ entstand.

> ‣ www.strandbad-luebars.de; Am Freibad 9; Tageskarte: 5 €; Mai–Sep. tgl. 8–19 Uhr;
> S-Bahn: Waidmannslust, von dort weiter mit Bus 222 bis Am Vierrutenberg

39 Hermsdorf

Die Ursprünge von Hermsdorf gehen auf eine spätslawische Siedlung am Tegeler Fließ zurück, die Ende des 11. Jahrhunderts entstand. Um 1230 nahmen deutsche Zuzügler das Dorf in Besitz, das dann 1349 als »Hermanstorp« erstmals urkundlich erwähnt wurde. Bis zum späten 19. Jahrhundert war das Dorf relativ unbekannt, was sich erst mit dem Gutsbesitzer Lessing änderte, der ab 1875 mehrere Bauten an der Bahnhofstraße errichtete, um aus Hermsdorf einen Villenvorort zu machen. 1877 wurde dafür eigens eine Haltestelle an der Berliner Nordbahn eröffnet. Bei einer Brunnenbohrung 1898 stieß man auf salzhaltiges Wasser, woraufhin eine Kneipp-Anstalt und ein Gradierwerk erbaut wurden, ein Kurhaus war in Planung. 1900 versiegte die Quelle allerdings schon wieder.

Am östlichen Ende der Straße Alt-Hermsdorf liegt der unter Denkmalschutz stehende historische Ortskern. Einst stand mitten auf dem Anger eine mittelalterliche Fachwerkkirche. Deren Ersatz wurde jedoch 1756 weiter westlich in der Almutstraße zunächst ebenfalls als Fachwerkkirche errichtet, bevor 1830 der heutige Putzbau in Form eines rechteckigen Langhauses entstand. Aufgrund der steigenden

Heimatmuseum Reinickendorf

Einwohnerzahlen wurde 1909 die Dorfkirche, die in Größe, Stil und Ausstattung eine typische Amtskirche für preußische Landgemeinden in der zweiten Hälfte des 18. und des frühen 19. Jahrhunderts war, durch eine vorgesetzte Eingangshalle und einen gesonderten Altarraum erweitert. Nach Zerstörungen im Zweiten Weltkrieg wurde sie 1954/1955 wiederhergestellt; 1906 erhielt der Sakralbau einen neuen massiven Turm. In der heute denkmalgeschützten evangelischen Kirche finden regelmäßige Gottesdienste und Veranstaltungen statt.

In unmittelbarer Nachbarschaft zur Kirche befindet sich das Reinickendorfer Heimatmuseum. Das Museum präsentiert in einer Dauerausstellung und Wechselausstellungen Wissenswertes und Interessantes zur Geschichte Hermsdorfs. Auf dem Freigelände des Museums wurde auf der Basis archäologischer Funde die deutschlandweit einzige authentische Rekonstruktion eines germanischen Gehöfts errichtet. Zahlreiche Veranstaltungen, eine Bibliothek sowie ein Archiv runden das Museumsangebot ab.

> ‣ Dorfkirche: www.ekibh.de; Almutstr. 6; Heimatmuseum: www.heimatmuseum-reinickendorf.de; Alt-Hermsdorf 35; Mo–Fr 9–17, So 9–17 Uhr; Eintritt frei; für beide S-Bahn: Frohnau, von dort weiter mit Bus 220 bis Almutstr.

40 Freie Scholle

Die Freie Scholle ist eine von einer Baugenossenschaft 1896 konzipierte und bis 1910 nach Plänen von Gustav Lilienthal angelegte
Reform-Wohnsiedlung. »Frei« hieß im Falle der 1895 gegründeten
Baugenossenschaft frei von Gewinnstreben und abgestimmt auf die
Bedürfnisse von Arbeitern. Die erste Bauphase, in der die Baugenos-
sen in Eigenarbeit Zweifamilienhäuser in der heutigen Egidystraße
bauten, brach 1910 ab; erst nach dem Ersten Weltkrieg wurde 1920–
1933 nach Plänen von Bruno Taut der zweite Abschnitt errichtet. Die
Bauten in der ruhigen Siedlung sind alle flach und überwiegend zwei-
stöckig konzipiert. Nachdem die Siedlung 1985 unter Denkmalschutz
gestellt wurde, wollen Bewohner und Verantwortliche die Straßenzüge
nun nach und nach in ihre ursprüngliche Gestalt rückführen.

Über die Siedlung ist durch einen Weg der Waldpark Steinberg zu
erreichen, der relativ unbekannt ist und einen außerordentlich hohen
Mischwaldbestand aufweist. Im Gegensatz zu den kieferbestandenen
restlichen Stadtforsten Berlins, die teilweise von den Bezirksämtern
nach Stürmen aufgrund ihres verstreuten Bruchholzes geschlossen
werden müssen, ist der gesunde Baumbestand im Waldpark Steinberg
für Sturmverheerungen relativ unanfällig. Er eignet sich daher gut
für Spaziergänge entlang der Kleingartenkolonie oder um den Stein-
bergsee.

› Egidystr./Schollenweg/Allmendeweg/Moorweg/Waidmannsluster Damm;
  S-Bahn: Waidmannslust, von dort weiter mit Bus 222 bis Freie Scholle

Humboldt-Mühle

Prenzlauer Berg: Fläche: 10,955 km², Einwohnerzahl: 154 574

Prenzlauer Berg

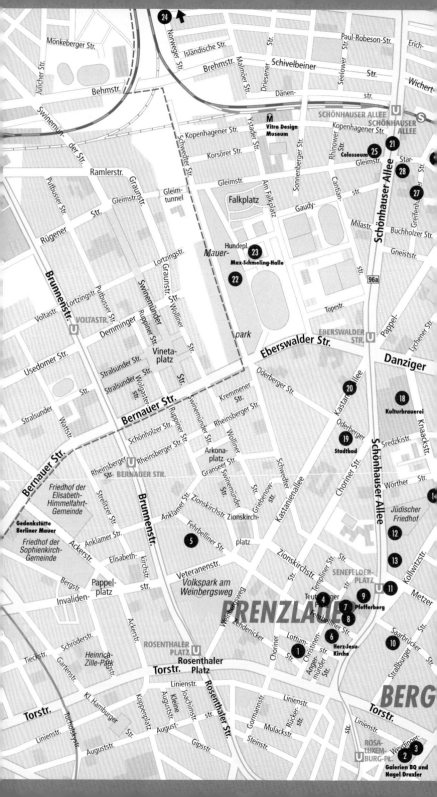

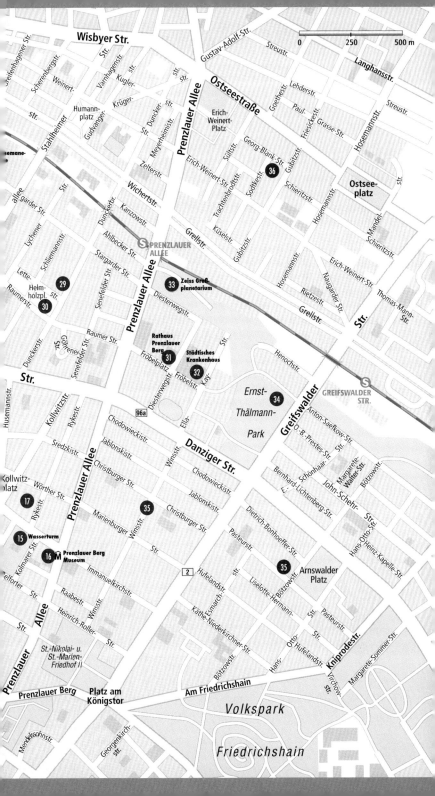

Der südliche Prenzlauer Berg

1 Tor-, Lottum- und Christinenstraße

Die Torstraße folgt dem nördlichen Verlauf der einstigen Berliner Akzisemauer, die vom 18. Jahrhundert bis Mitte des 19. Jahrhunderts der Überwachung des Handels diente. An ihren 18 Stadttoren wurde die sogenannte Akzise erhoben, die damalige Verbrauchssteuer auf eingeführte Waren. Nördlich der Torstraße setzte im späten 19. Jahrhundert die städtebauliche Entwicklung des Prenzlauer Bergs ein. Zuvor waren schon an der Schönhauser Allee, der Verbindungsstraße nach Niederschönhausen (mit Schloss Schönhausen) und Pankow, einzelne Bauten errichtet worden. Aus dieser Zeit hat sich wenig erhalten, einige Bauten lassen jedoch noch die großen Umbrüche der Gründerzeit erahnen.

Die Häuser in der Schönhauser Allee 6/7 und 8 sind typische Beispiele für die gründerzeitliche Bebauung. Hinter der repräsentativen Wohnanlage an der Straße liegt ein mit weißer Keramik verkleideter Gewerbehof. Derartige Baukomplexe befinden sich vor allem an den Hauptstraßen des Bezirks.

Um die Lottumstraße herum findet man die ältesten Gebäude dieses Stadtgebiets, die einen unübersehbar klassizistischen Charakter und daher reiche Fassadenausschmückungen und -gliederungen aufweisen. In den Hinterhöfen befanden sich einst Stallungen, Schuppen und Werkstätten, die später teilweise überbaut wurden. Einige davon sind erhalten, wenn auch viele der Höfe durch Rekonstruktion in den 1980er-Jahren teilentkernt wurden.

Das Eckhaus an der Lottum-/Christinenstraße präsentiert sich in auffallend bunter Fassadengestaltung. 1865 errichtet, war es bis 1982 Eigentum derselben Familie. Nach der Wende wurde es besetzt, die damalige Besitzerin konnte sich allerdings mit den Besetzern einigen und arrangierte eine gemeinsame Sanierung (s. auch Seite 372).

▸ U-Bahn: Rosa-Luxemburg-Platz

2 Galerie Nagel Draxler

Mit der Galerie Nagel Draxler eröffnete 2002 eine weitere bereits in Köln etablierte Galerie in Berlin. Ihr Schwerpunkt liegt auf der Präsentation junger internationaler Künstler.

▸ www.nagel-draxler.de; Weydingerstr. 2/4; Di–Fr 11–19, Sa 11–18 Uhr;
  U-Bahn: Rosa-Luxemburg-Platz

③ Galerie BQ

Seit Februar 2014 zeigt die Galerie BQ Werke des britischen Künstlers Richard Wright; die Ausstellung wird ein ganzes Jahr laufen und besteht aus mehreren Teilen. Damit bricht die Galerie mit alten Konventionen.

▸ www.bqberlin.de; Weydingerstr. 10; Di–Sa 11–18 Uhr; U-Bahn: Rosa-Luxemburg-Platz

④ Teutoburger Platz

Der Teutoburger Platz – oder einfach Teute, wie der Platz im Volksmund heißt – war bereits in den Hobrechtschen Bebauungsplan der 1870er-Jahre als Grünplatz integriert und wurde zunächst als offener Marktplatz genutzt. Als ab 1888 die städtischen Markthallen öffneten, wurde der Marktbetrieb hier untersagt. In den späten 1920er-Jahren wurde er von Gartenarchitekt Erwin Barth umgestaltet, der ihn mit einem Platzhaus versah. Nach 1945 als Transformatorenhaus genutzt, dient dieses seit 1997 als Kiez-Treffpunkt, Anwohnercafé und Ort für kleine Veranstaltungen, wie Flohmärkte, Kunstausstellungen oder private Feste. Der Trägerverein »Leute am Teute« kümmert sich um die Vermietung des Platzhauses sowie um die Erhaltung und Pflege des Platzes. Neben dem Platzhaus befinden sich hier auch ein Kinderspielplatz, Liegewiesen und eine historische gusseiserne Handpumpe.

▸ www.leute-am-teute.de; U-Bahn: Senefelderplatz

⑤ Fehrbelliner Straße

In der Fehrbelliner Straße stehen viele Mietshäuser, die im Zuge des Hobrechtschen Bebauungsplanes in den 1870er-Jahren erbaut wurden und deren originale Stuckfassaden noch weitgehend erhalten sind.

In den Hausnummern 47–49 befindet sich ein Ensemble aus Mietshäusern und einem Fabrikgebäude, das 1883–1890 entstanden ist. Die Fabrikanlage diente zunächst dem Fabrikanten Felix Schulze als Produktionsstätte; im 20. Jahrhundert wurde sie von den Secura-Werken für die Herstellung von Fein- und Elektromechanik genutzt. Die Anlage schließt einen Innenhof ein und ist mit den benachbarten Mietshäusern ein Beispiel für die charakteristische Mischnutzung der Rosenthaler Vorstadt zum Ende des 19. Jahrhunderts. Heute dient der denkmalgeschützte Gebäudekomplex als Wohnhaus.

Das Gebäude mit der Hausnummer 91 stammt von 1865 und ist damit eines der ältesten Häuser dieses Gebiets. Es zeigt eine eindrucksvolle spätklassizistische Fassade, die denkmalgerecht saniert wurde. Hier wohnte und arbeitete Bärbel Bohley, Malerin und Mitbegründerin der Bürgerbewegung Neues Forum, die ihr Atelier für Treffen oppositioneller Gruppen in der DDR zur Verfügung stellte.

In der Hausnummer 92 befindet sich das Nachbarschaftshaus der soziokulturellen Pfefferwerk Stadtkultur gGmbH, die dort Beratung, Projekte und Veranstaltungen für Kinder, Jugendliche und Familien anbietet. 1910–1942 befand sich hier ein jüdisches Kinderheim, an das heute eine Gedenktafel an der Fassade erinnert.

> ‣ U-Bahn: Rosa-Luxemburg-Platz, Senefelderplatz

⑥ Herz-Jesu-Kirche

Die neoromanische Herz-Jesu-Kirche wurde 1897/1898 nach Plänen des Architekten Christoph Hehl erbaut. Sie war die erste katholische Kirche im Bezirk und die erste Kirche in Berlin, die nicht freistehend, sondern in eine Straßenfront integriert gebaut wurde. Die Fassade besteht aus Hildesheimer Muschelkalkbruchstein mit Einfassungen aus schlesischem Sandstein. An der Nordseite der Kirche stehen zwei Türme, der größere ist ca. 48 m, der kleinere ca. 25 m hoch; im Inneren befinden sich reichhaltige Mosaiken.

> ‣ www.herz-jesu-kirche.de; Fehrbelliner Str. 99; U-Bahn: Rosa-Luxemburg-Platz, Senefelderplatz

⑦ Akira Ikeda Gallery

Die Galerie, die auch über Ausstellungsräume in Tokio und New York verfügt, vertritt international bekannte Künstler, wie beispielsweise Robert Rauschenberg, Frank Stella oder auch Günther Uecker.

> ‣ www.akiraikedagallery.com; Christinenstr. 18/19; Di–Sa 11–18 Uhr; U-Bahn: Senefelderplatz

⑧ Galerie Mikael Andersen

Die lange und umfangreiche Beziehung zur deutschen Kunstszene führte 2007 zur Eröffnung der Berliner Dependance der Kopenhagener Galerie Mikael Andersen. Neben namhaften etablierten Künstlern werden auch jüngere Künstler vorgestellt.

> ‣ www.mikaelandersen.com; Christinenstr. 18/19, Haus 4; Di–Sa 12–18 Uhr; U-Bahn: Senefelderplatz

9 Pfefferberg

Der Pfefferberg am Senefelderplatz befindet sich auf dem Gelände der
ehemaligen Brauerei Pfeffer. Der bayerische Braumeister Joseph Pfeffer hatte hier 1841 eine Brauerei mit Biergarten gegründet – die erste
von vielen in Prenzlauer Berg. Nach dem Ersten Weltkrieg wurde der
Brauereibetrieb eingestellt und das Gelände bis zum Zweiten Weltkrieg
von verschiedenen Firmen genutzt, darunter eine Schokoladen- und

Pfefferberg

eine Brotfabrik. Während der DDR in Volkseigentum überführt, fiel das Gelände nach der Wende in den Besitz des Landes Berlin und der Bundesrepublik Deutschland. Der Pfefferwerk-Verein bemühte sich ab 1990 um eine kulturelle und soziale Nutzung und etablierte den Pfefferberg in den folgenden Jahren als Veranstaltungsort. Ab 2001 wurden die Industriebauten samt dem 9 m hohen Kellergewölbe saniert und durch Neubauten ergänzt. Heute wird das Industriedenkmal für diverse kulturelle und soziale Veranstaltungen genutzt; Galerien mit internationaler zeitgenössischer Kunst, Ateliers, Restaurants, ein Hostel sowie ein Club befinden sich ebenfalls auf dem Gelände.

Neben der Brauerei Pfeffer siedelten sich im Stadtteil Prenzlauer Berg ab Mitte des 19. Jahrhunderts auch einige andere Brauereien an: Allein zwischen Schönhauser und Prenzlauer Allee befanden sich 1890 sechs Brauereibetriebe. Diese fanden auf dem Höhenzug Barnim vor den Toren der Stadt den benötigten Platz und beste geologische Voraussetzungen, um ihre Gärkeller anzulegen. Auf den weitläufigen Arealen waren auch viele kleinere Betriebe beheimatet, die für die Brauereien arbeiteten, darunter brauereieigene Ausschanklokale, Pferdeställe und Biergärten.

Vier Brauereikomplexe sind heute erhalten, dazu gehören neben dem Pfefferberg an der Schönhauser Allee die benachbarte Königstadt-Brauerei (s. unten), weiter im Norden die Schultheiss-Brauerei (heute Kulturbrauerei; vgl. Seite 375) sowie an der Prenzlauer Allee die Bötzow-Brauerei. Trotz ihrer je individuellen Geschichte waren die Brauereikomplexe im Laufe der Jahre doch Ähnlichem ausgesetzt: Während des Nationalsozialismus befanden sich hier Luftschutzkeller für die Zivilbevölkerung und Produktionsstätten für zumeist von Zwangsarbeitern hergestellte Rüstungselektronik. In der DDR wurden die oft unbeachteten Bauten nicht genutzt oder dienten als Lagerhallen. Erst nach der Wende wurde man auf die Gebäude aufmerksam und versuchte sie mithilfe von Investoren wiederzubeleben.

▸ www.pfefferberg.de; Senefelderplatz; U-Bahn: Senefelderplatz

⑩ Alte Königstadt-Brauerei

In der Saarbrücker Straße befindet sich der Gebäudekomplex der ehemaligen Königstadt-Brauerei. 1850 hatte der Braumeister Wagner ein Grundstück auf dem Mühlenberg erworben, um dort eine Brauerei mit Ausschank zu betreiben. Ab 1921 wurde der Betrieb eingestellt, die Gebäude und die Kelleranlagen allerdings weiterhin als Gewerbestandort genutzt. Sie dienten unter anderem für den Kraftfahrzeugbau und als Premierenkino in den 1920er-Jahren, als Waffenschmiede der Telefunken AG während des Zweiten Weltkriegs, für den VEB Reform Möbelproduktion, dem SED-Zentralorgan Neues Deutschland und einer Champignonzucht zu DDR-Zeiten. 2003 erwarb eine 1995 gegründete Genossenschaft ansässiger Gewerbetreibender den Produktionsbereich der einstigen Brauerei, um ihn nach eigenen Vorstellungen zu gestalten; die kleinteilige Nutzung durch Werkstätten, Büros, Ateliers und Ausstellungs- sowie Veranstaltungsräume wurde dabei fortgeführt.

▸ www.gidak.de; Saarbrücker Str. 24; U-Bahn: Senefelderplatz

⓫ Senefelderplatz

Der Senefelderplatz an der Schönhauser Allee entstand ursprünglich als Restfläche im Rahmen des Hobrechtschen Bebauungsplans und wurde zu einem kleinen Schmuckplatz ausgestaltet. Benannt ist der Platz nach Alois Senefelder, dem Erfinder der Lithografie. Ihm zu Ehren wurde 1892 das aus Carrara-Marmor gefertigte Denkmal vom Berliner Bildhauer Rudolf Pohle am südlichen Ende des Platzes aufgestellt. 1994/1995 wurde der Platz im Auftrag des Berliner Senats verschönert. In diesem Rahmen wurde auch das »Café Achteck« renoviert, ein historisches öffentliches Pissoir aus dem frühen 20. Jahrhundert, das heute wieder funktionstüchtig ist. Um 1920 gab es rund 140 der grünen, gusseisernen Pissoirs und nur wenige besaßen auch ein Damenabteil. Heute sind von diesen noch 25 in Berlin erhalten.

▸ U-Bahn: Senefelderplatz

⓬ Jüdischer Friedhof

Der 1827 angelegte Jüdische Friedhof liegt an der Schönhauser Allee nördlich des Senefelderplatzes. 1880 wurde er offiziell zugunsten des Friedhofs Weißensee geschlossen, danach erfolgten allerdings noch Beisetzungen in vorhandenen Familiengräbern. Mit 22 800 Einzelgrabstätten und 750 Familiengräbern blieb er, wenn auch stark verwahrlost, in großen Teilen erhalten. Zu den bedeutenden Berliner Persönlichkeiten, die hier begraben sind, gehören der Maler Max Liebermann, der Komponist Giacomo Meyerbeer, der Kunstsammler und Mäzen Joseph Mendelssohn und die Verleger Albert Mosse und Leopold Ullstein. Nach 1990 wurde der Friedhof renoviert und 2005 um ein Lapidarium erweitert. Dort sind kulturgeschichtlich wertvolle

Grabsteine aufbewahrt, deren ursprünglicher Standort nicht mehr re-
konstruierbar ist; auch über den Ritus jüdischer Begräbnisse wird hier
informiert.

▸ Schönhauser Allee 23; Mo–Do 8–16, Fr 7:30–14:30 Uhr, Sa/So und Feiertage
geschlossen; für männliche Besucher ist eine Kopfbedeckung obligatorisch, diese
erhält man am Eingang im Lapidarium; U-Bahn: Senefelderplatz

13 Schönhauser Allee 20/21

Die beiden Häuser in der Schönhauser Allee 20/21 waren im Herbst
1989 die offiziell ersten besetzten Häuser in Ost-Berlin. Die Besetzer
gehörten zum Umfeld der Umwelt-Bibliothek, die sich als Treffpunkt
der oppositionellen Umwelt-, Friedens- und Dritte-Welt-Bewegung
der DDR in den Räumen der Zionskirche in Mitte befand.

▸ U-Bahn: Senefelderplatz

14 Kollwitzkiez

Die Kollwitzstraße gehört heute zu den etablierten Wohnadressen in
Berlin, an deren Bars, Restaurants, Cafés und Geschäften in den hübsch
sanierten Häusern sich nicht nur die Anwohner erfreuen, sondern auch
zahlreiche Touristen. Auch für Kinder gibt es hier – wie generell häufig
im stark familienbewohnten Prenzlauer Berg – zahlreiche Angebote
für Kinder. In der Kollwitzstraße 37 befindet sich beispielsweise der
»Abenteuerliche Bauspielplatz Kolle 37«. Dieser wurde 1990 als erster
pädagogisch betreuter Spielplatz in Ost-Berlin gegründet und bietet
seitdem verschiedene Veranstaltungen und Projekte für Kinder an.

In der Mitte der Straße liegt der Kollwitzplatz, der 1875 als Wör-
ther Platz angelegt und 1947 seinen heutigen Namen nach der Künstlerin Käthe Kollwitz erhielt. Die dreieckige, begrünte Anlage bildet
das Zentrum des Kollwitzkiezes. 1871 wurde das Quartier um den
Platz von der Terraingesellschaft »Deutsch-Holländischer Actienbau-
verein« erworben, die hier bis 1875 erstmals Häuser mit genorm-
ten und damit kostengünstigen Bauteilen wie Balkonbrüstungen
und Schmuckelementen errichtete. Darüber hinaus wurde auf eine
enge Hinterhofbebauung verzichtet. Die baumbestandenen Straßen
mit breiten Gehwegen wurden großzügig angelegt, weil die Gesellschaft beabsichtigte, dass sich hier vor allem wohlhabende Bürger
niederließen. Über 20 dieser alten Häuser sind heute rund um den
Platz und in den benachbarten Straßen erhalten. 1891–1943 lebte
Käthe Kollwitz mit ihrem Mann, dem Arzt Dr. Karl Kollwitz, in der

Kollwitzstraße 56a. An die Künstlerin erinnert seit 1960 das Bronze-denkmal »Käthe Kollwitz« von Gustav Seitz. Der Neubau an der Ecke Kollwitz-/Knaackstraße, der auf der Freifläche des im Zweiten Welt-krieg zerstörten Wohnhauses von Kollwitz errichtet wurde, erinnert mit einer Gedenktafel an das Ehepaar. Der Platz wird von gehobenen Cafés und Restaurants dominiert; samstags findet hier zwischen 9 Uhr und 18 Uhr ein Wochenmarkt, donnerstags ein Ökomarkt und an den Adventssonntagen ein Weihnachtsmarkt statt.

An den Kollwitzplatz schließt sich die Husemannstraße an. Diese wurde 1987 zur 750-Jahr-Feier Berlins im Stil der Jahrhundertwende saniert: Kleine Handwerksstuben, alte Beschriftungen und Straßen-möbel, Gaststätten und Läden im Stil jener Zeit sowie zwei Museen zum Arbeiterleben um 1900 sollten die Straße zum Vorzeigeobjekt machen. Allerdings zeigten sich schon früh Mängel an den Rekon-struktionen und auch die Museen und Handwerker zogen im Laufe der Zeit unter anderem aufgrund der hohen Mieten wieder aus. Heute hat davon deshalb nichts überlebt: Die Husemannstraße ist eine für den Kiez typische, attraktive Wohnstraße für Gutverdiener.

▸ Spielplatz: www.kolle37.de; U-Bahn: Senefelderplatz

15 Wasserturm

An der Belforter Straße befindet sich das Wahrzeichen des Prenzlauer Bergs: der »Dicke Hermann«, wie der über 30 m hohe backsteinerne Wasserturm im Volksmund genannt wird. 1877 wurde er als erster der insgesamt 20 Wassertürme in Berlin fertiggestellt und versorgte bis 1952 den Nordosten der Stadt mit Wasser.

Spreewasser wurde gefiltert, per Dampf über ein Leitungsrohr direkt auf den Berg gepumpt und anschließend in die Häuser weitergeleitet. In den ersten vier Geschossen entstanden Wohnungen, die auch heute noch belegt sind, im fünften Geschoss befindet sich der Wasserbehälter, welcher heute leer ist. Auf den zwei unterirdischen Wasserreservoirs ist 2006 ein Park mit Kinderspielplatz angelegt worden; sie sind zudem öffentlich zugänglich und werden gelegentlich für kulturelle Veranstal-tungen genutzt. Ein Gedenkstein an der Ecke Kolmarer Straße/Knaack-straße erinnert daran, dass das heute nicht mehr existente Maschinen-haus 1933 von der SA als Konzentrationslager missbraucht wurde.

Das gegenüberliegende Haus in der Diedenhofer Straße 5 ist ein Beispiel für das Straßenbild des Gebiets in den 1880er-Jahren. Das heute als Baudenkmal ausgewiesene Gebäude wurde in Anlehnung an die Renaissance und den Barock konzipiert; das mit Ornamenten verzierte Treppenhaus und die Fassade wurden denkmalgerecht wiederhergestellt.

▸ Knaackstr./Diedenhofer Str.; U-Bahn: Senefelderplatz

16 Prenzlauer Berg Museum

Das Prenzlauer Berg Museum befindet sich in den Räumen einer ehemaligen Gemeindedoppelschule, in der Mädchen und Jungen gleichermaßen unterrichtet wurden. Das Gebäude wurde 1884–1886 nach Plänen des Stadtbaurats Hermann Blankenstein errichtet und ist heute die älteste erhaltene Schule in Prenzlauer Berg. Die Schule schloss 1998 aufgrund zurückgehender Schülerzahlen; es zogen die Volkshochschule, eine Stadtbibliothek und das Prenzlauer Berg Museum ein, welches über die Geschichte des Bezirks informiert. Eine dauerhafte Fotoinstallation berichtet vom Leben in Prenzlauer Berg in der Zeit von 1949 bis 1990; in der ehemaligen Turnhalle finden Wechselausstellungen statt.

▸ Prenzlauer Allee 227/228; Mo–Fr 10–16, Sa/So 10–18 Uhr; Eintritt frei; U-Bahn: Senefelderplatz

17 Jeschiwa und Synagoge

In dem roten Backsteinbau in der Rykestraße 53 befand sich früher eine jüdische Religionsschule, die 1903/1904 mit der benachbarten Synagoge erbaut wurde. In der Weimarer Republik ersetzte man die Religionsschule durch eine allgemeine Volksschule der jüdischen Gemeinde, deren Schließung 1942 erfolgte. Seit 1999 beherbergt das Gebäude eine Jeschiwa, eine traditionelle Lehreinrichtung für jüdische Talmud- und Tora-Studenten.

Die benachbarte Synagoge errichtete man auf dem Hof, womit dem Gottesdienstbesucher ein ungestörter Eintritt in das Gebäude ermöglicht wird. 1938 wurde sie aufgrund ihrer Lage inmitten eines Wohngebiets nicht angezündet, aber dafür komplett verwüstet. Nach einem improvisierten Wiederaufbau fanden hier noch bis 1940 Gottesdienste statt; danach wurde sie beschlagnahmt und von SA-Truppen als Pferdestall missbraucht. Seit der Restauration und feierlichen Einweihung 1953 wird das Gebäude wieder als Synagoge genutzt, die mit über 2 000 Plätzen die größte erhaltene Synagoge Deutschlands und das Zentrum jüdischen Lebens in Ost-Berlin ist.

▸ www.synagoge-rykestrasse.de; Rykestr. 53; U-Bahn: Senefelderplatz

18 Kulturbrauerei

Die heute als kultureller Veranstaltungsort weit über den Bezirk hinaus bekannte Kulturbrauerei befindet sich auf dem Gelände der ehemaligen Schultheiss-Brauerei, der einst größten Brauerei Europas. Sie wurde 1878–1891 von Franz Schwechten erbaut und war bis 1967 in Betrieb. Schwechten konzipierte um vier Innenhöfe herum 20 Gebäude im Stil einer mittelalterlichen Burganlage, darunter Produktions- und Lagergeschosse, Pferdeställe und eine Hufschmiedewerkstatt. Der eine Fläche von 25 000 m² umfassende Industriekomplex steht seit 1974 unter Denkmalschutz und ist fast vollständig erhalten. Er beherbergt heute Restaurants, Kneipen, ein Theater, ein Kino, Ateliers, Werkstätten, Verlagsräume, Büros und Geschäfte. Die ehemalige Nutzung der Gebäude wird durch Aufschriften an den Fassaden gekennzeichnet (vgl. Seite 370).

▸ www.kulturbrauerei.de; Schönhauser Allee 36, Eingänge: Knaackstr. 97, Sredzkistr. 1, Schönhauser Allee 36 und 37; U-Bahn: Eberswalder Str.

Kulturbrauerei

19 Stadtbad Oderberger Straße

Das Stadtbad an der Oderberger Straße wurde von Stadtbaurat Ludwig Hoffmann im Stil der Neorenaissance entworfen und 1902 als Volksbadeanstalt eröffnet. In den meisten Wohnungen fehlten damals Duschen und Bäder, sodass derartige öffentliche Badeanstalten bis in die ersten Jahrzehnte des 20. Jahrhunderts aus hygienischen Gründen äußerst wichtig waren. Auf den langen Gängen im vorderen Teil befanden sich die sogenannten Brause- und Wannenabteilungen, die Schwimmhalle lag im hinteren Gebäudeteil und hatte einen romanischen Kreuzgang zum Vorbild. 1986 wurde das Bad aus baulichen Gründen stillgelegt, die Duschen schlossen 1997. Anwohner gründeten 2001 eine Genossenschaft und übernahmen das Gebäude; Ende 2006 ging es in den Besitz der Berliner Stiftung Denkmalschutz über. Nach einer Zwischennutzung als kultureller Veranstaltungsort erwarb 2011 das unmittelbar benachbarte Sprachenzentrum das Stadtbad. Das Zentrum will den Bau denkmalgerecht sanieren, 2015 soll der Badbetrieb wieder aufgenommen werden. Darüber hinaus wird das Gebäude Seminar- und Schulungsräume beherbergen sowie einen Wellness-Bereich, ein Hotel und ein Bistro. Die Nutzung des Beckens für kulturelle Veranstaltungen soll weiterhin ermöglicht werden: Es wird ein Hubboden in das Schwimmbecken eingebaut, der bei Bedarf nach oben gefahren wird.

‣ www.gls-campus-berlin.de/stadtbad-oderberger; Oderberger Str. 57–59; U-Bahn: Eberswalder Str.

20 Kastanienallee

Die Kastanienallee, 1826 vom Privatier Wilhelm Griebenow angelegt, zählt zu den ältesten Straßen in Prenzlauer Berg und erhielt ihren Namen nach den Rosskastanien, die damals als Alleebäume gepflanzt wurden. Nach der Wende wurden die meisten Häuser saniert und die Kastanienallee entwickelte sich mit zahlreichen Kneipen und Galerien zu einer lebendigen Straße, die heute mit kleinen Boutiquen, Cafés und Restaurants als etablierte Wohn- und Geschäftsadresse auch viele Touristen anzieht. An der Ecke Kastanienallee/Schönhauser Allee erinnert das 1999 in den Fußweg eingelassene Mosaik an Max Skladanowsky, der hier 1892 die ersten Filmaufnahmen in Deutschland produzierte.

In einigen der sanierten Häuser wurde der Charakter der Ursprungsbauten beibehalten, wie beispielsweise in der Kastanienallee 21, in deren Hinterhof sich ein restauriertes Remisen-Ensemble befindet. Das Haus mit der Hausnummer 77 wurde 1840 erbaut und ist damit in seinem Kern das älteste erhaltene Wohnhaus im Bezirk. 1992 besetzte eine Künstlergruppe das Gebäude, die es im Anschluss an die Gründung eines Vereins und der offiziellen Übernahme 1995 – 1998 sanierte. Heute beherbergt der Bau neben Kunst- und Kultur- projekten das mit 32 Plätzen kleinste Kino Berlins mit dem Namen »Lichtblick«.

An der Hausnummer 12 kann man durch die Einfahrt in drei hintereinanderliegende Höfe blicken. Ein vierter Hof fiel den Zerstö- rungen im Zweiten Weltkrieg zum Opfer, die Freifläche wurde jedoch von Anwohnern und Künstlern Anfang der 1980er-Jahre zu einem Spiel- und Kunsthof mit Amphitheater umgestaltet. In Anlehnung an eine Skulptur wurde die gesamte Hofanlage Hirschhof genannt. Einst beliebter Treffpunkt für die Nachbarschaft, wurde die Anlage aller- dings 2011 auf Wunsch der anliegenden Eigentümer für die Öffent- lichkeit geschlossen.

In der Kastanienallee 7–9 befindet sich der Pratergarten, der 1837 als Biergarten gegründet und sich nach seinem Ausbau ab 1852 zur populären und preisgünstigen Freizeit- und Vergnügungsstätte ent- wickelte. 1995 wurde er als ältester Biergarten Berlins von der Volks- bühne übernommen, die dort mit der »Volksbühne im Prater« eine zweite Spielstätte eröffnete. Ein Restaurant, eine Galerie und ein Club befinden sich ebenfalls auf dem Gelände.

▸ Kino: www.lichtblick-kino.org/lichtblick.php; Pratergarten: www.volksbuehne-berlin. de; Restaurant im Pratergarten: www.pratergarten.de; U-Bahn: Eberswalder Str.

21 Schönhauser Allee

Die Schönhauser Allee ist Haupteinkaufs- und bedeutende Verkehrs- straße in Prenzlauer Berg. Sie entstand im Mittelalter als Verbin- dungsweg zwischen der Stadt Berlin und den Dörfern Pankow und Niederschönhausen. Ihren Namen erhielt sie 1841 nach dem Schloss Schönhausen im heutigen Pankower Ortsteil Niederschönhausen. Die Hauptstraße wird von Wohn- und Gewerbegebäuden mit teilweise bis zu drei hintereinander liegenden Höfen gesäumt.

An der Ecke Schönhauser Allee/Eberswalder Straße, unter dem Viadukt der U-Bahn, befindet sich der Imbissstand Konnopke. Seit 1930 in Betrieb und mittlerweile in der dritten Generation tätig, gilt das Familienunternehmen als erster Imbiss in Ost-Berlin und als Erfinder der Currywurst bzw. -soße im Jahr 1960.

An der U- und S-Bahn-Station Schönhauser Allee kreuzt sich der Verkehr auf drei Ebenen: unter Erdniveau die S-Ringbahn, die

1870–1877 angelegt wurde, ebenerdig die Straßenbahn und der Auto-verkehr und auf dem Viadukt die U-Bahn. Direkt an der Station liegt die 1999 eröffnete, glasüberdachte Einkaufspassage Schönhauser Allee Arcaden.

▸ U-Bahn: Eberswalder Str., Schönhauser Allee, S-Bahn: Schönhauser Allee

22 Mauerpark

Von der Kastanienallee führt die Oderberger Straße mit ihren kleinen Läden und Cafés nach Westen hin zum Mauerpark. Die längliche Wiese am ehemaligen Mauerverlauf zieht sich von der Bernauer bzw. Eberswalder Straße rund 1 km nach Norden.

Die einstige Brachfläche ist mittlerweile ein viel besuchter Treff-punkt für Musiker, Künstler und Familien geworden, vor allem sonn-tags, wenn hier 7–17 Uhr ein bunter Flohmarkt mit Essensständen und Livemusik stattfindet. In dem bunt bemalten Amphitheater findet zudem jeden Sonntag ab 15 Uhr das kostenlose Bearpit Karaoke statt, dem oft bis zu 2 000 Zuschauer beiwohnen. Im Norden des Parks, an der Schwedter Straße 90, liegt die Jugendfarm Moritzhof, ein pädago-gisch betreuter Bauernhof mit verschiedenen Kleintieren, Ponys und einem Garten, der diverse Projekte und Aktivitäten anbietet. Ganz in der Nähe ragen die 7 m und 15 m hohen Stelen der Schwedter Nord-wand empor, einer Kletterwand des Deutschen Alpenvereins. Im Nor-den und Süden des Mauerparks sollen neue Wohnbauten entstehen; die schon seit Jahren bestehenden Pläne werden seither von (Bürger-) Initiativen und Demonstrationen kritisch begleitet.

▸ Flohmarkt: www.mauerparkmarkt.de; Karaoke: www.bearpitkaraoke.com; Ju-gendfarm: www.jugendfarm-moritzhof.de; Kletterwand: www.alpinclub-berlin.de; Bernauer Str. 63–34; U-Bahn: Eberswalder Str.

23 Max-Schmeling-Halle

Die Max-Schmeling-Halle liegt zusammen mit dem angrenzenden traditionsreichen Jahn-Sportpark – die Fußballmannschaft des Her-tha BSC absolvierte hier 1904 ihre ersten Spiele – zwischen Mauerpark und Cantianstraße. Die Halle wurde 1994–1996 nach Plänen der Ar-chitekten Jörg Joppien, Anett-Maud Joppien und Albert Dietz errich-tet und war ursprünglich als reine Boxhalle für die Bewerbung um die Olympischen Spiele 2000 geplant. Nach der gescheiterten Olympia-bewerbung wurde sie zu einer Multifunktionshalle umkonzipiert, in der neben Sport- auch populäre Großveranstaltungen wie Rock- und

Popkonzerte stattfinden. Der Hallenkörper ist zu zwei Dritteln in den Boden eingelassen und das Dach zu einem sanften Hügel ausgebildet, das sich in die umliegende Landschaft einpasst. Auf dem Dach befindet sich mit 1064 installierten Photovoltaik-Modulen die größte Solarstromanlage auf einem öffentlichen Gebäude in Berlin.

> ‣ www.max-schmeling-halle.de; Am Falkplatz 1; U-Bahn: Eberswalder Str., Schönhauser Allee, S-Bahn: Schönhauser Allee

24 Platz des 9. November 1989

Der Platz des 9. November 1989 befindet sich am ehemaligen Grenzübergang Bornholmer Straße, an dem am 9. November 1989 gegen 23:30 Uhr die DDR-Grenzsoldaten zur Seite traten und die Ost-Berliner ungehindert in den Westen gehen ließen. 2010 wurde der Platz an der östlichen Seite der Bösebrücke – benannt nach Wilhelm Böse, einem NS-Widerstandskämpfer – eingeweiht. Das schmale, ca. 200 m lange Areal an der Bornholmer Straße wird durch die ehemalige 155 m lange Hinterlandmauer begrenzt und erinnert mit einer Bildergalerie mit großformatigen Fotos und Texten sowie einem Gedenkstein an die Maueröffnung.

> ‣ Bornholmer Str. 70; S-Bahn: Bornholmer Str.

Der nördliche Prenzlauer Berg

25 Colosseum (Kino)

Das Kino Colosseum war ab 1894 zunächst ein Pferdedepot der Großen Berliner Pferde-Eisenbahn AG, das auch eine Wagenabstellhalle umfasste. Relikte dieser Nutzung wurden in den heutigen Kinobau eingegliedert. Im vorderen Teil, der bereits 1924 durch die Architekten Fritz Wilms und Max Bischoff zu einem Kino ausgebaut wurde, eröffnete man 1997 mit 2800 Plätzen in 10 Sälen das erste Multiplex-Kino in Prenzlauer Berg. Das Kino steht als Gesamtanlage unter Denkmalschutz.

> ‣ Schönhauser Allee 123; U-/S-Bahn: Schönhauser Allee

26 Gethsemanekirche

Schräg zum Straßenverlauf der Stargarder Straße, auf einem begrünten Platzquadrat, das von ruhigen Seitenstraßen gesäumt wird, befindet sich der rote Klinkerbau der evangelischen Gethsemanekirche.

1891–1893 wurde die Kirche mit spitz zulaufendem Kupferturm nach Plänen von August Orth mit romanischen und gotischen Anklängen errichtet und war zu dieser Zeit noch von Feldern umgeben. Sie gehörte zu einer Reihe von Kirchen, die im Auftrag Kaiser Wilhelms II. zwischen 1890 und 1918 entstanden: Angesichts des wachsenden Interesses der Arbeiterschaft an sozialdemokratischen Ideen wollte er die Arbeiter durch beeindruckende Kirchenhäuser wieder zum Christentum und zur Treue zum Kaiser lenken (vgl. Seite 479). In der DDR-Zeit war die Kirchengemeinde, neben anderen Berliner Gemeinden, ein wichtiger Treffpunkt für oppositionelle Gruppen und die DDR-Friedensbewegung. Ab dem 2. Oktober 1989 hielt man sie Tag und Nacht offen und organisierte Mahnwachen und Diskussionsveranstaltungen. Am 7./8. Oktober 1989 ereignete sich hier ein gewaltsamer Zwischenfall, bei dem Sicherheitskräfte brutal gegen friedliche Gottesdienstteilnehmer, Demonstranten und unbeteiligte Passanten in der Umgebung der Kirche vorgingen, was in bis dahin für unmöglich gehaltener Form die Öffentlichkeit mobilisierte. An diese Zeit des Umbruchs erinnert seit 1994 das im Garten der Kirche stehende Relief »Widerstand« vom Bildhauer Karl Biedermann.

▸ www.ekpn.de; Stargarder Str. 77; U-/S-Bahn: Schönhauser Allee

㉗ Greifenhagener Straße

Die in der Nähe der Gethsemanekirche liegenden denkmalgeschützten Häuser in der Greifhagener Straße veranschaulichen die Straßenbebauung aus dem späten 19. Jahrhundert. 1887 wurden durch eine Bauordnung Kellerwohnungen verboten, sodass man diese durch Erdgeschossläden ersetzte. Die Häuser wurden durch Balkone mit schmiedeeisernen Geländern und fein ausgeführte Stuckformen ausgeschmückt, die allerdings oft die sozialen Missstände und baulichen Mängel in den Hinterhöfen verschleierten.

▸ U-/S-Bahn: Schönhauser Allee

㉘ Ensemble Stargarder Straße 3–5

Das Gebäudeensemble in der Stargarder Straße 3–5 wurde 1900 nach Plänen Alfred Messels für den »Berliner Spar und Bauverein 1892« errichtet und ist einer der frühesten Reformwohnungsbauten Berlins. Messel zählte zu den ersten Architekten des sozialen Wohnungsbaus

Die Gethsemanekirche entstand zwischen 1891 und 1893

und konzipierte hier eine funktionsorientiert geschnittene Wohnanlage, bei der statt der Hinterhöfe ein Gartenhaus errichtet und so auf das sogenannte Berliner Zimmer – ein schlauchförmig langgestreckter und dunkler Raum zwischen den Hausflügeln mit nur einem an der Stirnseite zum Hof gelegenen Fenster – verzichtet wurde. Zudem erhielten die Wohnungen einen zu dieser Zeit unüblichen Komfort: Jede einzelne war mit einer Innentoilette ausgestattet; Waschküchen und Bäder lagen auf den Dachböden. Ergänzt wurden die Bauten mit genossenschaftlichen Einrichtungen wie einer Bibliothek, einem Kindergarten und Geschäften.

Der große Innenhof diente ebenfalls der gemeinschaftlichen Nutzung. Die Fassaden gestaltete Messel abwechslungsreich mit Erkern, Türmchen, Balkonen und Giebeln. Nach der Wende erfolgte die Rückübernahme und Sanierung der Wohnanlage durch die frühere Genossenschaft.

In der Stargarder Straße 7–10 wird deutlich, wogegen sich damals die Intentionen Messels und anderer Reformwohnungsbauer richteten: aufwendig gestalteter Gründerzeitstuck zur Straßenfront hin, der die kargen Hinterhöfe der tiefen Bauten kaschierte.

▸ U-/S-Bahn: Schönhauser Allee

㉙ LSD-Viertel

Das sogenannte LSD-Viertel bezeichnet die Gegend um die Lychener Straße zwischen der Stargarder Straße im Norden und der Danziger Straße im Süden. In dieser Gegend des einstigen Arbeiterbezirks Prenzlauer Berg waren die Zustände in den schlecht ausgestatteten Mietskasernen mit den engen Hinterhöfen am schlimmsten. Auch während der DDR-Zeit wurde nichts gegen die zunehmende Verwahrlosung unternommen. Durch Wegzug zahlreicher Anwohner in die neu entstehenden Plattenbauten entwickelte sich seit den 1970er-Jahren hier allerdings eine ganz spezielle Bewohnerstruktur: Alternative und Aussteiger lebten und arbeiteten hier nach ihren eigenen Vorstellungen.

Darunter beispielsweise auch Jürgen Schweinebraden, der in der Dunckerstraße 17 in einer Einzimmerwohnung 1974 eine Galerie eröffnete. Hier präsentierte er wechselnde Ausstellungen und veranstaltete Jazzkonzerte mit internationalen Musikern. Auf massiven Druck der Behörden hin musste er 1980 seine Galerie allerdings aufgeben und ausreisen.

Heute sind in dem Viertel noch mehrere Nachfolgeeinrichtungen der früheren DDR-Oppositionsgruppen beheimatet. Auch finden sich hier einige Häuser, die von ihren Bewohnern im Rahmen von (Selbsthilfe-)Wohnprojekten und Mietergenossenschaften modernisiert wurden, häufig erkennbar an der außergewöhnlichen Fassadengestaltung. Dazu zählen beispielsweise die Häuser in der Schliemannstraße 20 und 30 sowie das Gebäude in der Lychener Straße 60. Nichtsdestotrotz wurde das Viertel in den letzten Jahren durch diverse Sanierungen und die Eröffnung zahlreicher Cafés, Restaurants, Nachtbars, kleiner Boutiquen und nicht zuletzt durch den Zuzug des Suhrkamp Verlags in der Pappelallee stark aufgewertet.

‣ U-Bahn: Eberswalder Str., Schönhauser Allee, S-Bahn: Schönhauser Allee

30 Helmholtzplatz

Der großzügig angelegte und begrünte Helmholzplatz mit mehreren Kinderspielplätzen wurde im Rahmen des Hobrecht-Plans von 1862 angelegt. 1897 erhielt er seinen Namen nach dem Physiker Hermann von Helmholtz; ein Jahr später begann man mit der Gestaltung des Parks als gärtnerische Schmuckanlage mit Spielbereichen. In den 1990er-Jahren wurde der Platz umfassend saniert: Aus einem ehemaligen Toilettenhaus wurde ein Nachbarschaftshaus mit Terrasse für öffentliche und private Aktivitäten und Veranstaltungen; in das denkmalgerecht sanierte ehemalige Transformatorenhaus zog ein Kinderkleiderladen und eine Aktionsgalerie ein.

‣ www.platzhaus-helmholtzplatz.de; U-Bahn: Eberswalder Str.

31 Bezirksamt Prenzlauer Berg

Das lange, gelb verklinkerte Ensemble entlang der Prenzlauer Allee wurde 1885–1887 nach Plänen von Hermann Blankenstein als Städtisches Hospital und Siechenhaus errichtet. Das Hospital befand sich an der Fröbelstraße 16–18, das Siechenhaus an der Prenzlauer Allee 63–77. Die großen städtischen sozial-medizinischen Versorgungseinrichtungen entstanden zur Zeit der Erschließung des Bezirks am Rand des damaligen Stadtgebiets – denn bis 1920 markierte die Ringbahn die Stadtgrenze. Die Einrichtung auf dem 3,8 ha großen Gelände in Prenzlauer Berg war Ende des 19. Jahrhunderts die größte ihrer Art. Heute erinnert eine Gedenktafel am Eingang an den Erbauer; eine Informationstafel erläutert die wechselvolle Geschichte des Komplexes – darunter die Nutzung der sowjetischen Militärkommandantur sowie jene als Haftstätte des sowjetischen Geheimdienstes. Die Installation »Fragen« der im Bezirk lebenden Künstlerin Karla Sachse befindet sich ebenfalls dort. Die Gebäude beherbergen heute das Bezirksamt Prenzlauer Berg.

> ‣ Fröbelstr. 17; S-Bahn: Prenzlauer Allee

32 Krankenhaus Prenzlauer Berg

Das Krankenhaus Prenzlauer Berg in der Fröbelstraße war früher das Städtische Obdachlosenheim. Der rot verklinkerte Bau wurde 1886/1887 nach Plänen von Hermann Blankenstein errichtet. Seitlich und hinter dem heutigen Krankenhausbau, zwischen Greifswalder Straße und Prenzlauer Allee, befand sich bis zu seinem Abriss 1982 das Gaswerk IV mit einem Gasometer, indem durch Verkokung Gas produziert wurde.

> ‣ Fröbelstr. 15; S-Bahn: Prenzlauer Allee

33 Zeiss-Großplanetarium

Das 1987 eröffnete Sternentheater an der Prenzlauer Allee gehört zu den größten und modernsten Einrichtungen seiner Art. Die große silberne Dreiviertelkugel wurde nach Plänen des Architekten Erhardt Gißke im Rahmen der Anlegung des Ernst-Thälmann-Parks erbaut. In dem knapp 300 Personen fassenden Vorführsaal mit einem gestirnten Himmel mit 9 000 Sternen finden nicht nur Veranstaltungen zum Thema Astronomie statt, sondern auch Hörspiele, Theater und andere Programme. 2015 wird das Zeiss-Großplanetarium nach einer umfangreichen Sanierung wiedereröffnet.

> ‣ www.sdtb.de; Prenzlauer Allee 80; Di–Fr 9–12 und 13–17, Fr 13–21:30, Sa/So 14:30–21 Uhr, Eintritt 5 €, erm. 4 €, an der Kasse nur Barzahlung möglich; S-Bahn: Prenzlauer Allee

34 Ernst-Thälmann-Park

Dort wo bis 1982 das städtische Gaswerk von Prenzlauer Berg stand, befindet sich heute der Ernst-Thälmann-Park. Zur 750-Jahr-Feier Berlins 1987 wollte die DDR die Parkanlage mit anliegenden Mietshäusern sowie Einkaufs- und Freizeitmöglichkeiten zum vorzeigbaren Prestigeobjekt machen. Sie sollte zeigen, dass mit Plattenbau auch anspruchsvoller Wohnraum geboten werden kann. So wurden 1983–1986 unter Leitung des Architekten Erhardt Gißke 1 332 Wohnungen in Anlehnung an die Architektursprache der Moderne und das benachbarte Planetarium errichtet. Weitflächige Grünanlagen mit einem Teich und einem

Kinderspielplatz wurden angelegt, kleine Lokale und Geschäfte eingerichtet sowie soziale Einrichtungen und eine Schwimmhalle eröffnet.
Die Fassaden wurden mit Loggien und Balkonen ausgestaltet und somit
von der einfachen, gewöhnlichen Plattenbauarchitektur abgesetzt.

An der Greifswalder Straße steht das 1981–1986 geschaffene Ernst-
Thälmann-Denkmal. Die 13 m hohe und 15 m breite Bronzeskulptur
des sowjetischen Bildhauers Lew Kerbel stellt Thälmann in Kampfhal-
tung mit geballter linker Faust dar. Thälmann führte die KPD 1925–
1933 als Vorsitzender an und wurde 1944 im KZ Buchenwald ermordet.

An der Danziger Straße befindet sich das alte Verwaltungsgebäude
des Gaswerks. Es beherbergt heute das »Theater unterm Dach«, eine
Galerie sowie das Kunst- und Kulturamt Berlins. In dem angeschlossenen Veranstaltungshaus WABE finden Konzerte und andere kulturelle Veranstaltungen statt.

▸ www.theateruntermdach-berlin.de; www.galerieparterre.de, Mi–So 13–21,
   Do 10–22 Uhr; www.wabe-berlin.de; alle Danziger Str. 101; S-Bahn: Greifswalder Str.

35 Winsviertel und Bötzowviertel

Das Winsviertel befindet sich südlich der Danziger Straße, zwischen
Greifswalder Straße und Prenzlauer Allee. Hier wurden vor allem im
südlichen Areal viele spätklassizistische Fassaden saniert. Allerdings
präsentieren sich auch hier die dahinterliegenden Höfe weniger reich
ausgestaltet und die Quergebäude und Seitenflügel sind deutlich
dunkler als das Vorderhaus.

In östlicher Richtung, jenseits der Greifswalder Straße, liegt das
Bötzowviertel, das früher vor allem von Beamten bewohnt wurde.
Heute ist es insbesondere aufgrund seiner Nähe zum Volkspark Friedrichshain, der ruhigen und gleichzeitig zentrumsnahen Lage sowie den
relativ gut erhaltenen Altbauwohnungen beliebt. Dass hier ursprünglich ein bürgerliches Viertel entstehen sollte, zeigen die oft im Jugendstil verzierten Fassaden und die teilweise weitläufigen, sich deutlich
von den klassischen Mietskasernen unterscheidenden Innenhöfe.

▸ Winsstr./Bötzowstr.; S-Bahn: Greifswalder Str.

36 Wohnstadt Carl Legien

Die nach dem deutschen Gewerkschaftsführer benannte Reform-
haussiedlung Carl Legien liegt nördlich der Ringbahn zwischen
Prenzlauer Allee und Greifswalder Straße. Sie wurde 1929/1930 im

Gehört zum UNESCO-Weltkulturerbe: die Wohnstadt Carl Legien

Auftrag der GEHAG (Gemeinnützige Heimstätten-, Spar- und Bau-Aktiengesellschaft) und nach Plänen der Architekten Bruno Taut und Franz Hillinger errichtet. So entstand in mehreren Abschnitten eine Anlage mit insgesamt 1 200 1,5- bis 3,5-Zimmerwohnungen. Diese wurden u-förmig um grüne Innenhöfe errichtet, entsprechend des neuen Städtebaus mit seinen Vorstellungen von mehr Licht und Raum. Der Bau erfolgte seriell und damit kostengünstig; auf Fassadenschmuck wurde zugunsten von Investitionen in die Wohnungen verzichtet. Auf der Südseite der Grellstraße stehen beispielsweise die Blöcke in einer hofartigen Grünanlage, die einen Teil der dahinterliegenden Wohnungen verdecken und so einen ruhigen, fast heimeligen Innenraum entstehen lassen. Im Sinne der Reformideen legte man auch Gemeinschaftswaschküchen und Versorgungseinrichtungen an. 1977 wurde die Siedlung unter Denkmalschutz gestellt; mit der denkmalgerechten Sanierung wurde 1994 begonnen, wobei die originalen

Putz- und Farbfassungen – weiße Putzflächen, aufgelockert durch rot, schwarz und gelb lackierte Holzelemente – wiederhergestellt wurden. Seit 2008 gehört die Wohnstadt als eine von sechs »Siedlungen der Berliner Moderne« zum UNESCO-Weltkulturerbe.

Die DDR-Regierung konnte an Tauts Siedlung allerdings keinen Gefallen finden, da sie architektonisch zu nüchtern sei und für ihre Fläche zu wenig Wohnraum biete. Als bis 1990 laut Honecker das Wohnungsproblem gelöst sein sollte, entstanden die üblichen Monumentalbauten ohne Rücksicht auf städtebauliche Gestaltung. Darunter beispielsweise die 1974–1978 errichteten Plattenbauten auf der gegenüberliegenden Seite der Greifswalder Straße. Für ca. 10 000 Einwohner wurde hier an der Grenze zum Bezirk Weißensee ein gleichgeordnetes Wohngebiet auf dem Grundstück einer ehemaligen Laubenkolonie angelegt. Im Gegensatz zu Tauts Reformbauten sind die Gebäude hier einzig zur Straße hin orientiert – die Südseite wurde mit einer Blendwand verschenkt.

▸ Erich-Weinert-Str.; S-Bahn: Prenzlauer Allee, Greifswalder Str.

Pankow: Fläche: 5,66 km², Einwohnerzahl: 59 708
Niederschönhausen: Fläche: 6,49 km², Einwohnerzahl: 29 236

Pankow

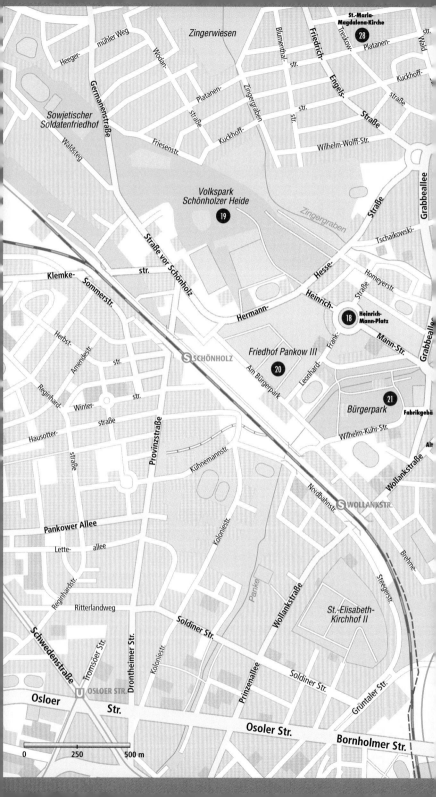

Durch Pankow

1 Wohnanlage Thulestraße

Die Wohnanlage in der Thulestraße 61–63 (begrenzt von Hardanger-straße, Eschengraben und Talstraße) wurde 1925/1926 nach Plänen des Architekten Erwin Gutkind errichtet. Gutkind kombinierte bei seiner Gestaltung verschiedene Elemente der zeitgenössischen Stilschulen: Die dunklen Ziegelfronten mit weißen Putzbändern lehnen sich an die Neue Sachlichkeit an. Das Treppenhaus an der Ecke Eschengraben und Talstraße wurde in der Formensprache des Expressionismus konzipiert. Auch an die Ästhetik von Industriebauten erinnern einige Elemente der Anlage.

▸ U-Bahn: Vinetastr.

2 Hoffnungskirche

Die Hoffnungskirche in der Elsa-Brändström-Straße wurde 1912/1913 nach den Plänen des Architekten Walter Koeppen im Jugendstil er-baut. Der Deckenraum über dem Altar erhielt eine farbige Ausgestaltung mit einem dunkelblauen Nachthimmel mit goldenen Sternen. Diese soll einen Weltraum symbolisieren, der die Gemeinde zusammenschließt. Die Kirche steht heute unter Denkmalschutz und ist Ort regelmäßiger Gottesdienste und Veranstaltungen.

▸ www.hoffnungskirche-pankow.de; Elsa-Brändström-Str. 33–36; U-Bahn: Vinetastr.

3 Kissingenviertel

In Pankow, einem architektonisch überaus abwechslungsreichen Bezirk, wurde im Zweiten Weltkrieg nur etwa drei Prozent der Häuser zerstört, sodass ganze Viertel erhalten blieben. Eines von ihnen ist das Kissingenviertel mit mehreren intakten Wohnanlagen südlich und nördlich der Kissingenstraße. Mit ca. 3600 Wohnungen gehörte es zu den größten Vierteln in der Weimarer Zeit. So liegen zwischen der Granitz- und Kissingenstraße mehrere Wohnanlagen, die 1925–1931 errichtet wurden. Zu den Architekten gehörten unter anderen Paul Mebes, Paul Emmerich und Jacobus Goettel.

An der Prenzlauer Promenade 129–143 steht die Wohnanlage Zeppelin, die 1930/1931 nach Plänen von Georg Thoféhrn und Walter Borchard angelegt wurde und mit ihren Zeppelin-Häusern – benannt nach ihrer Dachform – eine architektonische Besonderheit aufweisen. In dem Gebäude in der Granitzstraße 38/38a befand sich

einst ein Kinderheim; heute beherbergt es eine städtische Kindertagesstätte.

▸ Kissingenstr.; U-/S-Bahn: Pankow

④ Alte Bäckerei

Die Alte Bäckerei in der Wollankstraße wurde 1860 errichtet und
diente nach mehreren Besitzerwechseln der Bäckerfamilie Hartmann
1875–1964 als Geschäfts- und Wohnhaus. 2001 wurde der Bau umfassend denkmalgerecht saniert, um eine bunte Mischung aus Begegnungsstätte, Museum und Schaustelle traditionellen Handwerkes
sowie eine Kultur- und Informationseinrichtung zu erschaffen. In
diesem Sinne wird im Parterre des Wohnhauses die alte Hartmann-
sche Wohnungseinrichtung von 1900 ausgestellt, im oberen Geschoss
befindet sich ein Museum zur Kindheit in Pankow und unter dem
Dach liegt eine kleine Gästewohnung. In der alten Backstube im
Quergebäude wird dienstags und freitags in traditioneller Weise Brot

Backen wie in alten Zeiten

gebacken, Besucher können dabei zuschauen. Darüber hinaus werden Workshops und Veranstaltungen angeboten.

▸ www.alte-baeckerei-pankow.de; Wollankstr. 130; Öffnungszeiten Bäckerei: Di/Mi/ Fr 15–18 Uhr, Museum: Di 11–17 Uhr, Eintritt 2 €, erm. 0,50 €; S-Bahn: Wollankstr.

⑤ Rathaus Pankow

Das Pankower Rathaus wurde 1901/1902 nach Plänen von Wilhelm Johow errichtet, welcher verschiedene Baustile ineinanderfließen ließ, darunter Neogotik, Neobarock und Jugendstil. Die rotverklinkerte Fassade wurde auffällig gestaltet. In ihren Nischen sitzen Figuren vom Pankower Bildhauer Paul Sponar, die die Bürgertugenden Gerechtigkeit, Fleiß (Arbeit), Ehre und Mildtätigkeit darstellen. An der Ecke Neue Schönholzer Straße befindet sich ein Erweiterungsbau, der 1927–1929 nach Plänen von Alexander Poeschke und Rudolf Klante an den Ursprungsbau angegliedert wurde. Die Architekten lehnten sich an die Formensprache des Expressionismus an und hoben den Anbau durch ein kompakteres Äußeres und eine dunklere Farbgebung deutlich vom Ursprungsbau ab. Heute befindet sich hier der Sitz der Bezirksverordnetenversammlung von Pankow. Eine 1990 aufgestellte Informationstafel auf dem Bürgersteig vor dem denkmalgeschützten Rathauskomplex gibt Auskunft über die Geschichte des Rathauses.

▸ Breite Straße 24a–26; U-/S-Bahn: Pankow

⑥ Schultheiss-Mälzerei

Die alte Schultheiss-Mälzerei Pankow wurde 1881–1888 nach Plänen des Architekten Friedrich Arthus Rohmer im Auftrag Richard Roesickes, dem Begründer der Schultheiss-Brauerei, gebaut. Bis 1902 wurde die Anlage, in der auf industrielle Weise Malz für die Bierherstellung produziert wurde, erweitert. Zuvor hatte auf dem Gelände ebenfalls eine seit 1874 bestehende Malzfabrik gestanden. Mit ihren charakteristischen Lüftungsrohren, den beweglichen Hauben auf den Schornsteinen und den Dachaufbauten prägt der gelb und rot verklinkerte Bau bis heute das Stadtbild. Nach dem Ende des Zweiten Weltkriegs wurde die Malzherstellung beendet und die Gebäude bis 1990 teilweise als Lagerhaus genutzt. Nach dem Verkauf an einen Investor 2007 beherbergt das gründerzeitliche Industriebaudenkmal seit 2011 luxuriöse Eigentumswohnungen.

▸ Mühlenstr. 11; U-/S-Bahn: Pankow

7 Dorfanger Pankow

Der spindelförmige Dorfanger wurde im 13. Jahrhundert angelegt und bildet den Mittelpunkt des Bezirks. Bis 1890 standen an dieser Stelle die Dorfschule und das Spritzenhaus der Feuerwehr mit fünf Gefängniszellen. In seinem Grundriss blieb er seitdem unverändert, er wurde zur Insel in der Breiten Straße, deren Verkehr er in zwei Ströme teilt. Um den Anger herum dominiert Gründerzeitarchitektur, aber auch Plattenbauten und ein Einkaufszentrum befinden sich in der Nähe. Südlich des Dorfangers steht der nach der Familie Bleichröder, die 1818–1938 an dieser Stelle ein Grundstück besaß, benannte Park. Am westlichen Ende des Angers steht die bronzene Großplastik »Halbmondträgerin«, die 1999 von Trak Wendisch erschaffen wurde. Am östlichen Ende befindet sich die seit 1977 denkmalgeschützte evangelische Dorfkirche Pankows aus dem 15. Jahrhundert, auch Alte Pfarrkirche »Zu den vier Evangelisten« genannt. 1857–1859 wurde der Feldsteinbau nach Plänen von Friedrich August Stüler durch das dreischiffige Langhaus aus Backstein ergänzt; 1906 fügte man zudem beidseitig Säle und Portale an. Dienstags (8–13 Uhr), mittwochs (8–17 Uhr), freitags (8–13 Uhr) und samstags (8–15 Uhr) findet auf dem Dorfanger ein Wochenmarkt statt.

▸ Dorfkirche: www.alt-pankow.de; Breite Str. 37; U-/S-Bahn: Pankow

8 Ehemaliges Jüdisches Waisenhaus

Unmittelbar neben einer Zigarettenfabrik liegt das ehemalige II. Waisenhaus der Jüdischen Gemeinde Berlin. Nach dem Brand des Ursprungsbaus von 1882 wurde es 1912/1913 an derselben Stelle nach Plänen des Gemeindebaumeisters Alexander Beer errichtet. Bis Ende 1940 beherbergte das Haus zeitweise bis zu 100 Kinder. Nach der Beschlagnahmung und zwangsweisen Schließung 1942 wurde der Bau von verschiedenen Institutionen genutzt, darunter der Deutsche Sportbund, die Polnische und die Kubanische Botschaft. 2000 ging das Gebäude in den Besitz einer Stiftung über und wurde umfangreich saniert. Heute befinden sich in dem Gebäude unter anderem die Pankower Stadtbibliothek und der restaurierte ehemalige, 1913 vom jüdischen Zigarettenfabrikanten und Mäzen Josef Garbáty gestiftete Betsaal, der für verschiedene Veranstaltungen, Foren und Konzerte genutzt wird.

▸ www.juedisches-waisenhaus-pankow.de; Berliner Str. 120/121; U-/S-Bahn: Pankow

9 Weitere Jüdische Einrichtungen

In der Breiten Straße 18 (heute Rathaus-Center Pankow) befand sich das Sanatorium des jüdischen Arztes Emanuel Mendel, welcher der erste Arzt in Deutschland war, der mit sanften Methoden bei der Behandlung psychisch erkrankter Menschen arbeitete. 1882 gründete er die erste deutsche Fachzeitschrift für Psychiatrie und Neurologie.

Zu dieser Zeit besaß Pankow eine eigene jüdische Gemeinde mit mehreren Synagogen: einen Bau im Gemeindehaus in der Mühlenstraße 77, einen weiteren im sogenannten Judenhof in der Schönholzer Straße 9–11 (heute beides Bürogebäude ohne Erinnerungstafel). Das Jüdische Lehrlingsheim in der Mühlenstraße 24 (heute Bezirksamt Pankow) hatte eine eigene Synagoge; im Gebäude der Volkshochschule in der Schulstraße 29 befand sich des Weiteren die 15. Religionsschule der Jüdischen Gemeinde Berlin.

▸ U-/S-Bahn: Pankow

10 Zigarettenfabrik Garbáty

In der Hadlichstraße 41 und 44 liegt das Fabrikgebäude der Zigarettenfabrik Garbáty, zu der auch ein Kontor- und Wohnhaus sowie ein Speichergebäude gehören. Die heute denkmalgeschützten Bauten wurden 1906 und 1912–1915 nach Plänen von Paul Ueberholz errichtet, der östliche Anbau erfolgte 1929–1931 nach Plänen von Fritz Höger.

Die Familie Garbáty-Rosenthal hatte 1881 mit der industriellen Produktion von Zigaretten begonnen, die 1906 von der Schönhauser Allee nach Pankow verlegt wurde. Schon bald zählte die »Garbáty« zu den führenden Zigarettenmarken. Doch auch für vorbildliche soziale und hygienische Bedingungen für die Arbeiter war das Unternehmen bekannt. 1938 erfolgte die Enteignung der Familie, die ein Jahr später in die USA emigrierte. Nach dem Verkauf der Zigarettenfabrik durch eine Treuhandanstalt wurde die Produktion 1992 eingestellt. Nach einigen Jahren Leerstand und gelegentlicher Zwischennutzung für Kunstausstellungen sind in dem Bau heute Wohnungen untergebracht.

▸ Hadlichstr. 41 und 44; U-/S-Bahn: Pankow

11 Kavalierhaus Pankow

Das eingeschossige, verputzte Kavalierhaus mit seinem ausgedehnten Park wurde 1770 in Anlehnung an die barocke Formensprache erbaut und ist heute eines der ältesten Baudenkmale von Pankow. Der bis

Kavalierhaus

1989 als Schulhort genutzte Bau stand seit 1990 leer, erst im Jahr 2000 wurde er von den benachbarten Caritas-Kliniken gekauft und denkmalgerecht saniert. Die Klinik nutzte das Gebäude für medizinische Fortbildungen und kulturelle Zwecke. Im Vorgarten stehen Steinkopien von vier Putti, die die vier klassischen Temperamente Phlegmatiker, Choleriker, Melancholiker und Sanguiniker symbolisieren. Die sandsteinernen Originale sollen um 1700 vom Dresdner Bildhauer Gottfried Knöffler gefertigt worden sein, sie befinden sich in der Skulpturensammlung der Staatlichen Museen (Bode-Museum). Die Kopien wurden 1960 von Rolf Winkler geschaffen.

▸ Breite Str. 45; U-/S-Bahn: Pankow

12 Wohnanlage Amalienpark

Die Wohnstraße Amalienpark mit ihrer ruhigen Grünanlage wurde 1896/1897 im Auftrag der »Landhausbaugesellschaft Pankow« nach Plänen von Otto March angelegt. Nach der Wende wurde sie nach historischem Vorbild rekonstruiert, sodass heute das Ensemble der neun landhausartigen Villen im Originalzustand wiederhergestellt ist. Das Areal ist kulturell geprägt: Einst lebten und arbeiteten hier Künstler und Literaten, wie beispielsweise Christa Wolf im Amalienpark 7. Heute befinden sich hier ein »Kunstladen«, eine Buchhandlung und ein Verlag. Der Verein »Kunst und Literatur Forum Amalienpark« unterhält außerdem eine Galerie, ein Literaturforum und eine Kunstwerkstatt.

▸ www.amalienpark.de; Am Amalienpark; U-/S-Bahn: Pankow

⓭ Garbáty-Gartenhaus
Pankow war bis zur NS-Zeit ein Stadtteil mit reichem jüdischen Leben. Einige traditionsreiche Gebäude aus dieser Zeit sind noch erhalten, wie beispielsweise das Gartenhaus des ehemaligen Anwesens der jüdischen Familie Garbáty in der Berliner Straße 126–128. Bis 1990 war hier die Bulgarische Botschaft beheimatet. 1999 richtete die rechtsradikale Partei Die Republikaner in dem Haus ihre Bundeszentrale ein, zog allerdings aufgrund anhaltender Proteste 2003 wieder aus.

▸ Berliner Str. 126–128; U-/S-Bahn: Pankow

⓮ Freibad Pankow
Das großflächige Freibad Pankow grenzt an den nördlichen Bereich des Amalienparks an. Das Gelände wurde 1958–1960 als Projekt im Rahmen des »Nationalen Aufbauwerks« angelegt, bei dem Pankower Bürger sich aktiv beim kollektiven Arbeitseinsatz oder durch Geldspenden beteiligten. Die Pläne für die Schwimmhalle konzipierte der Architekt Gunther Derdau, der die Halle als Prototypen plante und in mehreren Varianten in Berlin umsetzte.

▸ Wolfshagener Str. 91; U-/S-Bahn: Pankow, von dort weiter mit Tram 50 bis Mendelstr.

⓯ Schlosspark und Schloss Schönhausen
Der Schlosspark mit dem Barockschloss Schönhausen wurde 1829 nach Plänen von Peter Joseph Lenné angelegt. Bereits im späten 17. Jahrhundert war an diesem Ort ein Herrensitz erbaut worden. 1700 fanden hier die Geheimverhandlungen statt, aus denen später die Gründung des Königreichs Preußen hervorging. Anfang des

18. Jahrhunderts wurde der Herrensitz nach Entwürfen von Eosander von Göthe und Johann Arnold Nering nach der damaligen Mode in ein äußerlich schlichtes, aber im Inneren prunkvolles Schloss mit Seidentapeten, hochwertigen Fußböden, prachtvoll vergoldeten Stuckarbeiten und Gemälden ausgebaut und später noch mehrfach umgestaltet und erweitert. Das Schloss ging 1740 in den Besitz der Frau Friedrichs II., Elisabeth Christine, über, die es 50 Jahre bewohnte. In den 1920er- und 1930er-Jahren wurde das Anwesen für Ausstellungen des Pankower Kunstvereins genutzt; die Nationalsozialisten richteten hier anschließend eines von zwei Berliner Depots für die sogenannte Entartete Kunst ein. 1949–1960 hatte zunächst der Präsident der DDR, Wilhelm Pieck, seinen Amtssitz im Schloss, später wurde es als Gästehaus genutzt, in dem unter anderem Michail Gorbatschow und Raissa Gorbatschowa, Indira Gandhi sowie Fidel Castro logierten.

Da das Schloss als reiner Wohnbau nicht über Küche und Keller verfügt, mussten die Mahlzeiten in einem Nebengebäude angerichtet und anschließend für den Verzehr zum mehrere Hundert Meter entfernten Schloss getragen werden. Auch für größere Treffen ist das Schloss zu klein, sodass es für Konferenzen ebenfalls ein Nebengebäude gibt. 1989 tagte hier bis zu den ersten freien Volkskammerwahlen im März 1990 der zentrale »Runde Tisch« der DDR. Im Juni 1990 wurde das Schloss erneut zum historischen Ort, als in den sogenannten Zwei-plus-Vier-Gesprächen, an denen die Vertreter der Siegermächte und die Außenminister der beiden deutschen Staaten teilnahmen, die politische Basis für die Wiedervereinigung geschaffen wurde. Nach der Wende war das Schloss Besitz verschiedener staatlicher Institutionen, bis es 2005 von der Stiftung Preußische Schlösser und Gärten Berlin-Brandenburg übernommen wurde, die es bis 2009 umfassend sanierte. Heute wird das Schloss museal genutzt und ist für die Öffentlichkeit zugänglich. Im Erdgeschoss befindet sich eine dauerhafte Ausstellung über das Leben der preußischen Königin Elisabeth Christine. Dafür wurden einige Räume aus ihrer Zeit mit wertvollen Ausstattungsstücken des Rokoko wiederhergestellt, darunter originale Spiegelrahmen, Paneele, Kamine, Möbel und Tapeten. Das Obergeschoss widmet sich zum einen der jüngeren Geschichte mit der Einrichtung aus der Zeit der DDR, wie beispielsweise der Arbeitsräume Wilhelm Piecks. Zum anderen wird hier mit der Sammlung Dohna-Schlobitten der Bogen zum Anfang der Geschichte von Schönhausen geschlagen. Sie zeigt einen bedeutenden Teil des Inventars des Hauptsitzes von Gräfin Dohna, Schloss Schlobitten in Ostpreußen, die zur Familie der Erbauer des ersten

Schlosses in Schönhausen gehört. Über die vierjährige Wiederherstellung von Schloss und Garten informiert die Ausstellung im zweiten Obergeschoss.

> ▸ www.spsg.de; Tschaikowskistr. 1; Nov.–März: Sa/So 10–17; Apr.–Okt.: Di–So
> 10–18 Uhr; Eintritt 6 €, erm. 5 €; U-/S-Bahn: Pankow, von dort weiter mit Tram M1
> bis Tschaikowskistr.

🔴16 Majakowskiring

Der Majakowskiring ist ein ovaler Straßenzug, der von größtenteils
hellen, schlichten Villen aus den 1930er-Jahren gesäumt wird. Bekannt wurde er durch seine Anwohner aus der DDR-Führungsriege,
die das gesamte Wohngebiet ummauern ließen. Zunächst waren die
Häuser an der Kronprinzen- und Viktoriastraße, wie der Ring ursprünglich hieß, nach dem Zweiten Weltkrieg von der Sowjetischen
Militäradministration bezogen worden. Die ursprünglichen Eigentümer – vorwiegend Industrielle – wurden dafür 1945 ohne Entschädigung enteignet und mussten ihre Villen räumen. In die Häuser zogen
anschließend vor allem sowjetische Offiziersfamilien ein, aber auch
einige deutsche Funktionäre, darunter Walter Ulbricht, Johannes R.
Becher und Wilhelm Pieck. Nach der Gründung der DDR übergaben
die Sowjets das Wohngebiet in die Verantwortung der Staatsadmi-
nistration, woraufhin Politbüromitglieder und Funktionäre in den
Häusern Wohnrecht erhielten. Zu dieser Zeit bekam der Straßenzug
den Namen des russischen Dichters Wladimir Majakowski. Durch
eine Mauer um das Viertel wurden die Anwohner von der Außen-
welt regelrecht abgeschottet, weshalb man beim Majakowskiring auch
vom »Städtchen« sprach. Man konnte das Gebiet nur mit einem Passierschein betreten; auch durch den Umzug der Politbüromitglieder
in die Waldsiedlung Wandlitz nördlich von Berlin 1960 änderte sich
dies nicht. Erst nach dem Tod Ulbrichts 1973 war der Zugang zum
Majakowskiring wieder ohne Passierschein möglich, befahren konnte
man ihn jedoch zunächst weiterhin nicht. Heute erscheint das Viertel
relativ unscheinbar; einige Fahnenmasten und Gedenktafeln an den
Häusern erinnern allerdings an die DDR-Vergangenheit.

> ▸ U-/S-Bahn: Pankow, von dort weiter mit Tram M1 bis Tschaikowskistr.

🔴17 Paul-Franke-Siedlung

Die Paul-Franke-Siedlung in der Grabbeallee 14–26 wurde 1908/1909
nach Plänen von Paul Mebes errichtet. Der 1900 gegründete

Beamten-Wohnungs-Verein zu Berlin hatte den Wohnkomplex aus roten Klinkern in Auftrag gegeben.

▸ Grabbeallee 14–26; U-/S-Bahn: Pankow, von dort weiter mit Tram M1 bis Bürgerpark Pankow

18 Heinrich-Mann-Platz

Östlich des Pankower Friedhofs III liegt der ruhige, grüne und von zweistöckigen Häusern umgebene Heinrich-Mann-Platz. Seinen Namen erhielt er, weil hier eigentlich der Schriftsteller Heinrich Mann ein Haus beziehen sollte, dieser jedoch kurz vor der beabsichtigten Übersiedlung im amerikanischen Exil verstarb. In das für Mann reservierte Haus in der Homeyerstraße 13 zog stattdessen Arnold Zweig, der hier bis zu seinem Tod im Jahr 1968 lebte. Um die sogenannte Straße 201 nördlich des Heinrich-Mann-Platzes befindet sich die unter Denkmalschutz stehende Erich-Weinert-Siedlung, die 1950/1951 auf einem ehemaligen Sandplatz nach Plänen des Architekten Hanns Hopp als Künstlersiedlung angelegt wurde. Die 23 Einzelhäuser waren vorwiegend für aus dem Exil heimkehrende Künstler, Wissenschaftler und Publizisten bestimmt, aber auch für im Westen Deutschlands bzw. Berlins lebende. Zu den Zugezogenen gehörten unter anderen Erich Weinert – nach dessen Tod 1953 die Siedlung nach ihm benannt wurde –, Sänger Ernst Busch, Komponist Hanns Eisler und Bildhauer Theo Balden.

▸ Heinrich-Mann-Platz; U-/S-Bahn: Pankow, von dort weiter mit Tram M1 bis Bürgerpark Pankow

19 Waldpark Schönholzer Heide

Jenseits der Hermann-Hesse-Straße befindet sich der Waldpark Schönholzer Heide, ein größtenteils naturbelassenes, hügeliges Gebiet mit einer Fläche von 35 ha. Anfang der 1750er-Jahre kaufte Königin Elisabeth Christine, die unweit in Schloss Schönhausen lebte, hier Land für eine Maulbeerplantage, woraufhin sich im Laufe der Jahre am Rand der Plantage eine kleine Kolonie mit Gutshaus entwickelte. Ab 1900 wurde der südliche Teil des Waldparks zum beliebten Ausflugsziel für viele Berliner, die hier ein Restaurant, Sportplätze und eine Schießanlage vorfanden. Auch heute ist das Gebiet ein beliebter Naherholungsort mit Liegewiesen, einem Abenteuerspielplatz, einem Fußballplatz sowie einem Naturlehrpfad durch die gesamte Heide. Auf dem Ehrenfriedhof im Nordwesten des Parks, dem 1959 angelegten Sowjetischen Ehrenmal Schönholz, sind mehr als 13 000 im Kampf um Berlin gefallene sowjetische Soldaten beerdigt.

> ▸ Hermann-Hesse-Str.; U-/S-Bahn: Pankow, von dort weiter mit Tram M1 bis Hermann-Hesse-Str./Waldstr.

🄳 Pankower Friedhof III

Der Pankower Friedhof III wurde 1905 angelegt, als die Flächen auf dem Friedhof I (heute im Bürgerpark) und Friedhof II (an der Gaillardstraße) nicht mehr ausreichten. In diesem Jahr wurde auch die neugotische, rot verklinkerte Friedhofskapelle nahe dem Haupteingang gebaut, deren Entwürfe von Carl Lubig stammen. Ernst Busch, der in der benachbarten Leonhard-Frank-Straße 11 wohnte, Fritz Cremer und Rainer Bredemeyer gehören zu den hier Bestatteten. Der Haupteingang zum Friedhof befindet sich Am Bürgerpark 24.

> ▸ Am Bürgerpark; U-/S-Bahn: Pankow, von dort weiter mit Tram M1 bis Bürgerpark Pankow

🄴 Bürgerpark Pankow

Der Bürgerpark Pankow ist ein 12 ha großes Parkgelände an der Panke, das durch seine verkehrsgünstige Lage und ein Gartenlokal vor allem im Sommer ein beliebter Naherholungsort ist. Mitte des 19. Jahrhunderts hatte hier, auf dem ehemaligen Papiermühlengelände, Baron Killisch von Horn, Gründer der Berliner Börsenzeitung, ein Herrenhaus mit Parkanlage errichtet. Nach einer Vergrößerung des Geländes durch Zukauf von 10 ha ließ er einen Landschaftsgarten nach englischem Vorbild anlegen, inklusive Wintergarten, Palmenhäusern, künstlicher Grotten, Marmorplastiken, Pagodenbauten sowie einem Felsen aus Muschelkalk. Unter Bürgermeister Wilhelm Kuhr erwarb die Gemeinde Pankow 1907 die Parkanlage und gestaltete sie zum Bürgerpark aus. Nach dem Zweiten Weltkrieg wurde das Herrenhaus abgerissen und der Park zur landwirtschaftlichen Nutzfläche umfunktioniert. 1965–1968 erfolgte eine grundlegende Erneuerung der Grünanlage, durch die sie ihr heutiges Aussehen erhielt.

Der Bürgerpark wird charakterisiert von weiträumigen Wiesenflächen, der Panke, einem guterhaltenen Baumbestand und vor allem dem triumphbogenartigen Parkportal von 1860 – dem Wahrzeichen von Pankow. Im Süden befindet sich ein Tiergehege mit Bergziegen;

Das Portal des Bürgerparks Pankow stammt von 1860

das ehemalige Jägerhaus beherbergt Volieren mit Pfauen, Fasanen und seltenen Tauben. Am Rand der großen Liegewiese befindet sich die 1955 eröffnete Parkbibliothek mit Café. Auch der alte, 1841 angelegte Pankower Gemeindefriedhof I ist heute in den Park eingefasst. Er liegt rechts neben dem Haupteingang. Neben den Grabsteinen der bekanntesten alteingesessenen Pankower Bürgerfamilien steht dort auch die pompöse Kapelle der Familie Killisch von Horn. Des Weiteren befinden sich im Park einige Skulpturen und Denkmäler, darunter die lebensgroße Johannes-B.-Becher-Plastik, welche 1960 von Fritz Cremer errichtet wurde, sowie eine Büste von Heinrich Mann, 1951 von Gustav Seitz geschaffen.

> ‣ www.buergerpark-pankow.de; U-/S-Bahn: Pankow, von dort weiter mit Tram M1 bis Bürgerpark Pankow

22 Fabrikgebäude

An der Wilhelm-Kuhr-Straße, die zum nahen Bürgerpark führt, steht kurz vor dem Parkeingang ein kleines, baufälliges Fabrikgebäude. 1903 wurde hier vom Glasmacher Reinhold Burger die Thermosflasche erfunden. Burger hatte 1894 eine eigene Firma namens »R. Burger & Co.« gegründet, die die erste Glasinstrumentenfabrik dieser Art in Berlin war. Der Firmensitz befand sich zunächst in der Chausseestraße 8 in Berlin-Mitte und seit 1921 in Pankow. Nach Burgers Tod 1954 wurde die Firma noch bis 1982 als Familienunternehmen weitergeführt. Auch der Pankower Ingenieur Paul Nipkow hatte mit seiner Erfindung Erfolg: 1884 ließ er die sogenannte Nipkow-Scheibe patentieren. Durch diesen Vorläufer der Bildröhre wurde es zum ersten Mal möglich, Bilder durch Auflösung in Punkte zu übertragen. Nach ihrem Tod wurden die beiden Erfinder auf dem Friedhof an der Schönholzer Straße nordwestlich des Bürgerparks beerdigt.

> ‣ Wilhelm-Kuhr-Str. 3; U-/S-Bahn: Pankow, von dort weiter mit Tram M1 bis Bürgerpark Pankow

23 Museum Pankow

Das Museum Pankow, Heimatmuseum des Bezirks Pankow, ermöglicht dem Besucher einen Einblick in die Ortsgeschichte von der Frühzeit bis in die Gegenwart. Zur Ausstellung gehören unter anderem eine Küche mit Mädchenkammer, ein herrschaftliches Zimmer und ein luxuriöses Badezimmer aus der Gründerzeit. Die Parkettfußböden, hohen Kachelöfen, die Wandbemalungen und der prächtige Deckenstuck blieben erhalten, weil die Töchter des Stuhlrohrfabrikanten Fritz Heyn bis zu ihrem Tod im Jahr 1973 die väterliche Wohnung nicht veränderten. Auch Alltagsgegenstände und Bekleidung aus der Zeit um 1900 werden ausgestellt, der Hofgarten ist ebenfalls in das Museum integriert.

> ‣ Heynstr. 8; Di/Do 10–18, Sa/So 10–18 Uhr; Tel.: 030/481 40 47; U-/S-Bahn: Pankow

Niederschönhausen

24 Ossietzkyplatz

Der Ossietzkyplatz war früher das Zentrum von Niederschönhausen. Im 13. Jahrhundert wurde hier eine Feldsteinkirche errichtet, die 1869–1871 durch die heute am Platz liegende Friedenskirche im neoromanischen Stil ersetzt wurde. Einige alte Mauerreste der wegen Baufälligkeit abgerissenen Dorfkirche wurden dabei in die Westmauer des neuen Kirchenschiffs integriert. Ihren Namen erhielt die neue Kirche durch ihre Fertigstellung zum Ende des Deutsch-Französischen Krieges 1871. Den benachbarten Platz, den heutigen Ossietzkyplatz, hatte man entsprechend Friedensplatz benannt.

> ‣ www.friedenskirche.wordpress.com; Ossietzkyplatz; U-/S-Bahn: Pankow, von dort weiter mit Tram M1 bis Hermann-Hesse-Str./Waldstr.

25 Friedhof IV

Der ehemalige Dorffriedhof an der Buchholzer Straße wurde Anfang des 19. Jahrhunderts angelegt. Hier befinden sich viele Grabstätten alteingesessener Bewohner von Pankow, darunter auch sehenswerte Denkmäler. Neben Carl von Ossietzky, der die letzten Jahre vor seinem Tod in Pankow verlebt hat, wurde auch Max Skladanowsky hier bestattet. Mit seinem Bruder Emil hatte Skladanowsky 1895 im Pankower Lokal »Feldschlösschen« in der Berliner Straße 27 die erste Filmvorführung Deutschlands organisiert.

> ‣ Buchholzer Str. 6–8; U-/S-Bahn: Pankow, von dort weiter mit Tram M1 bis Kuckhoffstr.

26 Brosepark

Der etwa 4 ha große Brosepark geht zurück auf ein Grundstück des Pankower Bankiers Christian Wilhelm Brose. Im frühen 19. Jahrhundert wurden viele Grundstücke in Niederschönhausen an vermögende Berliner verkauft, die hier Landhäuser und Villen errichteten. So kaufte auch Brose 1818 ein Areal mit einem bereits 1764 für den Küster Johann Gottfried Palm erbauten Wohnhaus. Brose, der zu seinem Freundeskreis bekannte Persönlichkeiten aus Politik, Wissenschaft und Kunst zählte, ließ sein Anwesen unter dem Einfluss einiger Freunde wie Karl Friedrich Schinkel und Christian Daniel Rauch nach neoklassizistischen Prinzipien gestalten und den Garten im Stil eines englischen Landschaftsparks anlegen. Schinkel entwarf außerdem das sogenannte Borkenhäuschen, welches jedoch um 1930 abgerissen wurde und heute nicht mehr erhalten ist. 1920 erwarb die Gemeinde Niederschönhausen den Park und machte ihn für die Öffentlichkeit zugänglich. Die Gebäude wurden wegen Baufälligkeit abgerissen und der Park 1985–1987 umfassend rekonstruiert. Das Küster-Palm-Häuschen, heute Brosehaus genannt, wurde Mitte der 1990er-Jahre wiederaufgebaut und beherbergt heute Räume des Vereins »Freundeskreis der Chronik Pankow«, der dort Ausstellungen und Vorträge zur Geschichte Pankows veranstaltet.

▸ Brosehaus: Dietzgenstr. 42; Mi/So 15–17 Uhr; U-/S-Bahn: Pankow, von dort weiter mit Tram M1 bis Kuckhoffstr.

27 Holländerhaus

Das Holländerhaus in der Dietzgenstraße 51–53, gegenüber dem Brosepark, wurde 1816 vom Bankier Fetschow als einstöckiges Haus auf seinem bereits 1802 erworbenen Grundstück an der damaligen Dorfstraße erbaut. 1851 übernahm der Fabrikant und Kunstschlossmeister Carl Friedrich Hausschild das Gebäude und stockte es zu dem »Holländerhaus« auf. Dabei ließ er im zweiten Obergeschoß eine Art Rittersaal mit bemalter Holzbalkendecke und Wandtäfelung einbauen und zur Platanenstraße einen reich verzierten Balkon anfügen. Heute befinden sich in dem Haus unter anderem Arztpraxen und der Sitz der gemeinnützigen Gesellschaft für Arbeits- und Berufsförderung (GAB).

▸ Dietzgenstr. 51–53; U-/S-Bahn: Pankow, von dort weiter mit Tram M1 bis Kuckhoffstr.

28 St.-Maria-Magdalena-Kirche

Die katholische Kirche St. Maria Magdalena, die seit 2004 zur Pfarrgemeinde St. Georg gehört, wurde 1929/1930 nach Plänen des Architekten Felix Sturm erbaut. Dieser gestaltete den roten Backsteinbau mit dem querrechteckigen Turm im Stil des Expressionismus;

der Innenraum ist an den Jugendstil angelehnt. Eine weit angelegte Treppe führt zum Kirchenzugang in der Turmfront, über dem ein Reliefbild die »Erscheinung des Herrn von Maria Magdalena nach der Auferstehung« darstellt. Der erste Pfarrer der Kirche war Joseph Lenzel, der sich neben seiner Gemeindearbeit auch für polnische Zwangsarbeiter einsetzte. 1942 wurde er dafür von der Gestapo verhaftet und ins KZ Dachau überführt, wo er wenig später starb.

▸ www.sankt-georg-berlin.de; Plantanenstr. 22b; Tram M1 bis Am Iderfenngraben

Weißensee: Fläche: 7,93 km², Einwohnerzahl: 49 056

Weißensee

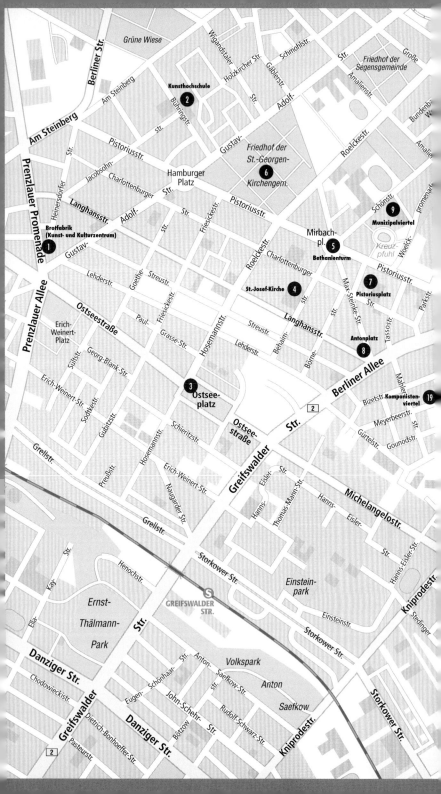

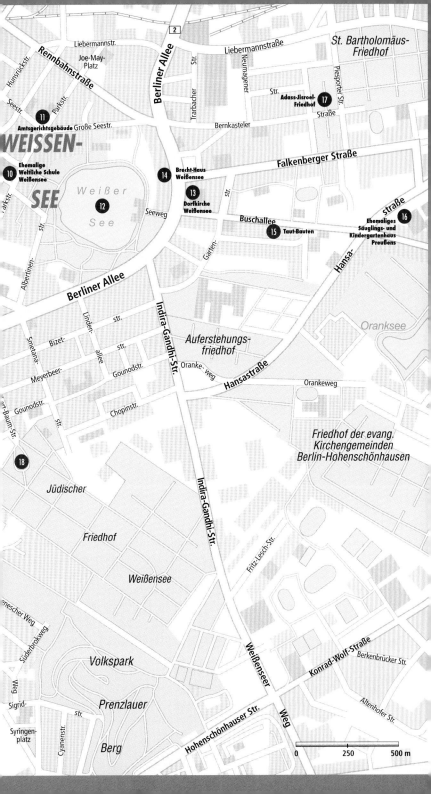

Um den Weißen See

1 Brotfabrik (Kunst- und Kulturzentrum)

Am Eingang zu Weißensee, von Prenzlauer Berg aus kommend, befindet sich die Brotfabrik, ein Kunst- und Kulturzentrum mit Bühne, Kino, Kneipe und einer Galerie für junge osteuropäische Fotokunst. Nachdem 1890 der Bäckermeister Kohler auf dem Areal eine Bäckerstube gegründet hatte, wurde die eigentliche Brotfabrik 1914 errichtet und 1929 erweitert. Der Bäckermeister flüchtete 1952 nach West-Berlin, woraufhin das Gebäude auf verschiedene Firmen aufgeteilt wurde. 1985 wurde der Gebäudekomplex erstmals als Jugendclub genutzt, damals unter der Leitung der Kunsthochschule Weißensee. Das heutige Konzept startete 1990 und wurde über die Jahre mehrmals verändert und ausgebaut; ein tägliches Veranstaltungsprogramm, interdisziplinäre Projekte, ein Filmarchiv und Medienräume gehören zum Angebot der Brotfabrik.

▸ www.brotfabrik-berlin.de; Caligariplatz 1; S-Bahn: Prenzlauer Allee, von dort weiter mit Tram M2 bis Prenzlauer Allee/Ostseestr.

2 Kunsthochschule

Die Kunsthochschule Berlin in der Bühringstraße wurde 1946 als »Kunstschule des Nordens« gegründet und erhielt auf Anordnung der sowjetischen Besatzungsmacht ein Jahr später den Status einer staatlichen Hochschule für angewandte Kunst. Ihren Sitz fand sie in dem 1935 errichteten Verwaltungsgebäude der nach dem Zweiten Weltkrieg enteigneten Trumpf-Schokoladenfabrik. 1955/1956 erhielt die Hochschule einen Erweiterungsbau nach den Plänen von Bauhaus-Architekt Selman Selmanagić unter Beteiligung von Peter Flierl, Günther Köhler und Erwin Krause. Im Eingangsbereich befinden sich ein Wandfries von Toni Mau sowie Reliefs von Jürgen von Woyski. 1988/1989 gab es an der Kunsthochschule eine starke studentische Opposition gegen die undemokratischen Verhältnisse in der DDR, bei der die Studenten offene Diskussionen forderten und diverse Aktionen durchführten. Die schon während der Wende in der DDR 1989/1990 begonnene Neugestaltung der Hochschule wurde 1991–1993 erfolgreich weitergeführt. Heute werden die fünfjährigen Studiengänge Bildhauerei, Bühnen- und Kostümbild, Malerei, Modedesign, Produktdesign, Textil- und Flächendesign sowie Visuelle Kommunikation angeboten. Besonderheiten sind das für alle Studierenden verbindliche einjährige künstlerisch-gestalterische

Grundlagenstudium in der Lehrtradition des Bauhauses, ein intensives theoretisches Lehrangebot sowie offene Werkstätten für Studierende aller Fächer.

▸ www.kh-berlin.de; Bühringstr. 20; S-Bahn: Prenzlauer Allee, von dort weiter mit Tram M2 bis Am Steinberg

❸ Ostseeplatz

Der rechteckige und mit Bäumen bepflanzte Ostseeplatz liegt am östlichen Ende der Ostseestraße. Das Gebiet um den Platz war im 19. Jahrhundert noch kaum entwickelt, nur die breite Ostseestraße war schon 1840 angelegt worden. Diese hat ihren Ursprung in den Entwürfen Lennés: Sie sollte ein Ringboulevard werden, der nach Westen zum Schloss Charlottenburg und von dort als sogenannter Generalszug weiter über die Otto-Suhr-Allee, Tauentzienstraße, Yorckstraße, Gneisenaustraße führt und schließlich über Lichtenberg wieder zur Ostseestraße zurückgeht. Die am Ostseeplatz stehenden Wohnblöcke sollten den nur teilweise realisierten Ringboulevard im Osten schließen. Die neoklassizistischen Bauten wurden in den 1950er-Jahren parallel zur heutigen Karl-Marx-Allee errichtet und sollten über einen Straßenzug durch Lichtenberg mit dieser verbunden werden.

▸ Tram M4 bis Greifswalder Str./Ostseestr.

❹ St.-Josef-Kirche

Die heute denkmalgeschützte katholische Kirche St. Josef mit Pfarr- und Gemeindehaus wurde 1898/1899 nach Plänen der Architektengemeinschaft Moritz & Welz errichtet. Die Architekten gestalteten den Sakralbau, der einen kreuzförmigen Grundriss besitzt und Giebel in alle vier Himmelsrichtungen aufweist, im Stil der norddeutschen Backsteingotik.

Die Kirche liegt mitten in Neu-Weißensee. Die selbstständige Gemeinde entstand ab 1872 durch Parzellierung eines ehemaligen Rittergutes und wurde mit Mietshäusern für mittelständische Einwohner bebaut. Da das von einer Aktiengesellschaft betriebene Unternehmen großen Erfolg verbuchte, war die Bevölkerungszahl Neu-Weißensees bald deutlich höher als die des alten Weißensees.

▸ www.st-josef-weissensee.de; Behaimstr. 33–39; Tram 12, M13 bis Behaimstr.

5 Bethanienturm

Die evangelische Bethanienkirche auf dem Mirbachplatz wurde 1900–1902 nach Plänen der Architekten Ludwig von Tiedemann und Robert Leibnitz im neogotischen Stil errichtet und im Beisein von Kaiser Wilhelm II. und Kaiserin Auguste Viktoria eröffnet. Ein neuer Kirchenbau war aufgrund der beachtlich steigenden Einwohnerzahlen Neu-Weißensees nötig geworden. Im Zweiten Weltkrieg wurde der Bau fast völlig zerstört, nur der 65 m hohe Turm mit einem Sockel aus Kalksandstein und einem Glockengeschoss aus Backstein blieb verschont. Der heute denkmalgeschützte Kirchenturm wurde 2007 an einen Berliner Architekten und Projektentwickler verkauft, der die Räume für ein unkonventionelles Galeriekonzept nutzt. Das dem

Bethanienturm

Turm gegenüberliegende und 1908 errichtete Gemeindehaus blieb während des Kriegs unversehrt und beherbergt heute eine Evangelische Kindertagesstätte und das Gemeindebüro.

> ▸ www.planufaktur.de; www.kirchengemeinde-weissensee.de; Mirbachplatz; Tram 12, M13 bis Behaimstr.

6 Friedhof Weißensee

Zwischen Schönstraße und Roelckestraße liegt der Friedhof Weißensee, der 1893 als Friedhof der Gemeinde Neu-Weißensee angelegt wurde. Der Haupteingang mit dem denkmalgeschützten Eingangsportal nach Entwürfen Carl James Bührings von 1915 befindet sich in der Roelckestraße. Im Eingangsbereich gegenüber der Trauerhalle liegen zwei Kriegsgräberanlagen für Opfer des Zweiten Weltkriegs, eine Namenstafel in Bronze enthält die Lebensdaten der Geehrten. Die zwei Ehrengräber des Friedhofs gehören zu Carl Woelck, 1905–1920 Bürgermeister der vereinigten Weißenseer Gemeinden, und Heinrich Feldtmann, der Rittergutsverwalter und Gemeindevertreter von Neu-Weißensee war.

> ▸ Roelckestr. 48; Tram 12, M13 bis Friesickestr.

7 Pistoriusplatz

Der Pistoriusplatz wurde seit 1875 als Dorfwiese genutzt – damals noch unter dem Namen »Zickenwiese«. In den 1920er-Jahren entstanden hier hellrote Klinkerbauten, teilweise mit Arkaden. Seinen heutigen Namen erhielt er 1931 nach dem Besitzer des Rittergutes Weißensee, Johann Heinrich Leberecht Pistorius, nach welchem auch die anliegende Pistoriusstraße benannt ist. Der heute von Wohn- und Geschäftshäusern umgebene Platz liegt im Gründerviertel von Weißensee. Dessen Straßen und Plätze tragen die Namen von Personen, die sich für die Entwicklung und den Ausbau des Stadtteils während der Gründerzeit eingesetzt haben.

> ▸ Tram M4, 12, M13 bis Antonplatz

8 Antonplatz

Der Antonplatz liegt im Weißenseer Gründerviertel an der Berliner Allee, der Haupt(einkaufs)straße des Ortsteils, deren Ausbau 1804 begann, und wurde in der zweiten Hälfte des 19. Jahrhunderts als Stadtplatz angelegt. Der Name geht zurück auf Anton Matthias Schön, der seinen Bruder Gustav Adolf Schön – einer der Hauptgründer des städtischen Weißensees – bei den Kapitalanlagen für seine Bodenspekulationen unterstütze. Als Dank erhielt der Platz 1874 nach ihm den Namen Antonplatz. In den folgenden Jahren wurden von Privatleuten und Baugesellschaften drei- bis viergeschossige Bürgerhäuser in der Umgebung gebaut. Als ab 1907 in der Berliner Allee und ihren Seitenstraßen eine Art Kinomeile entstand, wurde am Nordrand des Antonplatzes das heute älteste erhaltene Kino Berlins errichtet. 1919 ließen es die Bauherren Czutzka und Co. nach Entwürfen der Berliner Kinoarchitekten Max Bischoff und Fritz Wilms, die auch das Colosseum in der Schönhauser Allee entwarfen, erbauen. Im Zweiten Weltkrieg stark beschädigt, nahm das Kino mit 700 Plätzen 1948 unter dem neuen Namen »Toni« den Spielbetrieb wieder auf. Nach der Schließung durch die Baubehörden 1979 stand das Kino mehrere Jahre leer. 1992 erwarb ein Regisseur das Gebäude, ließ es sanieren und 1997 wiedereröffnen.

▸ www.kino-toni.de; Antonplatz 1; Tram M4, 12, M13 bis Antonplatz

⑨ Munizipalviertel

Das sogenannte Munizipalviertel liegt rund um den Kreuzpfuhl, einer kleinen Parkanlage mit See, und stammt aus der Reformzeit Weißensees. Der Bürgermeister Dr. Carl Woelck ließ hier nach Entwürfen des Architekten Carl James Bühring ein Wohnensemble errichten, das sich deutlich von den üblichen Mietskasernen Berlins abheben und eine etablierte Wohngegend mit Gemeinschaftseinrichtungen für Gutsituierte werden sollte. So entstand 1908–1912 ein Bauensemble, das unter anderem eine Oberrealschule (an der Paul-Ostreich-Straße), eine Abwasserpumpstation (an der Pistoriusstraße), ein Beamtenhaus (an der Pistoriusstraße), ein Ledigenheim für alleinstehende Bewohner (im Eckgebäude Woelckpromenade/Pistoriusstraße), einen Sportplatz und eine Festhalle (am Kreuzpfuhl gegenüber der Oberrealschule) umfasste. Bühring gestaltete die Bauten in märkischer Backsteinarchitektur, die heute zum Großteil noch erhalten ist. Häufig setzte er sie auf Feldsteinsockel und verzierte sie mit dem bildnerischen Schmuck des Bildhauers Hans Schellhorn. 1925–1928 wurde das heute denkmalgeschützte Ensemble von Josef Tiedemann nach Norden, zwischen Woelckpromenade und Schönstraße, durch das sogenannte Holländerquartier ergänzt, das mit seinen Klinkerwohnbauten an das Holländische Viertel in Potsdam erinnert.

▸ Paul-Ostreich-Str./Pistoriusstr./Woelckpromenade; Tram M4, 12, M13 bis Albertinenstr.

10 Ehemalige Weltliche Schule Weißensee

Der rote Klinkerkomplex an der Ecke Amalienstraße/Parkstraße wurde 1929–1931 nach den Plänen von Reinhold Mittmann im Stil der Neuen Sachlichkeit errichtet. 1931–1933 beherbergte der Bau die erste Weltliche Schule von Weißensee, in der es keine Religionsstunden gab. Auch Prügelstrafen wurden verbannt und stattdessen ein fortschrittliches Unterrichtsangebot eingeführt. Der Schulbau gehörte zu den modernsten Deutschlands: es gab spezielle Werkräume, einen großen Zeichensaal, eine Schmiede und einen Fahrradraum im Keller, zwei Turnhallen mit Gymnastikterrasse, eine Schulbibliothek, eine Aula mit Rang und Bühne und auf dem Dach einen Schulgarten. 1933 wurde die Weltliche Schule von den Nationalsozialsten aufgelöst und eine Volks- und eine Mittelschule eingerichtet. 1939–1945 diente das vierstöckige Haus als Lazarett; nach dem Krieg wurde ein Teil des Klinkerbaus zum Rathaus des Bezirks umfunktioniert. Seit 1991 wird das Haus wieder ausschließlich als Schule genutzt, die seit 1994 »Grundschule am Weißensee« heißt. Zu dem denkmalgeschützten Baukomplex gehört auch das Rektorenhaus in der Amalienstraße 8, in dem sich heute das Standesamt Weißensee befindet.

▸ www.gsaws.cidsnet.de; Amalienstr. 6; Tram M4, 12, M13 bis Albertinenstr.

11 Amtsgerichtsgebäude

Das Amtsgerichtsgebäude in der Parkstraße 71 wurde 1902–1906 nach Plänen der Architekten Rudolf Mönnich und Paul Thoemer im Stil der Neorenaissance errichtet. Sie konzipierten den Bau mit steilen Dächern, hohen Giebeln und einem Treppenhaus, welches mit Zellen- und Schlinggewölben ausgestaltet ist. Heute sind in dem Gebäude die Abteilungen für Zivilprozessverfahren, Nachlasssachen, Zwangsvollstreckung, Zwangsversteigerung, Zwangsverwaltung und Insolvenzverfahren des Amtsgerichts Pankow/Weißensee untergebracht.

▸ Parkstr. 71; Tram 12, 27 bis Pasedagplatz

12 Weißer See

Der Weiße See ist mit einem Durchmesser von über 300 m das größte der auf der Hochfläche von Barnim liegenden Gewässer und mit einer Tiefe von 9,7 m einer der tiefsten Seen Berlins. Aufgrund seiner Karpfen stellte er früher eine wichtige Erwerbsquelle für Weißensee dar, die Fische gibt es hier heute immer noch. Auch zur Naherholung wurde er genutzt, im Sommer zum Schwimmen, im Winter zum Eislaufen. Der See wurde ehemals auf der einen Seite von einem Dorf, auf der anderen von einem Gut gesäumt. Ein erstes Gutshaus war im 18. Jahrhundert errichtet und 1821 von Johann Heinrich Leberecht Pistorius übernommen worden, der es um eine Kartoffelbrennerei ergänzte. 1817 hatte der Landwirt und Kaufmann einen neuen Brennapparat für die Spritherstellung entwickelt, der Weißensee sogar zeitweise für seine Alkoholproduktion bekannt machte. 1859 erfolgte ein repräsentativer Neubau des unter dem Namen »Schloss« bekannten Gebäudes und ab 1877 dessen Nutzung als Ausflugsstätte »Zum Sternecker«, die später unter Einbeziehung des Sees zu einem Erlebnispark ausgebaut wurde: Im sogenannten Welt-Etablissement Schloss Weißensee gab es unter anderem ein Seetheater, ein Ballhaus, eine schwedische Rutschbahn und ein Riesenrad. Auf Dauer konnte der Vergnügungspark seinen Erfolg jedoch nicht halten, schon in den 1890er-Jahren sanken die Besucherzahlen. Nachdem die beiden Weißensee-Gemeinden fusionierten, gestaltete man das Gelände in einen Volkspark um; in diesem Rahmen wurden auch die beiden von Hans Schellhorn errichteten Tritonen-Skulpturen an der 1912 errichteten Seebrücke aufgestellt. 1919 brannte das Schloss ab, verblieben sind allein das Freibad am Weißen See und das Milchhäuschen. Letzteres öffnete 1913 und hatte für die Parkbesucher Milchprodukte aus dem gemeindeeigenen Kuhstall im Säuglings- und Kinderkrankenhaus (vgl. Seite 420) an der heutigen Hansastraße im Angebot. 1967 wurde das Milchhäuschen wegen Baufälligkeit abgerissen, anschließend in seiner jetzigen Form wieder aufgebaut und gehört heute zu den bekanntesten Cafés in Weißensee. Spielplätze, ein kleines Wildgehege und ein Planschbecken für Kinder wurden später ebenfalls am See angelegt; zudem führt ein 1,3 m langer Spazierweg um das Gewässer.

Die zweite überregionale Attraktion in Weißensee war die Trabrennbahn, auf die heute der Name der Rennbahnstraße nördlich des Weißen Sees verweist. Auf Initiative des damaligen Bürgermeisters Feldtmann wurde sie 1878 als erste Trabrennbahn Berlins in Weißensee angelegt. Als später modernere Anlagen in Ruhleben und Mariendorf gebaut wurden, wurde die Anlage als Radrennbahn genutzt, die – nach einer Zwischennutzung für (Rock-)Konzerte und Musikfestivals – in den späten 1990er-Jahren abgerissen wurde.

Direkt neben der ehemaligen Trabrennbahn entstand ein Industriegebiet, auf dem 1913 die Vitascope-Gesellschaft ein Filmatelier baute. Damit entwickelte sich Weißensee auch zu einem wichtigen

Ort für Filmproduktionen, dem erst viel später Tempelhof und die Ufa in Babelsberg Konkurrenz machten. Hier wurde beispielsweise der Film »Das Cabinett des Dr. Caligari« produziert.

▸ Tram M4, 12, M13 bis Berliner Allee/Indira-Gandhi-Str. oder Tram 12, 27 bis Falkenberger Str./Berliner Allee

⑬ Dorfkirche Weißensee

Die evangelische Dorfkirche Weißensee an der Ecke Berliner Allee/ Falkenberger Straße wurde im späten Mittelalter mit einem querliegenden Westturm errichtet. Um 1830 ergänzte man sie um einen neugotischen Turmaufsatz – das ehemalige Wahrzeichen des Dorfes –, der aber nach den Zerstörungen im Krieg durch einen einfachen Helm ersetzt wurde. Mehrfach um- und nach dem Zweiten Weltkrieg wieder aufgebaut, hat die Kirche durch eine umfassende Sanierung in den 2000er-Jahren ein modernes Inneres erhalten, in dem heute regelmäßige Gottesdienste und Veranstaltungen stattfinden. Rechts vom Kircheneingang liegt das ehemalige Mausoleum von Johann Heinrich Leberecht Pistorius aus dem 19. Jahrhundert, das heute der Gemeinde als kleiner Gesellschaftsraum dient.

▸ Berliner Allee 180–184; Tram 12, 27 bis Falkenberger Str./Berliner Allee

⑭ Brecht-Haus Weißensee

Das Brecht-Haus gegenüber der Dorfkirche ist ein um 1860 erbautes, klassizistisches Herrenhaus mit vorspringendem Mittelbau. 1949 zog der Dichter Bertolt Brecht mit Helene Weigel in dieses Haus in Pankow, nachdem er zuvor aus dem Exil zurückgekehrt und zunächst im unzerstörten Teil des Hotel Adlon untergekommen war. Das Grundstück in Weißensee war ihm jedoch bald zu abgeschieden, sodass er 1953 schließlich in die Chausseestraße in Mitte zog (vgl. Seite 102). Heute weist lediglich ein kleiner Schriftzug an der abgeblätterten Fassade des Baus darauf hin, dass hier einst Brecht residierte. Nach der Wende wurde das Haus vom »Literaturforum Brecht« übernommen, das hier bis in die späten 1990er-Jahre gelegentlich Autorenlesungen und Werkstattgespräche mit Künstlern veranstaltete. Seit einiger Zeit ist jedoch keine Nutzung des Gebäudes mehr zu erkennen.

▸ Berliner Allee 185; Tram 12, 27 bis Falkenberger Str./Berliner Allee

⑮ Taut-Bauten

In der Buschallee entstand ab 1925 ein Wohnensemble nach Entwürfen von Bruno Taut in Anlehnung an die Ideen des Neuen Bauens. Die GEHAG hatte diese in Auftrag gegeben, als mit der Eingemeindung 1920 der Bedarf an Wohnungen in Weißensee stieg. Taut war bekannt für seine Fassadenfarben als preiswertes Gestaltungsmittel und führte auch diese Häuser in bunter Farbigkeit aus; heute sind die Farben in dem rhythmisch gestalteten Wohnriegel mit vorspringenden Dächern und Treppenhäusern allerdings nicht mehr im Original erhalten.

Ganz in der Nähe befindet sich die Wohnanlage Caseler Straße (Hausnummer 1–5), die zu den letzten Wohnbauten gehört, die Carl James Bühring in Weißensee schuf. Er konzipierte auch den dreigeschossigen Brückenbau; als Bauschmuck verwendete er florale Dekors, Girlanden und vollplastische Büsten.

▸ Buschallee 8–68, 71–84, 94–107; Tram M4, 27 bis Buschallee

⑯ Ehemaliges Säuglings- und Kindergartenhaus Preußens

An der Straßengabelung Buschallee/Hansastraße liegt der Baukomplex des ehemals ersten Säuglings- und Kinderkrankenhauses Preußens. Es wurde nach Plänen von Carl James Bühring erbaut, 1911 eröffnet und besaß damals einen eigenen Kuhstall sowie eine Milchtrinkanstalt. 1997 wurde es geschlossen.

Östlich davon liegt der Volkspark am Faulen See. Das 1933 gesicherte Naturschutzgebiet mit dem natürlich entstandenen Gewässer hat eine Größe von knapp 25 ha und lädt mit Wanderwegen und Spielplätzen zur Naherholung ein.

Die Buschallee, die von den berühmten neusachlichen Wohnbauten Tauts gesäumt wird, die dieser 1928–1930 für die GEHAG errichtete, führt zum mittelalterlichen Dorfkern von Weißensee.

▸ Ecke Buschallee/Hansastr.; Tram 27, M4 bis Buschallee/Hansastr.

⑰ Adass-Jisroel-Friedhof

An der Wittlicher Straße liegt der Friedhof der 1869 gegründeten orthodoxen Separatgemeinde Adoss Jisroel, der wie der große Friedhof der Jüdischen Gemeinde um 1880 angelegt wurde. Gemäß den orthodoxen Prinzipien sind die Grabmale sehr schlicht und fast einheitlich gestaltet. Auf dem Friedhof fanden bis zur Zerstörung der Gemeinde in der Zeit des Nationalsozialismus etwa 3 000 Beerdigungen statt. Nach dem Zweiten Weltkrieg verfiel der Friedhof, bis er in den 1980er-Jahren durch die neubelebte jüdische Gemeinde in Ost-Berlin wieder notdürftig instand gesetzt wurde. Heute ist er normalerweise abgesperrt und Besuche können nur in Absprache mit der Friedhofsverwaltung in Berlin-Mitte erfolgen, die diese allerdings nur für nahe Angehörige möglich macht.

▸ Wittlicher Str. 2; Tram 27, M4 bis Buschallee/Hansastr.

18 Jüdischer Friedhof Weißensee

Der Jüdische Friedhof Weißensee ist mit einer Fläche von 430 000 m^2 und 150 000 Grabstätten einer der größten jüdischen Begräbnisstätten Europas. Er wurde um 1880 von Hugo Licht geplant und angelegt, weil der alte jüdische Friedhof an der Schönhauser Allee nicht mehr ausreichte. Licht konzipierte den Friedhof streng geometrisch mit Haupt- und Nebenwegen, in trapezförmige und dreieckige Flächen unterteilt sowie mit kleinen Plätzen an den Kreuzungen der Wege. Die Grabfelder wurden nach Erbbegräbnissen und Wahl- und Reihenstellen eingeteilt, zudem verfügen alle Grabfelder über eine Kennzeichnung aus Buchstabe und Ziffer. Eine weitere Neue Trauerhalle, zwei Palmenhäuser und sechs Gewächshäuser wurden 1910 errichtet, fielen allerdings 1944 den Bomben zum Opfer.

Im Eingangsbereich befindet sich ein Mahnmal an die 6 Millionen Juden, die von den Nationalsozialisten ermordet wurden. Auf den kreisförmig angeordneten Steinen sind die Namen aller großen Konzentrationslager eingemeißelt. Ein weiteres Mahnmal mit Ehrenfriedhof gedenkt der im Ersten Weltkrieg gefallenen jüdischen Soldaten. Es wurde nach einem Entwurf des Gartenbaumeisters Alexander Beer errichtet und 1927 eingeweiht. Beer konzipierte ein 90 m × 90 m großes Areal, das durch eine über 2 m hohe Mauer eingefasst wird. Es schließt auch ein 3 m hohes, altargleiches Denkmal ein, das mit einer Inschrift und der Abbildung eines Löwen versehen ist, welcher nach Jakobs Weissagung Juda symbolisiert.

Die Ehrenreihe im Feld A1 in der Nähe der Trauerreihe wurde für außergewöhnliche Persönlichkeiten des jüdischen Lebens angelegt. Unter den Bestatteten sind der Nationalökonom und Sozialpolitiker Max Hirsch, der Schriftsteller Karl Emil Franzos, Maler und Grafiker Lesser Ury sowie der Religionsphilosoph Martin Riesenhuber. Unmittelbar daneben befindet sich der Ehrenplatz für den Widerstandskämpfer Herbert Baum. Eine Mauer mit eingelassenen Grabsteinen, auf denen Sterbeorte verzeichnet sind, liegt am nördlichen Rand der

Das Holocaust-Mahnmal auf dem Jüdischen Friedhof in Weißensee

Abteilung G7. 809 Urnen mit der Asche von in Konzentrationslagern ermordeten Juden sind hier aufbewahrt.

Im Feld C2 liegt der Bankier Sigmund Aschrott in einem der teuersten und aufwendigsten Berliner Mausoleen. Seine Grabstätte wurde vom Architekten Bruno Schmitz erbaut, der insbesondere für seinen repräsentativen Stil bekannt war. Auf dem Feld Z4 erhebt sich das Familiengrab von Samuel Fischer, ein Buchhändler, der 1886 mit dem S. Fischer Verlag sein eigenes Unternehmen gründete. Weitere der auf dem Friedhof beigesetzten bekannten Persönlichkeiten sind der Verleger Dr. Rudolf Mosse, der Schriftsteller Stefan Heym, der Journalist Theodor Wolff sowie der Warenhaus-Gründer Hermann Tietz.

› www.jewish-cemetery-weissensee.org; Herbert-Baum-Str. 45; Apr.–Sep. Mo–Do 7:30–17, Fr 7:30–14:30, So 8–17 Uhr, Okt.–März Mo–Do 7:30–16, Fr 7:30–14:30, So 8–16 Uhr, samstags und an jüdischen Feiertagen geschl.; Tram M4, 12, M13 bis Albertinenstr.

19 Komponistenviertel

Das sogenannte Komponistenviertel mit seinen teils villenartig ausgeführten Mietshäusern befindet sich süd-östlich der Berliner Allee.
Bei der Anlage des Viertels um 1872 benannte man zahlreiche Straßen
nach siegreichen Schlachten und gewonnenen Gebieten im Deutsch-
Französischen Krieg, womit man die Attraktivität des Quartiers steigern wollte. Nach 1945 wurden die Straßen größtenteils nach Komponisten umbenannt. Nach der Wende erfolgte an vielen Gebäuden
im Viertel eine Sanierung, oft an die ursprüngliche Bauweise aus dem
späten 19. Jahrhundert angelehnt. Das Viertel wird von der Berliner
Allee im Norden, der Indira-Gandhi-Straße im Osten, der Gürtel-
straße im Westen und dem Jüdischen Friedhof im Süden begrenzt.

‣ Tram M4, 12, M13 bis Antonplatz oder Albertinenstr.

Kreuzberg: Fläche: 10,38 km², Einwohnerzahl: 151 430

Kreuzberg

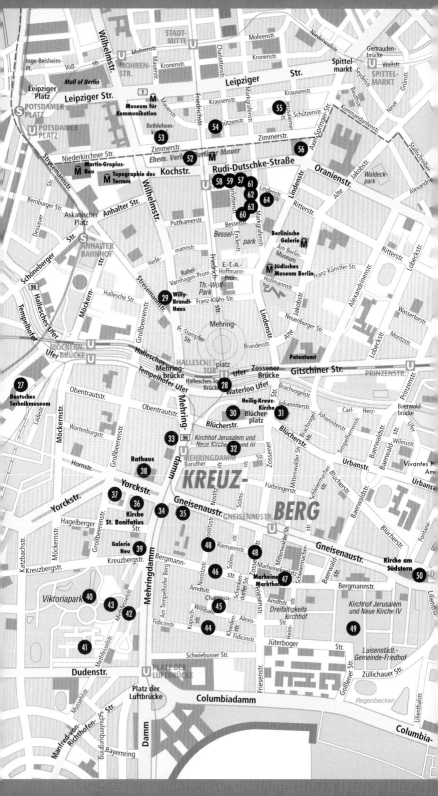

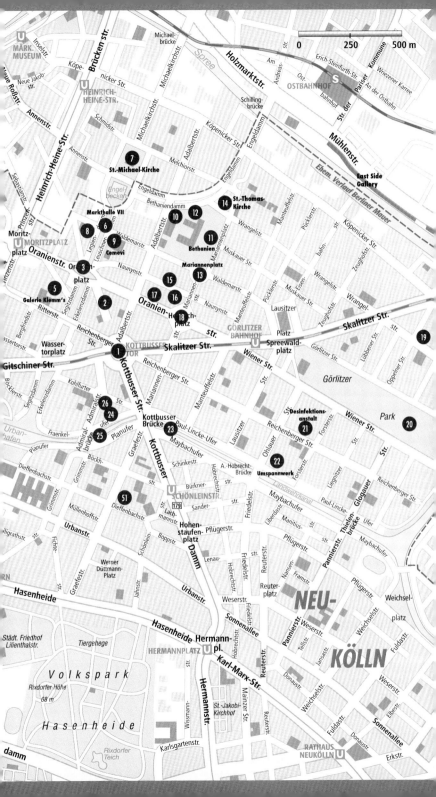

Das östliche Kreuzberg: SO 36

❶ Kottbusser Tor

Die platzartige Straßenkreuzung Kottbusser Tor, auch kurz »Kotti« genannt, ist das Herzstück des nordöstlichen Kreuzbergs. Dominiert wird der Platz vom 1969–1974 errichteten und an der Nordseite gelegenen Neuen Kreuzberger Zentrum (NKZ), das die Adalbertstraße überspannt und die Dresdner Straße im Süden begrenzt. Nach einer Gesamtplanung des Stadtplaners Werner Düttmann wurde das Zentrum von den Architekten Wolfgang Jokisch und Johannes Uhl realisiert. In dem Hochhauskomplex befinden sich Wohnungen für ca. 1 000 Menschen sowie Geschäfte, Clubs und Kneipen, wie beispielsweise das »Möbel Olfe« im Erdgeschoss. Auf der Südseite des Kottbusser Tors wurden Mitte der 1950er-Jahre Altbauten abgerissen und durch eine Hochhausbebauung nach Plänen des Architekten Wassili Luckhardt ersetzt, wodurch der ursprüngliche Gründerzeitcharakter am Kottbusser Tor fast völlig verloren ging. Heute ist die Gegend am und um das Kottbusser Tor herum ein sozialer Brennpunkt und Drogenumschlagplatz. Eine Bronzestele des türkischen Bildhauers Hanefi Yeter erinnert an ein besonders tragisches Ereignis: Im Januar 1980 ist an diesem Ort der türkische Lehrer Celalettin Kesim mit einem Messer tödlich verwundet worden.

▸ U-Bahn: Kottbusser Tor

❷ Dresdner Straße

Die Dresdner Straße mündete früher in den Kreisverkehr am Kottbusser Tor. Durch den Bau des Neuen Kreuzberger Zentrums (NKZ) wurde sie von dem Platz bis auf einen Fußgängerdurchgang abgeschnitten und zur Sackgasse. Architektonisch zeigt die Dresdner Straße noch eine Gründerzeitbebauung, die von den Abrissplänen verschont wurde. Dies ist vor allem dem Engagement der in den 1970er-Jahren entstandenen Berliner Mieterprotestbewegung zu verdanken. Das Gebäude in der Dresdner Straße 12 mit dem Laden des Quartiersmanagement wurde beispielsweise in den 1980er-Jahren sorgfältig restauriert und modernisiert.

1987 verschönerte man die Dresdner Straße im Rahmen der Internationalen Bauausstellung. So wurde in der Dresdner Straße 128 durch die Architekten Dieter Frowein und Gerhard Spangenberg das ungenutzte Parkhaus des Neuen Kreuzberger Zentrums in eine öffentliche Kindertagesstätte mit begrüntem Spielbereich auf dem Dach

umgebaut (heute INA.KINDER.GARTEN). Im Hof ist hier das ehemalige Fachwerk-Toilettenhäuschen erhalten geblieben. Was vor hundert Jahren Luxus war, lässt heute die damals äußerst unhygienischen
Zustände erkennen: Neben den Bewohnern der Mietbauten wurden
die Einrichtungen auch von den Gästen der Lokale in den Vorderhäusern, den Arbeitern der Betriebe in den Fabrikgeschossen und den
Fußgängern auf der Straße genutzt. Häufig befand sich die steinerne
Sickergrube unmittelbar neben der Trinkwasserpumpe, sodass das
Trinkwasser kontinuierlich durch Lecks gefährdet war. Des Weiteren
war 1875 in diesem Stadtteil nur in der Hälfte der Wohnungen eine
Wasserleitung vorhanden, ein WC besaßen nicht einmal 10 Prozent.
Kanalisationsanschlüsse und Podesttoiletten auf den Treppenabsätzen
setzten sich erst mit der Zeit durch. Heute befinden sich in der Dres-
dener Straße Restaurants, Bars und Geschäfte, ein Kino ist im Haus
Nr. 126 untergebracht.

▸ U-Bahn: Kottbusser Tor

③ Oranienplatz

Der Oranienplatz wurde 1841–1852 von Peter Joseph Lenné angelegt,
der ihn als einen von mehreren begrünten Plätzen im Rahmen seines
Bebauungsplanes für die Luisenstadt, dem damaligen Berliner Süden,
konzipierte. In der Mitte des rechteckigen Platzes überspannte die
Oranienbrücke den Luisenstädtischen Kanal, der jedoch schon 1926
zugeschüttet wurde. Der Name »Oranien« hat seinen Ursprung im
frühen 18. Jahrhundert, als hier Gärten von hugenottischen Bauern
angelegt wurden. Diese waren aufgrund von Verfolgungen aus ihrer
Heimat, dem südfranzösischen Fürstentum »Orange«, das enge Verbindungen zu Brandenburg-Preußen unterhielt, geflüchtet und hatten
sich in Berlin niedergelassen. Die den Platz einfassenden Bauten wurden im frühen 20. Jahrhundert errichtet, darunter beispielsweise in
der Oranienstraße 40/41 das frühere Bekleidungskaufhaus C&A Bren-
ninkmeyer oder das 1927 von Max Taut entworfene erste Warenhaus
der gewerkschaftlichen Konsum-Genossenschaft am Oranienplatz 2.
Heute zeigt sich der Oranienplatz als eine grüne Platzanlage mit einem
1986 errichteten Drachenbrunnen aus Granit an der nördlichen Platzseite. 2007/2008 erfolgte ein Umbau in Anlehnung an den historischen
Grundriss, wodurch die ursprüngliche Aufteilung der Platzfläche wieder erkennbar gemacht wurde.

▸ U-Bahn: Moritzplatz

4 Aufbauhaus

Das Aufbauhaus an der Ecke Prinzenstraße/Moritzplatz wurde im Jahr 2011 eröffnet. Konzipiert wurde es von den Architekten Clarke und Kuhn, die in ihre Pläne auch das dort stehende ehemalige Gebäude der Klavierfabrik Bechstein einbezogen. Das Haus verbindet Kreativindustrie und Kultur und beheimatet auf 17 500 m2 mehr als 50 Mieter aus diesen Branchen, darunter der Aufbau Verlag, die Buchhandlung am Moritzplatz, die Design Akademie Berlin und das Theater Aufbau Kreuzberg (TAK). Auch ein Café, eine Galerie und ein Club haben sich hier angesiedelt. Am Infostand des Aufbau Hauses liegt ein Übersichtsplan für das viertstöckige Gebäude aus, auf dem die Geschäfte, Agenturen und Galerien verzeichnet sind. Über Lesungen, Theater, Performances, Musik und Vorträge im Theater Aufbau Kreuzberg und Prince Charles Club informiert ein Faltblatt.

Seit 2009 befindet sich auf der gegenüberliegenden Straßenseite auf einer ehemaligen Brache das Projekt »Prinzessinnengärten« des Vereins »Nomadisch Grün«.

> ‣ www.aufbauhaus.de; www.prinzessinnengarten.net; Prinzenstr. 85; U-Bahn: Moritzplatz

5 Galerie Klemm's

Die beiden Gründer der Galerie, Sebastian Klemm und Silvia Bonsiepe, haben in ihrer 2007 gegründeten Galerie den Schwerpunkt auf internationale Künstler gesetzt, die sich in ihren Arbeiten mit dem aktuellen Zeitgeschehen auseinandersetzen.

> ‣ www.klemms-berlin.com; Prinzessinnenstr. 29; Di–Sa 11–18 Uhr; U-Bahn: Moritzplatz

6 Luisenstädtischer Kanal

Der Luisenstädtische Kanal wurde 1852 eröffnet und verband die Spree im Norden mit dem Landwehrkanal im Süden. 1926 wurde er teilweise zugeschüttet und in eine Gartenanlage umgestaltet. 1961–1990 verlief die Berliner Mauer entlang des nördlichen Teils des Kanals; in den 1990er-Jahren wurde die im Zweiten Weltkrieg zerstörte Gartenanlage abschnittsweise rekonstruiert.

Vom Oranienplatz aus führt ein Fußweg im früheren Kanal Richtung Norden, auf dem nach einigen Metern die Bronzebüsten der Gewerkschaftsführer Wilhelm Leuschner und Carl Legien in Sicht kommen. Ersterer wurde aufgrund seiner Mitgliedschaft in der

Blick vom Luisenstädtischen Kanal auf das Engelbecken

Widerstandsgruppe »Kreisauer Kreis« 1944 von den Nationalsozialisten ermordet. Das Denkmal an diesem Ort ist auch ein Hinweis auf die erste, 1900 fertiggestellte Berliner Gewerkschaftszentrale am Engeldamm 62. Zu DDR-Zeiten diente das rote Backsteingebäude als Krankenhaus für den Bezirk Mitte.

Den ehemaligen Kanal entlang und die gusseiserne Waldemarbrücke unterquerend, kommt ein Abschnitt der neuen Parkanlage im Kanalbett in den Blick. Sie umfasste einst einen Teil des an dieser Stelle äußerst breiten Grenzstreifens und zählt schon zum Bezirk Berlin-Mitte. Im Rosengarten der Anlage steht der 1995 wiederhergestellte Indische Brunnen. Er besteht aus einem zweistufigen, innen mit Goldmosaik belegten Becken, dessen Ränder an allen Seiten bogenförmig nach innen geschwungen sind. Auf einem ebenfalls achteckigen Brunnenstock ruht die weibliche, an einen Buddha erinnernde Brunnenfigur.

Der Weg der Parkanlage in Richtung Norden führt weiter zum Engelbecken, einem angelegten See, der nach dem Erzengel St. Michael benannt wurde. Dessen Statue befindet sich als Kopie des in DDR-Zeiten abgebauten Originals von August Kiß auf dem Dachfirst an der Vorderseite der St.-Michael-Kirche.

‣ Legiendamm/Leuschnerdamm/Segitzdamm/Erkelenzdamm; U-Bahn: Moritzplatz

7 St.-Michael-Kirche

Am Kopf des ehemaligen Luisenstädtischen Kanals liegt die 1851–1856 errichtete St.-Michael-Kirche, die zu den ältesten katholischen Kirchenbauten Berlins gehört. Sie wurde nach Plänen des Schinkel-Schülers August Stoller erbaut und gilt als eine exzellente Umsetzung des für Schinkel typischen Rundbogenstils. Das seit 1978 denkmalge-schützte Gotteshaus wurde während des Zweiten Weltkriegs teilweise zerstört und anschließend wiederaufgebaut. Dennoch ist sie bis heute eine Ruine: Im Langhaus fehlt das Dach, sodass sich dort ein Lichthof mit Garten befindet. Daneben wurde 1985–1988 in die Ruine des Langhauses hinein ein Flachbau für das Pfarrhaus errichtet. Durch den Bau der Berliner Mauer wurde die Kirchengemeinde in zwei Teile geteilt: Die West-Berliner Gemeinde erhielt daraufhin nach Plänen des Architekten Rudolf Schwarz eine eigene St.-Michael-Kirche in der Waldemarstraße am Alfred-Döblin-Platz. Die Ost-Berliner behal-fen sich mit der Kirchenruine. Aufgrund unterschiedlicher Entwick-lungen innerhalb der Gemeinden blieb es nach der Wende bei der Teilung. Heute finden in der St.-Michael-Kirche regelmäßige Gottes-dienste und Veranstaltungen statt.

‣ www.hedwigs-kathedrale.de; Michaelkirchplatz 15; U-Bahn: Heinrich-Heine-Str.

8 Markthalle VII

Am Legiendamm 32 ist das Kopfgebäude der früheren Markthalle VII erhalten geblieben. Diese wurde 1888 nach Plänen des Architekten und Stadtbaurats Hermann Blankenstein errichtet und war einer von 14 überdachten Märkten, die die als unhygienisch geltenden offenen Märkte ablösen sollten. Im Zweiten Weltkrieg zerstört, existieren heute nur die zwei denkmalgeschützten Teile der Halle am Legien-damm 32 und in der Dresdner Straße 27. Der Bau am Legiendamm beherbergt heute die Gaststätte »Kleine Markthalle«.

‣ Legiendamm 32; U-Bahn: Moritzplatz

9 Cemevi

In der Waldemarstraße 20 steht ein länglicher Bau, der einst die ehemalige neuapostolische Kirche und seit 1998 die Berliner Vereinigung der anatolischen Aleviten beherbergt. Das Cemevi ist das einzige Versammlungs- und Gotteshaus der in der Türkei offiziell nicht anerkannten Strömung des Islams in Berlin. Ein großer Teil der aus der Türkei eingewanderten Muslime sind Aleviten; dem Kulturzentrum um das Cemevi in Berlin gehören allein 9 000 Mitglieder an.

Unmittelbar in der Nähe, an der Ecke Waldemarstraße/Leuschnerdamm, informiert eine Stele über das Stadtbild während der Teilung Berlins: Die Bewohner der Mietshäuser am Leuschnerdamm befanden sich schon unmittelbar vor ihrem Haus stehend auf dem Gebiet des sowjetischen Sektors, da sich die Grenze zwischen den Sektoren dicht an der Hauswand entlangzog. Die Kreuzberger Mietshäuser waren nur durch schmale Durchlässe betretbar, die sich direkt neben der nur wenige Meter östlich stehenden Mauer befanden und nur Anwohnern zugänglich waren.

> ‣ Cemevi: Waldemarstr. 20; Stele: Ecke Waldemarstr./Leuschnerdamm; U-Bahn: Moritzplatz

10 Kinderbauernhof

An der Ecke Adalbertstraße/Bethaniendamm befindet sich ein Kinderbauernhof, auf dem Schafe, Ziegen, Ponys, ein Esel, Hühner und Kaninchen leben. Kinder können hier beim Füttern und Stallausmisten helfen und sogar eine Patenschaft für eines der Tiere übernehmen. Auf dem Gelände befinden sich auch ein Naturlehrpfad und ein Gemüsegarten.

> ‣ http://kbh-mauerplatz.de; Ecke Adalbertstr./Bethaeniendamm; tgl. 10–18, im Spätherbst/Winter bis 17 Uhr; U-Bahn: Kottbusser Tor, Moritzplatz

11 Haus Bethanien

Das Hauptgebäude des ehemaligen Diakonissen-Krankenhauses Bethanien wurde 1845–1847 von Theodor Stein nach Plänen des Architekten und Schinkel-Schülers Ludwig Persius als schlichter Backsteinbau im Rundbogenstil errichtet. Der weitläufige Komplex erstreckt sich von der Adalbertstraße bis zum Mariannenplatz. Für das markante Portal mit seinen zwei Türmchen diente möglicherweise der Herzogspalast in Urbino als Vorbild. In den Jahrzehnten nach der Eröffnung wurde das Haupthaus noch um zahlreiche Nebengebäude erweitert. Die Diakonissen-Anstalt war eines der ersten Gebäude auf dem sogenannten Köpenicker Feld im Süden Berlins und diente zunächst der Ausbildung von Schwestern; bald aber wurden hier fast ausschließlich Kranke versorgt. 1848/1849 war Theodor Fontane der erste Apotheker der Diakonieanstalt. Die heute noch erhaltene Apotheke liegt im Erdgeschoss der Nordostecke im Hauptgebäude; ihre noch im Original vorhandene Einrichtung kann man durch eine gläserne Tür besichtigen. Das Inventar der Operationssäle, Krankenzimmer und Krankenhauskapelle ist hingegen vollständig verschwunden.

1970 wurde das Krankenhaus stillgelegt, ein Abriss konnte durch Bürgerinitiativen verhindert werden. Es wurde anschließend unter Denkmalschutz gestellt und vom Land Berlin gekauft. Seit 1974 beherbergt der Baukomplex unterschiedliche kulturelle und soziale Einrichtungen. Im Sinne des »Künstlerhauses Bethanien«, das der Berliner Senat 1973 beschloss dort einzurichten und welches mittlerweile einen überregionalen Ruf erlangt hat, befinden sich heute auf den verschiedenen Geschossen und Nebengebäuden 25 Einrichtungen. So beherbergt der Bau unter anderem die Musikschule Friedrichshain-Kreuzberg, die Ausstellungsräume des Kulturamts Friedrichshain-Kreuzberg (Kunstraum Kreuzberg/Bethanien) und die Druckwerkstatt des Berufsverbandes Bildender Künstler Berlin.

▸ www.bethanien.de; Kottbusser Str. 10; Di–So 14–19 Uhr während Ausstellungen; U-Bahn: Kottbusser Tor

⑫ Georg-von-Rauch-Haus

Ein Weg am Mauerstreifen entlang führt zu einem Nebengebäude nördlich des Bethanien-Komplexes, dem »Martha-Maria-Haus«, einem ehemaligen Schwesternwohnheim. 1971 drangen 150 Studenten, Arbeitslose, Lehrlinge, Schüler und deren Mitstreiter in das leer stehende Gebäude ein und besetzten es. Sie benannten es nach Georg von Rauch, der in Berlin die RAF unterstützt hatte und durch den Schuss eines West-Berliner Polizeibeamten getötet worden war. Durch den »Rauch-Haus-Song« der Rockgruppe Ton Steine Scherben, die bei der Aktion beteiligt war, ist die Besetzung des Martha-Maria-Hauses in die Geschichte der Hausbesetzer eingegangen; der Song handelt von einer Großrazzia. 1971 erhielt das Rauchhauskollektiv, das vom Trägerverein Jugendzentrum Kreuzberg e.V. organisiert wurde, einen Nutzungsvertrag, sodass sich in den folgenden Jahren ein international bekanntes Wohnprojekt entwickeln konnte. Nachdem die Behörden in West-Berlin das Projekt mit der Zeit einfach hingenommen hatten, erregten die Bewohner in den frühen 1980er-Jahren die Aufmerksamkeit der DDR-Staatsmacht: Bei Sonnenschein blendeten sie die Besatzung eines nur etwa 20 m entfernten Beobachtungsturmes mit Spiegeln und belästigten die Soldaten derart, dass man den Turm abriss und etwas weiter östlich neu aufstellte. Zudem störten sich die benachbarten Bewohner der DDR-Sozialwohnungsbauten auf der östlichen Seite des Grenzstreifens an der lauten, meist revolutionären Musik. Jegliche Anzeigen und Beschwerden waren jedoch vergeblich. 2011 brannte das Rauch-Haus nach einem Brandanschlag aus; 2012 wurde es behelfsmäßig wieder bewohnbar gemacht und soll nun saniert werden.

▸ Mariannenplatz 1a; U-Bahn: Kottbusser Tor, Görlitzer Bahnhof

13 Mariannenplatz

Der Gebäude-Komplex Bethanien liegt direkt am Mariannenplatz. Dieser wurde 1841–1846 angelegt und 1853 nach Plänen von Peter Joseph Lenné als Schmuckplatz hergerichtet. Im Laufe der Jahre und infolge der Zerstörungen im Zweiten Weltkrieg verlief sich die einst gepflegte Grünanlage; 1979/1980 wurde sie jedoch neu gestaltet und erhielt ihr ursprüngliches Aussehen zurück. Heute dient die längliche Anlage bei gutem Wetter als Liegewiese und Grillplatz sowie dank ihrer in der Mitte gelegenen Theatermulde auch gelegentlich als Veranstaltungsort von Familien- und Straßenfesten.

Die am nördlichen Rand 1989 aufgestellte Bronzetafel des Bildhauers Nikolaus Langhans gedenkt des 73-jährigen Rentners Wilhelm Lehmann, der 1942 den Satz »Hitler, du Massenmörder mußt ermordet werden, dann ist der Krieg zu Ende« an die Innenwand des damals dort stehenden Toilettenhäuschens geschrieben hatte. Nach seinem Verrat wurde er 1943 vom Volksgerichtshof zum Tode verurteilt und in Plötzensee hingerichtet.

Am Mariannenplatz 28 befindet sich neben dem früheren Leibniz-Gymnasium (heute die Nürtingen Grundschule) ein Sandsteinquader, der mit eingelassenen Bronzetafeln der Schüler des ehemaligen Gymnasiums gedenkt, die im Ersten Weltkrieg gefallen sind. »Es ist süß und ehrenvoll, für das Vaterland zu sterben«, steht auf einer Bronzetafel in Lateinisch. Eine weitere Tafel ergänzt: »Mit diesem Spruch wurden in der Vergangenheit junge deutsche Männer auf den sogenannten Heldentod vorbereitet«.

Am Südrand des Platzes befindet sich der 1983 errichtete Feuerwehrbrunnen von Kurt Mühlenhaupt. Die drei humorvoll gestalteten Bronzefiguren von Feuerwehrmännern, die Wasser in ein Becken spritzen, stehen an der Stelle eines im Zweiten Weltkrieg zerstörten Denkmals von 1902, das den Einsatz der Berliner Feuerwehr thematisierte. Der Brunnen wird ergänzt durch eine 1960 errichtete Reliefwand auf der gegenüberliegenden Straßenseite.

▸ U-Bahn: Kottbusser Tor, Görlitzer Bahnhof

14 St.-Thomaskirche

Am nördlichen Ende wird der Mariannenplatz von der evangelischen St.-Thomaskirche flankiert. Diese wurde 1864–1869 nach Plänen von Friedrich Adler, einem Schüler Friedrich August Stülers, im Stil der Neoromanik errichtet und zählt zu den größten Kirchen Berlins. Der Bau ist in Form eines lateinischen Kreuzes angelegt und hält eine 56 m hohe Kuppel im Zentrum. Das zum Mariannenplatz gerichtete Portal wird von zwei 48 m hohen Türmen dominiert. Im Zweiten Weltkrieg wurde die Kirche bei einem Luftangriff schwer beschädigt und erst 1956–1963 durch die Architekten Werner Retzlaff und Ludolf von Walthausen wiederaufgebaut. Nach einer Sanierung wegen Asbestverseuchung 1985 und einer erneuten Ausbesserung 1998 ist die St.-Thomaskirche seit 1999 wieder geöffnet und bietet regelmäßige Gottesdienste und Veranstaltungen an.

▸ www.stthomas-berlin.de; Bethaniendamm 25; U-Bahn: Görlitzer Bahnhof

15 Ballhaus Naunynstraße

In der Waldemarstraße 62/64 führt ein Zugang in einen großen gepflasterten Hof, in dem sich ein altes Ballhaus von 1867 befindet, das nach aufwändiger Sanierung seit 1983 wieder bespielt wird. Der Programmschwerpunkt des Theaters im Ballhaus Naunynstraße liegt auf Projekten mit postmigrantischer Thematik; zu Beteiligten der Produktionen gehören beispielsweise Fatih Akın, Miraz Bezar und Feridun Zaimoğlu.

▸ www.ballhausnaunynstrasse.de; Naunynstr. 27; Ticketreservierungen online oder telefonisch unter 030/754 537 25; U-Bahn: Kottbusser Tor, Görlitzer Bahnhof

16 Schokoladenfabrik

In der Naunynstraße 72 befindet sich in den ausgebauten und sanierten Gebäuden einer ehemaligen Schokoladenfabrik das Frauenzentrum Schokoladenfabrik e. V. Der Verein, der in den 1980er-Jahren als

St. Thomaskirche

Projekt der feministischen Frauenbewegung entstand, ist heute das größte Frauenzentrum Berlins und bietet auf 6 Etagen eine Mischung aus Beratung, Bildung, Dienstleistungen und Freizeitangeboten an. Eine Werkstatt, eine Kita sowie ein türkisches Hamam Bad sind ebenfalls Teil des Zentrums.

> ‣ www.schokofabrik.de; www.hamamberlin.de; Naunynstr. 72/
> Mariannenstr. 6; U-Bahn: Kottbusser Tor, Görlitzer Bahnhof

17 Oranienstraße

Die Oranienstraße verläuft parallel zur Naunynstraße und präsentiert sich vielfältig und multikulturell. Kleine Läden mit ausgewählten Labels, Secondhandläden, Plattenläden, Geschäfte mit ökologischen und Fair-Trade-Produkten sowie viele Kneipen und Restaurants mit Spezialitäten aus aller Welt haben sich hier angesiedelt. In diesem Sinne hat in der Oranienstraße 18 die in Berlin lebende Künstlerin Ayşe Erkmen auf die apricotfarbene Fassade türkische Verb-Endungen aus schwarzem Plexiglas geklebt. Die Installation soll für einen Dialog der Kulturen stehen.

In der Oranienstraße 25 befindet sich das Museum der Dinge. Hier werden Alltagsgegenstände des 20. und 21. Jahrhunderts präsentiert, darunter designhistorische Objekte aber auch Kitsch aus Ost- und Westdeutschland. Außerdem zeigt das Museum ein Exemplar der »Frankfurter Küche« aus den 1920er-Jahren, die zum Vorbild der modernen Einbauküche wurde. Nicht weit von der Oranienstraße informiert in einem ehemaligen Fabrikgebäude das Kreuzberg-Museum mit einer ständigen Ausstellung sowie Sonderausstellungen und Veranstaltungen über die Geschichte des Stadtbezirks seit dem frühen 18. Jahrhundert.

> ‣ Museum der Dinge: www.museumderdinge.de; Oranienstr. 25; Do–Mo 12–19 Uhr;
> Eintritt 5 €, erm. 3 €; Kreuzberg-Museum: www.kreuzbergmuseum.de; Adal-
> bertstr. 95a; Mi–So 12–18 Uhr; Eintritt frei; für beide: U-Bahn: Kottbusser Tor

18 Heinrichplatz

Der Heinrichplatz liegt an der Kreuzung Oranienstraße/Mariannenstraße und wurde 1849 nach Prinz Heinrich von Preußen benannt, Großmeister der preußischen Johanniter und jüngerer Bruder von König Friedrich Wilhelm III. Vom Ende der 1990er-Jahre bis zum Ende der 2000er-Jahre bildete der Heinrichplatz mit den angrenzenden Abschnitten der Oranienstraße das Zentrum der teilweise gewaltsamen Kreuzberger 1.-Mai-Demonstrationen. Seit 2003 findet in dieser Gegend das kulturelle Gegenprogramm Myfest statt. Die traditionsreichen Cafés und Kneipen rund um den Platz brachten dem Platz überregionale Bekanntheit: Zentrale Szenen der »Herr Lehmann«-Verfilmung spielen sich beispielsweise in der Kneipe »Zum Elefanten« (Oranienstraße 12) ab.

▸ U-Bahn: Kottbusser Tor, Görlitzer Bahnhof

⑲ Wrangelkiez

Der Wrangelkiez befindet sich zwischen Skalitzer Straße, Görlitzer Park, Landwehrkanal und Spree um die Wrangelstraße herum, die südlich der S-Bahn-Trasse eine bunte Kneipen- und Ladenmeile bietet. Auffällig sind die Murals auf den Brandwänden der Häuser in der Oppelner Straße (nahe U-Bahn-Station Schlesisches Tor), Cuvrystraße (Nr. 50) und Falkensteinstraße (nahe Oberbaumbrücke), die unter anderem auf den Italiener Blu zurückgehen (mehr zu Urban Art/Street Art in Berlin unter www.atmberlin.de).

In der Wrangelstraße 50 befindet sich die katholische St.-Marien-Liebfrauen-Kirche, die 1904–1906 im neoromanischen Stil nach dem Vorbild des Klosters Maria Laach erbaut wurde. Im Zweiten Weltkrieg beschädigt, wurde der dreischiffige und mit Naturstein verblendete Bau 1993 einer umfassenden Renovierung unterzogen. Sie beherbergt eine Steinmeyer-Orgel von 1914 und seit den 1990er-Jahren auch zeitgenössische Kunstwerke.

Am östlichen Ende des Wrangelkiezes liegt der Landwehrkanal und etwas weiter der Flutgraben, der die ehemalige Sektorengrenze bildete. Im Schlesischen Busch (Am Flutgraben 3) steht noch ein alter, 10 m hoher und 4,2 m × 4,2 m breiter Grenzwachturm.

▸ Görlitzer Str./Wrangelstr./Schlesische Str.; U-Bahn: Schlesisches Tor

⑳ Görlitzer Park

Der Görlitzer Park befindet sich auf dem ehemaligen Gelände des Görlitzer Bahnhofs und wird von der Skalitzer, Wiener und Görlitzer Straße sowie dem Heckmannufer eingegrenzt. Auf dem 1951 geschlossenen Bahnhofsgelände wurde nach 20-jähriger Planungs- und Bauphase in den frühen 1990er-Jahren der Görlitzer Park als weitläufigste Grünanlage des Bezirks eröffnet. Insbesondere im Sommer lädt das bauarme Gelände zum Grillen, Sporttreiben und Entspannen ein. 1998 wurde hier der Pamukkale-Brunnen in Anlehnung an die berühmten Kaskaden in der Türkei gebaut. Allerdings wurde die Anlage schon wenige Monate nach ihrer Errichtung baufällig und nicht mehr begehbar. Sie wurde daraufhin geschlossen, 2009 entfernt und anschließend durch eine Grünfläche ersetzt. Der Platz vor dem einstigen Brunnen soll nun umgestaltet werden, Pläne dafür sind noch in der Bearbeitung.

In der Wiener Straße 1–6 wurde der 1987 während der Maikrawalle ausgeraubte und dann abgebrannte »Bolle«-Supermarkt 2007 durch das Kulturzentrum Maschari-Center ersetzt. Hier befinden sich auf einer 7000 m² großen Fläche eine Moschee mit vier Minaretten und einer Glaskuppel, die mehrere Wohneinheiten und einige Geschäfte umfasst.

Am Südrand des Parks, in der Wiener Straße 59b, befindet sich ein Kinderbauernhof mit Eseln, Schweinen, Schafen, Kaninchen, Enten und anderen Tieren. Darüber hinaus werden auch zahlreiche andere Freizeitaktivitäten wie Kochen und Musizieren angeboten. Ebenfalls an der Südseite befindet sich das Spreewaldbad, nebenan das Zelt des Kinder- und Jugendzirkus Cabuwazi.

> ‣ Maschari-Center: www.ivwp.de; Wiener Str. 1–6; Kinderbauernhof: www.kinder-bauernhofberlin.de; Wiener Str. 59b; im Sommer Mo/Di, Do/Fr 10–19, Sa 11–18 Uhr, im Winter Mo/Di, Do/Fr 10–18, Sa 11–17 Uhr; Kinder- und Jugendzirkus: www.cabuwazi.de; Wiener Str. 59h; für alle: U-Bahn: Görlitzer Park

㉑ Ehemalige Desinfektionsanstalt

In der Reichenberger Straße 66 wurde 1886 die erste städtische Desinfektionsanstalt Deutschlands eingerichtet. Bei Meldungen von ansteckenden Krankheiten wie Cholera, Pocken, Scharlach und Diphterie, aber auch bei Ratten- und Wanzenbefall, wurden die Mitarbeiter mit ihren Wagen ausgesendet, um das transportable Mobiliar aus den Krankenwohnungen abzuholen und in der Desinfektionsanstalt in Wasserdampf zu desinfizieren. Gleichzeitig wurden die leeren Wohnungen mit Formalin ausgeräuchert. (Einige der eingesetzten Formalin-Dampfer aus Messing bewahrt das Archiv des Kreuzberg-Museums auf, vgl. Seite 438). Ende der 1940er-Jahre nahmen die Aufträge jedoch ab; lediglich im Jahr 1953 brachten die DDR-Flüchtlinge noch einmal eine erhöhte Betriebsamkeit ein. 1987 zogen die Desinfektoren von der Reichenberger in ein kleineres Haus in der Wiener Straße. In dem ehemaligen Anstaltsgebäude ist heute die Rosa-Parks-Grundschule untergebracht.

> ‣ Reichenberger Str. 66; U-Bahn: Görlitzer Bahnhof

㉒ Umspannwerk Kreuzberg

Am Paul-Lincke-Ufer 19–22 befindet sich das Umspannwerk Kreuzberg. Es wurde 1925 nach Plänen des Architekten Hans Heinrich Müller, der seit 1974 Leiter der Bauabteilung der BEWAG war, als »Anspannwerk Kottbusser Ufer« errichtet und stellt heute ein wichtiges Relikt aus der Industriearchitektur der 1920er-Jahre dar. 1989 wurde das Umspannwerk außer Betrieb genommen und stand jahrelang leer, bevor es 1999 verkauft und nach zweijähriger Umbau- und Sanierungsphase als »Umspannwerk Kreuzberg« für neue Nutzungsmöglichkeiten wiedereröffnet wurde. Heute beherbergt das denkmalgeschützte Gebäude Büroflächen, ein viel gelobtes Restaurant, ein Bistro mit Biergarten sowie Eventbereiche für Veranstaltungen aller Art.

▸ www.umspannwerk-kreuzberg.de; Ohlauer Str. 43; U-Bahn: Schönleinstr.

㉓ Paul-Linke-, Maybach- und Fraenkelufer

Das Paul-Linke-Ufer verläuft auf Kreuzberger Seite entlang des Landwehrkanals. Der über 10 km lange Kanal wurde Mitte des 19. Jahrhunderts nach Plänen von Peter Joseph Lenné als Seitenarm der Spree angelegt, um den Schutt zu transportieren, der in der damaligen Phase reger Bautätigkeit in Berlin anfiel. Heute befinden sich entlang des Kanals unter anderem sehenswerte Altbauten, ein selbst organisierter Boule-Platz und zahlreiche Cafés. Über die Kottbusser Brücke gelangt man zum gegenüberliegenden Maybachufer, das bereits zum Bezirk Neukölln gehört. Hier findet jeden Dienstag und Freitag ein großer Wochenmarkt statt, der sogenannte Türkenmarkt. An der Kottbusser Brücke auf Neuköllner Seite liegt die Hafenkneipe »Ankerklause«, deren Name auf die benachbarte Anlegestelle verweist, von der aus Schifffahrten spreeaufwärts, beispielsweise zum Müggelsee, angeboten werden. Westlich der Kottbusser Brücke geht der Uferweg auf Kreuzberger Seite als Fraenkelufer weiter, das mit einer Mischung aus alter und neuer Architektur aufwartet.

▸ U-Bahn: Schönleinstr.

㉔ Synagoge am Fraenkelufer

Die Synagoge am Fraenkelufer wurde 1913–1916 von Alexander Beer, seinerzeit Baumeister der Jüdischen Gemeinde zu Berlin, errichtet. In der Pogromnacht 1938 wurde sie Opfer schwerster Verwüstungen und schließlich im Krieg so stark beschädigt, dass das Hauptgebäude 1958 abgerissen werden musste. Die Synagoge bestand aus einem dreischiffigen Bau im neoklassizistischen Stil, der Platz für 2 000 Menschen bot. Die heutige Synagoge ist in der früheren Jugend- und Wochentagssynagoge untergebracht, die nach der Zerstörung des Hauptbaus zur eigentlichen Synagoge umgebaut wurde.

> ‣ Fraenkelufer 10–16; U-Bahn: Kottbusser Tor, Schönleinstr.

25 Admiralbrücke

Die Admiralbrücke überspannt den Landwehrkanal und verbindet das Fraenkelufer in Kreuzberg mit dem Planufer in Neukölln. Als Ersatz einer ersten hölzernen Klappbrücke wurde sie 1880–1882 nach Plänen von Georg Pinkenburg als schmiedeeiserne Bogenbrücke gebaut. 1933/1934 wurde die heute unter Denkmalschutz stehende Brücke verstärkt und 1984 saniert. Das originale, schmiedeeiserne Geländer mit zwei Reihen Blätterornamenten in Anlehnung an den Jugendstil ist noch erhalten. In altdeutscher Schrift ist beidseitig in der Mitte der Brücke ihr Name in ein schmales Feld eingefügt. In den letzten Jahren war die Brücke, die einen schönen Blick auf den Urbanhafen bietet, im Sommer zum bevorzugten Ort abendlicher Treffs geworden. Die Anwohner beschwerten sich jedoch bald wegen Lärmbelästigung, sodass mittlerweile ab 22 Uhr von der Polizei für die Einhaltung von Ruhe gesorgt wird.

In der Nähe der Brücke, am Fraenkelufer 40–44, befindet sich der soziale Wohnungsbau des Architektenpaars Hinrich und Inken Baller. Sie hatten diesen als Projekt der Internationalen Bauausstellung 1984–1987 entworfen. Ziel war die Lückenschließung eines Baublocks am Fraenkelufer; so wurden die Altbauten am Ufer erhalten und zwei Baulücken mit sogenannten Torhäusern geschlossen. Diese führen ins Blockinnere, wo an der gegenüberliegenden Brandmauer ein weiterer Baublock entstand. Die Fassaden der Gebäude wurden in Anlehnung an den Jugendstil und Expressionismus mit geschwungenen Formen an Traufen, Dachgauben und Balkonen gestaltet.

> ‣ U-Bahn: Kottbusser Tor, Schönleinstr.

26 Admiral mit Doppelgänger

An der Ecke Admiralstraße/Kohlfurter Straße steht die 7,40 m hohe Bronzeskulptur von Ludmila Seefried-Matejková. Die in Berlin lebende Bildhauerin schuf diese 1985 mit Bezug auf den Namensgeber der Straße, Admiral Adalbert Heinrich Wilhelm, Prinz von Preußen. So steht auf einem ca. 3 m hohen Sockel in Sanduhrform Rücken an Rücken ein Figurenpaar: der Admiral mit seinem spiegelbildlichen Doppelgänger. Er schaut durch ein Fernrohr und scheint die alte Admiralstraße zu suchen, die durch Abriss und Neubau in den 1970er-Jahren verschwand. Die Figur dreht sich im Laufe eines Tages einmal um die eigene Achse; der Sockelfuß wird durch zwei sitzende Bronzefiguren ausgeschmückt.

▸ Ecke Admiral-/Kohlfurter Str.; U-Bahn: Kottbusser Tor

Das westliche Kreuzberg

㉗ Deutsches Technikmuseum

Das Deutsche Technikmuseum befindet sich in unmittelbarer Nähe zum U-Bahnhof Gleisdreieck. 1983 wurde es auf dem Grundstück des ehemaligen Anhalter Güterbahnhofs und der Fabrikgebäude der Gesellschaft für Markt- und Kühlhallen errichtet und 2005 ausgebaut. Das Museum präsentiert heute auf 50 000 m² Ausstellungsfläche Erfindungen und Konstruktionen aus Schifffahrt, Eisenbahn- und Flugzeugbau, Luft- und Raumfahrt, Textil-, Nachrichten- und Drucktechnik. So befinden sich unter den Exponaten der mittlerweile zu den weltweit größten Technikmuseen gehörenden Sammlung unter anderem historische Dampfloks und Flugzeuge, wie etwa eine alte Ju 52, ein 33 m langer Kaffenkahn, der im 19. Jahrhundert in der Havel sank, sowie ein Nachbau des 1936 in Kreuzberg von Konrad Zuse entwickelten, weltweit ersten Computers. Auf dem Dach des Gebäudes ist ein sogenannter Rosinenbomber aus der Zeit der Berliner Luftbrücke, eine alte Douglas C-47, angebracht; im angrenzenden, 6 ha großen Museumspark können zwei Mühlen, eine Schmiede und eine alte Brauerei besichtigt werden. Angeschlossen sind außerdem das Science Center Spectrum mit 250 Experimentierstationen aus den Bereichen Elektrizität, Optik und Akustik, eine Bibliothek zur Technikgeschichte sowie ein umfangreiches Archiv.

▸ www.sdtb.de; Trebbiner Str. 9; Di–Fr 9–17:30, Sa/So und Feiertage 10–18 Uhr; Eintritt 6 €, erm. 3,50 €; U-Bahn: Gleisdreieck, Möckernbrücke

㉘ U-Bahnhof Hallesches Tor

Der 1902 für die U-Bahn-Linie errichtete Bahnhof Hallesches Tor erinnert mit seinem Namen an die einstigen Tore der die Stadt umgebenden Zollmauer. An den Toren wurden ab dem 18. bis zur Mitte des 19. Jahrhunderts Zölle eingenommen und Pässe überprüft. Auch sollten die Fluchtversuche der häufig gegen ihren Willen in den Dienst des preußischen Königs gestellten Soldaten durch die Mauer vereitelt werden. Ab 1860 erfolgte der Abriss der Mauer, ihren einstigen Verlauf über Kottbusser und Schlesisches Tor kann man heute anhand der U-Bahn-Linie nachvollziehen. Der nicht überdachte Teil des Bahnhofssteigs bietet einen guten Rundblick über die benachbarte Gegend: Unter der Plattform fließt der Landwehrkanal, der Mitte des 19. Jahrhunderts nach Plänen des Gartenbaudirektors Peter Joseph Lenné zum An- und Abtransport von Baumaterialien angelegt wurde. An der Südseite des Kanals stehen einige erhaltene Altbauten, zu denen das im Jahr 2000 geschlossene Postamt aus der Kaiserzeit mit seiner neoromanischen Fassade zählt. Auf der anderen Seite sieht man das spitzwinklige Willy-Brandt-Haus, das von nach Plänen von Werner Düttmann und Hans Scharoun am zerstörten Mehringplatz 1975 erbauten Wohnhäusern eingefasst wird. Weiter im Westen ist der schwarze Glasturm der Postbank zu erkennen. Richtung Südosten kommt der geschwungene Bau der Amerika-Gedenkbibliothek in den Blick, daneben steht die Heilig-Kreuz-Kirche (vgl. Seite 97).

› U-Bahn: Hallesches Tor

29 Willy-Brandt-Haus

Das Willy-Brandt-Haus ist seit 1996 Sitz der Bundeszentrale der SPD. Der lichtdurchflutete Baukörper in Form eines Tortenstücks zwischen Stresemann- und Wilhelmstraße wurde nach Plänen des Architekten Helge Bofinger errichtet. Dieser gestaltete es mit Anklängen an die Klassische Moderne aus Glas, hellem Kalkstein und blau schimmerndem Metall. Im Innern des Baus befindet sich ein verglastes Atrium mit sechs Geschossen; durch den Gebäuderücken läuft eine Passage, die Stresemann- und Wilhelmstraße miteinander verbindet. Hier sind einige kleine Läden und ein Bistro untergebracht. Im Atrium finden Wechselausstellungen statt, auch für weitere kulturelle Aktivitäten und Veranstaltungen wie Lesungen und Diskussionen sind Räume eingerichtet. Ebenfalls im Atrium befindet sich eine überlebensgroße Bronzestatue von Willy Brandt. Das 3,40 m hohe Denkmal wurde vom Maler und Bildhauer Rainer Fetting gestaltet.

› www.willy-brandt-haus.de; Ecke Wilhelmstr. 140/Stresemannstr. 28; U-Bahn: Hallesches Tor

Gehört zu den größten Bibliotheken der Stadt: die Amerika-Gedenkbibliothek

30 Amerika-Gedenkbibliothek

Die leicht geschwungene Amerika-Gedenkbibliothek, die größte öffentlich zugängliche Bibliothek Berlins, wurde 1954 mit Spenden aus den USA am Blücherplatz errichtet. Sie war ein Geschenk der amerikanischen Regierung als Dank an die Berliner für ihre Haltung und Unterstützung während der Blockade 1948/1949. Konzipiert wurde sie von amerikanischen und deutschen Architekten, darunter Fritz Bornemann und Willy Keuer. Heute ist sie Teil der Zentral- und Landesbibliothek Berlin, die nach der Wende mit der Ost-Berliner Stadtbibliothek fusionierte.

▸ www.zlb.de; Blücherplatz 1; Mo–Fr 10–20, Sa 10–19 Uhr; U-Bahn: Hallesches Tor

31 Heilig-Kreuz-Kirche

Die evangelische Heilig-Kreuz-Kirche mit der 80 m hohen Kuppel wurde 1885–1888 nach Plänen des Baumeisters Johannes Otzen in gotischer Formensprache und als eine der größten Stadtkirchen

Berlins für über 100 000 Gemeindemitglieder errichtet. 1945 brannte der rote Backsteinbau durch Bombardements völlig aus, nach mehreren behelfsmäßigen Aufbauten wurde er 1995 umfassend saniert. Seitdem finden in dem großen zentralen Raum nicht nur Gottesdienste, sondern auch Konzerte, Ausstellungen und Theaterveranstaltungen statt, auch ein kleines Café wurde eingerichtet. In der Kuppel kamen kirchliche Verwaltungsbüros unter. Seit 2000 ist die Kirche mit der Passionsgemeinde in der Evangelischen Kirchengemeinde Heilig-Kreuz-Passion des Kirchenkreises Berlin Stadtmitte vereinigt.

> ‣ www.heiligkreuzpassion.de; Zossener Str. 65; Besichtigungen Mo 9–15, Di–Fr 9–19, Sa 15–18, So 12–19 Uhr; U-Bahn: Hallesches Tor

㉜ Friedhöfe am Halleschen Tor

Die Friedhofsanlage am Halleschen Tor umfasst insgesamt fünf der ältesten Friedhöfe Berlins. Der älteste wurde 1735 als Armenfriedhof der Dreifaltigkeitsgemeinde angelegt, damals noch außerhalb der Stadtmauer. 1766, 1798 und 1918 kamen Erweiterungen durch die Jerusalem- und Neue Kirchengemeinde, die Böhmische und die Brüdergemeinde hinzu. Die Friedhöfe waren die ersten, die nicht in der Nachbarschaft einer Kirche angelegt wurden, und boten Platz für 80 000 Gräber. Prachtvoll verzierte Mausoleen und Ruhestätten lassen heute die Berliner Grabmalskunst des 18. und 19. Jahrhunderts erkennen, die unter anderem für berühmte Persönlichkeiten aus dieser Zeit entworfen wurde. So sind hier beispielsweise die Schriftsteller E. T. A. Hoffmann und Adolf Glaßbrenner sowie Schriftstellerin Henriette Herz mit einem Grabkreuz von Schinkel begraben. Auch die Architekten Carl Ferdinand Langhans und Georg Wenzeslaus von Knobelsdorff, der Schauspieler und Theaterdirektor August Wilhelm Iffland, der Komponist Felix Mendelssohn-Bartholdy, der Dichter und Naturforscher Adelbert von Chamisso, die Schriftsteller Rahel und August Varnhagen von Esne und der preußische Hofmaler Antoine Pesne zählen zu den hier Bestatteten.

> ‣ Die Eingänge zur Anlage befinden sich am Mehringdamm 21 und in der Zossener Str. 1; U-Bahn: Mehringdamm

㉝ Finanzamt Kreuzberg

Auf der gegenüberliegenden Seite des Friedhofs liegt der festungsähnliche graue Bau einer ehemaligen Husarenkaserne. 1850–1854 wurde er von Ferdinand Fleischinger und Wilhelm Drewitz errichtet, die den

188 m langen, dreigeschossigen Bau mit Ecktürmen, Zinnen sowie paarweise angeordneten Rundbogenfenstern versehen. 1853–1855 wurden eine Reitbahn und Stallungen errichtet und der Komplex anschließend als Kavalleriekaserne genutzt; 1889 erfolgte eine Erweiterung um zusätzliche Ställe und Reithallen. Ab 1921 wurde das Gelände in einen Gewerbehof umgewandelt, seit 1923 wird das heute denkmalgeschützte Gebäude als Finanzamt des Bezirks Kreuzberg genutzt.

An die Zeiten des Militärs erinnern auch einige Straßennamen in diesem Teil Kreuzbergs. Die Yorck- und Gneisenaustraße gehören zum sogenannten Generalszug, der nach den Generälen der Befreiungskriege 1813–1815 gegen Napoleon benannt wurde. Er beginnt im Westen Berlins mit der Tauentzienstraße und erstreckt sich bis zum Südstern. Die Nebenstraßen dieses Areals erhielten mit Großbeeren oder Katzbach die Namen von siegreichen Schlachten gegen die Truppen Napoleons. Einige Straßen wurden auch nach patriotisch gesinnten Schriftstellern dieser Epoche benannt, darunter Willibald Alexis Albert, Friedrich Max von Schenkendorf und Gottlieb Methfessel.

▸ Mehringdamm 22; U-Bahn: Mehringdamm

34 Mehringdamm

Südlich des Finanzamts, am Mehringdamm 36, befindet sich der Imbiss Curry 36, der über die Grenzen Berlins hinaus für seine Currywurst bekannt ist. Der Imbiss wurde anfangs auf einem Holzwagen im Eingang des Hauses Nr. 36 betrieben, bevor er 1980 von den heutigen Besitzern übernommen und mit großem Erfolg weiterbetrieben wurde.

Einige Meter weiter nach Süden, am Mehringdamm 38, über der Belle-Alliance-Apotheke, lebte und praktizierte 1917–1935 der Hautarzt und Dichter Gottfried Benn. An dem Haus erinnert eine Gedenktafel an ihn.

Noch weiter südlich, am Mehringdamm 80, befand sich einst der Kaiserstein, ein Findling, der dem Kaiser das Aufsitzen zu Pferde erleichterte, bevor er die Militärparade auf dem Tempelhofer Feld abnahm. An ihn erinnert das gleichnamige Restaurant, welches sich neben einigen Arztpraxen, Büros und Wohnungen in dem denkmalgeschützten, spitzwinkligen Bau befindet. Dieser wurde 1874 als fünfgeschossiges Mietshaus mit gelbbrauner Klinkerfassade, Stuckverzierung und Dreiecksgiebeln nach Plänen von Hofbaurat Ernst Klingenberg errichtet.

Viele der Häuser am Mehringdamm sind restauriert und lassen mit ihren geschmückten Eingangsbereichen und Höfen das Kreuzberger

Stadtbild des ausgehenden 19. Jahrhunderts erahnen. In der Haus-nummer 55, dem Stammhaus der Sarotti-Schokoladenfabrik, lohnt sich ein Blick in den sorgfältig restaurierten Hof. Die denkmalge-schützten Gebäude, in denen bis 1921 Schokolade produziert wurde, werden heute unter dem Namen Sarotti-Höfe zusammengefasst und beherbergen ein Hotel mit Café.

> ‣ www.hotel-sarottihoefe.de; U-Bahn: Mehringdamm

35 Mehring-Hof

Im Hinterhof der Gneisenaustraße 2a befindet sich der Mehring-Hof, ein selbstverwaltetes Großprojekt. 1979 hatten sieben Einzelinitiativen zusammen das ehemalige Fabrikgebäude der Schriftgießerei Berthold bezogen, welche nach einem Umzug in größere Räumlichkeiten den Standort aufgegeben hatte. Mittlerweile haben sich ca. 30 Projekte und Betriebe in dem etwa 5 000 m² großen Komplex angesiedelt, da-runter einige soziale Einrichtungen, ein Fahrradladen, ein Theater, eine Buchhandlung, ein Verlag und eine Kneipe.

> ‣ www.mehringhof.de; Gneisenaustr. 2a; U-Bahn: Mehringdamm

36 Kirche St. Bonifatius

Die katholische Kirche St. Bonifatius wurde 1906/1907 nach Plänen von Max Hasak im neugotischen Stil zusammen mit einer bürgerli-chen Wohnanlage gebaut. So ist die Fassadenkirche mit ihren zwei spitzen, schlanken Türmen beidseitig durch je ein Wohnhaus mit ge-staffelter Seiten- und Innenhofbebauung umschlossen. Die kirchenei-genen Mietshäuser sollten zu Schuldentilgung beitragen. Die beengte Lage ist auch auf die damals üblichen Fassadensteuer zurückzuführen, die bei frei stehenden Gebäuden die gesamte Fassade besteuerte und mit einer Seitenbebauung eingespart werden konnte.

> ‣ Yorckstr. 88c; U-Bahn: Mehringdamm

37 Riehmers Hofgarten

Zwischen Yorck-, Großbeeren- und Hagelberger Straße befindet sich mit dem denkmalgeschützten Riehmers Hofgarten ein prachtvolles Beispiel großbürgerlicher Wohnkultur. Der Haupteingang zum Hof-garten befindet sich unter dem Rundbogenportal an der reich verzier-ten hellen Fassade in der Yorkstraße 83 – 86. Er führt zu einem dreiflü-geligen, 1881–1892 von Maurermeister Wilhelm Riehmer errichteten

Wohnkomplex. Mit dem Ziel, wohlhabende Mieter anzulocken, hatte Riehmer hier 20 vier- und fünfgeschossige Mietshäuser im Neorenaissancestil errichtet, diese um mehrere Innenhöfe gruppiert und zu einem Karree zusammengeschlossen. Neben den großflächig angelegten Wohnungen mit Balkonen war damals insbesondere die gärtnerische Gestaltung der großen Höfe ein Luxus für die Bewohner. Heute befindet sich in einem zu Riehmers Hofgarten gehörenden Mietshaus ein Hotel mit Restaurant.

▸ www.riehmers-hofgarten.de; Yorckstr. 83; U-Bahn: Mehringdamm

38 Rathaus Kreuzberg

Das zehngeschossige Rathaus Kreuzberg wurde 1950/1951 nach Plänen von Willy Keuer errichtet. Der klassische Nachkriegsbau mit schlichter Fassadengestaltung beherbergt heute Teile des Bezirksamts Friedrichshain-Kreuzberg sowie eine öffentliche Kantine im zehnten Stock, die einen weiten Ausblick über Kreuzberg und die angrenzenden Bezirke ermöglicht. Vor dem Eingang des Baus steht eine von Joachim Dunkel geschaffene Gedenkstele mit Bronzebüste des sozialdemokratischen Vorkriegsbürgermeisters Carl Herz, der von den Nazis 1933 aufgrund seines jüdischen Glaubens und seiner Zugehörigkeit zu den Sozialdemokraten brutal und erniedrigend aus dem Amt gejagt und öffentlich misshandelt wurde.

▸ Yorckstr. 4–11; U-Bahn: Mehringdamm

39 Galerie Neu

Bevor die Galerie, die 2014 ihr 20-jähriges Jubiläum feierte, nach Kreuzberg umzog, war sie viele Jahre in einem einstigen Pferdestall in Mitte beheimatet. Manfred Pernice, Cosima von Bonin und Tom Burr sind nur drei der hier vertretenen namhaften Künstler.

▸ www.galerieneu.net; Mehringdamm 72; Mo–Fr 11–18 Uhr; U-Bahn: Mehringdamm, Platz der Luftbrücke

40 Kreuzberg und Viktoriapark

Über die Großbeerenstraße gelangt man geradewegs zum Kreuzberg, der mit 66 m Höhe die höchste natürliche Erhebung innerhalb Berlins ist. Auf der Kuppe ließ König Friedrich Wilhelm III. 1818–1821 nach Plänen von Karl Friedrich Schinkel das Nationaldenkmal für die Befreiungskriege errichten. Das Eiserne Kreuz auf der Turmspitze

Der Wasserfall im Viktoriapark

des gusseisernen, 20 m hohen Denkmals gab dem Berg und dem umliegenden Bezirk seinen Namen. 1878 wurde das Ehrenmal auf einen 8 m hohen Sockel gestellt, da es zwischen den mittlerweile hochgeschossenen Bäumen unterzugehen drohte. Erneut zehn Jahre später, 1888–1894, wurde der Viktoriapark angelegt, den schon Schinkel als angemessene Umgebung für das Denkmal anstatt des damals sandigen, weitgehend kahlen Geländes geplant hatte. Realisiert wurden seine Ideen dann jedoch nach Plänen von Stadtgartendirektor Hermann Mächtig. Eine Erweiterung der Anlage in westlicher Richtung erfolgte 1913–1916 durch den Gartendirektor Albert Brodersen.

Das Denkmal bietet heute einen Ausblick auf Kreuzberg und die umliegenden Bezirke sowie auf die Wiesen und geschlängelten Wege des Viktoriaparks am Nordhang unterhalb des Mahnmals. Besonders im Sommer ist der Park bei den Kreuzbergern beliebt, die die Wiesen zur Erholung nutzen. Das Gelände umfasst auch einen 24 m hohen, künstlichen Wasserfall, der nach dem Vorbild des schlesischen Zackenfalls im Riesengebirge angelegt wurde. In der Nähe des Wasserfalls steht das ehemalige Maschinen- und Gärtnerhaus des Viktoriaparks, in dem sich heute das Double X befindet, ein interkulturelles Kommunikations- und Kulturzentrum für Mädchen und junge Frauen.

▸ U-Bahn: Mehringdamm, Platz der Luftbrücke

④① Viktoria-Quartier

Am Südhang des Kreuzbergs, auf dem ehemaligen Gelände der Schultheiss-Brauerei, entstand ab 1999 das Wohn- und Gewerbeviertel Viktoria-Quartier. Nachdem 1829 hier ein großer Biergarten namens Tivoli eröffnete, wurde 1857 die Berliner Brauereigesellschaft Tivoli gegründet. 1862–1873 kamen weitere, umfangreiche Brauereigebäude hinzu, wie beispielsweise der Gotische Saal und das große Saalgebäude, dem damals größten Veranstaltungsraum Berlins. 1891 wurde die Tivoli-Brauerei von Schultheiss übernommen und das Gelände abermals erweitert. 1993 gab die Schultheiss-Brauerei das Areal jedoch zugunsten eines anderen Standorts in Berlin auf.

1999 wurde der Grundstein für das Viktoria-Quartier gelegt, das in den folgenden Jahren in mehreren Bauphasen und -abschnitten Gestalt annahm. So wurden in Teilen der sanierten, denkmalgeschützten Gebäude und in ergänzenden Neubauten Wohnungen, Lofts, Büros und Ateliers geschaffen. Den Masterplan für das Quartier entwarf der kalifornische Architekt Frederick Fisher. Die Pläne für die Eigentumswohnungen in unmittelbarer Nähe zu den Gebäuden der ehemaligen Brauerei wurden vom Berliner Architekten Stephan Höhne erstellt.

▸ www.finekreuzbergliving.de; Dudenstr./Methfesselstr./Alte Brauerei/Eberhard-
Roters-Platz; U-Bahn: Platz der Luftbrücke

④② Haus Lindenberg

Gegenüber des Viktoria-Quartiers steht mit dem denkmalgeschützten Haus Lindenberg das einzige im Originalzustand erhaltene Gebäude der ehemaligen Villenkolonie Wilhelmshöhe. Diese wurde ab 1871 von der Villen-Sozietät Wilhelmshöhe angelegt, zu der sich 22 Berliner Familien – vor allem Fabrikanten, Gardeoffiziere und Beamte – verbunden hatten. Die 1871–1874 errichtete Villa wurde nach ihrem

Bauherrn, dem Kaufmann Ernst Lindenberg, benannt und liegt am östlichen Rand des Viktoriaparks. Die Baupläne stellte der Architekt E. Becher, der den reich verzierten Bau zur Methfesselstraße hin zwei- und zum Garten hin dreigeschossig konzipierte. Heute beherbergt die Villa den Sitz des 2006 gegründeten Literaturhauses Lettrétage, das regelmäßig kleine Lesungen und andere kulturelle Veranstaltungen organisiert.

▸ www.lettretage.de; Büro: Methfesselstr. 23–25; Veranstaltungen: Mehringdamm 61; Tel.: 030/692 45 38; U-Bahn: Mehringdamm, Platz der Luftbrücke

43 Kreuzberger Weinberg

Zur westlichen Seite der Methfesselstraße liegt der Kreuzberger Weinberg. Bereits vom 15. bis zum 18. Jahrhundert trugen die Hänge des Höhenzuges Reben, bevor unter Friedrich Wilhelm I. der Anbau aus verschiedenen Gründen eingestellt wurde. Die heutigen Reben sind unter anderem Nachkommen der fünf Rebstöcke der Sorte Riesling vom Neroberg, die Kreuzbergs Partnerstadt Wiesbaden dem Bezirk 1968 geschenkt hat. In den folgenden Jahren erfolgten weitere Schenkungen, wie beispielsweise 1975 eine aus dem rheinhessischen Ingelheim mit Rotweinstöcken der Sorte Blauer Spätburgunder. Heute sind auf dem Kreuzberg etwa 300 Rebstöcke kultiviert, darunter die Sorten Riesling, Kerner, Blauer Spätburgunder und Blauer Portugieser. Die Trauben werden nach der Lese jedoch nicht in Berlin weiterverarbeitet, sondern in die jeweiligen Partnerstädte gebracht. Dort wird der Wein gepresst, ausgebaut, gereift und in Flaschen gefüllt. Der Kreuzberger Weißwein heißt Kreuz-Neroberger, der Rotwein Kreuzberger Blauer Spätburgunder. In manchen Jahrgängen wird eine kleine Menge Roséwein namens Kreuzberger Spätburgunder Weißherbst gekeltert. Die Flaschen werden jedoch nicht verkauft, sondern als Kleinod und besonderes Präsent vom Bezirksamt verschenkt oder gegen eine Spende abgegeben.

▸ Methfesselstr. 10–12; U-Bahn: Mehringdamm, Platz der Luftbrücke

44 Fidicinstraße

Die Fidicinstraße mündet vor dem Flughafen Tempelhof in den Mehringdamm. Hier liegt der rote Wasserturm (Hausnummer 37), der 1887/1888 nach Plänen der Architekten Hugo Hartung und Richard Schultze für die Städtischen Wasserwerke erbaut wurde. Mit einer Höhe von 44 m und einem Fassungsvermögen von 406 m³ versorgte er früher das Viertel mit Trinkwasser. Ende der 1950er-Jahre wurde er jedoch stillgelegt und in seinem Inneren fünf Wohnungen für Angestellte der Berliner Wasserwerke eingerichtet. Seit 1984 befindet sich ein Jugend-, Kultur- und Kommunikationszentrum in dem ehemaligen Wasserturm.

In der Fidicinstraße 40 ist das English Theater Berlin beheimatet, dessen Programm von Klassikern über zeitgenössische Stücke bis hin zu Comedy reicht. Zuvor befand sich hier ein Theater namens Friends of the Italian Opera. Der Maler und Bildhauer Kurt Mühlenhaupt hatte die Höfe mit ihren ein- und zweigeschossigen Künstler- und Handwerkerateliers und dem riesigen Fabrikschlot 1989 gekauft, um sie in einen Künstlerhof zu verwandeln. Das English Theater Berlin teilt sich den Spielort mit dem renommierten Theater Thikwa, das Kunst mit behinderten Menschen macht.

An der Hausnummer 2/3 liegt die ehemalige Hopf'sche Bierbrauerei, in der sich heute ein Quartier für Dienstleistungen, Handel und Produktion befindet. 1840 hatte der aus Bayern stammende Bierbrauer Georg Leonard Hopf auf dem Gelände das erste Bockbier in Norddeutschland gebraut, das sich bei den Berlinern sofort großer Beliebtheit erfreute. Es entwickelte sich ein etablierter Treffpunkt mit mehreren Sälen, die auch politisch – insbesondere zur Zeit der Berliner Arbeiterbewegung – genutzt wurden. Nach dem Ende des Ersten Weltkriegs musste die Brauerei aufgrund der kriegsbedingten Umstände geschlossen werden, diverse Firmen und Werkstätten übernahmen die Gebäude. 1990–2010 wurde das gesamte Gelände umfassend saniert und zu einem modernen Büro- und Arbeitskomplex ausgebaut.

▸ Wasserturm: www.dtk-wasserturm.de; Theater: www.etberlin.de; www.thikwa.de; U-Bahn: Platz der Luftbrücke

45 Chamissoplatz

Der Chamissoplatz liegt zwischen der Willibald-Alexis- und Arndtstraße und wurde zusammen mit den angrenzenden Straßen in der zweiten Hälfte des 19. Jahrhunderts angelegt. Die den Platz umgebenden, sanierten und modernisierten Gründerzeithäuser stehen als Gesamtensemble unter Denkmalschutz und vermitteln einen Eindruck davon, wie Berlin um 1900 aussah. Auch wegen der stuckverzierten Fassaden, der alten Kopfsteinpflasterstraßen und Straßenlampen, der ehemals als Pferdetränke genutzten Wasserpumpe sowie seiner leichten Hanglage und dem Kinderspielplatz in der Mitte ist der nach Adelbert von Chamisso benannte Platz heute eine begehrte Wohngegend. Dies war jedoch nicht immer so, denn lange hatte sich der Zustand der Gebäude seit ihrer Entstehungszeit nicht geändert. Kohleöfen sowie Gemeinschaftstoiletten wurden beibehalten und fehlende Bäder nicht eingebaut. Erst nach Hausbesetzungen in den 1980er-Jahren und einer Mieterinitiative erfolgten umfangreiche Sanierungen im gesamten Kiez, bei denen der historische Fassadenschmuck und die Balkone wieder angesetzt wurden. Die so verbesserten Wohnbedingungen führten vor allem in den letzten Jahren zu Privatisierungen und steil ansteigenden Mietpreisen, die den Platz mittlerweile zu einer etablierten Adresse gemacht haben. Samstags 9–15 Uhr findet auf dem Platz der älteste Ökomarkt Berlins statt.

▸ www.oekomarkt-chamissoplatz.de; U-Bahn: Platz der Luftbrücke, Gneisenaustr.

46 Bergmannstraße

Die Bergmannstraße ist das Zentrum des gleichnamigen Kiezes und hat sich seit der Sanierung ab 1978 zu einer Flaniermeile mit Antiquariaten, kleinen Geschäften sowie Kneipen, Restaurants und Cafés entwickelt. Vor allem im Sommer findet das Leben auf der Straße statt: Die Tische auf den breiten Gehsteigen sind belegt und Straßenmusiker geben ihr Bestes. Der Straßenname leitet sich von der Großgrundbesitzerin Marie Luise Bergmann ab, der im 19. Jahrhundert die Ländereien dieser Gegend gehörten. Da die Bergmannstraße – wie auch die umliegenden Straßen – im Zweiten Weltkrieg nur geringfügige Schäden davongetragen hat, sind heute noch zahlreiche Erstbauten vom Ende des 19. Jahrhunderts erhalten. Einige der Gebäude stehen nach umfangreicher Sanierung unter Denkmalschutz, wie beispielsweise die Miethäuser der Hausnummer 1–4 von 1871, 1877 und 1893 und das Umspannwerk in der Hausnummer 5–7, das 1929–1931 nach Plänen von Hans Heinrich Müller errichtet wurde. Auch die Gemeindedoppelschule in der Hausnummer 28/29, nach Entwürfen von Stadtbaurat Hermann Blankenstein errichtet und 1885 eröffnet, sowie die Gemeindeschule in der Bergmannstraße 60–65, nach Plänen von Ludwig Hoffmann und Fritz Haack 1901/1902 erbaut, befinden sich darunter.

▸ U-Bahn: Gneisenaustr.

47 Marheinekeplatz und Markthalle

An der Bergmannstraße liegt der Marheinekeplatz mit der Marheineke Markthalle, die nach Plänen des Stadtbaurats Hermann Blankenstein unter Mitwirkung des Architekten August Lindemann 1891/1892 erbaut wurde. Sie gestalteten eine geschlossene Halle, aus einem Mittelschiff mit nördlich und südlich angeschlossenen Seitenschiffen bestehend und an den Seitenwänden mit stilisierten Terrakotta-Früchten, -Meerestieren und -Blumen geschmückt, die auf die Angebote in der Halle verweisen. Die Marheineke Markthalle ist heute eine von vier erhaltenen Hallen in Berlin, die mit zehn weiteren Markthallen vor der Jahrhundertwende errichtet wurden. Nach dem Krieg wiederaufgebaut, wurde sie 2007 komplett saniert. Heute präsentieren hier mehr als 50 Händler ihre Waren, darunter ein Frischemarkt mit Produkten aus der Region, ein Spezialitätenmarkt sowie ein Café und ein Restaurant.

▸ www.meine-markthalle.de; Marheinekeplatz 15; U-Bahn: Gneisenaustr.

48 Zossener und Nostitzstraße

In der von der Bergmannstraße abzweigenden Zossener Straße fallen die vielen glatten Häuserfassaden mit Rauputz auf, die früher mit gründerzeitlichem Stuck ausgeschmückt waren. In den 1950er-Jahren wurde dieser jedoch im Rahmen von Modernisierungen abgeschlagen, weil man klare Flächen und Linien bevorzugte. Erst mit der Zeit wurden die charakteristischen Gesimse und Ausschmückungen wiederentdeckt, die daher in den letzten Jahren, teilweise durch Subventionen finanziert, neu angebracht wurden. Wie in der Bergmannstraße befindet sich auch hier eine Vielzahl von kleinen Läden, Cafés und Restaurants.

Parallel zur Zossener Straße und ebenfalls von der Bergmannstraße abzweigend verläuft die Nostitzstraße. In den 1920er-Jahren organisierte sich hier die kommunistisch geprägte Arbeiterbewegung, was in den 1930er-Jahren zu gewaltsamen Auseinandersetzungen mit den Nationalsozialisten führte. Heute ist die Nostitzstraße mit ihrer fünfstöckigen Blockrandbebauung, teilweise aufwändig dekorierten Gründerzeitfassaden, hochwertig sanierten Altbauwohnungen und einer lebhaften Kiezstruktur eine beliebte Wohnadresse.

▸ U-Bahn: Gneisenaustr.

49 Friedhöfe Bergmannstraße

In dem 21 ha großen Areal der Friedhöfe Bergmannstraße zwischen Südstern und Marheinekeplatz sind vier angrenzende Friedhöfe zusammengefasst: der Luisenstädtische Friedhof I, der Kirchhof der Jerusalems- und Neuen Kirche IV, der Friedrichswerdersche Kirchhof II sowie der Dreifaltigkeitskirchhof II. Die Friedhöfe sind durch Mauern voneinander getrennt, an denen zahlreiche prachtvolle Erbbegräbnisstätten liegen. Einige berühmte Persönlichkeiten befinden sich unter den Bestatteten, darunter beispielsweise der Maler Adolph von Menzel, der Historiker Theodor Mommsen, der Dichter Ludwig Tieck, der Philosoph Friedrich Schleiermacher und der Außenminister der Weimarer Republik Gustav Stresemann. Die Friedhöfe sind täglich von 8 Uhr bis Sonnenuntergang bzw. 20 Uhr geöffnet.

> ‣ Südstern 8–10/Bergmannstr. 45/Bergmannstr. 42–44/Bergmannstr. 39–41;
> U-Bahn: Südstern, Gneisenaustr.

50 Südstern

Die Bergmannstraße endet am Südstern, einem im 19. Jahrhundert angelegten Stadtplatz. Zunächst unter dem Namen Kaiser-Friedrich-Platz und anschließend als Gardepionierplatz bekannt, trägt der Platz seit 1947 den Namen Südstern. Dieser leitet sich von der sternförmigen Verteilung der verschiedenen abgehenden Straßen ab. Dominiert wird der Platz von der monumentalen neogotischen evangelischen Kirche am Südstern. Sie entstand 1894–1897 nach Entwürfen des Garnisons-Bauinspektors Ernst August Roßteuscher und diente in den ersten Jahren nach ihrer Eröffnung als Garnisonskirche für die Truppen, die vor den Toren der Stadt stationiert waren.

> ‣ U-Bahn: Südstern

51 Graefekiez

Nordöstlich des Südsterns liegt der Graefekiez, benannt nach der Graefestraße, die das Viertel zwischen Hasenheide und Landwehrkanal durchzieht. Das Gebiet wurde in den 1860er-Jahren nach Plänen von Peter Joseph Lenné angelegt, der Großteil der Bebauung stammt allerdings aus den Jahren 1890–1900. Da der obere Teil der Graefestraße, d. h. oberhalb der Urbanstraße, im Zweiten Weltkrieg keine starken Schäden erlitt, ist heute noch eine fast einheitliche Gründerzeitbebauung mit gleichmäßiger Traufhöhe vorhanden. Im südlichen Teil des Kiezes hingegen überwiegt der soziale Wohnungsbau. Das nördliche und südliche Gebiet des Graefekiezes differieren allerdings nicht nur in architektonischer Hinsicht voneinander – auch sozial unterscheidet sich der Süden mit weniger privilegierten und einkommensschwachen Familien von den in letzter Zeit oftmals jungen, zugezogenen Gutverdienern im Norden. Letztere erfreuen sich nicht nur

Im Graefekiez

an den kleinen Geschäften und Spezialitätenläden, sondern auch an den zahlreichen Cafés, Bars, Kneipen und gastronomischen Angeboten aus internationalen Küchen, die sich in den letzten Jahren im nördlichen Graefekiez angesiedelt haben. Damit einher gehen allerdings steil ansteigende Mietpreise und Lärmbelästigung, was beispielsweise an der Admiralsbrücke auch zu starken Protesten von Seiten der Anwohner führte (vgl. Seite 442).

▸ www.graefe-kiez.de; U-Bahn: Südstern, Schönleinstr.

Das Berliner Zeitungsviertel

52 Ehemaliges Café Adler

An der Ecke Friedrichstraße/Zimmerstraße, in dem einzigen erhaltenen Ursprungsbau der Friedrichstraße, der heute das Café Einstein beherbergt, befand sich einst eine Apotheke und bis 2008 das Café Adler. Das Café Adler war ein beliebter Treffpunkt für die Mitarbeiter aus den benachbarten Zeitungsredaktionen und freie Autoren. Denn es lag mitten im Zeitungsviertel rund um die Koch-, Rudi-Dutschke-, Zimmer- und Jerusalemer Straße, das bis 1933 eine außerordentliche publizistische Vielfalt präsentierte. 39 Berliner Tageszeitungen wurden hier produziert, von der alten »Vossischen« über das »Berliner Tageblatt« von Theodor Wolff bis hin zu der von Rosa Luxemburg und Karl Liebknecht herausgegebenen »Roten Fahne«; hinzu kamen 32 Zeitungen für die Bezirke Berlins. In der Zimmerstraße hatten acht Nachrichtenagenturen wie Wolff's Telegraphenbüro oder Reuters ihren Sitz. Des Weiteren waren hier vier Berliner Redaktionen auswärtiger Zeitungen ansässig, die die Text- und Bildagenturen des Viertels nutzten. In insgesamt 17 Verlagen wurden auch Fachblätter, darunter etwa der »Sozialistische Bote« oder die »Allgemeine Fleischer-Zeitung«, redaktionell bearbeitet. Die drei größten Berliner (Zeitungs-) Verlage waren mit dem seit 1881 hier ansässigen Ullstein Verlag, dem weitläufigen Verlagskomplex Mosse zwischen Jerusalemer Straße und Zimmerstraße sowie dem direkt gegenüber liegenden Scherl Verlag ebenfalls im Viertel vertreten.

Im Februar 1945 wurde die Gegend durch die Bombardierung 1 000 amerikanischer Flugzeuge komplett zerstört und war noch bis in die 1970er-Jahre hinein bis auf vereinzelt stehende Neubauten eine Brachlandschaft. Seit Mitte der 1990er-Jahre erlebte das Zeitungsviertel jedoch einen neuen Aufschwung: Viele Medienunternehmen und Firmen aus der Film-, Video- und Fernsehbranche siedelten sich hier an und schufen ein neues, für die Hauptstadt bedeutendes Medienquartier.

▸ Friedrichstr. 206; U-Bahn: Kochstr.

53 Alte Markthalle III

Der verklinkerte Bau in der Zimmerstraße 90/91 gehört zu den wenigen Gebäuden, die die Bombardierung von 1945 überstanden haben. Die über der Torzufahrt zu sehenden Embleme mit Gemüse, Fischen, Obst und einer Waage erinnern daran, dass der von Hermann

Blankenstein 1884–1886 entworfene Bau mit spätklassizistischer Fassade ursprünglich als Markthalle III diente. 1910 wurde ein Teil des Komplexes zum Konzerthaus Clou mit Tanz-, Musik- und Kabarettveranstaltungen umgebaut. 1927 hielt Adolf Hitler hier seine erste öffentliche Rede; 1943 wurde das Clou zu einem Sammellager für Juden, die anschließend in die Konzentrationslager deportiert wurden. Ende der 1930er-Jahre gelangte das Vorderhaus in den Besitz des Eher-Verlags, der Zentralverlag der NSDAP, der im nicht mehr erhaltenen Nachbarhaus unter anderem die Propaganda-Blätter »Völkischer Beobachter«, »Der Angriff« sowie das SS-Blatt »Das Schwarze Korps« drucken ließ. Im Zweiten Weltkrieg wurde die Markthalle zerstört; erhalten geblieben sind das Geschäftshaus und die 6 m hohe Durchfahrt mit Kreuzrippengewölbe.

Eine Gedenktafel am Vordergebäude erinnert an die Geschichte des denkmalgeschützten Hauses, das heute Galerien und diverse Ausstellungen beherbergt.

▸ Zimmerstr. 90/91; U-Bahn: Kochstr.

54 Quartier Schützenstraße

An der Ecke Zimmer-/Charlottenstraße befindet sich auf einer ehemaligen Brache der Berliner Mauer das Quartier Schützenstraße, ein farbiger Baukomplex, der 1994–1998 nach Plänen des italienischen Architekten Aldo Rossi erbaut wurde. Dieser integrierte in die Fassade des Quartiers die denkmalgeschützten Überreste zweier Vorkriegshäuser, von dem die Fassade des einen im Stil der italienischen Neorenaissance restauriert wurde und die des anderen (in der Schützenstraße 8) ein originalgetreues Abbild der Eingangssituation des von Michelangelo entworfenen römischen Palazzo Farnese erhielt. Des Weiteren zerlegte Rossi den Bau um vier Innenhöfe herum in zahlreiche Parzellen, die durch verschiedene Fassaden- und Dachgestaltungen jeweils unterschiedlich ausgestaltet sind. Durchgängig ebenmäßige Geschosshöhen sowie die Möglichkeit, dass im Innern die Räume hinter mehreren Fassaden zusammengefasst werden können, lassen den Bau trotz seiner Fragmentierung als Einheit erscheinen. Einst saß hier das Wolff'sche Telegraphenbüro; das Berliner Büro der Essener Nationalzeitung befand sich schräg gegenüber in der Charlottenstraße 82. Heute beherbergt das Quartier Schützenstraße Büros, Wohnungen, Geschäfte und ein Hotel.

▸ Zimmer-/Charlotten-/Schützenstr.; U-Bahn: Kochstr.

55 Mosse-Zentrum

Das Mosse-Zentrum beherbergte früher den Druckverlag von Rudolf Mosse. Dieser hatte 1867 zunächst in der Friedrichstraße einen Anzeigenhandel eröffnet und nach dem Umzug 1870 in die heutige Littenstraße sein Druck- und Verlagshaus gegründet. 1873 kaufte er den Gebäudekomplex an der Ecke Schützen-/Jerusalemer Straße und ließ ihn 1900–1903 nach Entwürfen der Architekten Wilhelm Cremer und Richard Wolffenstein umbauen. Diese konzipierten einen Sandsteinbau in neobarocker Formensprache mit Jugendstilanklängen. Hier gab Mosse seit 1872 das »Berliner Tageblatt« heraus, gefolgt vom »Deutsches Reichsblatt« ab 1881, der »Berliner Morgen-Zeitung« ab 1889, der »Allgemeinen Zeitung des Judentums« ab 1890, der »Berliner Volks-Zeitung« ab 1904 sowie der »Gießerei-Zeitung«. Nachdem das Gebäude im Ersten Weltkrieg beschädigt wurde, ließ Mosses Schwiegersohn und Nachfolger Hans Lachmann-Mosse es 1921–1923 durch Erich Mendelsohn umbauen. Dabei wurde der zerstörte Eingangsbereich erneuert, ein Gesims hinzugefügt, die Fassade völlig neu und in extrem horizontaler Formensprache aufgesetzt, der Sandstein durch Keramikplatten und Eisen ersetzt und das gesamte Haus um zwei Etagen aufgestockt. Nachdem die Mosse-Druckerei von den Nationalsozialisten konfisziert wurde, lief sie als Buch- und Tiefdruck-GmbH weiter. Nach schweren Beschädigungen im Zweiten Weltkrieg und behelfsmäßigem Wiederaufbau wurde das Gebäude zu DDR-Zeiten von einigen Druckereien wie dem VEB Industriedruck genutzt. 1992 erwarb ein Unternehmer den Komplex und baute ihn bis 1995 als Mosse-Zentrum neu auf. Dabei wurde der verbliebene Teil an der Schützenstraße rekonstruiert und durch Neubauten ergänzt. Heute befinden sich in dem denkmalgeschützten Gebäudekomplex Büros, Radio-, Film- und Fernsehstudios, Redaktionen, Restaurants und Geschäfte.

▸ Ecke Schützen-/Jerusalemer Str.; U-Bahn: Kochstr.

56 Axel-Springer-Hochhaus

An der Ecke Rudi-Dutschke-Straße/Axel-Springer-Straße befindet sich das Axel-Springer-Hochhaus. Der erste Flügel, das goldfarbene Gebäude quer zur Rudi-Dutschke-Straße, wurde 1959–1965 errichtet, gefolgt von einem um 90 Grad versetzten zweiten Flügel, der 1992–1994 entstand. Hier befinden sich die Redaktionen der Zeitungen »Bild«, »Bild am Sonntag«, »Die Welt«, »Berliner Morgenpost«, »Welt am Sonntag«, »Welt kompakt« sowie die dazugehörigen

Online-Ausgaben. An die Stelle einer ehemaligen Druckerei wurde 2000–2004 die angeschlossene Axel-Springer-Passage als achtgeschossiges Geschäftshaus errichtet.

Auf dem heutigen Springer-Gelände arbeitete einst August Scherl, einer der drei großen Berliner Zeitungsverleger. 1883 konnte dieser mit dem »Berliner Local-Anzeiger« einen großen Geschäftserfolg verbuchen. Auch der Ullstein Verlag hatte hier einst seinen Sitz, bevor er 1956 vom jungen Hamburger Verleger Axel Springer aufgekauft wurde. Wo früher Mosse, Ullstein und Scherl um Leser konkurrierten, saß also ab 1966 nur noch Springer als beherrschender deutscher Presse- und Medienriese. Im Laufe der 1960er-Jahre nahm nicht nur die DDR Anstoß an dem Unternehmen (unter anderem aufgrund seiner großen Werbeanzeigen auf dem Dach), sondern auch die Linken und Linksliberalen in West-Berlin: Für den Mordanschlag auf Rudi Dutschke im Jahr 1968 machten sie Springer und seine Berichterstattung verantwortlich. Studenten wollten die Ausgabe der Springer-Zeitungen verhindern, es kam zu schweren Krawallen und Auseinandersetzungen mit der Polizei.

Der nördliche Teil der Lindenstraße wurde 1995 trotz Protesten der Bezirke Mitte und Kreuzberg in Axel-Springer-Straße umbenannt. 2007 wurde durch ein Bürgerbegehren die Umbenennung der östlichen Kochstraße in Rudi-Dutschke-Straße durchgesetzt.

▸ Ecke Rudi-Dutschke-Str./Axel-Springer-Str.; U-Bahn: Kochstr.

57 Wohnungsbaugesellschaft GSW

Zwischen Markgrafenstraße und Charlottenstraße entstand 1995–1999 nach Plänen der Architekten Matthias Sauerbruch und Louisa Hutton das Hauptverwaltungsgebäude der Gemeinnützigen Siedlungs- und Wohnungsbaugesellschaft Berlin (GSW) mit 24 000 m² Büro- und Ladenflächen. Die Architekten konzipierten unter Berücksichtigung des schon vorhandenen Punkthochhauses ein vierteiliges Gebäudeensemble, welches neben dem alten Bau eine 22-geschossige Hochhausscheibe parallel zu Charlottenstraße, einen dreigeschossigen Flachbau an der Rudi-Dutschke-Straße und einen elliptischen, dreigeschossigen Turm auf dem nordöstlichen Ende des Flachbaus umfasst. Das 81,5 m hohe, leicht konkav gekrümmte Hochhaus erhielt eine in Berlin einzigartige Energiesparfassade, die die Oberfläche mit roten Sonnenschutzlamellen verschleiert. Abgeschlossen wird es nach oben hin von einem Dach, das an die in den 1950er-Jahren beliebten Flugdächer erinnert.

Nicht zu übersehen: die roten Sonnenschutzlamellen des GSW-Hochhauses

Das Gebäudeensemble befindet sich auf einem Grundstück, auf dem seit 1881 das Stammhaus des Ullstein Verlags stand, dem größten unter den Berliner Zeitungsverlegern. Insbesondere um 1900 produzierte Ullstein äußerst erfolgreiche Zeitungen und Zeitschriften, wie beispielsweise die »Berliner Morgenpost« oder die »Berliner Illustrirte Zeitung«. Auch das erste deutsche Boulevardblatt »BZ am Mittag« wurde ab 1904 von Ullstein verlegt.

› Charlottenstr./Rudi-Dutschke-Str./Markgrafenstr.; U-Bahn: Kochstr.

58 Rudi-Dutschke-Haus

Das Rudi-Dutschke-Haus ist seit 1989 Sitz der »tageszeitung« (taz). Das um 1910 errichtete Gebäude mit seiner modernen, vorschwingenden Glas-Eisen-Konstruktion um die Frontfenster herum und den sandsteinernen Flachreliefs an der Fassade, die Atlanten darstellen, wurde zunächst von diversen Unternehmen genutzt, darunter eine Firma, die Feuerungsanlagen produzierte sowie ein Inkasso- und Auskunftsbüro. In den 1920er-Jahren zogen über 20 Filmunternehmen in die damalige Kochstraße, im heutigen Rudi-Dutschke-Haus siedelten sich allein vier Filmgesellschaften an: die Albö-Filmgesellschaft, die Camera-Filmgesellschaft, die Hisa und die T.K.-Tonfilmgesellschaft, die dort Lager- und Vorführräume einrichteten. Heute befinden sich außer der taz-Redaktion das taz-Café im Erdgeschoss sowie ein italienisches Restaurant nebenan. Eine Gedenktafel an der Fassade erinnert an den namengebenden Studentenführer der 68er-Bewegung.

An der Ostwand, in Richtung des Axel-Springer-Gebäudes, befindet sich zudem seit 2009 das Relief »Friede sei mit dir« des Bildhauers Peter Lenk, das Personen zeigt, die in den vorherigen Jahren in den Schlagzeilen der Bild-Zeitung waren. Im Zentrum des Reliefs steht eine Karikatur von Bild-Chefredakteur Kai Diekmann, deren erigiertes Geschlechtsteil sich über fünf Stockwerke erstreckt. Der Titel bezieht sich auf die Bild-Chefredakteurin Friede Springer, die sich ebenfalls unter den Abgebildeten befindet. Hintergrund der Installation war ein Rechtsstreit zwischen Diekmann und der taz, die in ihrem Blog »Die Wahrheit« von einer vermeintlichen missglückten Penisverlängerung Diekmanns berichtete. Diekmann klagte daraufhin auf Schadensersatz, konnte beim Landgericht Berlin jedoch nur einen Teilerfolg davontragen, denn, wie die Urteilsbegründung lautete, wer sein Geld wie Diekmann mit der Verletzung von Persönlichkeitsrechten verdiene, der werde wohl auch weniger schwer durch die Verletzung seines eigenen Persönlichkeitsrechts belastet.

▸ Rudi-Dutschke-Str. 25; U-Bahn: Kochstr.

59 Galerie Isabella Czarnowska

Die Galerie macht es sich seit ihrer Gründung 1986 in Stuttgart zur Aufgabe, unbekannte zeitgenössische Künstler aus dem In- und Ausland der Öffentlichkeit zu präsentieren. Darüber hinaus werden aber auch Werke bereits etablierter Künstler gezeigt. Es finden sowohl Einzel- als auch Gruppenausstellungen statt.

▸ www.galerie-czarnowska.de; Rudi-Dutschke-Str. 26; Di–Fr 11–18, Sa 11–16 Uhr; U-Bahn: Kochstr.

60 Alexander Ochs Galleries

Der Schwerpunkt der Alexander Ochs Galleries lag bei der Gründung zunächst auf europäischen und chinesischen Künstlern; mittlerweile wurde das Programm um Künstler aus Asien, Afrika, Lateinamerika, Australien, dem Mittleren Osten und Europa erweitert.

▸ www.alexanderochs-galleries.com; Besselstr. 14; Di–Sa 11–18 Uhr; U-Bahn: Kochstr.

61 Galerie Carlier Gebauer

Die Galerie Carlier Gebauer zog 2008 von Berlin-Mitte ins Galerienviertel Kreuzbergs. Sie präsentiert Werke zeitgenössischer Künstler wie Janaina Tschäpe, Richard Mosse oder Paul Pfeiffer.

▸ www.carliergebauer.com; Markgrafenstr. 67; Di–Sa 11–18 Uhr; U-Bahn: Kochstr.

62 Galerie Schleicher + Lange

Die beiden Gründer der Galerie, Julia Schleicher und Andreas Lange, machten sich zunächst in Paris einen Namen, bevor sie nach langen Vorbereitungen 2012 ihren Ausstellungsraum in Berlin eröffneten. Die Galerie setzt auf ein anspruchsvolles Programm mit Werken von Künstlern wie Evariste Richer, Maria Loboda oder Krištof Kintera.

▸ www.schleicherlange.com; Markgrafenstr. 68; Di–Sa 11–18 Uhr; U-Bahn: Kochstr.

63 Galerie Barbara Thumm

Eine internationale Galerie mit zeitgenössischer Kunst.

▸ www.bthumm.de; Markgrafenstr. 68; Di–Sa 11–18 Uhr; U-Bahn: Kochstr.

64 Haus der Presse

Das Haus der Presse wurde 2000 als Sitz des Bundesverbands Deutscher Zeitungsverleger (BDZV) eingeweiht und beherbergt darüber hinaus auch verschiedene andere Verleger-Organisationen. Die Pläne für den Bau lieferte der Frankfurter Architekt Jo Franzke, der mit dem klinkerverkleideten siebengeschossigen Bürotrakt die Proportionen der südlichen Bauflucht aufnahm und der gesamten Gebäudezeile mit der gekrümmten Fassade des übergreifenden Glastrakts einen markanten Abschluss gab. Bereits 1894 wurde der Verein Deutscher Zeitungsverleger gegründet; durch dessen Zusammenschluss mit dem

Gesamtverband der Deutschen Zeitungsverleger 1954 entstand der BDZV, der die 1933 unterbrochene Tradition der ersten großen Verlegerorganisation von 1894 fortsetzte.

▸ Markgrafenstr. 15; U-Bahn: Kochstr.

Friedrichshain: Fläche: 9,78 km², Einwohnerzahl: 122 087

Friedrichshain

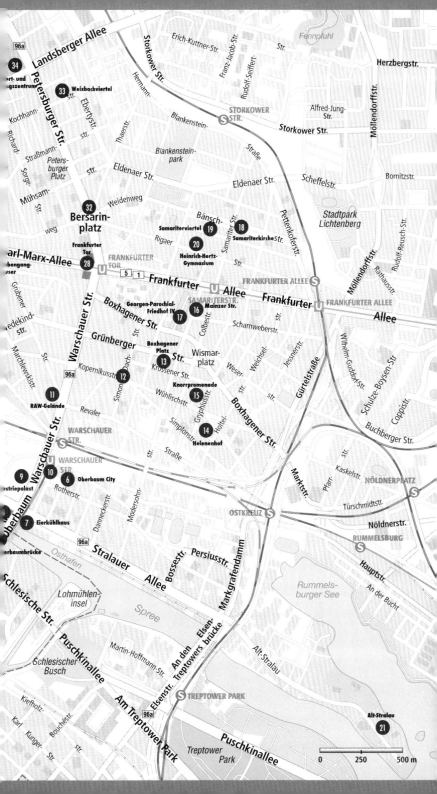

Das östliche Friedrichshain

 East Side Gallery

Entlang der Mühlenstraße, zwischen Oberbaumbrücke und Ostbahnhof, befindet sich mit 1,3 km Länge die größte Freilicht-Gemäldegalerie der Welt: die East Side Gallery. Direkt nach der Wende, im Jahr 1990, bemalten hier 118 Künstler aus 21 Ländern die letzten Reste der Berliner Mauer. So finden sich heute farbenprächtige, oft mit politischer Symbolik beladene Malereien auf jener Mauerseite, an der einst der Todesstreifen entlanglief. Von Gábor Imre stammt beispielsweise der scheinbar aus der Mauer hervorbrechende Ozean, in Birgit Kindlers Darstellung kommt dem Betrachter ein Trabi entgegen. Das berühmteste Gemälde der East Side Gallery ist jedoch der »Bruderkuss« zwischen Erich Honecker und Leonid Breschnew, den der russische Maler Dmitri Wrubel anfertigte. Willi Berger aus Hiddensee erinnert in seiner Darstellung an seinen Lehrer Hans Meissel, dessen abstrakt-expressive Malerei zunächst unter den Nationalsozialisten und dann in der DDR verfemt wurde. 1996 bildeten die Künstler einen Verein, der sich um die Sanierung und den Erhalt der Mauer bemüht. So

East Side Gallery

wurde 2009 das seit 1991 denkmalgeschützte Gesamtkunstwerk anlässlich des 20. Jahrestages des Mauerfalls grundlegend saniert, wobei 84 Künstler die Mauerbilder ein zweites Mal ausmalten.

2006–2009 gestalteten die Landschaftsarchitekten Häfner/Jiménez am Spreeufer hinter der East Side Gallery den 1,5 ha großen East Side Park. Der ehemalige, von den Grenztruppen der DDR benutzte Kontrollweg blieb erhalten. Der Park ist Teil des Investorenprojekts Mediaspree.

› www.eastsidegallery-berlin.de; Mühlenstr. 3–100; U-Bahn: Warschauer Str., S-Bahn: Warschauer Str., Ostbahnhof

2 YAAM

20 Jahre hangelte sich der Verein für Jugendkultur YAAM (Abkürzung für Young African Art Market) von einer Zwischennutzung zur nächsten. Seit 2014 befindet sich das YAAM an der Schillingbrücke. Wer die Mauer der East Side Gallery beim Ostbahnhof zum Yaam durchschritten hat, steht auf einem riesigen Sandstrand, der von den Farben des afrikanischen Kontinents dominiert wird. Die Imbissbuden verkaufen afrikanische Speisen. Auf dem Gelände finden Konzerte statt, auf dem Kids Corner sind zahlreiche sportliche Aktivitäten möglich.

› www.yaam.de; An der Schillingbrücke; Sommersaison tgl. ab 10 Uhr, Wintersaison tgl. ab 13 Uhr; S-Bahn: Ostbahnhof

3 Mediaspree

Die Mediaspree ist ein großes Investorenprojekt in Berlin, das die Entstehung eines gleichnamigen Viertels in dem 3,7 km langen und gut 180 ha großen Areal beiderseits der Spree zwischen Jannowitz- und Elsenbrücke zum Ziel hat. Geplant und zum Teil bereits umgesetzt sind die Nachnutzung von Anlagen des Osthafens und industrieller Bauten sowie der Neubau von Hotels, Wohnungen und Geschäftshäusern. 2008 wurde per Volksentscheid eine bestehende Planung gekippt; einzelne Bauvorhaben werden seitdem von der Initiative »Spreeufer für alle« kritisch begleitet.

› www.ms-versenken.org; U-/S-Bahn: Jannowitzbrücke

4 Mühlenspeicher

An der Mühlenstraße neben der Oberbaumbrücke befindet sich der 1907 noch vor dem Ausbau des Osthafens als Getreidespeicher errichtete Mühlenspeicher. Der kleine Aufbau auf dem Dach ist einer der erhalten gebliebenen Wachtürme aus der Zeit der innerdeutschen Teilung. Heute wird der dem Großprojekt Mediaspree zugehörige Bau als Club sowie Gastronomie- und Veranstaltungsort genutzt.

› www.piratesberlin.com; Mühlenstr. 78–80; U-Bahn: Schlesisches Tor, Warschauer Str., S-Bahn: Warschauer Str.

5 O₂ World

Am nördlichen Spreeufer befindet sich die als Projekt der Mediaspree 2008 eingeweihte O$_2$ World Arena. Mit 17 000 Sitz- und Stehplätzen ist sie eine der größten Veranstaltungshallen Berlins und die zweitgrößte Multifunktionshalle Deutschlands. In der Halle finden Konzerte und Versammlungen statt, der Eishockeyverein Eisbären Berlin und der Basketballverein Alba Berlin tragen hier ihre Heimspiele aus. Die Namenspartnerschaft mit O$_2$ (Germany) ist über 15 Jahre angelegt.

› www.o2world-berlin.de; Mühlenstr. 10–30; U-/S-Bahn: Warschauer Str.

6 Oberbaum City

Bei der Oberbaum City am nördlichen Spreeufer zwischen U-Bahnhof Warschauer Straße und Modersohnstraße handelt es sich um ein weiteres bereits umgesetztes Projekt der Mediaspree: Auf dem ehemaligen Gelände des 1918 als OSRAM-Werke gegründeten Glühlampenkombinats Narva befindet sich heute ein neu erbauter Gewerbepark. Nach der Einstellung der Glühlampenproduktion 1992 wurden 1993–2000 fünf Gebäude des Fabrikareals von der HypoVereinsbank umgebaut; dabei wurden die unter Denkmalschutz stehenden Gründerzeitfassaden restauriert und die Gebäude zum Teil vollständig entkernt sowie komplett saniert. Die großzügigen, modernen Büros beherbergen heute über 80 Firmen aus verschiedenen Branchen. Eine davon ist BASF Services Europe, die im sogenannten Lichtturm, dem Wahrzeichen des Gebäudeensembles, residiert. Der auch als OSRAM-Turm bekannte Bau wurde in den 1920er-Jahren errichtet und im Rahmen der Umbauten mit einem quaderförmigen Bürotrakt gekrönt.

› Lichtturm: Rotherstr. 11–16; U-/S-Bahn: Warschauer Str.

7 Eierkühlhaus

Zu den ersten Projekten der Mediaspree gehörte der Umbau des Eierkühlhauses an der Oberbaumbrücke für den Musikkonzern Universal und die MTV-Studios. Das Kühlhaus wurde 1928/1929 nach Plänen des Dresdner Baurats Oskar Pusch errichtet und trägt mit seiner funktionalen Fassade Züge der Bauhaus-Architektur: ein 25 cm dickes Klinkermauerwerk mit einem Rautenmuster als Dekorelement und Gesimsbändern an den Gebäudeecken. 2000–2002 wurde der Bau durch den Berliner Architekten Reinhard Müller zu einem Büro- und Geschäftshaus umgebaut. Müller öffnete die ursprünglich geschlossene Fassade an drei Seiten und versah sie mit einer vorgehängten Glasfassade. So weist nur noch die nach Nordwesten zur Oberbaumbrücke gerichtete Stirnseite eine geschlossene Klinkerfassade auf. Die historischen Stilelemente der Fenster, Kappendecken und Wände sind erhalten geblieben. Der Bau beherbergt neben den Bürogebäuden ein Restaurant, die Kantine von Universal sowie eine Terrasse mit Strandbar an der Spree.

▸ www.universal-osthafen.de; Stralauer Allee 1; U-/S-Bahn: Schlesisches Tor, Warschauer Str.

⑧ Oberbaumbrücke

Die Oberbaumbrücke wurde 1894–1896 in märkischer Backsteingotik mit Zinnen, Arkadengängen und zwei Türmen errichtet. Zwischen den Arbeitervierteln Kreuzberg und Friedrichshain sollte sie damals als vornehmer Verbindungsweg zur ersten Großen Berliner Gewerbeausstellung im Treptower Park führen. Der Name der Brücke geht zurück auf eine hölzerne Sperranlage zur Eintreibung von Zöllen aus dem frühen 18. Jahrhundert, als Berlin noch von Festungsmauern umgeben war. An dieser Stelle wurde die Spree nachts mit einem »Oberbaum« verriegelt, um eine unerwünschte Durchfahrt bis zur Stadtmitte zu verhindern; riesige Baumstämme wurde dafür quer in den Fluss geschoben (der Unterbaum lag in der Nähe der Charité). Zu DDR-Zeiten befand sich die Brücke innerhalb des Grenzgebiets – die Grenze verlief mitten durch die Spree – und war gesperrt: Der U-Bahn, Auto- und Radverkehr wurde eingestellt. Die Brücke durfte allein von Fußgängern mit gültigem Reisepass passiert werden. Erst seit 1995, mit der Neueröffnung des U-Bahnhofs Warschauer Straße, wird die 30 m breite und denkmalgeschützte Brücke wieder für den Verkehr genutzt. Nach Plänen des spanischen Architekten Santiago Calatrava wurden dafür die teilweise zerstörten und verfallenen Arkaden im Mittelteil durch eine 22 m lange, schwungvolle Stahlkonstruktion ersetzt.

▸ U-/S-Bahn: Schlesisches Tor, Warschauer Str.

9 Industriepalast

Der Industriepalast in der Warschauer Straße 34–44 wurde 1906–1907 nach Plänen von Johann Emil Schaudt errichtet, der auch das Kaufhaus des Westens an der Tauentzienstraße konzipierte. Schaudt gestaltete den Bau als eine für seine Zeit typische Etagenfabrik, die als Eisenskelettbau fünf einzelne Gebäude, die jeweils vermietet wurden, zu einem Gesamtkomplex verband. Mieter waren unter anderem die Deutsche Gasglühlicht AG, der VEB Kälte Berlin (zuvor Joh. Alfred Richter, Kältemaschinenbau GmbH) und das »Palais des Ostens«, ein seit den 1920er-Jahren mit Festsälen für 300 bis 1 000 Personen ausgestatteter Vergnügungsort. 1992/1993 wurde die unter Denkmalschutz stehende Fassade restauriert. Heute befinden sich in dem Gebäudekomplex unter anderem die Bibliothek für Bildungsgeschichtliche Forschung des Deutschen Instituts für Internationale Pädagogische Forschung sowie ein Hostel.

▸ Warschauer Str. 34–44; U-/S-Bahn: Warschauer Str.

10 Endbahnhof Warschauer Straße

Das einstige Empfangsgebäude am Endbahnhof Warschauer Straße wurde 1924 nach Plänen von Alfred Grenander gebaut. Dieser gestaltete den Bau im Stil der Neuen Sachlichkeit mit viel Glas und genietetem Stahl sowie einem spärlichen Mauerwerk, wobei sich die Form ausschließlich an den Anforderungen der Nutzung orientieren sollte. Der Verkehr lief hier, mit Unterbrechungen im Krieg, bis zum Mauerbau reibungslos; danach wurde das Endstück der U-Bahn-Linie 1 hinter dem Schlesischen Tor abgeschnitten, sodass die Anlage zerfiel und von DDR-Firmen, darunter das Berliner Glühlampenkombinat Narva, provisorisch genutzt wurde. Nach der Wende wurde die Restaurierung des traditionsreichen und seit 1977 denkmalgeschützten Gebäudes beschlossen. Sie wurde 1995 beendigt, sodass die U-Bahn-Lücke zwischen Ost und West schließlich wieder geschlossen war. Grenanders Empfangsgebäude wurde allerdings 2005 abgerissen; der Neubau des Bahnhofs begann im Dezember 2011 und erfolgt im Zuge der Bautätigkeiten an der Strecke Ostbahnhof–Bahnhof Ostkreuz. Die Arbeiten sollen 2016 abgeschlossen sein.

▸ U-/S-Bahn: Warschauer Str.

11 RAW-Gelände

Auf dem Areal zwischen der Warschauer und Revaler Straße und den Bahngleisen der S-Bahn ließen sich einst die frühesten Großbetriebe

Friedrichshains nieder, deren Fabrikgebäude heute noch erhalten sind. Der älteste von ihnen ist das Reichsbahnausbesserungswerk, kurz RAW, das 1867 als »Königlich-Preußische Eisenbahnhauptwerkstatt Berlin II« gegründet wurde und zur Preußischen Ostbahn gehörte, die damals bis nach Königsberg/Ostpreußen und an die russische Grenze fuhr. In dem Betrieb wurden von bis zu 1 200 Arbeitern Lokomotiven sowie Personen- und Güterwagen gewartet und instand gesetzt. Nach der Wende wurde die schrittweise Stilllegung bis 1995 festgesetzt und durchgeführt. Das Unternehmen Talgo Deutschland zog in eine neu errichtete Halle ein, in der bis heute Talgo-Nachtzüge restauriert werden. 1999 wurden zudem einige Gebäude an den Friedrichshainer Kulturverein RAW-tempel e. V. vermietet. Dieser bietet seitdem im zur Straße gelegenen ehemaligen Beamtenwohnhaus, im Ambulatorium, im Verwaltungsgebäude und im Stoff- und Gerätelager soziokulturelle Veranstaltungen und Aktivitäten an. Weitere Einrichtungen zogen im Laufe der Zeit nach, sodass sich heute unter anderem mehrere Clubs, eine Skater- sowie eine Kletterhalle, das Astra Kulturhaus, das Badehaus Szimpla und der Kunstraum Urban Spree auf dem 17 000 m² Areal befinden. Sonntags findet 9–18 Uhr ein Flohmarkt statt. Die Zukunft des Geländes ist jedoch ungewiss, da für den östlichen Teil ein Wohn- und Geschäftskomplex vorgesehen ist.

▸ www.raw-tempel.de; Revaler Str. 99; U-/S-Bahn: Warschauer Str.

12 Simon-Dach-Straße

Von der Revaler Straße zweigt in nördliche Richtung die Simon-Dach-Straße ab, eine der bekanntesten und meist besuchten Straßen Friedrichshains. Vor allem im nördlichen Bereich reihen sich Restaurants, Bars und Kneipen aneinander, die insbesondere von jungen Menschen und Touristen besucht werden. In den umliegenden Straßen finden sich kleine Läden und Boutiquen, darunter Schmuckdesigner und kleine Berliner Labels. Die Straßen- und Häuseraufteilung ist in dieser Gegend noch so erhalten, wie es auf der Grundlage des Generalbebauungsplanes von James Hobrecht vorgesehen war. Sein Plan blieb bis 1919 in Kraft, etwa ab 1905 entstanden die gründerzeitlichen Häuser und parkähnlichen Plätze des Viertels zwischen Warschauer Straße, S-Bahn und Frankfurter Allee. Viele Gebäude wurden seit der Wende frisch verputzt, doch der einstige Straßenschmuck wurde oftmals nicht beibehalten: Zahlreiche Stuckfassaden, die nach dem Krieg bröckelten, wurden abgeschlagen.

▸ U-Bahn: Warschauer Str., Frankfurter Tor, S-Bahn: Warschauer Str.

13 Boxhagener Platz

Von der Simon-Dach-Straße gelangt man über die Krossener oder Grüneberger Straße zum Boxhagener Platz, der im Volksmund schlicht »Boxi« genannt wird. Die »Boxhagener Kirschen« waren im vergangenen Jahrhundert aufgrund ihrer als süß und saftig geltenden Eigenschaften auf allen Berliner Märkten bekannt. Sie wurden auf diesem ehemals ländlichen Gebiet angebaut, bis große Siedlungsgesellschaften die Felder aufkauften und ein neues Viertel mit dem Boxhagener Platz als Herzstück entstand. Heute zeigt der Boxi eine in Berlin einzigartige Randbebauung von teils stuckgeschmückten Häusern aus der Zeit von 1900 bis 1918 auf. Die begrünte und denkmalgeschützte Freifläche wurde nach der Wende nach einem Entwurf des Stadtgartendirektors Erwin Barth aus dem Jahr 1925 umgestaltet: ein Kinderplanschbecken, Spielplatz und Rasen sowie ein umlaufender Sparzierweg mit Bänken wurden angelegt. Samstags findet hier ein Wochenmarkt, sonntags ein Trödelmarkt statt.

An der östlichen Grenze des Platzes steht das »Café Achteck«, wie in Berlin die grünlackierten öffentlichen Pissoirs genannt werden, von denen heute noch etwa 30 Stück in der Stadt existieren. Das gusseiserne Häuschen wurde nach Entwürfen des Stadtbaurates Carl Theodor Rospatt gegen Ende des 19. Jahrhunderts errichtet und war ursprünglich nur für Männer vorgesehen. Es bestand aus sieben grünlackierten und mit Ornamenten verzierten Wandsegmenten auf einem achteckigen Grundriss. Die Gaslaternen an beiden Enden dienten als abendliche Beleuchtung und Schmuckelement. Nach einem Brand 1992 wurde die einzige in Friedrichshain befindliche Einrichtung dieser Art 1995 saniert. Dabei wurde sie außen originalgetreu rekonstruiert, innen mit einer modernen Anlage ausgestattet und 2000 wieder in Betrieb genommen.

▸ U-Bahn: Warschauer Str., Samariterstr., S-Bahn: Warschauer Str.

14 Helenenhof

Zwischen Simplon-, Gryphius-, Sonntag- und Holteistraße befindet sich eine denkmalgeschützte Wohnanlage mit 442 Wohneinheiten und zwei Läden: der Helenenhof. Er ist ein Beispiel für den Versuch mehrerer Architekten um die Jahrhundertwende, wohnlichere Miethäuser zu bauen als die bis dahin üblichen dunklen, engen Bauten. Alfred Messel beispielsweise arbeitete nach dieser Reformidee und errichtete zwei Wohnanlagen jeweils an der Weisbachstraße und Proskauer Straße. Diese wiederum nahm der Architekt des Helenenhofs,

Die Wohnanlage Helenenhof steht unter Denkmalschutz

Erich Köhn, zum Vorbild. Er schuf eine Wohnstraße, den eigentlichen Helenenhof, der zwei Häuserblöcke mit mehreren kleineren
Innenhöfen voneinander trennt und vom Verkehr abschirmt. Die
Häuserwände brach er mit Giebeln, Balkonen und Loggien auf;
eine barocke und klassizistische Formensprache gibt dem Bau etwas
Spielerisches. Der Auftrag kam von der Genossenschaft »Beamten-
Wohnungs-Verein«, dessen Mitglieder ausschließlich Beamte waren,
die für Geschäftsanteile und Beiträge günstige Wohnungen bekamen.
1904 legte der preußische Minister von Budde den Grundstein – in
Begleitung seiner Ehefrau Helene, nach der die gesamte Anlage benannt wurde.

▸ Sonntagstr. 17–22/Gryphiusstr. 1–8/Holteistr. 28–33/Simplonstr. 41–51/Helenen-
hof 1–8; U-Bahn: Warschauer Str., S-Bahn: Warschauer Str., Ostkreuz

15 Knorrpromenade
Zwischen Wühlisch- und Krossener Straße liegt die nach dem Friedrichshainer Bremsenfabrikanten Georg Knorr benannte Knorrpromenade. 1911–1913 wurde sie als kleine Allee für wohlhabende Bürger

inmitten des Arbeiterbezirks Boxhagen errichtet; eine Wohnungsbau-gesellschaft hatte dafür alte Mietskasernen abreißen lassen. Heute ist sie das einzig erhaltene Beispiel einer bürgerlichen Wohnanlage in Friedrichshain und steht als Gesamtensemble unter Denkmalschutz. Am südlichen Eingang der Promenade mit den kleinen Vorgärten befindet sich ein auffälliges Schmucktor, dessen Steinpfeiler die Einfahrt einfassen.

▸ U-Bahn: Samariterstr., S-Bahn: Ostkreuz

16 Mainzer Straße

Die Mainzer Straße war einst die Hochburg der Ost-Berliner Haus-besetzerszene: 1990 –1992 wurden hier Barrikaden errichtet, fast die Hälfte der Straße war besetzt. Insgesamt wurden zur Wendezeit rund 120 Häuser von Hausbesetzern eingenommen, 90 wurden im Laufe der Zeit legalisiert und der Rest abgerissen (die letzte große Räumung fand 2011 in der Liebigstraße statt).

Heute sind die Häuser in der Mainzer Straße saniert und neu verputzt. Auffällig ist vor allem das stattliche Eckgebäude an der Mainzer Straße/Scharnweberstraße. Das Mietshaus mit seinen variations-reichen Gesimsbändern und Fensterverdachungen sowie seinen mit schmiedeeisernen Korbgittern versehenen Balkonen wurde vom Bau-herrn Anton Puzowski 1896/1897 nach Plänen des Architekten Otto Roeder errichtet. Bei der Fassadengestaltung des Baus verwendete Puzowski Dekorelemente der Neorenaissance und des Neobarocks. Das reich gestaltete Eckgebäude belegt beispielhaft die charakteristi-sche, großstädtisch geprägte Wohnbebauung der Quartiere in der Zeit kurz vor der Jahrhundertwende.

▸ U-Bahn: Samariterstr.

17 Georgen-Parochial-Friedhof IV

Mitten im Boxhagener Kiez liegt der Georgen-Parochial-Friedhof IV. 1867 wurde er in der damaligen Arbeiterkolonie Friedrichsberg ange-legt, seit 1879 steht im Eingangsbereich die Friedhofskapelle. Diese wurde in romanischer Formensprache nach Plänen der Architekten Gustav Knoblauch und Hermann Wex errichtet. Heute dient der recht-eckige Bau mit gelber Klinkerung und Satteldach als Theaterkapelle.

▸ Boxhagener Str. 99; U-Bahn: Samariterstr., Warschauer Str., S-Bahn: Ostkreuz, Frankfurter Allee, Warschauer Str.

18 Samariterkirche

Die Samariterkirche, die in der nach ihr benannten Samariterstraße im gleichnamigen Viertel liegt, wurde 1892–1894 vom »Evangelischen Kirchbauverein« nach Plänen von Architekt Ludwig Möckel erbaut. Möckel gestaltete die Kirche im Stil der märkischen Backsteingotik aus rotem Backstein mit Türmchen, Rosetten, schlanken Bögen und einem mit fünf Spitzen gekrönten Turm. Die Kirche wurde von der Deutschen Kaiserin und Königin von Preußen, Auguste Viktoria, persönlich eingeweiht. Der symbolische Name sollte die Einwohner an die Hilfe für die Bedürftigen gemahnen. Der Hintergrund des Kirchenbaus war, dass Kaiser und Kaiserin das wachsende Interesse der Arbeiterschaft an den sozialdemokratischen Ideen durch beeindruckende Kirchenhäuser wieder zum Christentum und zur Treue für den Kaiser lenken wollten. Sie unterstützen deshalb den »Evangelischen Kirchbauverein«, der 1890–1918 etwa 70 Kirchen baute. 1991–1994 wurde die Kirche umfangreich restauriert; zusammen mit der sie umgebenden Wohnbebauung steht sie heute unter Denkmalschutz.

▸ www.gsfn.de; Samariterstr. 27; U-Bahn: Samariterstr.

19 Samariterviertel

Um die Samariterkirche, welche sich bei der Grundsteinlegung noch inmitten von Kleingartenanlagen befand, entstand nach ihrer Fertigstellung im Jahr 1894 das Samariterviertel als ein typisch wilhelminischer, von Mietswohnhäusern dominierter Stadtteil. Gründerzeitlich verzierte Fassaden säumten somit die Straßen, dahinter aber lagen die gleichen schmucklosen Höfe und herrschten ähnlich ärmliche Wohnverhältnisse wie beispielsweise am Boxhagener Platz. Eine Ausnahme bildet der Gebäudekomplex zwischen Bänschstraße, Proskauer Straße und Schreinerstraße. Er wurde 1897/1898 nach Plänen von Alfred Messel im Auftrag des Berliner Spar- und Bauvereins errichtet. Der Block aus zwölf Häusern mit 116 Wohnungen entstand im Sinne des Reformwohnungsbaus und sollte Arbeiterfamilien helle, belüftete Wohnstätten mit Innentoilette bieten. Außerdem wurden besonders viele Gemeinschaftsstätten in den Bau integriert: ein Genossenschaftskindergarten, eine Genossenschaftsgaststätte, eine Bibliothek mit Versammlungssaal, Kegelbahnen und eine Bäckereigenossenschaft. In dem 30 m × 40 m großen Hof, der von Fassaden mit Loggien, Giebeln und turmartigen Erkern umgeben war, befanden sich Spielplätze und Blumenrabatte. Im Jahr 1900 wurde die Siedlung auf der Weltausstellung in Paris mit einer Goldmedaille ausgezeichnet.

Mit den Reformbauten sollte der »kleine Mann« am wachsenden Wohlstand teilhaben, doch die Wohnungsnot ließ sich dadurch kaum lindern. Auch in den nachfolgenden Jahren gelang dies nicht, zumal die jeweils Regierenden wenig Interesse an der Sanierung von Altbauten zeigten. Auch die SED verhielt sich in dieser Hinsicht nicht anders, wodurch drei Jahre nach der Wende noch gut ein Viertel aller Altbauten wie zu Kaisers Zeiten aussahen. Im Samariterviertel, das von den Zerstörungen des Zweiten Weltkriegs relativ verschont geblieben war, herrschten besonders üble Zustände: Dusche oder Bad waren nur in der Hälfte der Wohnungen vorhanden und befanden sich zumeist zur gemeinsamen Nutzung für alle Mieter im Treppenhaus. In den vergangenen 20 Jahren wurden viele Häuser saniert und restauriert, sodass das Viertel sich heute modern und freundlich zeigt.

▸ U-Bahn: Samariterstr.

20 Heinrich-Hertz-Gymnasium

Das heute denkmalgeschützte Heinrich-Hertz-Gymnasium wurde 1901/1902 nach Entwürfen von Ludwig Hoffmann gebaut. Auch Hoffmann, Berliner Stadtbaurat sowie Freund und Kollege von Alfred Messel, wollte mit seiner Architektur in den Arbeitervorstädten bessere Bedingungen schaffen. Anders als Messel konzentrierte er sich dabei auf Schulgebäude, die er von ihrer preußischen Strenge befreien wollte. Seinen ersten Bau in der Rigaer Straße gestaltete er als einen verputzten, dreiflügeligen Bau, der durch überdachte Mauern und Hofzugänge mit zwei Nebengebäuden verbunden ist. Das Lehrerwohnhaus befand sich im linken Nebengebäude, im rechten waren eine Turnhalle und eine Lesehalle untergebracht. Der mittlere Flügel des Hauptgebäudes ist leicht von der Straßenfront zurückgesetzt und enthält einen in Giebeln und Doppelsäulen eingebetteten Portalbereich. Über dem Eingang befindet sich genau in der Mitte ein von Otto Lessing geschaffenes Ornament mit zwei Bären, die ein eindrucksvolles Wappen halten. Auf dem Mittelbau sitzt außerdem ein kleiner Dachturm.

Hoffmann konzipierte für Friedrichshain noch viele weitere Gebäude dieser Art. So befindet sich in der Hausburgstraße 10 ein Grundschulgebäude, das er mit zahlreichem Zierrat an den Fassaden und Tiergruppen an den Portalen schmückte. Nach Hoffmann sollte das Schulhaus die Kinder in eine Welt zum Wohlfühlen einladen, die Schule zur ihrem zweiten Zuhause werden.

▸ Rigaer Str. 81–82; U-Bahn: Samariterstr.

㉑ Alt-Stralau

Auf einer Landzunge zwischen Spree und Rummelsburger Bucht liegt Stralau, dessen Name auf ein Dorf zurückgeht, das sich hier im 13. Jahrhundert gebildet hatte und 1920 in Groß-Berlin eingegliedert wurde. An der Spitze der Insel steht inmitten des Friedhofs die spätgotische Stralauer Dorfkirche. Sie wurde 1464 fertiggestellt; der wuchtige Turm wurde 1823/1824 nach Plänen von Friedrich Wilhelm Langerhans angebaut. Die Kirche beherbergt einen Flügelaltar mit drei geschnitzten Frauenfiguren, Maria, Ursula und Barbara; auch zwei spätgotische Chorfenster sind bis heute erhalten geblieben. Direkt daneben liegen die Kirchweihwiese und ein kleiner, vom Fluss umspülter Park. Seit Mitte der 1990er-Jahre befindet sich die Halbinsel im Umbruch: gemäß den Plänen des Berliner Senats entstehen hier knapp 6000 Miet- und Eigentumswohnungen in luxuriösen Stadthäusern für insgesamt 10000 Bewohner. Der Großteil ist fertiggestellt, daneben sind Kindergärten, Läden und Sportanlagen entstanden.

Bis 1891 hieß die Halbinsel, an der jahrhundertelang gefischt wurde, Stralow und wurde Ende des 18. Jahrhunderts durch ein beliebtes Volksfest bekannt: den Stralauer Fischzug. Dieses geht zurück auf die Zwangsabgaben, die die Fischer an die Kirche leisten mussten. Der Ertrag von vier Fischzügen wurde dabei ab 1574 in jeder Saison an den Pfarrer gerichtet, und zwar nach Brauch des Dorfes am 24. August. Die Fischer wurden dafür mit reichlich Essen und Bier belohnt, woraus sich bald eine allseits beliebte Veranstaltung entwickelte. Ab 1873 wurde das Fest jedoch wegen damit einhergehender Unruhen untersagt. Ohnehin fanden in dieser Zeit einige Veränderungen auf der Landzunge statt: Industrielle waren auf den vorteilhaft am Wasser gelegenen Standort aufmerksam geworden und siedelten sich mit Bootswerften, Maschinenhallen und einer Brauerei an.

▸ S-Bahn: Treptower Park

Ostbahnhof bis Volkspark Friedrichshain

㉒ Ostbahnhof

Der Berliner Ostbahnhof wurde 1842 als Kopfbahnhof unter dem Namen Frankfurter Bahnhof eröffnet und ist damit der älteste, sich noch in Betrieb befindende Bahnhof Berlins. 1881 wurde er mit dem Bau der Berliner Stadtbahn zum heutigen Durchgangsbahnhof umgebaut und in Schlesischer Bahnhof umbenannt. Weitere Umbauten und Namensänderungen folgten: Nachdem er 1950–1987 Ostbahnhof hieß, wurde er 1987–1998 zum Hauptbahnhof; danach erfolgte die Rückbenennung in Ostbahnhof. Heute halten am sanierten und modernisierten Ostbahnhof, den täglich ca. 100 000 Reisende und Besucher durchlaufen, Fern-, Regional- und S-Bahnzüge. Neben zwei angeschlossenen Bürotürmen beherbergt der Bau mit der gläsernen, im Jahr 2000 eingeweihten Empfangshalle über 50 Geschäfte.

Das Gebiet nördlich des Bahnhofs wird von Plattenbauten dominiert, die in den 1960er- und 1970er-Jahren errichtet wurden. Denn 30 Jahre nach dem Zweiten Weltkrieg verfügte Friedrichshain, in dem rund 60 Prozent der Häuser zerstört wurden, immer noch über offene Flächen, insbesondere westlich der Warschauer Straße. Zuvor, bis in die 1930er-Jahre hinein, war das Gebiet um den Ostbahnhof eine für ihre Kriminalität berüchtigte Gegend. Die maroden, engen und lichtarmen Häuser wurden vor allem von armen Zuzüglern aus den östlichen Provinzen Preußens bewohnt, die in den Fabriken an der Spree und am Osthafen arbeiteten.

Friedrichshain, das bis zum Fall der Mauer ein traditioneller Arbeiterbezirk war, hatte damals dreimal so viele Einwohner wie heute. In der nahe gelegenen Langen Straße wurde Friedrich Wilhelm Voigt, der Hauptmann von Köpenick, 1906 beim Frühstück verhaftet. Er hatte sich nach seinem weltberühmten Coup in einer Schlafstelle im Haus Nr. 22 versteckt. In der nördlich davon gelegenen Kleinen Andreasstraße verbrachte Heinrich Zille einige Jahre seiner Kindheit: 1867 zog die Familie in das Haus Nr. 17 ein. Schon damals war dies eine Armeleutegegend, wenn auch nicht so verwahrlost wie einige Jahrzehnte später.

▸ S-Bahn: Ostbahnhof

㉓ Radialsystem V

Das 2006 eröffnete Kunst-, Kultur- und Veranstaltungszentrum Radialsystem V ist ein Beispiel dafür, wie sehr sich das Gebiet um den Ostbahnhof verändert hat. Des Weiteren zeigt es, wie die Nachnutzung eines funktionslosen Baus der Industriekultur aussehen kann. Das unmittelbar an der Spree gelegene Gebäude besteht aus der denkmalgeschützten Maschinenhalle des ehemaligen Abwasserpumpwerks V, welches 1880 als eines der ersten Pumpwerke zur Abwasserentsorgung

Ehemaliges Abwasserpumpwerk: das Kulturzentrum Radialsystem V

in Berlin errichtet wurde und bis 1999 in Betrieb war. 2006 wurde es nach Plänen des Architekten Gerhard Spangenberg saniert und ein neuer Gebäudeteil hinzugefügt, der den Altbau einfasst und überbrückt. Die kriegszerstörte Westseite des Altbaus wurde dabei mit einem Glasbau geschlossen; auf der Spreeseite wurde das ehemalige Kesselhaus des Pumpwerks mit einem transparenten Baukörper überbaut. So entstanden insgesamt 2 500 m² Veranstaltungsfläche, aufgeteilt auf verschiedene Hallen und Studios, eine 400 m² große Freiterrasse im dritten Geschoss des Hauses sowie eine Spreeterrasse, die ganztägig als Café genutzt wird. Gezeigt werden Veranstaltungen jeglicher Couleur, von zeitgenössischem Tanz über klassische Musik, Lesungen, Familienbrunch und Tangoabenden im Sommer bis hin zu einem regelmäßig veranstalteten Fernsehformat.

▸ www.radialsystem.de; Holzmarktstr. 33; Ticket-Hotline 030/288 788 588; S-Bahn: Ostbahnhof

㉔ Andreasgymnasium

Das Andreasgymnasium wurde 1905/1906 nach Plänen von Ludwig Hoffmann gebaut und stellt neben dem Heinrich-Hertz-Gymnasium (vgl. Seite 480) ein weiteres Beispiel für dessen Versuche dar, Alternativen zur strengen preußischen Schularchitektur zu entwickeln. Die Fassade ist an die Renaissance-Paläste Italiens angelehnt; das Relief über den Fenstern zeigt Kinder und Tiere, das Fries des rückwärtigen Eingangsportals junge, zur Schule laufende Bären. Auf einem Rasenstück an der Rückseite des Gymnasiums steht ein marmornes Arbeiterdenkmal, das einen Schmied und seinen Sohn zeigt, der nach dem Hammer seines Vaters greift. Es ist das deutschlandweit einzige Arbeiterdenkmal aus wilhelminischer Zeit.

▸ Koppenstr. 76; S-Bahn: Ostbahnhof

㉕ Karl-Marx-Allee

Die 2,5 km lange und 90 m breite Karl-Marx-Allee erstreckt sich vom Alexanderplatz über den Strausberger Platz bis hin zum Frankfurter Tor. Die heute sechsspurig befahrene Allee mit dem breiten Mittelstreifen wurde im Rahmen des Wiederaufbauprogramms nach dem Zweiten Weltkrieg neu entworfen und umgebaut und war das Prestigeobjekt der DDR-Führung schlechthin. Es entstand die »Erste Straße des Sozialismus«, in der das einfache Volk, die Arbeiter, einen bis dahin unbekannten Wohnkomfort erhielten. Nach Plänen von Architekten wie Hermann Henselmann und Richard Paulick wurde so der einzige Boulevard der Nachkriegszeit angelegt mit monumentalen bis zu neun Stockwerken hohen Wohnbauten im Moskauer Zuckerbäckerstil, in denen 3 000 Wohnungen, 200 Läden, Gaststätten und Kinos untergebracht waren. Die Häuser waren geschmückt mit klassizistischen Säulen, Schmuckgesimsen in geometrischer Anordnung und dekorativer Detailarbeit, Balustraden und Balkonen mit Ziergittern. Die Geschäftsfronten und Erdgeschosse wurden mit Naturstein, die darüber liegenden Stockwerke mit hellgrauen Keramikkacheln aus Meißen verkleidet. Den Abschluss bildeten die zwei Turmpaare am Frankfurter Tor, die die Karl-Marx-Allee unübersehbar ins Stadtbild setzten.

Nach dem Zweiten Weltkrieg wollte die SED im sowjetisch besetzten Ostsektor ihren Aufbauwillen für Deutschland architektonisch demonstrieren. Friedrichshain wurde dabei zum Musterbeispiel: 1951 begann man hier zwischen den Ruinen der Großen Frankfurter Allee, wie die Karl-Marx-Allee damals hieß, das sogenannte Nationale Aufbauprogramm. Demzufolge bekam jeder Lose für den Gewinn einer neuen Wohnung, der regelmäßig in die Aufbaulotterie einzahlte oder sich unaufgefordert beim Enttrümmern engagierte. So halfen ab dem 2. Januar 1952 schließlich 45 000 Berliner Einwohner freiwillig beim Enttrümmern der Stalinallee, wie die Große Frankfurter Straße ab 1949 auf SED-Beschluss hin hieß. Die Arbeiter trugen Geröll zusammen, das mithilfe einer Lorenbahn zu den Trümmerbergen im Volkspark Friedrichshain befördert wurde. Gleichzeitig wurde heftig über die Architektur der geplanten neuen Stadt debattiert. Der damalige Berliner Stadtbaurat Hans Scharoun setzte sich mit seinem Kollektivplan für einen radikalen Neubeginn ein, bei dem das gesamte Stadtgebiet umstrukturiert werden sollte. Nach ihm sollte Friedrichshain durch niedrige Laubenganghäuser in eine ausgedehnte Gartenstadt mit mehr Licht und Luft umgestaltet werden. Aus diesen Plänen klinkte sich die SED allerdings 1948 aus und wählte mit dem Ostbürgermeister Friedrich Ebert einen eigenen Magistrat für den Ostsektor. Die neuen Pläne sahen eine repräsentative Hauptstadt vor, wurden allerdings von der traurigen Realität überschattet: Als am 17. Juni 1953 Tausende Arbeiter gegen zu hohe Arbeitsnormen protestierten, wurden sie von sowjetischen und DDR-Truppen brutal niedergeschlagen. Die Gebäude der Stalinallee zeigten zudem bereits bei der Fertigstellung 1960 erste Dauerschäden in der Bausubstanz: Die Meißner Kacheln fielen zu Tausenden ab, Flachdächer erwiesen sich als undicht und saniert wurde nur das Allernotwendigste. Nach der Wende kaufte die Deutsche Pfandbrief- und Hypothekenbank die gesamte Karl-Marx-Allee zwischen Strausberger Platz und Frankfurter Tor und sanierte und modernisierte die rund 2 800 Wohnungen aus einem privaten Anlegerfonds. Seitdem entwickelt sich die zuvor erlahmte Gegend wieder zu einer attraktiven Wohnlage für jüngere Leute und neue Geschäfte. Den Denkmalschutz hatte der Magistrat der DDR am letzten Tag seines offiziellen Dienstes noch sichergestellt.

› U-Bahn: Alexanderplatz, Schillingstr., Strausberger Platz, Weberwiese, Frankfurter Tor, Samariterstr., Frankfurter Allee, S-Bahn: Alexanderplatz, Frankfurter Allee

26 Strausberger Platz

Der Strausberger Platz gehört neben dem Frankfurter Tor zu den zwei gewaltigen Platzanlagen, die die Karl-Marx-Allee begleiten und den Boulevard kompositorisch zusammenhalten. Der mit einem großen Ringbrunnen von Fritz Kühn flankierte Platz, auf dem früher das Berlinische Hochgericht stand, wird von zwei abgetreppten, dreizehngeschossigen Hochhäusern von Hermann Henselmann flankiert, dem »Haus Berlin« und dem »Haus des Kindes«. Letzteres beherbergte einst auf vier Etagen ein Kinderkaufhaus mit Puppentheater und Dachcafé, zu dem Erwachsene nur in Begleitung von Kindern Eintritt erhielten.

› U-Bahn: Strausberger Platz

27 Galerie Jette Rudolph

Die noch recht junge Galerie Jette Rudolph ließ sich nach ihrer Gründung zunächst in der Gegend rund um die Auguststraße nieder, bevor sie in die Zimmerstraße und schließlich nach Friedrichshain zog. Es werden Werke zeitgenössischer deutscher und internationaler Künstler präsentiert.

› www.jette-rudolph.de; Strausberger Platz 4; Di–Fr 11–17, Sa 11–14 Uhr; U-Bahn: Strausberger Platz

28 Frankfurter Tor

Das Frankfurter Tor stellt mit seinem monumentalen Ensemble den Abschluss und den architektonischen Höhepunkt der Karl-Marx-Allee dar. Die zwei Hochhäuser mit den kuppelgekrönten und mit Kupfer gedeckten Turmbauten wurden von Hermann Henselmann 1960 fertiggestellt. Dieser integrierte in die Bauten Atelierwohnungen und gemeinschaftliche Festräume; die Kuppeln mit ihren Säulen,

Schnörkelgittern und hohen Fenstern hatten die Gontardschen Türme des Deutschen und Französischen Doms auf dem Gendarmenmarkt zum Vorbild.

‣ U-Bahn: Frankfurter Tor

29 Laubenganghäuser

Auf Höhe der Weberwiese befinden sich die zwei Laubengängerhäuser von der Scharoun-Schülerin Ludmilla Herzenstein. Diese entstanden noch – als einzige Bauten – nach dem ursprünglichen Kollektivplan Scharouns im nüchternen Stil des Neuen Bauens der 1920er-Jahre. Angelehnt an dessen Formensprache gestaltete Herzenstein die Häuser klar, streng, licht und mit weiten Freiräumen. Dieser »Internationale Stil« wurde jedoch von der SED anschließend als »formalistisch« abgelehnt und sodann durch den neuen, sowjetisch-nationalen Stil ersetzt. Vor die Laubenganghäuser wurden später zwei Reihen schnell wachsender Pappeln gepflanzt.

‣ Karl-Marx-Allee 102/104 und 126/128; U-Bahn: Weberwiese

30 Computerspielemuseum

Das Computerspielemuseum in der Karl-Marx-Allee 93a wurde 1997 gegründet. Nach einer dreijährigen Dauerausstellung trat es zunächst nur noch online auf; seit 2011 ist es an seinem jetzigen Standort wieder mit Dauer- und Sonderausstellungen vertreten. Präsentiert werden die Geschichte der Computerspiele und deren Entwicklung in bestimmten historischen und kulturellen Kontexten. Die Sammlung umfasst viele interaktive Stationen, zahlreiche originale Spieltitel, Fachmagazine sowie historische Spielkonsolen und Computer und ist damit eine der größten ihrer Art in Europa.

‣ www.computerspielemuseum.de; Karl-Marx-Allee 93a; Eintritt 8 €, erm. 5 €; Mi–Mo 10–20 Uhr; U-Bahn: Weberwiese

31 Wohnhaus an der Weberwiese

Das nach Plänen von Hermann Henselmann errichtete Wohnhaus an der Weberwiese war das erste Hochhaus im neuen, »sozialistischen« Stil. Der achtstöckige Bau steht etwa 100 m seitwärts zur Allee und wurde in traditioneller Ziegelbauweise mit Fassadenstrukturen und Dekorelementen, die dem zerstörten Feilner-Haus von Schinkel nachempfunden waren, gestaltet. Das Pilotprojekt wurde innerhalb von vier Monaten von Bautrupps in Sonderschichten aufgebaut, sodass hier bereits die Mieter einzogen, als mit dem Bau des ersten Hauses an der Stalinallee erst begonnen wurde. Die Mieter erwartete ein für die damalige Zeit immens hoher Komfort: Bei einer Miete von 0,96 Mark pro Quadratmeter gab es eine Gemeinschaftsterrasse, Müllschlucker, Fahrstuhl, Zentralheizung, Parkett, Klingelanlage, Telefonanschluss und fließend warmes Wasser. Ein Jahr lang dienten die Wohnungen als Musterhaus für das architektonische Programm der nahen Prachtstraße und wurden von Tausenden Besuchern besichtigt.

Auch die umliegende Gegend bot Bewohnern und Gästen eine hohe Lebensqualität: Die Allee wurde zur Flaniermeile mit zahlreichen Gaststätten, Tanzcafés und Kulturzentren der osteuropäischen Bruderstaaten. Das Restaurant »Moskau« breitete sich auf 4 000 m^2 aus, mit der »Natascha-Bar«, russischen und ukrainischen Räumen sowie einer Sputnik-Nachbildung im Eingangsbereich. Das »Café Warschau« bot seine legendäre Warschauer Torte, das »Praha« und das »Haus Budapest« Tokayer und Salami an. Des Weiteren gab es das »Hotel Berolina«, die »Mokka Milch Eisbar« und nebenan in der Karl-Marx-Allee 35 das Kino »International«. Das heute noch erhaltene, denkmalgeschützte und als Veranstaltungsort genutzte Kino Kosmos unmittelbar am Frankfurter Tor bot in seinem eiförmigen Kinosaal 1 000 Personen Platz. 1994 wurde es aufwendig zum ersten Multiplex-Kino Berlins ausgebaut, ging jedoch später bankrott.

> ‣ Marchlewskistr. 10–25, Fredersdorfer Str. 13–27; U-Bahn: Weberwiese; Kino Kosmos: U-Bahn: Frankfurter Tor

㉜ Bersarinplatz

Der Bersarinplatz, eine Tramstation vom Frankfurter Tor entfernt, wurde 1895 als reiner Verkehrsplatz unter dem Namen Baltenplatz angelegt. Seit 1947 trägt die Anlage den Namen Bersarinplatz, nach Nikolai Bersarin, dem ersten russischen Stadtkommandanten 1945. Die Petersburger Straße und die Danziger Straße erhielten ebenfalls seinen Namen. In den frühen 1990er-Jahren wurde die Rolle von Bersarin sowie die Straßen- und Platzumbenennung nach ihm kontrovers diskutiert. Der Senat von Berlin fand schließlich einen Kompromiss: Während die Petersburger Straße wieder ihren historischen Namen erhielt, wurde der Name des 1985–1987 neu bebauten Platzes beibehalten.

> ‣ U-Bahn: Frankfurter Tor

③ Weisbachviertel

Im sogenannten Weisbachviertel, im Wohngeviert Weisbach-, Kochhann-, Eberty- und Ebelingstraße, befindet sich eines der besterhaltenen Projekte des sozial engagierten Architekten Alfred Messel. Mit der finanziellen Hilfe des Bankiers Valentin Weisbach und des »Vereins zur Verbesserung der kleinen Wohnungen in Berlin« baute Messel 1899–1905 eine fantasievolle Wohngruppe mit insgesamt 38 fünfgeschossigen Mietshäusern mit Erkern, Giebeln und für die damalige Arbeiterschaft ungewöhnlich komfortablen Wohnungen. Außerdem legte er Wert auf grüne und großzügige Innenhöfe, die auch Badehäuser und betreute Spielplätze einfassten. An der Ecke Weisbachstraße/Ebelingstraße hat man einen guten Blick auf die sanierte Anlage.

▸ Weisbach-/Kochhann-/Eberty-/Ebelingstr.; S-Bahn: Landsberger Allee

Wohnhäuser im Weisbachviertel

34 Sport- und Erholungszentrum

Das Sport- und Erholungszentrum (SEZ) war zu DDR-Zeiten ein multifunktionaler Gebäudekomplex für Sport und Unterhaltung und ein öffentliches Prestigeobjekt der Partei- und Staatsführung. Es wurde 1979–1981 nach Plänen eines schwedischen Architektenteams errichtet. Viel Glas zwischen fachwerkartigen Stahlkonstruktionen macht das Gebäude transparent, das aufgrund seiner sportlich-kulturellen Vielseitigkeit und seiner Größe von 50 000 m² einst eine weltweit einzigartige Einrichtung beherbergte. Das Gebäude umfasste unter anderem ein Schwimmbad, eine Eis- bzw. Rollschuhbahn, eine Bowlingbahn, Fitnessstudios, ein Tischtennishalle, Gymnastik- und Ballettsäle sowie mehrere Veranstaltungsräume mit Bühnen. So wurden neben den Sportveranstaltungen auch Varietés, Kleintheater, Kabarett, Tanzveranstaltungen, Unterhaltungsshows, Folkloreevents, Konzerte und Großveranstaltungen geboten. Nach der Wende fiel der Komplex in den Besitz des Berliner Senats, der die überfällige Sanierung nicht durchführte. Der Betrieb wurde 2001 eingestellt und der Gebäudekomplex an einen Investor verkauft. Zwischennutzungen für Ausstellungen schlossen sich an; die weitere Nutzung wird derzeit noch diskutiert.

▸ Ecke Landsberger Allee 77/Danziger Str.; S-Bahn: Landsberger Allee

35 Volkspark Friedrichshain

Der Volkspark Friedrichshain wurde 1848 anlässlich des Thronjubiläums von Friedrich II. als östliches Gegenstück zum Tiergarten eröffnet; der Park ist die erste kommunale Grünanlage Berlins. Den ältesten Teil des Volksparks in Form eines englischen Landschaftsgartens entwarf Johann Heinrich Gustav Meier, Hofgärtner von Sanssouci und später Berliner Gartenbaudirektor sowie ein Schüler von Peter Joseph Lenné. 1868–1874 entstand nach Plänen von Martin Gropius und Heino Schmieden das Krankenhaus Friedrichshain. Die beiden Architekten wurden von Rudolf Virchow unterstützt und stellten hier gänzlich neue Ideen vor: Sonne und Luft sollten die Heilung beschleunigen; daher wurde eine übersichtliche Krankenstadt mit einzelnen Pavillonhäusern konzipiert, die durch große Rasenflächen aufgelockert wurde. Der mit dem Krankenhausbau verbundene Flächenverlust im Park wurde 1874/1875 mit der Erweiterung durch den Neuen Hein ausgeglichen. 1940 baute man in der Mitte zwei Flaktürme, die nach dem Krieg mit Trümmern aus den zerstörten Wohngebieten aufgeschüttet und anschließend mit Erde bedeckt und im Stil der Anlage bepflanzt wurden. So entstanden der Kleine, 48 m hohe, und Große, 78 m hohe, Trümmerberg, auch Mont Klamott genannt, von deren Plattformen man einen weiten Rundblick auf die umliegenden Bezirke hat. Auch der Schwanenteich mit Café sowie die Sport- und Spielplätze des Parks rücken von der Plattform in den Blick.

▸ S-Bahn: Landsberger Allee

36 Friedhof der Märzgefallenen

Am Rande des Volkspark Friedrichshain wurde der Friedhof der Märzgefallenen angelegt. Man erreicht ihn vom Park aus oder über den Ernst-Zinna-Weg ab Landsberger Allee. Mehr als 200 gefallene Barrikadenkämpfer der Märzrevolution wurden auf diesem Begräbnisplatz 1848 feierlich bestattet, Tote der Novemberrevolution von 1918 kamen später ebenfalls hinzu. Am südlichen Parkrand wird an etwa 3 000 deutsche Kämpfer erinnert, die für die spanische Republik 1936–1939 im Einsatz waren, durch die »Gedenkstätte der 3 000 Interbrigadisten« mit einer 6 m hohen Bronzeskulptur von Fritz Cremer. Sie wurde 1968 aufgestellt und zeigt einen Schwert zückenden Interbrigadisten. Die Figur steht an der Friedenstraße und ist das einzige Denkmal ihrer Art in Deutschland. 1972 wurde des Weiteren das von polnischen und deutschen Künstlern gestaltete »Denkmal des gemeinsamen Kampfes polnischer Soldaten und deutscher Antifaschisten« im Park eröffnet.

▸ www.friedhof-der-maerzgefallenen.de; Ecke Ernst-Zinna-Weg/Landsberger Allee;
S-Bahn: Landsberger Allee

37 Märchenbrunnen

Der nach zwölfjähriger Bauzeit 1913 eröffnete und heute denkmalgeschützte Märchenbrunnen wurde nach Plänen des Stadtbaurats Ludwig Hoffmann gebaut. Dieser konzipierte auf 90 m × 172 m eine der schönsten Brunnenanlagen der Stadt mit Tierskulpturen und zehn Figurengruppen aus den Märchen der Gebrüder Grimm. So finden sich hier, von den Bildhauern Ignatius Taschner, Josef Rauch und Georg Wrba geschaffen, Hans im Glück, Rotkäppchen sowie Frösche, Hunde und Löwen, die auf Augenhöhe von Kindern positioniert sind.

▸ Am Friedrichshain; Tram M4, M5, M6 bis Am Friedrichshain

Lichtenberg: **Fläche: 7,22 km², Einwohnerzahl:** 35 903
Friedrichsfelde: **Fläche: 5,55 km², Einwohnerzahl:** 50 695
Karlshorst: **Fläche: 6,6 km², Einwohnerzahl:** 23 599

Lichtenberg

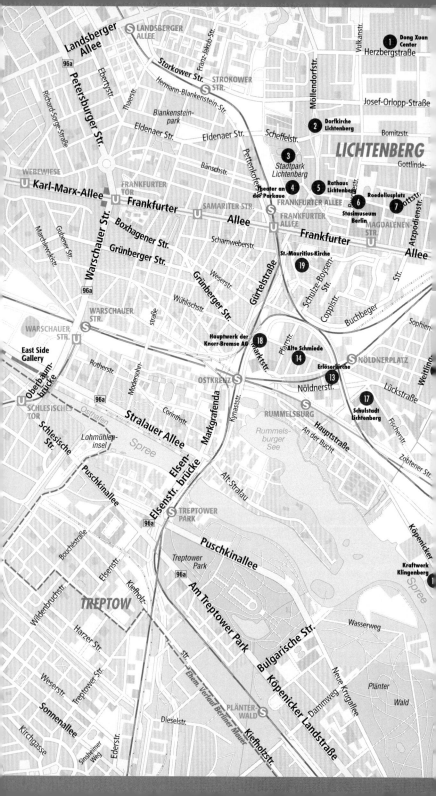

Lichtenberg

① Dong Xuan Center

Der Dong Xuan Center ist der zweitgrößte Asiamarkt Europas und bietet in fünf Hallen mit einer Gesamtfläche von 118 000 m² asiatische Waren im Groß- und Einzelhandel an. Der Markt wurde 2005 zunächst als Großhandel eröffnet, als Vorbild diente der Dong Xuan Markt in Hanoi, der älteste und größte Markt der vietnamesischen Hauptstadt, weshalb der Lichtenberger Dong Xuan Center auch gerne »Mini-Hanoi« genannt wird. Im Laufe der Jahre siedelten sich auch Einzelhandelsgeschäfte und darüber hinaus immer mehr Gastronomie und Dienstleister an, wie beispielsweise Dolmetscherbüros, Anwälte und zahlreiche Friseure. Heute sind in dem Center über 1 000 Menschen beschäftigt, die meisten der Händler stammen aus Vietnam.

▸ www.dongxuan-berlin.de; Herzbergstr. 128–139; Mi–Mo 10–20 Uhr; S-Bahn: Springpfuhl, von dort weiter mit Tram M8 bis Herzbergstr./Industriegebiet

② Dorfkirche Lichtenberg

Die evangelische Dorfkirche Lichtenberg stammt aus dem 13. Jahrhundert und ist damit das älteste Bauwerk des Bezirks. Im Laufe der Zeit mehrmals umgebaut, präsentiert sie sich heute als schlichter rechteckiger Feldsteinbau im neugotischen Stil, der mit einem Satteldach abgeschlossen wird und über einen quadratischen Westturm mit kleinem spitzen Helm aus Kupferblech verfügt. Im Zweiten Weltkrieg wurde die Kirche stark beschädigt, sodass heute nur noch das Mauerwerk als originale Bausubstanz erhalten ist; Fenster, Ostgiebel sowie Turm wurden 1950–1954 im Rahmen des Wiederaufbauprogramms errichtet. Die unter Denkmalschutz stehende Kirche sowie das daneben stehende Pfarrhaus mit Walmdach liegen auf dem nördlichen Teil des ehemaligen Lichtenberger Dorfangers, dem heutigen Loeperplatz, der im Osten und Westen von der Möllendorffstraße begrenzt wird.

▸ www.kirche-alt-lichtenberg.de; Möllendorffstr. 33/Loeperplatz; U-/S-Bahn: Frankfurter Allee

③ Stadtpark Lichtenberg

Der 5,3 ha große Lichtenberger Stadtpark geht auf einen Landschaftsgarten des preußischen Feldmarschalls Wichard von Möllendorff zurück. Dieser hatte 1798 im Dorf Lichtenberg ein ca. drei Morgen großes Gelände erworben, auf dem er ein schlossartiges Landhaus mit dazugehörigem Gutspark anlegen ließ. Aus diesem Park ging 1907 ein öffentlicher Bürgerpark hervor, der seitdem mehrfach umgestaltet wurde und sich heute als Freizeitpark mit kleiner Freilichtbühne, Sportanlagen und Kunstobjekten – darunter Werke der Bildhauer Günter Schuman, Hans-Peter Goettsche und H. Weiss – präsentiert. Eine künstlich angelegte Hügelkuppe sowie ein großer Teich sind ebenfalls in den Stadtpark integriert.

▸ Am Stadtpark; U-/S-Bahn: Frankfurter Allee

4 Theater an der Parkaue

Das Theater an der Parkaue ist ein staatliches Kinder- und Jugendtheater – das größte und einzige in Deutschland –, das 1950 als »Theater der Freundschaft« auf Anordnung der sowjetischen Militäradministration gegründet wurde. Nach der Wende wurde es durch das Land Berlin übernommen und erhielt seinen heutigen Namen. Das Theater mit 420 Sitzplätzen befindet sich in einem u-förmigen Gebäudekomplex, der 1910/1911 nach Plänen von Johannes Uhlig und Wilhelm Grieme als Gymnasium mit angeschlossenem Rektorenwohnhaus im Stil der Renaissance errichtet wurde. Der viergeschossige Putzbau mit Turm beherbergt heute auch die Abteilung Puppenspielkunst der Hochschule für Schauspielkunst Ernst Busch sowie das »Weite Theater für Puppen und Menschen«.

▸ www.parkaue.de; www.das-weite-theater.de; Parkaue 23–29; U-/S-Bahn: Frankfurter Allee

5 Rathaus Lichtenberg

Das Lichtenberger Rathaus wurde 1897/1898 unter der Leitung des Gemeindebaumeister Franz Emil Knipping im neogotischen Stil errichtet – der eigentliche Architekt ist heute nicht bekannt. Der imposante Backsteinbau liegt auf dem Grundriss eines Tortenstücks im Winkel zweier Straßen. Mit dem Materialspiel aus rotem Ziegelverblendmauerwerk, dunklen Glasursteinen, eingestreuten Putzfeldern sowie einer Vielzahl von Schmuckmotiven gilt es als beispielhaft unter den im späten 19. Jahrhundert erbauten Rathäusern der Berliner Vororte. Oskar Ziethen, der damals neu gewählte Gemeindevorsteher, verfolgte mit dem Rathausbau auch ein politisches Ziel: Lichtenberg sollte mit seinen fast 40 000 Einwohnern die Stadtrechte erhalten.

Südlich des Rathauses erinnert eine Gedenktafel an das Ende der Novemberrevolution 1918/1919: Im »Lichtenberger Aufstand« im

März 1919 versuchten die Revolutionäre ein letztes Mal, den Kampf für sich zu entscheiden. Nach Generalstreik, Ausnahmezustand und Standrecht gingen in Lichtenberg die Freikorps brutal gegen die aufständischen Arbeiter vor; am 13. März wurden sie an der Ecke Möllendorffstraße/Frankfurter Allee mit dem Fall der letzten Barrikade besiegt. Die Urteile des Standgerichts vollstreckten die Freikorps an der sogenannten Blutmauer des alten Friedhofs. Die Tafeln an der Mauer tragen die Namen der elf Ermordeten.

▸ Möllendorffstr. 6; U-/S-Bahn: Frankfurter Allee

6 Stasimuseum Berlin

In der ehemaligen Kommandozentrale des Staatssicherheitsdienstes der DDR, die zwischen Frankfurter Allee und Normannenstraße ein ganzes Viertel einfasste, befindet sich heute das Stasimuseum Berlin. Architektonisch gleicht das ehemalige Spionagezentrum den üblichen Großplattenbauten, insgesamt umfasste es 29 Häuser und 11 Höfe. Das Museum befindet sich in Haus 1, in dem auch Erich Mielke,

Im Originalzustand erhalten: das Büro von Erich Mielke im Stasimuseum Berlin

der letzte amtierende Minister für Staatssicherheit, seinen Sitz hatte. Seine im Original erhaltenen Dienst- und Arbeitsräume können heute hier besichtigt werden. Darüber hinaus präsentiert das Museum den großen Konferenzsaal, das Kasino sowie zahlreiche Ausstellungsteile zur Tätigkeit der Staatssicherheit, wie beispielsweise die operative Technik der Stasi mit ihren versteckten Fotoapparaten, Mikrofonen und Waffen zur allgegenwärtigen Bespitzelung der DDR-Bevölkerung. Aspekte des politischen Systems der DDR sowie dessen Widerstand und Opposition werden ebenfalls behandelt. Die Forschungs- und Gedenkstätte bietet zu diesen Themen auch Vortragsveranstaltungen und Seminare an sowie Führungen durch das ehemalige Stasi-Archiv.

▸ www.stasimuseum.de; Ruschestr. 103, Haus 1; Mo–Fr 10–18, Sa/So/Feiertage 12–18 Uhr; 5 €, erm. 4 €; U-Bahn: Magdalenenstr.

7 Roedeliusplatz

Der rechteckige Roedeliusplatz ist eine Platzanlage, die heute mit der Glaubenskirche und dem Amtsgericht Lichtenberg sowie den umliegenden Straßen und Grünflächen einen geschützten Denkmalbereich bildet. Als hier im späten 19. Jahrhundert die beiden Gebäude errichtet wurden, entwickelte sich der Platz unter dem Namen Wagnerplatz zum neuen urbanen Zentrum Lichtenbergs.

Die frühere evangelische Glaubenskirche wurde 1903–1905 in der Mitte des Roedeliusplatzes nach Plänen des Geheimen Rats Ludwig von Tiedemann und unter der Leitung von Robert Leipnitz errichtet. Von Tiedemann konzipierte den symmetrischen Sakralbau im historisierenden Baustil. Dabei wollte er mithilfe der Auswahl von unterschiedlichen Formen und Materialien die Illusion eines gotischen Bauwerks auf den Grundmauern eines romanischen Vorgängerbaus entstehen lassen. Entsprechend wurde der Sockelbereich mit grob behauenem Rüdersdorfer Kalkstein verblendet und die darüber liegenden Wandflächen im Stil der norddeutschen Backsteingotik mit Rathenower Handstrichziegeln und Spitzbogenformen ausgestaltet. Seit 1998 befindet sich die zweischiffige Hallenkirche im Besitz der Koptischen Kirche Berlin, die sie 2000 auf den Namen »St. Antonius und St. Shenouda-Kirche« taufte.

Am südlichen Platzrand liegt das Gebäude des Amtsgerichts Lichtenberg, das nach einem Entwurf der preußischen Baubeamten Paul Thoemer und Rudolf Mönnich in Anlehnung an westfälische Barockbauten errichtet wurde. Das für zehn Justizabteilungen konzipierte

Gebäude beherbergt heute das Amtsgericht Lichtenberg, das als Zivilgericht für die im Gerichtsbezirk ansässigen Bürger und Unternehmen fungiert.

▸ www.koptische-gemeinde-berlin.de; Roedeliusplatz; U-Bahn: Magdalenenstr.

8 Oskar-Ziethen-Krankenhaus

Das Oskar-Ziethen-Krankenhaus wurde 1910–1914 nach Plänen von Carl Mohr und Paul Weidner in barocker Formensprache errichtet. Die Fassaden gestalteten die Architekten mit grauem Kratzputz und nur sorgsam eingesetzten Schmuckelementen. Seinen Namen erhielt das Krankenhaus vom 1896 ernannten Lichtenberger Gemeindevorsteher Oskar Ziethen, der dieses für die Erlangung der Stadtrechte benötigte. Ziethen hatte Erfolg: 1907 wurden dem Ort der Stadtstatus verliehen.

Durch die Gründung von Groß-Berlin wurde Lichtenberg jedoch 1920 nach Berlin eingemeindet und bildet seitdem den Berliner Bezirk Lichtenberg. Das Krankenhaus wurde im Laufe der Jahre um Neubauten ergänzt und bietet heute mit modernster medizinischer Ausstattung ein breites Leistungsspektrum an; zudem ist es in medizinischer Partnerschaft der Charité Berlin ein Akademisches Lehrkrankenhaus.

▸ Fanningerstr. 32; U-/S-Bahn: Lichtenberg

9 Gedenkstätte der Sozialisten

Die Gedenkstätte der Sozialisten ist eine 1951 offiziell eingeweihte Grab- und Gedenkstätte, die zusammen mit der angrenzenden Gräberanlage »Pergolenweg« in der DDR als Ehrenfriedhof diente. Sie liegt innerhalb des 1881 eröffneten Städtischen Zentralfriedhofs Friedrichsfelde, der damals vor allem der Bestattung von Armen dienen sollte. Im südlichen Friedhofsteil wurden im Laufe der Zeit aber auch Sozialdemokraten und Arbeiterführer beerdigt. Die Gedenkstätte befindet sich hingegen im Norden der Begräbnisanlage, denn hier wurden die am 15. Januar 1919 ermordeten KPD-Mitbegründer Karl Liebknecht und Rosa Luxemburg bestattet. Anschließend pilgerten jährlich Anhänger und Sympathisanten der Arbeiterbewegung zum Gedenken an die Toten an deren Gräber; Mies van der Rohe entwarf 1926 für diesen Ort das »Revolutionsdenkmal«.

Nachdem Gräber und Denkmal durch Nationalsozialisten zerstört worden waren, wurde die heutige Grab- und Gedenkstätte für

Gedenkstätte der Sozialisten

die Arbeiterparteien angelegt: um eine 4 m hohe Stele aus Porphyr sind die Gräber und Symbolgräber von kommunistischen Anführern wie Karl Liebknecht, Rosa Luxemburg und Ernst Thälmann angeordnet. Auch der Sozialdemokrat Rudolf Breitscheid und die frühere SED-Führung Walter Ulbricht und Wilhelm Pieck erhielten hier ihre Grabstätten. An einer Ringmauer zur linken Seite findet man die Grabdenkmäler der Sozialdemokraten Ignaz Auer, Paul Singer und Wilhelm Liebknecht.

Rechts liegen in einer Reihe roter Grabsteine weitere bekannte und einflussreiche Persönlichkeiten, wie der sowjetische Atomspion Klaus Fuchs, der Schriftsteller und Bekämpfer des Hitler-Regimes Bruno Apitz sowie bedeutende DDR-Politiker. Zu den sehenswerten Gräbern des 32 ha großen Friedhofs zählen auch das Grab des Bruders von Käthe Kollwitz, die im Gedenken an ihn 1936 ein Bilderwerk in der Form eines von mütterlichen Händen umfassten Kindes erschuf – sie selbst wurde nach ihrem Tod 1945 ebenfalls hier bestattet –, sowie

das vom Berliner Geschäftsmann Simon Blad, dessen Grab der Stadtbaurat Ludwig Hoffmann 1903 ausgestaltete. Der heute auch als
»Sozialistenfriedhof« bekannte Begräbnisort zählt zu den bekanntesten in Berlin und steht als Gesamtanlage unter Denkmalschutz.

▸ www.sozialistenfriedhof.de; Gudrunstr. 20; Feb.–Nov. ab 7:30, Dez.–Jan.
  ab 8 Uhr jeweils bis zur Dämmerung; U-Bahn: Lichtenberg, S-Bahn: Lichtenberg,
  Friedrichsfelde Ost

🔟 Bahnhof Lichtenberg

Der Bahnhof Lichtenberg geht auf einen alten Rangierbahnhof aus
den 1870er-Jahren zurück, der hier an der Preußischen Ostbahn mit
der Strecke Berlin–Küstrin angelegt worden war. Ab 1881 diente er
dann auch dem Personenverkehr, sodass um 1912 nach den Plänen
Gustav Lüdeckes ein repräsentatives Eingangsgebäude in Form eines kleinen mehreckigen Backsteingebäudes errichtet wurde. In den
1970er-Jahren wurde der Bahnhof ausgebaut und das Eingangsgebäude 1982 durch einen weiträumigen zweigeschossigen Betonbau
ersetzt. In dieser Zeit war der Bahnhof der wichtigste Fernbahnhof
Ost-Berlins. Ein weiterer Ausbau erfolgte 1996–2000, sodass heute
täglich etwa 85 000 Personen den Bahnhof passieren.

▸ U-/S-Bahn: Lichtenberg

⓫ Neuapostolische Kirche

Die Neuapostolische Kirche Berlin-Lichtenberg wurde 1977/1978
nach Plänen von Erhardt Gißke und unter der Leitung von Günter
Hirsch am Münsterlandplatz errichtet. Es ist ein standardisierter Hal-
lenbau mit einem 40 m langen Kirchenschiff aus Betonfertigteilen,
der einen kleinen Vorgängerbau ersetzte, welcher 1932 nach einem
Entwurf von August Nerlich in der Normannenstraße 20 erbaut worden war. Dieser wurde allerdings gesprengt, weil in den späten 1970er-
Jahren die Stasi ihren Sitz am Roedeliusplatz um ein großes Versamm-
lungs- und Tagungshaus erweitern wollte und die kleine Kapelle im
Weg stand. Als Entschädigung genehmigten die Verantwortlichen
den Ersatzbau am Münsterlandplatz, wo bis dahin eine Kleingartenanlage gestanden hatte. Der 1905 angelegte Münsterlandplatz selbst
präsentiert sich heute als 1 400 m² große Grünanlage, auf der freitags
7–18 Uhr ein Wochenmarkt stattfindet.

▸ Münsterlandstr. 50; S-Bahn: Nöldnerplatz

12 Kraftwerk Klingenberg

Das thermische Kraftwerk Klingenberg an der Köpenicker Chaussee wurde 1926 von der AEG errichtet und liefert noch heute Fernwärme für den Ostteil Berlins. Das denkmalgeschützte rostrote Backsteingebäude wurde von Georg Klingenberg entworfen und ist heute im Äußeren weitgehend originalgetreu erhalten. Die technischen Komponenten im Inneren wurden seit den 1970er-Jahren komplett ersetzt.

‣ Köpenicker Chaussee 42–45; S-Bahn: Rummelsburg

13 Erlöserkirche

Die evangelische Erlöserkirche wurde 1890–1892 im Stil der norddeutschen Backsteingotik errichtet. Sie war das erste Gotteshaus – von fast hundert –, das Kaiserin Auguste Viktoria gespendet hatte, um durch die Förderung des evangelischen Kirchenwesens dem Einfluss der SPD auf die Arbeiterschaft entgegenzuwirken (vgl. Seite 479). Der imposante Klinkerverblendbau ist als kreuzförmige Basilika konzipiert, die im Osten durch eine achteckige Sakristei sowie durch einen vorgelagerten, 60 m hohen quadratischen Turm mit Spitzhelm ergänzt wird. Der zusammen mit dem Pfarrhaus unter Denkmalschutz stehende Sakralbau wurde 2000–2005 umfangreich saniert und dient heute regelmäßigen Gottesdiensten und Veranstaltungen.

‣ www.paul-gerhardt.com; Nöldnerstr. 43; S-Bahn: Nöldnerplatz

14 Alte Schmiede

Die Alte Schmiede an der Ecke Türrschmidtstraße/Spittastraße ist eine ehemalige Federnschmiede und eines der ältesten Häuser des Ortsteils Rummelburg, der sich entlang der Rummelsburger Bucht, der Spree und um den S-Bahnhof Rummelsburg erstreckt. Der Bau ist eines der letzten Beispiele für den ersten mehrgeschossigen Wohnungsbau in Betonbauweise, bei der das Betonhaus in einem Guss erbaut wurde. 1872 hatte die »Berliner Cement-Bau AG« hier Gelände erworben und bis 1875 in der damals für Deutschland innovativen Schlackebetonbauweise etwa 60 zwei- und dreigeschossige Doppel- und Einzelhäuser errichtet. Im Laufe der Zeit wurden jedoch die oft sehr kleinen und schlecht ausgestatteten Häuser abgerissen und durch drei- und viergeschossige Wohnhäuser in herkömmlicher Ziegelbauweise ersetzt. Die Alte Schmiede ist eines der sechs noch heute erhaltenen Betonhäuser. Das dreigeschossige, sechsachsige Doppelhaus mit je einem Treppenhaus in den hofseitigen Eckbereichen wurde von der

Sozialdiakonischen Jugendarbeit Lichtenberg e. V. denkmalgerecht saniert und beherbergt seit 2006 eine Jugend- und Begegnungsstätte.

▸ Spittastr. 40; S-Bahn: Rummelsburg

⑮ Sonnenhof

Der heute denkmalgeschützte Sonnenhof entstand 1925–1927 im Auftrag der Siedlungsgesellschaft »Stadt- und Land« nach Plänen von Erwin Anton Gutkind. Mit viel Grün und weiten, lichten Höfen schuf Gutkind damit ein nennenswertes Beispiel des sozialen Wohnungsbaus. Die Gesamtanlage wird von der Archenholdstraße, Bietzkestraße, Delbrückstraße und Marie-Curie-Allee eingefasst. Ursprünglich gab es hier 260 ideal belichtete Wohnungen, Ladengeschäfte und eine Kindertagesstätte; die Fassaden der monumental wirkenden Blockbebauung sind mit noch heute vorhandenen modernen Farb- und Formspielen gestaltet.

An der benachbarten Lincolnstraße wurde 1927–1929 eine ähnliche Wohnanlage nach den Plänen von Paul Mebes und Paul Emmerich erbaut. Hier kann man an den haushohen Erkern mit verglasten Terrassen die Markenzeichen des Architektenteams erkennen. Insbesondere von der Bauhausarchitektur wurden Mebes und Emmerich bei der Planung dieser in klarer Sachlichkeit gestalteten Bauten beeinflusst.

▸ Archenholdstr./Bietzkestr./Delbrückstr./Marie-Curie-Allee; U-Bahn: Lichtenberg, S-Bahn: Lichtenberg, Nöldnerplatz

⑯ Erlenhof, Pappelhof und Ulmenhof

Zwischen Zachert-, Ribbecker, Rummelsburger und Kraetkestraße entstand 1928–1931 ein weiteres Beispiel für das Neue Bauen. So zeigen die von Jacobus Goettel entworfenen Anlagen »Erlenhof«, »Pappelhof« und »Ulmenhof« eine klare Formensprache und Funktionalität auf, denn hier sollten viele Familien möglichst preisgünstig, aber komfortabel wohnen. Seit 1977 stehen die bunt gestalteten Höfe unter Denkmalschutz.

▸ Zachert-/Ribbecker Str./Rummelsburger Str./Kraetkestr.; U-Bahn: Friedrichsfelde

⑰ Schulstadt Lichtenberg

Die sogenannte Schulstadt Lichtenberg wurde 1929–1932 nach Plänen von Max Taut im Stil des Neuen Bauens entworfen. Die auf dem etwa 2 km langen Areal zwischen Schlichtallee und Fischerstraße stehenden schlichten Backsteinbauten beherbergten früher eine Berufsschule sowie drei weitere Schulen. Der Schulkomplex zählte damit zu den größten Schulneubauten der Weimarer Republik. Heute werden die unter Denkmalschutz stehenden Bauten immer noch als Schulen genutzt.

▸ Fischerstr. 36/Schlichtallee; S-Bahn: Nöldnerplatz

18 Hauptwerk der Knorr-Bremse AG

Das Hauptwerk der Knorr-Bremse AG wurde 1922–1927 nach Plänen von Alfred Grenander errichtet und steht heute unter Denkmalschutz. 1905 hatte der Ingenieur Georg Knorr in Boxhagen-Rummelsburg die Knorr-Bremse GmbH gegründet, die sich durch Knorrs Erfindung der Druckluftbremse K1 für Eisenbahnen zum größten europäischen Bremsenhersteller für Schienenfahrzeuge entwickelte. Nach dem Zweiten Weltkrieg wurden die Erben der Familie durch die sowjetische Besatzungsmacht enteignet und die Firma wurde zur Sowjetischen Aktiengesellschaft, der Betrieb zum »VEB Berliner Bremsenwerk« erklärt. Nach der Wende wickelte man die Betriebe ab und baute das Gelände zu einem Gewerbestandort um, der im Wesentlichen durch Büro-, Verwaltungs- und Bildungsnutzungen charakterisiert ist. Heute beherbergt der Komplex unter anderem den Sitz der Bundesversicherungsanstalt für Angestellte und Räume der Hochschule für Wirtschaft und Recht sowie der Zalando AG.

▸ Hirschberger Str. 4; S-Bahn: Ostkreuz

19 St.-Mauritius-Kirche

Die katholische St.-Mauritius-Kirche wurde 1891/1892 nach Plänen von Max Hasak im neugotischen Stil erbaut. Hasak lehnte die Gestaltung und die Maße des backsteinernen Sakralbaus an jene der Heilig-Geist-Kapelle in der Spandauer Straße in Berlin-Mitte an, da diese damals abgerissen werden sollte. Die Kirche verfügt über ein 40 m langes Hauptschiff mit Kreuzrippengewölbe, das im Innern nach Plänen von August Menken ebenfalls im neugotischen Stil ausgestaltet wurde. Das benachbarte zweigeschossige Pfarrhaus wurde wie der Kirchenbau von Hasak konzipiert und steht zusammen mit diesem unter Denkmalschutz.

▸ www.st-mauritius-berlin.de; Mauritiuskirchstr. 1; U-/S-Bahn: Frankfurter Allee

Friedrichsfelde

20 Tierpark Berlin-Friedrichsfelde

Von Lichtenberg aus bietet sich ein Abstecher in den nur zwei U-Bahnstationen entfernten Tierpark Berlin-Friedrichsfelde an. Er wurde 1955 unter der Leitung des Zoologen Heinrich Dathe eröffnet und ist heute mit 160 ha Fläche der größte Landschaftstiergarten Europas. 8 700 Tiere leben hier, man findet sie unter anderem im Streichelzoo, auf der Schlangenfarm, in der Tropenhalle, in weiten Freigehegen und Aquarien.

Der Tierpark liegt auf dem Gelände des ehemaligen Schlossparks Friedrichsfelde. Das Schloss Friedrichsfelde selbst befindet sich direkt hinter dem Haupteingang zum Tierpark. 1695 wurde es im Auftrag des niederländischen Reeders und kurbrandenburgischen Marinedirektors Benjamin Raule errichtet. Spätere Eigentümer ergänzten es beidseitig durch Anbauten und statteten es je nach Geschmack neu aus. Anfang des 19. Jahrhunderts fiel das Schloss in den Besitz der Familie von Treskow, die 1821 Peter Joseph Lenné damit beauftrage, eine Gartenanlage – der spätere Tierpark – um das Schloss herum anzulegen. Lenné konzipierte sodann Hügel, Teiche, gewundene Wege und Baumgruppen für den Park, in den er auch Büsten und Statuen integrierte, die noch heute zu sehen sind. Ergänzt wurden sie nach der Einrichtung des Tierparks unter anderem durch das vom Kunstschmied Fritz Kühn geschaffene Tor im Haupteingang und die Figur einer Säbelkatze von Roland Oehmes in der Nähe der Freilichtbühne.

Heute erscheint das Schloss als sehenswerter Bau, insbesondere durch das geschnitzte Treppengeländer im Inneren des Haupttrakts aus der Zeit von Raule. Der frühklassizistische Festsaal besticht durch seine Deckenmalerei, die Gliederung durch Wandpilaster und den über den Türen gelegenen Stuckreliefs mit dionysischen Szenen. Hier finden Lesungen, Vorträge und Konzerte statt, zudem berechtigt der reguläre Tierparkeintritt auch zum Besuch im Schloss, das selbstständig besichtigt werden kann. Neben den Salons und Sälen, darunter Gartensaal, Jagd-, Musik- und Rokozimmer mit jeweils individuell bemalten Stofftapeten, werden auch Gemälde des 18. und 19. Jahrhunderts sowie Schmuckstücke und aus Eisen gegossene Möbel präsentiert.

‣ Tierpark: www.tierpark-berlin.de; Am Tierpark 125; tgl. 9–19 Uhr – den Kassenschluss bitte der Website entnehmen; Eintritt 12 €, erm. 9 €; Schloss: www.schloss-friedrichsfelde.de; Am Tierpark 125; Di/Do/Sa/So und an Feiertagen 11–17 Uhr; U-Bahn: Tierpark

Karlshorst

21 *Bahnhof Karlshorst*

Der Bahnhof Karlshorst wurde 1895 in Betrieb genommen und ermöglichte zum ersten Mal eine problemlose und direkte Verbindung von und nach Berlin sowie zum Naherholungsgebiet um den Müggelsee. Am wichtigsten war der Bahnhof jedoch für den Besucherverkehr der 1893/1894 errichteten Hindernisrennbahn, für den eigens ein sechsgleisiger Kopfbahnhof neben dem Vorortbahnsteig angelegt wurde. 1902 erfolgte eine Hochlegung der Strecke, in deren Rahmen auch das heutige Empfangsgebäude und die Brücke über der Treskowallee errichtet wurden.

Karlshorst entwickelte sich durch die Anbindung schnell zu einem der populärsten Vororte Berlins. Die erste urkundliche Erwähnung stammt aus dem Jahr 1825, in dem Carl von Treskow, Besitzer des Ritterguts in Friedrichsfelde, das »Vorwerk Carlshorst« anlegte. 1895 ging daraus die unter dem Namen »Carlshorst« gegründete Kolonie hervor. Ursprünglich waren hier günstige Eigenheime für weniger vermögende Menschen geplant. Durch die Nähe zur Rennbahn siedelten sich allerdings viele wohlhabende Bürger mit ihren Villen an, sodass der Ort bald als »Dahlem des Ostens« bezeichnet wurde.

  ‣ S-Bahn: Karlshorst

22 *Rennbahn Karlshorst*

Die Rennbahn Karlshorst wurde 1893/1894 nach Plänen der Architekten Johannes Lange, Rudolph Jürgens und Martin Haller als »Galopprennbahn für Hindernis- oder Jagdrennen« angelegt. Die 37 ha große Anlage mit einem 1 200 m langen Geläuf liegt auf einem Gelände in unmittelbarer Nähe zum S-Bahnhof Karlshorst, das der Gutsbesitzer Sigismund von Treskow Ende des 19. Jahrhunderts verkauft hatte. Nach dem Zweiten Weltkrieg wurde die Anlage zur Trabrennbahn ausgebaut und um das Doppelte vergrößert; nach der Wende mussten die Betreiber allerdings durch die Konkurrenz zur Trabrennbahn in Mariendorf erhebliche finanzielle Einbußen verkraften. Dem Verein »Pferdesportpark Berlin Karlshorst e. V.« gelang es indessen einen Teil der zum Verkauf stehenden Rennbahn ab 2004 wiederzubeleben – der andere wurde als Bauland verkauft. Bis 2015 soll hier ein Pferdesportpark entstehen und der langfristige Erhalt der Rennbahn sichergestellt werden.

  ‣ Treskowallee 119–159; S-Bahn: Karlshorst

㉓ Prinzenviertel

Das Prinzenviertel liegt westlich der Treskowallee und gehört heute zu den nobelsten Adressen in Karlshorst. 1894 wurde hier das erste Haus errichtet, nachdem das 60 ha große Gelände zuvor von einer Bauvereinigung erworben und in Bauland eingeteilt worden war. Nach Plänen der Vereinigung sollten hier vor allem preisgünstige Eigenheime für weniger finanzstarke Bürger entstehen, wie in der Lehndorffstraße noch die kleinen – und in der Umgebung ältesten – Häuser bezeugen. Allerdings wurde dieser Plan durchkreuzt durch die Bebauung weiträumiger Landhausvillen, deren wohlhabende Besitzer durch die Trabrennbahn angelockt wurden. Heute wird das Viertel daher durch gepflasterte und von Bäumen gesäumte Straßen charakterisiert sowie insbesondere durch seine Villen, die zu über 60 Prozent noch aus der Zeit zwischen 1894 und 1908 stammen. Die Überseestraße präsentiert die prachtvollsten Landhausvillen, die neben ihren dreieckigen Balkonen und mit Pilastern ausgeschmückten Fassaden oft auch private Pferdestallungen einfassen. Seinen Namen erhielt das Viertel übrigens durch die nach sechs Söhnen der kaiserlichen Familie benannten Straßen.

▸ Treskowallee/Überseestr.; S-Bahn: Karlshorst

㉔ Ehemaliges Haus der Offiziere

Das ehemalige Haus der Offiziere in unmittelbarer Nähe zum S-Bahnhof Karlshorst erinnert an die Zeit der sowjetischen Übernahme des Ortes am 3. Mai 1945: An diesem Tag wurde der Ortsteil nördlich der S-Bahntrasse für die sowjetische Militäradministration geräumt. Das massige Offiziersgebäude im neoklassizistischen Stil wurde 1948/1949 im Rahmen der Reparationsleistungen erbaut. Die Einwohner des Bezirks nannten das Haus auch »Russenoper«, da hier Theater- und Filmaufführungen sowie Konzerte für das Militär veranstaltet wurden. Auf die stückweise Aufhebung der Sperrung bis 1963 folgte schließlich eine vollständige; zahlreiche sowjetische Dienststellen blieben aber anschließend noch länger hier bestehen. Danach waren die Räumlichkeiten auch für die übrige Bevölkerung zugänglich und wurden bis 2007 als »Theater Karlshorst« genutzt. Nach einem zweijährigen Leerstand beherbergt das Haus seit 2009 eine Filiale der Musikschule Lichtenberg.

▸ Stolzenfelsstr. 1; S-Bahn: Karlshorst

Idyllisch: das Prinzenviertel in Karlshorst

㉕ Kulturhaus Karlshorst

Das Kulturhaus Karlshorst wurde 2011/2012 an der Stelle eines Vorgängerbaus errichtet und beherbergt eine Studiobühne, einen großen Saal inklusive Bar im Foyer für Seminare, Tagungen und Bürgerversammlungen sowie eine Galerie. Musik, Theater, Literatur, Puppenspiel und vieles mehr wird hier angeboten, darunter beispielsweise die Sessions des Jazz Treffs Karlshorst und innovative Projekte mit Künstlern verschiedener Genres. Neben den Räumen für die Veranstaltungen und Ausstellungen in der 1. und 2. Etage wird der am S-Bahnhof Karlshorst gelegene Gebäudekomplex auch von Geschäften und Büros genutzt.

▸ www.berlin.de/ba-lichtenberg/freizeit/kultur/kultur017.html; Treskowallee 112; Eintrittskarten können unter 030/475 94 06 13 telefonisch vorbestellt oder an der Abendkasse erworben werden; S-Bahn: Karlshorst

㉖ Kirche »Zur frohen Botschaft«

Die evangelische Kirche »Zur frohen Botschaft« wurde 1909/1910 nach Plänen der Architekten Peter Jürgensen und Jürgen Bachmann errichtet. In freier Formgebung konzipierten sie hier mit Anleihen an die Gotik ein Backsteingebäude mit spitzem Turm. Im gleichen Stil wurde das nördlich angeschlossene Pfarr- und Küsterhaus gebaut. Nachdem der Sakralbau 1945–1955 von der Roten Armee als Pferdestall und Speicher benutzt wurde – da er im von der sowjetischen Militäradministration abgesperrten Gebiet lag (vgl. Seite 508) –, erhielt er 1960 mit der ältesten original erhaltenen Orgel Berlins ein Kleinod der Kirchenmusik. 1753–1755 war das Instrument für die Prinzessin Anna Amalia von Preußen gebaut worden, nach ihrem Tod ging es an die Dorfkirche Buch und wurde über mehrere Umwege schließlich der Kirche »Zur frohen Botschaft« geschenkt.

▸ www.paul-gerhardt.com; Weseler Str. 6; S-Bahn: Karlshorst

㉗ Deutsch-Russisches Museum Berlin-Karlshorst

Das Deutsch-Russische Museum befindet sich in dem ehemaligen Offizierskasino der 1937 eröffneten Festungs-Pionierschule der Wehrmacht. Am 8. Mai 1945 trug sich im großen Raum des Hauses ein welthistorisches Ereignis zu: Hier unterzeichneten in den Morgenstunden die Spitzen der deutschen Wehrmacht vor Marschall Shukow und Vertretern der Alliierten die bedingungslose Kapitulation. Nach 1945 wurde das Haus zunächst als Amtssitz des Chefs der

Sowjetischen Militäradministration in Deutschland genutzt. Ab 1949 erhielt hier die DDR die staatliche Vollmacht und richtete 1967 in den Räumen das »Museum der bedingungslosen Kapitulation des faschistischen Deutschland im Großen Vaterländischen Krieg« ein. Dies war die Basis des 1995 errichteten Deutsch-Russischen Museums, das sich seither in einer Dauerausstellung, Wechselausstellungen sowie Veranstaltungen, Filmreihen und wissenschaftlichen Tagungen mit Fragen und Aspekten der Kriegs- und der deutsch-sowjetischen Beziehungsgeschichte auseinandersetzt. Neben den teilweise fast vollständig erhaltenen Sälen des ehemaligen Kasinos präsentiert das Museum seinen Besuchern auch Dokumente, Militaria und Exponate des Soldatenalltags. Eine Bibliothek und ein Bildarchiv ergänzen die Ausstellung.

› www.museum-karlshorst.de; Zwieseler Str. 4; Di–So 10–18 Uhr; S-Bahn: Karlshorst, von dort weiter mit Bus 296 bis Köpenicker Allee

Alt-Hohenschönhausen: **Fläche:** 9,33 km², **Einwohnerzahl:** 42 994
Neu-Hohenschönhausen: **Fläche:** 5,16 km², **Einwohnerzahl:** 53 823
Malchow: **Fläche:** 1,54 km², **Einwohnerzahl:** 535
Wartenberg: **Fläche:** 6,92 km², **Einwohnerzahl:** 2 437
Falkenberg: **Fläche:** 3,06 km², **Einwohnerzahl:** 1 297

Hohenschönhausen

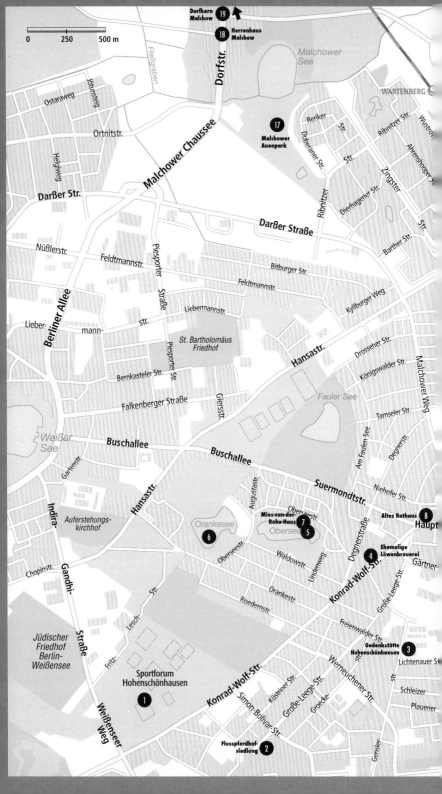

Alt-Hohenschönhausen

① Sportforum Hohenschönhausen

Das 54 ha große Sportforum ist ab 1954 entstanden und heute nach dem Olympiapark das zweitgrößte Sport- und Trainingszentrum Berlins. Das auf dem Sportforum stehende, heute denkmalgeschützte Gebäudeensemble wurde ab 1956 nach Plänen eines Architektenkollektivs unter der Leitung von Walter Schmidt errichtet und umfasst unter anderem drei Eisporthallen, zwei Turnhallen, ein Fußballstadion und acht weitere Hallen und Freianlagen für Leichtathletik, Handball, Judo, Fechten u. v. m. – insgesamt befinden sich auf dem Gelände 35 Sportanlagen! Das Sportforum wird hauptsächlich vom Olympiastützpunkt Berlin genutzt, der hier regelmäßig mit mehr als 300 Bundesathleten trainiert. Hinzu kommen elf Landesleitungszentren, ein Standort des Schul- und Leistungssportzentrums Berlin, das »Haus der Athleten« mit rund 200 Internatsplätzen sowie das Institut für Sportwissenschaften der Humboldt-Universität zu Berlin und etwa 20 weitere regionale Sportvereine.

▸ Weißenseer Weg 51–55; S-Bahn: Landsberger Allee, von dort weiter mit Tram M5 oder M6 bis Hohenschönhauser Str./Weißenseer Weg

② Flusspferdhofsiedlung

Die denkmalgeschützte Flusspferdhofsiedlung wurde 1931–1934 nach Plänen der Architekten Paul Mebes und Paul Emmerich im Auftrag der Gemeinnützigen Wohnungsbau AG Groß-Berlin (GEWOBAG) errichtet und ist heute ein sehenswertes Beispiel für das Neue Bauen im »Dritten Reich«. Mebes und Emmerich nutzen hier geschickt die Vorteile der Serienfertigung: Eine Vielzahl von preisgünstigen Kleinwohnungen bei viel Spielraum für Gestaltung. Die Gliederung des Komplexes erfolgt durch zwei Hofplätze zwischen den Zeilen, die jeweils von zwei fünfgeschossigen Laubenganghäusern gefasst werden. Die dazwischenliegenden Höfe zeichnen sich insbesondere durch ihren artenreichen Baumbestand aus. Hier findet man auch den Ursprung des Siedlungsnamens: die von Hans Mettel angelegte Brunnenanlage »Zwei Pferde im Fluss«. An der Große-Leege-Str. 60–64 sind zudem über den Eingängen noch 21 Hauszeichen erhalten. Die Terrakottareliefs zeigen neben Motiven aus der keltischen Mythologie auch symbolische Tugenden.

▸ Große-Leege-Str.; S-Bahn: Landsberger Allee, von dort weiter mit Tram M5 bis Sandinostr. oder Simon-Bolivar-Str.

③ Gedenkstätte Hohenschönhausen

Die heute unter Denkmalschutz stehende Gedenkstätte Hohenschönhausen befindet sich auf dem Gelände der ehemaligen zentralen Unter-
suchungshaftanstalt der Staatssicherheit. Einst befanden sich auf dem
Areal eine nationalsozialistische Volksküche und ein nahe gelegenes
Zwangslager, welches von der sowjetischen Armee 1945 als Speziallager
Nr. 3 der NKWD-Lager übernommen wurden. Nach der Schließung
des Lagers entstand 1946 im Keller des Gebäudes das zentrale sowjetische Untersuchungsgefängnis für Ostdeutschland. 1951 wurde es vom
Ministerium für Staatssicherheit übernommen und 1961 durch einen
Neubau erweitert. Bis 1989 diente es als Untersuchungshaftanstalt.
Viele Inhaftierte – darunter fast alle bekannten DDR-Oppositionel-
len – kamen hier zu Tode; in der Öffentlichkeit herrschte über die
Existenz des Gefängnisses Stillschweigen. Seit 1994 können die Räumlichkeiten besichtigt werden; ehemalige Häftlinge hatten sich zuvor
dafür eingesetzt, an diesem Ort eine Gedenkstätte zu schaffen und
geben heute im Rahmen der Führungen einen Einblick in die un-
menschlichen Verhältnisse der früheren Haftanstalt. Darüber hinaus

Gefängniszelle in der Gedenkstätte Hohenschönhausen

setzt sich die Gedenkstätte in Publikationen, Veranstaltungen und einer Ausstellung mit den Formen und Folgen politischer Verfolgung und Unterdrückung in der kommunistischen Diktatur auseinander.

▸ www.stiftung-hsh.de; Genslerstr. 66; die Gedenkstätte kann nur im Rahmen einer öffentlichen Führung (ohne Voranmeldung) besichtigt werden: Mo–Fr 11, 13 und 15 Uhr (März–Okt. zusätzl. 12 und 14 Uhr), Sa/So/Feiertage stündl. zwischen 10 und 16 Uhr; Eintritt 5 €, erm. 2,50 €; S-Bahn: Landsberger Allee, von dort weiter mit Tram M5 bis Freienwalder Str.

4 Ehemalige Löwenbrauerei

Die ehemalige Löwenbrauerei wurde 1892 als »Kommandit-Gesellschaft Brauhaus Hohenschönhausen« gegründet und deren Anlagen bis zum Beginn der Produktion 1894 auf dem Areal zwischen Konrad-Wolf-, Obersee- und Degnerstraße errichtet. Bis zum Zweiten Weltkrieg wurde hier Bier gebraut, eine Spezialität der Brauerei war das Potsdamer Stangenbier. Vollständig erhalten ist von den Anlagen heute lediglich die dreistöckige Fabrikantenvilla, die 1907 nach Plänen des Architekten C. Eisele mit Fassadenlöwen errichtet wurde. Das nach einem Entwurf von G. Lüdicke errichtete Mälzereihaus wurde zu einem großen Teil umgebaut und dient heute als Pflegeheim. Damit bleibt dem Ortsbild das unter Denkmalschutz stehende Industrieensemble als Wahrzeichen erhalten.

▸ Konrad-Wolf-Str. 14; S-Bahn: Landsberger Allee, von dort weiter mit Tram M5 bis Oberseestr.

5 Obersee

Der Obersee entstand 1895 als ein künstlich angelegtes Gewässer, indem ein Feuchtgebiet für die Nutzung durch Brauereien – vor allem als Wasserspeicher und Eislieferant für die Löwenbrauerei AG – überstaut wurde. 1912/1913 wurde am Südufer des Sees der großzügige Oberseepark nach Plänen des Gartenarchitekten Otto Werner angelegt, der heute ein Kleinod in der nordöstlich von Berlin gelegenen Landschaft ist.

Im Areal um den Obersee steht auf dem Lindwerderberg, der höchsten natürlichen Erhebung von Alt-Hohenschönhausen, der 1900–1902 nach Plänen von Otto Intze erbaute Wasserturm. Er diente damals zur Druckerzeugung für die Brauerei, wurde aber bereits 1933 stillgelegt. Nach diversen Zwischennutzungen wurde der heute denkmalgeschützte Turm 2004 verkauft und beherbergt seitdem eine Wohnung und eine Bar, die die unteren Geschosse einnimmt. Das Dach der ehemaligen Pumpstation wurde in diesem Rahmen zu einer Seeterrasse umgebaut.

▸ www.berlin-wasserturm.de; Waldowstr. 20; S-Bahn: Landsberger Allee, von dort weiter mit Tram M5 bis Freienwalder Str.

❻ Orankesee

Der Orankesee liegt in unmittelbarer Nähe des Obersees und gehört wie der Faule See, der Malchower See oder der Weiße See zu einer eiszeitlichen Seenkette, die sich vom oberen Barnim bis zum Berliner Urstromtal erstreckt. 1929 wurde hier ein Seebad angelegt, dessen 300 m langer Sandstrand sich noch heute großer Beliebtheit erfreut. Zu dieser Zeit wurde auch das aus dem Jahr 1892 stammende Brauereigasthaus zu einem neuen Wirtshaus an der Uferpromenade umgebaut, das bis zu seiner Zerstörung im Zweiten Weltkrieg den Strandbadbesuchern nicht nur Saalbetrieb mit Tanz und Musik, sondern auch Café- und Gartengemütlichkeit bot.

Zusammen mit dem Obersee bildet der Orankesee den Kern des Hohenschönhausener Villenviertels, dessen Ursprünge auf eine Parzellierung des Gebiets südlich des Sees ab 1892 zurückgehen. Nach dem Wegzug der sowjetischen Offiziere nach Karlshorst kamen in den 1950er-Jahren viele Mitarbeiter der Staatssicherheit hierher, wodurch das Viertel um die Oberseestraße zum Synonym für die Stasi wurde.

▸ Orankestrand; S-Bahn: Friedrichsfelde Ost, von dort weiter mit Tram 27 bis Stadion Buschallee/Suermondtstr.

❼ Mies-van-der-Rohe-Haus

Unmittelbar am Obersee gelegen, in der Oberseestraße 60, steht das Mies-van-der-Rohe-Haus, das der renommierte Architekt 1933 für Karl Lemke, den Besitzer einer Graphischen Kunstanstalt und Druckerei, entworfen hat – vor der Auswanderung sein letzter Auftrag. Seit 2010 wird das L-förmige Kleinod der Klassischen Moderne mit seinen wandgroßen Terrassenfenstern zur Parklandschaft am Obersee hin als Kunstmuseum genutzt. Veranstaltungen und Publikationen ergänzen die wechselnden Ausstellungen.

▸ www.miesvanderrohehaus.de; Oberseestr. 60; Di–So 11–17 Uhr; Eintritt frei; S-Bahn: Landsberger Allee, von dort weiter mit Tram M5 bis Oberseestr.

8 Altes Rathaus Hohenschönhausen

Das alte Rathaus von Hohenschönhausen wurde 1909–1913 in der Hauptstraße 50, dem ehemaligen Dorfkern Hohenschönhausens, errichtet und diente im Laufe der Zeit sowohl als Rathaus als auch als Wohnhaus. Bis 1920 hatte hier der Gemeindevorsteher seinen Amtssitz, anschließend stand Hohenschönhausen unter der Verwaltung von Weißensee. Im Erdgeschoss waren damals die Büros des Gemeindevorstehers, der Sitzungssaal und eine Polizeiwache untergebracht, darüber befanden sich die Wohnung des Gemeindevorstehers sowie weitere Wohnungen, die auch heute noch existieren.

Ganz in der Nähe, in der Hauptstraße 46, steht das älteste erhaltene Wohnhaus des Ortes. Auffällig ist hier die geringe Höhe des Baus, die allerdings auch von den Häusern in der direkten Nachbarschaft nicht wesentlich übertroffen wird.

▸ Hauptstr. 50 und 46; S-Bahn: Landsberger Allee, von dort weiter mit Tram M5 bis Hauptstr./Rhinstr.

9 Gutsschloss Hohenschönhausen

Das Gutsschloss Hohenschönhausen wurde Ende des 15. Jahrhunderts von der märkischen Adelsfamilie von Röbel als Herrensitz errichtet, eine erste Besiedlung des Geländes fand aber schon ab dem 13. Jahrhundert statt. Nach mehreren Besitzerwechseln war das Gutshaus 1910–1929 im Besitz des Erfinders und Unternehmers Paul Schmidt. 1930 wurde es von der Stadt Berlin erworben, die hier ein Krankenhaus, eine Entbindungsklinik und einen Kindergarten einrichtete. Im Jahr 2008 wurde das Schloss nach Sanierungen und Erneuerungen vom 1998 gegründeten Verein »Schloss Hohenschönhausen e. V.« als Kulturschloss eröffnet und in den folgenden Jahren weiter rekonstruiert. Heute finden hier kulturelle Veranstaltungen wie Lesungen, Konzerte und Kleinkunst statt. Auch eine Hausgalerie und ein kleines Programmkino beherbergt der denkmalgeschützte Bau, an den sich ein Schlosspark anschließt. An diesen wiederum grenzt das Schulhaus, ein zweistöckiger schlichter Backsteinbau mit wechselvoller Geschichte: 1889/1890 wurde er als Schule errichtet, zehn Jahre später diente er als Endhaltestelle für die Straßenbahn. Später beherbergte er verschiedene Verwaltungen, darunter eine Lebensmittelkartenstelle und Polizei sowie Wehrmacht und Hitlerjugend. Nach dem Zweiten Weltkrieg wurde hier bis 1970 wieder unterrichtet. Auch fanden Gäste der X. Weltfestspiele sowie zeitweise das Büro einer Bauleitung hier eine Unterkunft. Nachdem 1983 in dem Haus eine Bibliothek und ein Jugendclub eingerichtet worden waren, nutzte es 2002 vorübergehend der Schlossverein. Zusammen mit dem Gutsschloss steht die ehemalige Schule unter Denkmalschutz.

▸ www.schlosshsh.de; Hauptstr. 44; S-Bahn: Landsberger Allee, von dort weiter mit Tram M5 bis Hauptstr./Rhinstr.

⑩ Taborkirche Hohenschönhausen

Die evangelische Taborkirche wurde um 1230 aus Feldsteinen als Dorfkirche gebaut und ist damit das älteste Gebäude in Alt-Hohenschönhausen. Der Bau, der zu den kleinsten Dorfkirchen Berlins zählt, wurde im Stil der Spätromanik errichtet und weist dementsprechend Rundbogenfenster auf. Im Laufe der Zeit wurde die heute denkmalgeschützte Kirche mehrmals um- und ausgebaut. Nach dem Zweiten Weltkrieg musste der Turm aufgrund starker Zerstörungen abgerissen werden. Der Glockenstuhl mit drei Glocken von 1918 befindet sich seitdem wenige Meter neben der Kirche.

▸ www.taborbote-online.de; Hauptstr. 42; S-Bahn: Landsberger Allee, von dort weiter mit Tram M5 bis Hauptstr./Rhinstr.

⑪ Dorffriedhof Hohenschönhausen

Der Dorffriedhof von Hohenschönhausen liegt etwas abseits des Dorfkerns an der Ecke Gärtner-/Rhinstraße. Auf den Grabsteinen sind hier die Namen alteingesessener Familien verzeichnet, die teilweise mit deren Berufen, wie Lehrer, Gärtnermeister, Gastwirt, Trichinenschauer oder Pfarrer, ergänzt werden. Zwei Gräber gedenken zudem der Opfer des Zweiten Weltkriegs. Im Süden der Anlage hin zur Rhinstraße befindet sich seit 1998 der DenkOrt, welcher der zahlreichen Unbekannten gedenkt, die während der Internierung im sowjetischen Speziallager an der Genslerstraße zu Tode kamen (vgl. Seite 517). 1995 waren die Gebeine namenloser Toter bei Suchgrabungen im Umfeld des Lagers gefunden und auf diesem Friedhof bestattet worden. Nach einem Entwurf des Designers Manfred Höhne wurde ein Gräberfeld mit unzähligen Feldsteinen belegt, die symbolisch für die anonymen Toten stehen. Als Zeichen des Gedenkens und Nachdenkens können Besucher weitere Steine ablegen.

▸ Gärtnerstr./Ecke Rhinstr.; S-Bahn: Friedrichsfelde Ost, von dort weiter mit Tram M17, 27 bis Rhinstr./Gärtnerstr.

⑫ Kleinhaussiedlung Höhenschönhausen

An der Ecke Tita-/Paul-Koenig-Straße steht die 1920–1926 nach Plänen von Bruno Taut und Otto Kuhlmann errichtete Kleinhaussiedlung. Tauts Markenzeichen, die bunte Farbgestaltung, ist hier nur noch andeutungsweise zu erkennen. Denn die ursprünglichen Farben der Fassaden – gelbe Ost- und blaue Westgiebel, rote Straßenfronten – wurden von den Nationalsozialisten zur Berliner Olympiade 1936 mit teilweise noch heute sichtbarem grauen Putz überdeckt. Die Klinkerverblendungen, Fensterläden, abgerundeten Zimmerdecken, hölzernen Treppengeländer, Kopfsteinpflaster und schmalen Gehwege sowie die insgesamt überschaubare Struktur der in sich geschlossenen Siedlung haben sich jedoch über die Jahre erhalten.

Ganz in der Nähe der Siedlung befindet sich an der Einmündung des Malchower Wegs das einzige Fachwerkhaus des Bezirks. 1913 als Stehbierhalle erbaut, war es später »Lindenwirt« und »Linden-Garten«, anschließend Gemeindehaus und Kindergarten der evangelischen Gemeinde. Eine behutsame Restaurierung hat der Gemeinde und dem Ort das Kleinod erhalten.

> ▸ Fachwerkhaus: Malchower Weg 2; S-Bahn: Landsberger Allee, von dort weiter mit Tram M17 bis Gehrenseestr.

Neu-Hohenschönhausen

⑬ Bahnhof Hohenschönhausen

Der Bahnhof in Neu-Hohenschönhausen wurde 1984 im Rahmen des Baus der Plattensiedlung angelegt und diente sowohl als S-Bahn- wie auch Regionalbahnhof. Ab Anfang der 1980er-Jahre begann man mit dem Bau des Neubaugebiets Neu-Hohenschönhausen und errichtete um den Bahnhof herum sechs- bis elfgeschossige Plattenbauten. Von dem Rieselfeld, das früher von der jahrhundertealten Falkenberger Chaussee durchquert wurde, ist heute allerdings nichts mehr zu sehen.

Zusammen mit der Falkenberger Chaussee gliedert die S-Bahntrasse den Ortsteil in vier Teile: Im Nordwesten liegt das Gebiet um die Zingster Straße mit Restaurants, Geschäften und einem Hallenbad; in diesem Viertel wurden die ersten Plattenbauten errichtet – eine Gedenktafel zur Grundsteinlegung von Hohenschönhausen-Nord befindet sich in der Barther Straße 3. Im Südwesten liegt der Mühlengrund mit dem gleichnamigen Platz. Das Viertel um die Vincent-van-Gogh-Straße liegt im Südosten und zählte bis 2002 zu

Falkenberg. Im Nordosten liegt der Krumme Pfuhl, das zuletzt fertiggestellte Viertel. Heute leben 53 823 Einwohner in dem Ortsteil, der durch die nahe Barnimer Parklandschaft, den Malchower Auenpark, das Wartenberger und Falkenberger Luch sowie Kleingartenanlagen von viel Grün umgeben ist.

▸ S-Bahn: Hohenschönhausen

14 Postmeilenstein
Der 85 cm hohe Postmeilenstein wurde beim Ausbau der Falkenberger Chaussee gefunden und ist einer von nur 18 heute noch erhaltenen Meilensteinen in Berlin. Der sandsteinerne Rundsockelstein, der »1 Meile nach Berlin« angibt, stand ursprünglich an der Falkenberger Straße 83 und wurde 1991 nach einer Restaurierung an der Ecke Falkenberger Chaussee/Pablo-Picasso-Straße aufgestellt. Der unter Denkmalschutz stehende Stein erinnert an die preußische Meile – umgerechnet etwa 7,5 km –, die bis zur Einführung des metrischen Systems 1873 die Entfernungen auf den Steinen bemaß.

▸ Pablo-Picasso-Str. 2; S-Bahn: Hohenschönhausen

15 Schreiender Hengst
Der Schreiende Hengst ist eine Bronzeskulptur, die von Jo(achim) Jastram 1992 erschaffen wurde. Umgeben von Verkehrslärm, elfstöckigen Wohnbauten, parkenden Autos und Fernwärmerohren versinnbildlicht er auf einem kleinen Grünstreifen an der Ecke Pablo-Picasso-Straße/Warnitzer Straße die gefährdete Natur.

▸ Ecke Pablo-Picasso-Str./Warnitzer Str.; S-Bahn: Hohenschönhausen

16 Prerower Platz
Der Prerower Platz ist das Zentrum von Neu-Hohenschönhausen. 1995 wurde hier das Linden-Center eröffnet, das neben Geschäften, Dienstleistern und einer Stadtbibliothek auch Räumlichkeiten für Konzerte, Ausstellungen und Messen beherbergt. Benannt wurde der Platz nach dem Ostseebad Prerow, das auf der Halbinsel Fischland-Darß-Zingst in Nordvorpommern liegt. Samstags 9–14 Uhr findet hier ein Trödelmarkt statt, auf dem private Händler an ihren Ständen Bücher, Spielzeug, Kleidung, Schallplatten u. v. m. anbieten.

▸ S-Bahn: Hohenschönhausen

17 Malchower Auenpark

Der 1995 angelegte Malchower Auenpark befindet sich im Nordwesten von Neu-Hohenschönhausen. Er liegt am Süd- und Ostufer des 6,4 ha großen Malchower Sees, der von mehr als 200 Jahre alten Bäumen, Liegewiesen und einem Naturlehrpfad gesäumt wird. Auch ein Kletterfelsen des Deutschen Alpenvereins steht im Park – im Volksmund auch als »Monte Balkon« bezeichnet. Der aus abgetragenem Bauschutt von Sanierungen aufgeschüttete Felsen hat eine Höhe 15 m und lädt mit 25 Routen in den Schwierigkeitsgraden 3 – 10 zum Klettern ein.

▸ Zugang zum Kletterfelsen: Ecke Ribnitzer Str./Hohenschönhauser Weg im Malchower Auenpark; S-Bahn: Hohenschönhausen, von dort weiter mit Tram M4 bis Hansastr./Malchower Weg

Malchow, Wartenberg und Falkenberg

18 Herrenhaus Malchow

Das Malchower Herrenhaus wurde um 1865 errichtet und war 1682 – 1705 im Besitz des Ministers Paul von Fuchs, der es zu einer barocken, schlossähnlichen Anlage umgestaltete. Hier empfing von Fuchs mehrmals den preußischen König Friedrich I. und dessen Gattin Sophie Charlotte. Westlich des Schlosses lies er einen Lustgarten mir Orangerie anlegen, der heute jedoch nicht mehr existiert. Auf dem Gelände nach Osten hin, das sich bis zum Malchower See erstreckt, pflanzte von Fuchs Obst- und Weingärten sowie seltene Gehölze an. Zudem eröffnete er im Hof eine Bierbrauerei, die später durch eine Schnapsbrennerei ergänzt wurde. Im Laufe der Zeit wurde das Herrenhaus vielfach um- und ausgebaut. Seine heutige Form erhielt der zweigeschossige Putzbau mit zwei pavillonartigen Seitenflügeln 1865/1866 in Anlehnung an die Schinkel-Nachfolge. 1951 – 2004 wurde das ehemalige Herrenhaus von der landwirtschaftlich-gärtnerischen Fakultät der Humboldt-Universität genutzt; seitdem steht es leer und sucht neue Mieter. Da Paul von Fuchs als einflussreicher preußischer Staatsminister herausragende Verdienste geleistet hat, erinnert heute eine Gedenktafel an seiner einstigen Residenz an ihn.

▸ Dorfstr. 9; S-Bahn: Hohenschönhausen, von dort weiter mit Bus 154 bis Ortnitstr.

Der Postmeilenstein in Hohenschönhausen

19 Dorfkern Malchow

Das Dorf Malchow, dessen Gebiet bereits in der Mittelsteinzeit aufgrund seines Fischreichtums besiedelt und im 13. Jahrhundert von deutschen Bauern offiziell gegründet wurde – 1344 wird der Ort als »Malchowe« erstmals erwähnt–, wurde von Theodor Fontane in seinen »Wanderungen durch die Mark Brandenburg« beschrieben. Nachdem Fontane einen Text über Paul von Fuchs gelesen hatte, welcher den Zuzug französischer Hugenotten begünstigt hatte und auf seinem Malchower Gut beigesetzt worden war, erhoffte er sich, die Gruft von Fuchs besuchen zu können. Tatsächlich durfte er dann im Malchower Pfarrhaus nicht nur Chroniken einsehen, sondern wurde auch an den ersehnten Ort geführt. In seinen »Wanderungen« setzte er anschließend Malchow und dem Pfarrhaus ein Denkmal.

Das von Fontane beschriebene, um 1865 fertiggestellte Pfarrhaus steht noch heute in der Dorfstraße 38. Daneben befand sich bis zu ihrer vollständigen Zerstörung im Zweiten Weltkrieg auch die Malchower Dorfkirche, die in der zweiten Hälfte des 13. Jahrhunderts als Rechtecksaal mit querrechteckigem Turm aus gequadertem Feldsteinmauerwerk errichtet worden war. An der Stelle der Kirche errichtete die Gemeinde einen hölzernen Glockenstuhl, der heute neben einigen Feldsteinresten der Umfassungsmauern der zerstörten Dorfkirche an das frühere Gotteshaus erinnert.

Neben dem Dorfkern mit einigen alten Häusern gibt es in Malchow zwei weitere Wohnsiedlungen: die Niles-Siedlung südöstlich des Malchower Sees, die mit ihren kleinen Doppelhäusern in den 1930er-Jahren errichtet wurde, sowie die Eigenheim-Siedlung Margaretenhöhe nordöstlich des Dorfkerns, ebenfalls in den 1930er-Jahren erbaut.

▸ Dorfstr. 38; S-Bahn: Hohenschönhausen, von dort weiter mit Bus 154 Malchow/ Dorfstr.

20 Wartenberg

Die erste Erwähnung des Dorfes Wartenberg findet sich in einer Urkunde an den brandenburgischen Markgrafen von 1270. 1882 ließ die Stadt Berlin hier Rieselfelder anlegen, auf denen seit 2000 der Landschafspark Wartenberger Feldmark entwickelt wird. Heute wird das Ortsbild von Wartenberg insbesondere durch seine unterschiedliche Bebauung geprägt: Ein Bauerngarten liegt unmittelbar neben einer Plattenbauturnhalle, Ziegelscheunen stehen direkt neben Betonwohnblöcken und der Dorfanger wird von einer Reihenhaus-Serie umgeben. So stehen am S-Bahnhof Wartenberg die in den 1980er-Jahren errichteten Hochhäuser in Plattenbauweise, rund um die Gaststätte »Wartenberger Hof« liegen zahlreiche neu errichtete Einfamilienhäuser und im Dorfkern befinden sich noch einige alte Bauernhöfe. Neben den Höfen stand hier einst auch die Wartenberger Dorfkirche, die genau wie in Malchow 1945 zerstört wurde. An der Falkenberger Chaussee 93 wurde 1998–2000 nach Plänen von Arnold Ernst ein Kirchenneubau errichtet; es handelt sich um einen ovalen Backsteinbau mit Anleihen an unterschiedliche Baustile.

▸ S-Bahn: Wartenberg

㉑ Friedhof Falkenberg

Der Friedhof Falkenberg ist vor allem bekannt durch Marie-Elisabeth von Humboldt, Mutter von Wilhelm und Alexander von Humboldt, die hier nach ihrem Tod im Jahr 1796 zusammen mit ihren Gatten Alexander Georg von Humboldt und ihrem ersten Ehemann sowie einer früh verstorbenen Tochter in einer Familiengruft ihre letzte Ruhe fand. Fünf Jahre zuvor hatte sie das damalige Gut Falkenberg erworben, ein Straßendorf, das im 13. Jahrhundert durch bäuerliche Siedler gegründet wurde. 1875 wurde das Ortsgelände von der Stadt Berlin erworben, um hier Rieselfelder anzulegen – deren Überreste, die weiten Felder, umgeben noch heute die Ortschaft.

1795 hatte Marie-Elisabeth von Humboldt die alte Dorfkirche nach einem Entwurf von Paul Ludwig Simon im Stil des Klassizismus umgestalten und mit einem steinernen Turm in ägyptisierender Form versehen lassen. Der über 700 Jahre alte Feldsteinbau wurde allerdings 1945 wenige Tage vor Einmarsch der Roten Armee von der Wehrmacht gesprengt. Die Humboldtsche Familiengruft mauerte man 1969 neben den Resten der zerstörten Dorfkirche zu und errichtete dort eine Gedenkmauer.

Ein Stück weiter die Dorfstraße hinauf liegt auf derselben Straßenseite der als Kulturdenkmal wiedereröffnete Gutspark, der sich heute mit neu befestigten Wegen, einer historisch gepflasterten Auffahrt und hohen alten Laubbäumen präsentiert.

▸ Dorfstr. 38; S-Bahn: Hohenschönhausen, von dort weiter mit Bus 197 bis Falkenberg/Dorfstr.

㉒ Ehemaliges Gutsarbeiterhaus

Das eingeschossige Gutsarbeiterhaus wurde 1865 von Graf von Arnim aus hartgebrannten roten Ziegelsteinen und ungebrannten Lehmziegeln errichtet. Anschließend wohnten hier acht Familien, darüber

Gutsarbeiterhaus

hinaus wurden in den ausgebauten Dachstuben ledige Landarbeiter untergebracht. 1997 kaufte der Verein »Landschaftspark Nordost« die Lehmkate und richtete hier nach umfassender Sanierung sein Besucherbüro ein. Neben Führungen wird auch ein Teil der Ernte aus dem Vereinsgarten angeboten. 2003 wurde das Café Lehmsofa eröffnet, bei dem man bei schönem Wetter auch im Hofgarten sitzen kann.

▸ Dorfstr. 4; S-Bahn: Hohenschönhausen, von dort weiter mit Bus 197 bis Falkenberg/Dorfstr.

㉓ Tierheim Berlin

Das Tierheim Berlin ist die modernste und weitläufigste Einrichtung seiner Art in Europa. Es wurde 1999–2001 nach Plänen von Dietrich Bangert als heller, langgestreckter Flachbau errichtet und umfasst drei Katzenhäuser, fünf Hundehäuser, ein Haus für Kleintiere, ein

Wasservogelhaus, eine Tierklinik, einen Hundespielplatz sowie weite Wasserflächen. Seit 2008 dient das Tierheim auch als Auffangstation für notleidende Tiere aus der Landwirtschaft, 2009 wurde es durch eine Auffangstation für Exoten und Reptilien ergänzt. Ebenfalls zum Tierheim gehört der auf einem Hügel gelegene und mit Birken aufgelockerte Tierfriedhof.

▸ Hausvaterweg 39; S-Bahn: Hohenschönhausen, von dort weiter mit Bus 197 bis Tierheim Berlin

Hellersdorf: **Fläche:** 8,1 km², **Einwohnerzahl:** 77 073
Kaulsdorf: **Fläche:** 8,81 km², **Einwohnerzahl:** 18 595
Mahlsdorf: **Fläche:** 12,94 km², **Einwohnerzahl:** 27 083

Hellersdorf

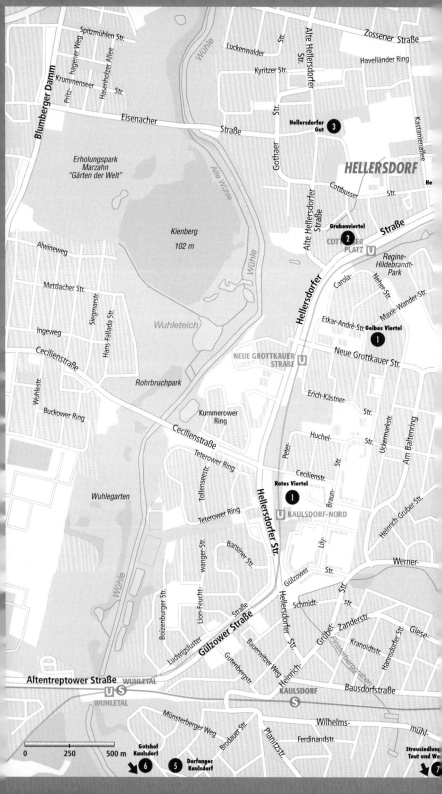

Das alte und neue Hellersdorf

① Rotes und Gelbes Viertel

Die Ursprünge Hellersdorfs gehen bis ins 14. Jahrhundert zurück: unter dem Namen »Helwichstorpp« wird der Ort 1375 wie auch viele andere Dörfer in der Umgebung im Landbuch Karl IV. das erste Mal urkundlich erwähnt. Das Dorf war damals im Besitz der Brüder Dirike, denen hier ein weitläufiges Gut gehörte. 1886 erwarb die Stadt Berlin das Gelände, um dort Rieselfelfer anzulegen; 1920 wurde Hellersdorf im Rahmen der Bildung Groß-Berlins eingemeindet. In den 1980er-Jahren entstand hier ein Neubaugebiet, dessen hochgeschossige Plattenbauten noch heute das Ortsbild prägen. So liegen beispielsweise am U-Bahnhof Kaulsdorf Nord die elfgeschossigen Punkthochhäuser des sogenannten Roten Viertels mit ihren auffälligen blauen und roten Streifen. Weiter nördlich, um den U-Bahnhof Neue Grottkauer Straße herum, gruppieren sich die mit ebenfalls farbenfrohen Bändern gestalteten sechsgeschossigen Gebäude des Gelben Viertels. Dessen blau, gelb oder violett gerahmte Blöcke wurden zudem nach einem Konzept der aus São Paulo stammenden Architekten Francisco Fanucci und Marcelo Ferraz von brasilianischen Künstlern einheitlich mit Holzgeflechten an den Balkonen und Eingängen sowie brasilianischen Kacheln an den Fassaden geschmückt.

Die verschiedenen Viertel mit ihren Farben und Namen stammen aus der Zeit nach der Wende, als die aus der gesamten DDR hier angesiedelten Baukombinate abreisten und die noch halbfertige Siedlung hinterließen, die erst nach und nach zu einer attraktiven Wohnstadt ausgebaut wurde. So wurde beispielsweise ein Theater gebaut, zahlreiche Bäume wurden gepflanzt und auch mit neuen Eingängen, Balkonen und Fassaden sowie einem umfangreichen Kunst-am-Bau-Konzept wurden die ehemals grauen Plattenbauten aufgewertet. Das Ziel war auch, in der anonymen Wohnungsmasse durch individualisierte Ausschmückungen kleinräumige Identitäten entstehen zu lassen. Die Basis dafür war schon in der DDR gelegt worden: In Hellersdorf wurde zwar mit der WBS (Wohnbauserie) 70 überwiegend derselbe Bautyp verwendet, allerdings konnte man diese in verschiedenen Formen kombinieren. Auch die jeweils verschiedenen lokalen Varianten der WBS 70 durchbrachen die strenge Uniformität; sie dienen heute als Grundlage der Quartierskonzepte der Wohnungsbaugesellschaften. So gelten beispielsweise die jeweils unterschiedlichen Balkone als besonderes Charakteristikum der Quartiere.

▸ U-Bahn: Kaulsdorf Nord, Neue Grottkauer Str.

➋ Grabenviertel

Das Grabenviertel liegt rund um den U-Bahnhof Cottbusser Platz und wird durch größtenteils fünfgeschossige sanierte Bauten mit blauen Balkonen und viele Grünflächen charakterisiert. Das Cottbusser Wohnungskombinat, dem dieses Viertel zugestellt war, hatte seine Variante der WBS 70 bereits mit Klinkerbändern ausgeschmückt. Nach der Wende erfolgte die Sanierung lediglich an den Vordächern, Balkonbrüstungen sowie durch Wärmedämmungen an einigen Außenwänden. Auch Kunst-am-Bau kann man hier durch die Comicfiguren von Cesar Olhagarays und die »Zollstöcke« von Gisela Genther in der Cottbusser Straße besichtigen.

In der Hellersdorfer Straße 179 befindet sich eine 61 m² große Museumswohnung mit DDR-Einrichtung. Eine Wohnungsbaugesellschaft hat hier von Möbeln aus Zeulenroda über Lampen vom VEB Leuchtenbau bis hin zu Eierbechern und Besteck eine originale Ausstattung zusammengetragen. Die 3-Zimmerwohnung wurde 1986 errichtet und kostete damals 109 DM Miete im Monat.

▸ Museumswohnung: Hellersdorfer Str. 179; So 14–16 Uhr (außer Feiertage) und nach Absprache unter Tel. 0151/16 11 44 47; Eintritt frei; U-Bahn: Cottbusser Platz

➌ Hellersdorfer Gut

Das Hellersdorfer Gut liegt im Norden von Hellersdorf, der sich noch einen dörflichen Charakter bewahrt hat. Das Gut wurde im 14. Jahrhundert angelegt und Anfang des 19. Jahrhunderts zu einem Rittergut umgebaut. 1873 erwarb es die Stadt Berlin, um hier Rieselfelder anzulegen. Diese Felder dienten seit dem 19. Jahrhundert zur Reinigung von Abwässern; dabei wurde das Abwasser möglichst großflächig auf einem wasserdurchlässigen Bodenkörper verrieselt. In Hellersdorf erfolgte damit bis 1968 die Entsorgung von Berliner Fäkalien, die als Düngung für Beete und Wiesen dienten. In den 1950er-Jahren baute man das inzwischen volkseigene Gut weiter aus. Neben den zweigeschossigen Gutshäusern im Stil des Vorkriegs-Siedlungsbaus sind heute auch die ehemaligen Stall-, Scheunen- und Speichergebäude noch erhalten; die Reste der alten Baumbestände nördlich des Gutshauses gehörten einst zum Gutspark.

Etwa 200 m vom Gut entfernt liegt das verhältnismäßig geschlossene Ensemble des städtischen Rieselgutes, das um 1890 errichtet wurde. Die zwei- bis dreigeschossigen roten Backsteinwohnbauten für die Landarbeiter sowie ein Schul- und Gemeinschaftshaus werden durch den noch heute erhaltenen Schmuck charakterisiert, der durch unterschiedliche Muster und Farben in den Ziegellagen entsteht. Weitere, um 1915 errichtete Landarbeiterquartiere stehen in der Straße Alt-Hellersdorf 6 und 10. Diesen gegenüber liegt eine Feldsteinkate, die zur Zeit des Ritterguts errichtet wurde und heute eine Keramikwerkstatt beherbergt.

> ‣ Gut Hellersdorf: Alt-Hellersdorf 17–27; ehemaliges Rieselgut: Alte Hellersdorfer Str. 58, Alt-Hellersdorf 6 und 10; U-Bahn: Cottbusser Platz

❹ »Helle Mitte«

Die »Helle Mitte« ist das 1997 neugebaute Stadtzentrum von Hellersdorf. Es umfasst 19 mehrstöckige Gebäude, die unter anderem Ladenpassagen, Gastronomie, ein Gesundheitszentrum, Bildungs- und Verwaltungseinrichtungen sowie das Rathaus von Marzahn-Hellersdorf beherbergen. Die Gebäude sind auf mehrere Komplexe verteilt, die durch die Kurt-Weill-Gasse und den Alice-Salomon-Platz, der an die Plaza Mayor im spanischen Salamanca angelehnt ist, verbunden sind.

Nördlich der »Hellen Mitte« schließt sich zwischen der Stendaler und Tangermünder Straße in Nord-Süd-Richtung verlaufend die Hellersdorfer Promenade an. Hier führt ein gepflasterter Fußweg inmitten parkartig angelegter Rasenflächen und Strauchanpflanzungen hindurch, der von Japanischen Zierkirschen und Ahornbäumen gesäumt wird. Dadurch entsteht ein boulevardartiger Charakter, der auch durch die

Hellersdorfer Promenade

kleinen Plätze und Grünanlagen mit Springbrunnen und Sitzbänken vermittelt wird. 2003 wurde die ca. 4 m hohe Stahlsäule des Künstlers Kurt Buchwald aufgestellt, die beleuchtete fotografische Abbildungen von Lieblingsgegenständen Hellersdorfer Bürger darstellt. Darüber hinaus machen vielerlei Geschäfte, gastronomische Betriebe und Dienstleistungseinrichtungen die Promenade zu einer beliebten Fußgängerzone.

▸ Janusz-Korczak-Str./Hellersdorfer Str./Stendaler Str.; U-Bahn: Hellersdorf

Kaulsdorf

⑤ Dorfanger Kaulsdorf

Kaulsdorf, 1347 erstmals unter dem Namen »Caulstorp« als selbstständiger Ort erwähnt, ist heute in seinem Kern noch gut und relativ geschlossen erhalten. In der Mitte des Angers steht die denkmalgeschützte alte evangelische Dorfkirche, die auf einen Feldsteinbau aus dem 14. Jahrhundert zurückgeht. In der Folgezeit wurde sie mehrfach verändert und verputzt; heute sind die mittelalterlichen Elemente weitestgehend verschwunden, und die Kirche erscheint mit einem neogotischen Westturm, der 1875 nach Plänen von Georg Erbkam erbaut wurde. Umgrenzt wird der Dorfanger von ehemaligen Bauernwirtschaften, die meist als Vierseithöfe angelegt sind. Daneben sieht man jedoch auch neue Bauten, die an der Stelle der alten Scheunenhöfe errichtet wurden.

▸ www.kirche-kaulsdorf.ekbo.de; Dorfstr. 12; U-/S-Bahn: Wuhletal

⑥ Gutshof Kaulsdorf

Der Gutshof Kaulsdorf wurde 1640–1693 zunächst als Branntweinbrennerei betrieben. Ab 1785 versuchte hier der Berliner Physiker und Chemiker Franz Carl Achard, aus Rüben Zucker zu gewinnen, was ihm später tatsächlich gelang und reichlich Ruhm einbrachte. 140 Jahre danach übernahm die aus St. Petersburg stammende Unternehmerfamilie Schilkin das Gut und richtete eine Schnapsbrennerei ein, die hier bis heute als Familienbetrieb existiert. Der heutige Gutskomplex umfasst Herrenhaus, Scheune, Verwaltung und ehemaliges Gesindehaus, die allesamt ihre Gliederung im 19. Jahrhundert erhielten. Die Produktion erfolgt im nach dem Zweiten Weltkrieg 1946/1947 dafür eigens umgebauten Herrenhaus.

▸ Alt-Kaulsdorf 1–11; U-/S-Bahn: Wuhletal

Mahlsdorf

⑦ Streusiedlungen von Taut und Wagner

Im Frettchenweg und weiter nördlich Am Rosenhag, beides auf Mahlsdorfer Gebiet, entstanden 1924–1931 nach Plänen von Bruno Taut und Martin Wagner die Streusiedlungen »Mahlsdorf II«. Mit relativ kleinen Einzel- und Doppeltypenhäusern auf großen Grundstücken wurden die Siedlungen im Auftrag der Genossenschaft »Lichtenberger Gartenheim« errichtet und dienten vor allem Kriegsversehrten des Ersten Weltkriegs und kinderreichen Familien aus Berlin als Wohnstätte. Aufgrund der dürftigen Geldmittel der Genossenschaft mussten die Häuser funktional, standardisiert und schlicht gestaltet sein. An Tauts berühmt-berüchtigte Farbgebung, die ihm innerhalb dieser normierten Bauweise eine gewisse Individualität gestatte, erinnert heute insbesondere das Gebäude im Frettchenweg 29/30, das in seiner originalen Gestalt, Farbigkeit und Ausstattung saniert wurde.

▸ Frettchenweg 21, 25–31, Am Rosenhag 38–39; S-Bahn: Kaulsdorf, Mahlsdorf

⑧ Dorfkirche Mahlsdorf

Die evangelische Dorfkirche Mahlsdorf wurde im 13. Jahrhundert als Chorquadratkirche mit Turm errichtet und ist das älteste erhaltene Gebäude des Ortsteils. Im Zweiten Weltkrieg schwer beschädigt, wurde sie zunächst einfach wiederaufgebaut und dann Ende 1990er-Jahre umfassend saniert, sodass sie heute weitestgehend ihren originalen Zustand wiedererhalten hat. An die heute denkmalgeschützte Kirche grenzt der Kirchhof mit Einfriedung an, der ein Ensemble aus Kriegerdenkmal und Prunkgräbern sowie einem Friedhofsbaum umfasst.

▸ www.kirche-mahlsdorf.de; Hönower Str. 17–19; S-Bahn: Mahlsdorf

⑨ Gründerzeitmuseum

Das Gründerzeitmuseum im Gutshaus Mahlsdorf wurde 1960 von Charlotte von Mahlsdorf/Lothar Berfelde eröffnet und beherbergt heute europaweit die größte Sammlung von Gegenständen aus der Gründerzeit, darunter Musikinstrumente, Möbel, Gemälde, Eisenöfen, Taschenuhren, Wäschemangel und einen Edisonschen Phonographen. Zu den eingerichteten Wohnräumen gehören beispielsweise ein Herrenzimmer, ein neogotisches Esszimmer und ein großer Gartensaal mit hohen Spiegeln und Deckenleuchten sowie einer Freitreppe zum Park, der für Veranstaltungen – wie Gartenfeste, Trauungen und historische Vorträge – genutzt wird. Diese werden seit 1997 vom Förderverein Gutshaus Mahlsdorf organisiert, der darüber hinaus auch das Gebäude restauriert und instand hält, einen Gründerzeitmarkt eröffnet hat und Führungen durch das Haus gibt. Das Gebäude selbst wurde um 1780 errichtet und diente ursprünglich als Amtsvorwerksgutshaus für die Köpenicker Staatsdomäne. Zu dieser legte man unter anderem auch die Freitreppen zum Park hin sowie die Terrasse an. 1869 wurde der Mittelbau des eingeschossigen, mit einem Walmdach abgeschlossenen Hauses im Stile des Neoklassizismus umgebaut. Neben dem Haus spiegelt auch der Garten vergangene Zeiten wider: 1996 erfolgte eine Rekonstruktion nach historischen Plänen, in deren Rahmen neue Wege angelegt sowie 70 Bäume und 700 Büsche gepflanzt wurden.

▸ www.gruenderzeitmuseum.de; Hultschiner Damm 333; Mi/So 10–18 Uhr, an Feiertagen geschlossen; der Besuch ist nur mit einer Führung möglich; Eintritt 4,50 €, erm. 3,50 €; S-Bahn: Mahlsdorf

Gründerzeitmuseum

Marzahn: Fläche: 19,54 km², Einwohnerzahl: 105 786
Biesdorf: Fläche: 12,44 km², Einwohnerzahl: 25 689

Marzahn

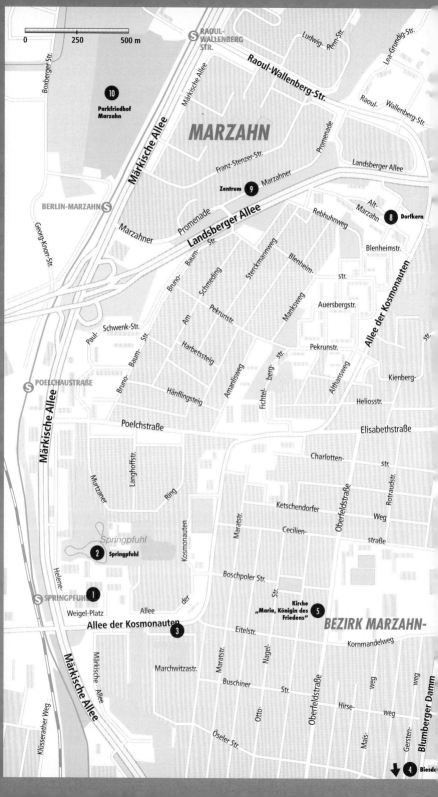

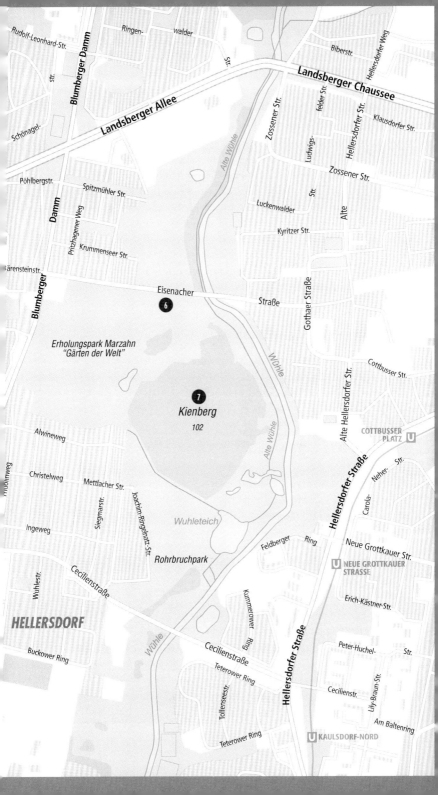

Das alte und neue Marzahn

1 Helene-Weigel-Platz

Der Helene-Weigel-Platz liegt im südlichen Zentrum von Marzahn und wurde im Rahmen der Errichtung des Wohnquartiers Marzahn I als städtisches Zentrum angelegt. Den Namen erhielt der Platz 1978 nach der Schauspielerin und Ehefrau Bertolt Brechts. Vom 1976 eröffneten S-Bahnhof Springpfuhl führt ein Tunnel zu dem Platz, auf dem man den Gästen der Siedlung, darunter Willy Brandt, Michail Gorbatschow und zahlreiche Parteisekretäre des sozialistischen Auslands, die Erfolge des real existierenden Sozialismus im Wohnungsbau präsentierte.

Auf dem Platz befindet sich an der Hausnummer 8 das alte Rathaus von Marzahn, über dessen Eingangstür sich das Wappen des ehemaligen Bezirks befindet: ein Rad, das die Industrie versinnbildlicht, gekrönt von fünf Ähren, die für die fünf damaligen Ortsteile Marzahn,

Helene-Weigel-Platz mit dem alten Rathaus von Marzahn

Hellersdorf, Kaulsdorf, Mahlsdorf und Biesdorf stehen. Das Gebäude wurde 1985–1988 nach einem Entwurf der Architekten Wolf-Rüdiger Eisentraut, Karin Bock und Bernd Walther errichtet und steht seit 2008 unter Denkmalschutz. Die Dreiviertel-Figuren aus Keramik an der Fassade sowie im Inneren des Rathauses schuf Peter Makolies. 2001 wurde der Bau umfassend saniert und dient heute als Bürgerhaus des Ortsteils, in dem unter anderem Kunstausstellungen stattfinden.

Außer dem Rathaus liegen auch ein Apothekenbau, eine ehemalige Poliklinik, ein Hallenbad und das frühere Kino »Sojus« am Helene-Weigel-Platz; sie sollten ebenfalls zur Gestaltung des Ortsteilzentrums beitragen. Gemeinsam umschließen sie die 1990 eingeweihte Treppenbrunnenanlage von Rolf Biebl, die mit fünf Bronzefiguren die verschiedenen Lebensalter eines Menschen symbolisiert.

▸ S-Bahn: Springpfuhl

② Springpfuhl

Der dem benachbarten S-Bahnbahnhof seinen Namen gebende Springpfuhl ist ein kleiner Teich, der in einer parkähnlichen Landschaft neben dem alten Rathaus Marzahn am Helene-Weigel-Platz liegt. Einst verfügte das Marzahner Gebiet über viele solcher in der Eiszeit durch Grundeisblöcke entstandenen Gewässer, die kleineren von ihnen verschwanden jedoch im 19. Jahrhundert im Rahmen der Planierung für die Rieselfelder. Auf der Grünanlage hinter dem Pfuhl stehen zahlreiche Plastiken des 1984 in Biesdorf unter dem Thema »Poesie des Lebens« stattgefundenen 1. Internationalen Bildhauersymposiums sozialistischer Staaten.

▸ S-Bahn: Springpfuhl

③ Allee der Kosmonauten

Die Allee der Kosmonauten – ursprünglich Springpfuhlstraße und 1978 anlässlich des gemeinsamen Weltraumfluges von Sigmund Jähn und Waleri Bykowski umbenannt – ist eine in den 1970er-Jahren angelegte Hauptverkehrsstraße von Marzahn. Sie wird hauptsächlich von Gewerbegebieten und zumeist elfgeschossigen Wohnhäusern in Plattenbauweise gesäumt. Man findet aber auch einige Kunstwerke entlang der Straße: Vor der Hausnummer 68 auf Höhe der Marchwitzastraße, leicht zu erreichen über den unterirdischen Tunnel vom Helene-Weigel-Platz, steht beispielsweise die 10 m hohe Betonskulptur »Richtkrone«, die der Bildhauer Alfred Bernau zur Erinnerung an die Fertigstellung des dahinterliegenden ersten Wohnblocks Marzahns geschaffen hat. Im Herbst 1977 stellte man das Denkmal in Form einer stilisierten Richtkrone auf, noch bevor auch nur eine Wohnung bezogen war. Die erste Wohnung des Baublocks »001« in der Marchwitzastraße 43 wurde Ende 1977 bezogen, 6 Monate später übergab Erich Honecker persönlich im nahe gelegenen Wohnblock Luise-Zietz-Straße 129 die tausendste Wohnung an ihre neuen Bewohner. Schon Ende 1981 wurde mit einer Feier in der Paul-Dessau-Straße 1 die zwanzigtausendste Wohnung eingeweiht. Die hohe Baugeschwindigkeit wurde einerseits durch die äußerst effiziente Plattenbauweise ermöglicht und andererseits dadurch, dass die Siedlung zu den Prestigeobjekten zählte, die gegenüber anderen, weniger wichtigen Bauvorhaben Vorrang erhielten.

Die frühen Bauserien am Zentrum-Süd konnten zunächst keine winkelförmigen Baukörper ausbilden. Später allerdings wurden Serien eingesetzt, die mit stumpfen und rechten Winkeln größere Bauformen erlaubten, welche man heute entlang der Allee der Kosmonauten findet. Gleichzeitig setzten sich die Loggienbalkone weiter durch. Da die Fassaden relativ gesichtslos wirkten, waren diese Balkone der Ort, wo die Bewohner beispielsweise mit Fachwerkeinbauten, Wagenrädern und auffallenden Farben ihrer Wohnung Individualität verleihen konnten. Die nach der Wiedervereinigung gebildeten Wohnungsbaugesellschaften haben mittlerweile zahlreiche Bauten saniert, wärmegedämmt und in ihrer Farbigkeit neu gestaltet.

Weitere Kunstobjekte finden sich in der Allee der Kosmonauten 58 mit einer 1982 aufgestellten Brunnenskulptur »Stillleben Gedeckter Tisch« von Emerita Pansowova sowie am Wohnbau mit der Hausnummer 194, vor dem die 1985 aufgestellte Sandsteinskulptur »Drei sitzende Frauen« des Bildhauers Manfred Hübner steht. In der Allee der Kosmonauten 145 befindet sich auch das höchste Fassadenkunstwerk Europas: der 2012/2013 von der französischen Künstlergruppe CitéCréation gestaltete »Flower Tower«. Die Künstler gestalteten dafür 7 Monate lang die Gesamtfassade des Hauses in unterschiedlichsten Naturlandschaften der Welt, wobei sie sich von den benachbarten »Gärten der Welt« inspirieren ließ.

▸ S-Bahn: Springpfuhl

④ Biesdorf

Biesdorf liegt im Süden von Marzahn-Hellersdorf und wird gelegentlich als das bürgerliche Viertel Marzahns bezeichnet, denn im Gegensatz zu den Plattenbauten im Norden prägen hier vor allem Ein- und

Zweifamilienhäuser das Ortsbild. Der Dorfkern ist noch gut erhalten und von ländlichen Bauten umgeben, darunter die nach einem Entwurf von Herbert Erbs nach den Zerstörungen durch den Zweiten Weltkrieg wiederaufgebaute Dorfkirche Biesdorf.

Nordöstlich der Kirche liegt das Schloss Biesdorf mit dem dazugehörigen Schlosspark. Um 1800 wurde es als Herrenhaus errichtet, verfügt aber erst ab 1869 über seine prächtige spätklassizistische Erscheinung, als Hermann von Rüxleben es nach Plänen von Heino Schmieden ausbauen ließ. 1887 fiel das nach italienischen Vorbildern gestaltete Anwesen in den Besitz von Werner von Siemens, dessen Sohn später den Park vom Berliner Stadtgartendirektor Albert Brodersen im Englischen Stil erweitern ließ. Hier im Park veranstaltete Siemens übrigens die Probefahrt der deutschlandweit ersten elektrischen Eisenbahn. 1927 ging die Anlage in den Besitz der Stadt Berlin über und war für Jahrzehnte einer steten Vernachlässigung ausgesetzt. Im Jahr 2000 wurde allerdings eine Stiftung ins Leben gerufen, die eine umfassende Restauration der Turmvilla in den Jahren 2000–2007 zur Folge hatte. Heute ist das unter Denkmalschutz stehende Schloss mit seinem 14 ha großen Schlosspark ein beliebtes Ausflugsziel. Seit 1994 wird das Schloss zudem als soziokulturelles Zentrum genutzt.

> ‣ www.stiftung-schloss-biesdorf.de; Alt-Biesdorf 55; Mo–Do 9–19, Fr 9–16 Uhr; U-Bahn: Elsterwerdaer Platz, S-Bahn: Biesdorf

5 Kirche »Maria, Königin des Friedens«

Die katholische Kirche »Maria, Königin des Friedens« wurde 1981–1983 nach Plänen der Architekten Ralph Rodnick, Ursula Laute und Michael Limberg unter der Bauleitung des VEB Bau-Ost errichtet. Den Innenraum mit seinem trapezförmigen Altarbereich gestaltete Werner Nickel. Auf dem Grundriss eines langgestreckten Oktogons konzipierten die Architekten in moderner Formensprache einen roten Klinkerbau mit einem Glockenturm an der Ostseite. Rund um die oberen Wandabschlüsse setzten sie ein helles Ziegelband, das als verbindendes Element das Kirchengebäude zusammenfasst. Im Südwesten wurde das Kirchenschiff durch einen im gleichen Baustil ausgeführten Gemeindesaal ergänzt; daneben befindet sich ein zweieinhalbgeschossiges verputztes Wohnhaus, das über einen überdachten Zugang mit der Kirche, in der heute regelmäßig Gottesdienste und Veranstaltungen stattfinden, verbunden ist.

Schräg gegenüber der Kirche liegt der großflächige Baukomplex der ehemaligen Hochschule der Volkspolizei, der in den

1950er-Jahren mit weitläufigen Sportflächen erbaut worden ist. Heute dient er als ein vom Studentenwerk Berlin betriebenes Studentenwohnheim.

▸ www.kirche-biesdorf.de; Oberfeldstr. 58–60; S-Bahn: Springpfuhl

6 Landschaftspark Wuhletal

Das Wuhletal ist ein 16 km langer Grünzug entlang der Wuhle, der sich von der Stadtgrenze zu Ahrensfelde im Norden bis nach Biesdorf im Süden erstreckt. Das Tal ist der Überrest einer eiszeitlichen Schmelzrinne, dessen Ausgestaltung als Erholungsgebiet in den 1980er-Jahren begann. 2002–2005 wurde der 15 km lange Wuhletal-Wanderweg geschaffen, von dem 4 km als Naturlehrpfad mit Beschilderungen, Wegweisern und Aussichtsplattformen angelegt sind.

1987 wurde nördlich des Kienbergs der Erholungspark Marzahn anlässlich der 750-Jahr-Feier Berlins eröffnet. Er umfasst auch die 43 ha große eingezäunte Anlage »Gärten der Welt«, die unter anderem Chinesische, Japanische, Balinesische, Orientalische, Koreanische und

Der Chinesische Garten in den »Gärten der Welt«

Italienische Gartenanlagen präsentiert. Nördlich der Gärten, jenseits der Eisenacher Straße, liegt der ca. 23 ha große Wiesenpark, ein naturbelassener Park mit einem außergewöhnlichen Spielplatz, der neben Klettergerüsten, einer Rutsche und einer walartigen Spielskulptur auch einen künstlichen Wald aus 200 Robinienstämmen umfasst.

‣ Gärten der Welt: www.gruen-berlin.de/parks-gaerten/gaerten-der-welt; Eisenacher Str. 99; Nov.–Feb. tgl. 9–16; März–Okt. tgl. 9–18; Apr.–Sep. tgl. 9–20 Uhr; Eintritt 4 €; S-Bahn: Marzahn, von dort weiter mit Bus 195 bis Gärten der Welt

7 Kienberg

Der Kienberg ist ein 100 m hoher Hügel, der ab den 1960er-Jahren aus dem Aushub der Baustellen in Marzahn entstand. Von seiner Kuppe hat man einen weiten Ausblick auf die umliegenden Ortsgebiete: Sowohl die Plattenbauten, als auch das Stadtzentrum mit dem Fernsehturm am Alexanderplatz kommen in den Blick. Zur anderen Seite kann man den Lauf der Wuhle verfolgen, dahinter treten die Baukomplexe von Hellersdorf ins Sichtfeld. Auch das Straßenbahndepot und der dahinterliegende ebenfalls künstliche Ahrensfelder Berg sind zu erkennen; hinter Letzterem taucht – außerhalb des Berliner Stadtgebiets liegend – der Kirchturm des Dorfes Eiche auf.

‣ U-Bahn: Cottbusser Platz

8 Dorfkern Marzahn

Der Ortsteil Marzahn geht auf ein mittelalterliches Angerdorf zurück und hat bis heute seinen dörflichen Charakter beibehalten. Maßgeblich dazu beigetragen hat der anlässlich des Baus der Plattenbausiedlung in den 1970er-Jahren gefasste Entschluss, den Dorfkern zu rekonstruieren, d. h. die schon erhaltenen Bauten zu restaurieren und um angepasste Baulichkeiten zu ergänzen.

So steht zwischen den Weiden am ehemaligen Dorfanger die evangelische Dorfkirche Marzahn, die 1869–1871 nach Plänen von Friedrich August Stüler im neugotischen Stil errichtet wurde. Der heute denkmalgeschützte Backsteinbau mit Kreuzrippengewölbe und einem knapp 25 m hohen Westturm hat seine äußere Gestalt weitestgehend behalten. Daneben stehen eine Goldschmiede, eine Glasbläserei, ein Tierhof und die alte Schule von 1912, die zu dem dörflichen Erscheinungsbild beitragen.

Die Hauptattraktion des früheren Dorfkerns ist allerdings die Marzahner Bockwindmühle. 1805 war in Marzahn die erste Mühle gebaut worden, bereits im 19. Jahrhundert wurde sie jedoch schon wieder abgebaut. An ihrer Stelle wurde 1994 die heutige Anlage als Nachbau dieser ersten Windmühle aufgestellt. In dem museal eingerichteten Innenraum stellt ein extra für den neuen Mühlenbetrieb eingestellter Müller zu Schau- und Backzwecken Mehl her.

> ▸ www.marzahner-muehle.de; Hinter der Mühle 4; Mo–Fr 10–12 und 13–16, So (nur Apr.–Okt.) 15–19 Uhr, nur mit vorheriger Anmeldung; Eintritt frei – eine Spende wird jedoch erbeten; S-Bahn: Springpfuhl, von dort weiter mit Tram M8, 18 bis Alt-Marzahn

❾ Zentrum von Marzahn

Das Hauptzentrum Marzahns befindet sich im Nord-Westen des Ortsteils an der Marzahner Promenade. Diese wurde nach dem Bau der Plattenbausiedlung ab den 1970er-Jahre als Einkaufsstraße und gesellschaftlicher Kernbereich nach Plänen der Architekten Wolf-Rüdiger Eisentraut, Heinz Graffunder und Helmut Stiegl angelegt. Das Architektenkollektiv konzipierte in diesem Rahmen auch ein Kaufhaus am S-Bahnhof Marzahn sowie verschiedene Freizeiteinrichtungen, darunter ein Schwimmbad und eine Bibliothek. Neben den unzähligen Läden machten auch eine Bowlingbahn und zahlreiche Cafés die Promenade als sozialen Treffpunkt attraktiv. Seit 2009 wird ein neues Nutzungskonzept für die Promenade und deren Restauration realisiert. Kleine Geschäfte, die Vermietung von Ateliers und die Gewinnung von Investoren sollen unter anderem den Ort auch zukünftig zu einem aktiven und interessanten Ortsteilzentrum machen. Auch die vielen Kunstwerke entlang der Promenade, darunter Brunnenanlagen, Fassadenmalerei und Bronzestatuen, tragen dazu bei.

> ▸ S-Bahn: Marzahn

❿ Parkfriedhof Marzahn

Mit 23,4 ha ist der Parkfriedhof Marzahn die größte Friedhofsanlage im Bezirk Marzahn-Hellersdorf und zeichnet sich insbesondere durch ihren dichten, alten Baumbestand und damit vielen naturnahen Flächen aus. Die Stadt Berlin hatte ihn 1909 als Ergänzung des Friedhofs Friedrichsfelde als Armenfriedhof angelegt; so erhielten hier mittellos Verstorbene eine Bestattung, deren Kosten die öffentliche Wohlfahrtpflege übernahm. Ab 1933 ließen dann die Nationalsozialisten hier Tausende Opfer ihres Terrors beisetzen, darunter die 1934 ermordeten prominenten Kommunisten Anton Schmaus, Rudolf Schwarz und John Scheer sowie viele Opfer der Köpenicker Blutwoche (vgl. Seite 574). Ihre Gräber wurden jedoch nach dem Zweiten Weltkrieg auf repräsentative Friedhöfe überführt. Ab 1945 änderte sich mit der Teilung Berlins in Sektoren die Nutzung des Friedhofs: Er diente nicht mehr nur als Armenfriedhof, sondern als kommunale Begräbnisstätte für alle Bürger. Ab den 1950er-Jahren wurden als Zeichen einer deutlichen Distanzierung von den Gewalttaten der Nationalsozialisten verschiedene Gedenksteine und -orte im Park aufgestellt, die den Opfergruppen des NS-Regimes gewidmet sind. Darunter befinden sich beispielsweise das nach Plänen des Gartenarchitekten Johannes Mielenz und des Bildhauers Erwin Kobbert errichtete und 1958 eingeweihte Sowjetische Ehrenmal und der Soldatenfriedhof, das 1986 angelegte Gedenkensemble für die Sinti und Roma, der 1996 errichtete Gedenkstein für die gefallenen italienischen Soldaten des Zweiten Weltkriegs sowie der 2004 aufgestellte Gedenkstein für 20 Zwangsarbeiterinnen aus Polen.

▸ S-Bahn: Marzahn; der Haupteingang des Parkfriedhofs befindet sich am Wiesenburger Weg auf Höhe des S-Bahnhofs

Alt-Treptow: Fläche: 2,31 km², Einwohnerzahl: 11 232
Plänterwald: Fläche: 3,01 km², Einwohnerzahl: 10 867
Baumschulenweg: Fläche: 4,82 km², Einwohnerzahl: 17 480
Adlershof: Fläche: 6,11 km², Einwohnerzahl: 15 739
Bohnsdorf: Fläche: 6,52 km², Einwohnerzahl: 10 937

Treptow

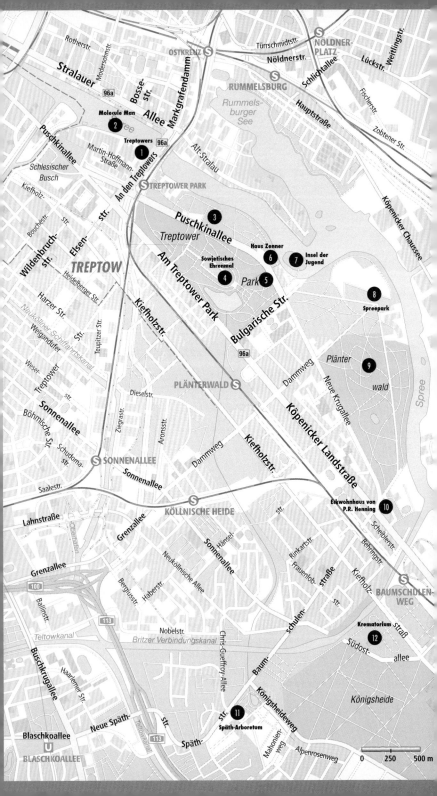

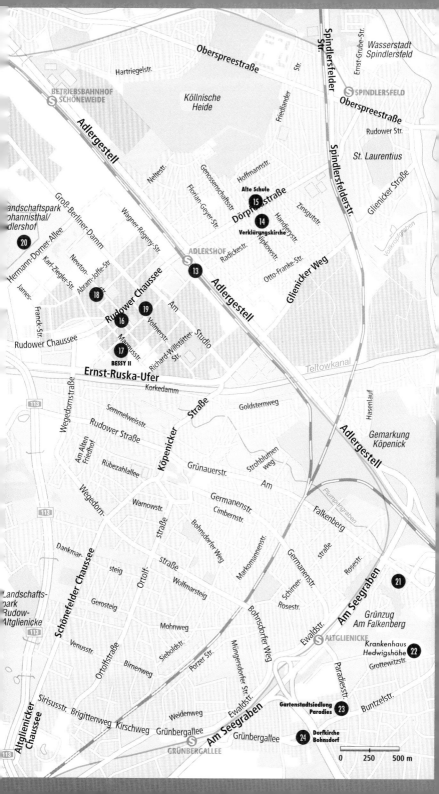

Rund um den Treptower Park

① Treptowers

Die Treptowers sind ein vierteiliger Gebäudekomplex, der sich am südlichen Spreeufer unmittelbar an der Elsenbrücke befindet. Während des Baus nach Plänen von Gerhard Spangenberg Ende der 1990er-Jahre wurden die dort seit 1926 stehenden Gebäude des ehemaligen VEB Elektro-Apparate-Werke Berlin-Treptow, in denen bis 1995 produziert worden war, in den Neubau integriert. Der höchste Teil des Komplexes ist ein weithin sichtbares Punkthochhaus mit Stahl-Glas-Fassade, das mit 125 m das höchste Bürogebäude Berlins ist. Die Allianz SE hat hier ihre Berliner Zweigstelle.

▸ An den Treptowers 3; S-Bahn: Treptower Park

② Molecule Man

Die Wasserstatue »Molecule Man« wurde vom US-amerikanischen Künstler Jonathan Borofsky entworfen und 1999 in der Spree, zwischen der Elsen- und Oberbaumbrücke und damit am Schnittpunkt der Bezirke Friedrichhain-Kreuzberg und Treptow-Köpenick, aufgestellt. Borofsky konzipierte eine Drei-Personen-Skulptur aus gelochten Aluminiumplatten, die 30 m hoch aus der Spree ragt. Die männlichen Figuren stehen einander gegenüber und berühren sich in der Mitte: ein Symbol für das Zusammentreffen der Bezirke sowie von West- und Ost-Berlin.

▸ An den Treptowers 1; S-Bahn: Treptower Park

③ Treptower Park

Der 88,2 ha große Treptower Park wurde 1876–1888 nach Plänen des Stadtgartendirektors Johann Heinrich Gustav Meyer als Volkspark für die Bürger und Bürgerinnen von Kreuzberg und Neukölln angelegt. 1896 fand im Treptower Park die große Berliner Gewerbeausstellung statt, deren Betreiber vor allem aus der Schwer- und Elektroindustrie kamen, eine damals noch junge, sich rasant entwickelnde chemische Industrie mit Firmen wie Schwartzkopff, Siemens & Halske, Borsig und Krupp. Über den künstlich angelegten »Neuen See« glitten während der Ausstellung venezianische Gondeln; unter echten Palmen schlenderte man an nachgebauten afrikanischen Behausungen sowie an einer Nachbildung der Cheops-Pyramide mit Original-Mumie vorbei. Nach der Ausstellung wurde der Treptower Park wieder in seinen ursprünglichen Zustand versetzt und der See zugeschüttet. Heute lockt er Besucher vor allem mit seinen ausgedehnten Liegewiesen an sowie mit dem Karpfenteich und dem Rosengarten, der 1957/1958 von Landschaftsarchitekt Georg Pniower mit 25 000 Rosenpflanzen, einem Springbrunnen und Plastiken angelegt wurde.

▸ Puschkinallee/Am Treptower Park; S-Bahn: Treptower Park

④ Sowjetisches Ehrenmal
Das Sowjetische Ehrenmal befindet sich in unmittelbarer Nähe des Treptower Parks. Während der großen Berliner Gewerbeausstellung hatte man an dieser Stelle für die Parkbesucher ein großes Wiesengelände aus Spiel- und Sportwiese angelegt. 1946–1949 wurde das Ehrenmal dann im stalinistischen Stil von der Sowjetischen Militäradministration errichtet. Die 100 000 m^2 umfassende Anlage besteht

Sowjetisches Ehrenmal

aus einem Friedhof mit Gräbern von über 7 000 Soldaten und einer Gedenkstätte mit Denkmälern, Skulpturen, Mausoleum und Gedenktafeln für die ca. 80 000 Soldaten der Roten Armee, die bei der Eroberung Berlins im Zweiten Weltkrieg ums Leben kamen. Neben dem Soldatenfriedhof in Höhenschönhausen ist diese frei zugängliche Anlage der größte sowjetische Soldatenfriedhof in Deutschland. Sie wurde komplett saniert und steht heute unter Denkmalschutz.

▸ Puschkinallee/Am Treptower Park; S-Bahn: Treptower Park

⑤ Archenhold-Sternwarte

Die Archenhold-Sternwarte wurde anlässlich der großen Berliner Gewerbeausstellung 1896 eröffnet. Der Astronom Friedrich Simon Archenhold, Schüler von Wilhelm Foerster, dem Begründer und Direktor der Berliner Universitätswarte, hatte die Anlage nach dem neuesten Stand der Technik durch Spenden bauen lassen. Den ersten öffentlichen Vortrag im Haus hielt übrigens im Februar 1915 Albert Einstein, der hier seine Relativitätstheorie vorstellte. Das auf ein fahrbares Gestell montierte eiserne Fernrohr mit einer Länge von 21 m und einem Durchmesser von 58 cm ist das größte optische Feininstrument der Welt. Die Sternwarte beherbergt außerdem ein Zeiss-Kleinplanetarium, ein Himmelskundliches Museum mit einer umfangreichen Sammlung alter Instrumente und Dokumente und eine Spezialbibliothek mit über 45 000 Bänden.

▸ www.sdtb.de; Alt–Treptow 1; Mi–So 14–16:30 Uhr, Führungen Do 20, Sa/So 15 Uhr; Eintritt 2,50 €, Führungen 4 €; S-Bahn: Plänterwald

⑥ Haus Zenner

Das Gasthaus Zenner wurde 1821/1822 nach Plänen von Carl Ferdinand Langhans als »Magistrat-Kaffeehaus« im klassizistischen Stil direkt an der Spree errichtet. Im Zweiten Weltkrieg schwer beschädigt, wurde es 1955 in einem Neubau nach einem Entwurf von Hermann Henselmann wiedereröffnet. Einst war das Haus Zenner das größte und populärste Restaurant der Region und auch heute ist das traditionsreiche Gasthaus mit großem Biergarten am Wasser und gutbürgerlicher Küche ein bevorzugtes Ausflugsziel. Der prächtige Bau beherbergt neben dem Restaurant auch eine Fast-Food-Ketten-Filiale und einen Club.

Einst hatten sich hier, zwischen dem Haus Zenner und der Abteibrücke zur Insel der Jugend, wendische Fischer mit ihren kleinen

Fischerhütten niedergelassen und um 1568 auf dem Grundstück der heutigen Gaststätte ein Fischerhaus mit Namen »Trebow« errichtet. Im spätem 18. Jahrhundert siedelten sich dann auch sächsische Auswanderer an, womit die »Colonie Treptow« ihren Anfang nahm.

‣ Alt-Treptow 14–17; S-Bahn: Plänterwald

❼ Insel der Jugend

Die Insel der Jugend ist vom Treptower Park über eine hohe, moderne Stahlbetonbrücke, die 1915/1915 errichtete »Abteibrücke«, zu erreichen. Bis 1949 hieß die Insel »Abteiinsel«, benannt nach einem Restaurant im Stil einer schottischen Klosterruine, das 1896 im Rahmen der Gewerbeausstellung errichtet wurde und 1914 abbrannte. 1949 erhielt die Insel ihren heutigen Namen, denn das Brückenhaus diente einige Zeit als Jugendklubhaus. Im Sommer fanden auf der Freilichtbühne auch Konzerte und Kinovorführungen statt. Seit 2010 wird das Brückenhaus vom Verein kulturALARM als Kulturhaus mit gastronomischem Angebot, einer Galerie und Veranstaltungsräumen genutzt. Eine Liegewiese, ein Biergarten und ein Bootsverleih erwarten den Besucher hier ebenfalls. Quer über die Spree ist übrigens die Stralauer Dorfkirche zu sehen (vgl. Seite 481).

‣ www.inselberlin.de; Alt-Treptow6; S-Bahn: Plänterwald

❽ Spreepark

Der Spreepark wurde 1969 als »Kulturpark Plänterwald« eröffnet und war der einzige durchgehend geöffnete Vergnügungspark in der DDR und später im Raum Berlin. Auf dem 29,5 ha großen Areal gab es Fahrgeschäfte und (Imbiss-)Buden, wie sie sonst nur auf der Kirmes anzutreffen waren. Eine der Hauptattraktionen war das 45 m hohe Riesenrad mit 36 Gondeln. Anfang der 2000er-Jahre meldete der Park Insolvenz an; in den darauffolgenden Jahren lag das Areal brach und verwahrloste zusehends. In den letzten Jahren gab es Pläne, den Park wiederzueröffnen, die allerdings nicht realisiert werden konnten. Über eine weitere Nutzung wird noch diskutiert. 2014 wurde der Park an das Land Berlin verkauft. Derzeit werden nur noch Führungen rund um den Zaun des verlassenen Freizeitparks angeboten.

‣ www.der-spreepark-berlin.de; www.berliner-spreepark.de; Neue Krugallee 21; S-Bahn: Plänterwald

⑨ Plänterwald

Der Plänterwald erstreckt sich zwischen Alt-Treptow im Nordwesten und dem Baumschulenweg im Süden. Das 89 ha große Areal wurde 1760 am Ufer der Spree angelegt und zunächst forstwirtschaftlich genutzt. 1969 wurde im Norden des Waldgebietes der Spreepark eröffnet, der 2001 jedoch geschlossen und bis heute nicht offiziell wiedereröffnet wurde (vgl. Seite 559). Südlich des Spreeparkgeländes befindet sich die historische Ausflugsstätte »Eierhäuschen«, ein um 1820 errichtetes Waldhaus mit Terrasse und Anbau, das von Theodor Fontane in seinem Roman »Der Stechlin« beschrieben wurde. Das populäre Ausflugslokal wurde bis in die 1960er-Jahre hinein genutzt, danach diente es verschiedenen Zwecken, beispielsweise als Requisitenkammer des Fernsehfunks. Eine Sanierung und Restauration wird immer wieder diskutiert; bisher ließen sich diese Pläne jedoch nicht realisieren.

▸ Neue Krugallee/Baumschulenstraße; S-Bahn: Plänterwald, Baumschulenweg

⑩ Eckwohnhaus von P. R. Henning

Das Wohnhaus an der Ecke Baumschulenstraße/Köpenicker Landstraße wurde 1929/1930 nach Plänen von Bildhauer und Architekt Paul Rudolf Henning errichtet, der auch schon in der Siemensstadt mit Walter Gropius und Hans Scharoun zusammenarbeitete. Es ist ein sachliches Bauhaus-Ensemble mit abgerundeter Nordwestfassade und 1-1/2- sowie 2-1/2-Zimmer-Wohnungen um einen ruhigen Innenhof gelegen. Der Komplex steht heute unter Denkmalschutz.

▸ Köpenicker Landstr./Baumschulenstr./Neue Krugallee/Rodelbergweg; S-Bahn: Baumschulenweg

⑪ Späth-Arboretum

Das Späth-Arboretum wurde 1879 von Franz Späth als Hauspark und Schaupflanzung seiner damals weltweit größten Baumschule gegründet und nach Plänen des Berliner Stadtgartendirektors Johann Heinrich Gustav Meyer im englischen Gartenstil angelegt. Auf einer Fläche von 35 ha sind hier über 1 200 Gehölze aus allen Kontinenten zu sehen. Darüber hinaus gibt es einen Steingarten, einen Teich und die Systematische Abteilung mit Arznei- und Gewürzpflanzenquartier. Die Bestände sind jeweils mit kleinen Schildern, welche Namen und Herkunft der Pflanzen verraten, ausgezeichnet. Seit 1961 gehört das Arboretum zur Humboldt-Universität zu Berlin, die es für Lehre, Forschung und Öffentlichkeitsarbeit nutzt. Seit 1966 finden hier sonntags Führungen mit Konzert statt (ab 10 Uhr; Näheres unter »Veranstaltungen« auf der Website).

▸ www2.hu-berlin.de/biologie/arboretum/arboretum.html; Späthstr. 80/81; April–Okt. Mi, Do, Sa, So, Feiertage 10–18 Uhr; U-Bahn: Blaschkoallee, S-Bahn: Baumschulenweg

🄬 Krematorium Berlin-Baumschulenweg

Das Krematorium Berlin-Baumschulenweg wurde 1996–1999 nach Plänen von Axel Schultes und Charlotte Frank als modernste Einäscherungsanlage Europas errichtet. Die Architekten konzipierten einen schlichten Kastenbau aus Glas und Beton; er befindet sich am Ende des Kieswegs, der hinter den Toren des Eingangsgebäudes beginnt. Das Krematorium umfasst zum einen die Feierhalle und zum anderen das unterirdisch liegende eigentliche Krematorium, in dem jährlich etwa 13 000 Einäscherungen durchgeführt werden. Die Halle ist bis auf die Sitzbänke äußerst schlicht ausgestaltet und erhält ihr Licht unter anderem aus dem Deckendurchbruch der 29 schlanken Säulen, die scheinbar ohne Kontakt mit der Deckenfläche in den Raum einbrechen und dabei Licht von oben durchlassen.

▸ www.krematorium-berlin.de; Besuchereingang: Kiefholzstr. 221; S-Bahn: Baumschulenweg

Adlershof

🄬 S-Bahnhof Adlershof

Der heutige S-Bahnhof Adlershof geht auf zwei Haltepunkte an der 1872 eröffneten Görlitzer Bahn zurück. Besiedelt war dieses Gebiet schon seit dem 16. Jahrhundert, als sich hier sogenannte Büdner niederließen, Kleinstbauern, die ein Haus mit angrenzendem Feld besaßen und sich als Tagelöhner Geld dazuverdienten. Als dann 1900–1906 der Teltowkanal errichtet wurde und die sich mittlerweile ebenfalls angesiedelte Industrie in Adlershof anstieg, wurde die Bahn 1905 durch den Bau eines Damms höhergelegt.

Dieser charakterisiert noch heute den Ort, denn er trennt den Nordosten mit seinen Wohngebieten und dem altem Dorfzentrum vom Südwesten mit seinen Wissenschafts- und Forschungseinrichtungen. Letzteren ist der Bahnhof in seiner heutigen Form zu verdanken: zum »Wissenschafts- und Wirtschaftsstandort Adlershof« (WISTA)

sollte ein entsprechender, moderner Bahnhof führen, dessen Umbau 2011 abgeschlossen wurde.

▸ S-Bahn: Adlershof

14 Verklärungskirche

Die evangelische Verklärungskirche in der Arndtstraße wurde 1899/1900 von Heinrich Klutmann und Robert Leipnitz im Stil des Späthistorismus errichtet. Die Architekten bauten eine querschifflose Hallenkirche aus Back- und Kalkstein mit Einflüssen aus der Romanik und Gotik, die sie mit einem schlanken 56 m hohen Kirchturm ausstatteten, in dem sich die Eingänge befinden. Finanziell unterstützt wurde der Bau von Kaiserin Auguste Viktoria, die in dieser Zeit das evangelische Kirchenwesen durch die Errichtung von fast hundert Kirchen förderte, um dem Einfluss der SPD auf die Arbeiterschaft entgegenzuwirken. Heute zählt die unter Denkmalschutz stehende Verklärungskirche zu den wenigen Sakralbauten des Späthistorismus, deren originale Ausstattung und Innenausmalungen noch fast vollständig erhalten sind. Letztere, einst vom Berliner Maler Heinrich Heyl ausgeführt, wurden 2011 restauriert.

Die Arndtstraße mündet in die Dörpfeldstraße, in deren Mitte der kleine Marktplatz liegt; hier befand sich früher der älteste Siedlungskern, das Zinsgut Adlershof. Als die Einwohnerzahl – besonders durch die zunehmende Industrialisierung – anstieg, entwickelte sich das Straßenstück zwischen Marktplatz und Bahnhof zur Hauptgeschäftsstraße des Ortes. Heute hat der Marktplatz jedoch seinen einstigen Piazza-Charakter verloren und die Eröffnung von Ladenketten und einem Einkaufszentrum hat die früheren kleinen Geschäfte verdrängt. Mittwochs und donnerstags 9–17 Uhr findet hier ein Wochenmarkt statt.

▸ Verklärungskirche: www.evangelische-kirche-adlershof.de; Arndtstr. 11–15; Marktplatz: Dörpfeldstr. 42–46; S-Bahn: Adlershof

15 Alte Schule

Die Alte Dorfschule von Adlershof in der Dörpfeldstraße wurde 1890–1892 in Form eines klassizistischen Backsteinbaus errichtet und ist heute eines der ältesten Gebäude im Bezirk. 1995 wurde der unter Denkmalschutz stehende ehemalige Schulbau umfangreich

Die zwei Türbogenfenster sind die einzigen erhaltenen Originalfenster der Verklärungskirche restauriert, um ihn anschließend durch das Kulturamt, die Galerie »Alte Schule«, eine Stadtbibliothek, einen Seniorentreff sowie die Heimatstube der Ortschronisten nutzbar zu machen. Auch ein Veranstaltungsraum wurde eingerichtet, in dem Kleinkunstprogramme, Lesungen, Ausstellungen, Vorträge u. Ä. stattfinden.

▸ www.galerie-alte-schule-adlershof.de; Dörpfeldstr. 54–56; S-Bahn: Adlershof

16 WISTA – Wissenschafts- und Wirtschaftsstandort Adlershof

Der WISTA liegt im südwestlichen Teil von Adlershof und wird oft als eigene kleine Stadt bezeichnet. Denn hier ist in den letzten Jahrzehnten auf einer Fläche von 4,5 km^2 ein Cluster aus Technologie-, Wissenschafts- und Forschungseinrichtungen entstanden, das mittlerweile eines der größten seiner Art in Deutschland ist.

Bereits 1912 wurde in Adlershof geforscht: Die Deutsche Versuchsanstalt für Luftfahrt hatte hier Militärflugzeuge konzipiert und in den benachbarten Unternehmen produziert. Als nach dem Krieg die Nachfrage sank, wurden einige der Fabrikhallen in Filmstudios umgebaut. In der Zeit des Nationalsozialismus wurde Adlershof erneut zu einem zentralen Standort der deutschen Luftfahrtindustrie und -forschung; im Zweiten Weltkrieg wurden dann viele Gebäude durch Bomben zerstört, allerdings waren die Maschinen noch bis Kriegsende in Betrieb. Danach übernahm die Rote Armee das Gelände und richtete hier wieder Filmstudios ein; zudem baute das DDR-Fernsehen ab 1952 in Adlershof sein Zentrum auf. Aber auch Forschung fand hier weiterhin statt: Ab 1945 wurde die Akademie der Wissenschaften der DDR mit zahlreichen Instituten angesiedelt. 1989 begann der Umzug der naturwissenschaftlich-mathematischen Fakultäten der Humboldt-Universität zu Berlin nach Adlershof. Nach der Wende wurden fast alle Betriebe vollständig abgewickelt und die Gebäude waren für einige Zeit weitgehend unbenutzt. Dadurch entstand der Plan, das Areal in einen modernen Landschaftspark für Wirtschaft und Wissenschaft zu verwandeln, der auch einen Medienbereich, konventionelles Gewerbe und einen Wohnbereich einschließen sollte. Heute umfasst der WISTA fünf Technologiezentren – Photonik/Optik, Mikrosysteme/Materialien, IT/Medien, Biotechnologie/Umwelt und Erneuerbare Energien/Photovoltaik – sowie über 800 Unternehmen, Hochschulinstitute und Forschungseinrichtungen.

▸ www.adlershof.de; Rudower Chaussee; S-Bahn: Adlershof

⑰ BESSY II

BESSY II, das kurz für Berliner Elektronenspeicherring-Gesellschaft für Synchrotonenstrahlung steht, ist das Wahrzeichen des neuen Forschungs- und Wissenschaftsstandortes Adlershof. Der helle Rundbau wurde 1993–1997 an der Albert-Einstein-Straße errichtet. Hier werden Elektronen in der runden Bahn fast bis zur Lichtgeschwindigkeit beschleunigt; durch Magneteinwirkung entsteht dabei ein hochbrillantes Licht, mit dem vielfältige Forschungen betrieben werden. Die Einrichtung gehört heute zum Helmholtz-Zentrum Berlin.

‣ Albert-Einstein-Str. 15; S-Bahn: Adlershof

⑱ Aerodynamischer Park der HU

Der Aerodynamische Park liegt auf dem Campus Adlershof der Humboldt-Universität zu Berlin und fällt durch drei eigentümliche Bauten auf: den Trudelturm, den schallgedämpften Motorenprüfstand und den Großen Windkanal. Die heutigen Baudenkmale wurden in den 1920er- und 190er-Jahren von der Deutschen Versuchsanstalt für Luftfahrt errichtet. Im 1936 fertiggestellten Trudelturm im Zentrum des Parks konnte ein Luftstrom von unten so reguliert werden, dass er der Fallgeschwindigkeit eines Flugmodells entsprach. Der Trudelwindkanal war damals die weltweit einzige Anlage dieser Art, mit der das Trudeln simuliert und so dessen komplexe Prozesse erforscht werden konnten. Ganz in der Nähe befindet sich der 1933–1935 erbaute schallgedämpfte Motorenprüfstand. Hier wurden Versuchsgegenstände wie Flugzeugmotoren mit Luftschrauben bis zu einem maximalen Durchmesser von 5 m installiert und auf ihre Belastbarkeit getestet. Kurz zuvor, 1932–1934, war der Große Windkanal errichtet worden, damals einer der modernsten Niedergeschwindigkeitswindkanäle der Welt. In dem Kanal erzeugte ein Elektromotor Luftströme von über 200 km/h und leitete diese auf Flugzeugteile, die so getestet werden konnten.

‣ Brook-Taylor-Str.; S-Bahn: Adlershof

⑲ Innovationszentrum für Photonik

Das Innovationszentrum für Photonik wurde 1997 nach Plänen der Architekten Matthias Sauerbruch und Louisa Hutton errichtet. Die Architekten konzipierten hier zwei auffällige amöbenförmige Bauten, deren durchgängige Glaswände mit Sonnenschutzplatten in Farbtönen aus dem Farbenspektrum des Tageslichts ausgestaltet sind. In den unterschiedlich hohen Gebäuden befinden sich Laboreinrichtungen und Büros.

▸ Rudower Chaussee 6; S-Bahn: Adlershof

⓴ Flugplatz Adlershof-Johannisthal

Der Flugplatz Adlershof-Johannisthal wurde 1909 als der erste deutsche Motorflugplatz eröffnet. In den Pioniertagen des Motorflugs kamen hier unzählige Flugbegeisterte zu den sogenannten Berliner Flugwochen zusammen. Unter diesen befand sich beispielsweise Amelie Hedwig Boutard-Beese, die 1911 als erste Frau in Deutschland den Pilotenschein erhielt. Nachdem 1923 der Flughafen Tempelhof eröffnet wurde, verlor der Flugplatz jedoch mehr und mehr an Bedeutung. Während der NS-Zeit wurden hier Versuche der geheimen Aufrüstung der Wehrmacht durchgeführt, unter anderem von der hier ansässigen Deutschen Versuchsanstalt für Luftfahrt. Zu DDR-Zeiten war in Adlershof mit 12 000 Soldaten ein Wachregiment der Staatssicherheit stationiert, das den Flugplatz als Paradeübungsstrecke und Munitionslagerplatz nutzte. Heute wird der ehemalige Flugplatz hauptsächlich als Erholungsgebiet genutzt. Der Bau neuer Wohngebiete ist geplant; sie sollen an die Siedlung in Johannisthal angebunden werden.

▸ Hermann-Dorner-Allee; S-Bahn: Adlershof

Bohnsdorf

㉑ Tuschkastensiedlung

Die Tuschkastensiedlung, nach dem nahegelegenen Berg auch Gartenstadt Falkenberg genannt, liegt rund um den Akazienhof, den man vom S-Bahnhof Grünau über die Bruno-Taut-Straße erreicht. 1912 hatte sich die Deutsche Gartenstadtgesellschaft hier am Falkenberg ein 75 ha großes Grundstück gekauft und Bruno Taut für den Entwurf der Gartenstadt engagiert. Ziel der Gesellschaft war es, die von dem Engländer Ebenezer Howard um die Jahrhundertwende entwickelte und dann auch nach Deutschland gekommene Gartenstadtidee zu realisieren, nach der in genossenschaftlichem Prinzip weiträumige und niedrige Wohnbauten mit Zugang zum eigenen Garten errichtet werden sollten. So plante Taut nach dem Vorbild englischer Reihenhäuser für 7 000 Einwohner 1 500 Wohnungen in Ein- und Mehrfamilienreihenhäusern. Von dieser Gesamtplanung wurden allerdings im ersten Bauabschnitt 1913–1915

Merkmal der Tuschkastensiedlung: die bunten Fassaden

nur 34 Wohnungen um den Akazienhof errichtet, im zweiten Abschnitt folgten 93 Wohnungen am Gartenstadtweg. Ein dritter Abschnitt wurde um 1992 am Mandelblüten- und Sternblütenweg nach Plänen der Architekten Susanne und Klaus Quick sowie Klaus Bäckmann errichtet. Die Architekten ließen 1 200 Wohnungen sowie Infrastrukturen entstehen, wobei sie sich zwar an der Klassischen Moderne orientierten, aber das Bauprogramm Tauts doch frei interpretierten.

Ein dominantes Stilelement in Tauts Architektur ist seine Farbgebung. In der Tuschkastensiedlung kommt ihr eine ganz besondere Rolle zu, denn der geringen Kosten wegen mussten die Häuser alle aneinander im Aufbau ähneln. Im Rahmen dieses vorgegebenen Konzepts nutzte Taut die bunten Farben daher voll aus, um die Häuser individuell und vielseitig zu gestalten – wodurch sich auch der Name »Tuschkastensiedlung« einbürgerte. Eine weitere Möglichkeit, trotz Kostendruck individuelle Häuser zu bauen, lag in dem Variationsspiel mit den baulichen Kleinelementen, das besonders im Akazienhof deutlich hervortritt. So unterscheiden sich die Häuser durch Putzrillen und Dachrinnen, die Fenster sind lang und schmal oder rund, mit oder ohne Fensterläden, gesprosst oder ohne Sprossen. Auch in der Anlage selbst wurden diverse Möglichkeiten der Individualisierung ausgespielt: Trotz der Anspielungen auf Symmetrien liegt der Weg nicht in der Symmetrieachse des Sackgassenplatzes und die eine Häuserzeile ist länger als die andere. Die den Platz begrenzenden Häuser wurden aus der Achse herausgesetzt, andere sind versetzt oder wurden mit anderen Traufhöhen oder einer spiegelbildlichen Drehung errichtet. Zudem hat jedes Haus einen Garten, der von den Eigentümern frei genutzt und gestaltet werden kann. Heute stehen die vollständig sanierten Häuser unter Denkmalschutz und die gesamte Siedlung gehört seit 2008 zu den insgesamt sechs Wohnsiedlungen der Berliner Moderne in der UNESCO-Liste des Weltkulturerbes.

> ▸ Akazienhof 1–26/Gartenstadtweg 15–66, 68–72, 74–99/Am Falkenberg 118–120;
> S-Bahn: Grünau, Altglienicke

22 Krankenhaus Hedwigshöhe

Das Krankenhaus Hedwigshöhe geht zurück auf eine schlossähnliche Villa, die 1898 vom königlichen Gartenbaudirektor, Baumschulen- und Plantagenbesitzer Max Buntzel im Stil der Renaissance errichtet wurde. Nach dem Verkauf und mehreren Eigentümerwechseln wurde die Villa ab 1924 zunächst als Erholungsheim genutzt, später auch als Krankenhaus. Da sich der Krankenhausbetrieb jedoch als unrentabel herausstellte, wurde der Bau ab 1938 für ein Priesterseminar verwendet – bis 1941 die Gestapo das Gelände beschlagnahmte und die Geistlichen innerhalb von 48 Stunden ausziehen mussten. Anschließend wurde hier ein Lazarett eingerichtet, in dem die Ordensschwestern Verwundete pflegten. Nach dem Krieg diente die Villa wieder als Krankenhaus für die Zivilbevölkerung und wurde in den folgenden Jahrzehnten in großem Umfang erweitert und modernisiert, sodass es heute ein breites medizinisches Leistungsspektrum bietet. Es wird von der St. Hedwig Kliniken Berlin GmbH betrieben und ist darüber hinaus akademisches Lehrkrankenhaus der Charité.

> ▸ Höhensteig 1; S-Bahn: Altglienicke

23 Gartenstadtsiedlung Paradies

Neben der Tuschkastensiedlung entstand in Bohnsdorf eine weitere Gartenstadt rings um die Paradiesstraße. Das erste Paradies-Doppelhaus wurde 1904 an der Buntzelstraße 119 und 121 erbaut, direkt daneben errichtete man anschließend ein weiteres Doppelhaus in gleicher

Bauweise. Die symmetrische Anlage, der Backsteinsockel, die Quergiebel und das Fachwerk verraten die Tradition des Berliner Arbeitergenossenschaftsbaus. Weitere Häuser in der Paradiesstraße und Quaritzer Straße folgten. In den 1920er-Jahren schlossen sich die Anwohner der Siedlung mit der Gemeinnützigen Heimstätten AG (GEHAG) und ihrem Architekten Bruno Taut zusammen. So sieht man beispielsweise in der Dahmestraße 46–68, in der Leschnitzer Straße 4–47 und in der Pitschener Straße 1–8 überall die Bauten Tauts, die hier teilweise auch farbig, aber doch vollkommen anders – vor allem weiträumiger – gestaltet sind als die der Tuschkastensiedlung.

▸ Paradiesstr.; S-Bahn: Altglienicke

㉔ Dorfkirche Bohnsdorf
Die heute denkmalgeschützte Dorfkirche von Bohnsdorf wurde 1755–1757 nach Plänen des Königlichen Baurats Johann Friedrich Lehmann unter der Leitung des Maurermeisters Abraham Lehmann errichtet. Es handelt sich um einen schlichten Barockbau mit einem 25 m hohen Westturm, der im Laufe der Jahre mehrfach umgebaut wurde. Die Kirche steht auf dem historischen Dorfanger von Bohnsdorf, der auch einen baumumstandenen Teich umfasst.

Schon 1375 wurde Bohnsdorf im Landbuch des Kaisers Karl IV. erwähnt. Zu dieser Zeit war das Dorfleben von der Landwirtschaft bestimmt, was sich bis zum 20. Jahrhundert nicht ändern sollte. Heute sind die Gebäude aus dem Mittelalter längst verschwunden, allerdings hat sich die Dorfstruktur in beachtlicher Geschlossenheit erhalten. So stehen jenseits der geteilten Angerstraße die Vierseithöfe noch innerhalb ihrer früheren Anlage. Die zumeist im 19. Jahrhundert gebauten Wohnhausfassaden zeigen dabei zur Straße. Einige von ihnen sind restauriert, viele haben im Hof noch Ställe und Scheunen, die teilweise zu Wohnzwecken ausgebaut wurden. Auf einigen der Grundstücke befinden sich auch noch mitten in den Höfen die meterhohen, turmhaften Taubenhäuser. Am Dorfplatz 7 ist beispielsweise ein solches zu finden, das mit religiösen Sprüchen und Wappenzeichen ausgeschmückt wurde.

▸ www.kirche-bohnsdorf.de; Dorfplatz; S-Bahn: Grünbergallee

Köpenick: Fläche: 34,92 km², Einwohnerzahl: 60 766

Köpenick

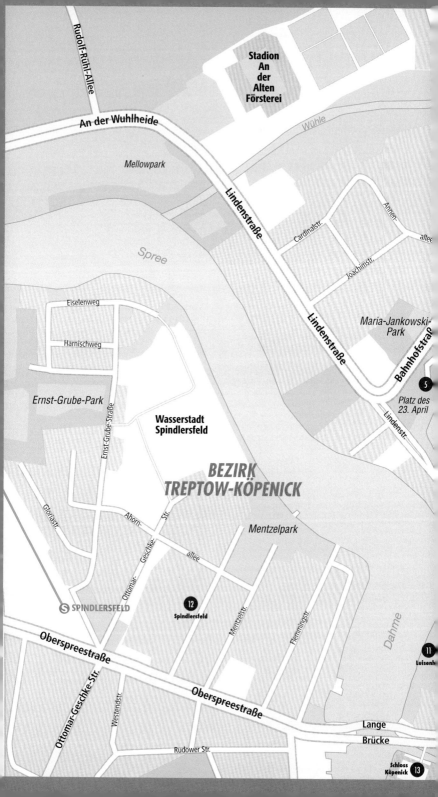

KÖPENICK

0   100   200 m

Köpenick – Altstadt und Kietz

1 S-Bahnhof Köpenick

Der S-Bahnhof Köpenick wurde 1842 für den Abschnitt Berlin–Frankfurt (Oder) eröffnet und ist ein klassischer Berliner Vorstadtbahnhof des 19. Jahrhunderts. 1899–1902 erfolgten Umbauarbeiten, bei denen das heutige Empfangsgebäude nach Plänen der Architekten Karl Cornelius und Waldemar Suadicani errichtet wurde. Die 1883–1903 durch eine Pferdebahn zurückgelegte Strecke vom Bahnhof in die Innenstadt kann heute mit Tram oder Bus bestritten werden; dazu nimmt man den rechten Ausgang und überquert den Stellingdamm zur Bahnhofstraße, die dann bis zum Schlossplatz in der Altstadt führt.

▸ S-Bahn: Köpenick

2 Thürnagelstraße

Über die Borgmannstraße erreicht man die Thürnagelstraße, in der 1927 für den »Beamten-Wohnungsverein in Cöpenick« nach Plänen der Architekten Heinrich Kaiser und Willy Wagenknecht ein Komplex mit 196 Wohnungen errichtet wurde. Es handelt sich dabei um Reformarchitektur, die sich schon vor dem Ersten Weltkrieg begann zu entwickeln und durch einfache Klinker- oder Putzfassaden mit sparsamen Schmuckelementen charakterisiert wird. Eine ähnliche Anlage für denselben Bauherrn errichteten Kaiser und Wagenknecht in der weiter westlich gelegenen Bahnhofstraße 48/50–56.

▸ Thürnagelstr.; S-Bahn: Köpenick

3 Mandrellaplatz

Der Mandrellaplatz liegt an der Seelenbinderstraße und erhielt seinen Namen nach Rudolf Mandrella. Eine Bronzetafel erinnert heute an den ehemaligen Richter, der aufgrund seiner Mitwirkung in einer Gruppe von Hitlergegnern 1943 verhaftet und ermordet wurde. Architektonisch wird der Platz durch den Bau des Amtsgerichts geprägt. Dieses wurde 1898 nach den Plänen von Paul Thoemer errichtet und steht seit 1977 unter Denkmalschutz. Thoemer konzipierte auch den dem Gerichtsgebäude angeschlossenen viergeschossigen Gefängnistrakt, der heute die Gedenkstätte »Köpenicker Blutwoche Juni 1933« beherbergt (man erreicht diese über den Hof in der Puchanstraße 12). Sie dokumentiert den Ablauf der Ereignisse, die Reaktionen der Öffentlichkeit

Amtsgericht Köpenick

sowie die Gerichtsprozesse gegen die Verantwortlichen der sogenannten Köpenicker Blutwoche, eine Verhaftungs-, Folter- und Mordaktion der SA auf Köpenicker Bürger vom 21. bis 26. Juni 1933, bei der 500 Gegner des Nationalsozialismus auf grausamste Weise zu Opfern wurden und mindestens 23 Menschen starben.

▸ Gedenkstätte: www.heimatmuseum-treptow.de; Puchanstr. 12; Do 10–18 Uhr; S-Bahn: Köpenick

4 Bellevuepark

Der Bellevuepark erstreckt sich nördlich der Friedrichshagener Straße und ist eine Wiesenlandschaft mit altem Baumbestand, die zum Erpetal gehört, einem der wenigen erhaltenen Fließtäler Berlins. Benannt wurde der Park nach dem 1766 erbauten kleinen Schloss des Hofpredigers Benjamin de Saint Aubin, der den Park durch Schenkung erhielt. In dem kleinen Barockbau fand sodann mit Theodor Fontane, Bernhard von Lepel und Paul Heyse seit 1836 ein Dichterkreis statt. Im Zweiten Weltkrieg wurde das Anwesen stark zerstört und

anschließend abgerissen, sodass heute außer dem Namen des Parkge-
ländes nichts mehr an seine Existenz erinnert. Nur das 1770 erbaute
Gärtnerhaus des Schlösschens Bellevue ist noch erhalten; das denkmalgeschützte Gebäude steht an der Friedrichshagener Straße 40.

▸ Friedrichshagener Str.; S-Bahn: Köpenick

⑤ Platz des 23. April

Der Platz des 23. April ist eine um 1900 angelegte Parkanlage, die
1945 zur Erinnerung an den Tag der Befreiung Köpenicks durch die
sowjetische Armee ihren heutigen Namen erhielt. Auf dem Parkgelände steht auch ein Denkmal, das der Opfer der Köpenicker Blutwoche gedenkt, die von der SA im Juni 1933 ermordet wurden (vgl.
Seite 574). Es handelt sich dabei um eine 1969 von Walter Sutkowski
geschaffene Stele, die symbolisch die zur Faust geballte Hand eines
Widerstandskämpfers zeigt.

Das Parkgelände liegt in der sogenannten Dammvorstadt. Dieses
Wohn- und Geschäftsviertel verbindet die Altstadt städtebaulich mit
dem früher vor den Toren der Stadt gelegenen Bahnhof. Im Zuge ihrer
um 1880 beginnenden Bebauung wurden ehemals im Zentrum Köpenicks gelegene Institutionen wie das Postamt und das Realgymnasium
hierher verlegt. Sie befinden sich gegenüber dem Park.

▸ Ecke Lindenstr./Bahnhofstr.; S-Bahn: Köpenick

⑥ Freiheit

Die Straße Freiheit im Norden der Köpenicker Altstadt wurde im
ausgehenden 17. Jahrhundert für Glaubensflüchtlinge angelegt. Diese,
vor allem aus den Niederlanden und Frankreich kommend, waren
mit dem Bau des Köpenicker Schlosses eingebürgert worden und
brachten einen großen Aufschwung in die Stadt. Heute sind noch einige alte Bauten aus dieser und späterer Zeit erhalten. An der Freiheit
1 befindet sich das frühere Stammhaus der Köpenicker Bank. Der
prunkvolle Gründerzeitbau mit kupferner Kuppel beherbergt heute
ein Ärztehaus. Zerstört ist hingegen in der Freiheit 8 eine Synagoge,
die in der Pogromnacht des Jahres 1938 von der SA geplündert und
angezündet wurde. Eine bronzene Gedenktafel zeigt das in der Bauflucht liegende zweitürmige Gotteshaus. Die Kontur des Satteldachs
wurde in den Außenputz des Nachbarhauses gekratzt, um die ehemalige Gebäudehöhe erkennen zu lassen. In der Freiheit 12a–b und 12
befinden sich alte Manufakturgebäude aus dem Jahre 1775, die im

Laufe der Zeit jedoch ihre Gestalt stark veränderten. Sie beherbergten eine chemische Reinigung und Wäscherei; an der Hausnummer 12 ist noch die alte Treppenanlage erhalten.

Am östlichen Ende der Freiheit erstreckt sich nach Süden hin der Futranplatz. Er war bis 1811 Friedhof der Laurentiusgemeinde und anschließend bis 1894 der zentrale Marktplatz von Köpenick. Auf der von alten Linden gesäumten Grünanlage befindet sich heute ein Gedenkstein für den Köpenicker Arbeiterführer und Stadtverordneten Alexander Futran, der während des Kapp-Putsches 1920 erschossen wurde.

▸ Freiheit; S-Bahn: Köpenick, Spindlersfeld

7 Baumgarteninsel

Die Baumgarteninsel ist eine kleine Insel, die zwischen der Altstadt und den einstigen Kietzer Wiesen entstand, welche den Köpenicker Wäscherinnen als Bleich- und Trockenplatz dienten. Später wurden die Wiesen aufgeschüttet und Kleingärten angelegt, welche auch heute das Bild der Baumgarteninsel prägen. Nördlich wird die Insel von der Alten Spree eingefasst, im Süden verlief einst der Katzengraben, der die Kietzer Wiesen von der Altstadt abtrennte. 1867 erfolgten dann eine Erweiterung des Grabens zu einem breiten Kanalstück sowie dessen Begradigung für die Schifffahrt. Seit 2001 kann man die Südseite der Insel über den Katzengrabensteg erreichen, der Fußgängern und Radfahrern als kurzer Weg von der Altstadt über die Baumgarteninsel zum Wohnpark »Am Krusenick« dient. Es handelt sich um eine leichte, 110 m lange Schrägseilbrücke mit stählernen Zugbändern.

▸ S-Bahn: Köpenick, Spindlersfeld

8 Kirche St. Laurentius

Die evangelische Kirche St. Laurentius wurde 1838–1841 nach Plänen von Friedrich Wilhelm Butzke im für die damalige Zeit typischen Rundbogenstil errichtet. Der rechteckige Backsteinbau mit dem ziegelgedeckten Satteldach und dem quadratischen Westturm ersetzte einen basilikalen Vorgängerbau. Dieser wurde zwar nicht urkundlich erwähnt, stand aber wohl 600 Jahre an dieser Stelle – anders als die Fachwerkhäuser aus der Ursprungsbebauung ringsherum, die bei einem verheerenden Stadtbrand 1478 fast vollständig vernichtet wurden. Die Steine der ersten kleinen Feldkirche stellten den Sockel der neuen Backsteinkirche, die in Anwesenheit des preußischen Königs Wilhelm IV. und seiner Frau Elisabeth eingeweiht wurde. 1984 erfolgte eine umfassende Restaurierung des Kircheninneren, in dem sich an der Ostwand ein Kanzelaltar mit einem 1840 von Heinrich Lengerich angefertigten Gemälde befindet. Südlich der Kirche liegt das Pfarrhaus der Gemeinde, das 1900/1901 als Klinkerverblendbau in gotisierenden Formen errichtet wurde. Heute finden in der Kirche regelmäßig Gottesdienste und Veranstaltungen statt.

▸ www.stadtkirche-koepenick.de; Ecke Kirchstr./Laurenzstr.; S-Bahn: Spindlersfeld, von dort weiter mit Tram 60, 61 bis Freiheit

⑨ Rathaus Köpenick

Das Rathaus Köpenick wurde 1901–1905 nach Plänen von Hans Schütte und Hugo Kinzer im Stil märkischer Backsteingotik errichtet. Damit erhielt die damals eigenständige brandenburgische Stadt Cöpenick – die Umbenennung in Köpenick erfolgte 1931 – einen neuen Repräsentationsbau an der Stelle eines Vorgängerbaus von 1763. Schütte und Kinzer konzipierten ein dreigeschossiges Eckgebäude mit einem 54 m hohen Turm mit Rathausuhr; 1926 erfolgten Anbauten an der Böttcherstraße sowie 1938 an der Straße Alt-Köpenick. Auffällig sind vor allem das Haupttreppenhaus mit einer dreiarmigen Treppe zwischen in Sandstein gehauenen romanischen Säulen, der repräsentative Wappensaal sowie die schmiedeeisernen Jugendstilfenster mit Glasmalereien, die Motive aus der Geschichte Köpenicks zeigen. Das Rathaus repräsentiert eine Stadtgemeinde, die mit ihrer erstmaligen urkundlichen Erwähnung 1209 älter als Berlin ist und 1920 als 16. Bezirk in Groß-Berlin eingemeindet wurde. Heute beherbergt der denkmalgeschützte Bau mehrere Abteilungen des Bezirksamtes von Treptow-Köpenick.

Vor dem Haupteingang des Gebäudes befindet sich ein Denkmal für den Hauptmann von Köpenick. Dieser machte das Köpenicker Rathaus ein Jahr nach seiner Einweihung weltbekannt: Der 57-jährige arbeitslose Schuster Wilhelm Voigt verhaftete hier, in eine zuvor auf dem Trödelmarkt erstandene Hauptmannsuniform des 1. Garde-Regiments verkleidet, den Bürgermeister und die Kassenbeamten, um sich aus der Stadtkasse 3 577 Mark übergeben zu lassen. Erst zehn Tage später flog der Coup auf, begleitet von der Presse, die sich mit Spott auf die blinde Gehorsamkeit der preußischen Staatsdiener stürzte. Voigt selbst wurde gefasst und saß 20 Monate im Gefängnis. Die ihm zu Ehren 1996 aufgestellte Bronzestatue wurde von dem armenischem

Künstler Spartak Babaian geschaffen; auch eine Gedenktafel am Rathauseingang erinnert an den verkleideten Hauptmann von Köpenick. Durch das gleichnamige Theaterstück von Carl Zuckmayer wurde er auch zu einer literarischen Figur. Die vom Heimatmuseum Köpenick getragene Dauerausstellung »Hauptmann von Köpenick« informiert im Erdgeschoss des Rathauses über diese Geschichte und ihren Protagonisten. Auch Informationen zur Geschichte und Architektur des Rathauses erwarten den Besucher hier.

▸ Alt-Köpenick 21; Ausstellung: Mo–Fr 8–18, Sa/So 10–18 Uhr; Eintritt frei; S-Bahn: Spindlersfeld, von dort weiter mit Tram 60, 61 bis Rathaus Köpenick

⑩ Alt-Köpenick

Die Straße Alt-Köpenick ist die älteste Straße in Köpenick. Im Rahmen der Siedlungsgründung gegen Ende des 12. Jahrhunderts wurde sie für die ersten Bewohner der Dienstsiedlung des Schlosses Köpenick angelegt. Heute präsentiert sie sich mit mehreren alten Bauten, darunter beispielsweise das Gebäude mit der Hausnummer 12 aus dem 18. Jahrhundert, das lange Zeit eine Apotheke beherbergte. Im Giebel ist hier ein steinernes Wappen zu sehen, welches das 1683 ausgegebene Apotheker-Privileg kennzeichnete, neben Gewürzen und Salben auch Bier und Wein ausschenken zu dürfen. Gegenüber an der Hausnummer 15 wurde um 1770 das Andersonsche Palais erbaut, welches der Hofprediger Benjamin de Saint Aubin bewohnte. Im Inneren befindet sich ein bemerkenswertes ovales Treppenhaus mit hölzerner Stiege.

Der südliche Abschnitt der parallel zur Dahme verlaufenden Straße ist eine Fußgängerzone. In der Adventszeit findet hier sowie auf dem benachbarten Schlossplatz der Köpenicker Weihnachtsmarkt statt.

▸ S-Bahn: Spindlersfeld, von dort weiter mit Tram 60, 61 oder Bus 167 bis Schlossplatz Köpenick

⑪ Luisenhain

Der Luisenhain mit der Schiffsanlegestelle zur Dahme war die erste öffentliche Parkanlage im Bezirk. 1906 schenkte der Köpenicker Kaufmann Asseburg der Stadt diesen Teil seines Grundstücks unter der Bedingung, dass es eine öffentliche Grünfläche bleibt und nach seiner Schwester Luise benannt wird. Der Park wird von einer Uferpromenade durchquert, die parallel zur Straße Alt-Köpenick verläuft und die

Lange Brücke gegenüber dem Köpenicker Schloss mit der Dammbrücke verbindet, die zum Platz des 23. April hinüberführt.

▸ S-Bahn: Spindlersfeld, von dort weiter mit Tram 60, 61 oder Bus 167 bis Schlossplatz Köpenick

⓬ Spindlersfeld

Der Ortsteil Spindlersfeld auf der der Altstadt gegenüberliegenden Uferseite der Dahme begründete den Ruf Köpenicks als »Waschküche Berlins«. Denn dieses Viertel wurde stark durch die von den Brüdern Karl und Wilhelm Spindler 1873 hier auf einem 200 Morgen großen Gelände begründete »Anstalt zur chemischen Reinigung, Wäscherei und Färberei« beeinflusst. Das zunächst kleine Gewerbe wurde bald zum fabrikähnlichen Großbetrieb mit angeschlossenen Wohnhäusern für die Belegschaft ausgebaut, dessen Expansion insbesondere auch durch den 1892 eröffneten Bahnhof Spindlersfeld begünstigt wurde. Noch bis in die Vorwendezeit versorgte die nun über die S-Bahn verkehrstechnisch hervorragend angeschlossene Großwäscherei, die unter Volldampf 40 Kessel betrieb, das ganze Berliner Stadtgebiet mit ihrem Wäscherei-Service.

▸ S-Bahn: Spindlersfeld

⓭ Schloss Köpenick

Das Schloss Köpenick wurde 1677–1681 nach Plänen des holländischen Baumeisters Rutger van Langevelt im Auftrag des Kurprinzen Friedrich (später Kurfürst Friedrich III. von Brandenburg und König Friedrich I. in Preußen) errichtet. Als Ersatz für ein früheres Jagdschlosses konzipierte van Langevelt auf dem nördlichen Teil der Dahmeinsel einen palastähnlichen Bau im Stil des holländischen Barock, der bis zum Ende des 18. Jahrhunderts als Domizil für Angehörige der preußischen Könige diente. Allerdings wurde von der ursprünglich geplanten dreiflügeligen, nach Norden gerichteten Anlage nur der heutige Westflügel errichtet. 1682 wurde sie durch einen Torbau am Brückenzugang und 1685 durch eine Kapelle von Johann Arnold Nehring zwar nicht vollendet, aber immerhin ansehnlich ergänzt.

König Friedrich I. hat dieses einzige im Südosten vor Berlin liegende Lusthaus allerdings so gut wie nie genutzt. 1730 ereignete sich im berühmten Wappensaal des Schlosses jedoch ein aufsehenerregender Prozess: Der Sohn des Königs Friedrich I. hatte mit seinem Freund, dem Leutnant Hans Hermann von Katte, während einer Reise versucht nach England zu flüchten und wurde nun wegen Desertion an-

Schloss Köpenick beherbergt Exponate des Kunstgewerbemuseums

geklagt. Der König stellte beide vor das Kriegsgericht; er befahl die Hinrichtung Kattes vor den Augen seines Sohnes sowie für diesen selbst eine Kerkerstrafe. Seinem Ruf als grausamer Soldatenkönig machte Friedrich I. damit alle Ehre. 1749–1782 war das Schloss der Sitz der Markgräfin Henriette von Brandenburg-Schwedt; nach 1819 wurde es zeitweise als Gefängnis genutzt. Letzter Besitzer war bis 1806 für zwei Jahre der Graf von Schmettau, der die barocke Gartenanlage in einen Landschaftspark umzuwandeln begann, welcher noch heute existiert.

Seit 1963 beherbergt der dreigeschossige Putzbau das Kunstgewerbemuseum, das nach einer umfangreichen Restauration und Sanierung 2004 wiedereröffnet wurde. Auf drei Etagen werden hier in prächtigen Sälen mit Stuckdecken Meisterwerke der Raum- und Ausstattungskunst aus Renaissance, Barock und Rokoko präsentiert, darunter großformatige Tapisserien, kostbare Möbel und Tafelaufsätze, aber auch Objekte wie Spiegel, Uhren und Leuchter. Auch ein Schlosscafé mit Terrasse am Wasser gehört zum Museum.

▸ www.smb.museum; Schlossinsel 1; Apr.–Sep. Di–So 11–18, Okt.–März Do–So 11–17 Uhr; Eintritt 6 €, erm. 3 €; S-Bahn: Spindlersfeld, von dort weiter mit Tram 60, 61 oder Bus 167 bis Schlossplatz Köpenick

14 Grünstraße

Die Grünstraße in der Köpenicker Altstadt wurde 2004 zu einer Fußgängerzone ausgebaut und strahlt seitdem wieder ihren früheren Charakter als Geschäftsstraße aus. Bis zur Wende wurden zunächst viele Altbauten abgerissen; anschließend begann man aber die noch erhaltenen alten Gebäude zu restaurieren und sanieren, wie etwa den Bau von 1656 an der Hausnummer 22 sowie das Haus aus der Zeit um 1898 mit der Hausnummer 21. Auch einige Bauten aus der Jahrhundertwende gehören dazu, wie die Hausnummer 11 und das ehemalige Hotel Kaiserhof im sparsamen Jugendstil mit der Hausnummer 10.

› S-Bahn: Spindlersfeld, dann weiter mit Tram 60, 61 oder Bus 167 bis Schlossplatz Köpenick

15 Schüßlerplatz und Alter Markt

Der Schüßlerplatz liegt in der Köpenicker Altstadt und wurde nach dem ehemaligen Stadtrat Hugo Schüßler benannt, der 1895–1908 im Amt war und vor allem durch seine Initiative für das erste Elektrizitätswerk und die Kanalisation in Köpenick bekannt wurde. An den Kommunalpolitiker erinnert hier heute ein historisierendes Emailleschild, das von einer Pumpe und einem Leuchter im gleichen Stil ergänzt wird.

Über die Jägerstraße erreicht man den Alten Markt, dessen Ostseite von einem Fachwerkhaus aus dem Jahr 1665 begrenzt wird. Seit 1999 befindet sich hier das Heimatmuseum, das vor allem mit den Sammlungen zur Fischerei- und Wäschereigeschichte sowie den Ausstellungsstücke zur Industriegeschichte Köpenicks Wissenswertes zur Stadt und deren Ortsteilen präsentiert. Beispielsweise, dass der 1325 zur Stadt erhobene Ort 1424 das Marktrecht erhielt, der dadurch erhoffte Wohlstand allerdings ausblieb. Ein wirtschaftlicher Aufschwung erfolgte erst mit der Zuwanderung der Hugenotten im späten 17. Jahrhundert. 1705 ließ der König für die Glaubensflüchtlinge im nördlichen Inselland Wohnraum und Arbeitsplätze errichten. Arbeit gab es unter anderem in den Köpenicker Maulbeerplantagen, die zwecks einer von Importen unabhängigen Rohstoffversorgung an Seide vor dem Dammtor von der Akademie der Wissenschaften angepflanzt worden waren.

In dem Wohnhaus am Alten Markt 4 gründete 1835 Henriette Lustig eine Wäscherei und ging dadurch als Begründerin der Lohnwäscherei in die Geschichte Köpenicks ein. Eine Gedenktafel am Haus erinnert heute an sie. In der Müggelheimer Straße wurde zudem in

Das Heimatmuseum am Alten Markt

den 1980er-Jahren ihr zu Ehren ein Denkmal mit dem Titel »Wäsche-rin« errichtet, das die hockende Gestalt einer kräftigen Frau zeigt. Der sich an den Alten Markt anschließende Katzengraben gehört mit seinen detailreich restaurierten Häusern zu den beliebtesten Adressen in der Altstadt; vor allem das Wohngebäude von 1683 mit der Hausnummer 14 und die umgebauten Kolonistenhäuser aus der Mitte des 18. Jahrhunderts mit ihren Wassergrundstücken an den Hausnummern 3 und 11 stechen hier hervor.

> ▸ Heimatmuseum: www.heimatmuseum-treptow.de; Alter Markt 1; Di/Mi 10–16, Do 10–18, So 14–18 Uhr; Eintritt frei; S-Bahn: Spindlersfeld, von dort weiter mit Tram 60, 61 bis Freiheit

16 Kietz

Der Kietz ist eine ehemalige slawische Siedlung, welche erstmals 1375 im Landbuch Karls IV. urkundlich erwähnt wurde. Die Bezeichnung Kietz geht auf das slawische Wort »chyca« für Fischerhütte zurück, denn das Viertel war Jahrhunderte lang ein Fischerdorf und wurde erst 1898 nach Köpenick eingemeindet. Noch heute charakterisieren die

Köpenicker Altstadt

kleinen eingeschossigen Fischerhäuser mit Satteldächern die Straßen im Kietz, wenngleich nur noch jene aus dem 18. und 19. Jahrhundert erhalten sind. Die Häuser mit den Hausnummern 6, 12, 19, 21 und 27 haben beispielsweise in ihrem Kern noch ihre Originalsubstanz aus dem 18. Jahrhundert erhalten.

Das Dorf liegt am gegenüberliegenden Ufer der Schlossinsel und zieht sich am östlichen Ufer des Frauentogs entlang, einem Nebenarm der Dahme. Es geht zurück auf ein slawisches Straßendorf, das um 1240 nach dem Rückzug der wendischen Herrschaft für die von der Insel vertriebenen und von da an in Frondienst stehenden Slawen im Schutz einer askanischen Festung – dem späteren Köpenicker Schloss – angelegt wurde. Eine mögliche Deutung des Namens Frauentog für den Dahmearm (»Frauen« leitet sich danach von »Fron« ab) weist auf die Fähr- und Kahndienste und die Abgabepflicht der Slawen hin. Sie lebten zwar auf vererbtem Wiesen- und Gartenland in einheitlich vermessenen Höfen, erhielten aber erst ab 1451 mit dem ersten Grenzzug das Fischereirecht, mit dem sie nicht nur für ihren

Lebensunterhalt, sondern auch für die jährlich anfallenden Steuern aufkommen konnten. Allerdings verbindet sich mit dem Namen des Frauentogs, Köpenicks wichtiger Nahrungs- und Handelsquelle, auch noch eine volkstümliche Geschichte: Während einer entbehrungsreichen Hungersnot in Brandenburg, bei der auch der gewöhnliche Fang in den befischten Gewässern versiegt war, fuhren schließlich die Ehefrauen der Kietzbewohner zum Fischen hinaus in eine dem Dorf vorgelagerte Bucht. Wie durch ein Wunder zogen sie übervolle Netze in ihre Boote und retteten mit diesem legendär gewordenen »Frauenzug« (= Frauentog) das Leben ihrer Familien.

▸ S-Bahn: Spindlersfeld, von dort weiter mit Tram 60, 61 bis Freiheit

Neukölln: Fläche: 11,7 km², Einwohnerzahl: 165086
Britz: Fläche: 12,4 km², Einwohnerzahl: 40538
Bukow: Fläche: 6,35 km², Einwohnerzahl: 39043
Rudow: Fläche: 11,8 km², Einwohnerzahl: 40999
Gropiusstadt: Fläche: 2,66 km², Einwohnerzahl: 36487

Neukölln

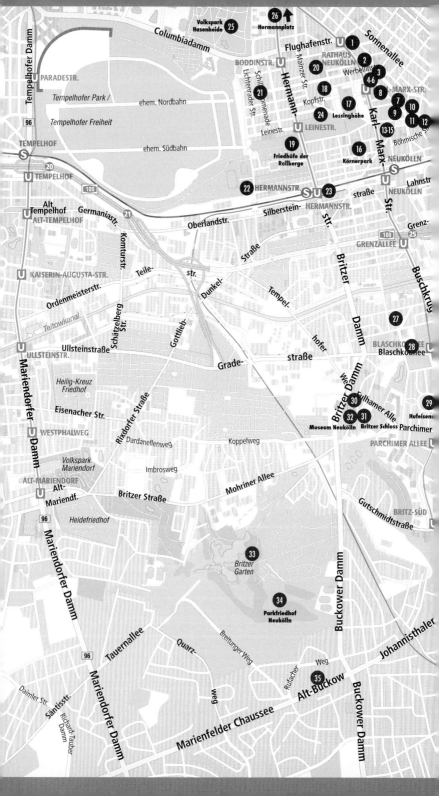

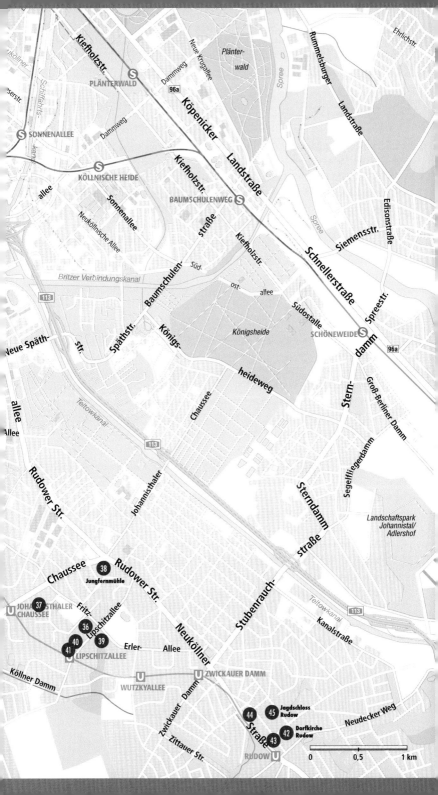

Neukölln

❶ Rathaus Neukölln

Das Rathaus Neukölln wurde 1909–1914 nach Plänen des Rixdorfer Stadtbaumeisters Reinhold Kiehl mit Anleihen an die deutsche Renaissance errichtet. Der vier- bis fünfgeschossige Bau wird von einem 67 m hohen Turm dominiert, auf dessen Spitze eine 2,20 m hohe kupferne Fortuna-Statue des Bildhauers Josef Rauch steht. Das Gebäude ersetzte einen Vorgängerbau aus dem 19. Jahrhundert, das als Rathaus der Gemeinde Deutsch-Rixdorf für die wachsenden Erfordernisse der Verwaltung zu klein geworden war. Denn schon 1899 waren dem Ort als zweite Berliner Vorortgemeinde Stadtrechte erteilt worden; die meisten der damals etwa 80 000 Einwohner waren Arbeiter, die hier außerhalb der Stadt günstige Wohnungen fanden. 1912 erfolgte die Namensänderung in Neukölln. Heute beherbergt der Bau die Bezirksverwaltung von Neukölln.

Direkt am Rathaus befindet sich der 1926 eröffnete U-Bahnhof Rathaus Neukölln. Er wurde von Alfred Grenander mit einer besonderen Verfliesung und einem charakteristischen Stationsschild gestaltet.

An der Karl-Marx-Straße 77/79, ebenfalls in unmittelbarer Nähe zum Rathaus, steht das Amtsgericht Neukölln. Der monumentale Bau wurde 1899–1901 nach Plänen der Architekten Faerber und Bohl im Stil der Neorenaissance errichtet.

▸ Karl-Marx-Str. 83; U-Bahn: Rathaus Neukölln

❷ Alte Post

Das markante Gebäude der Alten Post wurde 1905–1907 nach Plänen des Postbaurats Hermann Struve mit Anleihen an die Renaissance als Kaiserliches Postamt I. Klasse errichtet. Struve entwarf eine schräg zur heutigen Karl-Marx-Straße liegende Zweiflügelanlage, deren Hauptfassade von einem zentralen Giebel gekrönt wird. 1979–1982 wurde das heute denkmalgeschützte Gebäude restauriert und modernisiert sowie durch einen Neubau auf dem ehemaligen Verladehof ergänzt. Seitdem das ehemalige Postamt 2003 neue Räume bezogen hat, wird der Bau für Kulturveranstaltungen genutzt, darunter Projekte der Initiative »Aktion! Karl-Marx-Straße«, die vielfältige Maßnahmen zur Entwicklung des Neuköllner Geschäfts-, Verwaltungs- und Kulturzentrums entwickelt.

▸ www.aktion-kms.de; Karl-Marx-Str. 97/99; U-Bahn: Rathaus Neukölln

Alte Post

③ Stadtbad Neukölln

Das Stadtbad Neukölln wurde 1912–1914 nach Plänen von Reinhold Kiehl im neoklassizistischen Stil und nach dem Vorbild römisch-griechischer Thermenanlagen errichtet. Kiehl konzipierte eine große (mit 25-m-Becken) und eine kleine (mit 19-m-Becken) Badehalle, die jeweils mit antikisierenden Mosaiken und Säulen, wasserspeienden Walrossen und mosaikverkleideten Rundbögen ausgeschmückt sind. Der heute denkmalgeschützte Bau wird von einer Glasdecke abgeschlossen; der Eingangsbereich ist mit einer modernen Wandbemalung ausgestaltet. Die Badehallen werden durch ein Solarium und eine Sauna ergänzt, die früheren Wannen- und Brausebäder sind ebenfalls benutzbar.

▸ www.berlinerbaeder.de; Ganghoferstr. 3–5; Öffnungszeiten bitte der Website entnehmen; Eintritt 3,50 €, erm. 2 €; U-Bahn: Rathaus Neukölln, Karl-Marx-Str.

④ Passage

Die Passage zwischen Richardstraße 12/13 und Karl-Marx-Straße 131/133 wurde 1909/1910 im Auftrag des Kaufmanns Paul Dädlich gebaut. Der Entwurf kam von Reinhold Kiehl, ausführender Architekt war Paul Hoppe. Auf dem schmalen Grundstück zwischen den beiden Straßen entstand ein fünfgeschossiger Flügelbau, der eine öffentliche Ladenpassage mit zwei Innenhöfen flankiert. Schon zur Zeit ihrer Errichtung war die für Berlin einmalige Anlage mit verschiedenen Einrichtungen wie Kino- und Ballsaal ein kommerzielles Zentrum. Heute ist sie mit der Neuköllner Oper, einem Kino, einer Gaststätte, einer Kegelbahn, aber auch Geschäften und Wohnungen ein wichtiges kulturelles Zentrum im Bezirk. Die Passagenanlage steht seit 1985 unter Denkmalschutz und wurde 1987–1989 saniert.

▸ Richardstr. 12–13/Karl-Marx-Str. 131–133; U-Bahn: Karl-Marx-Str.

⑤ Puppentheater-Museum

Das Puppentheater-Museum liegt in der Karl-Marx-Straße 135, in unmittelbarer Nähe der Passage. Seit 1995 informiert es Kinder wie Erwachsene in jährlich wechselnden Ausstellungen über die Geschichte des Puppentheaters sowie vergangene und heutige Spielformen. Die Ausstellungen werden ergänzt durch Puppentheateraufführungen, Märchenerzählungen, Lesungen und Workshops.

Das Museum befindet sich in einem bemerkenswerten Hof, dem sogenannten Pasewaldtschen Hof, auch unter Büdner-Dreieck bekannt. Die seit 1986 denkmalgeschützte Anlage beherbergte einst Kleingewerbe wie eine Schmiede und ein Schlachthaus.

▸ www.puppentheater-museum.de; Karl-Marx-Str. 135; Mo–Fr 9–15, So 11–16 Uhr; Eintritt 3,50 €, erm. 3 €; U-Bahn: Karl-Marx-Str.

⑥ Saalbau Neukölln

Der Saalbau Neukölln wurde 1875/1876 von Maurermeister Teichmann als Repräsentationsbau mit einer an Barock- und Renaissanceformen orientierten Fassade errichtet. Der in einem Hinterhof gelegene Saalbau ist eines der ältesten Kulturbauwerke Rixdorfs, denn schon nach seiner Eröffnung 1876 etablierte er sich als eine der renommiertesten Kulturstätten des gehobenen Bürgertums. Veranstaltungen der Kommune fanden hier statt, später war der Saal Theaterbühne, Konzertsaal und Kino, zwischendurch auch Passierscheinstelle. 1953 erfolgte eine Übernahme und Sanierung durch das Kulturamt

Neukölln. Seine heutige Form erhielt der Bau 1990; seitdem wird dessen Großer Saal als Theater- und Konzertsaal genutzt und im Kleinen Saal das über die Bezirksgrenzen hinaus bekannte Café Rix betrieben. Seit 2009 wird der Saalbau vom »Heimathafen Neukölln« bespielt.

> ▸ www.heimathafen-neukoelln.de; www.caferix.de; Karl-Marx-Str. 141; U-Bahn: Karl-Marx-Str.

7 »Böhmisches Dorf«

Von der Karl-Marx-Straße mit ihren türkischen Imbissstuben, Schmuckhändlern, Bäckereien und Billigläden gelangt man über die Uthmannstraße oder den Herrnhuter Weg in die Richardstraße. Zur belebten Einkaufsmeile tut sich hier ein erstaunlicher Kontrast auf: Die ruhige Straße wird durch kleine Geschäfte und Gewerbebetriebe in den Höfen dominiert; die Häuser selbst, zweistöckige schmale Bauten, wirken wie Überbleibsel einer längst vergangenen Zeit. 1732 ließen sich hier mit der Erlaubnis Friedrich Wilhelms I. 18 böhmische Familien nieder. Sie waren Glaubensflüchtlinge der protestantischen Herrnhuter Brüdergemeinde, die das zum katholischen Österreich gehörende Böhmen verließen. Neun Doppelhäuser wurden damals entlang der Richardstraße errichtet. Gegenüber den Scheunen der ersten Kolonisten, in der heutigen Kirchgasse, siedelten sich einige Jahre später weitere Familien aus Böhmen an, die vor allem als Textilarbeiter und Kleinbauern arbeiteten. Das heute noch sichtbare Böhmische Dorf um die Richardstraße, den Jan-Hus-Weg und die Kirchgasse ist allerdings eine Rekonstruktion der ursprünglichen Bebauung, die durch einen Großbrand 1849 zerstört wurde. Eine Brandtafel am Haus in der Richardstraße 90 erinnert an das Unglück und den Wiederaufbau. Die Einheitlichkeit der alten Anlage aus neun Doppelhäusern ist beim Wiederaufbau nach dem Brand verschwunden. Einige Häuser wurden auf den alten Grundmauern gebaut, aber um 90 Grad gedreht, wie beispielsweise in der Richardstraße 90 und 82. Andere Häuser erhielten einen neuen Grundriss, so etwa das Haus mit der Hausnummer 88, das über die ganze Grundstücksbreite und mit einer in der Mitte befindlichen Durchfahrt errichtet wurde. Die Hofgebäude der Hausnummer 82 hatten den Brand überstanden, der Stall und das Milchhäuschen sind damit die ältesten Gebäude im Böhmischen Dorf. Ein Haus, das originalgetreu wieder errichtet wurde, steht in der Richardstraße 80/81.

Die Nachkommen der Böhmen sind, soweit noch gläubig, in drei Gemeinden zusammengeschlossen: der evangelisch-reformierten

Bethlehemsgemeinde, der Herrnhuter Brüdergemeine und der böhmisch-lutherischen Bethlehemsgemeinde. Das Haus der evangelisch-reformierten Bethlehemsgemeinde befindet sich in der Richardstraße 97. Das Gebäude, das 1835 errichtet und zu den wenigen gehört, die von dem großen Brand verschont blieben, beherbergte bis 1874 die böhmische Schule. Die Brüdergemeine hat ihr Domizil in der Kirchgasse 14–17 in einem schmucklosen 1965 eingeweihten Stahlbetonbau. Die böhmisch-lutherische Bethlehemsgemeinde feiert ihre Gottesdienste in der Bethlehemskirche (vgl. Seite 596) und wurde 2005 mit der Evangelischen Kirchengemeinde Rixdorf zusammengeschlossen.

▸ Richardstr./Kirchgasse; U-Bahn: Karl-Marx-Str.

8 Umspannwerk Neukölln

Das Umspannwerk Neukölln wurde 1926–1928 nach Plänen von Hans Heinrich Müller mit Anleihen an die expressionistische Formensprache errichtet. In dem dunkelroten Backsteinbau mit den silbernen schmalen, langen Fenstern wurde der Strom ab- und umgespannt, damit er aus den großen Elektrizitätswerken außerhalb der Stadt in die einzelnen Haushalte fließen konnte. 2013 ist in den Bau die Kunstinitiative »Savvy Contemporary« eingezogen, die vorher auf dem Richardplatz beheimatet war. Sie sieht sich als internationale Plattform für Performance Art, Ausstellungen und Konzerte, die sich insbesondere für Kunst interessiert, die in Verbindung zu den Naturwissenschaften steht. Neben den Veranstaltungsräumen soll in dem ehemaligen Umspannwerk bald auch eine Kunstbibliothek sowie ein Dokumentationszentrum für Performancekunst eingerichtet werden.

▸ www.savvy-contemporary.com; Richardstr. 20/21; U-Bahn: Karl-Marx-Str.

9 Comeniusgarten

Der Comeniusgarten ist eine öffentlich zugängliche Gartenanlage, die nach dem Pädagogen, Philosophen und Bischof der Böhmen, Johann Amos Comenius, benannt wurde. Sie befindet sich auf einem Grundstück, auf dem bis 1971 eine der größten Mietskasernen Berlins stand. In den 150 aus Stube und Küche bestehenden Wohneinheiten lebten um sechs Höfe verteilt über 1 000 Menschen. Der hier 1995 eröffnete Garten wurde von den Gartenarchitekten Cornelia Müller und Jan Wehberg gestaltet. Sie integrierten eine 2 m hohe Statue von

Comenius; auch ein Gedenkstein zu Ehren Comenius wurde an der Ecke zur Kirchgasse aufgestellt.

▸ Richardstr. 35; U-Bahn: Karl-Marx-Str.

⑩ Denkmal Friedrich Wilhelms I.

Das von Bildhauer Alfred Reichel geschaffene Denkmal Friedrich Wilhelms I. steht vor dem Haus an der Kirchgasse 3 und wurde durch spätere Generationen der Böhmen als Ausdruck ihrer Dankbarkeit 1912 errichtet. Die Reliefs auf dem Sockel stellen Szenen der Auswanderung ihrer Vorfahren dar.

Direkt neben dem Denkmal, in der Kirchgasse 5, steht das älteste Schulhaus Rixdorfs. Es wurde 1953 errichtet und erinnert mit dem Kelch am Giebel daran, dass es der Gemeinde gleichzeitig als Bethaus gedient hat. An der Hauswand befindet sich eine Informationstafel, die diese Geschichte erläutert. Nebenan, in der Kirchgasse 6, befindet sich ein Büdnerhaus, das als letztes seiner Art zeigt, wie die zweite Gruppe der Einwanderer gelebt hat. 1750 errichtet, diente es der auf dem Nachbargrundstück gelegenen Schule als Küchenhaus.

▸ Kirchgasse 5/6; U-Bahn: Karl-Marx-Str.

⑪ Richardplatz

Der Richardplatz, 1360 erstmals urkundlich erwähnt, war einst der Dorfplatz und damit das Zentrum von Deutsch-Rixdorf. Mit zahlreichen Festen stellte er damals einen kulturellen und sozialen Treffpunkt dar – und ist es bis heute geblieben, unter anderem durch seinen traditionsreichen Weihnachtsmarkt, der hier jährlich am zweiten Adventswochenende stattfindet. In der Platzmitte steht ein Brunnenhäuschen, das 1910 nach Plänen des Architekten Kiel errichtet wurde und heute als Kiosk dient.

Am Platz sind neben den Gründerzeitfassaden noch einige alte Gewerbebauten erhalten, die der Gegend einen dörflichen Charakter verleihen. An der Hausnummer 3 steht beispielsweise die alte Schmiede, erstmals im Jahr 1628 erwähnt. An der Ecke zur Hertzbergstraße verkauft die heutige Spirituosenfirma verschiedene Liköre und Schnäpse der Marke Grützmacher, welche hier seit 1924 hergestellt werden, darunter beispielsweise der »Rixdorfer Galgen«. Die zwei Stadtvillen mit den Hausnummern 24 und 25 stammen aus den Jahren 1876 und 1878. An der südlichen Platzseite, am Richardplatz 18, betreibt die Familie Schöne seit 1894 ein Fuhrgeschäft, bekannt vor allem durch die weißen Brautkutschen. Der Betrieb verfügt über mehr als 30 Pferde und 50 unterschiedliche Fuhrwerke. Das Haus der Familie wurde 1903 errichtet und erinnert mit einer Brandtafel an ein Feuer im frühen 19. Jahrhundert.

▸ U-Bahn: Karl-Marx-Str.

⑫ Dorfkirche Rixdorf

Am Richardplatz 22 steht die Rixdorfer Dorfkirche, die seit der Übergabe an die Böhmen 1912 Bethlehemskirche genannt wird. Denn ab 1837 hatten die Böhmen die Kirche mitbenutzt. Nachdem die Kirchengemeinde Rixdorf dann für die größer werdende Gemeinde 1877–1879 einen neuen Kirchenbau, die Magdalenenkirche (vgl. Seite 597), errichtete, übergab sie die Dorfkirche der böhmisch-lutherischen Bethlehemsgemeinde. Der Name lehnt sich an die Prager Bethlehemskapelle an, die für die böhmischen Brüder eine wichtige Rolle spielte. Im Laufe der Jahrhunderte wurde die Kirche mit dem um 1400 entstandenen spätgotischen Ursprungsbau mehrmals umgestaltet und erweitert. Der Innenraum ist sehr schlicht gestaltet und wird aufgrund seiner hervorragenden Akustik oft für Konzerte genutzt. Seit Anfang 2006 gehört die unter Denkmalschutz stehende Kirche zur Evangelischen Kirchengemeinde Rixdorf.

▸ www.evkg-rixdorf.de; Richardplatz 22; U-Bahn: Karl-Marx-Str.

⑬ Karl-Marx-Platz

Der Karl-Marx-Platz ist ein zentraler Neuköllner Platz, der von Wohn- und Geschäftshäusern gesäumt wird. Ein Denkmal auf dem Platz erinnert an seinen Namensgeber, den Philosophen und Gesellschaftstheoretiker Karl Marx. Auf der Stirnseite des Platzes befindet sich seit 1986 ein Brunnen des Berliner Bildhauers Hartmut Bonk. Mittwochs 11–18 Uhr und samstags 8–15 Uhr wird hier ein lebendiger Wochenmarkt mit Obst, Gemüse und anderen Lebensmitteln veranstaltet, der durch die Vielfalt der Nationalitäten auf Händler- und Kundenseite an einen Bazar erinnert.

▸ U-Bahn: Karl-Marx-Str.

⑭ Böhmischer Friedhof

Der Böhmische Friedhof befindet sich unmittelbar am Karl-Marx-Platz, von dem aus es einen Zugang zum Friedhof gibt. Er wurde

1751 für die drei Gemeinden der Böhmischen Exilanten angelegt, und noch heute kann man die drei Teile unterscheiden: Das Areal der Brüdergemeine setzte sich beispielsweise durch seine einheitliche und schlichte Ausgestaltung deutlich von dem der Lutheraner und Reformierten ab. Der Friedhof ist geometrisch angelegt und wird von einer von Linden und Kastanien gesäumten Hauptallee durchkreuzt. Die flache, blockartige Kapelle aus Ziegelstein wurde 1965/1966 nach Plänen von Erich Ruhtz erbaut. Einen Liegeplan für den Friedhof gibt es nicht, dafür informiert eine Tafel links vom Eingang am Karl-Marx-Platz über die Geschichte der Anlage.

▸ Karl-Marx-Platz 10; U-Bahn: Karl-Marx-Str.

15 Magdalenenkirche

Die Magdalenenkirche wurde 1877–1879 nach Plänen von Wendt und Hermann Bohl für die größer werdende Gemeinde Rixdorf errichtet, nachdem die alte Dorfkirche am Richardplatz (vgl. Seite 596) zu klein geworden war. Die Architekten konzipierten die mit roten Ziegeln verblendete Langhauskirche im basilikalen Rundbogenstil, die an Werke von Schinkel, Stüler und Adler erinnert. Die Fassade gliederten sie durch Lisenen, Gurtgesimse und Rundbogenfriese. Im Zweiten Weltkrieg wurde die Magdalenenkirche leicht beschädigt und anschließend umfassend renoviert; 1969 erfolgte die Erweiterung um eine Kapelle für Andachten. Heute steht die Kirche unter Denkmalschutz und ist Ort regelmäßiger Gottesdienste und Veranstaltungen.

▸ www.evkg-rixdorf.de; Karl-Marx-Str. 201; U-/S-Bahn: Neukölln

16 Körnerpark

Der 2,4 ha große Körnerpark war einst eine Kiesgrube des Unternehmers Franz Körner, der das Gelände 1910 der Stadt schenkte. Diese errichtete in der 7 m tiefen Mulde 1912–1916 die einem Schlosspark ähnliche Parkanlage im Stil des Neobarocks. Neben den Wasserspielen mit Fontänen gibt es im Park eine Orangerie, die eine Neuköllner kommunale Galerie sowie ein Café beherbergt. Die seit 2004 unter Denkmalschutz stehende Parkanlage ist neben der Kaskade am Lietzensee und dem Märchenbrunnen im Volkspark Friedrichshain eine der bedeutendsten neobarocken Gartenanlagen in Berlin. Bekannt wurde der Park auch durch das 1912 bei Bauarbeiten an der Ecke Jonas-/Selkestraße entdeckte »Reitergrab von Neukölln«. Es stammt aus

Der Körnerpark erinnert an einen Schlosspark

der Zeit der Völkerwanderung im 5. und 6. Jahrhundert und enthielt einen männlichen Toten, der nach hunnischer Sitte mit seinem Pferd in einer 2,50 m tiefen Gruft bestattet worden war.

▸ www.körnerpark.de; Schierker Str. 8/Jonasstr. 58; U-/S-Bahn: Neukölln

🛈 Lessinghöhe

Die Lessinghöhe ist Teil einer großen Grünfläche, die sich zwischen der Hermannstraße und der Karl-Marx-Straße auf dem Gebiet der sogenannten Rollberge erstreckt. Letztere wurden bis zum 18. Jahundert von den Einwohnern Rixdorfs landschaftlich genutzt und während der Industrialisierung verkauft, um Kies und Sand abzubauen; Teile des Gebietes wurden auch bebaut. Auf dem Gebiet der heutigen Lessinghöhe und der südlich des Mittelwegs gelegenen Thomashöhe entstanden später Kleingartenanlagen. Nach dem Zweiten Weltkrieg wurden diese durch die Aufschüttung von Trümmern zerstört; es entstanden daraus die beiden Anhöhen, die heute als Park genutzt werden.

▸ Bornsdorfer Str./Mittelweg; U-Bahn: Karl-Marx-Str.

18 Rollbergsiedlung

Die Rollbergsiedlung wird von der Hermannstraße, der Rollberg-straße, der Bornsdorfer Straße und dem Mittelweg begrenzt und ist eine Siedlung mit knapp 6 000 Einwohnern aus über 30 Nationen. Die Bewohner leben vor allem in Sozialwohnungen, die in den späten 1960er- und 1970er-Jahren errichtet wurden, und sind zu einem gro-ßen Teil von Armut betroffen. Seit den frühen 2000er-Jahren versucht man der Verarmung und den damit verbunden sozialen Problemen mit Quartiersmanagement entgegenzuwirken.

Die Rollbergsiedlung war einst ein traditionelles Arbeiterviertel, in dem sich ab den 1870er-Jahren Industrie und Geberbetreibende ansiedelten. Dies zog einen Bauboom nach sich, bei dem vorwie-gend Mietskasernen mit dunklen, engen Hinterhöfen errichtet wur-den, die bis in die 1970er-Jahre stehenblieben. In den 1920er- und 1930er-Jahren war das Viertel von der Arbeiterbewegung und den Organisationen der SPD und KPD geprägt; ab 1933 spielte sich das kommunistische Leben hier vor allem im Untergrund ab. Im Zweiten Weltkrieg kaum zerstört, beschloss man in den 1960er-Jahren eine Flächensanierung des sich in äußerst schlechtem Zustand befindli-chen Viertels. Die Häuser sollten vollständig abgerissen und durch neue, hellere und komfortablere Gebäude ersetzt werden. So wurden nach Plänen der Architekten Rainer Oefelein, Bernhard Freund und Reinhard Schmock 5 600 Wohnungen abgerissen und durch Neubau-ten ersetzt, die auch heute noch das Bild des Viertels prägen.

▸ Hermannstr./Rollbergstr./Bornsdorfer Str./Mittelweg; U-Bahn: Karl-Marx-Str.,
  Rathaus Neukölln

19 Friedhöfe der Rollberge

Schon ab 1865 wurden im südlichen Bereich der Rollberge die Friedhöfe der Luisenstädtischen Kirchengemeinden angelegt, da in-nerhalb der Stadt kein Platz mehr für weitere Begräbnisstätten war. So befinden sich heute an der Hermannstraße acht Kirchhöfe: Im nördlichen Bereich liegt der Alte Kirchhof der St.-Jacobi-Gemeinde, der bereits 1852 angelegt wurde (Hermannstraße 234 – 253 und

Karl-Marx-Straße 4–10). Die rechteckige Kapelle wurde 1911/1912 nach Plänen des Stadtbaurats Reinhold Kiehl im antik-römischen Stil errichtet. Im mittleren Bereich auf der Ostseite liegt der Kirchhof der St.-Michael-Gemeinde, der 1863–1895 in mehreren Schritten als geometrische Fläche mit einer zentralen Allee und drei Rondellen angelegt wurde (Hermannstraße 191–195). 1965 wurde nebenan, an der Hermannstraße 186–190, der Neue Kirchhof Luisenstadtgemeinde angelegt. Die rechteckige Kapelle mit Pultdach erbaute man 1958/1959 nach Plänen der Architekten Paul und Jürgen Emmerich. Auch der 1872 angelegte Kirchhof der St.-Thomas-Gemeinde II, an der Hermannstraße 179–185, befindet sich auf diesem östlichen Mittelteil der großflächigen Anlage. Im mittleren Bereich an der Westseite liegt der Kirchhof der St.-Thomas-Gemeinde I, der 1865 angelegt wurde und damit einer der ältesten Friedhöfe ist (Hermannstraße 79–83). Der benachbarte Kirchhof V der Jerusalems- und Neuen Kirche an der Hermannstraße 84–90 wurde 1870–1872 angelegt und besitzt eine von Louis Arndt 1899/1900 aus roten Backsteinen und im gotischen Stil errichtete Kapelle. Der darauf folgende Neue Kirchhof der St.-Jacobi-Gemeinde wurde 1867 angelegt (Hermannstraße 99–105). Im südlichen Bereich, an der Hermannstraße 129–137, liegt seit 1888 der Kirchhof der Emmausgemeinde, der heute ein Gartendenkmal ist.

▸ Hermannstr.; U-Bahn: Leinestr.

⓴ Kindl-Brauerei mit Festsälen

Die 1872 gegründete Kindl-Brauerei errichtete 1926–1913 in der Werbellinstraße 50 nach Plänen der Architekten Hans Claus und Richard Schepke ein Sudhaus, dem sich später ein Biergarten anschloss. Als nach dem Zweiten Weltkrieg Deutschland Reparationszahlungen an die Sowjetunion zahlen musste, wurden Teile des Sudwerks demontiert – und in Moskau als neues Brauereiwerk wieder aufgebaut. Die abgebauten Teile wurden jedoch 1953 wieder ersetzt. 2005 erfolgte die Stilllegung des Sudhauses, in dem voraussichtlich 2015 ein Café und ein Ort für Wechselausstellungen eröffnet werden sollen.

▸ Werbellinstr. 50; U-Bahn: Boddinstr.

㉑ Herrfurthplatz

Der rondellartige Herrfurthplatz bildet das Zentrum des Schillerkiezes, der nach seiner zentralen Straße, der Schillerpromenade, benannt ist. Das Viertel wurde um 1900 vom damaligen Bürgermeister Rixdorfs,

Hermann Boddin, als gehobenes Wohngebiet entworfen, das sich zu der Arbeitersiedlung auf den Rollbergen absetzen und damit den Ruf Rixdorfs als Arbeitervorort auflösen sollte. In den folgenden Jahrzehnten wurde das Ackerland parzelliert und mit Gestaltungsauflagen an die Bauherren verkauft. Der Grünstreifen in der Mitte der Schillerpromenade wurde so von prächtigen Fassaden, Blumenrondells und platanengesäumten Bürgersteigen flankiert. Auf dem Herrfurthplatz findet samstags 10–16 Uhr der Schillermarkt statt.

In der Platzmitte steht die evangelische Genezarethkirche. Sie wurde 1903–1905 nach einem Entwurf des königlichen Baurats Franz Schwechten in gotischer Formensprache errichtet. Der unverputzte Backsteinbau erhielt einen Grundriss in der Form eines Kreuzes sowie einen 62 m hohen Turm.

▸ www.genezareth-gemeinde.de; Herrfurthplatz; U-Bahn: Boddinstr.

22 Werner-Seelenbinder-Sportpark

Der Werner-Seelenbinder-Sportpark wurde ab 1930 als »Neuköllner Stadion« angelegt und ist der größte Sportpark des Bezirks. Nach dem Ende des Zweiten Weltkriegs wurde er in Werner-Seelenbinder-Kampfbahn umbenannt. Die Namensänderung erfolgte zu Ehren des Neuköllners Werner Seelenbinder, der als Deutscher Ringer-Meister und Olympiateilnehmer, aber auch Widerstandskämpfer und Kommunist in der NS-Zeit umgebracht wurde. Heute erinnert ein Gedenkstein an den Sportler. Im Laufe der Jahrzehnte wurde der Sportpark mehrfach um- und ausgebaut: 1946 errichtete man auf dem Gelände eine Radrennbahn; 1956/1957 erfolgte der Bau eines Eisstadions, das 2005/2006 aufwendig saniert wurde. Auch eine Mehrzwecksporthalle mit Boxfeld und ausfahrbarer Tribüne für 500 Zuschauer befindet sich heute auf dem Gelände.

▸ Oderstr. 182; U-Bahn: Hermannstr., Leinestr., S-Bahn: Hermannstr.

23 U-Bahnhof Hermannstraße

Der U-Bahnhof Hermannstraße wurde 1996 eingeweiht. Der Einweihung gingen 60 Jahre Planungszeit voraus, denn schon 1927 wurde mit dem Bau der heutigen U-Bahnlinie U8 begonnen. Zunächst wurde die weitere Bauplanung durch die Wirtschaftskrise verhindert; ab 1940 diente der sich noch im Rohbau befindende U-Bahnhof als Luftschutzbunker. Noch heute zeugen davon die im Treppenbereich und auf dem Bahnsteig lesbaren Aufschriften wie »Raum 10 48 Personen«, »Raum 1

46 Personen« oder »Zu den Schutzräumen Gr. 1 für 477 Personen«. Während der innerdeutschen Teilung ab 1961 wurde die Umsteigeverknüpfung zur S-Bahn nicht weiterverfolgt und so kam es erst nach der Wiedervereinigung zur Verwirklichung der alten Pläne.

▸ U-Bahn: Hermannstr.

24 Wasserturm Neukölln

Der Wasserturm Neukölln wurde 1893/1894 nach Plänen des Architekten Otto Techow auf der höchsten Stelle des Rollbergs errichtet. Die 40 m hohe Anlage war eine Ergänzung zu dem 1889 errichteten Wasserwerk zwischen Mittelweg und Leykestraße, das durch die private Charlottenburger Wasserwerke AG für die Versorgung des damaligen Rixdorfs errichtet worden war. Der Turm mit 22 m Durchmesser und 1,40 m bis 1,80 m dicken Wänden ist heute der größte noch vorhandene Wasserturm in Berlin und steht als Baudenkmal unter Denkmalschutz. Er wurde bis 2000 noch teilweise eingesetzt und diente nach seiner Stilllegung als Veranstaltungsort für Feiern und Events. Heute beherbergt er den Sitz einer Firma, die durch die Teilprivatisierung der Berliner Wasserbetriebe entstand.

▸ Leykestr. 11–13/Mittelweg; U-Bahn: Karl-Marx-Str.

25 Volkspark Hasenheide

Der 56 ha große Volkspark Hasenheide hat seinen Namen und seinen Ursprung in der Nutzung des Areals als Hasengehege, in dem der Große Kurfürst ab 1678 zur Jagd ging. Heute ist die Parkanlage ein beliebter Naherholungs- und Freizeitort, der eine Minigolfanlage, ein Freiluftkino, ein Tiergehege, einen Rosengarten und verschiedene Sportflächen umfasst. Das 1872 eingeweihte Jahndenkmal am nördlichen Eingang erinnert daran, dass hier Friedrich Ludwig Jahn 1811 den ersten Turnplatz Preußens eröffnete. Auch die Jahn-Eiche am Ausgang zur Karlsgartenstraße weist mit einer Hinweistafel darauf hin. Junge Männer sollten hier für ihre Verwendung im Krieg 1813/1814 gegen Napoleon fit gemacht werden; daher sah der Turnplan neben Fechten, Laufen und Schwimmen unter anderem auch Märsche, Lastentragen und Schießen vor.

Im Volkspark liegt auch die 67,90 m hohe Rixdorfer Höhe, die nach dem Zweiten Weltkrieg aus aufgeschütteten Trümmern

Der Neuköllner Wasserturm steht auf der höchsten Stelle des Rollbergs

entstand. 1955 wurde hier das von Katharina Szelinski-Singer geschaffene »Denkmal für die Berliner Trümmerfrauen« aufgestellt, das sich seit einer Renovierung 1956 am nördlichen Eingang des Volksparks an der Graefestraße befindet. In der Mitte des Parks liegt die »Hasenschänke«, die die Parkbesucher mit Getränken und kleinen Gerichten versorgt.

▸ Hasenheide/Columbiadamm; U-Bahn: Hermannplatz, Boddinstr.

㉖ Hermannplatz

Der Hermannplatz war ursprünglich nur ein Stück Straße und entwickelte sich erst im Laufe der Jahre zu einer Platzanlage. Bereits 1543 stand hier ein erstes Wirtshaus, 1737 eröffnete das Wirtshaus Rollkrug. Hier wurde auf dem Weg von Berlin über Rixdorf nach Mittenwalde pausiert und die Pferde wurden gewechselt. Im 18. Jahrhundert entwickelte sich an der Straße eine Platzanlage, die gegen Ende des 19. Jahrhunderts mit Mietshäusern bebaut wurde. 1885 wurde der Platz nach Hermann dem Cherusker benannt. Das Wirtshaus Rollkrug wurde 1907 abgerissen und an seiner Stelle ein Geschäftshaus errichtet. 1927–1929 baute man auf der Westseite des Platzes nach Plänen des Hausarchitekten Philipp Schaefer das Warenhaus Karstadt, das damals eines der modernsten Kaufhäuser Europas und eine stadtbekannte Attraktion war. Das siebenstöckige Warenhaus mit Lichtdomen und einem Dachgarten wurde jedoch in den letzten Tagen des Zweiten Weltkrieges von der SS gesprengt, die die Warenlager nicht in die Hand der Roten Armee fallen lassen wollte. Lediglich ein kleiner Gebäudeteil blieb erhalten, an den ab 1950 ein viergeschossiger Neubau angeschlossen wurde. In den folgenden Jahrzehnten wurde das Kaufhaus vergrößert und überarbeitet, zuletzt im Jahr 2000 nach Plänen der Architekten Helmut Kriegbaum, Jürgen Sawade und Udo Landgraf. Heute ist der Hermannplatz ein lebendiger Neuköllner Verkehrsknotenpunkt, auf dem montags bis freitags 10–18 Uhr und samstags 10–16 Uhr ein Wochenmarkt stattfindet. In der Platzmitte steht die von Joachim Schmettau geschaffene Bronzeplastik »Tanzendes Paar«, die 1985 anlässlich der Bundesgartenschau aufgestellt wurde und eine Hommage an das einstige Vergnügungsviertel ist, das in Rixdorf gegen Ende des 19. Jahrhunderts entstand.

▸ U-Bahn: Hermannplatz

Britz, Buckow, Rudow und Gropiusstadt

27 Ideal-Siedlung

Die Ideal-Siedlung wurde ab 1913 nach Plänen von Bruno Taut und anderen Architekten in mehreren Bauabschnitten errichtet und ist nach ihrer Baugenossenschaft namens Ideal benannt. 1907 gegründet, hatte diese sich zum Ziel gesetzt, eine Alternative zu den beengenden Wohnmöglichkeiten in Berlin zu schaffen, die den Bewohnern ein gesundes, modernes Leben ermöglicht. So entstand zwischen Franz-Körner-, Hannemann- und Rungiusstraße eine Siedlung in kräftigen dunkelgelben und hellroten Farbtönen. Ab 1913 wurden zunächst zwei- und dreigeschossige Zeilenbauten mit Gärten nach Entwürfen von Richard Deute, Bruno Paul und Karl Bücklers gebaut. Mit Dachgauben verzierte Fassaden, Erker und Loggien schmückten die Gebäude aus. Durch den Ersten Weltkrieg und die Wirtschaftskrise unterbrochen, entstanden erst 1925 weitere Wohnbauten, deren Pläne Bruno Taut lieferte. Er konzipierte flachgedeckte Zeilenbauten mit weitläufigen Innenhöfen und Gärten für die Mieter im Erdgeschoss. 1935–1937 wurde die Siedlung nach einem Entwurf des Architekten Walter Fuchs erweitert, der nördlich der Franz-Körner-Straße gleichförmige Zeilenbauten errichtete.

▸ Pintschallee/Rungiusstr./Hannemannstr./Franz-Körner-Str.; U-Bahn: Blaschkoallee

28 Ehemaliges Britzer Krankenhaus

Das ehemalige Britzer Krankenhaus wurde 1894–1896 nach Plänen der Architekten Heinrich Schmieden und Rudolf Speer als Kreiskrankenhaus für den Bezirk Teltow errichtet. Es handelt sich um einen Backsteinbau aus rotem Klinker, dessen Hauptbau mit romanischen Säulen, barocken Giebeln, einer feingliedrigen Kuppel und gotischem Maßwerk ausgestaltet ist. 1924 wurde es ein städtisches Krankenhaus, später das Rixdorfer Krankenhaus, das schließlich vom Vivantes Klinikum Neukölln übernommen wurde. Nachdem der Krankenhausbetrieb in den 1980er-Jahren eingestellt wurde, erfolgte eine Renovierung des Haupthauses, das sich in ein Mittelstück mit vorspringendem Erker und zwei Flügelbauten gliedert. Anschließend zog das sich heute hier immer noch befindende Bürgeramt 3 des Bezirks Neukölln ein. Auch das Neuköllner Standesamt sitzt hier; die Trauungen werden unter anderem in der ehemaligen Krankenhauskapelle veranstaltet.

▸ Blaschkoallee 32; U-Bahn: Blaschkoallee

29 Hufeisensiedlung

Die Hufeisensiedlung zwischen Blaschko-, Parchimer- und Fritz-Reuter-Allee wurde 1925–1927 nach Plänen der Architekten Bruno Taut und Martin Wagner errichtet. Auf 33 ha entstanden gelb, blau, rot oder weiß bemalte Gebäude umgeben von ausgedehnten Grünflächen und Gärten, die das Ideal des sozialen Wohnungsbaus mit Licht, Luft und Sonne realisieren sollten. Die Architekten schufen damit das bis heute einflussreichste Beispiel der Klassischen Moderne für die neue Art des Großsiedlungsbaus. Als vorbildlich galt damals der originäre Zusammenschluss von modernen architektonischen Formen mit sozialreformerischen Ideen der Gartenstadtbewegung: Serielle Fertigungsmethoden und standardisierte Grundrisstypen ermöglichten eine kostengünstige Bauweise, die wiederum mit den Vorstellungen des gemeinnützigen Wohnungsbaus verbunden wurde. Zuvor hatte die GEHAG auf dem Gelände billiges Bauland erworben und damit das Vorhaben überhaupt erst ermöglicht; allerdings waren die Baukosten entgegen der ursprünglichen Planung so hoch, dass sich statt der erwünschten Arbeiter nur Beamte und Angestellte die Wohnungen leisten konnten.

Im Norden, Osten und Süden begrenzen geschlossene lange Reihen aus dreigeschossigen Wohnblöcken die Siedlung. An der Stavenhagener Straße fällt der Bau mit halbrund nach außen gewölbten Treppenhäusern auf, im Norden stechen die gelben Eckbauten ins Auge, die die lange weiße Gebäudefront einspannen. Den Mittelpunkt der Siedlung bildet der hufeisenförmige Lowise-Reuter-Ring, auf den die anderen Straßen zulaufen. Die Wohnungen der dreigeschossigen weißen Anlage liegen mit ihren Balkonen rückwertig zum begrünten Innenhof mit kleinem Teich hin, die Zugänge befinden sich entlang der Straße.

Ab Ende April lohnt ein Abstecher in die benachbarte Onkel-Bräsig-Straße, in der zu dieser Zeit die japanischen Zierkirschenbäume in weiß und rot blühen. In den 1950er-Jahren kamen dafür jedes Jahr unzählige Besucher beim Volksfest Britzer Baumblüte zusammen, das mittlerweile jedoch an der Britzer Mühle stattfindet.

> ▸ Blaschko-/Fritz-Reuter-/Parchimer Allee; U-Bahn: Blaschkoallee, Parchimer Allee

30 Dorfkirche Britz

Die Britzer Dorfkirche befindet sich im alten Dorfzentrum. Hier sind rund um den Dorfteich Kirche, Schloss, Gutshof und die beiden früheren Dorfschulen gruppiert. Schon 1375 fand Britz im Landbuch Karls IV. eine erste urkundliche Erwähnung. Einst hatten sich hier Slawen angesiedelt; bei Ausgrabungen in der Nähe der Kirche ist man auf Überreste der ehemaligen Siedlung gestoßen. Die Feldsteinkirche stammt aus der Zeit um 1300 und steht auf einer kleinen Erhebung über dem Dorfteich. Im Laufe der Zeit erfolgten wiederholt Umbauten und Erweiterungen, zum letzten Mal 1888 durch den Gutsbesitzer Wilhelm August Julius Wrede. In diesem Rahmen wurden auch die großen Fenster eingesetzt und ein aufwendiger Turm hinzugefügt. Noch heute ist Wredes Gruft, ebenso wie die des vorherigen Eigentümers, des Staatsministers von Hertzberg und seiner Familie, im Untergeschoss des Turmes erhalten. Neben der Kirche ist der alte Friedhof mit einigen wenigen Grabmälern durch ein schmiedeeisernes Tor zugänglich. Seitlich der Kirche liegt das mit Säulen ausgeschmückte klassizistische Pfarrhaus, ihm gegenüber die beiden alten Schulhäuser. Das kleinere der beiden Häuser wurde 1856 erbaut, konnte jedoch schon bald die stetig steigende Schülerschaft nicht mehr fassen. Daher wurde 1876 ein zusätzliches zweistöckiges Schulhaus errichtet. Dieses wurde aber ebenfalls bald zu klein, sodass schließlich 1912 das vierstöckige Gebäude auf der anderen Seite des Britzer Damms erbaut wurde.

▸ Backbergstr. 40; U-Bahn: Parchimer Allee

31 Britzer Schloss

Das Britzer Schloss, einst unter dem Namen Gutshaus Wrede bekannt, wurde 1706 errichtet. Es geht auf ein Rittergut aus dem 14. Jahrhundert zurück, das damals noch im Stil eines Fachwerkhauses erbaut worden war. Die wechselnden Besitzer von Hertzberg, Jouanne und Wrede nahmen dann jeweils mehrere Veränderungen vor. Unter dem Besitz des Rübenzuckerproduzenten, Händlers und Spirituosenfabrikanten Wilhelm A. J. Wrede erhielt das Haus seine heutige Gestalt: Nach den Plänen von Carl Busse ließ Wrede den Bau 1880–1883 zu einem großbürgerlichen Landhaus im Stil der Neorenaissance samt Treppenturm, repräsentativen Innenräumen und einem Badanbau umbauen. 1924 verkauften dessen Erben das Gut an die Stadt Berlin, die hier nach dem Zweiten Weltkrieg ein Flüchtlings- und später ein Kinderheim einrichtete. 1971 wurde es unter Denkmalschutz gestellt; eine umfassende Restaurierung erfolgte 1985–1988. Heute beherbergt das Gut öffentlich zugängliche Räume für Kulturveranstaltungen wie Lesungen und Konzerte. Zudem hat hier die Kulturstiftung Schloss Britz ihren Sitz, die in den originalgetreu rekonstruierten Räumlichkeiten des 19. Jahrhunderts ein Museum für die »Wohnkultur der Gründerzeit« eröffnete. Der Schlosshof umfasst darüber hinaus zwei Volieren mit einheimischen Hühnervögeln.

An das Schloss schließt sich der 300 Jahre alte und 1,8 ha große Gutspark an. Das heutige Erscheinungsbild geht hauptsächlich auf die Gestaltung des 1888 von Wrede beauftragten königlichen Garteninspektors Wilhelm Nahlop zurück, der das geschwungene Wegesystem des einstigen barocken Nutz- und Lustgartens weiter ausbaute. Neben dem Gutspark erinnert ein Rosarium an die Britzer Rosenzuchttradition und die jährlichen Rosenfeste. Denn noch 1860 wurden in Britz über 50 Gärtnereien betrieben, die fast alle auf Rosen spezialisiert waren. Diesen und viele andere Aspekte und Einzelheiten der Dorf-, Guts und Schlossgeschichte werden auf den im Schlosspark und Gutshof angebrachten Tafeln erläutert.

▸ www.schlossbritz.de; Alt-Britz 73–81; Di–So 11–18 Uhr; Eintritt
  3 €, erm. 2 €, Führungen zzgl. 3 €; U-Bahn: Parchimer Allee

32 Museum Neukölln

Das Museum Neukölln befindet sich auf dem Gutshof Britz in unmittelbarer Nachbarschaft zum Schloss. Es wurde 1897 gegründet und ist damit das zweitälteste Regionalmuseum Berlins. Ab 1961 in der Ganghoferstraße 3 sitzend, zog das Museum 2009 in die Räumlichkeiten am Gutshof Britz ein und konnte hier erstmals eine ständige Ausstellung präsentieren. Vorab wurde dafür der ehemalige Pferde- und Ochsenstall umgebaut und saniert. Im Erdgeschoss befinden sich die Ausstellungsräume, im ersten Stockwerk entsteht aus Archiv und Depot der »Geschichtsspeicher«. Die Sammlung umfasst im Kern 99 Originalobjekte, die dem Besucher Geschichte und Gegenwart des Bezirks näherbringen. Auch Computerterminals, Fotografien, Filme und Tondokumente sowie persönliche Erzählungen liefern Informationen zum sozial- und kulturgeschichtlichen Kontext Neuköllns.

▸ www.museum-neukoelln.de; Alt-Britz 81; Di–So 10–18 Uhr;
  Eintritt frei; U-Bahn: Parchimer Allee

33 Britzer Garten

Der Britzer Garten wurde 1985 für die Bundesgartenschau auf ehemaligen Ackerflächen und Kleingartenkolonien angelegt; der Haupteingang des 100 ha großen Areals befindet sich am Buckower Damm. Es ist eine der meistbesuchten Gartenanlagen Berlins, die mit Themengärten, einem Hexen- und einem geologischen Garten, einem Freilandlabor sowie Spiellandschaften aufwartet. Auch Seen, Hügel, ein Rosengarten und der Kalenderplatz mit der größten Sonnenuhr

Blütenpracht im Britzer Garten

Europas von 99 m Durchmesser erwarten den Besucher hier. Eine Rundfahrt kann mit der Parkeisenbahn unternommen werden, die beispielsweise zum Neuen See mit künstliche Grotte und einem Café fährt, das 1985 nach einem Entwurf des Architekten Engelbert Kremser in dessen Erdbautechnik entworfen wurde. Am Ausgang zum Buckower Damm steht die 1865 errichtete Britzer Mühle, nach einem ihrer Besitzer auch Stechansche Mühle genannt und eine von sieben noch erhaltenen Windmühlen Berlins. Heute wird die Mühle von einem Müller betreut, der hier sogar auch Nachwuchsmüller ausbildet. Die 70 Jahre lang zum Eigentum der Familie Stechan gehörende Mühle wurde zwischenzeitlich auch für andere Zwecke genutzt. Für die Bundesgartenschau wurde sie dann restauriert und dient seitdem wieder der Mehlproduktion. Darüber hinaus wird interessierten Besuchern ein abwechslungsreiches Programm mit verschiedenen Veranstaltungen geboten. Im Alten Müllerhaus befindet sich zudem ein Lokal.

An der Ecke Mohringer Allee/Buckower Damm fällt eine Rostfigur auf: Der sogenannte Goldene Esel. Es handelt sich hierbei um eine etwa 5 m hohe Stahlplastik in Form eines Esels, die an das

Restaurant »Goldener Esel« erinnert, das an dieser Stelle stand und im Zuge der Bundesgartenschau abgerissen wurde.

▸ Britzer Garten: www.gruen-berlin.de/parks-gaerten/britzer-garten; Buckower Damm 146; tgl. ab 9 Uhr bis Einbruch der Dunkelheit geöffnet; Eintritt 2 €, erm. 1 €; U-/S-Bahn: Hermannstr., von dort weiter mit Bus M44 bis Britzer Garten; Britzer Mühle: www.britzer-muellerverein.de; geöffnet März–Okt. zur Mühlensaison, Öffnungszeiten und Veranstaltungen bitte der Website entnehmen

34 Parkfriedhof Neukölln

Direkt neben dem Haupteingang zum Britzer Garten beginnt das Areal des Parkfriedhofs Neukölln, der mit 202 180 m² der größte Friedhof im Bezirk ist. Er wurde 1949 angelegt und umfasst eine weitläufige parkähnliche Anlage, die mit einer Ansammlung von vielfältigen Skulpturen, Zierbrunnen und Schöpfstellen ausgestaltet ist. Letztere wurden in den 1950er-Jahren von unterschiedlichen Künstlerinnen und Künstlern angefertigt – darunter die Bildhauerinnen Katharina Szelinski-Singer und Annemarie Haage – und sind nach ihren Darstellungen benannt: Eule-, Wasserträgerin-, Reiher-, Fisch- und Auerhahn-Schöpfstelle. Westlich der Feierhalle steht die monumentale Sitzfigur der Persephone, die Max Kruse um 1890 geschaffen hat. Die 4 m hohe Sandsteinskulptur steht seit 1958 im Parkfriedhof und stellt die griechische Toten-, Unterwelt- und Fruchtbarkeitsgöttin dar. Der kaskadenähnliche Zierbrunnen besteht hauptsächlich aus einem großen halbkreisförmigen Becken, dem zwei kleinere, ebenfalls halbkreisförmige Becken vorgelagert sind. Zu den auf dem Friedhof liegenden (überschaubaren) Ehrengräbern gehören unter anderem das von Theodor Görner, Widerstandskämpfer gegen den Nationalsozialismus, die Ruhestätte von Ella (Johanna Hedwig Luise) Kay, Kommunalpolitikerin und Widerstandskämpferin im Nationalsozialismus, sowie das Grab von Walter Nicklitz, Architekt und SPD-Stadtrat.

▸ Buckower Damm 148; U-/S-Bahn: Hermannstr., von dort weiter mit Bus M44 bis Britzer Garten

35 Dorfkirche Buckow

Die Dorfkirche Buckow wurde um 1300 errichtet und ist heute fast unverändert erhalten. Es handelt sich um einen mächtigen mittelalterlichen Bau aus Feldstein, der über einen trotzenden Westturm verfügt. Die Flächen des Kreuzgewölbes brachten bei Sanierungsarbeiten im 20. Jahrhundert spätgotische Fresken zum Vorschein, darunter eine

Abendmahlszene (im vorderen Teil der Kirche). In der heute denk-malgeschützten Kirche finden regelmäßig Gottesdienste und Veran-staltungen statt.

Der Saalbau steht auf dem alten Dorfanger von Buckow; um die Kirche herum liegen der ehemalige Kirchhof und der Dorfteich. Und obwohl die Straße Alt-Buckow sehr befahren ist, kann man hier auch noch die Aue und etliche Bauern- und Kossätenhöfe sehen, ebenso wie die alte Schule und die historische Gaststätte »Lindengarten«.

> ▸ www.dorfkirche.de; Alt-Buckow 36; U-Bahn: Johannisthaler Chaussee, von dort weiter mit Bus M11 bis Pfarrer-Vogelsang-Weg oder U-/S-Bahn: Hermannstr., von dort weiter mit Bus M44 bis Alt-Buckow

36 Gropiusstadt

Die Gropiusstadt entstand 1962–1975 mit der Beteiligung von 50 Architekten unter der Leitung von Walter Gropius, Mitbegründer des Bauhaueses. Die Großwohnsiedlung trägt seinen Namen, obwohl seine ursprünglichen Entwürfe mehrmals überarbeitet und letztend-lich zu erheblichen Teilen nicht verwirklicht oder, hauptsächlich aus Kostengründen, tiefgreifend verändert wurden. Das ursprüngliche Konzept, das eine gegliederte und durchgrünte Stadt vorsah, die sich zur Stadt im Park entwickeln sollte, wurde dadurch stark abgewandelt. Die Grünflächen wurden zumeist zu Zierrasen reduziert, um die sich ringsum die Hochhäuser verteilen. Ursprünglich waren 50 000 Men-schen in 18 000 Wohnungen vorgesehen, was mittlerweile aber weit überschritten wurde. Seit den 1980er-Jahren gilt die Gropiusstadt als sozialer Brennpunkt, dem man mithilfe von Quartiersmanagement versucht entgegenzuwirken. Trotz allem ist die Gropiusstadt kein le-bendiger Stadtteil, weshalb sie auch oft als »Trabantenstadt« bezeich-net wird. Denn tagsüber erscheint die Stadt zumeist leer; die sonst für Berlin typische »kiezige« Atmosphäre fehlt hier. Überregional bekannt wurde die Stadt durch die Autobiografie »Wir Kinder vom Bahnhof Zoo«, deren Autorin Christiane Felscherinow hier aufwuchs.

> ▸ U-Bahn: Lipschitzallee, Wutzkyallee, Zwickauer Damm

37 Gropiuspassagen

Die Gropiuspassagen wurden 1994–1996 errichtet und sind das größte Einkaufszentrum Berlins und eines der größten Einkaufzent-ren Deutschlands. Auf einer Gesamtverkaufsfläche von 85 000 m² er-warten den Besucher hier 140 Geschäfte, ein Kaufhaus sowie mehrere

Cafés und Restaurants. Ein Multiplexkino und ein Fitnesscenter sind ebenfalls auf den vier Ebenen untergebracht, auch diverse Veranstaltungen finden hier regelmäßig statt.

▸ Johannisthaler Chaussee 317; U-Bahn: Johannisthaler Chaussee

38 Jungfernmühle

Die Jungfernmühle, auch als Wienecke'sche Mühle bekannt, stammt aus dem Jahr 1757 und ist damit die älteste erhaltene Windmühle Berlins. Es handelt sich um eine kleine achteckige Galerie-Holländermühle, deren Jalousieflügel und Windrosen heute funktionslos und nur noch Attrappen sind. Allerdings wurde sie immerhin bis 1965 von der Familie Wienecke in vierter Generation und danach noch bis 1980 mittels elektrischer Energie unterhalten. Heute wird hier ein Restaurant betrieben.

Die Mühle stand ursprünglich in Potsdam, nach einem Eigentümerwechsel dann 1858–1892 auf den Neuköllner Rollbergen. Nach einem erneuten Eigentümerwechsel und von Neubauten vertrieben, wurde sie in Buckow wieder aufgebaut. Der Name »Jungfernmühle« entstand nach einem Unfall in Potsdam, bei dem die Tochter des damaligen Müllers von den Flügeln erfasst wurde und tödlich verunglückte. Der Müller ließ daraufhin ein geschnitztes Bild seiner Tochter anfertigen und hängte es über dem Mühleneingang auf.

▸ Goldammerstr. 34; U-Bahn: Johannisthaler Chaussee

39 Ideal-Hochhaus und Gropiushaus

Mit dem knapp 91 m hohen Ideal-Hochhaus steht in der Gropiusstadt nicht nur das höchste Wohngebäude im Berliner Stadtgebiet, sondern auch eines der höchsten Hochhäuser in Deutschland. Das 31 Stockwerke hohe Gebäude wurde 1966–1969 nach Plänen von Walter Gropius errichtet und beherbergt 228 Wohnungen. In der 30. Etage befindet sich ein Gemeinschaftsraum, im Erdgeschoss liegen einige Ladenlokale.

Direkt daneben steht das Gropiushaus, das 1972 ebenfalls nach Plänen des – bereits 1969 verstorben – Gropius im Stil der Neuen Sachlichkeit errichtet wurde. Gropius orientierte sich bei den Entwürfen für das Gebäude an der Hufeisensiedlung von Bruno Taut in Britz. Die halbrunde Gestaltung des Wohnhochhauses mit seinen runden Balkonen an den Treppenhäusern sollte eine Verbindung zwischen dem Stadtteil Britz und der Gropiusstadt schaffen.

▸ Fritz-Erler-Allee 120/Fritz-Erler-Allee 112–114; U-Bahn: Lipschitzallee

40 Gemeinschaftshaus Gropiusstadt

Das Gemeinschaftshaus wurde 1965–1973 nach Plänen der Architekten Anatol und Ingrid Ginelli errichtet und bildet das kulturelle Zentrum der Gropiusstadt. Es besteht aus vier unterschiedlichen Gebäudetrakten, die um einen Innenhof gruppiert sind. In dem verzweigten Komplex befinden sich Werkstätten, eine Bibliothek, eine kleine Sporthallte, Projekträume sowie ein Festsaal mit Kinoleinwand, Licht- und Tonanlage und einer großen Bühne. 2004–2007 erfolgte eine umfassende Renovierung des Gebäudes, in deren Rahmen der Haupteingang verglast wurde.

▸ Bat-Yam-Platz 1; U-Bahn: Lipschitzallee

41 St.-Dominicus-Kirche

Die katholische Kirche St. Dominicus wurde 1975–1977 nach einem Entwurf von Hans Schädel und Hermann Jünemann erbaut. Die beiden Architekten konzipierten einen nachkriegsmodernen Kirchenbau in Zeltform, in dessen Zentrum im Innenbereich der Altar steht. 2002 wurde auf dem Kirchendach eine Photovoltaik-Anlage installiert.

▸ Lipschitzallee 74; U-Bahn: Lipschitzallee

42 Dorfkirche Rudow

Die Dorfkirche Rudow stammt vermutlich aus dem späten 13. Jahrhundert, erste urkundliche Erwähnungen finden sich jedoch erst seit 1400. Es handelt sich um einen rechteckigen Saalbau aus Feldstein mit einem spitzbogigen Westportal. Letzteres wurde 1653, nach den Zerstörungen Rudows während des Dreißigjährigen Krieges, um einen neuen Holzturm ergänzt. 1713 wurde der Holzturm wiederum durch einen Steinturm mit Schieferhaube ersetzt. 1909 erfolgte eine Umgestaltung des rechteckigen Grundrisses in ein griechisches Kreuz sowie eine Erhöhung des Turmes um 4 m. Nachdem sie im Zweiten Weltkrieg zerstört worden war, baute man die Kirche 1954 wieder auf. Sie steht heute unter Denkmalschutz und ist Veranstaltungsort regelmäßiger Gottesdienste und anderer Gemeindetreffen.

▸ www.kirche-rudow.de; Köpenicker Str. 185; U-Bahn: Rudow

43 Alte Dorfschule Rudow

Die alte Dorfschule wurde um 1890 im Stil der Neugotik errichtet. Sie zählt damit zu den ältesten Schulbauten im Raum Berlin. Der rote Backsteinbau mit vorgebauten Giebeln ersetzte die vorherigen Schulräume in der Küsterei in der Köpenicker Straße, da durch die steigende Einwohnerzahl die ehemaligen Schulräume zu klein geworden waren. Zu Beginn der 1930er-Jahre reichte jedoch auch dieser Schulbau nicht mehr aus, sodass 1934 ein weiterer Neubau errichtet wurde. Ein Teil des Unterrichts fand aber weiterhin in der alten Dorfschule statt. So diente der Bau bis 2001 als reguläre Schule; anschließend wurde hier ein Kulturzentrum eingerichtet, das unter anderem die Volkshochschule und der Rudower Heimatverein nutzen.

▸ Alt-Rudow 60; U-Bahn: Rudow

44 Dorfanger von Rudow

Der Dorfanger war einst das Zentrum von Rudow und zeigt sich heute mit zahlreichen historischen Bauten aus den Anfangsjahren der Ortschaft: In Alt-Rudow 32 steht ein verputzter Mauerwerksbau, der um 1820 als Büdnerhaus errichtet wurde. Das Wohnhaus mit Satteldach ist heute noch weitgehend im Originalzustand erhalten. An den

Jagdschloss Rudow

Hausnummern 42–44 befindet sich ein Gebäude mit flach geneig-
tem Satteldach und Schieferdeckung; etwas weiter an der Hausnummer 47a steht ein Wohnhaus mit spätklassizistischen Fassadenelementen. Das Bauernhaus mit Walmdach und verputztem Mauerwerk in
Alt-Rudow 50 wurde 1776 errichtet und 1975 umgebaut, wobei der
historische Originalzustand größtenteils beibehalten wurde. Das weitgehend im Originalzustand erhaltene Gebäude in Alt-Rudow 59/61,
das heute das Restaurant »Zum Alten Dorfkrug« beherbergt, wurde
um 1802 errichtet; die angrenzenden Ställe wurde 1880 und 1910 ergänzt.

▸ Alt-Rudow, Krokusstr.; U-Bahn: Rudow

45 Jagdschloss Rudow

Das Rudower Jagdschloss wurde um 1660 für den Hofgärtner Michael
Hauff im frühbarocken Stil erbaut und ist damit das älteste Wohnhaus in Rudow. Es gehörte damals als Lustschloss zum Rittergut Rudow. 1669 ging das Schloss in den Besitz der Söhne des amtierenden
Kurfürsten über; 1702 erwarb König Friedrich I. Rudow und damit
auch das Jagdschloss. Nachdem um 1750 das Schloss vom Rittergut
abgetrennt wurde, folgten in den nächsten Jahrhunderten zahlreiche
wechselnde Eigentümer und Umbauten. Die ursprünglich frühbarocken Ausschmückungen sind heute einer grau verputzten Fassade
gewichen.

▸ Prierosser Str. 48; U-Bahn: Rudow

Schöneberg: **Fläche:** 10,61 km², **Einwohnerzahl:** 115 860
Friedenau: **Fläche:** 1,65 km², **Einwohnerzahl:** 27 045

Schöneberg

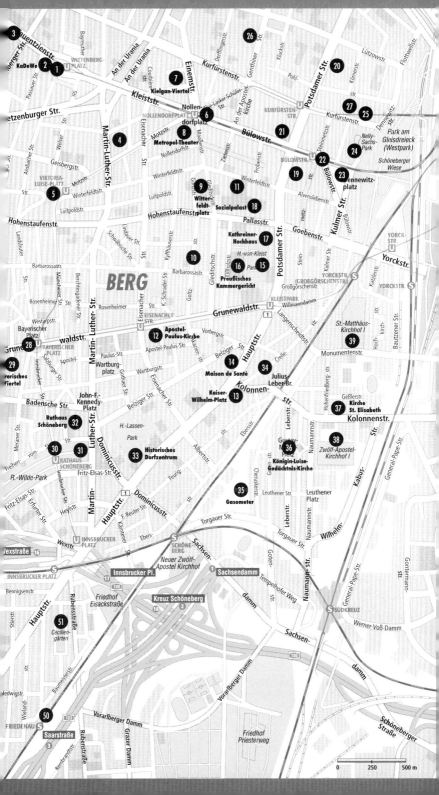

Vom Wittenbergplatz zur Potsdamer Straße

❶ Wittenbergplatz

Der besonders unter der Woche sehr belebte Wittenbergplatz wurde 1889–1892 als Teil des sogenannten Generalszugs angelegt, einer Straßen- und Platzfolge, die die Bezirke Schöneberg und Kreuzberg miteinander verbindet. Der Name des Platzes verweist auf die Schlacht bei Wittenberg gegen die napoleonischen Truppen während der Befreiungskriege am 13. Januar 1813. In der Mitte des Platzes, zwischen den Fahrstreifen, steht die kreuzförmige Eingangs- und Schalterhalle zum U-Bahnhof, die Alfred Grenander, 1899–1931 Hausarchitekt der Hoch- und U-Bahn, in neoklassizistischer Formensprache entworfen hat. Sie wurde 1980 unter Denkmalschutz gestellt und drei Jahre später renoviert. So wird die Halle heute von vielen historisierenden Details geschmückt, wie beispielsweise alten Werbetafeln, kleinen Fliesen, Lampen und Geländern.

▸ U-Bahn: Wittenbergplatz

❷ KaDeWe

Das KaDeWe, das Kaufhaus des Westens, liegt unmittelbar am Wittenbergplatz und ist eines der größten und bekanntesten Kaufhäuser Europas. Es wurde nach Plänen von Johann Emil Schaudt für den Unternehmer Adolf Jandorf errichtet und 1907 als gehobenes Warenhaus eröffnet. 1927 übernahm der Kaufhausgründer Hermann Tietz das Kaufhaus. Auch er verfolgte das Konzept der luxuriösen Einkaufsstätte für die wohlhabende Bevölkerung Charlottenburgs und Schönebergs. In den 1950er-Jahren war das KaDeWe das Vorzeigekaufhaus des Westens und wurde in den folgenden Jahrzehnten unter wechselnden Besitzern mehrfach umgebaut und erweitert. Heute bietet es auf mehr als 100 000 m^2 Nutzfläche ein umfangreiches Warenangebot mit Produkten aus aller Welt. Hier werden dem Kunden sogenannte Beauty-Lounges, Restaurants, Bars, ein Wintergarten mit Wasserfall und Kinderbetreuung geboten. In der sechsten Etage befindet sich zudem die mittlerweile legendäre Feinkostabteilung mit einem ausgewählten Sortiment an internationalen Gourmet-Spezialitäten.

▸ Tauentzienstr. 21–24; U-Bahn: Wittenbergplatz

③ Ost-West-Skulptur

Die Ost-West-Skulptur befindet sich auf dem Mittelstreifen der Tauentzienstraße und wurde 1987 von Brigitte und Martin Matschinsky-Denninghoff als Beitrag zum sogenannten Skulpturenboulevard Kurfürstendamm geschaffen. Dieser schmückte 1987 zur 750-Jahr-Feier Berlins als »Museum auf Zeit« die Stadt mit sieben Großskulpturen und Installationen im öffentlichen Raum zwischen Rathenau- und Wittenbergplatz. Bei der Skulptur auf der Tauentzienstraße handelt es sich um zwei monumentale, torartige Aluminiumröhren, die an- und ineinander verschweißt sind, aber getrennt aufgestellt die Situation des geteilten Berlins symbolisieren. Das so gebildete Tor lässt sich in Ost-West-Richtung durchschreiten.

▸ Mittelstreifen vor der Tauentzienstr. 18; U-Bahn: Wittenbergplatz

④ Berlins »Gay Village«

Südlich des Wittenbergplatzes, in Richtung Nollendorfplatz, liegt zwischen der Augsburger-, Welser-, Fugger-, Motz- und Maaßenstraße das Zentrum der Schwulen-, Lesben- und Queer-Szene Berlins. Tagsüber geht es in den Straßen mit ihrem teils prächtigen Altbaubestand aus der Gründerzeit und gediegenen Cafés eher ruhig zu; das lebendige Nachtleben findet dann später in den zahlreichen Kneipen, Bars und Clubs von jeweils ganz unterschiedlicher Couleur statt. Vielerorts sieht man hier die Regenbogenfahne, die nicht nur über den Bars und Clubs, sondern auch auf vielen Geschäftshäusern stolz aufgezogen wird. An der Eingangshalle des U-Bahnhofs Nollendorfplatz befindet sich eine Gedenktafel für die Homosexuellen, die während der Nazi-Zeit verfolgt und ermordet wurden. Jedes Jahr im Sommer findet zudem in den Straßen um den Nollendorfplatz das Lesbisch-Schwule Stadtfest statt, das seit 1993 vom Berliner Regenbogenfonds e. V. veranstaltet wird und in der Regel die Christopher-Street-Woche einleitet.

▸ www.regenbogenfonds.de; U-Bahn: Viktoria-Luise-Platz, Nollendorfplatz

⑤ Viktoria-Luise-Platz

Der Viktoria-Luise-Platz ist eine 1898/1899 nach Plänen des Gartenarchitekts Fritz Encke errichtete und 1980 wieder in ihren ursprünglichen Zustand gebrachte Gartenanlage in der Form eines langgestreckten Sechsecks. In der Mitte des heute denkmalgeschützten Platzes befindet sich ein Brunnen mit Fontäne, der von einem Rundweg

Viktoria-Luise-Platz

sowie zahlreichen Rasenflächen und Blumenbeeten gesäumt wird. Seinen Namen erhielt der 160 m lange und 90 m breite Platz mit einer Fläche von rund 7000 m² nach der einzigen Tochter von Kaiser Wilhelm II.: Viktoria Luise von Preußen.

Zum Bebauungsplan rund um den Platz gehörte, dass in dem einheitlich großbürgerlichen Viertel möglichst keine tiefen Baublöcke errichtet werden sollten, da diese mit ihren geschmückten Vorderhäusern für Besserverdienende und dunklen Hinterhäusern für ärmere Mieter die soziale Ungleichheit verstärkten. Stattdessen wurden in den baumbestandenen Straßen noble Wohnquartiere mit großzügig geschnittenen Wohnungen in komfortabler Ausstattung errichtet. Die schon vorhandenen tiefen Baublöcke sollten zudem nicht an Industrie und Gewerbe vergeben, sondern von Schulen und Verwaltungen genutzt werden. Der weitläufige Block des Lette-Vereins am Viktoria-Luise-Platz 6 verdeutlicht dies mit seinem nach Plänen von Alfred

Messel errichteten Bau, den der Architekt mit einer zurückhaltend-klassisch gegliederten Fassade und einem repräsentativen Hauptportal gestaltete. Die 1866 gegründete Einrichtung ist heute ein Berufsausbildungszentrum für Mode, Design und medizinisch-technische Berufe.

Des Weiteren lassen sich in der Gegend rund um den Platz und in den benachbarten Straßen zahlreiche ehemalige Wohnstätten von Literaten und anderen bekannten Persönlichkeiten finden. In der Motzstraße 30 beispielsweise gründete im Jahr 1913 Rudolf Steiner die Anthroposophische Gesellschaft, in der Hausnummer 38 wuchs Robert Musil auf. In der Motzstraße 7 befindet sich das Hotel Sachsenhof, einst Hotel Koschel, das von 1924 bis zu ihrer Emigration 1933 die jüdische Dichterin Else Lasker-Schüler beherbergte.

> ‣ U-Bahn: Viktoria-Luise-Platz

6 Nollendorfplatz

Der Nollendorfplatz entstand im Rahmen der Ausführungen des Generalszugs nach dem Hobrechtschen Bebauungsplan, der zwischen Schöneberg und Kreuzberg eine Folge von Straßen und Plätzen vorsah. Der Name des Platzes sollte an die siegreiche Schlacht des Königreichs Preußen bei Kulm und Nollendorf im heutigen Tschechien während der Befreiungskriege im Jahr 1813 erinnern. Rund um den Nollendorfplatz entstanden anschließend repräsentative Gebäude, die jedoch im Zweiten Weltkrieg größtenteils zerstört und durch Neubauten ohne einheitliches Konzept ersetzt wurden. Heute wird der Platz hauptsächlich von dem U-Bahngebäude mit transparenter Eisenhallenkonstruktion und der Hochbahntrasse charakterisiert. Der Haltepunkt war 1902 eröffnet und mit einem Gebäude nach Entwürfen von Wilhelm Cremer und Richard Wolffenstein ausgestattet worden, die den Bau mit vielen Schmuckelementen und einer Kuppel verzierten. Nach Beschädigungen im Zweiten Weltkrieg wurde das Gebäude zunächst vereinfacht wiederaufgebaut; 1999 erfolgte eine denkmalgerechte Sanierung und stilisierte Rekonstruktion des ursprünglichen Baus.

Am und um den Nollendorfplatz herum lebten im Laufe der Jahre viele bekannte Persönlichkeiten, die zumeist einen künstlerischen Beruf ausübten, darunter beispielsweise der Maler Max Beckmann am Nollendorfplatz 6, der Philosoph Walter Benjamin und der Schriftsteller Frank Wedekind in der Kurfürstenstraße, der Schriftsteller Christopher Isherwood in der Nollendorfstraße 17, die Dichterin

Nelly Sachs in der Maaßenstraße 12 und der Verleger Samuel Fischer, der sein Unternehmen in der Bülowstraße 90/91 betrieb.

Der Nollendorfplatz gilt außerdem als Zentrum der Berliner Schwulen- und Lesbenszene. Am Eingang zum U-Bahnhof Nollendorfplatz erinnert eine Gedenktafel an die in der Nazi-Zeit verfolgten und ermordeten Homosexuellen; es greift in seiner Form das Symbol des sogenannten Rosa Winkels auf, der die Homosexuellen in den Konzentrationslagern stigmatisierte. An der Einmündung der Motzstraße steht des Weiteren seit 2000 die 4,50 m hohe »Regenbogenstele« des Künstlers Salomé, die ebenfalls symbolisch auf den Rosa Winkel verweist sowie farblich auf die Regenbogenflagge als internationales Zeichen der gesamten Queer Community (vgl. Seite 621).

▸ U-Bahn: Nollendorfplatz

❼ Kielgan-Viertel

Das Kielgan-Viertel entstand ab 1867, als der Gärtnerei- und Gutsbesitzer Georg Friedrich Kielgan auf den ihm gehörenden Ländereien um den Nollendorfplatz ein Wohnviertel für wohlhabende Bürger baute. Dabei ließ er nur einzelne Villen und Landhäuser errichten und kleine Stichstraßen anlegen, wie sie für Berlin eigentlich unüblich waren. Heute sind in der Maienstraße und Ahornstraße noch einige dieser alten Villen erhalten; sie stehen hier stellvertretend für das gesamte Kielgan-Viertel als ein frühes Beispiel für die im Raum Berlin in den 1860er-Jahren einsetzende systematische Erschließung von Landhaus- und Villen-Vierteln.

▸ Maienstr./Ahornstr.; U-Bahn: Nollendorfplatz

❽ Metropol-Theater

Das Gebäude des ehemaligen Metropol-Theaters wurde 1906 nach Plänen von Albert Fröhlich als »Neues Schauspielhaus« im klaren Stil der beginnenden Moderne, jedoch noch mit Anklängen an den Jugendstil errichtet. Ein abgerundeter Vorsprung über dem Hauptportal mit Rundfenstern bildet den Mittelpunkt des Baus, welcher von überlebensgroßen Figuren ausgeschmückt wird. Ein zurückweichender Giebel bildet den Dachabschluss. 1927/1928 wurde das Theater vom Regisseur und Intendanten Erwin Piscator übernommen, der hier sein zeitkritisches »Proletarisches Theater« betrieb. Nach dessen Bankrott wurde der Bau ein Kinosaal. Im Zweiten Weltkrieg wurden der Bühnenbau sowie die Garderoben im Inneren zerstört, sodass heute nur noch das prachtvolle Vorderhaus mit seinem Foyerbereich erhalten ist. Im Laufe der Jahre wurde es unterschiedlich genutzt, beispielsweise als Theater, Kino, Operettenbühne, Varieté oder Diskothek. Unter dem Namen Goya finden in dem seit 1997 unter Denkmalschutz stehenden Bau heute immer noch verschiedene (Abend-)Veranstaltungen statt.

› Nollendorfplatz 5; U-Bahn: Nollendorfplatz

9 Winterfeldtplatz

Der 280 m lange und 80 m breite Winterfeldtplatz wurde im Rahmen des Hobrechtschen Bebauungsplans 1893 angelegt und erhielt seinen Namen nach dem preußischen General Hans Karl von Winterfeldt. Im Zweiten Weltkrieg wurde die ursprünglich gründerzeitliche Platzbebauung fast vollständig zerstört und durch Neubauten ersetzt. Lediglich die heute denkmalgeschützten Gebäude an der Ecke Goltz-/Winterfeldtstraße von 1887 und an der Ecke Goltz-/Hohenstaufenstraße von 1895 sowie das Nachbarhaus in der Hohenstaufenstraße 69, ebenfalls aus dem Jahr 1895, sind mit ihren ungewöhnlichen Fassaden aus glasierten, teils farbigen Klinkern noch erhalten. Am südlichen Ende des Platzes steht die katholische Kirche St. Matthäus, die 1893–1895 nach Plänen von Engelbert Seibertz im neogotischen Stil errichtet wurde und eine der wenigen freistehenden katholischen Kirchen Berlins ist. Nach schweren Beschädigungen im Zweiten Weltkrieg wurde sie vereinfacht wiederaufgebaut. Am östlichen Platzrand, an der Gleditschstraße, stehen seit den 1990er-Jahren mehrere Gebäude des Berliner Architekten Hinrich Baller, wie beispielsweise das Wohnhaus an der Ecke Gleditschstraße/Winterfeldtstraße, die Sporthalle der Spreewald-Grundschule an der Ecke Pallasstraße und dazwischen, vom Platz etwas abgerückt, eine Kindertagesstätte. In den späten 1970er- und 1980er-Jahren wurden mehrere Häuser um den Platz besetzt, darunter etwa das Haus in der Winterfeldtstraße 25. Nach Sanierungsarbeiten in den späten 1980er- und 1990er-Jahren hat sich der Platz mittlerweile zum etablierten Wohngebiet entwickelt. Besonderer Beliebtheit erfreut sich der Wochenmarkt, der hier jeden Mittwoch 8–14 Uhr und Samstag 8–16 Uhr stattfindet und häufig als einer der schönsten und größten Wochenmärkte Berlins genannt wird. Außergewöhnliche internationale Spezialitäten sowie hochwertige, frische Waren aus der Umgebung sind Teil des Angebots der 250 Stände. Auch die den Winterfeldtplatz umgebenden Straßen gehören mittlerweile zu den Zentren der Berliner Kneipen- und Café-Szene.

Unzählige Kneipen, Bars, Restaurants, Cafés und Nachtclubs prägen das Straßenbild. Die Goltzstraße und deren Verlängerung, die Akazienstraße, sind zudem bekannt für ihre Anhäufung von Antiquariaten, kleinen Boutiquen, Weinhandlungen, Buchläden, Trödelgeschäften sowie internationalen Restaurants.

> ‣ http://winterfeldt-markt.de; U-Bahn: Nollendorfplatz

⑩ Buchhandlung Chatwins

Ihre Leidenschaft fürs Reisen und das dadurch erworbene Know-how veranlassten Kerstin Hofmann und Peter Neumann 1997 dazu, in der Goltzstraße eine Reisebuchhandlung zu eröffnen. Bücher rund ums Reisen gibt es hier nach Ländern und Kontinenten sortiert. Im durch Belletristik ergänzten Sortiment finden sich auch Landkarten und Reise-Accessoires wie Reisenotizbücher und Postkarten.

> ‣ www.chatwins.de; Goltzstraße 40; Mo–Fr 10–19, Sa 10–16 Uhr; U-Bahn: Eisenacher Straße

⑪ Fernmeldeamt Winterfeldtstraße

Das Fernmeldeamt in der Winterfeldtstraße, in unmittelbarer Nähe des Winterfeldtplatzes, wurde nach Plänen von Otto Spalding und Kurt Kuhlow in zwei Bauabschnitten jeweils 1922–1924 und 1926–1929 für die Deutsche Reichspost gebaut. Es war damals die größte Vermittlungsstelle für Telefonie und Telegrafie in Europa. Die Architekten entwarfen einen Bau im Stil des Backsteinexpressionismus, der mit rotbraunem Klinker verblendet und auf einem kreuzförmigen Grundriss um vier Innenhöfe herum errichtet wurde. Hinter der 90 m langen Fassade befinden sich zwölf riesige, 7 m hohe Säle, die das Kernstück des Gebäudes bilden. Ab 1929 arbeiteten hier zeitweise bis zu 5 000 Personen in der Vermittlung von Gesprächen, der Ansage von Zeit und Telefonnummern sowie in verschiedenen anderen Diensten. Als 1945 die Rote Armee in Schöneberg einrückte, wurden während der drei Monate bis zur Übernahme durch die Amerikaner zwei Drittel der technischen Anlagen demontiert und in den Osten gebracht. Die Amerikaner ersetzten diese Einrichtungen und führten anschließend alle Telefonleitungen aus West-Berlin durch dieses Fermeldeamt. Von hier aus betrieben sie auch ab 1946 den »Drahtfunk im amerikanische Sektor« (DIAS), den Vorläufer des RIAS, der Rundfunk im amerikanischen Sektor. Während der Blockade Berlins zog der Telegrammdienst ein, da die Funkverbindungen nach

Westdeutschland unterbunden wurden. Ab 1950 beherbergte der Bau das Funkamt, das für Dienste rund um den Richtfunk, die Funkmessdienste, den Rundfunk, die Fernsehübertragung und das Autotelefon zuständig war. Heute arbeiten von hier aus die Fernmeldetechniker im Außendienst. Des Weiteren ist in den Räumlichkeiten seit 2010 eine Abteilung der »Telekom Laboratories«, ein Forschungs- und Entwicklungslabor, untergebracht. Der Bau steht unter Denkmalschutz und ist aus Sicherheitsgründen nicht öffentlich zugänglich.

▸ Winterfeldtstr. 19–23; U-Bahn: Nollendorfplatz, Bülowstr.

⑫ Apostel-Paulus-Kirche

Die evangelische Apostel-Paulus-Kirche wurde 1892–1894 nach Entwürfen des Königlichen Baurats Franz Schwechten im historisierten gotischen Stil, der an die märkische Tradition erinnert, errichtet. Schwechten konzipierte eine dreitürmige Hallenkirche mit einem 85 m hohen Turm auf dem Grundriss eines lateinischen Kreuzes, wobei er sich sowohl an der Berliner Schinkelschule als auch an der Hannoverschen Architektenschule orientierte. Im Zweiten Weltkrieg wurde die Kirche stark beschädigt, jedoch bereits 1949 wiederaufgebaut und erneut geweiht. Der Bau steht heute unter Denkmalschutz und ist Ort regelmäßiger Gottesdienste und Veranstaltungen.

▸ www.ev-apostel-paulus-kirchengemeinde.de; Klixstr. 2.; U-Bahn: Eisenacher Str.

⑬ Kaiser-Wilhelm-Platz

Der Kaiser-Wilhelm-Platz war einst das Herzstück des Einwanderdorfs Neu-Schöneberg, das durch Abriss eines Bauernhofs an der Einmündung der Kolonnenstraße in die Hauptstraße entstand. Er wurde nach Kaiser Wilhelm I. benannt, dessen Standbild bis zu seiner Einschmelzung im Zweiten Weltkrieg den Platz schmückte. Auch heute ist der dreieckige Platz noch eines der Zentren Schönebergs und von einer Vielzahl von Geschäften umgeben, die sich zum größten Teil noch in alten Gründerbauten befinden. 2006/2007 erfolgte ein Umbau des Kaiser-Wilhelm-Platzes, bei dem die Mittelinsel an den östlichen Bürgersteig angeschlossen wurde, um sie besser nutzen zu können. Auf dem Platz steht seit 1967 eine Gedenktafel für die Opfer der Konzentrations- und Vernichtungslager mit dem Titel »Orte des Schreckens, die wir niemals vergessen dürfen«; darunter sind die Namen der Konzentrationslager aufgelistet. Auf der Ostseite des Platzes stand früher das alte Schöneberger Rathaus. Nach der Errichtung des neuen Rathauses 1914 am heutigen John-F.-Kennedy-Platz wurde das Gebäude jedoch anderweitig genutzt und schließlich im Zweiten Weltkrieg zerstört.

▸ U-Bahn: Kleistpark, S-Bahn: Julius-Leber-Brücke

⑭ Maison de Santé

Das Maison de Santé entstand in der zweiten Hälfte des 19. Jahrhunderts als Berlins erste Kur- und Nervenheilanstalt. Zuvor befand sich hier der »Gasthof zum Helm«, in dem Eduard Levinstein nach seiner Heirat mit der ältesten Tochter des Wirts 1861 eine Kur- und Badeanstalt gründete. Aus dieser wurde 1863 das Maison de Santé, eine medizinische Kur- und Badeanstalt. Ab 1866 wurden dann auch erstmals psychisch Kranke behandelt und sodann eine Abteilung für »Nerven- und Gemüthskranke« eingerichtet. Neu und sozial innovativ war damals die Anerkennung von »Irren« als kranke Menschen und der Gedanke, dass sie Teil der Gesellschaft waren und damit nicht einer Verwahrung, sondern einer Behandlung bedurften. Mit diesem Ansatz und seinen entsprechenden freien Behandlungsmethoden schaffte Levinstein in seiner Einrichtung neue Maßstäbe für die Psychiatrie. 1919 wurde diese jedoch durch den Verkauf des Gebäudes an den Magistrat der Stadt Berlin-Schöneberg geschlossen. In den folgenden Jahrzehnten wurde der Bau unterschiedlich genutzt. Heute sind noch einzelne Gebäudeteile erhalten, die unter Denkmalschutz stehen. Sie beherbergen unter anderem eine Moschee, einen Kindergarten, einen Supermarkt und werden als Wohnraum genutzt.

▸ Hauptstr. 14–16; U-Bahn: Kleistpark

⑮ Heinrich-von-Kleist-Park

Der Heinrich-von-Kleist-Park war einst der Gemüse- und Kräutergarten von Friedrich Wilhelm von Brandenburg, der von dem Botaniker Johann Sigismund Elßholz verwaltet wurde. 1801 gingen die höfischen Gärten in den Botanischen Garten mit Gewächsen aus Übersee und vielen anderen Ländern über, dessen Leitung ab 1819 der romantische Dichter Adelbert von Chamisso, der zuvor einige Jahre als Naturforscher um die Welt gesegelt war, bis zu seinem Tod 1838 übernahm. Höhepunkt des Parks sind die barocken, heute restaurierten Kleistkolonnaden mit ihren Säulengängen mit mythologischen Figuren und Putten. Sie wurden 1777–1780 als »Königskolonnaden« von Karl von Gontard für den Alexanderplatz geschaffen und 1910 in den Heinrich-von-Kleist-Park gebracht. Seinen Namen erhielt der Park zum 100. Todestag des Dichters, nachdem der Botanische Garten nach Dahlem verlegt und der Schöneberger Park zur öffentlichen Anlage umgebaut worden war. Sein heutiges Aussehen erhielt der Park durch die Gartenarchitekten Albert Brodersen und Georg Pniower; die 5,7 ha große Anlage steht heute als Gartendenkmal unter Denkmalschutz. Seit 2002 findet hier jedes Jahr im Sommer unter dem Motto »Jazz an den Kolonnaden« eine Konzertreihe statt.

▸ Potsdamer Str.; U-Bahn: Kleistpark

16 Preußisches Kammergericht
Das fünfgeschossige Preußische Kammergericht auf der Westseite des Heinrich-von-Kleist-Parks wurde 1909–1916 nach Plänen von Paul Thoemer und Rudolf Mönnich errichtet. Sie konzipierten ihn

Preußisches Kammergericht

mit rund 500 Räumen, die sie verbindenden Flure und Wartehallen verfügen über Gewölbe in verschiedenen Ausformungen. Wie die neobarocken Fassaden sind auch im Inneren des Gebäudes verschiedene Bereiche mit repräsentativen Ausschmückungen versehen, insbesondere die Eingangshalle und die haushohe Mittelhalle mit ihren figurativen und ornamentalen Bildhauerarbeiten. Der Plenarsaal ist mit Stuckarbeiten und Deckengemälden von Albert Maennchen dekoriert, ähnlich repräsentativ sind die Empfangs- und Arbeitsräume des Gerichtspräsidenten und des Generalstaatsanwalts. 1994 wurde der Bau unter der Leitung des Berliner Architektenpaars Ralf Schüler und Ursulina Schüler-Witte umfangreich rekonstruiert und technisch modernisiert. Dabei wurden unter anderem Flure und Treppenräume farblich wiederhergestellt und das Dachgeschoss ausgebaut.

Während der Nazi-Zeit wurde der Bau vom Volksgerichtshof unter Roland Freisler genutzt, der unter anderem die Todesurteile gegen die Widerstandskämpfer des Attentats auf Hitler am 20. Juli 1944 aussprach. Nach dem Zweiten Weltkrieg fanden hier die Tagungen des Kontrollrats der Alliierten statt, auch das Viermächte-Abkommen wurde 1972 in diesem Gebäude unterzeichnet. Nach dem Abzug der Alliierten 1990 zogen das Kammergericht und weitere Behörden ein. Vor dem Gebäude befinden sich zwei Rossbändiger, die 1842/1843 von Peter Jacob Clodt von Jürgensburg geschaffen wurden und sich zuvor beim Stadtschloss in Berlin-Mitte befanden.

▸ Elßholzstr. 30–33; U-Bahn: Kleistpark

17 Kathreiner-Hochhaus

Das Kathreiner-Hochhaus wurde 1929/1930 nach einem Entwurf des namenhaften Architekten Bruno Paul im Stil der Neuen Sachlichkeit errichtet und erhielt seinen Namen nach dem ersten Mieter, der Kathreiner Malzkaffee-Fabrik GmbH. Das Hochhaus besteht aus drei Flügeln: zwei davon haben eine Höhe von sechs Geschossen und liegen parallel zur Potsdamer Straße, der dritte verläuft quer zur Straße und verbindet die beiden anderen mit seinen zwölf Geschossen. Die Fassade verkleidete Paul mit Thüringer Travertin. Im Laufe der Jahre wurde der mittlerweile denkmalgeschützte Bau von verschiedenen Einrichtungen genutzt, darunter der Berliner Verfassungsschutz, die Berliner Polizei, die BVG und die Senatsinnenverwaltung.

▸ Potsdamer Str. 186; U-Bahn: Kleistpark

18 Sozialpalast

Der Sozialpalast an der Ecke Potsdamer Straße/Pallasstraße, 2001 offiziell in Pallasseum umbenannt, wurde 1977 nach Plänen von Jürgen Sawade errichtet. Zuvor hatte hier seit 1910 der Berliner Sportpalast gestanden, der 1973 abgerissen wurde. Sawade entwarf einen imposanten Wohnriegel mit zwölf Geschossen, der vollständig aus Beton hergestellt wurde und 2000 Menschen Wohnraum bietet. Zunächst als Musterbeispiel für modernes Wohnen gefeiert, entwickelte sich die Anlage mit der Zeit zum sozialen Brennpunkt und verlor ihre Attraktivität. Die Anonymität und Unübersichtlichkeit des Komplexes förderten Drogenmissbrauch, Vandalismus, Verwahrlosung und Kriminalität. Die Lage verschlimmerte sich derart, dass Politiker für den Abriss der Anlage plädierten. 1999 einigte man sich jedoch auf ein Quartiersmanagement, mit dessen Hilfe die Situation verbessert werden sollte und das seitdem tatsächlich eine Aufwertung der Gegend bewirkt hat.

▸ Ecke Potsdamer Str./Pallasstr.; U-Bahn: Kleistpark

19 Frauenzentrum BEGiNE

Das Frauenzentrum BEGiNE hat seinen Ursprung in der Hausbesetzungswelle der 1980er-Jahre. 1981 besetzen feministische Aktivistinnen den entmieteten und maroden Altbau und gründeten hier ein autonomes Wohnprojekt, ein Frauenkulturzentrum sowie das erste Hilfsprojekt für Prostituierte in Deutschland. Sie konnten sich mit dem Senat einigen und wurden fortan eine feste Einrichtung im Viertel. Heute befinden sich in dem u-förmigen Altbau jeweils ein Wohnprojekt für Mädchen und Frauen, ein Frauen-Reisebüro und die BEGiNE, bestehend aus einer Frauenkneipe und einem Frauen-Kulturzentrum, das ein vielfältiges Angebot an Veranstaltungen, Kursen und Workshops anbietet.

▸ www.begine.de; Potsdamer Str. 139; U-Bahn: Bülowstr.

20 Galerie Guido W. Baudach

Bei ihrer Gründung 1999 trug die Galerie noch den Namen »Maschenmode«, da sie in einer ehemaligen Strickfabrik untergebracht war. Im Laufe der Jahre zog die Galerie unter anderem nach Charlottenburg und in den Wedding, bevor sie 2013 ihr Quartier in der Potsdamer Straße bezog. Gezeigt werden Werke zeitgenössischer Künstler.

▸ www.guidowbaudach.com; Potsdamer Str. 85; Di–Sa 11–18 Uhr; U-Bahn: Kurfürstenstr.

21 Galerie Aanant & Zoo

Die 2008 gegründete Galerie mit dem Schwerpunkt Konzeptkunst hat es sich zur Aufgabe gemacht, neben bereits etablierten Künstlern auch Werke junger aufstrebender Künstler auszustellen.

▸ www.aanantzoo.com; Bülowstr. 90; Mi–Sa 11–18 Uhr und nach Vereinbarung; U-Bahn: Bülowstr.

22 Bülowbogen

Der sogenannte Bülowbogen ist die Gegend rund um den Hochbahnhof der Bülowstraße. Dieser wurde 1902 nach einem Entwurf von Bruno Möhring im Jugendstil entworfen. Im letzten Drittel des 19. Jahrhunderts waren die sich hier kreuzenden Straßen – die Potsdamer Straße und die Bülowstraße – Prachtboulevards, die noch populärer waren als der Kurfürstendamm. Mit den Jahren entwickelte sich das Viertel zum Amüsier- und Ausgehviertel, dessen Spuren jedoch heute unter anderem durch den Abriss alter Häuser und Neubebauung verschwunden sind. In der Potsdamer Straße 131 steht allerdings noch ein altes Gebäude, das zu den schönsten Mietshäusern in der Gegend um den Bülowbogen gehört. Es wurde 1897/1898 nach Plänen von Franz Kemnitz errichtet und steht heute unter Denkmalschutz. In der Bülowstraße stehen noch einige der in den 1980er-Jahren besetzten Häuser. Die Hausnummern 52 und 54 beispielsweise wurden besetzt, 1984 legalisiert und verwalten sich heute selbst. Die Häuser in der Bülowstraße 55 und 89 wurden jeweils 1981 und 1984 kurz vor Weihnachten geräumt. Ein Abstecher durch die Steinmetzstraße führt in die Kurfürstenstraße, in deren Hausnummer 154 Walter Benjamin in seiner Jugend einige Jahre lebte. Heute befindet sich hier eine Apotheke.

▸ Bülowstr.; U-Bahn: Bülowstr.

23 Lutherkirche

Die evangelische Lutherkirche wurde 1891–1894 nach Plänen von Johannes Otzen errichtet. Der Architekt konzipierte eine dreischiffige Hallenkirche mit Querhaus und stilistischen Anleihen an die Neoromanik und Neogotik. Im Zweiten Weltkrieg wurde die Backsteinkirche mit dem schlanken, seitlichen Turm durch Brandbomben stark beschädigt und zunächst nur provisorisch wiederaufgebaut. 1959/1960 erfolgte dann eine umfangreiche Beseitigung der Kriegsschäden mit teilweisem Umbau. Nach einer fünfjährigen Vermietung an die American Church in Berlin ging die Lutherkirche 2007 in deren Eigentum über und ist heute Ort regelmäßiger Gottesdienste und Veranstaltungen.

▸ www.americanchurchberlin.de; Dennewitzplatz; U-Bahn: Bülowstr.

㉔ Nelly-Sachs-Park

Der an der Dennewitzstraße gelegene Nelly-Sachs-Park ist ein kleiner Park mit Spielplatz, Teich und einer Liegewiese. Benannt wurde er nach Nelly Sachs, die 1891 in der Schöneberger Maaßenstraße 12 geboren und aufgewachsen ist. 1940 emigrierte die jüdische Dichterin nach Schweden; 1989 wurde im Park zu Ehren ein Gedenkstein enthüllt.

Östlich des Parks, in der Dennewitzstraße 24, steht das ehemalige Verwaltungsgebäude der Volksbadeanstalten, das 1899 nach Plänen von Ludwig Hoffmann erbaut wurde. Die beiden benachbarten modernen Stadtvillen mit den Hausnummern 22 und 23 wurden 1994 nach Entwürfen des Architekten Rainer Oefelein errichtet. Er konzipierte die Bauten mit französischen Fenstern, großen Glastüren mit Holzrahmen sowie mit einem dem benachbarten Altbau angeglichenen Bauvolumen. Ein weiterer Bau von Oefelein befindet sich in der Dennewitzstraße 30. Ebenso wie bei den beiden Stadtvillen handelt es sich bei diesem Wohnriegel um einen Mauerwerksbau, der an seiner Ostfassade zur U-Bahntrasse hin Bandfenster und offene, gläserne Ecken aufweist.

▸ Dennewitzstr.; U-Bahn: Kurfürstenstr., Bülowstr.

㉕ Galerie Reception

Die 2009 gegründete Galerie Reception fungiert sowohl als Ausstellungsraum als auch als Kurator von Ausstellungen in anderen Institutionen wie z. B. der David-Bowie-Ausstellung, die von Mai bis August 2014 im Martin-Gropius-Bau zu sehen war. In den eigenen Räumen präsentiert die Galerie in erster Linie internationale zeitgenössische Kunst in Einzel- sowie Gruppenausstellungen.

▸ www.reception-berlin.de; Kurfürstenstr. 5/5a; Tel.: 030/26 93 14 55, Öffnungszeiten bitte telefonisch erfragen; U-Bahn: Kurfürstenstr., Bülowstr.

㉖ Galerie Société

Zu den von der Galerie vertretenen Künstlern gehören Trisha Baga, Joah Kolbo, Davis Rhodes und Timur Si-Chin.

▸ www.societeberlin.com; Genthiner Str. 36; Di–Sa 12–18 Uhr; U-Bahn: Kurfürstenstr.

27 Galerie Sommer & Kohl

Die 2008 eröffnete Galerie vertritt unter anderen die Künstler Eva Berendes, Andreas Eriksson, Paul McDeritt und Kara Uzelman.

▸ www.sommerkohl.com; Kurfürstenstr. 13/14; Mi–Sa 11–18 Uhr; U-Bahn: Kurfürstenstr.

Vom Bayerischen Platz zur Roten Insel

28 Bayerischer Platz

Der Bayerische Platz wurde 1908 nach Entwürfen von Fritz Encke als Schmuckplatz mit Grünflächen, Bäumen, Hecken und hölzernen Bänken angelegt. Seine Randbebauung erfolgte 1900–1914 nach Plänen der Berlinischen Bodengesellschaft im Stil der späten Gründerzeit. Nach der Verwüstung der Anlage im Zweiten Weltkrieg erfolgte 1958 eine Neugestaltung durch Karl-Heinz Tümler, der unter anderem auf der Mittelinsel ein Kunststeinbecken mit vier Springbrunnen errichtete.

In diesem Rahmen wurde auch der 4 m hohe bronzene »Bayerische Löwe« des Bildhauers Anton Rückel auf zwei Betonsäulen aufgestellt. 2007 begannen die Planungen für einen Umbau des Platzes, initiiert von einer Anwohnerinitiative und mit Unterstützung diverser Personen und Einrichtungen, darunter das Architektenpaar Andrea und Wilfried van der Bel und die BVG. In diesem Rahmen hat der U-Bahn-Eingang einen Mehrzweckpavillon mit Dachterrasse erhalten, der ein Kiezcafé, eine Dauerausstellung zur Geschichte der Juden aus dem Bayerischen Viertel und einen Mehrzweckraum beherbergt.

▸ U-Bahn: Bayerischer Platz

29 Bayerisches Viertel

Das Bayerische Viertel liegt rund um den Bayerischen Platz und wurde 1900–1914 für ein großbürgerliches Publikum angelegt. Elegante Fassaden, weiträumige, komfortable Wohnungen, Vorgärten und Schmuckplätze charakterisieren das Viertel. Die Bebauung erfolgte größtenteils im süddeutschen Renaissancestil, der sogenannten Alt-Nürnberger Bauweise, die sich durch verzierte Türmchen, gestufte Giebel und Sprossenfenster auszeichnet. Der Name des Viertels zeugt von der Straßenbenennung, die nach Städten Bayerns, Südtirols und Österreichs erfolgte. Noch heute zählt das Bayerische Viertel zu den etablierten und bevorzugten Wohnlagen Berlins. Die ersten Bewohner, darunter zahlreiche jüdische – 1933 waren es rund 16 000, weshalb das Viertel auch als »Jüdische Schweiz« bekannt war –, waren vor allem Ärzte, Rechtsanwälte, gehobene und höhere Beamte sowie Künstler und Intellektuelle, darunter Albert Einstein, Alfred Kerr, Arno Holz (Stübbenstraße 5), Erich Fromm und Gottfried Benn (Bozener Straße 20). In der Münchener Straße 37 befand sich eine 1909 nach Plänen von Max Fraenkel erbaute Synagoge. Wegen der Nähe zu den sie umgebenden Wohnhäusern blieb sie während der Novemberpogrome bis auf leichte Zerstörungen erhalten, wurde aber 1956 im Rahmen von neuen Bauplanungen abgerissen. Heute steht hier eine Gendenktafel. An die ermordeten jüdischen Einwohner erinnert seit 1993 das von den Künstlern Renata Stih und Frieder Schnock errichtete Denkmal »Orte des Erinnerns im Bayerischen Viertel: Ausgrenzung und Entrechtung, Vertreibung, Deportation und Ermordung von Berliner Juden in den Jahren 1933 bis 1945«. Es besteht aus 80 an Laternenpfählen im Viertel befestigten Schildern mit Texten und Bildern, auf denen ab 1933 in Kraft getretene Gesetzestexte zu lesen sind, wie beispielsweise »Jüdische Kinder dürfen keine öffentlichen Schulen mehr besuchen« oder »Juden dürfen am Bayerischen Platz nur die gelb markierten Sitzbänke benutzen«. Ergänzt werden die Schilder durch drei Übersichtspläne mit Karten des Viertels aus den Jahren 1933 und 1993 (aufgestellt am Bayerischen Platz, an der Schule in der Münchener Straße und vor dem Rathaus Schöneberg).

▸ U-Bahn: Bayerischer Platz

③⓪ U-Bahnhof Rathaus-Schöneberg

Der U-Bahnhof Rathaus-Schöneberg wurde 1908–1910 nach Plänen von Johann Emil Schaudt mit Anleihen an den Jugendstil errichtet und unter dem Namen »Stadtpark« in der damals noch eigenständigen Stadt Schöneberg eröffnet. Schaudt entwarf ein 70 m langes, brückenartiges Gebäude, das durch Fenster zu beiden Seiten einen Blick auf die benachbarte Parkanlage zulässt. Dass Schöneberg seine eigene U-Bahn-Linie vom Nollendorfplatz zum Innsbrucker Platz baute, bewies damals den Wohlstand der Gegend. Ende des Zweiten Weltkriegs wurde der Bahnhof total zerstört, jedoch 1951 wiederaufgebaut. 2002 erfolgte eine Renovierung des gesamten heute unter Denkmalschutz stehenden U-Bahnhofs.

▸ U-Bahn: Rathaus-Schöneberg

31 Rudolph-Wilde-Park

Der Rudolph-Wilde-Park liegt direkt am U-Bahnhof Rathaus-Schöneberg und wurde nach dem ersten Schöneberger Oberbürgermeister benannt, der 1906–1914 den Bau des Schönerbeger Rathauses initiierte. Der schmale, langestreckte Park mit einer Fläche von 7 ha zieht sich in Richtung Westen bis zur Bezirksgrenze am Volkspark Wilmersdorf (vgl. Seite 279). Mit seinen baumbestandenen Spazierwegen, den geschwungenen Liegewiesen und einem kleinen Ententeich ist der Park ein beliebter Naherholungsort. Ein Höhepunkt ist der Hirschbrunnen, aus dessen Mitte eine 8,80 m hohe, von einem goldenen Hirsch gekrönte Säule aufstrebt. Dieses Exemplar des Wappentiers Schönebergs wurde von August Gaul geschaffen. Des Weiteren bildet das Dach des U-Bahnhofs die historische Carl-Zuckmayer-Brücke, die vom Park aus durch breite Treppen begehbar ist. Mit ihren steinernen Figuren und Vasen verbindet sie den nördlichen und südlichen Teil der Innsbrucker Straße für Fußgänger und Radfahrer.

▸ U-Bahn: Rathaus-Schöneberg

32 Rathaus Schöneberg

Das Rathaus Schöneberg wurde 1911–1914 nach Plänen der Architekten Jürgensen und Bachmann errichtet und löste das alte Rathaus am Kaiser-Wilhelm-Platz ab (vgl. Seite 627). Die Architekten errichteten einen mächtigen Repräsentationsbau, der in seiner Größe nur mit dem Rathaus Spandau zu vergleichen war. Das freistehende, viergeschossige Gebäude erhielt eine einfache Putzfassade mit bildhauerischen Schmuckelementen und einen heute 70 m hohen, leicht vortretenden Turm. Letzterer wurde im Rahmen der Wiederaufbauten nach dem Zweiten Weltkrieg nach Plänen von Kurt Dübbers vereinfacht wiedererrichtet. Seit 1949 war das Rathaus Regierungssitz West-Berlins, Amtssitz des regierenden Bürgermeisters und der alliierten Verbindungsoffiziere sowie Tagungsort des Abgeordnetenhauses – und damit ein Symbol für den Freiheitswillen der West-Berliner während der innerdeutschen Teilung. In diesem Sinne erhielt der Turm 1950 die nach dem Vorbild der »Liberty Bell« in Philadelphia gefertigte »Freiheitsglocke«, die den Berlinern als Geschenk des amerikanischen Volkes von Lucius D. Clay übergeben wurde. Der Rathausvorplatz, der heutige John-F.-Kennedy-Platz, wurde in den 1950er- und 1960er-Jahren häufig als Kundgebungs- und Versammlungsplatz genutzt. Beispielsweise hielt hier am 26. Juni 1963 der US-Präsident John F. Kennedy vor 450 000 Menschen seine Rede mit den berühmten Worten »Ich bin ein Berliner«. Ihm zu Ehren wurde der damalige Rudolph-Wilde-Platz umbenannt. Seit der Wiedervereinigung und dem Umzug des Senats und des Abgeordnetenhauses ins Rote Rathaus in Berlin-Mitte beherbergt das Schöneberger Rathaus wieder die Bezirksverwaltung.

› John-F.-Kennedy-Platz 1; U-Bahn: Rathaus-Schöneberg

33 Historisches Dorfzentrum

In der Nähe der Hauptstraße befindet sich der Dorfanger Schönebergs mit Dorfkirche und Kirchhof. Schöneberg war im Mittelalter als das Berlin nächstgelegene Dorf gegründet worden und galt als prädestinierter Ausflugsort für die Städter. 1760 wurde es im Siebenjährigen Krieg von russischen Truppen abgebrannt. Dem König schien aber an dem repräsentativen Wiederaufbau des von 200 Einwohnern bewohnten Dorfes etwas zu liegen, denn er bezuschusste den Bau der für damalige Verhältnisse relativ kostbar gestalteten Dorfkirche Schöneberg. Die Dorfkirche wurde 1764–1766 nach einem Entwurf von Johann Friedrich Lehmann im Stil einer friderizianischen Landkirche mit Kupferhaube und Wetterfahne errichtet. Im Zweiten Weltkrieg

Die Dorfkirche im historischen Zentrum von Schöneberg

wurde der verputzte Backsteinbau mit seinem quadratischen Westturm schwer beschädigt, jedoch 1953–1955 in gleicher Form wiederaufgebaut. Die Kirche ist der einzige Bau, der vom einstigen Dorf heute noch erhalten ist. Das letzte Fachwerkhaus am Dorfanger wurde schon 1899 abgerissen, was im Rahmen des Baubooms der sogenannten Schöneberger Millionenbauern geschah. Diese wurden reich, nachdem sie ihre Felder in begehrtes Bauland umgewandelt und verkauft hatten. Innerhalb weniger Jahrzehnte wurde aus dem Dorf eine Großstadt – wobei bereits 1860 in Schöneberg 7 700 Menschen wohnten, gegenüber 500 bis 1 000 Einwohnern in den meisten anderen Dörfern rund um Berlin zu dieser Zeit. Ende des 19. Jahrhunderts stieg die Bevölkerungszahl dann rapide an: Zwischen 1894 und 1900 um 50 000 Einwohner, sodass sich Schöneberg bereits beim Erlangen des Stadtstatus 1898 in einem gänzlich veränderten Erscheinungsbild zeigte. Viele der Schöneberger Millionenbauern sind in prunkvollen Mausoleen auf dem Kirchhof neben der Dorfkirche bestattet. Das eher schlichte Grab des Baumeisters Wilhelm Stier ist mit einem kleinen Tempel aus schlesischem Marmor nach Entwürfen August Stülers ausgestaltet.

Neben der Dorfkirche befindet sich das denkmalgeschützte Bauensemble der Architekten Hermann Fehling, Daniel Gogel und Peter Pfankuch, das die evangelische Paul-Gerhardt-Kirche und die katholische St.-Norbert-Kirche umfasst. Erstere wurde 1958–1962 mit einem expressionistisch gezackten, spitz nach oben ragenden Turm errichtet und ersetzte die dort zuvor im Krieg zerstörte Kirche. Die St.-Norbert-Kirche wurde 1913–1918 nach einem Entwurf von Carl Kühn errichtet. Im Zuge eines Straßenumbaus wurde die gesamte nördliche Straßenwand mit der noch gut erhaltenen Doppelturmfassade abgerissen. Das Architektenteam wurde mit der 1958–1962 durchgeführten Umgestaltung beauftragt.

▸ Dorfkirche: Hauptstr. 46; U-Bahn: Rathaus-Schöneberg

❸❹ Crellestraße

Die Crellestraße war einst stark durch Kleingewerbe geprägt. Heute erscheint die verkehrsberuhigte Straße eher kleinbürgerlich, wobei es immer noch viele Geschäfte und Institutionen alternativer Ausrichtung gibt und viele Gewerbetreibende, Kunst- und Kulturschaffende sowie soziale Projekte hier zusammenkommen. In der Hausnummer 5/6 befindet sich das kleine »Museum der Unerhörten Dinge«. Hier erwartet den Besucher eine kuriose Sammlung von künstlerischen, wissenschaftlichen und technischen Gegenständen aus Vergangenheit und Gegenwart, darunter ein japanisches Bonsai-Hirschfell, der Rote Faden, der durchs Leben führt, Weißer Rotwein sowie der Einschlag eines Gedankenblitzes. In der benachbarten Hauptstraße 155 wohnten übrigens 1976–1978 David Bowie und direkt nebenan Iggy Pop.

▸ www.museumderunerhoertendinge.de; Crellestraße 5/6; Mi–Fr 15–19 Uhr; Eintritt frei; U-Bahn: Kleistpark, S-Bahn: Julius-Leber-Brücke

35 Gasometer

Der Gasometer ist das Wahrzeichen der Schöneberger Insel, die auch als sogenannte Rote Insel bekannt ist. Sie liegt im Osten Schönebergs und erhielt ihren Namen dadurch, dass sie von drei Bahnlinien umschlossen ist und einst ein traditioneller Arbeiterbezirk mit größtenteils politisch links orientierten Bewohnern war. Der Gasometer wurde 1908–1910 von der Berlin-Anhaltischen Maschinenbau AG (BAMAG) als einer der drei größten Gasbehälter Europas errichtet. 1995 wurde das denkmalgeschützte 75 m hohe Industriegebäude außer Betrieb genommen und saniert. Auf der Grundfläche in der Mitte des Baus steht seit 2009 ein der Reichstagskuppel nachempfundener Veranstaltungsraum. In dem von Wasser umgebenen Folienzelt findet unter anderem Günter Jauchs sonntägliche Polit-Talkshow statt.

Bekannt wurde die Rote Insel als Wirkungsfeld des Liberaldemokraten Friedrich Naumann und des Sozialdemokraten Julius Leber. Leber arbeitete nach seiner Entlassung aus dem KZ Sachsenhausen 1939 in einer Kohlenhandlung in der Torgauer Straße. Auch hier engagierte er sich politisch, bevor die Gestapo ihn nach dem fehlgeschlagenen Attentat auf Hitler am 20. Juli 1944, dessen politischer Kopf er war, festnahm und nach dem Freislerschen Schauprozess erschoss. Heute sind zwei Straßen im Bezirk nach Naumann und Leber benannt. Auch andere bekannte Persönlichkeiten sind mit der Roten Insel verbunden: Marlene Dietrich beispielsweise wurde in dem Haus in der Leberstraße 65 geboren, eine Gedenktafel erinnert an die Schauspielerin und Sängerin. In derselben Straße wuchs bei ihren Großeltern die in Ulm geborene Hildegard Knef auf. Der Dichter Paul Zech verbrachte bis zu seiner Emigration einige Jahre in der Naumannstraße 78. Auch der sozialistische Arbeiterführer August Bebel (Großgörschenstraße 22), Jazz-Plattenlabel-Gründer Alfred Lion (Gotenstraße 7) und Deutschlands erster Bundespräsident Theodor Heuss (Naumannstraße 28) lebten hier einige Zeit.

▸ Torgauer Str. 12–15; S-Bahn: Schöneberg

36 Königin-Luise-Gedächtnis-Kirche

Die evangelische Königin-Luise-Gedächtnis-Kirche am Gustav-Müller-Platz wurde 1910–1912 unter der Leitung von Fritz Berger errichtet und anlässlich des 136. Geburtstags der Königin Luise von Preußen eingeweiht. Aufgrund des achteckigen Grundrisses und der neobarocken Kuppel wird die Kirche im Volksmund auch als »Käseglocke« bezeichnet. Im hellen Innenraum, in dem bis zu 750 Personen Platz haben, befindet sich ein Altarbereich, der 1979 vom Berliner Künstler Volkmar Haase (neu) gestaltet wurde. In der unter Denkmalschutz stehenden Kirche finden heute regelmäßig Gottesdienste und Veranstaltungen statt.

› www.schoeneberg-evangelisch.de; Gustav-Müller-Platz; S-Bahn: Julius-Leber-Brücke

37 Kirche St. Elisabeth

Die katholische Kirche St. Elisabeth wurde 1910/1911 nach Plänen des Kölner Dombaumeisters Bernhard Hertel als einschiffige Langhauskirche im Stil der Neogotik errichtet. Aus Kostengründen wurde der mit roten Klinkern verblendete Sakralbau in die geschlossene Wohnbebauung auf einem Grundstück in der Kolonnenstraße eingefügt; das Kirchenschiff liegt zum Hof und ist daher von der Straße aus nicht sichtbar. Der Innenraum ist reich ausgeschmückt, beispielsweise mit der lebensgroßen Maria-Statue, die 1922 von Wilhelm Haverkamp aus Eichenholz geschnitzt wurde, und den Figuren der Weihnachtskrippe, die 1937–1939 von einem Herrgottsschnitzer aus Oberammergau angefertigt wurden und in der Weihnachtszeit aufgestellt werden. Die nach der Heiligen Elisabeth von Thüringen benannte Kirche steht heute unter Denkmalschutz und ist Ort regelmäßiger Gottesdienste und Veranstaltungen.

› Kolonnenstr. 36; S-Bahn: Julius-Leber-Brücke

38 Alter Zwölf-Apostel-Kirchhof

Der Alte Zwölf-Apostel-Kirchhof ist einer der kunst- und kulturgeschichtlich bedeutendsten Friedhöfe Berlins. Er wurde ab 1864 nach einem Entwurf des königlichen Garteninspektors Carl David Bouché angelegt, der seit 1843 im Botanischen Garten, dem heutigen Kleistpark, tätig war. Bouché legte den Kirchhof als rechteckiges Gelände an, das im Laufe der Zeit immer mehr erweitert wurde. Von der ersten Gestaltung des Kirchhofs sind heute noch die Gliederung sowie das

Grundwegnetz mit seinen Lindenalleen erhalten. Dank seiner Nähe zur Potsdamer Straße und zum Nollendorfplatz sind hier, der Einwohnerstruktur des südlichen Tiergartens entsprechend, viele Künstler, Schriftsteller und Wissenschaftler bestattet, deren Gräber eine Reihe von interessantem plastischem Grabschmuck aus dem späten 19. Jahrhundert aufweisen. Die Bildhauer Reinhold Begas und Heinrich Wefing, die Maler Anton von Werner und Robert Warthmüller, die Architekten Herrmann Knauer und Wilhelm Böckmann sowie der Schriftsteller Heinrich Spiero erhielten hier beispielsweise ihre Ruhestätten. Heute ist der Kirchhof ein Gartendenkmal; er wurde 1996–1998 unter denkmalpflegerischen Gesichtspunkten instand gesetzt und restauriert.

▸ Kolonnenstr. 24–25; S-Bahn: Julius-Leber-Brücke

39 Alter St.-Matthäus-Kirchhof

Der Alte St.-Matthäus-Friedhof wurde 1856 eingeweiht und noch in den 1860er-Jahren zweimal erweitert. Aufgrund der Vielzahl der hier bestatteten berühmten Persönlichkeiten gilt der heute denkmalgeschützte Kirchhof als einer der wichtigsten Friedhöfe aus der Gründerzeit. Denn nahe des ehemaligen »Geheimratsviertels« gelegen, wo einst das Großbürgertum, bestehend aus Bankiers und Kaufleuten, aber auch Schriftstellern und Künstlern, in noblen Villen und Stadthäusern wohnte, lässt der Friedhof noch den Wohlstand der Reichen und Neureichen an seinen aufwändig und teilweise pompös gestalteten Grabmälern erkennen. Beispielsweise wurden hier die Männer des Widerstands und des Attentats vom 20. Juli 1944 nach ihrer Verhaftung und Erschießung begraben. Allerdings wurden sie von der SS anschließend wieder exhumiert und verbrannt; die Asche wurde auf den Rieselfeldern der Vorstadt verstreut. Seit 1979 erinnert ein Gedenkstein an diese Grabschändung. Weiter den Hügel hinauf stehen die Grabsteine der Brüder Grimm. Sehenswert ist auch der schlichte Grabstein mit Pindar-Zitat von Georg Büchmann, der 1884 im Maison de Santé verstarb (vgl. Seite 628). Des Weiteren sind unter den hier Ruhenden der Mediziner Rudolf Virchow, die Frauenrechtlerin Minna Cauer, der Pädagoge Adolf Diesterweg, der Archäologe Ernst Curtius, die Dichterin May Ayim, der Begründer des mobilen Milchwagens Carl Bolle – in einem imposanten Familien-Mausoleum – und David Kalisch, Begründer der Satirezeitschrift »Kladderadatsch«. Eine Informationstafel am Eingang gibt Auskunft über den genauen Liegeplan.

▸ Großgörschenstr. 12–14; S-Bahn: Yorckstr. (Großgörschenstr.)

Friedenau

40 Friedrich-Wilhelm-Platz

Der Friedrich-Wilhelm-Platz entstand um 1870 nach Entwürfen von Johann Anton Wilhelm von Carstenn und Johannes Otzen als Platzerweiterungen der damaligen Kaiserstraße, der heutigen Bundesallee. Benannt wurde er nach dem Deutschen Kaiser Friedrich III., der zu dieser Zeit als preußischer Kronprinz die Vornamen Friedrich Wilhelm führte. Nachdem der Platz 1887 gärtnerisch gestaltet wurde, entstand 1891–1893 die nach Plänen von Karl Dorflein im neugotischen Stil errichtete evangelische Kirche »Zum Guten Hirten«. Der Platz bildet das topographische Zentrum von Friedenau: Von hier aus gehen fast alle Straßen des Bezirks sternenförmig ab. Durch die halbrund zusammenlaufenden Stubenrauchstraße und Handjerystraße wird das Straßennetz ebenso durchschnitten wie zusammengefasst. Diese Straßenanlegung geht auf die Zeit um 1870 zurück, als sich Friedenau vom ehemaligen Rittergut Deutsch-Wilmersdorf zur Villenkolonie entwickelte. Zuvor war das ganze Gebiet 1865 vom Hamburger Kaufmann Johann Wilhelm von Carstenn aufgekauft worden, der hier eine Landhauskolonie im englischen Stil konzipierte (vgl. Seite 684). Die geometrische Straßenfigur wird daher auch »Carstenn-Figur« genannt. Die Villen und Landhäuser aus dieser Zeit sind heute noch erhalten. Die kleinen Gartengrundstücke sind zumeist noch im Original vorhanden, teilweise wurden die Häuser aber durch ein Dachgeschoss aufgestockt. 1874 lebten in Friedenau 1 104 Menschen und es gab etwa 80 Villen und Landhäuser. Seit den 1890er-Jahren durften durch Erwirken des Landrates Stubenrauch auch vielstöckige Mietshäuser zwecks Erweiterung des Wilhelminischen Großstadtgürtels gebaut werden. 1920 erfolgte die Zusammenlegung von Friedenau und Schöneberg in ein Verwaltungsgebiet.

▸ U-Bahn: Friedrich-Wilhelm-Platz

41 »Literaturmeile«

Die von der Bundesallee abzweigende, 500 m lange Niedstraße beherbergte einst berühmte Literaten, weshalb sie auch als »Literaturmeile« bekannt ist: Erich Kästner hatte eine Wohnung in dem Haus mit der Nummer 5, der Schriftsteller und Philologe Max Halbe lebte in der Niedstraße 10. Günter Grass wohnte 1963–1986 in der Hausnummer 13. Im Nachbarhaus von Grass, in der Hausnummer 14, wohnte seit 1959 der mit ihm befreundete Uwe Johnson. Er bezog in dem hochgeschossigen Mietshaus das Dachatelier, das vor ihm lange Zeit der expressionistische Maler Karl Schmidt-Rottluff als Atelier benutzt hatte. Eine Gedenktafel am Haus erinnert an den 1984 in England verstorbenen Schriftsteller. Ab 1967 entstand durch die Besetzung des Hauses hier die Kommune 1 um Fritz Teufel, Dieter Kunzelmann und Rainer Langhans.

Als gemeinschaftlicher Treffpunkt der Literaten etablierte sich in den 1960er- und 1970er-Jahren das »Bundeseck« in der Bundesallee 75 sowie der in unmittelbarer Nähe gelegene Buchhändlerkeller in der Görrestraße 8. Auch die vielen in Friedenau ansässigen Buchhandlungen und Antiquariate zeugen von den literarisch interessierten Bewohnern, wie beispielsweise die kurz nach dem Zweiten Weltkrieg eröffnete Buchhandlung Thaer in der Bundesallee 77 sowie die renommierte, 1929 gegründete Nicolaische Buchhandlung in der Rheinstraße 65. In den Räumen der 1931 eröffneten und zur Institution gewordenen, mittlerweile jedoch geschlossenen Wolff's Bücherei in der Bundesallee 133 befindet sich seit 2009 die Buchhandlung Der Zauberberg.

▸ Niedstr.; U-Bahn: Friedrich-Wilhelm-Platz

🅸 Nicolaische Buchhandlung

Seit dem 3. Mai 1713 gibt es die Nicolaische Buchhandlung. Gegründet wurde sie von Christian Gottlieb Nicolai, dessen Sohn Friedrich, der berühmte Philosoph und Aufklärer, Freund Lessings und Moses Mendelssohns, das Unternehmen über Jahrzehnte weiterführte. Die Buchhandlung befindet sich seit 1926 in Friedenau und führt ein allgemeines Sortiment mit anspruchsvoller Belletristik, Kinderbüchern, Reiseführern, großer Taschenbuchabteilung sowie ein umfangreiches Angebot an Berlin-Literatur.

▸ www.nicolaische-buchhandlung.de; Rheinstraße 65; Mo–Fr 9–18:30, Sa 10–14 Uhr; U-Bahn: Friedrich-Wilhelm-Platz, S-Bahn: Friedenau

🅳 Breslauer Platz

Der Breslauer Platz befindet sich am Anfang der Niedstraße. Er wurde um 1875 als »Schulplatz« angelegt und 1961 nach Breslau, der Hauptstadt Niederschlesiens, benannt. Noch heute wird hier dreimal wöchentlich der seit 1881 stattfindende Wochenmarkt veranstaltet – der damit einer der ältesten Wochenmärkte Berlins ist. Begrenzt wird der Platz unter anderem durch das 1913–1915 nach Plänen von Hans Altmann erbaute, späthistorische Rathaus Friedenau in der Niedstraße 1–2, das heute eine Stadtbücherei beherbergt. Auf der

Mittelinsel befindet sich die 1929 nach einem Entwurf von Heinrich Lassen errichtete Bedürfnisanstalt mit angebautem Wartehäuschen, die heute unter Denkmalschutz steht und als Kiosk dient.

> ‣ Markt: Mi 8–13, Do 12–17, Sa 8–14 Uhr; U-Bahn: Friedrich-Wilhelm-Platz

44 Renée-Sintenis-Platz

Der Renée-Sintenis-Platz an der Schmargendorfer Straße wurde nach der gleichnamigen Bildhauerin benannt. Sie gehörte zur Berliner Secession und war später Mitglied der Akademie der Künste. Auf dem Platz steht ein kleines bronzenes »Grasendes Fohlen«, das die Künstlerin 1929 geschaffen hat. Unter den Gebäuden der Randbebauung befindet sich das ehemalige Kaiserliche Postamt, das 1918 nach Plänen von Ludwig Meyer im expressionistischen Stil errichtet wurde.

> ‣ U-Bahn: Friedrich-Wilhelm-Platz

45 Perelsplatz

Der langgestreckte rechteckige Perelsplatz wurde 1907 nach Plänen von Fritz Zahn angelegt und 1961 nach dem Jurist Friedrich Justus Perels benannt. Dieser gehörte während der NS-Zeit zur illegalen Oppositionsbewegung »Bekennende Kirche« und wurde kurz vor Kriegsende hingerichtet. Der Platz ist mit Grünflächen ausgestaltet und mit einer großen Vielfalt von Baumarten bepflanzt. Am östlichen Rand liegt der von Paul Aichele 1932 entworfene 4,20 m hohe »Sintflutbrunnen«. Unmittelbar in der Nähe befindet sich das 1909 von Hans Altmann erbaute Fachwerkhäuschen mit Schieferdach, das ursprünglich als Bedürfnisanstalt diente und später zu einem Parkcafé umgebaut wurde. Am westlichen Parkrand steht ein Denkmal zu Ehren der im Ersten Weltkrieg gefallenen Soldaten aus dem Jahr 1923. Am Perelsplatz 6–9, nordwestlich der Grünanlage, liegt der mächtige und heute unter Denkmalschutz stehende Bau des ehemaligen Friedenauer Gymnasiums, heute die Friedrich-Bergius-Schule. Mit Anleihen an die beginnende Moderne wie auch an die Renaissance wurde der Schulbau 1901–1903 nach einem Entwurf der Architekten Paul Engelmann und Erich Blunck errichtet, die ihn mit auffälligen Details wie einem Glockenturm, einem Portalfries und gusseisernem Schmuck ausgestalteten.

Nach Westen erstreckt sich vom Perelsplatz aus das 1905–1909 erbaute Wagnerviertel mit dem kleinen Cosimaplatz. Die Straßen

Friedenauer Rathaus

wurden nach Figuren aus den Opern Richard Wagners benannt, darunter Senta, Eva, Brünnhilde und Elsa. Nach Südwesten erstreckt sich die Sarrazinstraße, in deren Hausnummer 8 Max Frisch mit seiner Frau Marianne in den 1970er-Jahren lebte; auch der Dichter Ernst Jandl wohnte hier. Das Landhaus mit der Hausnummer 19 wurde 1887 als freistehender, zweigeschossiger Rohziegelbau auf quadratischem Grundriss nach Plänen von Max Trappe erbaut. Es gehört noch zu der Erstbebauung Friedenaus und steht heute unter Denkmalschutz.

▸ U-/S-Bahn: Bundesplatz

㊻ Friedenauer Friedhof

Der Friedhof Friedenau wurde 1881 als »Begräbnisplatz der Gemeinde Friedenau« auf dem damaligen Hamburger Platz angelegt, der in den Plänen Carstenns eigentlich als Schmuckplatz vorgesehen war. Daher sollte der Friedhof hier zunächst nur provisorisch angelegt und später umgelegt werden, was jedoch nicht realisiert wurde. Der Haupteingang mit Portal befindet sich an der Stubenrauchstraße, von dem aus eine Sichtachse auf die 1888/1889 nach Plänen von W. Spieß erbaute Friedhofskapelle führt. Spieß konzipierte eine gotisierende, dreijochige Backsteinkapelle, deren Vorplatz von einer von Betel Thorvaldsen geschaffenen Christusfigur geschmückt wird. Ein weiteres Gebäude befindet sich am westlichen Rand des Friedhofs. Es wurde 1914/1915 nach Plänen von Scherler als zweigeschossige, langgestreckte Urnenhalle aus Backstein errichtet, in deren Zentrum sich ein Rundturm mit Kuppel befindet.

Durch die Nähe zur Künstlerkolonie Wilmersdorf (vgl. Seite 298) befinden sich auf dem Friedhof zahlreiche Gräber bekannter Persönlichkeiten, das wohl bekannteste ist das von Marlene Dietrich. 1992 wurde die im Pariser Exil verstorbene Schauspielerin hier begraben. Auch der expressionistische Autor Paul Zech, der italienische Komponist Feruccio Busoni – mit einem von Georg Kolbe gestalteten Grabmal – und seit 2004 der Fotograf Helmut Newton sind hier bestattet.

▸ Stubenrauchstr. 43–45; U-/S-Bahn: Bundesplatz

㊼ Kleines Theater

Das Kleine Theater wurde 1973 in einem ehemaligen Kino von der Theaterwissenschaftlerin Sabine Fromm gegründet und gilt heute als ein wichtiger kultureller Treffpunkt Friedenaus. Gespielt werden in dem Theater mit 99 Zuschauerplätzen eher konventionelle Stücke, die unter dem Motto »Biografien« die Lebensgeschichten berühmter wie auch fiktiver Figuren beleuchten. So wurden schon Persönlichkeiten wie Johnny Cash, Frida Kahlo und John F. Kennedy dem Publikum in Form von Sprechtheater, Musical oder Schlagershow näher gebracht. Eine kleine Bar im Zuschauerraum trägt zu der intimen Atmosphäre bei. In der Nachbarschaft, in der Stubenrauchstraße 47, wurden übrigens 1927 die Comedian Harmonists ins Leben gerufen.

▸ www.kleines-theater.de; Südwestkorso 64; U-Bahn: Friedrich-Wilhelm-Platz, Bundesplatz, S-Bahn: Bundesplatz

48 Georg-Hermann-Garten

Der Georg-Hermann-Garten wurde 1962 als Gedenkort für den Schriftsteller Georg Hermann eingeweiht. Auch ein Gedenkstein aus rotem Sandstein ist hier aufgestellt. Der deutsch-jüdische Schriftsteller wurde als Georg Hermann Borchardt 1871 in der Nähe des Potsdamer Platzes geboren und lebte ab 1906 einige Jahre mit Frau und Kindern in der Stubenrauchstraße 6 sowie später auch in der Kreuznacher Straße 28, in der damaligen Künstlerkolonie, an deren Haus heute eine Gedenktafel an ihn erinnert. Hermanns literarisches Werk besteht hauptsächlich aus Romanen aus dem Berliner Judentum der Biedermeierzeit, darunter die populären Titel »Jettchen Gebert«, »Kubinke« oder »Henriette Jacoby«. 1943 wurde er mit einer seiner Töchter und einem Enkelkind in das Konzentrationslager Westerbork verschleppt und starb später auf dem Transport nach Auschwitz. Die Zugänge zum Garten liegen in der Goßlerstraße 24–25 und in der Stubenrauchstraße 6.

▸ Goßlerstr. 24/25/Stubenrauchstr. 6; U-Bahn: Friedrich-Wilhelm-Platz

49 Goerz-Höfe

Der weitläufige Gewerbehof in der Rheinstraße steht beispielhaft für die Verknüpfung von Gewerbe, Verwaltungstrakten und Kultureinrichtungen. Die Backsteingebäude mit weit aufragenden Fabrikschornsteinen wurden in mehreren Bauabschnitten 1897–1916 nach Plänen der Architekten Paul Egeling, Waldemar Wendt, Emil Schmidt, Albert Paeseler und P. Mitnacht im historisierenden Stil der Renaissance und Gotik errichtet. Ab 1897 hatte die 1886 gegründete »Optische Anstalt C. P. Goerz« hier ihre Produktionsstätte in den Hausnummern 44–46. Das Unternehmen stellte Fotoapparate,

Objektive und Fernrohre her und war für die beispielhaften freiwilligen sozialen Leistungen an seine Arbeiter bekannt. 1962 wurde es Teil der Zeiss Ikon AG, die hier optische Präzisionsgeräte herstellte. 1961 wurden die unter Denkmalschutz stehenden Höfe saniert und für neue Nutzungsmöglichkeiten umgebaut. Heute beherbergen sie eine Vielfalt an Gewerben, darunter Architekten, Künstler, Werkstätten, Verlage, Agenturen sowie ein Sportstudio und eine Tanzschule. Im zweiten großen Hof befindet sich ein Industriedenkmal in der Form eines großen Umlenkrads eines Lastenaufzugs.

▸ Rheinstr. 44–46; U-Bahn: Walther-Schreiber-Platz

50 S-Bahnhof Friedenau

Der S-Bahnhof Friedenau hat sich in den letzten Jahren durch seine benachbarten Restaurants und Cafés zum attraktiven Umfeld entwickelt. Er wurde 1891 in seiner jetzigen Form errichtet, wobei bereits 1874 hier eine erste Bahn-Station angelegt worden war. Das alte Bahnhofsgebäude dieser ersten Station wurde saniert und dient seit 2004 als Veranstaltungsort für Ausstellungen und kleine Konzerte.

Unweit des Bahnhofs, in der Wielandstraße 23, wohnte Rosa Luxemburg, eine der einflussreichsten Vertreterinnen der europäischen Arbeiterbewegung. Seit 2013 erinnert eine Gedenktafel daran, dass Luxemburg hier ab 1899 in einem großem Zimmer in der zweiten Etage lebte. Anschließend zog Luxemburg in die Cranachstraße 58, noch später dann in die Mietskasernen der Innenstadt.

▸ S-Bahn: Friedenau

51 Ceciliengärten

Die Ceciliengärten sind eine 42 200 m² große, öffentlich zugängliche Anlage, die aus einem großen umbauten Hof mit zahlreichen Grünanlagen, Skulpturen und Brunnen besteht und sich nördlich des S-Bahnhofs Friedenau befindet. Sie entstand 1922–1927 und wurde nach der Kronprinzessin Cecilie von Preußen benannt. Die namensgebende, verkehrsberuhigte Straße Ceciliengärten ist über zwei Einfahrten zu erreichen und wird im Süden vom Atelierturm markiert. Dieser hatte ursprünglich keine wirkliche Funktion, sondern sollte lediglich eine architektonische Landmarke darstellen. Seinen Namen erhielt er, nachdem der Maler Hans Baluschek hier 1929–1933 seine Wohnung mit Atelier hatte. Die restlichen Gebäude weisen eine am Jugendstil orientierte Ausgestaltung auf und sind mit Staffelungen,

Gartenanlage in den Ceciliengärten

Ornamenten und Spitzdächern ausgeschmückt. Zur 750-Jahr-Feier Berlins 1987 wurde die gesamte Anlage komplett restauriert, wobei die Fassaden denkmalgerecht überarbeitet und die Dächer neu eingedeckt wurden. Die zentrale Grünanlage der Siedlung wird durch die zwei lebensgroßen Frauenbilder »Der Morgen« und »Der Abend« des Bildhauers Georg Kolbe ergänzt. Die Straße Ceciliengärten wird zudem im Bereich der Siedlung von japanischen Kirschbäumen flankiert, die hier Ende der 1950er-Jahre gepflanzt wurden.

Bereits in den 1980er-Jahren entstanden erste Ideen für die Parzellierung und Bebauung des Geländes, die zu dem vorläufigen Plan einer Erschließung des Gebiets durch übermäßig breite Straßen mit verteilten Grünflächen im Jahr 1909 führten. Durch den Ersten Weltkrieg konnten die Pläne jedoch nicht vollständig realisiert werden; erst 1920 nahm man die Bebauung wieder auf. Seit 1977 ist die gesamte Anlage als Gartendenkmal ausgewiesen.

▸ S-Bahn: Friedenau

Tempelhof: Fläche: 12,2 km², Einwohnerzahl: 58 167

Tempelhof

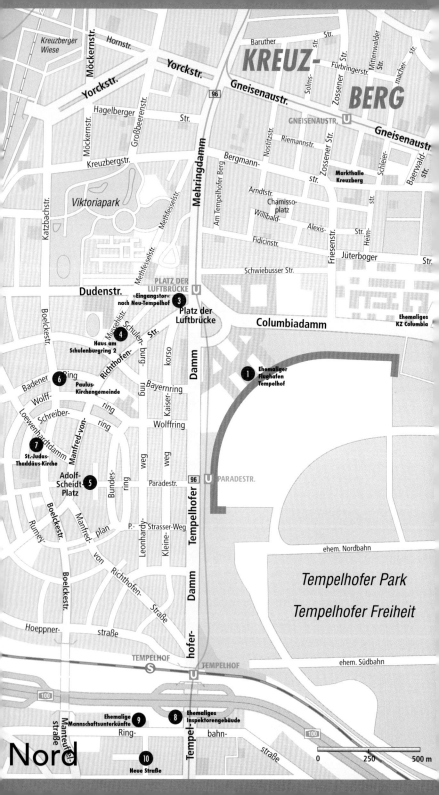

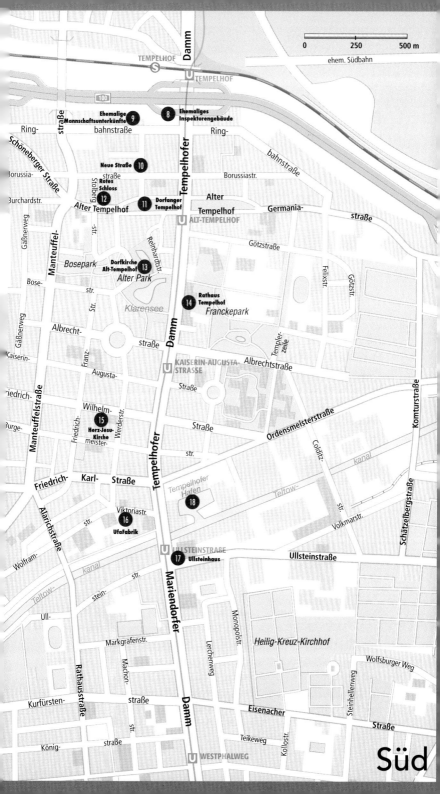

Tempelhof

1 Ehemaliger Flughafen Tempelhof

Das Tempelhofer Feld war ursprünglich von Friedrich Wilhelm I. als Exerzier- und Paradefeld der Preußischen Armee angelegt worden, auf dem unter anderem zweimal jährlich die Berliner Garnison vorgeführt wurde. Der Name Tempelhof leitet sich von den Rittern des Ordens der Tempelherren ab, auf die die benachbarten Dörfer Marienfelde und Mariendorf zurückgehen. Seit den 1890er-Jahren wurden auf dem Feld erste Flugversuche unternommen. Nachdem Orville Wright 1909 vor dem Berliner Publikum seine Schauflüge inszeniert hatte, war schließlich der Sprung zur linienmäßigen Verkehrsluftfahrt nicht mehr weit und so entwickelte sich das Berliner Tempelhofer Feld während der 1920er-Jahre zu einem ihrer bedeutendsten Knotenpunkte. Der Name Tempelhof wurde damit zum Inbegriff der zivilen Luftfahrt und in der ganzen Welt bekannt, obwohl der Flughafen zu dieser Zeit lediglich mit ein paar schlichten Bauten ausgestattet war. Dies sollte sich durch die Nationalsozialisten ändern, die hier 1935–1938 nach Plänen von Ernst Sagebiel einen monumentalen halbkreisförmigen, in drei Bereiche gegliederten Baukomplex errichten ließen. Er bestand aus einem beinahe 1,2 km langen, bogenförmigen Hauptgebäude, in dessen Mitte ein 400 m langer Flugsteig lag. Links und rechts davon befanden sich die Flugzeug- und Werkstatthallen. Die mittig gelegene quaderförmige Abfertigungs- und Eingangshalle fungierte als Zentrum des Komplexes. Die Anlage war auf das 30-Fache des damaligen Bedarfs berechnet und sollte neben einer gewaltigen Herrschaftsgeste auch ein repräsentatives Eingangstor für die neue Hauptstadt darstellen. 1945 wurden die Gebäude von der Roten Armee besetzt, bis sie, nach der Teilung in die vier Besatzungszonen, von der US-Army übernommen wurden. 1985–2008 wurde der Flugbetrieb wieder aufgenommen, der Flughafen konnte jedoch seine alte Bedeutung nicht wiedergewinnen. Seit seiner Schließung werden die Gebäude sowie die über 220 ha große Freifläche verschiedenartig genutzt und zukünftige Nutzungspläne noch diskutiert. Bisher diente das Wiesengelände des ehemaligen Flugfelds als sogenannte Tempelhofer Freiheit vor allem zur Freizeitnutzung mit verschiedenen Projekten; in den Gebäuden fanden in den letzten Jahren unter anderem Modemessen und Designershows wie die »Bread & Butter« statt.

Der Platz der Luftbrücke liegt vor den ehemaligen, 2008 geschlossenen Flughafengebäuden Tempelhofs an der Kreuzung von Dudenstraße, Columbia- und Tempelhofer Damm und damit an der Grenze zwischen Tempelhof und Kreuzberg. Neben dem Namen des Platzes erinnert hier auch das Luftbrückendenkmal an die Berliner Luftbrücke von 1948/1949. Das im Volksmund auch »Hungerharke« genannte Mahnmal wurde nach Plänen von Eduard Ludwig 1951 als erstes Luftbrückendenkmal errichtet. Ludwig stellte drei Betonrippen auf, die die Luftkorridore nach Berlin symbolisieren, durch die die Berliner Bevölkerung fast eineinhalb Jahre lang mit Lebensmitteln, Kohle, Benzin, Medizin und anderem versorgt wurde. Er vermied dabei, die nationalistische Platzgestaltungsidee mit ihrer monumental-symmetrischen Architektur noch nachträglich aufzuwerten, indem er das Denkmal aus der zentralen Achse der runden Anlage herausgedreht aufstellte. Der Opfer gedenkt die Inschrift am Sockel: »Sie gaben ihr Leben für die Freiheit Berlins im Dienste der Luftbrücke 1948/1949.« Darunter sind auf Bronzetafeln die Dienstgrade und Namen der 78 bei Unfällen Verstorbenen vermerkt, unter ihnen amerikanische und britische Piloten sowie deutsches Hilfspersonal.

Ein Teil des Platzes heißt seit 1985 inoffiziell Eagle Square, denn hier befindet sich auf einem Waschbetonsockel ein Adlerkopf. Dieser ist der Originalkopf des 4,50 m hohen Adlers, der 1940 von dem Bildhauer Ernst Sagebiel entworfen und auf dem Dach des Gebäudes

Ehemaliger Flughafen Tempelhof

angebracht worden war. 1962 wurde der Adler aufgrund der Installation einer neuen Radaranlage abgenommen und 1985 das heute noch vorhandene Kopfteil auf dem Eagle Square wieder aufgestellt.

▸ www.tempelhoferfreiheit.de; U-Bahn: Platz der Luftbrücke

❷ Ehemaliges KZ Columbia

Das ehemalige KZ Columbia, auch Columbia-Haus genannt, befand sich auf dem Gelände des Flughafens Tempelhof am Columbiadamm. Es war zuerst ein Gefängnis der Geheimen Staatspolizei und ab 1934 ein Konzentrationslager, in dem die Nazis drei Jahre lang politische Gegner gefangen hielten. Der Name verweist auf das Flugzeug »Columbia«, mit dem die beiden Ozeanflieger Clarence und Charles Levine 1927 aus New York kommend auf dem Tempelhofer Flughafen gelandet waren.

Der 1896 errichtete Gebäudekomplex bestehend aus einem Arresthaus mit 156 Zellen, einem Gerichtsbau, einer Beamtenunterkunft sowie Nebenanlagen wurde bis 1918 als Militäranstalt genutzt. Danach diente er dem Strafvollzugsamt Berlin; ab 1933 wurde er von der Gestapo als Polizeigefängnis genutzt. Zu den ersten Häftlingen gehörte der Schriftsteller und Pazifist Kurt Hiller. Die Zahl der Häftlinge wuchs von 80 im Jahr 1933 auf 450 im darauffolgenden Jahr an, sodass die 156 Einzelzellen des Columbia-Hauses total überfüllt und die Lebensbedingungen der Inhaftierten unerträglich wurden, zumal die Häftlinge auch täglichen Misshandlungen durch die Aufseher ausgesetzt waren.

Im Dezember 1934 erfolgte eine Umstrukturierung, die das Gefängnis unter dem Namen Konzentrationslager Columbia der sogenannten Inspektion der Konzentrationslager unterstellte. Dies hatte den Übergang vom unstrukturierten Terror durch die SS und Gestapo zu einem bis ins Detail ausgeklügelten System der Gewalt zur Folge. Zu den Häftlingen gehörten von da an nur noch Personen, die zunächst verhört und anschließend in andere Konzentrationslager überführt werden sollten, bis zur Schließung des Lagers im Herbst 1936 insgesamt rund 8 000 Menschen. Viele prominente Persönlichkeiten waren darunter, wie beispielsweise Theodor Neubauer, John Schehr, Willi Agatz, Erich Honecker, Ernst Thälmann und Werner Seelenbinder. Auch die Sozialdemokraten Karl Ebert, Ernst Heilmann, Franz Klühs und Franz Neumann sowie, in der Gruppe der jüdischen Häftlinge, der Rabbiner Leo Baeck und der Jurist und spätere Ankläger bei den Nürnberger Prozessen Robert M. W. Kemper gehörten zu den hier Inhaftierten.

Ein Mahnmal erinnert heute an das KZ Columbia

1936 wurde das Columbia-Haus während der Arbeiten zum Ausbau des Flughafens Tempelhof aufgelöst; die Insassen wurden in das neue, im Norden Berlins gelegene Konzentrationslager Sachsenhausen überführt. Das Gebäude selbst wurde 1938 abgerissen. Heute befindet sich gegenüber dem ursprünglichen Standort am Columbiadamm ein vom Bildhauer Georg Seibel geschaffenes und 1994 errichtetes Mahnmal, das der Leiden der Häftlinge gedenken soll. Mit nachgebauten Gebäudeteilen eines Gefängnisses wie Außen- und Zellenwänden, Dach und Giebel wird das heute nicht mehr erhaltene Konzentrationslager symbolisiert.

▸ Ecke Columbiadamm/Golßener Str.; U-Bahn: Platz der Luftbrücke, Südstern

③ »Eingangstor« nach Neu-Tempelhof
An der Ecke Manfred-von-Richthofen-Straße/Tempelhofer Damm stehen zwei Rundbauten, die noch vor dem Flughafen erbaut wurden und den Anfang von Neu-Tempelhof markieren. Sie führen in

ein Stadtgebiet hinein, das 1912 nach Plänen der Architekten Bruno Möhring und Fritz Bräuning bebaut wurde. Um der herrschenden Wohnungsnot ihrer Zeit entgegenzukommen, hatten die beiden Architekten hier nach dem gängigen Mietskasernenmodell – mit den typischen Vorderhauswohnungen hinter repräsentativer Fassade und den hinteren, dunklen und um einen Hof gruppierten Unterkünften – Wohnraum geschaffen. Der Plan von Möhring und Bräuning sah ursprünglich eine Kasernenbebauung mit Wohnungen für gut 60 000 Menschen bis zur Ringbahntrasse weiter im Süden vor; durch den Ersten Weltkrieg konnte der Entwurf jedoch nicht vollständig realisiert werden. In der Weimarer Republik sah man dann ganz von den anfänglichen Plänen ab, denn der Mietskasernenbau wurde durch die Berliner Regierung – sogar per Gesetz – als Standardunterkunft untersagt. Stattdessen bestimmte der sogenannte Reformwohnungsbau den Stadtbebauungsplan, für den Licht und Luft wichtig waren. So enden dann auch abrupt die im weiteren Verlauf der Manfred-von-Richthofen-Straße stehenden Mietskasernen und werden durch kleine, zweigeschossige Häuschen mit Vorgärten ersetzt.

▸ U-Bahn: Platz der Luftbrücke

❹ Haus am Schulenburgring 2

Das Haus am Schulenburgring 2 zeugt noch von der Ära der Mietskasernen Möhrings und Bräunings vor dem Ersten Weltkrieg. Es wurde 1912 unter der Leitung des Berliner Architekten Franz Werner errichtet. Einen größeren Bekanntheitsgrad erreichte das Haus jedoch erst später – wie auch eine Informationstafel am Haus verrät –, denn in der Erdgeschosswohnung wurde hier am 2. Mai 1945 nach mehreren Verhandlungen die Kapitulationsurkunde für die Berliner Garnison von Berlins letztem Kampfkommandanten, General Helmuth Weidling, unterzeichnet. Damit war die Schlacht um Berlin nach 16 Tagen offiziell beendet.

▸ www.schulenburgring2.de; U-Bahn: Platz der Luftbrücke

❺ Adolf-Scheidt-Platz

Der Adolf-Scheidt-Platz liegt inmitten der sogenannten Fliegersiedlung, deren Name sich von den Straßennamen der Gegend ableitet, die sich allesamt auf Fliegerhelden aus dem Ersten Weltkrieg beziehen. Auffällig sind hier die zweigeschossigen Bauten mit Vorgärten, die eher kleinstädtischen Charakter haben. 1919 wurden in dieser Gegend

Grundstücke in 350 m² große Parzellen eingeteilt und anschließend 1920–1928 nach Plänen von Fritz Bräuning eine Kleinhaussiedlung errichtet; die Wohnungen wurden als Eigentum zum Verkauf angeboten. Die Häuser präsentierten sich mit reliefverzierten Fassaden und Walmdächern. Im Vergleich zu den damaligen Standards waren sie gut ausgestattet, die Eigentümer konnten nach einem Zuschlag sogar eine Warmwasserheizung erhalten. Außerdem verfügte jede Wohnung über einen kleinen Garten, für Auflockerung sorgten kleine Plätze innerhalb der Siedlung. Damit folgte man dem Modell der Gartenstadtbewegung, deren Ziel es war, weiträumigen und niedrigpreisigen Wohnraum mit Zugang zum eigenen Garten zu schaffen.

1931 wurde auf dem Adolf-Scheidt-Platz ein Brunnen mit einer mittig platzierten Säule aufgestellt, die von einem bronzenen Storchennest mit zwei Störchen von Ernst Seger bekrönt wird. In der Manfred-von-Richthofen-Straße 77 befindet sich eine Gedenktafel für den Bauleiter der Siedlung, den Tempelhofer Baustadtrat Fritz Bräuning, der hier 1924–1944 lebte. Einige Häuser weiter, am Adolf-Scheidt-Platz 3, erinnert eine weitere Gedenktafel an den Sozialdemokraten und Gewerkschaftler Lothar Erdmann, der 1925–1939 in diesem Haus gelebt hatte und 1939 von den Nazis ermordet wurde. Beide stehen repräsentativ für die Bürger, die während der 1920er-Jahre rund um den Adolf-Scheidt-Platz Eigentum erwarben: Selbstständige, Abgeordnete und Beamte.

▸ U-Bahn: Paradestr.

6 Paulus-Kirchengemeinde

Die evangelische Kirche auf dem Tempelhofer Feld wurde 1927/1928 nach Plänen von Fritz Bräuning im Rahmen des Baus der Gartenstadt errichtet. Bräuning verwendete für die Rundkirche mit 30 m Durchmesser – und damit eine der größten ihrer Art in Berlin – traditionelle Elemente wie einen klassischen Portaleingang und Spitzbögen. Die Kuppel des 42 m hohen Baus wird von einem Glockenturm gekrönt. Im Zweiten Weltkrieg wurde die Kirche stark beschädigt und 1950 zunächst nur provisorisch wiederaufgebaut. 1959/1960 erfolgte dann eine Renovierung mit teilweisem Umbau. Heute haben im Innenraum der Kirche, in der regelmäßig Gottesdienste und Veranstaltungen stattfinden, 1 000 Personen Platz.

▸ www.paulus-kirchengemeinde-tempelhof.de; Badener Ring 23; U-Bahn: Platz der Luftbrücke

7 St.-Judas-Thaddäus-Kirche

Die katholische St.-Judas-Thaddäus-Kirche wurde 1958/1959 nach Entwürfen von Reinhard Hofbauer im Stil des Spätexpressionismus errichtet. Es ist eine Saalkirche aus Stahlbeton, die durch parabelförmig geschwungene Formen geprägt ist. An der Eingangsseite im Osten befindet sich eine niedrige Vorhalle, an der Nordseite steht ein schlanker, dreieckiger, 40 m hoher Glockenturm, der von einem Betonkreuz gekrönt wird. Die Außenwände des Baus wurden unverputzt gelassen und geben die Struktur der Schalung zu erkennen; das Innere ist eher schlicht ausgestaltet.

Die heute unter Denkmalschutz stehende Kirche ist Ort regelmäßiger Gottesdienste und Veranstaltungen.

› www.kirche-herz-jesu-tempelhof.de; Bäumerplan 1–5/Loewenhardtdamm 48–54; U-Bahn: Paradestr.

8 Ehemaliges Inspektorengebäude

Das dreigeschossige Backsteinhaus am Tempelhofer Damm 118 wurde 1883–1886 nach Plänen von C. Bernhardt errichtet und gehörte einst zur Armee des preußischen Staates: Es war das Inspektorengebäude – mit Wohnungen des Inspektors und anderer Offiziere – der an Ringbahn und Exerzierplatz gelegenen Kasernenanlage der Eisenbahnpioniere, die zur gleichen Zeit errichtet und im späten 19. Jahrhundert bezogen wurde.

Erst zehn Jahre zuvor hatte man die Ringbahn für die schnelle Beförderung von Soldaten zum Tempelhofer Feld angelegt. Die Truppen der Eisenbahnsoldaten wurden seit dem Deutsch-Französischen Krieg 1870/1871 zunehmend wichtiger für den Schlachtenausgang und mussten entsprechend trainiert werden. Das Inspektorengebäude steht heute unter Denkmalschutz.

› Tempelhofer Damm 118; U-/S-Bahn: Tempelhof

9 Ehemalige Mannschaftsunterkünfte

In der Ringbahnstraße, unweit des ehemaligen Inspektorengebäudes, befinden sich noch die ehemaligen Mannschaftsunterkünfte der Eisenbahnpioniere. Die Kaserne gehörte in den 1880er-Jahren zu den modernsten Anlagen ihrer Art in Berlin, da sie eine eigene Wasserversorgung besaß und an die Kanalisation angeschlossen war. Direkt neben dem Mannschaftsgebäude befand sich der Kasernenhof; hinter dem Hof erstreckten sich zwei Reitplätze und Stallungen für 246

Pferde, darunter ein Krankenstall, in dem erkrankte Pferde behandelt wurden. Heute werden die noch erhaltenen Reste der Gebäude von der Berliner Stadtreinigung genutzt.

Auf der anderen Seite der Ringbahn, zwischen General-Pape-Straße und Werner-Voß-Damm, liegen weitere rote backsteinerne Kasernenbauten und Wagenremisen der Eisenbahnpioniere. Am Haus am Werner-Voß-Damm 62 wird mit einer Gedenktafel der Opfer gedacht, die 1933 in den Kasernenkellern an der General-Pape-Straße von den Nationalsozialisten gefoltert und ermordet wurden.

▸ Ringbahnstr. 88–94; U-/S-Bahn: Tempelhof

⑩ Neue Straße

Die Neue Straße zeigt verglichen mit ihrer Umgebung eine ganz besondere Architektur auf, die leicht an die Berliner Villenviertel und Potsdamer Vorstadtbebauung erinnert, jedoch hier in der Form einer Reihenhausanlage erscheint. Schon ab 1863 waren Ländereien rund um das Dorf Tempelhof herum parzelliert und stückweise zu hohen Preisen verkauft worden. 1874 legte man dann auch die Neue Straße an und errichtete hier beidseitig im an Schinkel angelehnten spätklassizistischen Stil je acht zweigeschossige Wohnbauten. Mieter waren zunächst Offiziere und Verwaltungsbeamte der benachbarten Kaserne; entsprechend waren die Höfe, wie man heute teilweise noch erkennen kann, mit Remisen für Pferd und Wagen ausgestattet.

▸ U-Bahn: Alt-Tempelhof, Tempelhof, S-Bahn: Tempelhof

⑪ Dorfanger Tempelhof

Der geschwungene Dorfanger von Tempelhof befindet sich am südlichen Ende der Neuen Straße und wurde kurz nach dem Zweiten Weltkrieg bebaut. An das ehemalige Dorf erinnert hier heutzutage jedoch nichts mehr; lediglich eine dunkle Tafel an der Fassade des Hauses Alt-Tempelhof 21 weist noch darauf hin, dass sich an dieser Stelle in der Zeit vom 13. bis zum 19. Jahrhundert ein Lehnschulzenhof und das Dorfgericht befanden.

Unmittelbar gegenüber der Neuen Straße sind noch drei Bauernhäuser erhalten geblieben, die in den 1820er-Jahren errichtet und mittlerweile saniert wurden. Schon damals brannten viele der zumeist strohgedeckten Lehmfachwerkbauten ab, da sie durch die offene Feuerstelle in der Schwarzen Küche (vgl. Seite 324) ständig gefährdet waren. Anschließend wurden die Grundstücke mit weiträumigeren

Häusern bebaut. An der Hausnummer 35 ist noch ein letzter Stall, mittlerweile zweckmäßig umgebaut, erhalten.

▸ Alt-Tempelhof; U-Bahn: Alt-Tempelhof

⑫ Rotes Schloss

Das sogenannte Rote Schloss liegt am nordwestlichen Ende von Alt-Tempelhof an der Ecke Stolbergstraße. Es handelt sich hierbei um einen geschlossenen Siedlungsbau der »Berliner Bau- und Wohnungsgenossenschaft von 1892«. Anfänglich wollte man an dieser Stelle Wohnungen für die Arbeiter der Schultheiss-Brauerei und der Königlichen Eisenbahn-Inspektion in der Nähe ihrer Arbeitsstätten errichten. Da die Gemeinde Tempelhof aber mit allen Mitteln verhindern wollte, ein Fabrikarbeiterort zu werden, stritten sich die Parteien fünf Jahre lang, bevor 1906 schließlich der Grundstein gelegt werden konnte. Es entstand ein Reformwohnungsbau, der als Ort für kulturelle und soziale Aktivitäten der Bezirksbewohner diente – damals eine Neuheit in Tempelhof. Die einzelnen Blocks waren asymmetrisch angelegt, was eine günstige Ausrichtung des Grundstücks bewirkte und wodurch alle Wohnungen von der Straße aus zugänglich waren. Auf die sonst so typische reiche Fassadenausschmückung auf der Schauseite wurde hier verzichtet. Stattdessen wird die Hofseite durch Balkone, Erker und Loggien gegliedert, weitläufige Garten- und Spielanlagen sind ebenfalls integriert.

▸ Ecke Alt-Tempelhof/Stolbergstr.; U-Bahn: Alt-Tempelhof

⑬ Dorfkirche Alt-Tempelhof

Die Dorfkirche von Alt-Tempelhof wurde im ersten Drittel des 13. Jahrhundert errichtet und ist damit das heute älteste Bauwerk des Viertels. Sie war einst Teil einer Komturei des Templerordens, von der jedoch keine Reste erhalten sind. Die die Kirche umgebenden Gewässer im heutigen Alten Park sind die Überbleibsel einer Grabenanlage, die den Komturhof als wichtigen Teil der Wehranlage umgaben. Daher steht die Kirche auch auf einem Hügel und nicht, wie sonst typisch für die Dörfer der Mark Brandenburg, am Dorfanger. Als Saalkirche konzipiert, ist die Alt-Tempelhofer Dorfkirche mit einer Innenfläche von 235 m^2 die größte mittelalterliche Dorfkirche Berlins. Im Inneren befindet sich an der rechten Seitenwand ein wertvoller Flügelaltar von 1596, der das Martyrium der Heiligen

Ältestes Gebäude in Alt-Tempelhof: die Dorfkirche

Katharina von Alexandria darstellt, der Schutzpatronin der Frauen und Wissenschaften sowie der Berufe, die mit Rädern zu tun haben. Im Zweiten Weltkrieg wurde die Kirche so stark beschädigt, dass man sie fast vollständig wiederaufbauen musste. Die heutige äußere Form ist daher eher eine Gestaltung der 1950er-Jahre, was vor allem durch den Turm deutlich wird. Beim Wiederaufbau wurde an der Außenmauer eine Gedenktafel angebracht, die an die Soldaten erinnert, die beim Brandlöschen ums Leben gekommen sind. Im Anschluss an die Tsunami-Katastrophe in Südostasien wurde 2005 auf dem denkmalgeschützten Begräbnisplatz ein Gedenkstein für die 47 Opfer aus Berlin und Brandenburg aufgestellt. Es handelt sich dabei um eine sandsteinerne Stele, die an ihrem Kopfende in Wellen ausläuft. Die unter Denkmalschutz stehende Dorfkirche wird regelmäßig für Gottesdienste und andere Veranstaltungen genutzt.

› www.gemeinde-alt-tempelhof.de; Reinhardtplatz; U-Bahn: Alt-Tempelhof

14 Rathaus Tempelhof

Das Tempelhofer Rathaus wurde 1936–1938 errichtet. Bei der Grundsteinlegung begleiteten mit Flaggen ausgestattete Gruppen von SA, SS, NSDAP, Wehrmacht und Arbeitsfront die Grundsteinrede des parteilosen Bezirksbürgermeisters Dr. Bruns-Wüstefeld, um zu demonstrieren, dass sie sich für das Gebäude verantwortlich fühlten. Denn erst im Anschluss an die Machtergreifung der Nationalsozialisten innerhalb der Stadtverwaltung, wurde auf Bitten der Tempelhofer Einwohner ein neues Rathaus erbaut; die kommunale Selbstverwaltung war mittlerweile allerdings gesetzlich abgeschafft worden.

Im Vergleich zu den Baugewohnheiten der damaligen Zeit wurde das Rathaus verhältnismäßig einfach ausgestaltet. Ihm fehlte zudem ein Saal für die – zur Bauzeit nicht mehr nötige – Bezirksverordnetenversammlung, das kommunale Parlament. 1969 wurde dafür jedoch ein Anbau nach Plänen von Willi Keuer errichtet. Als architektonisches Denkmal soll dieser an die massiven Eingriffe der Nazis in die Stadtverwaltung erinnern.

› Tempelhofer Damm 165; U-Bahn: Alt-Tempelhof

15 Herz-Jesu-Kirche

Die katholische Herz-Jesu-Kirche wurde 1898 nach Entwürfen von Engelbert Seibertz und Hermann Bunning errichtet. Die Architekten konzipierten eine freistehende, einschiffige Langhauskirche im neoromanischen Stil. Die Fassaden gestalteten sie mit einer reichen Backsteingliederung mit Lisenen, Rundbogenfriesen und Strebepfeilern aus, die sich kontrastreich von den weiß verputzten Wandflächen abheben. Das Kirchenschiff besitzt ein Satteldach mit Schieferdeckung; der Innenraum ist reich ausgeschmückt, beispielsweise durch einen wertvollen spätgotischen Altar, den der erste Pfarrer der Gemeinde, Innocenz von Strombeck, 1905 aus der Sammlung von Ernst Franz August Münzenberger aus Frankfurt am Main erhielt. 1913–1915 wurde nach Plänen von August Kaufhold und Karl Kühn die niedrige Seitenkapelle an das Langhaus angefügt. Die heute unter Denkmalschutz stehende Kirche ist Ort regelmäßiger Gottesdienste und Veranstaltungen.

▸ www.kirche-herz-jesu-tempelhof.de; Friedrich-Wilhelm-Str. 70/71; U-Bahn: Kaiserin-Augusta-Str.

⑯ UfaFabrik

Die UfaFabrik ist ein regional wie überregional bekanntes, selbstverwaltetes Kultur- und Lebensprojekt auf dem Gelände des ehemaligen Filmkopierwerks der Ufa. Hier lebt heute eine Gemeinschaft von ca. 40 Menschen und betreibt vielgestaltige kulturelle und soziale Projekte; auch eine Biobäckerei, ein Naturkostladen, ein Streichelzoo, ein Nachbarschafts- und Selbsthilfezentrum und eine Schule befinden sich auf dem Areal.

Die Anfänge der UfaFabrik gehen zurück auf das Jahr 1979, als eine Gruppe von 60 Personen mit links-alternativem Hintergrund das leerstehende Gelände in der Viktoriastraße 10–18 besetzte. Sie nannten sich »Fabrik für Kultur, Sport und Handwerk« und wollten das kulturell eher wenig attraktive Tempelhof mit mehreren Projekten beleben. So planten die Alternativen nicht nur, in einer Kommune zusammenzuleben, sondern auch, eine Begegnungs- und Kulturstätte zu schaffen, die offen für alle Berliner sein sollte. Das Konzept hat sich bis heute erhalten, mittlerweile arbeiten auf dem 18 000 m² großen Areal fast 200 Personen.

Vor der Besetzung und dem anschließenden Erwerb durch die Gruppe war das Gelände zunächst im Besitz der Ufa, der Universum-Film Aktiengesellschaft. Diese war hier vor dem Zweiten Weltkrieg mit ihrem Kopierwerk beheimatet und produzierte in der Anlage alle filmhistorisch wichtigen Vorkriegsfilme, wie beispielsweise »Metropolis« von Fritz Lang. Während der Zeit des Nationalsozialismus wurden in den Gebäuden unter der Leitung Goebbels Propagandafilme hergestellt. Nach dem Zweiten Weltkrieg endete die Filmproduktion auf dem Gelände: Die westdeutsche Filmindustrie siedelte sich hauptsächlich in München bei Bavaria an, als Produktionsstätte für die DDR dienten vornehmlich die Filmstudios in Babelsberg bei Potsdam. Das Gelände ging anschließend in das Eigentum der Deutschen Bundespost über, die es als Fuhrpark und Depot nutzte. Heute informieren Tafeln am Eingang der heutigen UfaFabrik über die bewegte Geschichte des Ortes.

‣ www.ufafabrik.de; Viktoriastr. 10–18; U-Bahn: Ullsteinstr.

⑰ Ullsteinhaus

Das Ullsteinhaus wurde 1925–1927 nach Plänen von Eugen Schmohl als eine der europaweit modernsten und größten Druckereien errichtet. Schmohl entwarf eine sechs Stockwerke hohe und mit rotem Klinker verblendete Eisenstahlkonstruktion. Überragt wird der schwere Bau von dem 76 m hohen Turm mit einer 7,2 m breiten Uhr. Ausgeschmückt wird der Repräsentationsbau auch von Plastiken, wie die von Josef Thorak und Wilhelm Gerstel geschaffenen Figurenbildnisse und die von Fritz Klimsch konzipierte und über 2 m hohe Bronze-Eule, das Wahrzeichen des Ullsteinhauses.

Der Bau des imposanten Druckhauses repräsentierte auch die Position des Ullstein Verlags in der damaligen Presse- und Verlagsbranche, denn das Geschäft florierte und Ullstein expandierte in allen Verkaufsbereichen. Zur Eröffnung des Ullsteinhauses bestand die Belegschaft aus 10 000 Beschäftigten. Der Standort am Teltowkanal war dabei ideal gewählt: Die benötigten Baumaterialien wie auch das Papier für den laufenden Verlagsbetrieb konnten per Schiff geliefert werden. Die Belegschaft profitierte zudem von der guten Anbindung an die Eisenbahn und geplante U-Bahn. Auch das Stammhaus in der Kochstraße, in dem sich weiterhin die Setzerei befand, war in unmittelbarer Nähe, wodurch die Druckformen für den Buchdruck ohne großen Aufwand in die Druckerei gebracht werden konnten.

Mit der Machtübernahme durch die Nationalsozialisten endete das erfolgreiche Unternehmen. 1934 wurde der Ullstein Verlag – bis 1938 unter diesem Namen – in den Zentralverlag der NSDAP, den Franz-Eher-Verlag, integriert; die Verlegerfamilie mit jüdischer Herkunft wurde enteignet. 1952 erhielt die Familie Ullstein das Haus zurück, konnte das angeschlagene Unternehmen aber nicht erfolgreich weiterführen. Sie verkaufte es und anschließend wurden hier unter verschiedenen Besitzern, darunter Axel Springer, bis zur Schließung der Druckerei im Jahr 1985 weiterhin Zeitungen und Zeitschriften gedruckt. 1986 begann der Umbau des Hauses als Gewerbestandort und Modezentrum; 1991–1993 wurde nach Plänen von Gernot und Johanne Nalbach ein Erweiterungtrakt angefügt. Heute beherbergt das Ullsteinhaus verschiedene Einrichtungen, darunter eine Galerie, einen Club und ein Restaurant. Zudem entsteht hier das »Deutsche Pressemuseum im Ullsteinhaus«, das über die Geschichte der Presse in Berlin informieren und 2014 eröffnen wird.

▸ www.dpmu.de; Mariendorfer Damm 1–3/Ullsteinstr. 114–142; U-Bahn: Ullsteinstr.

18 Tempelhofer Hafen

Das Tempelhofer Hafengelände liegt am Teltowkanal, der 1901–1906 als knapp 40 km langer und zu seiner Zeit fortschrittlicher Wasserweg gebaut wurde. Er verband von da an die Havel mit der Spree sowie die Elbe mit der Oder und sorgte innerhalb kürzester Zeit im gesamten südlichen Berlin für Bevölkerungswachstum und Wirtschaftsaufschwung. Gleichzeitig wurde auch das Tempelhofer Hafengelände angelegt; es ersetzte eine Ansammlung von Schmutzteichen, die bis dahin der Kanalisation als Sammel- und Verdunstungsbecken gedient hatten. Dabei wurde ein rechteckiges, von Kaimauern eingefasstes Wasserbecken angelegt. Heute steht die Hafenanlage samt Kränen als Gesamtensemble unter Denkmalschutz. Auch das imposante mehrstöckige Speichergebäude, 1908 fertiggestellt, gehört dazu. Es war eines der ersten Stahlbetonbauten Deutschlands und zählte zur Zeit seiner Errichtung zu den modernsten Lagerhäusern des Landes. 120 m lang, 25 m breit und eine Lagerfläche von 12 000 m^2 umfassend, steht es an der Stelle des Kanals, die Berlin am nächsten lag, und war damit der Hauptumschlagplatz für den Güterverkehr im Süden Berlins. Seit 2007 werden die Anlagen auf dem Gelände um- und ausgebaut, um nach mehreren Jahren Leerstand ein neues Nutzungskonzept zu erfüllen. Dazu gehört beispielsweise das 2009 eröffnete Einkaufszentrum Tempelhofer Hafen mit über 70 Geschäften, direkt am Nordausgang des U-Bahnhofs Ullsteinstraße gelegen.

▸ Tempelhofer Damm 227–235; U-Bahn: Ullsteinstr.

Steglitz: Fläche: 6,79 km², Einwohnerzahl: 73 826
Lichterfelde: Fläche: 18,22 km², Einwohnerzahl: 82 096

Steglitz

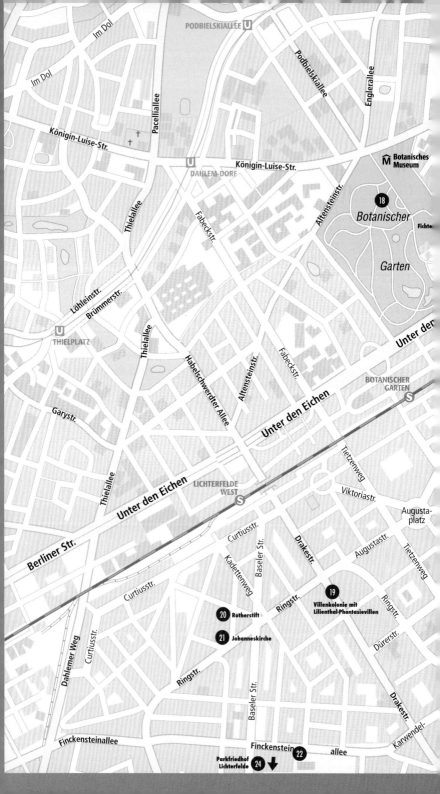

Das ehemalige Dorf Steglitz

❶ Titania-Palast

Der Titania-Palast wurde 1928 nach Plänen der Architekten Ernst Schöffler, Carlo Schlönbach und Carl Jacobi im Stil der Neuen Sachlichkeit errichtet. Die Architekten konzipierten das Lichtspieltheater als einen kubischen Bau mit schmuckloser Fassade, der durch einen 30 m hohen Lichtturm mit 27 horizontalen Beleuchtungsringen ergänzt wird. Insgesamt hatten über 2 000 Personen im Parkett und auf dem Rang, den Logen sowie Balkonen Platz. Nach dem Zweiten Weltkrieg, in dem der Bau nur wenige Zerstörungen davontrug, wurde der Kinosaal zunächst auf unterschiedliche Weise genutzt. Die Philharmoniker nutzten ihn für ihre ersten Nachkriegskonzerte, Operetten wurden aufgeführt, und die Freie Universität kam hier für ihre Gründungsversammlung zusammen. In den 1960er-Jahren wurde das Kino aufgrund rückläufiger Besucherzahlen geschlossen und die

Der nächtlich beleuchtete Titania-Palast

Räume an Einzelhandelsgeschäfte vermietet oder als Proberäume genutzt. Erst seit Mitte der 1990er-Jahre beherbergt der Titania-Palst wieder ein Kino, das noch heute in dem denkmalgeschützten Bau mit sieben Sälen für insgesamt 1 100 Besucher existiert.

▸ Gutsmuthsstr. 27/28; U-Bahn: Walther-Schreiber-Platz

② Bierpinsel

Der Bierpinsel ist ein 47 m hohes Gebäude, das 1972–1976 nach Entwürfen der Architekten Ralf Schüler und Ursulina Schüler-Witte, die auch das ICC Berlin konzipierten, mit Anleihen an die Pop-Art erbaut wurde. Der mehreckige Turmbau befindet sich auf der Verbindung von zwei Stadtautobahnen und ist in die Joachim-Tiberius-Brücke integriert. Seine drei Ebenen im Inneren wurden hauptsächlich gastronomisch genutzt; 2002 bestand jedoch enormer Sanierungsbedarf, woraufhin der Turmbau geschlossen wurde. 2007 erwarb ein Immobilienunternehmen das Gebäude und ließ drei Jahre später dessen zuvor rote Fassade von Street-Art-Künstlern bunt gestalten. Nach kurzen Zwischennutzungen steht der Bau derzeit wieder leer, neue Nutzungsmöglichkeiten werden noch diskutiert.

Der Bierpinsel steht an der Schloßstraße, der Einkaufmeile von Steglitz, die seit der Nachkriegszeit über eine verhältnismäßig große und vollständige Ansammlung von Geschäften und Ladenketten in nüchternen Zweckbauten aus den 1960er- und 1970er-Jahren verfügt. 1970 wurde hier mit dem »Forum Steglitz« das erste Shopping-Center der Stadt errichtet.

▸ Schloßstr. 17; U-Bahn: Schloßstr.

③ Stadtbad Steglitz

Das Stadtbad Steglitz wurde im Auftrag der Gemeinde Steglitz im Jugendstil errichtet und 1908 eröffnet. Damals gehörte der Bau mit einem 21 m × 9 m großen Schwimmbecken, einer Wannen- und Brausenabteilung sowie dem Heilbädersektor mit russisch-römischen Bad, Massagebänken und Therapiekabinen zu den modernsten seiner Art. Er war kunstvoll ausgeschmückt: In der beinahe sakralen Schwimmhalle mit kuppelförmiger Apsis waren die geschmiedeten Geländer mit Wassertieren ausgestaltet, das Tauchbecken im russisch-römischen Bad war mit römischen Rundbögen, Wandmosaiken und Säulen verziert. Im hinteren Teil des Hauses befanden sich das Kesselhaus mit Werkstätten, Nebenräumen und Wohnungen sowie die Wäscherei für die

Badegäste. 1928–1931 erfolgte ein Umbau nach Plänen von Fritz Frey-mueller. Das seit 1982 unter Denkmalschutz stehende Stadtbad wurde 2002 geschlossen und wird heute für Kulturveranstaltungen genutzt.

▸ www.stadtbad-steglitz.de; Bergstr. 90, U-Bahn: Schloßstr.

④ Rosenkranz-Basilika

Die katholische Rosenkranz-Basilika wurde 1899/1900 nach Entwür-fen von Christoph Hehl errichtet. Dieser konzipierte einen rötlichen Backsteinbau in neuromanischen Formen auf dem Grundriss eines Griechischen Kreuzes. Die Fassade ist reich geschmückt; Schmuck-friese, Wandarkaden und Mauerblenden finden sich hier. Da die Kirche im Zweiten Weltkrieg fast keine Schäden davongetragen hat, sind das Äußere sowie der reichhaltig ausgestattete Innenraum noch original erhalten. Letzterer umfasst beispielsweise eine großflächige Wandbemalung von Friedrich Stummels, die nach dessen Tod von seinen Schülern Karl Wenzel und Theodor Nüttgens vollendet wurde. Nach dem Krieg diente die Kirche als Bischofssitz und wurde dafür 1950 durch den Papst mit der Ehrenbezeichnung Basilika versehen. Die Kirche ist tagsüber für Besichtigungen geöffnet.

▸ www.rosenkranz-basilika.de; Kieler Str. 10; U-Bahn: Schloßstr.

⑤ Zimmermannstraße und Muthesiusstraße

Die Zimmerstraße mündet gegenüber der Rosenkranzbasilika in die Schloßstraße. In dieser Straße überwiegen kleine Läden und es geht ein wenig ruhiger zu als in der benachbarten Schloßstraße. In der Haus-nummer 34 suchte einst der spätere Ministerpräsident Bulgariens, Georgi Dimitroff, vor seinen Verfolgern Unterschlupf. Auch Raoul Hausmann, einer der führenden Berliner Dadaisten, bewohnte hier eine Wohnung und befand sich mit dem Verlag Grüne Leiche und dem »Zentralamt des Dadaismus«, die hier ihren Sitz hatten, wohl in guter Gesellschaft. Im Jahr 1900 gründeten Fritz Helmuth Ehmcke, Friedrich Wilhelm Kleukens und Georg Belwe in der Hausnummer 23 die sogenannte Steglitzer Werkstatt, die als die erste Privatpresse gilt.

Die parallel zur Zimmermannstraße verlaufende Muthesiusstraße hieß bis 1925 Miquelstraße, in deren Hausnummer 8 Franz Kafka wohnte, der anschließend in die benachbarte Grunewaldstraße 13 zog. In der Grunewaldstraße weisen zwei Gedenktafeln darauf hin. Die Umbenennung der Miquelstraße erfolgte zu Ehren des bekannten Landhausarchitekten Hermann Muthesius, der an der

Ecke Schloßstraße/Miquelstraße durch einen Unfall tödlich verunglückt war.

▸ U-Bahn: Schloßstr.

⑥ Rathaus Steglitz
Das Rathaus Steglitz wurde 1897/1898 nach Plänen der im Rathausbau erprobten Architekten Heinrich Reinhardt und Georg Süßenguth im Stil der Neogotik errichtet. In Anklang an die märkische Backsteingotik wurde der Bau mit roten Ziegeln verblendet; dominant ist der Turm mit Turmuhr, der eine reiche Gliederung mit Türmchen und Zinnen aufweist. Die Errichtung dieses Repräsentationsbaus diente auch der Darstellung von Steglitz' Selbstständigkeit als damals größte Landgemeinde Preußens. 2005 wurde das historische Gebäude in das benachbarte Einkaufszentrum »Das Schloss« integriert, wobei der Innenhof überdacht und als Gastronomiebereich nutzbar gemacht wurde. Heute befinden sich im Rathaus Teile der Bezirksverwaltung und ein Bürgeramt.

An der Stelle, an der heute ein U-Bahn-Eingang liegt, befand sich früher der Ratskeller. Eine Gedenktafel am Rathaus Ecke Schloßstraße/Grunewaldstraße erinnert daran, dass hier 1896 die Jugendbewegung »Wandervogel« gegründet wurde. Ziel der Bewegung war es, wandernd in kollektiver Selbstbildung zwischenmenschliche Kontakte zu pflegen und sich für die Natur zu begeistern. Eine weitere Tafel im Rathaus gedenkt eines jungen Soldaten, der noch im April 1945 wegen Desertion an einer Laterne an der Ecke Schloßstraße/Albrechtstraße erhängt wurde.

▸ Schloßstr. 37; U-/S-Bahn: Rathaus Steglitz

⑦ VW-Pavillon
Der seit 1988 unter Denkmalschutz stehende gläserne Verkaufspavillon wurde 1951 im Auftrag der Firma Eduard Winter nach Plänen von Curt Hans Fritzsche errichtet. Er diente bis in die 1990er-Jahre als Ausstellungsraum für einen Autohändler. Heute beherbergt er eine Bäckerei mit Café.

▸ Schloßstr. 38–40; U-/S-Bahn: Rathaus Steglitz

⑧ Steglitzer Kreisel
Der Steglitzer Kreisel, ein Gebäudekomplex mit Bürohochaus, befindet sich gegenüber dem Rathaus Steglitz und wurde 1969–1980 nach Plänen der Architektin Sigrid Kressmann-Zschach errichtet. Hauptteil des

Komplexes ist ein knapp 119 m hohes Verwaltungsgebäude mit 27 Stockwerken. Die lange Bauzeit zeugt von dem Bauskandal um dieses Gebäude: Die Bauträgergesellschaft der Architektin wurde 1974 zahlungsunfähig, nachdem der Bau bereits 230 Millionen Mark verschlungen hatte und immer noch nicht bezugsfähig war. Aufgrund einer Bürgschaft musste der Berliner Senat für die Schulden der Architektin aufkommen. Nach dem dreijährigen Leerstand des Rohbaus wurde das Gebäude 1977 von einem Immobilienunternehmen ersteigert und für 95 Millionen Mark fertiggestellt. Da sich jedoch keine Mieter für das Gebäude fanden, zog das Bezirksamt Steglitz ein. Zehn Jahre später machte der Bau allerdings wieder Schlagzeilen, als Asbestbefunde öffentlich wurden. Die Mängel behob man zunächst partiell, 2007 wurde das Gebäude jedoch geräumt. Der nun seit 2008 leerstehende Gebäudekomplex wird derzeit einer Asbestsanierung unterzogen, die voraussichtlich 2015 abgeschlossen sein wird. Die künftige Nutzung steht noch nicht fest.

▸ Schloßstr. 78; U-/S-Bahn: Rathaus Steglitz

9 Hermann-Ehlers-Platz

Der Hermann-Ehlers-Platz, benannt nach dem Politiker und einstigen Präsidenten des Bundestages, liegt zwischen Schloßstraße und Düppelstraße. Hier befindet sich seit 1995 eine Gedenkwand, die von den Architekten Wolfgang Göschel und Joachim von Rosenberg unter der Mitarbeit des Berliner Historikers Hans-Norbert Burkert geschaffen wurde. Auf 18 stählernen Spiegeln, in denen sich die vorbeigehenden Passanten spiegeln, sind mit über 1 700 Namen von Berliner Juden – darunter 229 aus Steglitz – Auszüge aus den erhalten gebliebenen Berliner Deportationslisten abgedruckt. An den Seiten der 9 m langen und 3,50 m hohen Gedenkwand informieren Tafeln über die Geschichte der Steglitzer Juden und über die ehemalige Synagoge im Hinterhof des benachbarten Hauses in der Düppelstraße 41. Die mittlerweile umgebaute Synagoge wurde in der Reichspogromnacht wegen der Nähe zu den umliegenden Wohnhäusern äußerlich nicht zerstört. Zugang und Einblick sind nicht mehr möglich.

▸ Dienstags und samstags findet auf dem Platz 7–14 Uhr ein Wochenmarkt statt, donnerstags 7–18 Uhr; U-/S-Bahn: Rathaus Steglitz

10 Schwartzsche Villa

Die Schwartzsche Villa befindet sich, eingebettet in den Rothenburgpark, in der Grunewaldstraße 55 gegenüber dem Steglitzer Kreisel. Sie wurde 1895–1897 nach Plänen des Architekten Christian Heidecke im Auftrag des Bankiers Carl Schwartz errichtet. Nach Schwartz' Tod 1915 erfolgte ein Umbau der geräumigen Villa, die der Familie auch weiterhin als Sommersitz diente. Nach dem Zweiten Weltkrieg hatte der Bau verschiedene Nutzer und stand anschließend leer. Durch das Engagement einer Bürgerinitiative wurde er restauriert und 1992 in ein Kulturhaus umgebaut. So gibt es hier heute im Dachgeschoss ein Atelier, das jeweils für mehrere Wochen vergeben wird, und eine Galerie sowie ein Zimmertheater im Obergeschoss. Im Erdgeschoss befinden sich Salons und ein Kaminzimmer. Kulturelle Veranstaltungen wie Konzerte, Lesungen und Theateraufführungen werden veranstaltet; angegliedert ist auch ein Café, in dem die Besucher im Sommer im Garten sitzen können.

▸ Grunewaldstr. 55; Café: tgl. 10–24 Uhr; U-/S-Bahn: Rathaus Steglitz

11 Wrangelschlösschen

Das Wrangelschlösschen wurde 1804 nach Plänen von David Gilly, einem Lehrer Schinkels, im Auftrag des Herrn von Beyme erbaut. Gilly entwarf ein klassizistisches Landhaus, das heute rot getüncht ist und zu den letzten erhaltenen Bauzeugnissen des preußischen Frühklassizismus zählt. Benannt ist die Villa nach dem Feldmarschall Friedrich Heinrich Ernst Graf von Wrangel, der das Schlösschen ab 1850 als seine Sommerresidenz bezog. Nach dem Zweiten Weltkrieg wurde der Bau als Offiziersclub, Hotel und Restaurant umgebaut. 1958 erwarb ihn das Land Berlin, das das Schloss 1992–1995 rekonstruieren ließ. Alle Umbauten wurden dabei zurückgebaut, sodass sich das Landhaus heute wieder in seinem ursprünglichen Zustand befindet. Die denkmalgeschützte Villa beherbergt gegenwärtig ein Restaurant und mehrere für Veranstaltungen anmietbare Räumlichkeiten, beispielsweise den historischen Rokoko-Saal.

▸ Schloßstr. 48; U-/S-Bahn: Rathaus Steglitz

12 Schlossparktheater

Das Schlossparktheater schließt sich an das Wrangelschlösschen in der Schloßstraße 48 an. Die Anfänge des kleinen, renommierten Theaters reichen zurück bis in das Jahr 1804. 1921 bezog es den Wirtschaftstrakt des Wrangelschlösschens, der dafür extra umgebaut wurde und 440 Plätze fasste. Nach dem Zweiten Weltkrieg wurde das Theater bis 1972 von Boleslaw Barlog geführt, der hier unter anderen Hildegard

Unter Denkmalschutz: das Wrangelschlösschen

Knef und Klaus Kinski auftreten ließ sowie zahlreiche deutschsprachige Erstaufführungen präsentierte, darunter Samuel Becketts »Warten auf Godot« oder die von Max Brod dramatisierte Fassung von Franz Kafkas »Das Schloss«. Seit 2008 betreibt Dieter Hallervorden das Theater, der es umbauen sowie sanieren ließ und es erfolgreich zu einem Sprechtheater ohne festes Ensemble machte.

Das Kino Adria zählt ebenfalls zu dem um das Wrangelschlösschen entstandenen Kulturzentrum. 1922 als »Schloßpark-Lichtspiele«

erbaut, wurde es nach den Zerstörungen im Zweiten Weltkrieg 1952 als Flachbau wiederaufgebaut und beherbergt noch heute ein Kino mit 1 000 Plätzen.

‣ www.schlosspark-theater.de; Schloßstr. 48; U-/S-Bahn: Rathaus Steglitz

13 Matthäuskirche

Die evangelische Matthäuskirche an der Schloßstraße wurde nach Plänen des Architekten Emil Gette errichtet und 1880 eingeweiht. Sie war der Nachfolgebau für die baufällige Dorfkirche, die die größer werdende Gemeinde nicht mehr fassen konnte. Die neue Kirche wurde im Stil der mittelalterlichen märkischen Backsteingotik errichtet und verfügt über einen 68 m hohen Turm. Der Grundriss zeigt ein Kreuz, wobei das Langhaus eine Länge von 37 m und das Querhaus eine Länge von 29 m aufweist. Die Kirche steht heute unter Denkmalschutz und ist Ort regelmäßiger Gottesdienste und Gemeindeveranstaltungen.

‣ www.matthaeus-steglitz.de; Schloßstr. 44; U-/S-Bahn: Rathaus Steglitz

14 Alter Friedhof

Vor der Matthäuskirche befindet sich ein kleiner Friedhof, der heute zwar nicht mehr als Friedhof genutzt wird, jedoch hinter seiner niedrigen Mauer noch immer einige erhaltene Grabstellen enthält. So erinnert beispielsweise ein Stein an den Unternehmer Johann Adolf Heese. Dieser hatte in Steglitz zwischen der S-Bahn und Filandstraße Maulbeerbäume für die Seidenraupenzucht gepflanzt. Die Straßennamen Filandstraße und Plantagenstraße zeugen heute davon. Eine Epidemie ließ die Raupen jedoch sterben und das Unternehmen scheitern. Heese wohnte in der Hausnummer 3 der nach ihm benannten Straße jenseits der Autobahn. Ein weiterer Grabstein gedenkt des Gutsbesitzers Christoph Erdmann von Spiel, dem Dahlem gehörte.

‣ U-/S-Bahn: Rathaus Steglitz

15 Blindenhilfswerk Berlin

Das Blindenhilfswerk Berlin ist die Nachfolgeeinrichtung der 1806 gegründeten Preußisch-Königlichen Blindenanstalt, die im Auftrag von Friedrich Wilhelm II. gegründet wurde. Diese erste deutsche Blindenschule – und nach Paris und Wien die dritte in Europa – befand sich zunächst in der Gipsstraße in Berlin-Mitte. 1886 gründete deren Direktor Karl Wulff den »Verein zur Beförderung der wirtschaftlichen Selbständigkeit der Blinden« und organisierte unter anderem eine Werkstatt für das traditionelle Blindenhandwerk. Sie ermöglichte blinden Menschen beispielsweise Arbeiten im Bereich der Möbel- und Korbflechterei zu erlernen und auszuüben. Im Zweiten Weltkrieg wurde die Werkstatt beschädigt, der Betrieb jedoch schnell wieder aufgenommen.

Seit 1949 führt die Organisation die Bezeichnung Blindenhilfswerk Berlin und auch heute beherbergt das historische Backsteingebäude noch die Werkstatt und einen Verkaufsraum. Im Nebengebäude befindet sich zudem ein Blindenmuseum, in dem Sehende sich mit den verschiedenen Lese- und Schreibtechniken für Blinde vertraut machen und sich selbst in die Lage eines Blinden versetzen können. An der Fassade des Museums erinnert eine Gedenktafel an Betty Hirsch, die als ehemalige Schülerin der Blindenschule 1914 zusammen mit dem Augenarzt Paul Silex die »Kriegsblindenschule Dr. Silex« gegründet hatte und zur Zeit des Nationalsozialismus aufgrund ihrer jüdischen Herkunft die Schulleitung abgeben und Deutschland verlassen musste. Heute wird die damals begonnene Arbeit in der Johann-August-Zeune-Schule für Blinde und der Berufsfachschule Dr. Silex fortgesetzt.

▸ www.blindenhilfswerk-berlin.de; Rothenburgstr. 14/15; U-/S-Bahn: Rathaus Steglitz

16 Ehemaliges Finanzamt Steglitz
Das ehemalige Finanzamt Steglitz wurde 1911 nach Entwürfen des Architekten Hans Heinrich Müller errichtet. Bis 1920 war hier das damals noch sogenannte Steuerverwaltungsbüro mit seinen Dienstwohnungen untergebracht, danach nutzte unter anderem die Veranlagungskommission des Kreises Teltow den Bau. Heute hat hier das Landesschulamt Berlin eine Außenstelle; das Finanzamt Steglitz ist in einen Neubau schräg gegenüber in die Rothenburgstraße 22 gezogen.

▸ Rothenburgstr. 16/17; U-/S-Bahn: Rathaus Steglitz

17 Fichtenberg
Der Fichtenberg ist mit 68 m die höchste Anhöhe in Steglitz. Der Pfad der Zeunepromenade führt hier hinauf. Das erste Stück dieses Weges wird von einer wild und zerklüftet wirkenden Umgebung eingefasst. An den Hängen der Anhöhe ist hingegen seit Beginn des 20. Jahrhunderts ein wohlhabendes, Dahlem ähnelndes Wohngebiet

entstanden, das weitläufige Villen einschließt, zu deren Bewohnern unter anderen der Architekt Otto Techow, der Wissenschaftler Carl H. Becker, der Filmproduzent Erich Pommer sowie der Philosoph Friedrich Paulsen gehörten.

Ein kleines Stück des Fichtenbergs ist als Ruth-Andreas-Friedrich-Park öffentlich zugänglich und wird im Sommer als Liegewiese und im Winter als Rodelbahn genutzt. Benannt ist die Grünanlage, wie die Inschrift auf einem Findlingstein verrät, nach der Journalistin, Schriftstellerin und Widerstandskämpferin, die zusammen mit ihrem Lebensgefährten, dem Dirigenten Leo Borchard, Mitbegründerin der Widerstandsgruppe »Onkel Emil« in Steglitz war.

Am Gipfel des Fichtenbergs entspringt die Bäke, ein kleiner Bach, der erst jenseits der S-Bahn sichtbar wird. Auch zwei Wassertürme befinden sich oben auf der Erhebung; der kleinere steht auf dem Areal des benachbarten Botanischen Gartens, der größere an der Schmidt-Ott-Straße 13. Letzterer wurde 1886 von Landesbaurat Otto Techow errichtet. Der sieben Stockwerke hohe Backsteinbau beherbergt seit 1966 die Empfangsstation des Meteorologischen Instituts der Freien Universität. Der Wassertrog mit dem ihn tragenden Stahlgerüst wurde dafür abgebaut.

▸ U-/S-Bahn: Rathaus Steglitz

18 Botanischer Garten

Der 42 ha große und nach Kontinenten aufgeteilte Botanische Garten ist der größte seiner Art in Europa. Übersichtspläne werden an den Eingängen ausgegeben. Als Vorgänger des Botanischen Gartens gilt der Kurfürstengarten im Lustgarten am ehemaligen Berliner Stadtschloss, dessen gärtnerische Anlage originalgetreu im linken Innenhof des Gewächshauses A–O hergerichtet worden ist. 1679 ordnete der Große Kurfürst die Anlegung eines großen Mustergartens auf dem Gelände des heutigen Kleistparks an, aus dem sich mit der Zeit der Botanische Garten entwickelte. Dieser kam mit den Botanikern Johann Gottlieb Gleditsch und Carl Ludwig Willdenow zu hohem wissenschaftlichen Ansehen. Durch die Ausweitung des Pflanzenbestandes mit den Schwerpunkten subtropischer und tropischer Pflanzen aus den überseeischen Gebieten der Kolonialmacht Deutsches Reich war jedoch eine Verlagerung des Bestandes unumgänglich. Der Umzug nach Dahlem und der Ausbau des Geländes, für das die auch heute noch existierende Domäne Dahlem Land abtreten musste, dauerten von 1897 bis 1904, die Leitung des Gartens hatte zu dieser Zeit Adolf Engler inne.

Der Italienische Garten im Botanischen Garten

Während des Zweiten Weltkrieges wurde der Botanische Garten erheblich zerstört, die Wiedererrichtung dauerte bis in die 1980er-Jahre.

Der südliche Haupteingang liegt an der Straße Unter den Eichen. Wenige Meter von hier entfernt befindet sich der Eingang des 3 000 m2 großen Duft- und Tastgartens, in dem die Besucher eine auf Hochbeeten angelegte Pflanzenkollektion mit Nasen und Hände erkunden können. Für Sehbehinderte sind hier die Etiketten zusätzlich mit Brailleschrift versehen. Im westlichen Bereich des Gartens befinden sich die Nutzpflanzen und Arzneipflanzen, südlich davon wurde die System-Abteilung angelegt. Am Eingang Nord an der Königin-Luise-Straße befinden sich die Sumpf- und Wasserpflanzen. Eine besondere Attraktion der Anlage sind die insgesamt 15 gläsernen Gewächshäuser, in denen sich die tropischen und subtropischen Pflanzen befinden. Die Häuser stehen auf dem Hauptweg zwischen Süd- und Nordeingang, am Hang des Fichtenberges. Etwas separat steht das Haus P, das einer dreischiffigen Basilika ähnelt und wie die anderen Glasbauten

1900–1909 errichtet wurde. Die übrigen Gewächshäuser A–O bilden ein geschlossenes Ensemble von miteinander verbundenen einzelnen Abteilungen, in deren Zentrum das Haus A, das Große Tropenhaus, steht. Mit einer Grundfläche von 60 m × 30 m und einer Höhe von 23 m zählt es zu den größten Gewächshäusern der Welt. Zu den Pflanzen in den 24–30 °C klimatisierten Bauten gehören über 150 Jahre alte Palmenfarne sowie der Riesenbambus, der pro Tag zwischen 10 und 30 Zentimeter wächst. In anderen Abteilungen gedeihen im Wüstenklima Kakteen in Form von Sträuchern, Kugeln und Säulen.

Auch die backsteinernen Wirtschafts- und Verwaltungsgebäude sowie die kleineren Bauten, die vereinzelt im Garten stehen, sind sehenswert. In dem zeltartigen Englerpavillon hielt der frühere Direktor einst seine Vorlesungen; die Japanlaube im asiatischen Bereich fällt durch ihre fein ausgearbeiteten Details auf.

Am Eingang Nord liegt das Botanisches Museum. Dessen Grundstock bilden Willdenows Sammlung mit Tausenden getrockneten Pflanzen aus allen Kontinenten, die Lieferungen aus der zweiten Cookschen Weltumsegelung 1775/1776 umfasst, sowie die Sammlung von Alexander von Humboldt. Insgesamt schließt die historische Sammlung über 2 Millionen Exponate sowie ein Herbarium, eine Bibliothek und in Alkohol konservierte Pflanzen ein. Jedes Jahr kommen 25 000 Fundstücke hinzu, die ausgewertet oder getauscht werden.

▸ www.bgbm.org; Königin-Luise-Str. 6–8, Unter den Eichen 5–10; Garten tgl. geöffnet Nov.–Jan. 9–16, Feb. 9–17, März und Okt. 9–18, Apr. und Aug. 9–20, Mai–Juli 9–21, September 9–19 Uhr; Museum tgl. 10–18 Uhr geöffnet; Eintritt Garten: 6 €, erm. 3 €, Museum: 2,50 €, erm. 1,50 €, Kinder bis 6 Jahren frei; S-Bahn: Botanischer Garten

Lichterfelde

⑲ Villenkolonie mit Lilienthal-Phantasievillen

Kleine Türmchen, umlaufende Zinnen, vorspringende Erker, zierliche Zugbrücken und trockene Burggräben charakterisieren die fantasievollen Villen, die in der Lichterfelder Villenkolonie nach Plänen des Architekten Gustav Lilienthal, Bruder des Flugpioniers Otto Lilienthal, errichtet wurden. Lilienthal konzipierte rund 30 dieser neogotisch-englischen Villen, die oftmals an Burgen erinnern und von denen heute etwa 20 erhalten sind.

Die Lichterfelder Villenkolonie liegt südlich des S-Bahnhofes Berlin-Lichterfelde und erstreckt sich jeweils etwa 1 km um die

Drakestraße. Sie wurde ab 1865 als eine der ersten Villenkolonien im Deutschen Reich entworfen und zählt zu den ältesten Villenvierteln Berlins. Der Hamburger Unternehmer Johann Anton Wilhelm von Carstenn hatte hier ein Gut erworben, worauf er die Villenkolonie gründete. Zuvor hatte er auf Reisen durch Großbritannien die dort am Stadtrand gelegenen Villenviertel kennengelernt und machte sich zum Ziel, ein solches Viertel auch in Deutschland anzulegen.

Eine der Lilienthalvillen liegt im Tietzenweg 51. Der Architekt entwarf diese für den eigenen Bedarf; später zog er mit seiner Familie jedoch in die Marthastraße 5a. Dort erinnert an der Pforte noch heute ein kleines ovales Schild an den Architekten, der »Baumeister und Flugforscher« war. Die im englischen Tudorstil erbaute Villa befindet sich immer noch in Familienbesitz. Weitere Bauten Lilienthals stehen in der Marthastraße 4, 4a und 5. An der Hausnummer 5a ist eine Zugbrücke angebracht, Ähnliches zeigen auch die Bauten in der Paulinenstraße 24–28 und im Weddingweg 17 auf. Klinkerornamente unterteilen hier die verputzten Fassaden der Lilienthal-Bauten, rote Steine dienen als Umrandung der Eingangsbereiche und Fenster. Die Terrassen, kleinen Balkone und vorspringenden Treppenhäuser sind heute oftmals von Efeu eingefasst. Bei all den Ausschmückungen in der Fassadengestaltung ging es Lilienthal hauptsächlich um die größtmögliche Funktionalität und Wirtschaftlichkeit des Bauens. Er wollte diese mithilfe einer optimalen Nutzung des Raumes und Grundrisses sowie zweckentsprechenden Bauverfahren und -materialien erreichen. So sollten beispielsweise die Zugbrücken Niveauunterschiede ausgleichen. Die Burggräben, insbesondere im Weddingweg 17 zu erkennen, sollten den Souterrain- und Kellerräumen Licht gewähren. Die Zinnen und verspielten Türmchen sind ebenfalls nicht nur Dekor, sondern fungieren gleichzeitig als Luftschächte und Schornsteine für die Heizungsanlagen der Gebäude.

Nicht alle Gebäude wurden in ihrer ursprünglich vom Architekten entworfenen Gestalt erhalten. Beim Haus in der Ringstraße 60 beispielsweise sind die Schmuckelemente verdeckt; die Fenster wurden verändert und modernisiert und die Fassade grau verputzt. Anders das Haus in der Walter-Linse-Straße 9, bei dem man den eigentümlichen Charakter der Architektur bewahrt hat, in dem die Fassade weiß eingefasst und die Türmchen, Türen und Fenster mit rotem Klinker abgesetzt wurden.

Weitere Lilienthal-Burgen befinden sich in der Baseler-, Ring- und Potsdamer Straße. Etwas abgelegener befindet sich schon auf Steglitzer Gebiet in der Barsekowstraße 14–16 der einzige von Lilienthal ausschließlich für gewerbliche Zwecke konzipierte Bau, der heute von einem Fitnessstudio und einem Autohaus genutzt wird.

▸ S-Bahn: Lichterfelde West

20 Rotherstift

Das imposante Rotherstift ist eines der markantesten Gebäude in Lichterfelde. Der Bau wurde 1896–1898 nach Plänen des königlichen Bauinspektors Alfred Körner im Stil der märkischen Backsteingotik errichtet. Körner entwarf hier einen dreiflügeligen Gebäudekomplex, der aus einem Hauptbau mit Treppengiebel und zwei symmetrisch angelegten Bauten mit Ecktürmen besteht. Letztere sind über eingeschossige geschwungene Verbindungstrakte mit dem Haupthaus, das mit glasierten Ziegelfriesen, markanten Staffelgiebeln und polygonalen Ecktürmen ausgestaltet ist, verbunden. Körners Bau war das zweite Gebäude für die 1840 von Oberfinanzrat Rother gegründete Rotherstiftung, die sich zum Ziel nahm, die Altersversorgung unverheirateter Töchter von verstorbenen höheren Beamten und Offizieren zu sichern. So befanden sich in dem monumentalen Bau 46 2-Zimmer-Wohnungen, die den Bewohnerinnen unentgeltlich zur Verfügung gestellt wurden. Auch medizinische Versorgung und eine kleine Rente erhielten die Frauen. Einen Festsaal, eine Bibliothek und die inzwischen zu Wohnungen umgebaute Gartenhalle sowie den großen Park konnten sie gemeinschaftlich nutzen.

Bereits in den 1920er-Jaren wurde das Grundstück durch Verkäufe verkleinert. In den 1990er-Jahren wurden zudem auf dem verbleibenden Gelände zwei Neubauten errichtet. Der Bau wurde noch über 100 Jahre als Seniorenresidenz genutzt. Heute befindet er sich im Besitz des Beamten-Wohnungs-Vereins, der die Wohnungen an Mieter jeden Alters vermietet. Die heute unter Denkmalschutz stehenden Gebäude wurden in ihrem bauzeitlichen Erscheinungsbild erhalten, die historische Parkanlage denkmalgerecht wiederhergestellt.

▸ Kommandantenstr. 9–12; S-Bahn: Lichterfelde West

21 Johanneskirche

Die evangelische Johanneskirche wurde 1913/1914 nach Plänen von Otto Kuhlmann errichtet, der diese als einen Zentralbau mit Anklängen an den Barock, den Klassizismus sowie an die Moderne konzipierte. Aufgrund des spitzen Bauplatzes zwischen Ringstraße und Pfleiderstraße bot sich eine Rotunde an, die mit einem ziegelgedeckten

Kuppeldach gedeckt ist. Den Abschluss bildet eine offene, mit Kupfer verkleidete Laterne, in der die Kirchenglocken hängen. Der kreisförmige Zentralbau wird ergänzt durch abgerundete Anbauten, in denen sich die Sakristei und das Haupttreppenhaus mit Vorhallen befinden. Das Kircheninnere mit umlaufender Empore wirkt trotz der gerade einmal 20 m Durchmesser äußerst geräumig. Der heute denkmalgeschützte Bau ist Ort regelmäßiger Gottesdienste und Veranstaltungen.

▸ www.ev-johannes.de; Ringstr. 36; S-Bahn: Lichterfelde West

22 Ehemalige Hauptkadettenanstalt

In den Gebäuden des heutigen Bundesarchivs in der Finckensteinallee war ehemals die preußische Hauptkadettenanstalt untergebracht. Nachdem Johann Anton Wilhelm von Carstenn 1865 das Gebiet erworben und für die Errichtung einer Villenkolonie parzelliert hatte, schenkte er 1871 dem Preußischen Staat rund 21 ha Land zum Bau einer Kadettenanstalt, um das Gelände durch diese hochangesehene Anstalt attraktiver zu machen und die Nachfrage der Grundstücke zu steigern. So wurden 1873–1878 nach Plänen von August Ferdinand Fleischinger und Gustav Voigtel die prachtvollen Bauten aus rotem Backstein erreichtet. Neben Unterrichts- und Dienstgebäuden umfassten sie auch zwei Kirchen, einen Feldmarschalls- und Speisesaal, Pferdeställe, eine Turnhalle, ein Lazarett sowie zahlreiche Dienstwohnungen. Die Anstalt wurde schnell zur wichtigsten Ausbildungsstätte der deutschen Streitkräfte und der Ortsname zum Synonym für militärische Eliteausbildung.

1933 wurde der Gebäudekomplex von der sogenannten Leibstandarte-SS Adolf Hitler übernommen; zur Zeit des Kalten Krieges waren hier amerikanische Truppen stationiert. Seit 1994 befindet sich in den heute unter Denkmalschutz stehenden Gebäuden eine Zweigstelle des Bundesarchivs, die die Dokumente der Parteien und Massenorganisationen der DDR aufbewahrt. Auf den südlichen Erweiterungen des Geländes wurden Einfamilienhäuser errichtet.

▸ www.bundesarchiv.de; Finckensteinallee 63; S-Bahn: Lichterfelde West

23 Carstenn-Schlösschen

Um 1780 wurde in Lichterfelde ein Gutshaus errichtet, dessen Baumeister und ursprüngliche Verwendung heute unbekannt sind. Nachdem der Großgrundbesitzer Johann Anton Wilhelm von Carstenn 1865 das Gut

Johanneskirche

Lichterfelde erworben hatte, um dort eine Villenkolonie zu gründen, zog er in das mehrfach umgebaute Gutshaus, heute Carstenn-Schlösschen genannt. Nach dem Zweiten Weltkrieg richteten amerikanische Soldaten hier 1945 ein Nachbarschaftsheim ein; 1948 wurde es vom neu gegründeten Verein Nachbarschaftsheim Steglitz für soziale Zwecke gemietet. 1999 übernahm das mittlerweile unter Denkmalschutz stehende Gebäude der Verein Stadtteilzentrum Steglitz, der heute unter anderem soziale Beratung, Kulturveranstaltungen und Kurse zu verschiedenen Themen anbietet. Auch ein Café befindet sich hier. Die ursprüngliche Inneneinrichtung ist zerstört, Teile der Gartenanlage jedoch, der heutige Schlosspark Lichterfelde, sind erhalten und öffentlich zugänglich.

› Hindenburgdamm 28; Café Mo–Fr 9–17 Uhr geöffnet, Frühstücksbuffet 9:15–12:30, Kaffee und Kuchen 14–16:30 Uhr; S-Bahn: Botanischer Garten

㉔ Parkfriedhof Lichterfelde

Der Parkfriedhof Lichterfelde wurde 1908–1911 nach einem Entwurf Friedrich Bauers angelegt, als der Platz auf den zwei Dorfkirchhöfen Lichterfelde und Giesendorf und dem Friedhof der Villenkolonie Lichterfelde-West anfing knapp zu werden. Mit dem Parkfriedhof wurde ein großer, repräsentativer Friedhof angelegt, der sich aufgrund seiner gepflegten Anlagen und künstlerisch gestalteten Grabmäler zu einem der schönsten und beliebtesten Friedhöfe Berlins entwickelte. Nachdem man in der Stadt die freie Friedhofswahl eingeführt hatte, avancierte der Parkfriedhof Lichterfelde zudem zum Prominentenfriedhof und musste erweitert werden. So befinden sich hier unter anderem die Gräber des Verlegers Walter de Gruyter, des Sängers Drafi Deutscher sowie der Architekten Gustav Lilienthal und Hans Heinrich Müller.

› Thuner Platz 2; S-Bahn: Sundgauer Str.

Paul-Emisch-Haus in Lichterfelde-West

Dahlem: Fläche: 8,39 km², Einwohnerzahl: 15 918
Zehlendorf: Fläche: 18,83 km², Einwohnerzahl: 58 774
Wannsee: Fläche: 23,68 km², Einwohnerzahl: 9 522

Zehlendorf

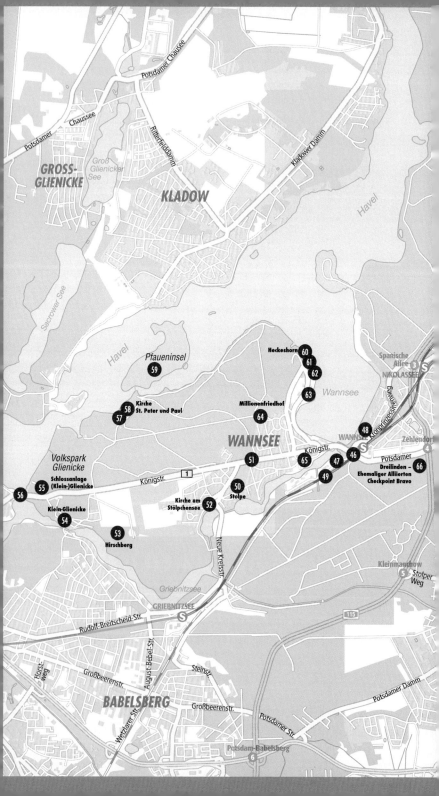

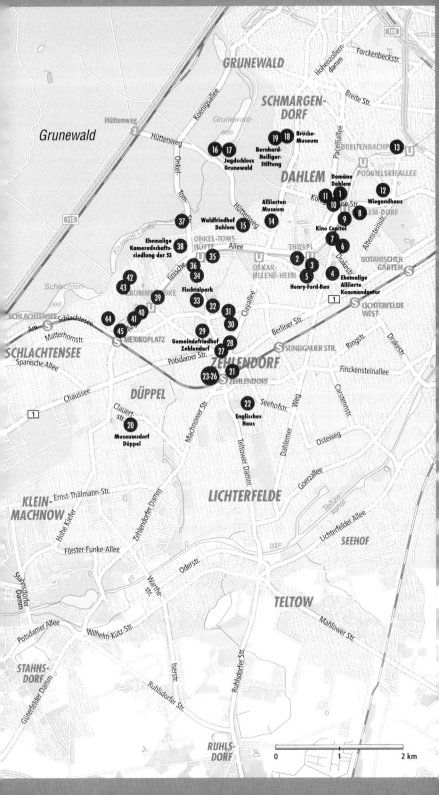

Dahlem

Von der Landhauskolonie zum Universitäts- und Museumsviertel
In Dahlem vereint sich Landhausviertel mit Universitätsgebiet, Forschungsstätte, Museumsstandort und (Grune-)Waldgebiet. Dies mag davon zeugen, dass Dahlem unter allen anderen Landhausvierteln Berlins eine ganz besondere Entstehungsgeschichte aufweist. Denn die Kolonie wurde nicht von einem Spekulanten errichtet, sondern der Staat Preußen wollte hier das neue »Akademische Viertel der Reichshauptstadt« anlegen und durch Parzellierungsgewinne finanzieren. Durch den Ersten Weltkrieg wurde der 1901 bewilligte Plan jedoch nur teilweise realisiert, lediglich die Kaiser-Wilhelm-Institute, das Völkerkundemuseum und das Geheime Staatsarchiv gebaut. Mit der Errichtung des Museumskomplexes und der Ansiedlung der Freien Universität wurde das ursprüngliche Vorhaben jedoch wieder aufgegriffen.

❶ Domäne Dahlem

Die Domäne Dahlem, die sich in unmittelbarer Nähe zum U-Bahnhof Dahlem-Dorf befindet, ist gleichzeitig Ökodorf und Museum, in dem der Besucher dessen mit historischen Mitteln betriebene Landwirtschaft unmittelbar erleben kann. Die Ursprünge dieses Konzepts gehen zurück bis ins Jahr 1976, in dem der »Verein der Freunde der Domäne Dahlem« das ehemalige Stadtgut erwarb, auf dem bis zu seiner Schließung 1975 über Jahrhunderte Ackerbau betrieben worden war. Traditionelle Handwerkstechniken wurden wieder aufgegriffen, sodass hier heute eine Töpferei, eine Schmiede und eine Werkstatt für die Technik des Blaudrucks ansässig sind.

Das Herrenhaus des Komplexes wurde um 1560 errichtet und ist damit der älteste erhaltene Profanbau Berlins. Seit 1995 gehört er zur Stiftung Stadtmuseum, die hier ein Museum eingerichtet hat, das historische Räume sowie Wechselausstellungen zum Thema Ernährung und Versorgung von Stadt und Land präsentiert. Die Räume umfassen auch eine Hofstube mit Sterngewölbe und mittelalterlichen Konsolfiguren, die sich noch aus dem Vorgängerbau erhalten hat. Die Domäne stellt hier zudem einen Teil ihrer bedeutenden bienenkundlichen Armbruster-Sammlung aus, die aus der in den 1920er-Jahren angelegten Sammlung des Dahlemer Instituts für Bienenkunde hervorging. Beeindruckend in seinen Ausmaßen ist der zweistöckige Pferdestall von 1830, der heute die Hofschmiede beherbergt. Gegenüber liegt die Stellmacherei, der einzig bekannte Kalkbau Berlins. Hier sind alte Geräte ausgestellt, die die Landgutbetreiber seit 1987 gesammelt haben: Dreschflegel

Domäne Dahlem

und alte Wagenräder, Mistgabeln und Sensen, aber auch Haushaltsgegenstände und historisches Spielzeug. Im nördlichen Bereich des Guts liegen die Anbauflächen, die nach der Tradition des 19. Jahrhunderts bewirtschaftet werden. Neben einem Einblick in vergangene Landwirtschaftstechniken kann man sich dort beispielsweise durch den Einsatz von Zugpferden auch Bio-Bewirtschaftung anschauen.

Dreimal im Jahr wird hier ein Markt veranstaltet, auf dem die Bio-Produkte, Töpfereien, Flechtkörbe, Blauwäsche sowie der auf dem Gut hergestellte Honig angeboten werden.

▸ www.domaene-dahlem.de; Königin-Luise-Str. 49; U-Bahn: Dahlem-Dorf

2 U-Bahnhof Thielplatz
Der U-Bahnhof Thielplatz wurde 1912/1913 nach Plänen von Heinrich Straumer errichtet und mit der Wilmersdorf-Dahlemer-Schnellbahn als Anbindung an die Kaiser-Wilhelm-Institute eröffnet. Für 15 Jahre war er der Endpunkt der Strecke. Der Name stammt vom preußischen Ministerialdirektor Hugo Thiel. Am nordöstlichen Ende des Bahnsteigs legte Straumer über einem v-förmigen Grundriss ein Empfangsgebäude mit einem giebelförmigen Mittelflügel an, von dem

aus sich zwei Seitenflügel im stumpfen Winkel mit jeweils einem rechteckigen Fenster ausstrecken. In der Mitte erhielt der aus roten Backsteinen errichtete Bau ein Satteldach, an den Seiten ein Walmdach. Der Bahnhof ist durch einen in der Mitte gelegenen Rundbogen zugänglich. Darunter befindet sich ein Eingangstor, über dem eine große schmiedeeiserne Uhr angebracht ist. Das Innere der expressionistisch ausgestalteten Halle ist mit rot-braunen Keramikfliesen geschmückt, die von schwarzen Platten mit Tier- und Pflanzendarstellungen, von Bildhauer Richard Kuöhl hergestellt, unterbrochen werden.

Diese Anbindung an die Kaiser-Wilhelm-Institute wurde damals als wichtig erachtet, weil die unter Adolf von Harnack 1911 gegründete »Kaiser-Wilhelm-Gesellschaft zur Förderung der Wissenschaften« in Dahlem eine Kaderschmiede der Wissenschaft des Deutschen Reiches werden sollte und damals sogar den Begriff »deutsches Oxford« prägte. Durch Gelehrte wie Otto Hahn, Emil Fischer, Max Planck, Otto Warburg, Fritz Haber und Albert Einstein gelang dies auch weitgehend. Während des Nationalsozialismus wurde die Realisierung der Pläne unter anderem durch Emigrationen aufgehalten, im Krieg schließlich folgte die Zerstörung der Gebäude. In Göttingen wurde die »KWG« anschließend von Max Planck wieder aufgebaut, der dadurch als Namensträger für die Institution fungierte, da die Besatzungsmacht den alten Namen abgelehnt hatte. Die 34 ehemaligen Kaiser-Wilhelm-Institute in den westlichen Besatzungszonen wurden somit von der neuen Max-Planck-Gesellschaft übernommen, der Hauptsitz jedoch nach München verlegt. Trotzdem wird das Dahlemer Ortsbild noch heute von den zahlreichen, von Ernst von Ihne entworfenen Institutsbauten geprägt.

Vom U-Bahnhof aus erstreckt sich das schmale Parkband des Thielparks, der ab 1930 von Max Dietrich angelegt wurde. Hier findet sich auch ein Naturdenkmal: der mit etwa 50 Tonnen größte eiszeitliche Findlingsblock Berlins, der 1912 bei den Ausschachtungsarbeiten des U-Bahnhofs gefunden wurde.

▸ U-Bahn: Thielplatz

3 Jesus-Christus-Kirche

Die evangelische Jesus-Christus-Kirche wurde 1930–1932 nach Plänen des Architekten Jürgen Bachmann, der auch unter den Architekten des Rathauses Schöneberg war, im Stil der Moderne errichtet. Bachmann gestaltete den Sakralbau in hellroten Klinkersteinen, die mit den Fassaden der ihn umgebenden Villen und ihren Grünanlagen harmonieren sollten. Er fügte dem Haupttrakt mit Giebeldach einen 50 m hohen Turm hinzu, den er in hellrote und braunrote Klinkersteine kleidete. Über dem Eingangsportal nach Süden hin wurde die Plastik »Christus segnet die Gemeinde« des Bildhauers Ludwig Isenbeck angebracht. Nach 1945 spielte die Kirche im Konzertleben Berlins eine wichtige Rolle: Da die Konzertsäle der Stadt zerstört waren und die Jesus-Christus-Kirche unter der Mitarbeit Johannes Bieles, Professor für Raumakustik und Kirchenmusik, entworfen worden war, fanden hier bis zur Eröffnung der Philharmonie die klassischen Einspielungen der Philharmoniker unter Herbert von Karajan statt. Noch heute dient die denkmalgeschützte Kirche wegen ihrer hervorragenden Akustik internationalen Chören, Orchestern und Solisten als Tonstudio. Hauptsächlich ist sie aber Ort regelmäßiger Gottesdienste und anderer kirchlicher Veranstaltungen.

▸ www.kg-dahlem.de; Hittorfstr. 23; U-Bahn: Thielplatz

④ Ehemalige Alliierte Kommandantur

In der Kaiserwerther Straße befindet sich der ehemalige, von Heinrich Straumer 1927 errichtete Hauptsitz des Verbandes der öffentlichen Feuerversicherungsanstalten. Ab 1945 beherbergte der Bau die Alliierte Kommandantur, das höchste Organ der Siegermächte des Zweiten Weltkriegs. Eine Gedenktafel an der Fassade des Baus erinnert heute an die Tätigkeit der Alliierten, die offiziell mit Inkrafttreten des Zwei-plus-Vier-Vertrages 1991 beendet wurde. Seit 1994 wird das Gebäude von der Freien Universität Berlin als Präsidialamt genutzt.

▸ Kaiserwerther Str. 16–18; U-Bahn: Thielplatz

⑤ Henry-Ford-Bau

Der Henry-Ford-Bau wurde 1952–1954 nach Plänen von Fritz-Heinrich Sobotka als einer der ersten Neubauten der Freien Universität, die von den Amerikanern finanziell unterstützt wurden, errichtet. 1948 wurde die »Freie Universität« mit großer Unterstützung durch die amerikanische Besatzungsmacht als politische Gegeninstitution aufgrund der wachsenden Einflussnahme der sowjetischen Besatzungsmacht und der SED auf die Fachbereiche der Universität Unter den Linden gegründet. Zunächst wurden Lehre und Forschung in provisorischen Räumlichkeiten abgehalten, unter anderem in den alten Kaiser-Wilhelm-Instituten. Im Folgenden wurde die Universität insbesondere aufgrund von drei Instituten überregional bekannt:

Henry-Ford-Bau

durch das John-F.-Kennedy-Institut für Nordamerikastudien, das Osteuropa-Institut, das an der ehemaligen Nahtstelle zweier Systeme hervorragend besetzt war, und durch das Otto-Suhr-Institut, das die Politikwissenschaft maßgeblich beeinflusste. Im Audimax des Henry-Ford-Baus hielt 1963 John F. Kennedy eine Rede, 1968 war hier das Zentrum der deutschen Studentenbewegung. Der Bau ist heute Teil des zentralen Campus der Freien Universität, der neben der Mensa und dem Audimax auch die Universitätsbibliothek beherbergt.

▸ Garystr. 35; U-Bahn: Thielplatz

❻ Neubauten der FU

Das zweite große Areal der Freien Universität liegt nordöstlich des Zentrums um den Henry-Ford-Bau in der Nähe des alten Dahlemer Dorfkerns, zwischen Königin-Luise-Straße und Habelschwerdter Allee und entlang der Fabeckstraße und Arnimallee. Hier wurden ab 1967 Neubauten für die geisteswissenschaftlichen Institute errichtet. Es handelt sich um zweigeschossige, großflächige Bauten, deren Inneres durch Gänge und platzartige Freiräume durchsetzt ist. Die Fassaden der Bauten des ersten Bauabschnitts wurden mit verwitterungsfähigen Stahlplatten verkleidet, die des 1972 begonnenen zweiten Bauabschnitts erhielten eine Verkleidung mit Aluminiumplatten, was dem Gebäudekomplex bald den Namen »Rost- und Silberlaube« einbrachte. 2005 wurde hier die neue Philologische Bibliothek eröffnet. Sie wurde nach einem Entwurf des Architekten Norman Foster als ein Kuppelbau im Stil der Blob-Architektur errichtet: Sie erinnert aus der Vogelperspektive an einen voluminösen, sanft gewölbten und silbrig-glänzenden Tropfen. Dafür konzipierte Foster die Bibliothek als einen kompakten, mehrgeschossigen Stahlbetonbau, der von einer freitragenden kuppelartigen Gebäudehülle weit umspannt wird, ohne von ihr berührt zu werden. Die äußere Hülle setzt sich dabei aus geschlossenen und transparenten Paneelen zusammen. Schräg gegenüber der Bibliothek liegt das 1982 errichtete Philosophische Institut (Habelschwerdter Allee 30), das nach Plänen von Hinrich und Inken Baller mit einer organischen Dachform und gläsernen Fassade errichtet wurde.

▸ Habelschwerdter Allee 45; U-Bahn: Thielplatz

7 Kino Capitol

Das Kino Capitol ist das einzige Kino in Dahlem. Es befindet sich in der 1928/1929 erbauten, ehemaligen Villa von Carl Frölich, einst Präsident der Reichsfilmkammer. Dieser richtete hier als Erster einen Kinosaal ein. Durch einen Bombeneinschlag wurde die Villa im Zweiten Weltkrieg stark beschädigt; 1946 wurde im Rahmen der Wiederaufbauarbeiten ein größerer Kinosaal mit 240 Plätzen angebaut und das Kino als öffentliches Lichtspielhaus mit den Namen Capitol eröffnet. Seit 1994 wird das Kino von der York-Kino-Gruppe betrieben.

▸ Thielallee 36; U-Bahn: Thielplatz

8 Museumszentrum Dahlem

Das Museumszentrum Dahlem befindet sich in der Lansstraße 8. 1907 hatte der damalige Generaldirektor Wilhelm von Bode die Idee entwickelt, in Dahlem ein Museumsviertel zur Entlastung der Museumsinsel in Berlin-Mitte anzulegen. So wurde 1914 in Dahlem das Museum für die Ostasiatische Kunst nach Plänen von Bruno Paul als Dreiflügelanlage in der Arnimallee errichtet. Durch den Krieg wurden die Planungen unterbrochen und der einzig ausgeführte Bau lediglich als Depot genutzt. Erst durch die Teilung der Stadt nach dem Zweiten Weltkrieg wurde der Bau von Paul ausgebaut und mit der Zeit durch mehrere Neubauten erweitert, sodass sich Dahlem langfristig als Museumsstandort etablieren konnte. Die in den westlichen Besatzungszonen geborgenen Kunstwerke brachte man zwischenzeitlich hier unter, mittlerweile sind sie jedoch zum Kulturforum und auf die Museumsinsel zurückgekehrt.

In Dahlem werden heute mit dem Ethnologischen Museum sowie dem Museum für Asiatische Kunst die außereuropäischen Sammlungen der Staatlichen Museen zu Berlin präsentiert. Letzteres wurde 2006 nach dem Zusammenschluss des Museums für Indische Kunst und des Museums für Ostasiatische Kunst eröffnet. Es zeigt herausragende Kunstwerke aus Indien, Pakistan, Afghanistan, Sri Lanka, Bangladesch, Nepal, Tibet, China, Japan, Korea, Burma, Thailand, Kambodscha, Vietnam und Indonesien. Mit einer vielfältigen Sammlung aus Holzschnitzereien, Elfenbein- und Jadearbeiten, Keramik, Steinskulpturen sowie Textilien sind hier Kunstwerke aus allen vier in diesen Regionen vertretenen Religionen, dem Hinduismus, Jainismus, Buddhismus und Islam, präsentiert. Das Ethnologische Museum widmet sich mit seinen 500 000 Exponaten, die unter anderem Fotodokumente, Tonaufnahmen und Filme umfassen, der Amerikanischen Archäologie sowie der Kunst der Ureinwohner Nordamerikas, der Südsee, Afrikas und Ostasiens. Der Museumskomplex wird abgerundet durch das 2005 eröffnete Museum Europäischer Kulturen, das anhand von Spielzeug, Textilien, Schmuck, Möbeln und Haushaltsgeräten Einblicke in die Alltagskultur vom 16. bis 21. Jahrhundert gibt.

> ▸ www.smb.museum; Lansstr. 8/Arnimallee 25; Di–Fr 10–17, Sa/So 11–18 Uhr; Eintritt 8 €, erm. 4 €; U-Bahn: Dahlem-Dorf

❾ U-Bahnhof Dahlem-Dorf

Der 1912/1913 nach Plänen von Wilhelm und Friedrich Hennings errichtete U-Bahnhof Dahlem-Dorf präsentiert sich als Fachwerkhaus mit Reetdach. Kaiser Wilhelm hatte sich bei den Entwürfen für die Bahnhöfe beteiligt und für jene in Dahlem diesen ländlichen Stil verlangt. Das Innere des unter Denkmalschutz stehenden Empfangsgebäudes ist mit Keramikfliesen verkleidet, der Boden mit einem Mosaikpflaster geschmückt. Am Bahnsteig befinden sich zwei als Figurengruppe gestaltete Holzsitzgruppen des Berliner Künstlers Wolf van Roy, die auf das nahegelegene Ethnologische Museum verweisen.

> ▸ U-Bahn: Dahlem-Dorf

Empfangsgebäude des U-Bahnhofs Dahlem-Dorf

⑩ Dorfanger

Vom ehemaligen Dorf Dahlem ist heute lediglich der Dorfanger erhalten, auf dem eine kleine Anhöhe mit einem rundbogigen Eingang liegt. Dieser führt in einen 1709 errichteten Eiskeller, der früher als Lagerplatz für die zuvor vom Dorfteich geholten Eisstücke diente. Bis zum Sommer konnten sie so als Kühlmittel verwendet werden.

▸ Kreuzung Thielallee/Paceliallee/Königin-Luise-Str.; U-Bahn: Dahlem-Dorf

⑪ St.-Annen-Kirche

Die evangelische St.-Annen-Kirche im Ortskern Dahlems wurde wahrscheinlich zwischen 1215 und 1225 als Holzbau errichtet, dem um 1300 ein Steinbau folgte. Als Kastenbau angelegt, wurde dieser mit Wandbildern zur Annenlegende geschmückt, was unter den Berliner Dorfkirchen einzigartig ist. Im 15. Jahrhundert wurde ein spätgotischer gewölbter Chor angebaut, im 19. Jahrhundert auf dem Dachtürmchen die Station 2 des Optischen Telegraphen angebracht, mit dessen beweglichen Armen 1823–1849 Nachrichten von Berlin in den Westen Preußens nach Koblenz übermittelt wurden. Nach Zerstörungen im Zweiten Weltkrieg erfolgten 1945–1953 umfassende Rekonstruktionsarbeiten, in deren Rahmen die Kirche ein pyramidenförmiges Turmdach erhielt.

Im 20. Jahrhundert war die St.-Annen-Kirche der Mittelpunkt der Bekennenden Kirche, in der sich auch der Theologe Martin Niemöller in der Opposition gegen den Nationalsozialismus engagierte. Das neben der Kirche gelegene Pfarrhaus, 1906–1901 nach Plänen von Heinrich Straumer errichtet, wurde nach ihm in Martin-Niemöller-Haus benannt und umfasst neben Arbeits- und Tagungsräumen auch die 2007 eröffnete Martin-Niemöller-Gedenkstätte.

Der die Kirche umgebende Kirchhof mit seinen alten Feldsteinmauern und der daran anschließende kommunale Friedhof weisen viele Gräber von bekannten Persönlichkeiten aus Wissenschaft und Kultur aus, darunter der Nationalökonom Max Sering und der Soziologe und APO-Aktivist Rudi Dutschke.

▸ www.kg-dahlem.de; Königin-Luise-Str. 55; U-Bahn: Dahlem-Dorf

⑫ Wiegandhaus

Der Bau in der Peter-Lenné-Straße 28–30, in dem sich seit Ende der 1950er-Jahre der Sitz des Archäologischen Instituts befindet, wurde 1912 nach Plänen von Peter Behrens als Wohnhaus für den Archäologen Theodor Wiegand errichtet. Wiegand, seit 1911 Direktor der Antikensammlung und damals einer der wichtigsten Vermittler innerhalb der Berliner Museumslandschaft, ließ sich seine repräsentative Villa in strenger klassizistischer Formsprache erbauen, die gänzlich im Gegensatz zur kaiserlichen Prunkarchitektur stand. So wird der Bau durch eine klare, horizontale Gliederung sowie antike Gesimse und kühles Material charakterisiert. 1979 ließ das Archäologische Institut das heute unter Denkmalschutz stehende Haus umfassend rekonstruieren und sanieren.

▸ Peter-Lenné-Str. 28–30; U-Bahn: Podbielskiallee

⑬ Versuchssiedlung Luckhardt & Ankers

Die Versuchssiedlung Luckhardt & Ankers liegt auf beiden Seiten entlang der Schorlemerallee. Die Häuser wurden 1924–1930 als Schauobjekte von modernen Bauten errichtet, allerdings blieben die von den Architekten erhofften weiteren Aufträge aus. Die Brüder Wassili und Hans Luckhardt sowie Alfons Anker entwarfen die Gebäude im Stil des Neuen Bauens und in ihrer Ausgestaltung formal und konstruktiv unterschiedlich. In den Hausnummern 7–11 wohnte die Familie Luckhardt selbst. Auch der Regisseur Fritz Lang mit seiner damaligen Frau, der Autorin Thea von Harbou, hatte hier seinen Wohnsitz. Heute zählen die Häuser der Versuchssiedlung zu den wichtigsten Bauten Berlins der 1920er-Jahre.

▸ Schorlemerallee 7–23; U-Bahn: Breitenbachplatz

14 AlliiertenMuseum

Das AlliiertenMuseum erinnert allein schon mit seinem Namen daran, dass für Dahlem einst uniformierte amerikanische Soldaten sowie die US-Einkaufs- und Versorgungseinrichtungen an der Truman Plaza an der Clayallee typisch waren, denn hier hatte bis kurz nach der Wende an der Ecke zur Saagemünder Straße das amerikanische Headquarter seinen Sitz. Zahlreiche weitere amerikanische Institutionen siedelten sich ebenfalls an, wie beispielsweise der Rundfunksender American Forces Network (AFN), der Cole Sports Center und die United States Army Chapel am Hüttenweg; die größte Wohnsiedlung der Amerikaner befand sich auf dem heutigen Parkviertel Dahlem. Die Clayallee hieß übrigens ursprünglich Kronprinzenallee und wurde bereits 1949 als Dank der (West-)Berliner an den »Vater der Luftbrücke«, General Lucius D. Clay, umbenannt.

Das AlliiertenMuseum widmet sich dieser Geschichte der Besatzungs- und Schutzmacht. Mit Exponaten aus der Alltags- und Militärkultur, zahlreichen Dokumenten, Audio- und Videoarchiven sowie Schildern und Nachlässen informiert das Museum über das Engagement und die Rolle der Westalliierten in Deutschland und Berlin 1945–1994. Es befindet sich in den Räumen des ehemaligen amerikanischen Kinos »Outpost Theater« sowie der ehemaligen Garnisonsbibliothek, die sich im Zentrum des damaligen US-Sektors befanden. Neben der Dauerausstellung werden auch wechselnde Sonderausstellungen gezeigt.

An den preußischen Offizier und US-amerikanischen General Friedrich Wilhelm von Steuben erinnert ein Denkmal in einem nahegelegenen Wäldchen. 1998 enthüllte der ehemalige US-Präsident George H. W. Bush hier zudem eine Skulptur der Künstlerin Veryl Goodnight, die an den Fall der Mauer erinnert.

▸ www.alliiertenmuseum.de; Clayallee 135; Di–So 10–18 Uhr; Eintritt frei; U-Bahn: Oskar-Helene-Heim

15 Waldfriedhof Dahlem

Der Waldfriedhof Dahlem wurde 1930–1932 nach einem Entwurf des Stadtgartendirektors Albert Brodersen angelegt. Er ist beispielhaft für seine Zeit, da man nicht gleich erkennt, dass es sich bei der gärtnerisch sorgfältig ausgestalteten Grünanlage um einen Friedhof handelt. Auf der linken Seite des Eingangsbereichs steht ein Liegeplan, der die Wege zu den Gräbern anzeigt, darunter unzählige Prominentengräber. So kann man bei einem Rundgang über den Friedhof auf die Grabstätten von Schriftstellern wie Gottfried Benn, von Komponisten wie Wolfgang Werner Eisbrenner, von Malern wie Karl Schmidt-Rottluff oder von Schauspielern wie O. E. Hasse, Hans Epskamp und Harald Juhnke stoßen. Auch der Kunstsammler Heinz Berggruen, der Politikwissenschaftler Ernst Fraenkel, der Architekt Josef Paul Kleihues sowie der Politiker und Berliner Bürgermeister Walther Schreiber fanden hier ihre letzte Ruhe.

Im hinteren Teil des Friedhofs liegt die Kapelle, die 1931/1932 nach Plänen von Heinrich Schweitzer im Stil des Expressiven Realismus erbaut wurde. Die Fassade des auf einem T-förmigen Grundriss errichteten Mauerwerksbau mit Satteldach ist gelb verputzt und an den Ecken mit Ortssteinen verkleidet.

‣ Hüttenweg 47; U-Bahn: Oskar-Helene-Heim

16 Grunewaldsee und Forsthaus Paulsborn

Der nördlich an Dahlem grenzende Grunewaldsee ist einer von mehreren Seen, die im Südwesten des Grunewalds eine zum Baden beliebte Seenkette bilden. Ende des 19. Jahrhunderts entdeckte das wohlhabende Bürgertum die Gegend um den Grunewaldsee als feine Wohngegend und errichtete hier prächtige Landhäuser. Die Villenkolonie Grunewald gilt noch heute als bekannteste und teuerste unter den etablierten Wohnadressen Berlins (vgl. Seite 286).

Das Forsthaus Paulsborn liegt direkt am See und zählt zu den schönsten Berliner Gasthäusern. Es wurde 1906 im Stil der Renaissance errichtet und beherbergt heute ein Hotel mit Restaurant und Biergarten. Von Dahlem aus erreicht man See und Forsthaus über den Hüttenweg.

‣ Hüttenweg 90; U-Bahn: Oskar-Helene-Heim, von dort weiter mit Bus 285 bis Hüttenweg oder Bus X10, X83, 115 bis Königin-Luise-Str./Clayallee, anschließend 20 Min. Fußweg

17 Jagdschloss Grunewald

Das weiß getünchte Jagdschloss Grunewald ist Dahlems kunsthistorisch bedeutendstes Bauwerk. Einst besaß die Dahlemer Gutsfamilie von Spil hier am See ein Jagdhaus, das samt dem Gewässer von Kurfürst Joachim II. erworben und ab 1542 zu einem Jagdschloss im Renaissancestil ausgebaut wurde. Damals wirkte es noch wesentlich trotzender als heute: Zum See hin lagen Türme und ein Wassergraben umgab den Bau. Über dem Eingangsportal befindet sich noch heute ein Relief mit Hirschen und einer Inschrift, die das Schloss als »Zum grünen Walde« bezeichnet. Dieser Name ging Ende des 19. Jahrhunderts auf den Wald über. Aus dem Spandauer Forst wurde der Grunewald, aus dem Spilsee der Grunewaldsee. Anfang des 18. Jahrhunderts wurde das Jagdschloss im Auftrag Friedrichs I. um barocke Erweiterungen und kleinere Hofgebäude ergänzt; seither gibt nur noch die Vorhalle mit dem Kielbogen, den Schießscharten und dem Treppenturm einen Eindruck vom Ursprungsbau. Im Inneren befindet sich ein historisch ausgestalteter Raum mit einer der ältesten erhaltenen Raumausstattungen Berlins. Die Vorhalle wird von dem sogenannten Zecherrelief geschmückt, das die am Schlossbau beteiligten Personen darstellt: den Architekten Caspar Theyss, den Bauführer Kunz Buntschuh und den Bildhauer Hans Schenk.

Das Schloss wurde von fast allen preußischen Herrschern während der Jagdsaison genutzt und so im Laufe der Jahrhunderte in deren Auftrag mehrfach um- und ausgebaut. Als der Grunewald seine Funktion als Hofrevier verlor, verfiel auch das Jagdschloss. 1926 erfolgte die Verstaatlichung, anschließend wurde durch die Schlösserverwaltung eine Kunstsammlung in den Räumen eingerichtet, die seit dem Zweiten Weltkrieg beständig erweitert wurde. Die Sammlung umfasst neben einer Zinn- und Porzellansammlung eine Gemäldesammlung mit über 200 Objekten niederländischer und deutscher Maler aus dem 16. bis 19. Jahrhundert, darunter Lucas Cranach, Peter Paul Rubens und Jan Lievens. In den Nebengebäuden wird die Waffensammlung Prinz Carls zusammen mit Informationen über die historischen Jagdformen in Brandenburg präsentiert.

› www.spsg.de; Hüttenweg 100; Nov.–März Sa/So 10–16, Apr.–Okt. Di–So 10–18 Uhr, Jagdzeugmagazin Mai–Okt.; Eintritt 6 €, erm. 5 €; U-Bahn: Oskar-Helene-Heim, von dort weiter mit Bus 115 bis Pücklerstr., danach ca. 20 Min. Fußweg

18 Brücke-Museum

Das kleine Brücke-Museum am Rande des Grunewalds wurde 1967 vom damaligen Stadtbaudirektor Werner Düttmann im Bauhaus-Stil

Brücke-Museum

errichtet. Es entstand dank Stiftungen der Maler Erich Heckel und Karl Schmidt-Rottluff. Diese gehörten neben Emil Nolde, Ernst Ludwig Kirchner, Max Pechstein und anderen der 1905 gegründeten und 1911 nach Berlin umgezogenen expressionistischen Künstlergruppe »Die Brücke« an, deren Kunst von den Nationalsozialisten als »entartet« verfemt wurde. Das Dahlemer Museum ist mit über 400 Gemälden und Tausenden von Zeichnungen, Aquarellen und Grafiken, die in wechselnden Ausstellungen präsentiert werden, die weltweit umfangreichste Sammlung der Künstlergruppe.

> ‣ www.bruecke-museum.de; Bussardsteig 9; Mi–Mo 11–17 Uhr, Eintritt 5 €, erm. 3 €;
> U-Bahn: Oskar-Helene-Heim, von dort weiter mit Bus 115 bis Pücklerstr.

⑲ Bernhard-Heiliger-Stiftung
Die Bernhard-Heiliger-Stiftung ist 1996 aus dem Nachlass von Bernhard Heiliger hervorgegangen. 1915 in Stettin geboren, zählt Heiliger zu den bedeutendsten deutschen Bildhauern der Nachkriegszeit. Er

lebte und arbeitete seit 1949 in seinem Atelier am Käuzchensteig und hinterließ nach seinem Tod 1995 ein vielfältiges Werk, das auch an verschiedenen öffentlichen Orten in Berlin zu sehen ist, beispielsweise mit der bronzenen Figur »Die Flamme« am Ernst-Reuter-Platz oder »Echo I« und »Echo II« im Kammermusiksaal der Philharmonie. Die Stiftung hat ihren Sitz im ehemaligen Atelier des Bildhauers, an das ein Skulpturengarten angeschlossen ist.

▸ Käuzchensteig 8–12; U-Bahn: Oskar-Helene-Heim, von dort weiter mit Bus 115 bis Finkenstr.

Zehlendorf

20 Museumsdorf Düppel

Das Museumsdorf Düppel ist eine Rekonstruktion eines märkischen Dorfes aus dem 12. Jahrhundert. Als nach dem Zweiten Weltkrieg durch einen Bombeneinschlag auf dem Gelände Tonscherben gefunden wurden, begann man in den 1960er-Jahren mit archäologischen Ausgrabungen, die ein 80 m langes und 25 m breites hufeisenförmiges Dorf hervorbrachten. An den langen Seiten wurden eine Palisadenfront mit Wehrgang sowie Reste von zwei schräg gegeneinander versetzten Toren gefunden. Des Weiteren entdeckte man, dass in einer zweiten Siedlungsphase ein ca. 16 Höfe umfassendes, halbkreisförmiges Dorf entstanden war, in dessen Mitte sich ein zentraler Dorfplatz befand. Seit Mitte der 1970er-Jahre werden diese Funde der Öffentlichkeit präsentiert. Damals gründeten einige Berliner einen Förderverein, der sich zum Ziel setzte, die mittelalterlichen Techniken für Landwirtschaft und Handwerk wiederzubeleben. Seitdem entstanden zahlreiche Häuser mit geflochtenen, lehmverputzten Wänden, ein Getreidespeicher und ein historischer Brunnen. Auch traditionelles Handwerk, rückgezüchtete Haustierrassen wie das Skuddeschaf und das Weiseschwein sowie mittelalterliche Landwirtschaft auf nachgebildeten Werkzeugen können die Besucher auf der 16 ha großen Fläche entdecken.

▸ www.dueppel.de; Clauertstr. 11; Apr.–Okt. Do 15–19, Sa/So 10–17 Uhr; Eintritt 3 €; S-Bahn: Zehlendorf, von dort weiter mit Bus 115 bis Ludwigsfelder Str.

21 S-Bahnhof Zehlendorf

Der S-Bahnhof Zehlendorf ist der älteste Haltepunkt Berlins. Er wurde 1838 an Preußens erster Straßenbahn angelegt, wodurch sich

Zehlendorf rasch vergrößerte. Doch schon im Mittelalter war das Dorf ein Verkehrsknotenpunkt, da es auf halber Wegstrecke von Berlin nach Potsdam lag und hier, nach zwei preußischen Meilen – ca. 14 Kilometer –, die Pferde gewechselt wurden. Außerdem kreuzten sich hier acht Straßen.

An den einstigen dörflichen Charakter erinnert der am Teltower Damm 36, in der Nähe des S-Bahnhofs gelegene und heute denkmalgeschützte Bau. Er wurde um 1840 errichtet und beherbergte einst die Gaststätte »Fürstenhof«. Ursprünglich ein Gehöft, das an der Gabelung der Straßen nach (Klein-)Machnow und Teltow lag, wurde das Gebäude durch den Bau der Eisenbahn vom Dorfkern abgeschnitten.

▸ S-Bahn: Zehlendorf

㉒ Englisches Haus

In der Knesebeckstraße befindet sich ein Beispiel der typischen Landhausarchitektur von Hermann Mathesius. Von ihm sagt man, dass er die Entwicklung von der Villa zum Landhaus, von der bloßen Repräsentation zum behaglich-großzügigen Wohnen initiiert hat. Im staatlichen Auftrag untersuchte er um 1904 den noch unerforschten historischen englischen Landhausbau. Nach seiner Rückkehr aus Großbritannien baute er hier in Zehlendorf für seinen Vorgesetzten aus dem Preußischen Handelsministerium ein nach den englischen Gestaltungsprinzipien angelegtes Landhaus. Die Räume waren ihrer Funktion entsprechend ineinander verschachtelt und nicht einfach aufgereiht. Die Architektur sollte so den Bewohnern dienen und nicht wie bisher Repräsentationsbühne sein. Das Haus wurde ein großer Erfolg: Zahlreiche Architekten und Architekturinteressierte kamen zur Besichtigung zum »englischen Haus«. Auch beim Berliner Bildungsbürgertum erfreute sich der neue Stil großer Beliebtheit, sodass Mathesius im Folgenden viele Aufträge erhielt und ab 1904 über 100 Häuser entwarf.

▸ Knesebeckstr. 5; S-Bahn: Zehlendorf

㉓ Schadow-Gymnasium

Das Schadow-Gymnasium, das älteste Gymnasium Zehlendorfs, liegt in einem kleinen Villengebiet. Das schlichte, aber massige Bauensemble wurde 1912 errichtet und lässt beispielhaft die Architekturbewegungen zur Kaiserzeit in Zehlendorf erkennen. Denn hier setzte das gehobene Bürgertum den repräsentativen Prunkbauten Wilhelm II. eher schlichte und feingliedrigere Gebäude entgegen. Begründer

dieser Bewegung war der Zehlendorfer Architekt Paul Mebes, der sich
für seine fortschrittliche Baukunst an der Architektur der Goethezeit
orientierte. Dorische Säulen, klassizistische Friese und Lünettenfens-
ter schmücken dementsprechend den von ihm entworfenen Bau des
Schadow-Gymnasiums aus. Der Bildschmuck von Bildhauer Walter
Schmarje zeigt Luther, Goethe und Bismarck als Vorbilder.

▸ Beuckestr. 27–29; S-Bahn: Zehlendorf

24 Rathaus Zehlendorf

Das Rathaus Zehlendorf wurde nach Plänen von Eduard Jobst Siedler
im ländlichen Stil 1926 erbaut und ist somit das älteste der Rathäuser,
die nach dem Zusammenschluss zu Groß-Berlin errichtet wurden. Einst
stand hier eine Schmiede, die wiederum eine Kastanie ersetzt hatte, neben der angeblich schon das Pferd von Friedrich des Großen gegrast haben soll. In der Adventszeit findet auf der sogenannten Dorfaue direkt
neben dem Rathaus der Zehlendorfer Weihnachtsmarkt statt.

Neben dem Rathaus steht eine Brunnenskulptur der Bildhauerin Ursula Sax, die diese 1974 geschaffen hat. Hinter dem Zehlendorfer Rathaus, in der Kirchstraße, befindet sich das Denkmal »Der
Trommler«, das 1913 von Walter Schmarje zur Jahrhundertfeier der
Völkerschlacht bei Leipzig geschaffen wurde. Das bronzene Denkmal
gilt zwar als ein Hauptwerk des Bildhauers, wurde aber erst 1992 hier
aufgestellt, da es sich um eine militärische Figur handelt, deren repräsentative Aufstellung lange Zeit als opportun galt.

▸ Kirchstr. 1–3; S-Bahn: Zehlendorf

25 Pauluskirche

Die evangelische Pauluskirche in der Kirchstraße wurde 1903–1905
nach Entwürfen des Architekten Hubert Stier errichtet. Stier konzipierte den roten Ziegelbau mit einem asymmetrischen Grundriss und
in Formen der märkischen Backsteingotik. Auf der Westseite der Kirche steht das im Stil einer Jugendstilvilla entworfene Pfarrhaus sowie
die 1892 errichtete Sidonie-Scharfe-Villa, die heute das Standesamt
beherbergt. Der ehemalige Dorfanger ist noch erhalten und als Grünanlage ausgestaltet; die letzten dörflichen Häuser verschwanden hier
in den 1920er-Jahren. Zusammen mit dem Pfarrhaus steht die Kirche
heute unter Denkmalschutz.

▸ www.teltow-zehlendorf.de; Kirchstr. 6; S-Bahn: Zehlendorf

26 Sidonie-Scharfe-Villa

Die Sidonie-Scharfe-Villa wurde 1892 für ihre Namensgeberin, die Wohltäterin und Mäzenin Sidonie Scharfe, errichtet, die nach dem Tod ihrer Mutter 1870 zusammen mit ihrer Schwester Marie Pasewaldt Eigentümerin des Lehnschulzengutes in Zehlendorf war. Der unter Denkmalschutz stehende Bau mit einer Freitreppe und einer Loggia wurde 1992 aufwendig restauriert. Er dient heute als sogenannte »Hochzeitsvilla« für Eheschließungen und Begründungen von Lebenspartnerschaften zur Verfügung. Zwei repräsentative Hochzeitszimmer mit jeweils 16 Plätzen wurden dafür hergerichtet.

▸ Teltower Damm 10; S-Bahn: Zehlendorf

27 Dorfkirche Zehlendorf

Die evangelische Dorfkirche Zehlendorf wurde im Auftrag Friedrich des Großen 1768 an der Stelle einer erstmals 1264 erwähnten mittelalterlichen Feldsteinkirche errichtet, welche nach der Zerstörung Zehlendorfs im Siebenjährigen Krieg nicht wieder aufgebaut wurde. Die neue Dorfkirche ist ein achteckiger Bau an der großen Kreuzung in der Dorfmitte, der einen seltenen Kirchentyp unter den Dorfkirchen der Mark Brandenburg repräsentiert. Bis zur Einweihung der Paulskirche 1905 war er die Gottesdienststätte der Zehlendorfer Kirchengemeinde. Mit 200 Plätzen wurde er für die damals stetig wachsende Gemeinde jedoch bald zu klein. Heute finden Taufen, Trauungen sowie Andachten, Konzerte und Lesungen in der denkmalgeschützten Kirche statt, deren Erscheinungsbild im Wesentlichen das Ergebnis einer 1953 erfolgten Restaurierung ist.

Der Kirchhof umfasst einige alte Grabmäler, wozu auch der Stein des Pasewaldt zählt, den 1913 die napoleonischen Truppen als Schlachtbank benutzten. An der Kirchhofmauer stehen zudem noch einige alte Maulbeerbäume aus dem 18. Jahrhundert, die an den Versuch erinnern, in Preußen eine Seidenraupenzucht zu betreiben (vgl. Seite 679).

▸ Potsdamer Str. 1; S-Bahn: Zehlendorf

28 Altes Schulhaus

An die Dorfkirche schließt sich zur Clayallee hin das alte Schulhaus an, das 1828 errichtet wurde und die heimatgeschichtliche Sammlung des Bezirks beherbergt. Vor dem Haus steht die Zehlendorfer Friedenseiche, die 1871 gepflanzt wurde. Zusammen mit der Kirche, dem Kirchhof und der Friedenseiche ist das kleine Schulhaus Teil des sogenannten

Die Sidonie-Scharfe-Villa ist auch als »Hochzeitsvilla« bekannt

»Historischen Winkels«, einem Stück erhaltenen Dorfkerns in Zehlendorf. Das vom Heimatverein getragene Museum informiert mit einer
ständigen Ausstellung über die Heimat- und Regionalgeschichte des
Bezirks, ergänzt von wechselnden Sonderausstellungen.

› www.heimatmuseum-zehlendorf.de; Clayallee 355; Mo/Do 10–18, Di/Fr 10–14
Uhr, an Feiertagen immer geschlossen; Eintritt frei; S-Bahn: Zehlendorf

29 Gemeindefriedhof
Der Zehlendorfer Gemeindefriedhof an der Onkel-Tom-Straße wurde
1871/1872 angelegt, als der Begräbnisplatz an der Dorfkirche zu klein
geworden war. Seit seiner Eröffnung ist er vielfach erweitert worden,
beispielsweise 1905/1906 sowie 1910 durch den Stadtgartendirektor
Emil Schubert, der versuchte, die strengen Formen durch geschwungene Wege aufzulockern. 1925 erfolgte eine Erweiterung durch Max
Dietrich, der schmale Birkenwege, kleine architektonische Urnen-
und Grabfelder nach Art versenkter Gärten, einen expressionistischen

Brunnen, eine übermannshohe Hainbuchenhecke sowie eine kurze Fichtenallee am Haupteingang in den Friedhof integrierte. Die heutige Trauerhalle wurde 1931/1932 nach Plänen von Erich Schwietz im Stil des Expressionismus errichtet. Über den gesamten Friedhof verteilt lassen sich sehenswerte Grabmale mit figürlichem Schmuck finden. Unter den Gräbern befindet sich das mit wuchtiger Büste für den Schauspieler Heinrich George, dessen Gebeine nach Wunsch seiner Söhne 1996 vom Friedhof des Speziallagers Sachsenhausen hierher gebracht wurden.

▸ Onkel-Tom-Str. 30; S-Bahn: Zehlendorf

30 Herz-Jesu-Kirche Zehlendorf

Die katholische Herz-Jesu-Kirche wurde 1907/1908 zusammen mit ihrem Pfarrhaus nach Plänen von Christoph Hehl im neugotischen Stil errichtet und mit roten Ziegeln verkleidet. Das Ensemble steht heute unter Denkmalschutz. Hehl, der für seine auffällige Architekturen für die katholische Kirche bekannt war, konzipierte hier das Gewölbe des quadratischen Kirchenraumes auf einem Mittelpfeiler ruhend, der mit Bronzefiguren des Bildhauers Josef Limburg von 1908 ausgeschmückt ist. Zu diesen zählt auch eine zeitgeschichtlich bedeutende Madonna. Denn im protestantischen Preußen war seit 1897 die von Fritz Schaper entworfene »Preußische Madonna« – Königin Luise mit Wilhelm I. als Kind auf dem Arm – so populär, dass sie als Statuette in zahlreichen patriotisch gesinnten Haushalten aufgestellt wurde. Die Madonna der Herz-Jesu-Kirche wurde zum beliebten Gegenstück der katholischen Kirche und unter dem Namen »Zehlendorfer Madonna« ebenfalls in verkleinerten Kopien verkauft.

▸ www.herzjesuberlin.de; Riemeisterstr. 2; S-Bahn: Zehlendorf

31 Engelsburg

Die sogenannte Engelsburg – der Name stammt von den Putten und Büsten auf dem Dach – wurde 1904–1907 im Auftrag des Verlegers Franz Calé nach Plänen der Architektengemeinschaft Theodor Bastian und Fritz Kabelitz errichtet. 1997 wurde das historische Haus samt Gartengrundstück vom Emirat Katar erworben, das es als Botschaft nutzen wollte. Allerdings steht die denkmalgeschützte Villa mit 800 m² Wohnfläche und großem Garten seitdem leer und ist dem fortschreitenden Verfall ausgesetzt.

▸ Schützallee 27–29; S-Bahn: Zehlendorf

32 Wohnhaus Tessenows

Das bescheidene Wohnhaus in der Sophie-Charlotte-Straße 7 wurde 1929 von Heinrich Tessenow entworfen, der es selbst von 1945–1950 bewohnte. Tessenow war ein maßgeblicher Vertreter der Neuen Sachlichkeit und entwarf unter anderem 1931 die Ausgestaltung des Innenraums der Neuen Wache Unter den Linden. In Zehlendorf wurden auch die Häuser Am Fischtal 2/2a sowie in der Riemeisterstraße 56a, 58–60 und 62–66b von ihm konzipiert. Eine Gedenktafel an seinem ehemaligen Wohnhaus erinnert heute an den Architekten.

▸ Sophie-Charlotte-Str. 7; U-Bahn: Onkel-Toms-Hütte

33 Fischtalpark

Der Fischtalpark ist eine 9,2 ha große Grünanlage, die sich in länglicher Form zwischen der Onkel-Tom-Straße im Südwesten und der Argentinischen Allee im Nordwesten erstreckt. Er wurde 1925–1929 vom Landschaftsarchitekten Max Dietrich als erste Parkanlage im expressionistischen Stil in Deutschland angelegt und ist heute ein Gartendenkmal, das über einen Spielplatz, Liegewiesen und einen Rodelhang verfügt. In der Mitte des Parks, durch den zwei parallele Wege laufen, liegt der Fischtalteich, der von Nadelhölzern, Birken, Kiefern und Douglasien umgeben ist.

▸ Sophie-Charlotte-Str. 1; U-Bahn: Onkel-Toms-Hütte

34 Versuchssiedlungen

Im Vergleich zu dem Landhausgebieten südlich des Fischtalparks weisen die Gebiete nördlich der Grünanlage einen ganz anderen Charakter auf. Hier entstanden in den 1920er-Jahren Versuchssiedlungen verschiedener Richtungen.

Die Häuser der »Onkel-Tom-Siedlung« befinden sich in der Onkel-Tom-Straße nördlich des Fischtalparks. Das Gebiet gehörte ehemals zu einem Areal des Grunewalds, das der Kaufmann Adolf Sommerfeld 1922 kaufte. Hier, an der Onkel-Tom-Straße 62–64, legte er mit eingeschossigen Holzhäusern die Versuchssiedlung »Kieferngrund« an. Schräg gegenüber wurde im nächsten Jahr nach Plänen der Architekten Erich Mendelsohn und Richard Neutra mit vier flachgedeckten, kubischen Mauerwerksvillen die nächste Versuchssiedlung namens »Sommerfelds Aue« errichtet. Dem Begriff Versuchssiedlung folgend, präsentierte man hier auch innovative Bauideen, darunter beispielsweise eine Drehbühne im größten Raum, mit der man dessen

Nutzung variieren konnte. Sommerfeld ließ anschließend das Waldgebiet durch Straßentrassen für den Bau einer Großsiedlung vorbereiten.
1926 verkaufte er das Gebiet jedoch an die GEHAG, die hier, rund um
den U-Bahnhof Onkel-Toms-Hütte, 1926–1932 eine eigene Großsiedlung mit ca. 2 200 Wohnungen errichtete. Die offiziell als »Waldsiedlung Zehlendorf« bezeichnete GEHAG-Großsiedlung wurde nach
Plänen der Architekten Bruno Taut, Hugo Häring, Fred Forbat, Hans
Gerlach und Otto Rudolf Salvisberg im Bauhausstil konzipiert. Sie
entwarfen 1 100 Mehrfamilienhäuser mit bis zu drei Geschossen sowie
Einfamilienhäuser in zwei Typen. Taut war bekannt für seine expres-
sive Farbgebung als kostengünstiges Gestaltungselement, sodass das
Viertel auch als »Papageiensiedlung« bezeichnet wird. Die bunten
Flachdachhäuser für eher finanzschwache Bewohner waren einigen
Zehlendorfern jedoch ein Dorn im Auge: Man sah das Ortsbild und
die politische Mehrheit in Gefahr. Da man die Siedlung aber nicht

Straße in der Onkel-Tom-Siedlung

mehr verhindern konnte, bildete man eine Gegenbewegung, wodurch der sognannte »Zehlendorfer Dächerkrieg« ausbrach und ab 1928 südlich der Waldsiedlung die mit einheitlichen Satteldächern erbaute »Siedlung Fischtalgrund« entstand. Sie befindet sich in geschwungener Form entlang der Straße Am Fischtalgrund und wurde unter der Koordination von Heinrich Tessenow von Berlins populärsten, aber weniger progressiven Architekten Hans Gerlach, Ernst Grabbe, Wilhelm Jost, Fritz Keller, Alexander Klein, Arnold Knoblauch, Paul Mebes, Paul Emmerich, Hans Poelzig, Erich Richter, Emil Rüster, Fritz Schopohl, Paul Schmitthenner, Georg Steinmetz, Karl Weißhaupt und Gustav Wolf errichtet. So entstanden 75 Eigenheime und 40 Wohnungen in mehrgeschossigen Häusern, die gediegenes, mittelständisches Wohnen repräsentieren und mit ihren individuellen Ausgestaltungen ein Gegenstück zur vermeintlichen Uniformität der weiter nördlich gelegenen Waldsiedlung bilden sollten.

> ‣ Onkel-Tom-Str./Am Fischtalgrund; U-Bahn: Onkel-Toms-Hütte

35 U-Bahnhof Onkel-Toms-Hütte

Der U-Bahnhof Onkel-Toms-Hütte wurde samt der neuen Bahnverlängerung zur Krummen Lanke 1929 eröffnet. Der Bahnhofsbau wurde nach Plänen des Architekten Alfred Grenander entworfen. 1931/1932 ergänzte Otto Rudolf Salvisberg diesen durch Ladenpassagen an den Längsseiten, die gleichzeitig das Zentrum der Onkel-Tom-Siedlung stellen. Im Jahr 2000 wurde der Bahnhof unter anderem von der Berliner Architektengemeinschaft Peters und Wormuth saniert. Seit 2013 liegt ein neues Konzept vor, das die Ladenstraße neu beleben soll: Designerläden, ein Lebensmittelanbieter aus der Region, ein Fahrradladen sowie ein Wochenmarkt auf dem Bahnhofsvorplatz sollen ab 2014 den U-Bahnhof mit seinen Ladenpassagen attraktiver gestalten.

> ‣ Nähere Informationen zum neuen Konzept unter www.onkeltomkiez.de; U-Bahn:
>   Onkel-Toms-Hütte

36 Ernst-Moritz-Arndt-Kirche

Die Ernst-Moritz-Arndt-Kirche liegt gegenüber dem U-Bahnhof Onkel-Toms-Hütte und wurde 1934/1935 nach Entwürfen von dem in Zehlendorf lebenden Architekten Diez Brandi errichtet. Brandi ließ sich beim Entwurf für die einschiffige Saalkirche von zwei Stilrichtungen inspirieren: zum einem von der konservativen

Heimatschutzarchitektur, zum anderen von der Neuen Sachlichkeit. So konzipierte er einen mit orangeroten Ziegeln verblendeten Mauerwerksbau mit hohem Satteldach und einer einfachen Fassade mit schlanken Rechteckfenstern. Seitwärts befindet sich ein quadratischer Glockenturm, der von einer achteckigen, offenen Laterne und einem flachen Pyramidendach bekrönt wird.

› www.ema-gemeinde.de; Onkel-Tom-Str. 80; U-Bahn: Onkel-Toms-Hütte

37 Riemeisterfenn

Das über die Onkel-Tom-Straße zu erreichende Riemeisterfenn ist ein Naturschutzgebiet im Westen Zehlendorfs, welches einmal ein See war, der seit Beginn des 20. Jahrhunderts vollständig trockengefallen ist. Hier befand sich einst eine beliebte Gastwirtschaft, die von einem Wirt namens Thomas betrieben wurde. Als der Roman »Uncle Tom's Cabin« von der US-amerikanischen Schriftstellerin Harriet Beecher-Stow auch in der deutschen Übersetzung populär wurde, nannten die Zehlendorfer die Gastwirtschaft »Onkel Toms Hütte«. Die Gaststätte existiert schon lange nicht mehr, sie lebt jedoch im Namen der Straße und des U-Bahnhofs fort.

› U-Bahn: Onkel-Toms-Hütte

38 Ehemalige Kameradschaftssiedlung der SS

Die Kameradschaftssiedlung der SS an der Argentinischen Allee wurde 1938–1940 von der GAGFAH, der Gemeinnützigen Aktien-Gesellschaft für Angestellten-Heimstätten, nach Plänen von Hans Gerlach in Abstimmung mit dem SS-Hauptamt für Rasse und Siedlung errichtet. Heinrich Himmler hatte die 600 Wohnungen umfassende Siedlung in Auftrag gegeben; es entstanden dreigeschossige Miethäuser sowie Reihen-, Doppel- und freistehende Häuser zwischen der Argentinischen Allee und dem Quermatenweg. Die Häuser präsentieren sich schlicht, mit ziegelgedecktem Satteldach, hölzernen Gaupen und Sprossenfenstern mit Fensterläden. Sowohl die Häuser als auch die Gärten wurden einheitlich gestaltet und nach strikten Regeln angelegt. Die Straßennamen, darunter »Siegstraße«, »Ahnenzeile« und »Treuepfad«, wählten die SS-Leute und ihre Familien selbst, nach 1945 wurden sie jedoch umbenannt. Heute ist die Siedlung ein beliebtes Wohngebiet und steht unter Denkmalschutz.

› Zwischen Argentinische Allee und Quermatenweg; U-Bahn: Krumme Lanke

39 U-Bahnhof Krumme Lanke

Der U-Bahnhof Krumme Lanke ist die Endstation der U-Bahnlinie 3 und wurde 1929 eröffnet. Das pavillonähnliche Empfangsgebäude wurde nach Plänen von Alfred Grenander errichtet und ist eine der bedeutendsten Verkehrsbauten im Stil der Neuen Sachlichkeit aus den 1920er-Jahren – auch wenn die Bausubstanz komplett von der Sanierung im Jahr 1989 stammt.

  ‣ U-Bahn: Krumme Lanke

40 Haus am Waldsee

Das Haus am Waldsee wurde 1922/1923 nach Plänen von Max Werner als Privatvilla für den Fabrikanten Hermann Knobloch errichtet. Schon 1926 wurde die Landhausvilla verkauft, wechselte anschließend mehrfach den Besitzer und wurde schließlich 1942 von der Allgemeinen Film-Treuhand der UFA erworben. Sie diente Karl Melzer, Generalsekretär der Internationalen Filmkammer und stellvertretender Präsident der Reichsfilmkammer, als Dienstwohnung. Seit 1946 wird die Villa als Ausstellungsraum internationaler Gegenwartskunst genutzt, darunter Ausstellungen mit Werken von Cindy Sherman, Meret Oppenheim, Henry Moore, Bjørn Melhus und Werner Aisslinger.

  ‣ www.hausamwaldsee.de; Argentinische Allee 30; Di–So 11–18, Café Mi–So 12–15 Uhr; Eintritt 7 €, erm. 5 €; U-Bahn: Krumme Lanke

41 Haus der Jugend

Das Haus der Jugend befindet sich direkt neben dem Haus am Waldsee und steht beispielhaft für die um 1910 in Zehlendorf errichteten Landhäuser. Heute beherbergt das Gebäude eine Jugendeinrichtung für Freizeitgestaltung mit den Schwerpunkten Rockmusik, Theater, künstlerische und handwerkliche Gestaltung. Auch ein offenes Café wird angeboten.

Das Haus am Waldsee sowie das Haus der Jugend gehörten früher zur Villenkolonie Zehlendorf-West, die um 1901 angelegt wurde. Schon zur Kaiserzeit waren die Zehlendorfer Landhausviertel bekannt und noch heute gehören die Straßen rund um den Waldsee zu den besten und teuersten Adressen Berlins.

  ‣ www.hdjzehlendorf.de; Argentinische Allee 28; Mo 15–21, Di–Fr 16–22 Uhr; U-Bahn: Krumme Lanke

42 Haus Perls

Das Haus Perls wurde 1911/1912 nach Plänen von Ludwig Mies van der Rohe als eines seiner ersten Werke für den Kunstsammler und Juristen Hugo Perls errichtet. In Anlehnung an Schinkel entwarf van der Rohe ein schlichtes kubisches, heute gelbgestrichenes Haus mit flachen Walmdach. 1928 ließ der anschließende Besitzer, der Kunstsammler Eduard Fuchs, durch Mies van der Rohe den Gartensaal anfügen. Der Bau zeichnet schon Stilelemente der Bauhaus-Epoche, die von Mies van der Rohe entscheidend geprägt wurde. Heute beherbergt der Bau eine Schule.

▸ Hermannstr. 14; U-Bahn: Krumme Lanke

43 Gropius-Bau

In der Fischerhüttenstraße steht ein weiteres berühmtes Beispiel der Architektur der Neuen Sachlichkeit aus den 1920er-Jahren. Das Haus wurde 1927/1928 nach Entwürfen von Walter Gropius errichtet, die Innenausstattung schuf Marcel Breuer. Obwohl ein klassisches Beispiel für die neusachliche Architektur, war der heute denkmalgeschützte Bau mit den kleinen Fenstern, der weißen Fassade und dem flachen Dach in dem Zehlendorfer Landhausviertel früher jedoch eher eine Ausnahme.

▸ Fischerhüttenstr. 106; U-Bahn: Krumme Lanke

44 Häuser Muthesius'

In dem Landhausviertel nordöstlich des Waldsees befinden sich auch zwei frühe Beispiele der im Stil der englischen Landvillen errichteten Bauten von Hermann Muthesius (vgl. Seite 674). Es handelt sich um die Häuser in der Bogotastraße 15 von 1904 und in der Limastraße 29 von 1907.

▸ Bogotastr./Limastr.; S-Bahn: Mexikoplatz

45 Mexikoplatz

Der Mexikoplatz liegt inmitten der Villenkolonie und besticht durch sein Jugendstilgebäude mit Kuppeldach, das als eines der schönsten Jugendstilgebäude Berlins gilt. Es wurde vom Zehlendorfer Maurermeister Franz Schirmer nach einem Entwurf der Architekten Gustav Hart und Alfred Lesser errichtet und 1905 eingeweiht. In den folgenden Jahren wurden die den Platz begrenzenden Geschosswohnbauten mit

Markant: der S-Bahnhof Mexikoplatz

ihren stark gegliederten Landhausfassaden errichtet; die Grünanlage gestaltete der Zehlendorfer Gartenarchitekt Emil Schubert.

Noch bis zum späten 19. Jahrhundert befanden sich rund um das Areal des heutigen Mexikoplatzes sumpfige Niederungen und leichter Waldboden. 1901 kaufte die Zehlendorf-West-Terrain-Aktiengesellschaft unter Graf Guido von Donnersmarck, einem der reichsten Männer Preußens, ca. 400 Morgen Land und errichtete in kurzer Zeit eine vornehme und verkehrstechnisch gut erschlossene Villenkolonie. 1904 lebten dadurch im südlichen Grunewald bereits über 2 000 Neu-Zehlendorfer, darunter viele höhere Beamte und vermögende Geschäftsleute.

Nach den Zerstörungen durch den Zweiten Weltkrieg wurde die ursprüngliche Substanz des Bahnhofs erst 1983 gesichert, sodass auf dieser Basis zur 750-Jahr-Feier Berlins im Jahr 1987 der Schmuckplatz und die Gebäude wiederhergestellt werden konnten. Nach der Restauration unter der Leitung des Architekten Rupert Stuhlemmer präsentiert sich der Platz dem Besucher heute fast so wie zu seiner Fertigstellung im Jahr 1910.

Zur Adventszeit findet vor dem Bahnhofsgebäude der seit vielen Jahren von Künstlern gestaltete Weihnachtsmarkt statt.

▸ S-Bahn: Mexikoplatz

Wannsee-Ufer

46 S-Bahnhof Wannsee

Der S-Bahnhof Wannsee wurde 1874 zusammen mit Berlins erster Vorortstrecke Zehlendorf–Griebnitzsee als Bahnhof »Wannensee« in Betrieb genommen. Vier Jahre später erfolgte die Umbenennung in den heutigen Namen. Der Bahnhof ist Verkehrsknotenpunkt von Bahnen, Bussen und Schiffslinien; von hier aus kann man die Insel Wannsee bequem erkunden, da Busse nach Stolpe, Klein-Glienicke, zur Pfaueninsel und zum Heckeshorn fahren. Das verklinkerte Bahnhofsgebäude wurde 1927 nach Plänen von Richard Brademann im expressionistischen Stil errichtet und ersetzte damals einen bürgählichen Vorgängerbau, der 1874 als Endpunkt der Wannseebahn erbaut worden war. Der Berliner Bankier Wilhelm Conrad hatte hauptsächlich den Bahnbau vorangetrieben, damit die vom ihm gegründete »Villenkolonie Alsen« am gegenüberliegenden Wannseeufer an Berlin angebunden werden konnte. Zunächst rief dieser Plan eher Unglauben und Skepsis unter den Einwohnern hervor, da sich damals zwischen Zehlendorf und Potsdam nur unbesiedeltes Gebiet erstreckte. Das Vorhaben wurde allerding zum Erfolg: Conrads Bahn und Villenkolonie fanden regen Zulauf. Darüber hinaus entstand auch am östlichen Wannseeufer eine Kolonie, die »Villenkolonie Wannsee«.

Gegenüber dem Bahnhof Wannsee liegt der Anleger der Stern- und Kreisschifffahrt, von dem aus man Bootstouren unternehmen kann. Auch die Haltestelle der BVG-Fähre nach Kladow befindet sich hier.

▸ S-Bahn: Wannsee

47 Kleistgrab

In der heutigen Bismarckstraße, zu der man vom S-Bahnhof Wannsee über die Königstraße gelangt, zwischen den Ruderclubs in den Hausnummern 2 und 4, befindet sich das Kleistgrab. Hier hatten am 29. November 1811 Heinrich von Kleist und seine unheilbar an Krebs erkrankte Freundin Henriette Vogel gemeinsam ihr Leben beendet. Da es zu der damaligen Zeit verboten war, Suizidanten auf einem Friedhof zu bestatten, begrub man die beiden Leichen am Ort des Geschehens. Es ist jedoch umstritten, ob der gemeinsame Freitod tatsächlich genau dort stattgefunden hat, wo heute der Grabstein liegt, oder möglicherweise in einiger Entfernung. Anlässlich des 200. Todestages von Kleist wurde die Grabanlage 2011 neu gestaltet und der Grabstein restauriert; ein Gedenkstein für Henriette Vogel war schon 2003 hinzugekommen. Auch ein neuer der Weg über die König- und Bismarckstraße wurde im Rahmen der Restaurationen angelegt. An der Ecke der beiden Straßen geben Informationstafeln Aufschluss über Leben und Tod Heinrich von Kleists und Henriette Vogels. Zudem können sich Besucher mit Audioguides auf einen Hörspiel-Parcours begeben. Unter anderem Auszüge aus Vernehmungsprotokollen der Augenzeugen und aus den Abschiedsbriefen werden vorgetragen, während der Parcours an der Dampferanlegestelle am Wannsee vorbei, über die Königstraße, auf dem neu angelegten Weg zum Kleistgrab und hinunter an den kleinen Wannsee führt. Die Audioguides sind am Souvenir- und Geschenke-Wagen an der Schiffsanlegestelle am S-Bahnhof Wannsee erhältlich.

▸ www.hoerspielpark.de/kleistdenkmal; Apr.–Okt. tgl. 10:30–14:30 Uhr; Ausleihgebühr 3 € pro Person; S-Bahn: Wannsee

48 Literarisches Colloquium Berlin

Das von den Architekten Kayser und von Groszheim 1884/1885 erbaute Haus in Wannsee, Am Sandwerder 5, ist seit 1962 Sitz des Literarischen Colloquiums. Wie viele alte Häuser hat es eine bewegte Vergangenheit. 1874 wurden die ersten Häuser in der »Villenkolonie Wannsee« erbaut. Der Bauunternehmer Guthmann ließ sich in diesem Rahmen hier einen »Renaissancepalast« errichten. Nach dem Tode Guthmanns 1924 vermietete dessen Enkel und Erbe, Hans Georg von Morgen, das Haus an den Bankier Dr. Ernst Goldschmidt, einen Vetter der Mutter Carl Zuckmayers. 1932 wurde die Villa an den Bankier Ernst Possel vermietet. In den Jahren 1938–1953 gab es wechselnde Besitzer. 1960 schließlich fiel das Haus an das Land Berlin. Da der Senat für die vielfältig vorgeschlagenen Einrichtungen in diesem Hause keine Mittel zur Verfügung hatte, konnte 1962 das von der Henry Ford Foundation gestiftete Literarische Colloquium Berlin (LCB) das Haus beziehen. Ziele des LCB sind die Verbreitung und Förderung der Deutschen und Internationalen Literatur im weitesten Sinne. Der Website sind die Veranstaltungstermine zu entnehmen.

▸ www.lcb.de; Am Sandwerder 5; S-Bahn: Wannsee

49 Bismarckstraße

Die Bismarckstraße verdankt ihr Entstehen dem Bau des Teltowkanals 1900–1906. Damals wurden die Seenketten »Weißes Holz« (Kleiner Wannsee und Pohlesee) und »Stolper Loch« (Stölpchensee und Griebnitzsee) durch Stichkanäle zum Umfahren der Insel Wannsee verbunden. Unter den vielen Villen der Straße sticht insbesondere das historisierende Gebäude und seine Gartenanlagen an der Hausnummer 30a hervor. Es wurde in den 1920er-Jahren nach Plänen von Alfred Breslauer errichtet. Vom Ende der Bismarckstraße verläuft rechts durch den Wald hinunter ein Uferweg, der einen Blick auf weitere Villenkolonien und das Dorf Stolpe frei gibt.

▸ S-Bahn: Wannsee

50 Stolpe

Stolpe ist ein kleines Dorf zwischen Stölpchensee und Pohlesee, das den Kernort des Ortsteils Wannsee bildet und sich rund um die Dorfkirche und in der Alsenstraße seinen ländlichen Charakter aus dem 19. Jahrhundert erhalten hat. Hier lebten – und sind zum Teil auch begraben – der Architekt Hans Poelzig, der sozialdemokratische Widerstandskämpfer Adolf Reichwein und der als »Eiserner Gustav« bekanntgewordene Droschkenkutscher Gustav Hartmann. Letzterer startete 1929 im Alter von 68 Jahren die von den Medien spektakulär verfolgte Droschkentour Wannsee–Paris–Berlin.

▸ S-Bahn: Wannsee, von dort weiter mit Bus 118 bis Wilhelmplatz

51 Ehemaliges Rathaus Wannsee

Das ehemalige Rathaus Wannsee wurde 1899–1901 nach Plänen von Otto Stahn im historisierenden Stil der Neogotik errichtet. Da erst kurz vorher die Villenkolonien Wannsee und Alsen sowie das Dorf Stolpe zu einer Gemeinde von etwa 2 300 Einwohnern zusammengefasst worden waren, diente der Bau als repräsentatives Amtsgebäude. Heute befindet sich hier eine Kindertagesstätte.

▸ Königstr. 42; S-Bahn: Wannsee, von dort weiter mit Bus 118, 316, 318 bis Rathaus Wannsee

52 Kirche am Stölpchensee

Die Kirche am Stölpchensee ist die ehemalige Dorfkirche von Stolpe. Der Saalbau mit Vierungsturm wurde 1858/1859 unter der Leitung von Friedrich August Stüler nach einer Idee von König Friedrich Wilhelm IV. errichtet. Denn dieser wünschte sich im Sinne der Verschönerung der Potsdamer Umgebung eindrucksvolle Architekturen; dass die Dorfkirche für das damalige Dorf mit 400 Einwohnern viel zu mächtig war, spielte dabei für ihn keine Rolle. Stüler errichtete die in hellgelben Ziegeln gemauerte Kirche auf dem Grundriss eines lateinischen Kreuzes. Über der Vierung befindet sich ein massiger, quadratischer Turm, an dessen Ecken neogotische Pyramidentürmchen gesetzt wurden. Ein Stauden- und Kräutergarten im romantischen englischen Stil mit einer Ausstellung über christliche Pflanzensymbolik umgibt den Bau. Die Kirche steht heute unter Denkmalschutz und ist Ort regelmäßiger Gottesdienste und Veranstaltungen.

▸ Wilhelmplatz 2; S-Bahn: Wannsee, von dort aus weiter mit Bus 118 bis Wilhelmplatz

53 Hirschberg

Auf der Wannseer Uferseite führt vom Ufer weg ein Weg querfeldein auf den Hirschberg. Von ihm aus erstreckt sich ein schöner Ausblick auf Neubabelsberg und die Bauten der Sternwarte. Der 90 m hohe Hirschberg ist der nördliche Teil der ehemaligen Mülldeponie Wannsee, die sich in einer ehemaligen Kiesgrube befand und 1956/1967 aufgeschüttet wurde. In den 1980er-Jahren wurde der Boden aufgeforstet.

▸ S-Bahn: Wannsee

54 Klein-Glienicke

Klein-Glienicke, einst ein selbstständiges Dorf, gehört seit dem 19. Jahrhundert zur Villensiedlung Neubabelsberg in Potsdam. Die große Straße des Dorfes ist im Barock als gerade Allee auf das Jagdschloss Glienicke angelegt worden. Mit dem Dorf Klein-Glienicke beginnt die Potsdamer Kulturlandschaft, die seit 1990 zum Weltkulturerbe der UNESCO gehört und zu den wichtigsten kunsttouristischen Sehenswürdigkeiten in Berlin und Potsdam zählt. Zu Berlin gehören in diesem Rahmen die Glienicker Schloss- und Parkanlagen, die Pfaueninsel und das Blockhaus Nikolskoe.

▸ S-Bahn: Wannsee, von dort weiter mit Bus 316 bis Schloss Glienicke

55 Schlossanlage (Klein-)Glienicke

Das Schloss (Klein-)Glienicke samt seiner Parkanlagen geht zurück auf das Jahr 1660, als in der Nähe des Dorfes Glienicke eine erste Holzbrücke erbaut und anschließend für den Kurprinzen Friedrich ein Jagdschloss errichtet wurde. Auf einem Areal nördlich des Schlosses entstand eine Gutsanlage, die aber durch die Anlegung der Berlin-Potsdamer Chaussee 1794 vom Jagdschloss abgeschnitten wurde. Das anschauliche Jagdschloss verwahrloste mit der Zeit und wurde schließlich als Tapetenfabrik und Waisenhaus genutzt; das Gut im Norden hingegen entwickelte sich zu einer Schlossanlage mit Park. 1824 wurde sie von Prinz Carl von Preußen erworben, der hier mehrere der Anbauten errichten ließ, um seine zahlreichen Sammlungen von Waffen, Pferden, Kutschen, Schiffen und Kunstobjekten unterzubringen. Für die Baupläne beauftragte er Karl Friedrich Schinkel, Ernst Petzholtz, Ferdinand von Arnim und Ludwig Persius; die Gärten, die er selbst mitentwarf, wurden von Peter Joseph Lenné und Hermann von Pückler-Muskau angelegt. Später kaufte der Prinz auch das Jagdschloss und Teile des Dorfes hinzu.

Das Jagdschloss Glienicke wurde 1682–1693 errichtet; seit 2007 befindet sich hier eine sozialpädagogische Fortbildungsstätte.

Das Schloss ist seit den Umbauten durch Schinkel eigentlich vielmehr ein großes Landhaus mit italienischen Einflüssen. Den streng gegliederten Bau lockerte der Architekt durch einen Gartenhof, ein Kavaliershaus und einen Turm auf. Wie in Italien zu der damaligen Zeit üblich, wurden in die Wände von Prinz Carl über den Kunsthandel erworbene antike Fragmente eingemauert, die die Illusion erwecken sollten, dass man sie beim Hausbau gefunden habe. Der Haupteingang zum Haus wurde nicht außen, sondern versteckt im Gartenhof angelegt, welcher wiederum durch den kleinen Tempel betreten wurde. Heute präsentieren die restaurierten Innenräume des Schlosses Einrichtungsgegenstände und Kunstwerke aus dem Besitz von Prinz Carl. Auch Konzerte finden hier regelmäßig statt. Darüber hinaus wurde ein Museum für die Hofgärtner eröffnet, die seit dem 18. Jahrhundert die Potsdamer Parklandschaft gestaltet haben. Vor dem Schloss liegt die von Schinkel errichtete Löwenfontäne. Der nahe gelegene Laitèrebrunnen ist ein Werk des Bildhauers Sokolow und stellt die Fabel Lafontaines dar.

Rechts neben dem Schloss befindet sich der Wirtschaftshof mit dem Stall für Kühe und Schafe sowie der Konditorei. Das Gebäudeensemble wurde in Anlehnung an die Anwesen der britischen Lordschaften von von Arnim und Persius mit Durchblickstor und Turm gestaltet.

Nach Osten hin erstreckt sich der sogenannte Pleasureground, der Hausgarten des Schlosses. Zum Park hin ist er abgezäunt, da dort Wild und Vieh frei herumliefen. Der Gartenkünstler Lenné hatte ihn schon für den Vorbesitzer, Karl August Fürst von Hardenberg, geschaffen, durch die Übernahme Carls erfolgten jedoch tiefgreifende

Veränderungen. Das kleine Haus mit römischen Mosaiken und florentinischen Stilelementen neben dem Gartenzaun trägt den Namen Neugierde. Diesen erhielt es dadurch, dass man hier, hinter Gardinen verdeckt, die Geschehnisse auf der Chaussee überwachen konnte. Am Johannitertor befindet sich das von Persius entworfene Stibadium, der eindrucksvollste der Teeplätze des Gartens mit einem weiten Blick nach Potsdam. Des Weiteren steht an der Ecke des Pleasuregrounds zur Brücke hin die Rotunde, ein Säulenrundbau, der aufgrund seiner Nutzung als Aussichtspavillon auch »Große Neugierde« genannt wird.

Der vom Pleasureground zum Park führende Weg passiert den Klosterhof, an dessen rechter Seite sich die Orangerie erstreckt. Er wurde aus Resten mittelalterlicher Gebäude errichtet, darunter die eines Klosters aus der Nähe von Venedig.

Der Park ist vielfältiger ausgestaltet als der Pleasureground. In seinem nördlichen Areal liegt das Ensemble aus Maschinen- und Hofgärtnerhaus mit einem Wasserturm, der von Persius für die Glienicker Wasserspiele entworfen wurde. Dahinter erstreckt sich eine alpinenähnliche Parkanlage, die von dem Landschaftsmaler Schirmer zusammen mit Prinz Carl gestaltet wurde. Dabei türmten sie Findlinge zu einer Teufelsschlucht auf, in der ein künstlicher Wasserfall herabstürzt, der wiederum von der Teufelsbrücke, einer künstlichen Ruine, überspannt wird. Im äußersten Norden befindet sich der von Schinkel im englisch-neugotischen Stil errichtete Jägerhof, der während der königlichen Parforcejagden genutzt wurde.

Ebenfalls im Norden des Parks befindet sich die Gaststätte »Moorlake«, die Friedrich Wilhelm IV. 1840 für seine Frau als bayerisches Forsthaus errichten ließ, welches 56 Jahre später in ein Gasthaus umgewandelt wurde. Mittlerweile werden in dem an einer Havelbucht gelegenen Gebäude seit rund 100 Jahren Einheimische und Touristen bewirtet.

Das nördlich des Pleasuregrounds liegende und mit langen Pergolen ausgeschmückte Kasino war neben dem Schloss der wichtigste Bau. Es wurde 1824–1825 nach Schinkels Plänen als dessen erstes Werk für Glienicke anstelle eines Vorgängerbaus errichtet. Der Name steht hier aber lediglich für »kleines Haus«, ein eigentliches Kasino befand sich hier nicht.

▸ Schloss: www.spsg.de; Königstr. 36; Apr.–Okt. Di–So 10–18, Nov.–März Sa/So 10–17 Uhr; Eintritt 5 €, erm. 4 €; S-Bahn: Wannsee, von dort weiter mit Bus 316 bis Schloss Glienicke; Gaststätte Moorlake: www.moorlake.de; Moorlakenweg 6; S-Bahn: Wannsee, danach Bus 316 bis Glienicker Lake

56 Glienicker Brücke und Villa Schöningen

Die erste Brücke am Ende der Königsstraße war eine hölzerne Pfahl-
brücke von 1663, die 1777 durch eine Brücke in gleicher Konstruktion ersetzt wurde. Sie diente den Adligen als Übergang von ihren
Potsdamer Schlössern zu den auf der anderen Havelseite gelegenen
Jagdgründen. 1904–1907 entstand im Zusammenhang mit dem Bau
des Teltowkanals die heutige Brücke, welche im Zweiten Weltkrieg
zerstört und 1949 als »Brücke der Einheit« wieder eröffnet wurde.

In den Zeiten des Kalten Krieges war die Glienicker Brücke die
einzige Brücke zwischen amerikanischem Hoheitsgebiet und Ost-
block und durfte nur von alliierten Militärs und Diplomaten passiert
werden. Daher fand hier der Austausch von Agenten statt, der die
Brücke weltweit bekannt machte. Über die Geschichte der Brücke
und ihre Bedeutung im Kalten Krieg informiert das Museum der
Freiheit in der Villa Schöningen, das 2009 unweit der Glienicker
Brücke auf Potsdamer Seite eröffnet wurde. Hier werden Exponate
und Zeitzeugenberichte zur Brücke in den Jahren der innerdeutschen

Villa Schöningen

Teilung präsentiert. Die sehenswerte Villa Schöningen wurde 1843 nach Plänen von Ludwig Persius für den Horfmarschall Kurd Wolfgang von Schöning errichtet und eigens für die Eröffnung des Museums restauriert.

> ▸ www.villa-schoeningen.de; Berliner Str. 86; Do/Fr 11–18, Sa/So 10–18 Uhr; Eintritt 6 €; S-Bahn: Wannsee, von dort weiter mit Bus 316 bis Glienicker Brücke

57 Blockhaus Nikolskoe

Das Blockhaus Nikolskoe ist die älteste Gaststätte der Gegend. Es wurde 1819 im Auftrag von Friedrich Wilhelm III. als Geschenk für seine Tochter Charlotte und deren Ehemann, den späteren Zaren Nikolai, in Anlehnung an russische Bauernhäuser als zweigeschossiger Bau errichtet. Der vorherige Leibkutscher Iwan Bockow, den man hier mit der Bewirtschaftung beauftragt hatte, hielt sich jedoch nicht an das königliche Schankverbot und fing an, Ausflügler zu verköstigen, woraus sich im Laufe der Zeit der überregionale Ruf des Gasthauses entwickelte. Heute befindet sich in dem denkmalgeschützten Blockhaus noch immer eine Gaststätte.

> ▸ www.blockhaus-nikolskoe.de; Nikolskoer Weg 15; S-Bahn: Wannsee, von dort weiter mit Bus 218 bis Pfaueninsel

58 Kirche St. Peter und Paul

Die evangelische Kirche St. Peter und Paul wurde 1834–1837 nach Plänen von Friedrich August Stüler und Johann Gottfried Schadow für die Bewohner der Pfaueninsel und Klein-Glienicke errichtet. Auch dieser Bau war ein Geschenk an Charlotte und Nikolai, daher wurde er in Anlehnung an den russisch-orthodoxen Stil mit Zwiebelkuppe auf dem Turm errichtet. Das Innere der schlichten Kirche ist der einzige unverändert erhaltene Kirchenraum aus der Zeit Schinkels. Heute ist die Kirche eine beliebte Hochzeits-, Weihnachts- und Ausflugskirche. Gottesdienste und Veranstaltungen finden hier regelmäßig statt.

Neben der Kirche St. Peter und Paul wurden für die Bewohner der Pfaueninsel auch die »Königliche Freischule«, heute eine Försterei, sowie der dahinterliegende Friedhof angelegt, welcher zu den kleinsten Friedhöfen Berlins zählt.

> ▸ www.kirche-nikolskoe.de; Nikolskoer Weg 17; tgl. 11–16 Uhr; S-Bahn: Wannsee, von dort weiter mit Bus 218 bis Pfaueninsel, danach 10 Min. Fußweg

59 Pfaueninsel

Die 1,5 km lange und 500 m breite Pfaueninsel mit einer Gesamtfläche von 67 ha wurde 1773 von Friedrich Wilhelm II. für die Jagd erworben. Ein Jahr später ließ er hier ein Schloss errichten. Des Weiteren ordnete er an, dass keine Bäume gefällt werden, sodass alle 400 Uralteichen stehenblieben. Nach seinem Tod nutzte Friedrich Wilhelm III. mit seiner Frau Luise die Insel als Sommerresidenz und ließ von Schinkel weitere Bauten errichten. Den Landschaftsarchitekten Peter Joseph Lenné beauftragte er 1822–1934 mit dem gestalterischen Gesamtkonzept der Park- und Gartenanlagen: Es entstand ein Landschaftspark im Englischen Stil mit exotischen Pflanzen, Sichtachsen und einer Menagerie. Zu dieser Zeit kamen auch die Pfauen auf die Insel, die hier noch heute überall anzutreffen sind. An diesen erfreute sich auch die Berliner Bevölkerung, die auf Erlaubnis von Friedrich Wilhelm III. an einigen Tagen der Woche die Insel besuchen und deren Sehenswürdigkeiten besichtigen durfte. Nach dem Tod Friedrich Wilhelms III. fanden keine Hohenzollern mehr Gefallen an der Insel. Heute leben lediglich noch neun Familien auf dem Eiland, das nur über eine Fähre zu erreichen ist. Sie sind auch die einzigen, die sich motorisiert bewegen dürfen; Besucher dürfen die Insel nur zu Fuß entdecken. Seit 1990 gehört die Pfaueninsel zum UNSECO Kulturerbe.

Der Besuch der Insel beginnt mit dem 1826 im Fachwerkhausstil errichteten Fährhaus. Links am Fährhaus führt der Weg vorbei am 1829/1830 nach Plänen von Schinkel errichteten Schweizerhaus. Hier waren einst die Bediensteten untergebracht. Die Küche lag zum Havelufer hin, damit das Schloss vor Brand und Gerüchen geschützt war; zudem war es unterirdisch mit dem Schloss verbunden. Folgt man diesem Weg, gelangt man zum Schloss an der Südwestspitze der Insel, das von Zimmermeister Johann Gottlieb Brendel 1794–1797 errichtet wurde. Die Fachwerkkonstruktion mit den viergeschossigen Rundtürmen und der Holzbrücke hat fast mittelalterlichen Charakter. Die zwei mächtigen Türme sind hoch oben in der Luft durch eine gotisierende, filigrane Eisenbrücke von 1807 miteinander verbunden. Die Fassade des Schlosses ist aus Brettern, die weiß übertüncht und mit der Andeutung von Mauerwerk bemalt wurden. Erst dahinter verbirgt sich der Fachwerkbau. Aufgemalt sind auch das Tor mit dem Fallgitter am oberen Rand und die Durchsicht auf die Landschaft im Mittelportal. Hintergrund dieser Attrappe war, das Friedrich Wilhelm II. in Potsdam zuvor das Marmorpalais als Sommerschloss hatte errichten lassen, dessen fernere Umgebung, darunter die Pfaueninsel, er einbeziehen wollte. So wurde eine Sichtachse zur Insel angelegt, die eines besonderen Blickfangs als krönendem Abschluss bedurfte – dem Schloss. Das Innere des Schlosses ist noch im Original erhalten, denn nach dem Tod Friedrich Wilhelms III. wurde der Bau einfach zugeschlossen und seitdem nicht mehr renoviert. Die Räume vom Antikenzimmer bis zum Lesekabinett in Form einer Bambushütte auf Tahiti lassen somit heute noch Weltbilder des späten 18. Jahrhunderts erahnen. Die Holzvertäfelungen im Saal bezeugen zudem die Handwerkskunst der Potsdamer Tischler. Heute können Besucher das Schlossinnere mit seinen edlen Malereien und Fußböden während einer ca. 30-minütigen Führung besichtigen.

Ein Rundweg vom Schloss aus führt zum labyrinthischen Rosengarten, der nach Grabungsfunden 1989 rekonstruiert wurde und heute mit 1 000 Rosenstöcken bepflanzt ist. Lenné ließ diesen bei seiner Umgestaltung der Insel ab 1821 anlegen. Er pflanzte 2 000 Stöcke mit 140 Rosenarten an, die allerdings noch während seiner Zeit aufgrund einer Engerlingplage verkümmerten. In die Mitte setzte er eine Menagerie mit über 800 Tieren, darunter Kängurus und Löwen, die allerdings umgesiedelt wurden, als ein Grundstock für den Zoologischen Garten benötigt wurde.

Weiter landeinwärts gelangt man zu einer sanierten Brunnenanlage. Diese ist mit dem Maschinenhaus verbunden, welches mit seinem hohen Schornstein am Südufer der Insel liegt. Von hier aus wurde das benötigte Wasser zur Brunnenanlage auf dem höchsten Punkt der Insel gepumpt. Vom Brunnen aus ist es nicht weit zum Winterhaus für die Pfauen.

Im Zentrum der Insel befindet sich das Kavaliershaus. Es wurde 1824 als Residenz für die Kinder und Hofangehörigen des Königs nach Entwürfen Schinkels errichtet, der den turmartigen rechten Teil des Gebäudes mit der Fassade eines spätgotischen Patrizierhauses aus der Brodbänkengasse in Danzig von 1480 schmücken ließ. Weiter nordöstlich stößt man auf das ehemalige Kunckel-Laboratorium. Hier experimentierte Ende des 17. Jahrhunderts der Alchimist Johann Kunckel, um die Produktion des begehrten Rubinglases zu verbessern. Das Volk erzählte sich damals, dass Kunckel versuche, für den Kurfürsten die künstliche Goldherstellung zu entwickeln, was der Insel eine mystische Aura verlieh.

Vom Laboratorium führt der Weg zum Luisentempel, der aus einer Säulenhalle mit der Skulptur der Königin Luise besteht. Das in Sandstein ausgeführte Portal war eigentlich für das Mausoleum der Königin im Schloss Charlottenburg gedacht. Als dieses jedoch dort durch einen Granitportikus ersetzt wurde, ließ Friedrich Wilhelm III.

das ursprüngliche Werk auf der Pfaueninsel aufstellen, um auch hier seiner früh verstorbenen Gattin nahe zu sein.

Ganz im Norden der Insel liegt die von Brendel errichtete Meierei, ein landwirtschaftlicher Betrieb mit Schafen, Pferden und Milchviehhaltung, der als Ruine eines gotischen Klosters gestaltet ist. Im ersten Stockwerk befindet sich ein gotischer Festsaal, der im Winter besichtigt werden kann, das Erdgeschoss beherbergt die Molkenstube. Das kapellenartige Bauwerk seitlich der Meierei diente als Kuhstall.

> ‣ www.spsg.de; Fähre: März/Okt. tgl. 9–18, Apr./Sep. tgl. 9–19, Mai–Aug. tgl. 9–20, Nov.–Feb. tgl. 10–16 Uhr; Ticket 3 €; Schloss: Apr.–Okt. Di–So 10–17 Uhr; Eintritt 3 €; S-Bahn: Wannsee, von dort weiter mit Bus 218 bis Pfaueninsel

60 Heckeshorn

Das Heckeshorn ist ein Ausflugspunkt mit Dampferanlegestelle an der Havelbucht Großer Wannsee, der von einer sitzenden Löwenfigur überragt wird. Von hier sieht man das am Ufer gegenüber liegende Strandbad Wannsee mit seinem 1 km langen Sandstrand, an dem schon seit 1912 gebadet wird. 1929/1930 wurde das Strandbad nach Plänen von Richard Emisch und Martin Wagner im Stil der Neuen Sachlichkeit angelegt. Die heutige Badeanlage mit ihren weitläufigen Terrassen ist noch immer die größte ihrer Art in Europa.

> ‣ S-Bahn: Wannsee, von dort weiter mit Bus 114 bis Haus der Wannsee-Konferenz

61 Flensburger Löwe und Conrads Villenkolonie Alsen

Der Flensburger Löwe steht an der Uferpromenade, die von der Straße Am Großen Wannsee abzweigt. Die auf einem monumentalen Sockel stehende Löwenplastik ist eine Zinnkopie des originalen Flensburger Löwen, den der dänische Bildhauer Herman Wilhelm Bissen anlässlich des dänischen Sieges über die Schleswig-Holsteiner in der Schlacht von Idstedt 1850 aus Stein geschaffen hatte. Das Original stand damals im dänischen Flensburg; als später die Deutschen gewannen und Flensburg von da an zu Preußen gehörte, wurde der Löwe nach Berlin gebracht, wo er verschiedene Standorte hatte. Nach dem Zweiten Weltkrieg brachte man ihn nach Kopenhagen. Die heutige Berliner Kopie wurde 1873 vom Bankier Wilhelm Conrad in Auftrag gegeben und sollte seine Vaterlandsliebe zum Ausdruck bringen. Sie stand ursprünglich im Bergpark des von Conrad gegründeten Villenviertels Alsen und wurde erst 1938 an ihren heutigen Standort gebracht.

Die von Wilhelm Conrad gegründete »Villenkolonie Alsen« ist eine der abgelegensten und ältesten ihrer Art im Berliner Raum. Sie wurde nicht nur aufgrund von Profitstreben angelegt, sondern sollte ein Sommerort sein, an dem die wohlhabenden Berliner Geschäftsleute, Wissenschaftler und Künstler sich am Wasser und im Garten die Zeit vertreiben konnten. Die meisten dieser Personen kannten sich sowohl privat als auch geschäftlich und waren Mitglied im Millionärsclub »Club von Berlin«, der zeitweise unter der Leitung Conrads stand. Des Weiteren wollte Conrad mit seiner Kolonie ein Gartenkunstwerk schaffen, weshalb er den Lenné-Schüler Johann Heinrich Gustav Meyer, später Berlins erster Stadtgartendirektor, mit dem landschaftsgärtnerischen Konzept betraute. Dieser verwandelte das Waldgebiet in eine grüne Parklandschaft; die Anhöhen wurden mit großräumigen Villen bebaut, die tieferliegenden Areale mit gestreckten Anwesen. Conrads Kolonie stellte zudem ein bildungsbürgerliches Pendant zu den Glienicker Parkanlagen dar, das reichlich Gefallen bei Berliner Persönlichkeiten fand, darunter die Bankiers von der Heydt und Abel, die Verleger Parey und Langenscheidt und die Künstler Liebermann und Begas.

▸ S-Bahn: Wannsee, von dort weiter mit Bus 114 bis Haus der Wannsee-Konferenz, danach in die Uferpromenade einbiegen

62 Villa Marlier – Haus der Wannsee-Konferenz

Am Großen Wannsee 56–58, neben dem Pfad zum Löwendenkmal, steht die 1914/1915 nach Plänen des Architekten Paul Otto Baumgarten für den Zahnpasta-Fabrikanten Marlier errichtete Villa. Am 20. Januar 1942 eröffnete hier Reinhard Heydrich, Vertrauter Himmlers und General der Sicherheitspolizei, eine Konferenz, auf der Vertreter diverser Ministerien die Organisation und Koordinierung des Völkermords an den europäischen Juden festlegten. Heute informiert hier in 15 Räumen, darunter dem eigentlichen Konferenzsaal, die 1992 eröffnete Gedenk- und Bildungsstätte mit Ausstellung und Bibliothek über die Geschichte des Antisemitismus und die Geschehnisse der Konferenz. Auch Teile der rekonstruierten alten Parklandschaft, die zum weitläufigen Gelände der Villa gehört, können bei einem Besuch erkundet werden.

▸ www.ghwk.de; Am Großen Wannsee 56–58; tgl. 10–18 Uhr; Eintritt frei; S-Bahn: Wannsee, von dort weiter mit Bus 114 bis Haus der Wannsee-Konferenz

Das Haus der Wannsee-Konferenz ist seit 1992 eine Gedenkstätte

63 Liebermann-Villa

Die Liebermann-Villa wurde 1909 nach Entwürfen des Architekten Paul
Otto Baumgarten für den Maler Max Liebermann errichtet. Liebermann, einer der Hauptvertreter des deutschen Impressionismus, hielt
sich hier bis zu seinem Tod jeweils in den Sommermonaten auf. Heute
sind zahlreiche der rund 200 im Garten der Villa entstandenen Bilder
Liebermanns in dem Museum im ersten Stock ausgestellt. Im Erdgeschoss
können sich Besucher über die Geschichte der Villa nach Liebermanns Tod informieren. Ein Café mit Terrasse gehört ebenfalls zum
Museum.

▸ www.liebermann-villa.de; Colmierstr. 3; Okt.–März Mi–Mo 11–17 Uhr, an Feier-
tagen geöffnet, Apr.–Sept. Mi–Mo 10–18, Do/So und Feiertage 10–19 Uhr;
Eintritt 7 €, im Winter 6 €; S-Bahn: Wannsee, von dort weiter mit Bus 114 bis
Liebermann-Villa

64 Millionenfriedhof

Der Millionenfriedhof in der Lindenstraße wurde 1886 für die Bewohner der Villenkolonie Alsen angelegt. Viele der Bewohner waren
getaufte Juden mit ungetaufter Verwandtschaft, sodass Conrad dafür

sorgte, dass dieser Friedhof für Personen unterschiedlicher Glaubensrichtungen angelegt wurde. Ein christliches Kreuz verbunden mit einem Davidstern am Eingang des Friedhofs erinnert noch heute symbolisch daran. Die Friedhofskapelle wurde von Otto Stahn entworfen, der hier bestattet ist. Neben ihm fanden unter anderem auch der Verleger Fritz Springer, der Physiologe und Physiker Hermann von Helmholtz sowie der Architekt Hermann Ende auf dem Millionenfriedhof ihre letzte Ruhe.

› Lindenstr. 1–2; S-Bahn: Wannsee, von dort weiter mit Bus 114 bis Koblanckstr., anschl. ca. 10 Min. Fußweg

65 Siemens-Villa

Die Siemens-Villa Am Kleinen Wannsee wurde 1886–1889 nach Entwürfen der Architekten Paul und Walther Hentschel für Arnold von Siemens, dem ältesten Sohn des Erfinders und Unternehmers Werner von Siemens, als Sommerresidenz errichtet. Die Architekten konzipierten einen schlossähnlichen Backsteinbau im Stil der Renaissance, den sie mit Steinelementen, Holzfachwerk sowie Türmen und Erkern ausschmückten. Nebengebäude sowie ein 24 000 m² großer Park – samt noch erhaltener Terrasse, Grotte und kleinem Aussichtsturm – ergänzen die mittlerweile unter Denkmalschutz stehende Villa. Heute wird der Bau von verschiedenen medizinischen und organisatorischen Einrichtungen des Immanuel-Krankenhauses genutzt.

› Am Kleinen Wannsee 5; S-Bahn: Wannsee, von dort weiter mit Bus 114 bis Am Kleinen Wannsee

66 Dreilinden – Ehemaliger Alliierten Checkpoint Bravo

Vom S-Bahnhof Wannsee bietet sich ein Abstecher zum ehemaligen Grenzübergang Dreilinden an. Dieser wurde 1968–1972 von der Stadt Berlin errichtet und war bis zu seiner Stilllegung 1990 einer der Kontrollpunkte der innerdeutschen Grenze. Heute ist nach dem Abriss der Grenzübergangstelle 1993 noch der Kommandantenturm erhalten. Der Verein Checkpoint Bravo ließ diesen 2005–2007 restaurieren und errichtete hier einen Ausstellungs- und Veranstaltungsort. 2009 wurde zudem eine Dauerausstellung errichtet, deren Eintritt frei ist.

› www.checkpoint-bravo.de/besucher.html; Potsdamer Chaussee 61a–63; Öffnungszeiten bitte der Website entnehmen; S-Bahn: bis Wannsee, von dort weiter mit dem Havelbus

Register

Personenregister

Sachregister

Bildnachweis

Umschlagvorderseite: Michael Haddenhorst
Umschlagrückseite: Thanapol Tontinikorn/Shutterstock (links), pio3/Shutterstock (rechts)
Umschlaginnenklappen: Markus Mainka/Shutterstock
Vordere Umschlaginnenseite: TUBS
Hintere Umschlaginnenseite: Berliner Verkehrsbetriebe (BVG)

Alexrk2: S. 320
Alter Fritz: S. 271
Anticiclo/Shutterstock: S. 176
Archiv Brücke-Museum: S. 706
Archiv Wolfram Sternbeck: S. 354
Ariy/Shutterstock: S. 79
ArTo/Fotolia: S. 335, 380, 567, 686, 719
ArTono/Shutterstock: S. 330, 361, 689
babelsberger/Fotolia: S. 211
beetle/Fotolia: S. 690
Bildagentur Zoonar GmbH/Shutterstock: S. 483
Bocman1973/Shutterstock: S. 311, 552
Gaja Busch: S. 10, 36, 59, 65, 83, 101, 132, 142, 190, 195, 198, 205, 234, 254, 259, 304, 314, 323, 362, 388, 397, 403, 616, 637, 698, 701, 714
Cardaf/Shutterstock: S. 148
Eldad Carin/Shutterstock: S. 108
carol.anne/Shutterstock: S. 470
chaya1/Fotolia: S. 570
daskleineatelier/Fotolia: S. 581
Claudio Divizia/Shutterstock: S. 136, 154, 189, 266
Christian Draghici/Shutterstock: S. 38, 129
Torsten Elger: S. 230
Fridolin freudenfett (Peter Kuley): S. 249, 340
Grün Berlin GmbH: S. 548, 609
I. Haas, Botanischer Garten und Botanisches Museum Berlin-Dahlem: S. 682
Heimatmuseum Reinickendorf: S. 359
Hotel Adlon Kempinski Berlin: S. 47
Virginia Illner: S. 424, 431, 437, 445, 450, 457, 462, 586, 591, 598, 603, 650, 655, 657, 663
Heike Jestram/Fotolia: S. 540
Jüdisches Museum Berlin, Foto: Jens Ziehe: S. 95
Jule_Berlin/Shutterstock: S. 557
Diethelm Kaiser: S. 28, 221, 622, 629
Henry-Martin Klemt/Fotolia: S. 584
Kirsti Kriegel: S. 20, 89, 115, 121, 466, 477, 489, 492, 501, 512

Die Autorin

Janina Lücke studierte Literatur-, Kultur- und Medienwissenschaften mit Kunstgeschichte und Englisch (B.A.) sowie Amerikanistik (M.A.) in Siegen, Coleraine (Nordirland) und Berlin.

Sie lebt in Berlin und ist dort als freie Lektorin tätig.

Geheime Orte in Brandenburg

21 Geheimtipps für abenteuerliche Entdeckungen –
so haben Sie Brandenburg noch nie gesehen!

Claus-Dieter Steyer
Geheime Orte in Brandenburg
Ein Ausflugsführer für die ganze Familie
2. aktualisierte Neuauflage
128 Seiten, 62 farbige Abbildungen
ISBN 978-3-89479-868-0
12,95 EUR